KB087978

백낙청
회화록

1985~1990

2

백낙청 회화록

1985~1990

2

백낙청 회화록
간행위원회 엮음

창비

간행의 말

청사(晴養) 백낙청(白樂晴) 선생의 고희를 기념해 선생이 한국 및 해외의 지성과 나눈 회화(會話)의 기록을 모아 간행합니다. 계간 『창작과비평』을 창간하며 한국 문화운동에 첫발을 디딘 후 1968년 1월부터 2007년 6월까지 40년에 걸쳐 선생이 참여한 대담과 좌담을 기본으로 하고 토론과 인터뷰 등을 곁들인 이 다섯 권의 회화록은 20세기 중후반 한국 논단에서 치열하게 논의된 주요 쟁점들이 망라된 우리 지성사의 생생한 사료집입니다.

대화라는 형식은 한 사람이 일방적으로 진술하는 수사법과 대립되는 방법으로서 예부터 진리발견의 절차로 주목되어왔습니다. 그리고 좌담은 동아시아 근대 저널에서 독자들에게 순발력있는 대화의 흥미를 안겨주는 부담없는 읽을거리이자, 참여자들의 대등한 의견교환을 통해 각자의 입장을 명료하게 전달하는 형식이어서 널리 활용되어왔습니다.

돌이켜보건대, 영문학자이자 문학평론가일뿐만 아니라 『창작과비평』 편집인 그리고 민족문화운동과 그것을 한층 발전시킨 분단체제극복운동을 수행하는 이론가요 실천가인 선생은 자신이 직접 조직하거나 또는 초대받은 대담과 좌담을 통해 1960년대 이래 우리 사회의 핵심적인 담론생산의 현장에 깊숙이 간여해왔습니다. 대담과 좌담이라는 회화 형식이야말로 항상 논쟁의 현장에 머물길 원하는 '젊은' 논객인 선생의 식견과 경륜이 효과적으로 발휘되는 의사전달 통로가 아닐 수 없습니다.

이 책을 엮기 위해 자료들을 검토하면서 간행위원들은 회화록이 지닌 세 가지 차원의 가치에 주목하게 되었습니다.

첫째로 선생 개인의 자전적인 기록으로서의 가치입니다. 선생 스스로 자신의 생애와 행적을 서술한 것은 물론 아니지만, 대담과 좌담에는 그가 40년간 공개적으로 표명한 언행이 시기순으로 정리되어 있어 선생의 이론적·실천적 궤적이 일목요연하게 드러납니다. 제5권 권말의 상세한 연보와 대조해 읽는다면 선생의 사상적 편력을 이해하는 데 매우 유용한 자료가 될 것입니다.

둘째로 선생과 더불어 우리 시대의 문제를 놓고 고뇌하며 실천의 길을 걸어온 한국 지성의 집단 전기적인 기록으로서의 가치입니다. 선생의 대화 상대자(국내 125인, 해외 8인)는 이른바 진보진영에 국한되지만도 않고 우리 사회의 발전에 다방면에서 공헌해온 분들인데, 그분들의 언행 역시 여기에 고스란히 담겨 있습니다. 그분들이 시대의 변천에 어떻게 대응해왔는지를(때론 변모해왔는지를) 지켜보는 것도 우리 지성사를 읽어내는 의미있는 일이 되겠습니다.

셋째로 선생이 해외의 저명 지식인들과 함께 한국인의 이론적·실천적 고투를 전지구적 시각에서 성찰한, 우리 담론의 세계화의 기록으로서의 가치입니다. 세계사적 변화에 대한 주체적·실천적 대응은 선생이 1960년대부터 한결같이 추구해온 지향인데, 외국의 지성들은 그와의 대화에 참여하여 한국인의 과제가 그들 자신의 사회, 더 나아가 전지구적 과제와 어떻게 연관되어 있는지를 규명하고 연대의 가능성을 확인할 수 있었습니다.

이 책의 체재는 수록된 자료들을 연대순으로 배치하는 것을 원칙으로 삼았습니다. 그리고 분량을 고려해 편의적으로 다섯 권으로 나눴는데, 가급적 그 시기구분을 한국의 정치사회적 변동의 획기와도 연결해보려고 애썼습니다. 각권의 끝에 실린 간행위원들의 해설은 바로 그 획기의 시대적 의미와 대화 내용의 한국 지성사적 위치를 규명하고 있습니다. 선생과 오랜 기간 교감하며 같은 길을 걸어온 간행위원들이 분담한 권말의 해설들은 선생에 대한 회고와 수록내용 비평이 어우러진 또 하나의 흥미로운 대화록입니다.

끝으로 40년간의 자료들을 수집 정리해 다섯 권의 알찬 책으로 간행하는 데 도움을 주신 분들의 고마움을 기억하고 싶습니다. 먼저 선생의 대화 상대자 여러분께 대화록 간행취지에 공감하시고 원고게재를 쾌히 승낙해주신 데 대해 깊은 감사를 드립니다. 또한 그간 노고를 아끼지 않은 창비 편집부의 실무진에 각별한 마음을 전합니다. 회화록 전체의 목록을 작성하는 일에서부터 묵은 잡지들을 뒤지고 시청각 자료를 점검하여 원고의 정본을 만드는 일까지의 전과정은 사료집 편찬의 어려움을 실감하는 작업이었습니다. 이 과정에서 선생 역시 원고를 전부 직접 교감(校勘)하는 번거로움을 기꺼이 감당해주셨는데, 그 덕에 자료의 신뢰도는 한층 높아졌다고 자부합니다.

근대학문의 분화된 지식의 경계를 넘나들며 현실과 소통하는 길을 일찍부터 닦아온 이 회화들의 간행이 앞으로 선생이 여러 층의 새로운 독자와 더불어 대화를 계속 이어가는 계기가 될 수 있기를 간절히 바랍니다.

2007년 10월
백낙청 회화록 간행위원회

차
례

일러두기

1. 1968년 1월부터 2007년 6월까지 백낙청이 참여한 좌담, 대담, 토론, 인터뷰 등을 시
   대순으로 배열하여 총 5권의 회화록으로 엮었다.
2. 각 꼭지에서 참가자들의 이름 배열과 직함은 발표 당시의 것을 따랐고, 각권 말에 참
   가자 약력을 따로 실었으며, 확인가능한 회화의 일시와 장소는 밝혀두었다.
3. 독자들의 이해를 돕기 위해 각 꼭지 제목을 더러 바꾸기도 했으며, 이 경우 원제를
   밝혀두었다. 본문에 중간제목이 없는 경우는 그대로 두었다.
4. 원문의 명백한 오탈자는 바로잡았고, 문장은 가급적 원본 그대로 두었다.
5. 외래어 표기는 현지음을 존중하는 원칙에 따랐다.
6. 책을 엮으면서 편자가 필요하다고 판단되는 경우에 편자 주를 각주로 달았으며, 발
   표 당시의 주는 가급적 본문 안에 괄호로 묶어 남기되 예외적인 경우는 따로 밝혔다.

김지하 시인과의 대담

민중, 민족 그리고 문학

백낙청(문학평론가)
김지하(시인)

80년대 민중문화운동의 문제점

백낙청 김지하 시인이 70년대 이래의 오랜 수난 끝에 우리들 곁에 돌아온 지가 4년이 넘었습니다만 이렇게 대담하는 자리에서 만나게 되니 다시금 감개가 무량합니다. 더군다나 『실천문학』이 계간지가 되어 그 창간호에 만나니 더욱 기쁩니다. 이야기를 어떻게 시작할까요? 지난번 자유실천문인협의회가 주최한 '민족문학의 밤' 강연에서는 민중문학의 형식 문제를 주로 얘기하셨지요? 어떻습니까? 그날 강연을 듣지 못한 독자들이나또는 그날 강연을 들었다 해도 좀더 구체적인 설명을 바라는 사람들도 있

■ 이 대담은 계간 『실천문학』 창간호(1985년 봄)에 「민중, 민족 그리고 문학」이라는 제목으로 수록된 것이다. 『실천문학』은 1980년에 무크지로 창간되어 84년 제5권까지 간행되었고 85년 계간지로 전환했다.

백낙청

을 것인데 민중문학의 형식 문제를 좀더 부연하여 설명하고 거기다가 덧붙여서 우리 문학이나 문학운동의 여러가지 문제점들, 나아가서는 민중운동까지도 폭넓게 의견을 나누어보지요. 우선 80년대 이후의 문학이나 문학운동에 대한 김형의 의견부터 들어보고 싶군요.

김지하 글쎄요. 제가 1980년 감옥에서 나온 후로 우리 문단을 보고 놀란 것이 있다면 소위 민족문학의 굳건한 정착과 아울러 민중에 대한 관심이 고조된 점입니다. 민족문학이나 민중문학 쪽으로 자기 문학을 해나가는 젊은 문인들이 양적으로 어마어마하게 팽창되어 있고, 비단 문인뿐만이 아니라 일반적 관심도 그쪽으로 기울어 있더군요. 제가 그렇게 놀란 중에서도 날카롭게 느낀 것은 그러한 양적 팽창이나 관심의 고조 속에는 여러가지 문제점이나 쟁점들이 동시에 드러나고 있다는 점입니다. 어떻게 보면 필연적인 과정일 수도 있습니다만 그러한 문제점이나 쟁점들을 명백하게 직시하고 더 구체적이고 성실한 해결책을 찾아야 할 단계에 와 있

김지하

다는 생각도 듭니다.

　백낙청　70년대에는 그야말로 민족문학이나 민중문학의 이념을 주장하고 그걸 전파하고 거기에 대한 기본적인 정당성을 획득한다고 할까 그런 데다가 힘을 쏟았던 것 같아요. 그 무렵 김시인이 감옥에서 버텨준 것이 남은 문인들에게는 어떤 상징처럼 되어서 우리 문학운동에 큰 힘이 되기도 했는데, 이제는 민족문학이나 민중문학 논의의 기본적인 여건은 충족되었다고 보고 김형 말씀대로 그러한 양적 신장이나 일반적 관심을 바탕으로 어떻게 하나하나 문제점들을 정리해나갈 것인가 하는 과제가 우리에게 안겨졌다고 보겠습니다.

　김지하　문학이나 다른 예술 분야의 연행양식, 마당굿, 탈춤, 연극, 현장에서 이루어지는 촌극 등에서 나타나는 현실과 그 현실을 놓고 분석하는 과정에 차이가 나더군요. 특히 젊은 후배들 사이에 심해요. 문학과 마찬가지로 문화나 예술 전반에서도 민족 내지는 민중에 대한 집중은 양적으로 대단히 신장되어왔고, 앞으로도 더욱 넓어져갈 텐데 이 연행양식 분야에서도 문제점이나 쟁점이 없지 않습니다.

문화운동 전반에 걸친 몇 가지 문제점을 지적한다면 첫째 지식인 그룹의 작가 및 예술가와 현장 민중 및 민중 자체의 기술자(記述者)들 사이의 괴리에 대한 문제를 어떻게 해결할 것이냐에 대한 쟁점, 둘째 소위 예술성과 운동성에 대한 문제인데 예술성과 운동성은 공존할 수 있는 것이냐, 공존할 수 없는 것이냐 아니면 공존하면서 공존할 수 없는 것이냐에 대한 쟁점, 셋째가 세대론인데 4·19 전환시대에 극성을 떨었던 그 세대론이 형태를 달리해서 나타나고 있어요.

이러한 여러가지 문제점들은 일반적으로 보아서는 역사의 반복성으로 보일 수도 있으나 엄격하게 보면 민중문화운동의 커다란 적신호 같아요. 왜 내가 적신호라는 용어까지 쓰느냐 하면 원래 민중운동은 대다수 민중들의 각기 다양한 조건과 개성, 취향과 입장, 상황 등에 차이가 있음에도 불구하고 민중들의 기본적인 진리나 기본적인 진실로 함께 연대해서 나아가는 그런 총체적인 운동이 바람직한 것인데, 요즈음 나타난 문제점들은 민중운동 진영의 분열, 운동 내부에 있어서의 여러가지 쎅티즘, 종파주의의 가능성까지 다분히 포함하고 있어요.

그 원인이 어디에 있을까 하는 것을 저 혼자도 생각해보고 여럿이 의논도 해보고 같이 토의도 해봤습니다만, 예를 들면 운동성과 예술성이라는 것을 구별할 수는 있다고 하나 그렇게까지 날카롭게 딱 갈라놓고 얘기할 수 있겠어요? 특히 민중운동이라는 큰 테두리 안에서라면 오리엔테이션, 즉 기본지향만 같은 방향으로 가면 스타일의 다양성이라든가 또는 형식 문제에 있어서의 다양성은 다 인정이 돼야만 비로소 대중적이 문화운동이 가능하다는 것이 제 생각입니다. 그런데 스타일 문제에서부터 시작하여 기본지향이 같은데도 불구하고 심각할 정도로 서로 적대성을 띠고 갈등을 보이는 것은 문제가 있어요. 한 개념과 다른 개념, 이런 사태와 저런 사태 사이에 있는 유기적이고 살아 있는 관계, 즉 차별과 연관을 유기적으로 보지 않고 그걸 딱 갈라가지고 이것과 저것을 완전한 별개의 모순된 관계로만 보는 데서부터 오는 게 아닌가 싶어요.

조금 전에 세대론 얘기를 했습니다만 예를 들어서 제1세대, 제2세대, 제3세대 이렇게 나누는 경향이 있어요. 그렇게 나누는 친구들도 편의상 문제점을 드러내기 위해서, 즉 제1세대가 갖고 있는 문제점을 드러내기 위해서 제2세대라고 한다고 하지만 그 말은 이미 편의를 넘어서서 그 사용도가 사실 굉장히 넓게 유포되어 있어요. 말이라는 것이 이상해서 한번 딱지를 붙이게 되면 그것이 그 자체로서 커져갖고 굳어져버리는 거 아닙니까? 세대론도 그렇게 해서 된 거 아니에요? 김지하 같은 친구는 어느 세대에 속하느냐 하면 쥐라기(紀)에 속한다……(웃음) 신생대나 고생대라고나 할 수 있는 낡은 물건으로 제1세대에도 못 들어가요. 이 세대론이 끊임없이 자기부정을 하고 자기부정을 통해서 문화운동이라는 하나의 큰 생명체가 발전한다는 일반론은 좋으나 이것이 실제에 있어서는 상당히 신경질 나는 문제예요.

이 문제는 문화운동에 있어서 전반적으로 비슷한 점이 보입니다. 촛점이 정치투쟁에 주어져 있고 이 정치투쟁 가운데에도 주장투쟁, 즉 이슈 파이팅에 촛점을 두고 있어요. 그렇게 되니까 이슈 파이팅을 위해서 문화적인 제능력이 총동원되어야 한다는 사고방식, 그렇게 해서 문화운동의 정치투쟁화라는 개념이 나오는데 이런 도식은 운동 자체로서도 문제입니다. 운동을 전투성 중심으로만 기준 삼으면 전투성의 강약에 따라 저건 낡았다, 낡았다로만 끝나면 좋은데 저건 반운동적이다, 치워라, 그리하여 끊임없이 새로운 전투성에 대한 요구가 나온다 이겁니다.

작품의 경우에도 조금 시야가 넓어지거나 현장(현장이라는 말도 참 문제가 많은데) 문제에 대해서 전투적으로 돌진하지 않는 쪽은 낡았다 이렇게 자꾸 빼내고 제거해나가는 자기모순에 빠지게 됩니다. 그러한 자기모순의 근본 원인이 어디에 있는가를 따져보면 민중운동마저 자본주의 사회가 갖고 있는 물신숭배 구조나 상품경제의 특성인 인간소외와 비인간화, 인간과 인간 사이에 조장되는 분열과 와해 등의 나쁜 속성에 물든 것은 아닌가 하는 생각을 하게 됩니다. 민중문화운동이라면 민중을 죽이는 자본주의나 상품경제 구조의 제반 모순들을 제거하기 위하여 저항하고 그것을 창조적으로 극복하자는 것일 텐데, 민중문화운동마저도 그들이 반대하는 대상인 자본주의적 상품경제의 속도구조에 말려들게 된 것이 아닐까요?

백낙청 재미있는 이야기군요.

김지하 속도생산 구조의 속성은 자꾸 새로운 것을 만들어내지 않으면 그대로 파멸해버리는 모순을 가지고 있습니다. 새로운 텔레비전, 새로운 진공기, 새로운 냉장고, 가령 냉장고라도 컴퓨터를 달아서 더 편하게, 더 빨리 이렇게 점차 회전의 속도를 빨리 하면서 어제의 제품은 오늘 이미 새로운 제품으로 대체시켜 폐품으로 만들어버리는 것이지요. 이 경우에 그 기준은 편리라는 것이겠지요. 운동의 경우에는 전투성의 획득이라는 것이 그 기준이 되겠고요. 전투성의 획득을 위해서는 사람이나 작품도 끊임없이 도태시켜서 빨리빨리 폐기처분을 하지 않으면 전투성은 속도를 잃게 되는 그런 모순의 톱니바퀴에 걸려든 것이 아니냐, 이건 운동 자체의 역설이다 하는 느낌까지 받은 적이 있습니다. 우리 자신이 어떤 것을 극복하자고 해놓고 극복되어야 할 어떤 것이 가진 모순의 선회과정 속에 우리가 말려들어간 거 아니냐, 하는 느낌이에요.

백낙청 글쎄, 우리도 젊었을 때는 선배들을 치고 나왔으니까 이제 와서 젊은 사람들한테 얻어맞는 일을 못해주겠다고 그럴 수는 없지만(웃음) 세대론에 대해서는 김형과 동감이에요. 그러다 보니 구닥다리 둘이 앉아서 요즘 세월 탓이나 하는 것처럼 될 염려도 있지만, 김시인이 우려하는 그런 가능성도 없지 않은 것이 사실입니다. 그런데 여기에는 두 가지 측면이 있다고 봅니다. 하나는 민중운동의 역량 자체가 미숙하고 전통이 일천해서 정말 중요한 싸움이 아직 안 벌어졌기 때문이라는 생각이 듭니다. 슬기롭게 싸움을 해가는 것이 아니라 자기들끼리 치고받고 하다가 파탄에 빠지는, 말하자면 어느 시대, 어느 사회에서나 운동역량이 미숙한 단계에서 있을 수 있는 그런 측면이고, 또 하나는 지금 김형이 지적하신 것처럼 어느 시대, 어느 사회가 아니라 바로 자본주의가 고도로 발달되는 사회에서의 상품경제의 속성에 말려들어서, 그 병폐를 극복하겠다는 운동 자체가 그런 병폐를 보여주는 측면도 분명히 있는 것 같습니다.

지난번 '민족문학의 밤' 강연 때도 비슷한 이야기를 하셨던 것으로 기억하는데, 우선 민중문학이나 민중문화운동에 대한 김형의 기본 발상이 지금 이렇게 여러가지 문제점들을 드러내는 운동양상을 본원적인 데서부터 다시 훑어보자는 논법이 아니겠어요? 문제를 본원적인 물음에서부터 물어나가자는 기본적인 접근법에 나는 우선 공감했고, 다음으로 민중의 삶이나 민중의 본디 성품을 찾아본다면 결국 그것은 집단적 신명으로 나타난다고 일단 규정하셨는데, 민중문학에서 내용적으로 민중편의 주장을 하거나 민중의 삶을 그린다 하더라도 그 형식이나 구성 혹은 문체 자체가 민중의 신명을 죽이는 경우에는 그것은 반민중적이다라는 지적이 중요했다고 생각합니다. 또 한 가지는 민중을 사회과학적으로 판단할 때 우선 인구 자체가 도시인구가 농촌인구를 압도하고 노동자의 역할이 굉장히 중요해졌지만, 민중의 신명을 이야기한다면 우선 농촌공동체의 유산이나 삶에 의존하지 않을 수 없다고 지적했던 걸로 기억되는데 이것 역시 중요한 문제제기였던 것 같아요. 그런데 지금 우리 민중문학운동에서는 조금 전에 김형이 말씀하신 세대론과 함께 지식인과 현장 또는 운동성과 예술성 등을 서로 대립되는 관계로 보는 시각이 없지 않은데, 이에 대한 논의가 더 구체적으로 이루어져야 할 필요가 있다고 봅니다. 강연에서는 그 문제가 자세히 거론이 안됐지요?

김지하 예.

백낙청 민중의 집단적 신명 또는 본디 성품에 대해서 우리가 제대로 깨닫고 보면 지식인과 현장 또는 운동성과 예술성 등의 구별은 다 없어진다, 기본적으로 문제가 되지 않는다, 이렇게 결론을 내렸던 것 같은데, 목전에 실재하는 여러가지 문제점들에 대한 논의가 그런 식으로 끝나버려서는 안되겠지요. 실재하는 갈등을 정확히 파악하고 앞으로 마땅히 생겨나야 할 갈등은 갈등대로 또 불러일으키기도 하면서 운동을 지속시켜나가는 것이 바람직한데 거기에 대한 구체적인 논의가 좀 아쉬웠어요.

김지하 강연을 부탁받았을 때 처음에는 간단히 심정적인 이야기나 하려고 했었습니다. 그러나 차차 강연 날이 가까워지자 생각이 바뀌었어요. 뭔가 민중문화나 문화운동에 대한 논의거리를 제공해서 한층 쟁점적이고 논의를 계속할 수 있는 얘깃거리를 만들어야 한다, 이렇게 되니까 사례라든가 그런 것들은 일체 소략되어버리고 개론식으로 되어서 충분한 설명이 되지 않았습니다. 지금 여기에서 좀더 짚고 넘어가야 될 부분이 있다면 앞서 나온 운동성과 예술성, 대중화와 의식화 등이 되겠군요.

이런 문제점들을 어떻게 해결해나가야 할 것인가 하는 질문에 앞서 우선 문제점의 중심에 대해서 논의가 되어야 할 것 같습니다. 제 생각으로는 민중적 삶을 그 중심으로 삼아야 된다고 봅니다. 민중적 삶의 기초 위에서 민중적 삶을 저해하는 여러가지 요소에 대하여 민중이 단합된 힘으로 그것을 슬기롭게 극복해나가야 된다, 그것이 바로 민중운동이고 그러한 문화활동이 바로 민중문화운동이 되겠는데, 특히 민중문화운동의 경우에는 민중운동의 세계관적 지평을 열어주면서 동시에 민중운동의 여러가지 경험들을 예술적으로 형상화할 뿐만 아니라 문화적으로 그 의미를 더욱 천착해서 잠재적인 상태에 있는 민중의 생각과 삶에 대한 견해들을 명시적·자각적으로 들어올리는 일이 되어야 할 것입니다.

민중 자신의 생각을 보다더 과학적으로 개진해서 민중들에게 되돌려주는 일이 민중운동의 방향 또는 조직의 전략적 원리가 되어 물이 흐르듯이 자연스럽게 조직단계로 이행되어야 합니다. 그것이 바로 조직활동에 있어서 활동가들의 임무지요. 그 자연스러운 흐름을 놓쳐버리게 되면 어거지가 됩니다. 이 어거지만큼은 피해야 돼요. 여기에서 민중적 삶이 무엇인가 하는 질문이 가능해지는데 저로서는 아직은 사변적인 단계를 크게 못 벗어나고 있습니다. 그러나 민중의 삶에 있어서 민중의 구체적인 생존이 가장 중요하다는 것만은 단호하게 말씀드릴 수 있겠습니다. 예를 든다면 임금이면 임금 또는 곡가면 곡가 하나가 시장에 있어서의 가격, 즉 평가지요. 노동평가라는 것으로 될 때 이 세상을 지배하는 것은 전부 돈이다라는 돈 숭배가 뒤따르는데, 자기가 생산한 생산품에 대해서 자기가 더 많은 값을 받고자 하는 것이 다만 돈에 대한 집착일 뿐이냐 아니면 현실에 있어서는 돈에 대한 집착으로 나타나지만 그 밑바닥에는 자기 생명력이 투여된 것이 자기에게로 돌아와야 된다는 생명의 순환코스에 대한 당연한 주장이냐, 이렇게 볼 때 자각적으로 표현은 안하지만 잠재적으로는 자기가 투여한 노동력 즉 자기 생명력이 들어간 것은 들어간 만큼 마땅히 자기에게 되돌아와야 된다는 것이 민중들에 있어서는 누가 뭐라고 하든지 간에 진리입니다. 그러한 진리의 밑바닥에는 이른바 정책입안자들이나 학자들이 보는 것처럼 돈에 대한 집착만이 아니라 자기의 노동에 대한 거의 원시적일 정도의 당당한 뭐가 있다 이거예요. 쌀 한 말을 주고 돈을 얼마 받는 이 교환행위 안에도 민중들의 생명에 대한 어떤 여러가지 섬세한 생각들이 움직이는 거예요. 생명의 활동원리에 따라 당연하게 순환되어서 다시 자기 자리에 되돌아와서 그것이 다시 확대재생산, 재생구조로 돌아가야 되는데, 이 순환이 어디에서 단절되면 그로 인하여 손해본 임금 또는 결손된 곡가 등에 삶이 제약당하는 측면만이 아니라 정신적으로 한 농민이나 노동자의 삶 자체마저 훼손되고 멸시당한 것이 됩니다.

민중이 주체다, 특히 민중의 삶이 주체다, 문학이나 예술의 형식을 형성해내는 기본 주체가 삶이다, 삶의 욕구며 충동이며 거기서 오는 활발한 해방감이며 좀더 잘살려고 하는 발버둥이다, 바로 불교용어로 말하자면 활동하는 무(無)이며 활동하는 자유다, 바로 이 안에 뭐가 있지 않느냐, 이 것이 바로 민중의 삶에 대한 저의 소박한 주장입니다.

민중의 삶이 민중운동의 중심이 된다면 그것을 중심으로 해서 민중운동을 여러가지로 평가할 수가 있을 것입니다. 예를 들어 노동과 그 예술적 표현은 근본적으로 같은 것이냐 아니면 다른 것이냐 하는 질문을 던져봅시다. 자기생명, 경제적인 어떤 이득이나 정당한 댓가만이 아니라 그로써 이루어지는 충족감이나 자기 자신의 삶의 순환회복이라는 관점에서 본다면 노동과 예술적 표현, 말을 바꾸어 운동성과 예술성 등은 결코 구분될 수 있는 성질의 것이 아니라고 봅니다. 물론 용체(用體)에서의 분리와 대립을 인정합니다만 특히 민중적 삶을 기초요, 중심으로 할 때 운동과 예술, 대중화나 의식화라는 구분 따위는 넌쎈스에 가까울 정도의 느낌까지도 듭니다. 민중적 삶의 자각과정이 민중문화운동이라 한다면 이 경우에는 운동이 바로 예술이요, 대중화가 곧 의식화입니다. 탁월한 의미에서 말입니다.

신명 또는 집단적 신명

백낙청 운동성과 예술성이 기본적으로 일치한다는 것은 나도 동감입니다. 가령 임금이나 곡가 문제를 한정된 경제목표나 정치목표로 보지 말고 각자의 목표가 서로 이어지는 것으로 전체적인 것으로 보는 동시에 그 목표 하나하나가 앞서 말한 식으로 본원적이거나 근원적인 것, 도대체 어떻게 사는 게 사람답게 사는 것이고 또 삶다운 삶이냐는 물음하고 연관시켜서 한번 생각을 해야 된다는 점도 동감이에요. 그런데 문학의 주체가 '민중의 삶'이라는 이야기를 한참 듣다 보면 어딘지 모르게 조금 혼동되는 대목이 생깁니다. '활동하는 무'라는 불교적인 용어를 썼잖아요? 그래서 진리 또는 진여에 대한 일체의 개념적인 규정을 거부하는 불교적인 경지를 추구한다는 인상도 받는데, 그러면서도 그게 활동하는 무다, 자유다, 집단적 신명이다 하고 일단은 규정이 되거든요. 철저하게 불교적인 자세로 본원적인 물음을 추구한다면, 본원적인 것이 무엇이다라고 규정해서 거기서 매사가 자연스레 흘러나올 수 있는 그런 것이 아니고 오히려 그때그때 주어지는 구체적인 규정을 끝없이 깨부수는 부정의 자세가 요체가 되는 거지, 뭔가 정해져서 거기서 자연스럽게 흘러나오긴 힘들 것 같아요.

또 민중의 삶이라는 것이 김형의 이야기에서도 실제로 살아 있는 사람들의 구체적인 생존에서 출발은 하지만, 가령 생명을 사람뿐만 아니라 짐승은 물론이고 공기, 물 이런 것까지 다 포함하는, 통상적인 의미에서는 생명이 아닌 것까지 생명이라고 확대시켰다가 그것이 다시 집단적인 신명이란 것으로 규정하고 거기서 문학의 문체 문제라든가 문화운동의 방향까지 이런저런 이야기가 도출되어 나옵니다. 그러나 애초에 현장의 수많은 문제들을 총체적으로 생각하면서 항상 본원적인 문제와 연관시켜서 생각하자 하는 출발점에 비한다면 김시인의 '민중적 삶'은 어떻게 보면 예술분야 중에서도 어떤 특정한 신명을 느끼는 분야로 좁아져버린 느낌이 들기도 한단 말에요. 신명이란 게 한 개인이나 어느 특정 집단만 좋고 다른 사람이나 다른 집단은 기분 나쁘면 그건 죽임이지 신명이 아닐 거에요. 과연 어느 정도 집단적인 신명인가, 가령 굿을 하는 패거리가 한바탕 신나게 즐겼다 하더라도 그들만 즐겁고 다른 사람에게는 즐거움을 못 줬다 한다면, 또는 그 순간만 즐거웠지 장기적으로 즐거움을 못 준다 한다면 정말 집단적인 신명은 못 될 거란 말이지요. 오히려 그건 '소집단적인 신명'이라는 표현이 어울릴 것이고, 그야말로 전인류에게 전파되고 전지구적으로 동참할 수 있는 그런 집단적인 신명이 되려면 훨씬 더 구체적인 뭐가 있어야 될 것 같아요.

김지하 지적을 잘하신 거 같아요. 저 자신도 매우 설명적이란 취약감을 느낍니다. 민중의 삶을 이해하려고 한다면 바로 관계와 관계, 우선 분명한 것과 불분명한 것 사이에 또 과거의 것과 또 새로이 생성되는 것 사이에 있는 인간들의 여러가지 욕구나 충동이나 바람 이런 것들에 대한 이해의 시각이 필요하겠다, 그래서 움직이는 일체의 것 속에 있는 어떤 생명력이라고 일단은 그렇게밖에는 말 못하겠는데 그게 뭔지는 우리가 지금 찾는 과정 아닙니까? 예를 들면 『대설(大說)』 경우에는 제가 끊임없이 광대의 입을 통해서 작중 인물이나 사건의 전개를 통해서 양파를 자꾸 벗겨가는 방법에 의지하거나 이 말을 해놓고 나서도 그 말을 거꾸로 뒤집어서 사용하거나 또는 기승전결 같은 전통적인 드라마 구조에 의지하지 않고 확산구조라든가, 수렴구조라든가, 나열구조라든가 이런 것에 의지한 이유도 거기에 있습니다. 민중의 생명 또는 민중에 있어서 자기 자신의 삶을 표현하는 데 가장 원초적인 것이 노래와 이야기입니다. 노래가 상당히 정제된 것인 데 비해서 이야기는 상당히 자유롭지요. 이야기는 절대로 발단, 전개 그리고 어떤 성취, 위기, 또 반전 그리하여 종결에 이르는 그런 구조를 꼭 지키는 것이 아닙니다. 크게 전체적인 차원에서는 그런 구조가 이루어지지만 대개는 뒤에 나올 얘기가 앞에 나오기도 하고 중간에 나올 얘기가 뒤에 와서 부연설명이 되기도 하고 그런데도 전달이 되거든요. 이때 중요한 것이 이야기꾼과 듣는 사람에게서 일어나는 신명현상입니다.

소리를 할 경우에 소리를 하는 사람이 대사를 잘 외우고 단락단락에 높낮이를 잘 짜고 또 장단을 아주 잘 응용하면서 불러도 도저히 재미없는 게 있어요. 그럴 때 바로 신명이 없다고 말합니다. 신명이란 것은 눈에 보이지 않는 것이기 때문에 말하기가 매우 힘듭니다만 하여튼 이 신명을 뭐라고 정의할지 앞으로 그 개념도 가져야겠지요. 그런데 신명이라는 것은 확실히 나타난 현상으로만 보면 해방, 해방감, 성취감, 양적인 충족감, 또는 고양된 정서체험 이런 걸로 나타납니다. 그것을 꼭 어떤 마음이다, 정신이

다라고 부를 것은 없고 또 육체적인 쾌락이다, 포만감이다 이렇게 부를 것도 없고 거의 모두를 통괄하는 어떤 일원적인 움직임이 있을 것 같은데 그런 경우에 해방감은 꼭 단순한 양적인 해방감이나 포만감이라기보다는 동시에 즉 '푸지다' '구성지다' '구수하다' '멋있다' '맛나다' '흥난다' '그늘이 좋다' '오지다' '옹골지다'는 것도 있거든요. 밖으로 퍼지는 것이 신명나는 것이 있을 뿐 아니라 손 안에 쏙 들어오는 옹골진 신명도 있습니다. 이런 옹골진 신명을 바로 아름다움이라고 말할 수 있을 것입니다. 여기서 바로 민중문화의 미학적 문제가 제기됩니다. 예술이나 문학에 나타난 여러가지 민중적인 삶과 예술 및 문학적 표현의 관계를 통해서 미학적 문제를 올바로 직시할 때, 다시 말해서 자기 삶의 보다 높은 성취를 위해 활동하는 민중들의 삶 자체와 그 모든 것을 표현하고 수렴하는 민중들의 표현활동 사이에 활동하고 있는 미학적 견해를 집어낼 때 앞서 제기한 운동성이냐 예술성이냐 또는 대중화냐 의식화냐 하는 이분법이 해소될 수 있을 겁니다.

백낙청 어떻게, 얘기하면 할수록 더 헷갈리는 문제 같은데……(웃음) 나로서는 '본디성품'이나 어떤 '생명'을 설정한다기보다는 오히려 본원적인 것을 끊임없이 묻는 부정의 자세가 생명에 이바지한다고 표현하는 것이 더 불교적이지 않을까 싶어요. 물론 김형 자신이 어떤 형이상학적인 본체로서의 생명을 말하는 게 아니라 끊임없이 움직이는 과정, '상대연기(相對緣機)'라는 표현도 쓰신 것으로 압니다만, 불교의 상대연기설에 따르면 생명 자체도 허상이라는 것 아닙니까? 동시에 그 허상을 일단 있는 것으로 파악하기로 들면 불교적인 입장이야말로 지극히 과학적인 입장이지요. 또 신명의 문제에 있어서, 신명하고 과학하고는 얼핏 보면 상반되는 말 같지만, 과학성과 양립하는 신명만이 '집단적 신명'의 이름에 값하는 신명이라는 주장이야말로 가장 불교적인 생각인지 몰라요. 불교의 상대연기설이라는 것이 어떻게 보면 김형이 늘 비판하는 요소론적(要素論的)인 발상이라 할 수 있지요. 요소론을 근본적으로 부정하는 면에서는 김형의 입장하고 같지만 본디 없는 것이 일단 있는 것으로 나타날 때는 무수히 많은 요소요소들의 모임으로 나타난다는 가르침이 이른바 사성제(四聖諦) 중 집제(集諦)에 해당하는 게 아닌가 싶어요. 그래서 불교의 가르침은 요소론적인 분석, 요즘 말하는 과학적인 분석을 훨씬 중시하는 태도가 아닌가 합니다. 또 그런 것을 통해서만 '신명 또는 집단적 신명'이라는 규정이 일시적인 울분해소나 소수인의 흥겨움에 한정되지 않는 모든 생명의 원리에 해당하는 것이 되지 않을까 싶어요.

김지하 아주 동감입니다. 우리가 대개 생명이라고 부르는 것이 자유롭다는, 자유롭게 생동한다는, 그리고 끝없이 창조적으로 재생시키는, 또는 파급시키고 종을 번식시키고 그것을 자기 삶의 여러가지의 유기적인 연관을 통합하는, 일종의 성취를 우리가 생명의 활동이라고 본다면 그런 것이 도처에서 사회의 제도나 문명의 구조나 인간과 인간 사이에 여러가지 얽히고설킨 현실적인 관계나 인간의 인위적인 경향들에 의해서 자꾸 파괴되고 있는 것이 현실입니다. 여기서 민중적 삶이라고 할 때 그 삶은 상당히 포괄적인 위험을 앞에 두고 있는 게 아니냐, 그러면 이 포괄적이고 복합적인 위험 앞에서 민중이 지켜야 될 또는 회복하고 성취해야 될 가치에 대한 어떤 지적이 있어야 되지 않느냐 싶은데요. 그것을 저는 삶 또는 생명이라고 말하고 있는데, 이와같은 민중의 기초 가치관, 민중적 세계관으로서의 삶 또는 생명의 세계관은 민중예술에서는 민중의 미학적 견해로 나타납니다.

저는 바로 그 미학적 견해의 핵심을 신명 내지는 집단적 신명으로 봅니다. 신명 또는 집단적 신명이란 현실적 노동경험을 통해서 볼 때 창조적 노동 및 해방노동에서 나타납니다. 돈을 조금 더 받는다든가 또는 수당이 약속되어 있다 하더라도 신명이 안 나는 노동이 있거든요. 이건 분명히 노동의 자족적 구조가 파괴되어 있는 노동이지요. 노예노동, 소외노동, 생계

노동입니다. 자기가 한 재료를 선택해서 그걸 깎아나가고 그것을 다시 자기 자신이 사용하는 이런 자족적 구조가 파괴된 노동은 신명이 없는 노동이에요. 노래 같은 예술분야도 마찬가지지요. 신명 없는 노래는 억지노래요, 주전자운전수의 슬픈 니나노, 이른바 '아싸라비야'지요. 굿이나 탈춤, 소리 등 지금까지 전승되는 민중 연행예술들은 신명을 바탕으로 하고 있어요. 어떻게 보면 연행 쪽에서 미학적 견해의 단초가 되는 이 신명의 문제를 문학 내부에 끌고 들어온 것이 있습니다.

하여튼 저는 생명체험이라는 것이 신명의 체험과 반드시 연결되는 걸로 생각해서 집단적 신명이라는 것을 얘기했어요. 이 경우 앞서 지적하신 문화적인 또는 예술적인 또는 유희적인 그런 것 안에서만 신명이 얘기되고 기타 사회적인 제반 생활 이런 쪽하곤 연관이 안돼 있지 않느냐 그리고 소집단적인 신명과 다른 집단과의 관계에서 상대적으로 이쪽에는 신명이 있고 저쪽에는 신명이 없을 때 서로 적대관계가 있을 수 있는데 이런 경우에도 생명의 큰 연관성은 신명이라고 표현될 수 있는 것인가 하는 물음에 대해서 저는 이런 걸로 대답을 해야 되겠습니다. 과학적 인식, 현금에 유통되는 과학적 객관성의 기준으로서 집단적 신명을 이야기하기란 상당히 힘이 듭니다. 제가 강연회에서는 주관적 객관성이란 말을 썼는데 그것은 제한된 범위나 낮은 차원의 경우에도 주관적으로 요구되는 총체적인 해방이나 통합을 위해서 열심히 노력하고 능동적으로 실천하여 비로소 여러 집단들 사이에서 물결을 일으키며 현실화되어가는 그런 객관성으로 이해할 때만이 집단적 신명의 논의가 가능하다는 거지요.

백낙청 생명을 집단적 신명으로 규정하는 것 자체에 내가 반대하는 건 아니에요. 그런데 가령 현재의 노동이 신명을 죽이는 노동이라고 할 때, 그렇게 판단하는 것으로 끝나는 게 아니라, 신명을 살리는 노동을 할 수 있게 노동조건이나 사회 전체를 변화시키는 싸움이 문제가 되지요. 그러니까 일의 신명, 놀이의 신명을 말씀하셨지만 싸움의 신명도 이야기할 필요가 있겠고, 싸움은 결국 이겨야 신나는 것 아닙니까? 그러자면 이기는 방도를 강구해야 되고 현실을 정확하게 과학적으로 파악하는 것도 신명 있는 싸움의 일부가 되겠습니다. 그런 의미에서 진정한 의미의 집단적 신명은 일반성·객관성·과학성과 불가분의 관계에 있다는 겁니다. 과학주의자들이 절대시하는 과학성이 아니라 집단적 신명이 한두 개인이나 소수인의 신명이 아니라 그야말로 전인류적인 신명이 되는 과정에서 저절로 드러나는 과학성, 말하자면 이성의 신명 또는 이성적 신명이란 것도 있을 수 있는 것 아니에요?

김지하 제가 표현이 부족했던 점을 아주 명쾌하게 표현해주셨는데 바로 그렇게 되도록 부단히 노력해야지요.

『대설 남(南)』의 한계와 가능성

백낙청 우리가 문학 하는 사람으로서 과학성을 존중한다는 것이 무슨 자연과학의 지식을 나열하는 게 아니고 작품 자체를 갖고 말하는 게 과학적인 태도일 테니까 이제 작품 이야기를 좀 해보지요. 『대설』 이야기를 김형 자신이 이미 꺼낸 바 있는데, 우선 『대설』을 논의해보면 어떨까요? 제가 보기에 『대설 남(南)』*은 70년대의 소위 담시(譚詩)들이 보여준 예술양식상의 성취, 즉 기본적으로 판소리에 바탕을 두면서 현대적 장시로서 성공한 『오적(五賊)』이나 『비어(蜚語)』 등을 주로 계승하면서 동시에 그간의 사상적인 확대에 대응하는 형식의 확대와 다양화가 이루어지는 등 상당한 업적이 틀림없는데, '담시'들의 형식적 성공을 가능케 한 결정적인 동력이 그 강렬한 현실비판 의지, 말하자면 미친 척하고 한판 떠들어보든지

* 1권(첫째판 山水, 첫째마당의 첫째대목)이 1982년, 2권(첫째판 山水, 첫째마당의 둘째대목 上) 이 1984년, 3권(첫째판 山水, 첫째마당의 둘째대목 中)이 1985년에 창작과비평사에서 각각 간행되었고 그 후 중단됨 — 편자.

해야지 도무지 못 참겠다는 폭발력 같은 것이었다면 그 점에서는 『대설』이 좀 후퇴했다는 지적도 있는 것으로 압니다.

　여러가지로 스케일이 크니까 조급하게 서두르지 않는 면도 있겠지만, 『대설』에서도 현실비판은 작품의 성공을 위해 중요한 요소로 계속 지켜볼 문제라는 생각은 들어요. 가령 1권에서도 수산(水山)의 고향을 찾아 목포의 이런저런 정경을 얘기할 때가 특히 재미나는 것 같고 또 도솔천 얘기도 도솔천이라는 설정 자체의 우의적인 현실성 내지 현재성이 있어서 흥미있게 읽힙니다. 2권에서도 도솔천이 지구에 대해서 총독정치를 하는 그런 설정이라든가 또 고등 종교를 비판하는 대목에서도 사실 그리스도교를 비판하는 대목이 제일 현실성이 강하고 그래서 제일 신명이 나요. 그런 걸 볼 때는 70년대 당시에서 성공의 원동력이 됐던 현실비판의 의지가 『대설』에서도 계속 작용을 함으로써 신명에 이바지하고 있고 또 앞으로 더 그래야 되지 않느냐는 느낌입니다. 세계사를 편력하는 대목에서 템포가 좀 느려진다고 느껴지는 이유도 그게 현실과의 상관이 적기 때문이 아닌가 해요. 그래서 사실은 나뿐 아니라 여러 사람이 수산의 당대에 와야지 김지하의 진면목이 나타나지 않겠느냐 그런 얘길 하고 있어요. 그렇다고 김형이 또 무슨 고생을 치르기를 바라는 사람은 없구요.(웃음)

　그런데 『대설』의 예술적 효과를 얘기할 때 판소리와의 관계가 계속 관심사가 됩니다. 물론 저는 판소리를 많이 들어본 사람은 못됩니다만, 이것이 판소리로 불려졌을 경우를 상상하면서 읽을 때 제대로 읽히는 것 같고, 판소리라는 걸 한번도 못 들어본 사람이 읽어서는 제대로 즐길 수 있을지가 의심스럽기도 합니다. 그러나 이것 자체가 문학작품으로서의 결함이라는 말은 아닙니다. 그것이 바로 『대설』이라는 장르의 한 특성이라고 보는 게 옳을 테니까요. 가령 우리가 희곡을 읽을 때는 소설 읽을 때와는 달리 무대에서 공연하는 걸 어느정도 상상하면서 읽잖아요? 그리고 무대연극을 한번도 안 본 사람은 아무래도 희곡 독자로는 한계가 있는 것이고요.

그런데『대설』의 판소리 공연 의존도와 성공적인 희곡작품들의 공연 의존도를 비교해볼 때,『대설』의 의존도가 더 크지 않은가 하는 생각이에요. 그리고 바로 이 점은 문학작품으로서의 어떤 한계일 수도 있다고 봅니다. 시인 자신의 의도와 어떻게 되는 건지 모르겠는데, 가령『대설』에서 무슨 이름을 나열하는 대목들이 무수히 나오잖아요? 판소리에도 그런 경우가 많은데 그런 대목은 대개 명창들이 휘몰이장단으로 막 몰아치면서 솜씨를 발휘하는 맛에 넘어가지요. 그런데 명창의 소리가 생략됐을 때는 열거된 어휘들이 문학적으로 충분히 활용이 안된 어휘의 나열이다라는 인상을 받을 수가 있겠어요.

김지하 판소리에 대한 의존도라는 측면은 확실히 있습니다. 그러나 다른 측면이 또 하나 있는 것은 이 엮음이죠. 휘몰이는 장단을 말하는 거고 그렇게 써나가는 양식은 엮음이죠, 굴비 엮듯이. 이 엮음의 양식이 문학 안에서 불가능하다고 볼 수 없는 것이고 오히려 가능한데 여기에 문학적인 표현으로서의 조건이 있겠죠. 만약 판소리의 의존도가 너무 지나친 나머지 문학적으로는 오히려 파탄하고 있지 않느냐 이렇게 보는 것은 틀림없이 문학적인 표현양식으로서의 엮음을 잘해내지 못한 그 이완된 표현 때문일 겁니다. 제 자신의 기량의 부족이나 한계를 인정해야지요. 그러니까 엮음 자체도 문학적인 엮음으로서 음악성이나 음의 큰 진폭이 울려나야 합니다.

백낙청 그렇지요. 일본의 작가 오오에 켄자부로오(大江健三郎)는『대설』의 그런 대목들을 라블레(Rabelais) 소설에서 장터의 왁자지껄한 소위 다성적(多聲的) 언어를 열거하는 그런 열거에 비교해서 보고 있던데 나로서도 반대하는 건 아니에요. 내가 보기에 우선 김시인의 기질에도 확실히 라블레적이라 할 요소가 있어요. 그런데 개인적 기질보다도 더 중요한 것은 서양에서 중세 질서가 무너지고 새로운 사회가 탄생할 때 라블레가 나와서 밑바닥 민중생활이나 민중언어의 활력을 전래의 소위 고급문화와 접합시키면서 그 특유의 문학세계를 개척했고 그 일환으로 김형이 말한 엮음과 비슷한 기법도 사용했지요. 그런 식의 엮음을 문학에서 찾아보자면 휘트먼(Whitman)의 시에도 그런 게 많아요. 휘트먼 역시 신생공화국과 새로 개척된 대륙의 시인으로서 진짜 신명에 차서 엮음을 해나간 대목이 있는가 하면, 반면에 그의 이상 자체가 허황되고 개인적인 자기주장에 치우쳤기 때문에 나오는 기계적인 나열, 그야말로 누가 목록을 갖다놓고 베껴도 그쯤은 해낼 것 같은 그런 대목들도 있다고 봅니다. 그런데 『대설』에서도 판소리 명창의 공연을 떠나서 생각할 때는 다소 기계적이라고 느껴지는 면이 있거든요.

김지하 네. 그러니까 이완된 표현이지요. 첫 권의 도솔천궁에 있어서의 엮음이 신명이 드러나는 데 비해서 2권에서 잘 안 와닿는 대목이 있다고 들었습니다. 기계적 나열이라는 표현도 그와 관련해서 본다면 적절할 수 있겠습니다. 예를 들어 현실적인 어떤 연관이나 연상을 안으로 접어넣는 그런 엮음이 있어야 하는데 그게 잘 안 이루어지고 물건 명칭만 쭈욱 나열되어 있습니다. 사실 그건 어딘지 모르게 이완되어 있고 또 표현상 서툴렀다고 봐야 되겠지요. 아니면 호흡이 너무 가빴거나. 여유가 있을 때하고 여유가 없을 때는 확실히 구별이 됩니다. 이 여유란 것이 바로 신명하고 관련이 되는데 자유, 해방감, 잉여, 여백, 능청스러움, 넉넉함, 이른바 '활동하는 무, 또는 자유'라는 것이겠지요. 여유가 없을 때는 물건 이름만 주욱 늘어놓는 그런 결과가 오는데, 여유가 있을 때는 그 물건을 얘기하면서 그 앞에 붙일 것 다 붙이고 나서도 또 잔소리 한참 하고 그래서 그 자체가 이미 생생하고 재미나는 글이 된단 말예요.

그렇지 않고 쭉 늘어놓는 경우, 그런데 이 경우에도 몇 가지를 생각할 수 있겠어요. 지금 민중 혹은 민중시대의 등장으로 사회 전체가 활발한 움직임을 보이고 있는 것처럼 구라파 시민계급이나 소위 시민의 형태로 민중들이 중세의 여러가지 답답함을 뚫고 나오던 무렵에 라블레도 그에 대응하는 문학적 장치로서 새로운 엮음을 창출해내지 않았나 싶어요. 그러한 엮음은 문학적 장치를 군이 고려하지 않더라도 그 자체로서 박물지적인 의미가 있을 수 있습니다. 물건의 많은 양 또는 온갖 시끄러운 소리 속에서 홍청거리는 그 자체가 이미 중세적인 엄숙주의나 정신주의를 깨고 나오는 거 아닙니까? 엮음의 판소리, 탈춤, 사설시조, 그리고 가사체에서도 「한양가」 같은 것은 다 그런 면들이 있지요. 그러나 그것을 오늘에 계승할 때는 이중성, 양가성 등의 문제가 있습니다.

형식을 그런 점에서 볼 때 지금 우리나라에 있어서의 민중이 지니고 있는 여러가지 특질이나 사회에 대두하고 있는 어떤 활력의 내용 같은 것이 긍정적인 면, 또는 반대로 부정적인 면, 소극적인 면, 적극적인 면, 이렇게 다양하게 양가적인 측면을 갖고 있는데 예를 들어 시장 가서 건어물도 있고 채소도 있고 막 그러면 신이 난단 말이에요. 그 신나는 것에서 오는 그 잉여 체험이라 할까요, 잉여 체험 그런 것과 동시에 그것을 살 수 없다는 소외감을 느낄 겁니다. 그렇게 물건들을 살 구매능력이 없는 사람에게 있어서는 시장의 활기가 괴물처럼 느껴지기도 하겠지요. 담시에서도 두 가지 경우의 엮음으로 분류가 돼요. 민중이 가진 자기 삶의 충족감에 토대를 두는 자기긍정적 신명, 민중의 적에 대한 풍자로 확대되는 부정적 신명에 따른 두 가지 엮음이 그것입니다. 하나는 '오적(五賊)' 같은 자들이 누리고 있는 어마어마한 물건들, 우리 손에 도저히 안 닿는 물건들을 나열해서 오적들을 비꼬는 것과 또 하나는 민중들 자신이 이놈 저놈 다 몰려나와 가지고 와 와 악쓰는 자신감에 찬 그런 쪽에서 막 늘어놓는……

백낙청 네. 그런 측면들이 분명히 있고, 또 하나 지적한다면 나라를 잃고 언어를 빼앗겼던 민족으로서 되찾은 말들을 입에 굴려보는 기쁨, 그냥 낱말만 나열하더라도 신명이 난다는 그런 측면도 분명히 있는 것 같아요.

김지하 그것이 집중적으로 나타난 것이 2권 초두 도입부의 그 순창 회문산에서 모악산까지 가는 과정에 나오는 제비장골, 내비장골 같은 지명의 나열이 있지요.

백낙청 거기서는 우리말로 된 지명들이라 우리 토착어를 재발견한 기쁨이 있는데, 또 한자 지명을 갖고 재담한 것도 있잖아요? 한자어 이름이라서 다소 거리감이 있던 것이 우리말로 우리 시인이 아니면 쓸 수 없는 재담에 활용되었기 때문에 한자 지명이 말하자면 토착화되는 효과도 있더군요. '지명타령'이라 할까요, 하여간 재미있더군요.

김지하 지금 민중문학의 전승 내용을 볼 때 지적하고 넘어가야 될 부분이 있는 것 같아요. 굿이나 소리 경우 일종의 생체적인 표현, 육체성이라고 얘기하죠. 예를 들면 생식기도 있습니다만 그런 것은 세계에 대해서 개방적인 거지요. 생식기는 대개 욕설로 표현됩니다만……

백낙청 김시인은 타고난 욕쟁이 아니요?(웃음)

김지하 욕이 말입니다, 욕이 바로 육체성이에요. 세계에 대한 민중의 생물학적 개방이지요. 그러니까 욕이 이미 그땐 욕이 아니고, 세계를 멀리 앉아서 관조하는 게 아니라 피부로 피부를 비비작거리면서 관념이 아니라 인간의 피부가 세계의 피부와 부벼대면서 흡수, 배설, 신진대사를 해가면서 땀이 중간에 질척질척하는 그 땀 또는 정액, 또는 고름으로 바뀌어서 판소리 재담에도 많이 나오는데, 그런 욕들에 전체적인 어떤 흐름을 주면 이런 것들이 바로 중세적인 경건주의, 정신주의, 도덕주의의 속박을 깨뜨리고 나오는 시민사회의 인성발견으로까지 나갑니다. 이것은 앞으로도 전승과정에서 기본적으로 존중되어야 될 미학적 가치 같아요. 그러나 반면에 이것이 육욕, 육욕의 확대, 포만감의 확대 그러니까 금전소지자의 능력에 대한 과대한 평가 같은 것은 또 한번 부정이 필요한데 이런 과정에서는 중세적인 정신주의가 표현해냈던 표현장비들을 우리 나름대로 거꾸로 활용해서 정신주의와 소위 육체성, 물질주의 혹은 유물주의 같은 것을 동시에 지양하는 창조적이고, 통일적인 방향으로 민중예술의 이월가치들도 전승되어야 할 것입니다.

여기에 바로 형식이나 양식 문제가 제기됩니다. 사회적 삶의 복잡성 또 그 안에 일어나는 온갖 상상, 공상, 망상이나 또는 욕구, 그 욕구에 대해서 거의 충족되지 않는 현실적인 불만과 욕구 사이에 갈등관계라든가 이런 것과 제도화된 윤리적인 틀 사이에서 일으키는 문제가 예를 들어서 돈을 버는 실제 현장이라든가 노동하는 현장에서 일어나는 마찰 가운데 어떻게 인간과 인간 사이에 작용하느냐 하는 것도 형식이나 양식의 차원에서 생각해야 합니다. 이런 복잡한 현실을 표현하고자 할 때 앞서 얘기한 육체성으로 나타난 시민사회의 인간성, 휴머니즘의 양식적 표현 같은 것이 충분히 존중되면서도 『옥루몽(玉樓夢)』이니 『구운몽(九雲夢)』이니 하는 몽자류(夢字類) 같은 데서도 나타난 중세적인 세계의 총괄적 이해가 새 차원에서 필요합니다. 거기서 내려와가지고 다시 돌아가고 또 내려오고 하는 이런 활용이 가능하다면, 중세와 근세의 인간과 세계의 유기적인 이해에 관한, 요즘 흔히 쓰는 말 한번만 씁시다, 중세와 근세의 변증법적 통일(웃음) 이런 것을 소위 제3세계 민중문학 또는 민중적 상상력에서도 한번은 관심을 가져볼 만한 측면이 아닐까요.

백낙청 변증법이란 말은 나도 이제까지 한번도 안 썼지만(웃음) 변증법적 통일이라든가 김형이 말하듯 창조적 통일이라든가 하는 것이 진정으로 창조적인 통일이 되고 변증법적인 통일이 되려면 통일만이 아니라 개별화 내지 개별성에 대해서도 우리가 문학작품이나 또는 민중문화운동에서 좀더 마음을 써야 되지 않을까요? 육체성이란 이야기가 나왔습니다만 우리 육체라는 게 그야말로 따로따로 있는 몸뚱이들 아니에요? 우리말에 '살을 섞는다'는 표현이 있긴 합니다만 문자 그대로 섞어놓으면 죽어버리는 게 생명체지요. 마찬가지로 작품의 경우도 이것저것 너무 융합을 하려다 보면 개별적인 것에 대한 인식이 흐려지고 생명력이 오히려 약화되고 맙니다. 소설에서 주로 말하는 사실성(寫實性)이라는 문제를 제가 중시하는 이유가 그것인데 물론 과학주의에 근거한 사실주의를 고집하려는 것은 아니고 그야말로 생명의 개별성 내지 구체성을 존중하는 의미에서의 사실성, 이 사실성에의 존중이 소설문학의 큰 장점이겠지요.

그런 의미에서 대설과 소설을 한번 비교해보면, 그 둘이 이름만큼 다른 것 같지는 않아요. 소설이라는 게 말하자면, 서양식 대설이거든요. 그 이전 여러 장르들을 전부 잡아먹고 훨씬 자유분방하게 출발한 게 서양의 장편소설인데, 대설과 장편소설을 비교해보면 대설은 판소리에 바탕을 두었기 때문에 훨씬 더 자유로운 면이 있고 또 공연예술이나 소리에 더 친숙한 면이 있는 대신에 바람직한 의미의 사실성 혹은 개별성에 대한 존중이란 면에서는 좀 소홀한 것 같아요. 사실주의 소설을 따르라는 이야기는 결코 아니고, 바람직한 사실성의 밑바닥에 깔린 본원적인 개별성이 좀더 중시되었으면 하는 거지요.

김지하 개별성이 중요하지요. 반면에 대설이 소설과 시의 복합체라고는 제가 얘기 안하겠습니다만 시적인 어떤 상상력, 그러니까 표현에 있어서는 비록 산문적인 구조를 갖더라도 전체적인 리듬은 운문에 바탕을 두고 있습니다. 이런 점에서 볼 때 앞서 제가 얘기한 주체가 어떤 주인공이 아니라, 주인공의 삶이라는 것, 사는 것에서부터 나온다는 것이라고 할 때 개별성이 존중되면서 동시에 그 개별성 안에 복잡한 온갖 기억이나 충동이나 사건들이 들어 있는 개별성을 창조하려고 시도했는데, 그건 모험일지도 모르겠습니다. 수산이라는 자가 사는 그 삶이 그래요. 일단 외피에 있어선 수산이라는 개별성이 모여 있어요. 그러나 수산의 내부에서 진행되는 것이 과연 개별성이냐 할 때 그의 개별성과 함께 그가 살고 있는 역사적·사회적·문화적·종교적 삶의 복잡 다양한 여러가지 활동이나 율동 같은 것이 주체가 되어야 한다는 생각입니다. 수산의 삶이 주체니까, 그의 삶은 온갖 시대적·우주적 연관 속에 파동치는 것이니까요. 이제까지 소설적 개별성은 다분히 관찰된 개별성으로 조금 치우친 느낌이 있습니다.

백낙청 그렇지요. 특히 사실주의 소설에서 단점으로 들 수 있는 게 그

겁니다. 그야말로 함께 신명을 나누는 게 아니고 따로 떨어져서 관찰하는 르뽀적 자세에 치우친 면이지요. 그러나 소설도 가지가지 아니겠어요? 그야말로 여러가진데, 내가 보기로는 서구에서도 장편소설에 사실적인 충실성과 함께 시적인 고양감을 합치는 데 폭넓게 성공한 것은 19세기에 와서가 아닌가 합니다. 그나마 그것이 그렇게 오래 지속된 것도 아니라고 봅니다. 그러니까 역사적으로 어느 싯점에 이루어졌다가 다시 쇠퇴하기도 하는 거고 우리는 또 우리식으로 그걸 성취해야 될 텐데 대설꾼은 대설로 하고 소설가들은 소설에서 해봐야겠지요.

김지하 물론입니다.

백낙청 이 개별성이라는 걸 『남(南)』과 관련시켜 한마디 더 하자면, 생명의 신비랄까 이런 것을 많이 얘기했는데 개별성의 신비에 대한 실감은 좀 부족한 것 같더군요. 가령 1권에서 개벽이 될 때도 개벽으로 갈라지고 이것저것이 나타남으로써 이제 망조가 들기 시작했다는 쪽에 치우쳐 있어요. 개벽이 되면서 갈라지고 뭔가 나타나는 그 자체는 얼마나 신비한 현상이며 나름의 신명에 찬 현상이겠어요? 『대설』에 나오는 도솔천왕의 선천개벽옹호론하고는 다른 의미에서 개벽의 그런 면도 생각해보았으면 좋겠습니다.

김지하 앞으로는 백선생님의 그와같은 개별성이라고 부름직한 것들이 상당히 추구가 될 것입니다. 지금 수산에서 진행되는 과정이 어떻게 보면 과거죠. 수산에 있어서의 과거일 뿐만 아니라 민중 전체가 하나의 개별성을 가지면서도 그것이 전역사로 볼 때 하나의 집단적인 생명활동의 주체라고 한다면 전체 활동 가운데에서는 약간 즉자적 단계라고 할까 해야 할 것입니다. 소위 근대란 다분히 자각적인 혁명으로 자신들의 잠재적 세계관을 들어올리면서 중세적 감금을 부수고 나가는 시기입니다. 그때는 개별성 안에서도 자기 자신의 역사에 대한 성찰이 이루어진다면 제가 삶이 주체라고 했을 때 개별성을 가진 채로 수억만 년에 걸친 어마어마하게 가 없이 넓은 그런 생명활동의 장이 역사 안에서 자각적으로 성취한 민중집단의 삶이 됩니다. 동학, 태평천국의 난, 세포이 반란 이런 것이 서양과 동양과의 부딪침만이 아니라 우주질서의 변경과 관련이 있다고 보면 개별성의 내용이 굉장히 확대 강화될 것입니다.

백낙청 여기서 말머리를 돌려 '선천시대, 후천시대'에 대해 이야기를 나누어보지요. 나는 김형이 과거를 보는 눈이 너무 인색한 게 아닌가 생각될 때가 있습니다. '선천시대, 후천시대'는 김형 자신의 표현대로 일종의 화두(話頭)라야지 문자 그대로 적용해서 이제까지의 모든 사상과 문화가 쓸데없다는 식이 되어서는 안되겠어요. 물론 김형 자신이 그 점을 경계하는 발언을 『밥』(분도출판사 1984)에서도 했습니다만, 구체적으로 소위 선천시대에 속하는 시기에서 우리가 후천시대에도 살려야 할 중요한 업적과 사상이 어떻게 축적되어왔고 또 축적을 위해서 얼마나 많은 사람들이 피를 흘렸는가에 대한 충분한 인식이 아쉬울 때가 있습니다. 나는 근본적으로 제3세계 민중이 각성하면서 세계사에 전혀 새로운 어떤 국면이 열리고 있다, 또 여기에 부응하는 새로운 사상이 나와야 된다, 또 이것이 나와야 될 뿐 아니라 이 땅에서 나올 수가 있고 남북통일을 하기 위해서도 나와야 된다, 또 이미 상당히 나온 바 있다, 하는 여러가지 점에서 김형과 공감하는 사람인데 다만 '선천시대'라는 말 속에 너무 많은 것이 싹 쓸려버리는 게 좀 불만이에요.

김지하 그건 제가 인정하겠습니다. 삶이 주체가 된다고 할 때 『대설』3권에서는 민중운동, 특히 중국의 백련교(白蓮敎)의 반란을 통해서 주원장(朱元璋) 같은 자가 아니고 그야말로 민중 속에서 활동하다 소두목으로 죽어간 몇 사람이 나옵니다. 일종의 소두목 전기가 나오는데 그 출생과 굶주리는 고통, 농사짓다가 쫓겨나가지고 떠돌이가 되고 그래서 소주, 항주 쪽에 흘러가서 직조공이나 주물공으로 일하다가 손이 잘리고 거기서 스트라이크에 들어갔다가 송장처럼 개굴창에 던져졌을 때 환상을 보는 과정으로 이어집니다. 거기서 비로소 자기 존재가 전우주적으로 확대되면서 그 안에 황금빛 벼가 물결치는 잃어버린 고향을 봅니다. 거기서부터 이 친구가 민중이란 게 전생명이란 것, 남녀노소 없이 존엄하다는 것도 깨닫게 됩니다. 이렇게 해서 조그만 운동을 시작하다 잡혀가 죽죠. 이 친구의 대목을 비롯해서 앞서 얘기한 삶이 주체를 이룬 인물들이 많이 등장합니다. 저는 이것을 후천은 실천 속에 숨어 있고 선천은 후천에서 드러난다고 말한 적이 있습니다. 달리 표현하면 민중의 후천개벽적 삶은 선천 속에 숨겨진 채 드러난다고 말할 수도 있지요. 제가 선천시대 역사에서 민중의 공동체적 삶의 사상과 민중저항사의 흐름을 중요시하는 것도 그 때문입니다. 하여튼 삶이 주체라는 것만은 분명하고, 그런 과정에서 뒤집어엎기가 많이 나오지요. 소위 민중의 자각적인 활동, 특히 조직 활동이 나타나면 그 이전에 역사를 뒤집어가지고 다시 올라가는 거지요. 몇 번을 오르락내리락할지 모르겠지만 글쎄 내가 참 번거로운 짓을 시작했다 하는 후회도 들긴 합니다.(웃음)

백낙청 바로 그게 『대설』의 장점이지요. 『대설』은 여하튼 재미가 있거든요. 말하자면 김형의 사상이 가장 집중적으로 드러나 있으면서도 마음대로 뒤집으면서 나가니까 사상 자체에 동의하지 않는 사람도 재미있게 읽을 수 있는 게 『대설』인 셈이지요. 사람들이 『밥』이라는 책하고 『남(南)』이라는 책하고 비교해서 많이 이야기하는데, 『밥』의 사상이 『남』에서도 대체로 이어지곤 있지만 지금 김형 말하듯이 자꾸 뒤집어지기도 하고 물줄기가 변하기도 하면서 나가니까 차원이 좀 다르다고 봅니다. 막말로 이건 광대가 한바탕 '된장을 풀었다'고 생각하면 『밥』의 사상에 동조 안하는 사람이라도 얼마든지 흥겨울 수가 있지요. 『밥』의 경우에는, 요전에 김형이 동아일보에서 최원식(崔元植)씨하고 대담을 하면서 그런 말을 한 적이 있지요. 화엄경을 보니까 눈에 띄는 게 저술자들이 전부 법설(法說) 형식으로 표현하고 있는데 뭔가 자신이 없어 그런 것 아니냐, 우리 시대는 신학이나 철학보다는 문학이 더 위대한 시대 아니냐 하는 이야기였는데, 『남』하고 『밥』을 두고도 그런 비교가 가능하지 않은지……

김지하 맞습니다. 섣부르게 철학적인 개념 몇개 가지고 쌩소리 늘어놓으며 얘기할 일이 아니죠. 광대는 역시 광대답게 흰소리를 쳐야 되지요. 백번 맞습니다.

제3세계 문학으로서의 민중문학

백낙청 그럼 여기서 이런 이야기가 민중문학이나 제3세계의 문학과는 어떻게 연결되는가를 살펴보는 게 어떨까요?

김지하 제3세계 민중문학에서 미학 문제를 다루면서 백선생이 소설과 시라거나 또는 다른 양식이 현실을 묘사하거나 표현하는 데 있어서 단순한 서구적 19세기 리얼리즘 같은 게 아니라 초현실적이라 부를 정도의 어떤 초자연적인 표현이 개입하는 것이 중요한 특성이지만 그러나 역시 리얼리즘이 기조를 이룬다고 하셨는데, 제가 말씀드린 시민사회의 인간중심주의와 중세이념의 새로운 지양이랄까 창조적 통일을 이루어야 한다는 것과 어떤 면에서 대응하는 것 같아요. 예를 들어 가르씨아 마르께스 (Gabriel García Márques) 소설의 경우 초자연적 표현이 개별성은 인정하되 자연성은 깨는 거죠. 개별성은 충실히 지키되 그 개별성의 삶이나 개체의 삶의 자연성을 깨뜨리면서 초자연적 표현으로 끌어들이지 않습니까? 레메디오스의 승천이나 또 이상하게 생긴 목신 같은 괴수가 발자국을 남기고 가는 거나 이런 건 다분히 서양 회화나 문학 전통 안에서 보이는 인수동체론(人獸同體論)이랄까, 신인동형설(神人同形說)이랄까, 즉 가시적인 형상을 통한 초자연성의 표현 같은 것입니다. 이런 가시적 형태로 표현하고자 하는 초자연성은 자연성의 파괴를 그런 식으로 가져가는 게 아닌가 싶은데 서양예술에서의 이와같은 가시적인 초자연성, 날개 달린 천사, 엄청난 근육을 가진 신들의 표현이 가진 형상주의적이고 물신주의적인 한계나 제약은 그것대로 극복하면서 우리가 제3세계적인 그런 특징을 우리 민중문학 안에서도 형식문제로 생각할 수 있다면 매우 의미있는 것이 될 것 같아요. 지금까지 말씀드린 대로 삶 자체라는 것은 온갖 걸 다 포괄하는 거 아닙니까? 민중적 삶의 기초가 현실적 삶, 사회적 삶에 있으나 동시에 우주적 총괄을 포함하고 있으며 사회적 삶에도 끊임없는 환상적 욕구, 망상적 욕구까지, 특히나 오늘같이 병든 시대에는 그 망상적인 욕구가 인간의 명명백백한 사회적인 교환관계에서도 일어날 수 있는 것입니다. 그렇게 인정해야 될 것 같아요.

백낙청 현실이 변한 만큼 따라가야 하는 게 리얼리즘 아니겠어요? 그것을 표현하는 온갖 새로운 기법이 나와야 되는 것이고, 그 변화를 주체적으로 표현했다기보다는 추종했다고 할 모더니즘으로부터도 관점을 달리하여 새로 포용해서 활용할 수 있는 건 활용해야겠지요. 그런 의미에서 초현실주의적인 것이 제3세계의 현실과 만날 때 오히려 리얼리즘적으로 된다는 말을 제가 했던 것인데, 제가 보기에는 가르씨아 마르께스에서 제3세계적 리얼리즘의 신경지가 열렸다거나 개별성이라는 게 충분히 존중되어 있는 것 같지는 않아요. 작중 인물들이 개별화되어 있다는 점에서는 개별적이지만 우리가 얘기하던 차원의 개별성이라는 것은 그야말로 전사회와의 관계, 나아가서는 전우주와의 관계도 되겠지요. 어쨌든 구체적으로 현실 속에서 개인 또는 개체가 나머지 모든 것과의 관계에 의해 규정되는 개별성이니까, 개별성이라는 것은 항상 구체적인 사회·역사 현실에 대한 인식에 입각한 전형성과도 통하는 개별성이어야 하는데 가르씨아 마르께스의 소설이 그런 차원에 가 있는 것 같지는 않아요.

우리나라에서 장편소설은 옛날에도 드물었고 지금도 좋은 게 드물어서 아쉽지만, 우리 주변의 훌륭한 작가가 민중적인 공감을 갖고 사회현실이나 역사현실을 정확하게 그리면서 고양된 시적인 감동으로 써낸 단편들을 보면 가르씨아 마르께스보다 오히려 더 튼튼한 데가 있지 않나 하는 생각을 하게 됩니다. 시에서도, 이제까지 『대설』 얘기밖에 못했습니다만, 김 시인 자신의 최고의 서정시들, 또 요즘 나오는 시들 가운데서 특히 좋은 게 나올 때는 라틴아메리카보다는 오히려 이쪽이 더 민중적 활기가 있지 않은가 그런 생각이 들어요. 김형도 가령 후배 시인들 중에서 과연 내가 얘기한 정도로까지 높이 평가할 만한 시인이 있다고 생각하시는지, 몇 사람 거론해보는 게 어떨까 싶군요.

김지하 우선 저는 이동순(李東洵)씨를 들겠어요. 이동순씨 경우에는 앞서 우리가 지적한 그런 특징들이 큰 강점으로 나타나면서 그것이 현실에 대응하는 탄력도 갖고 있는 것 같아요. 다만 조금 불만인 것은, 그건 저도 가지고 있는 것입니다만 현실에 대한 접착력이 조금 약해지는, 그래서 폐쇄적인 완결구조로 가는 게 아닌가 싶어요. 접착력이라는 것은 점액질적인 것을 얘기하는 것이 아니라 개방할 수 있는 특질을 얘기하는 것이에요. 그것은 가사체에 대한 오랜 집착에서 오는 게 아닐까요. 그 외에 하종오(河鍾五)와 김용택(金龍澤)을 들 수 있겠는데 하종오씨 경우에는 개방성이 상당히 강한 것 같아요. 그 언어의 특징은 개방성이 굉장히 강한 점인데 최근에 노래시에서 왜 단순 4음보 기조를 계속 고수하고 있는지 잘 이해가 안되는데 그걸 좀 대담하게 깨뜨리고 나왔으면 해요. 개방성이라는 점에서 볼 때 오히려 시인과 그것을 읽는 사람과의 관계를 중층화하는 것 같아요. 그러니까 일방적으로 이쪽에서 저쪽으로 보내는 것만 아니고 저쪽에서 이쪽으로 들어오는 관계까지도 열려고 하는 감수성이 있지 않느냐 싶은데, 그건 상당한 특징이죠. 대개 닫잖아요? 아무리 살아 생동하는 음악성을 추구하더라도 대개는 작품의 외피에서 문을 닫죠. 완결하려고 하는 바느질쟁이 근성이 있어가지고 시치미를 떼버리려고 하는데 하종오씨는 이상하게 열려 있어요. 그건 아주 좋은 특징인데 그걸 살려서 쓰면 좋을 것 같아요.

김용택씨 경우에는 오히려 나하고 제일 비슷한 사람이 아닌가 하는 생각이 드는데 아전인수인지 모르겠습니다만 말의 특질이 서정적 구조보다는 긴 타령이나 이런 쪽으로 나가야 훨씬 말들의 관계가 살아 필 것 같은 느낌이 들어요. 단순히 길이만이 아니라 폭, 크기 이런 것이 좀더 커졌으면 하는 생각이 드는데 그것이 커진다면 대단히 엉뚱하기도 하고 그러면서도 비수처럼 찌르고 들어오기도 하고 뒤통수를 치기도 하고 그런 것이 능란해질 시인같이 보여요.

백낙청 그런 가능성이 있는 한편 서정이라는 면에서도 아주 짙고 특이한 게 있는 시인 같아요, 김용택씨가.

김지하 있어요. 흙이나 물, 하늘, 사물들에 대한 원초적인 연관을 밑에 깔고 있는 것 같아요. 그러니까 짙어지죠. 그런 건 굉장한 특질이죠.

백낙청 이동순씨나 하종오씨, 김용택씨 모두 제가 좋아하는 시인들인데 의견이 일치해서 반갑습니다. 젊은 서정시인들 중에 나해철(羅海哲)씨나 곽재구(郭在九)씨도 거론해보면 좋겠습니다만 시간제약도 있으니 좀 성격이 다른 시인 이야기를 해보지요. 요즈음 박노해 시집『노동의 새벽』이 나와서 나도 읽고 감명을 많이 받았는데, 한편으로는 그걸 가지고 기성 문인들이 너무 기가 죽는 걸 보니 불만스럽기도 해요.

김지하 그 얘기를 많이 들었습니다. 저도 동감입니다. 박노해씨 시에 대해서 얘기할 때 우리가 우선 경의를 갖고 얘기를 해야겠죠. 그것이 먼저 전제가 되어야 할 것 같습니다. 기법상의 문제가 그렇게 크게 작용을 하지 않고도 훌륭한 미덕을 많이 갖추고 있다는 점도 뛰어납니다. 그런데 지식인 출신 문인들이 거기에 기가 죽는다는 건 조금 탐탁지 않습니다. 박노해 시에서 제일 먼저 발견이 되는 건 신선함입니다. 그건 마치 모처럼 새벽에 일찍 일어나가지고 인제 건강하게 살자 이렇게 마음먹고 새벽길 떠나는 사람이 코로 느끼는 새벽 공기 같은 신선함이 있어요. 그런 것들이 도처에 보여요. 삶 자체를 건강하게 살려고 애를 쓰면서 살아온 것이 그대로 나와서 그럴 겁니다.

또 문학 안에 들어 있는 속셈 그 자체를 평가해야 할 것 같아요. 그런데 중요한 것은 그 속을 표현하는 것입니다. 그 속셈이 요구하는 형식을 시인이 아직 얻지는 못한 것 같습니다. 독자가 읽을 때 좁쌀알 같은 속셈으로 퍼지는 것이 시의 울림인데 이 울림에서 가장 결정적으로 작용하는 것이 형식이에요. 형식이 내용을 확산시켜주어야 하는데 박노해씨의 경우 오히려 이것을 깎아먹고 들어가는 것 같아요. 박노해씨의 시의 형식은 소외된 노동자의 불안정한 생활을 의미연관에 따라서 단편적으로 끊어가지고 축조하는 시적 전개를 가지고 있어요. 그런데 그런 시적 전개 구조를 따라가다 보면 자칫 요즈음 노동운동에서 주장하는 슬로건 차원에 머물기 쉬워요. 그걸 뛰어넘을 수가 없어요. 박노해씨의 속셈이 가진 신선한 활기 속에서 밀고 나오는 노동자만의 활기가 거기에 걸맞은 어떤 형식을 찾았더라면 요즈음 노동운동의 새로운 방향까지 제시할 수 있는 어떤 형태의 예감까지도 나타날 수 있었을 텐데 결국은 통상의 노동운동이 제기하고 있는 슬로건 이상의 시적 결말에 이르지 못하고 말았어요.

여기에서 얼핏 조세희(趙世熙)씨의 소설이 떠오르는데요. 조세희씨의 소설을 저는 별로 좋게 보지 않았어요. 조세희씨의 소설은 노동자의 삶을 그렸는데도 노동자의 삶이 소설의 중심을 이루고 있지 못합니다. 작품을 만들 때는 거기에 새로운 형성과정이 있을 거예요. 그 형성과정에서 기존의 양식화된 틀이 선택될 때는 그 기존의 틀도 변형되면서 반짝하고 새롭게 나타나잖아요? 그런데 그런 형성과정이 밀고 나오는 어떤 힘에 따라서 형성되는 것이 아니라 바깥에서 끌어내어가지고 쓰는 거예요. 박노해씨의 경우는 그게 아닌데도 그들을 끌어들여가지고 손해를 본 것 같고.

백낙청 조세희 소설하고 박노해 시의 결정적 차이는 안에서 겪은 것하고 밖에서 본 것하고의 차이겠지요. 그래서 박노해씨의 시를 보면 노동자들의 고난이나 원한뿐 아니라 노동하는 사람의 신명도 있거든요. 어떤 점에서 결정적인 차이인데, 조세희씨의 『난장이가 쏘아올린 작은 공』이 70년대 한국 소설의 정점이라는 주장에는 결코 동조할 수 없지만 한 가지 두둔하는 이야기를 하자면, 노동자의 이야기면서도 형식이 너무 비대중적이고 현대적이라고 비판들 하잖아요? 그런데 형식 자체는 조세희씨의 경우 그렇게 하는 것이 오히려 정직했다고 봅니다. 말하자면 밖에서 본 사람의 시선을 가지고서 작품을 만드는 데 알맞은 형식을 만들어낸 것 같아요. 그러니까 기본적인 한계는 그 작가가 서 있는 위치라든가 생활경험에 있는 것이고 형식 자체는 오히려 그 한계에 맞춰서 만들어졌고 그렇기 때문에 덜 거짓말이죠. 밖에서 본 사람이 마치 안에서 겪은 것처럼 거짓말하려다가 들킨 경우는 아니라는 겁니다.

박노해씨의 경우와 관련해서 한 가지 재미있는 것은, 김형이 늘 주장하는 게 우리가 신명을 얘기하자면 역시 농촌공동체에 많이 의지할 수밖에 없지 않느냐는 건데, 박노해씨도 농촌 출신일 테고 우리나라 대부분의 노동자들이 농촌 출신이기 때문에 그런 신명하고 무관하지는 않겠지만, 박노해 시의 형식이나 가락에서는 사실 농촌공동체 같은 게 별로 느껴지지 않거든요. 그런데 이것은 노동자들 개개인의 문제라기보다는 아직까지 농민운동과 노동운동이 제대로 연결되어 있지 않다든가 또 노동자들의 생활 자체가 임금도 그렇고 노동시간도 그렇고 노동환경도 그렇고, 어떤 기본적인 주장을 하고 지금의 노동현실에 대해서 고발을 하는 기본적인 문제제기 이상의 여유가 없다는 현실과 관계가 있는 게 아닌가 싶어요. 박노해 시인 자신도 물론 앞으로 더 발전할 것이겠지만 노동운동 자체가 더 성숙하고 노동조건이 개선되어야 더 풍성한 노동문학이 나올 것 같습니다.

김지하 예, 좋은 지적입니다. 바로 그것이 민중문화운동의 중요한 역할입니다. 그러니까 지금 어떻게 보면 이 얘기는 바로 민중적 삶이 참으로 올바른 전개방식을 찾는 과정과도 일치하지 않아요? 그런데 이것이 양식이나 형식 문제하고 관련이 있거든요. 작품 창조에 있어서의 형성과정 즉 민중의 주관·능동적인 요구와 실천이 현실로 객관화되는 과정, 즉 조직적으로는 운동과정이라는 것을 볼 때 지난 60년대에는 산업화의 비전이라는 것을 반대하지를 않았었죠. 지금도 일반화되어 있는 것은 농촌보다는 도시가 살기가 좋은 거고 좋은 건 좋은 거다 이거죠. 아궁이에다 불을 지펴가지고 밥을 해먹는 거보다는 압력솥이 좋듯이 산업화하는 것은 좋은 것이다, 근대화라는 것은 좋은 것이다, 또 자동차 많아지는 것도 좋은 것이다, 또 나아가면 국방에 있어서 핵폭탄 많이 가진 것도 좋은 거다, 이렇게 상당히 소박할 정도로 우리가 낙관론에 지배되고 있는데 그렇지 않은 역류가 문제입니다.

예를 들면 박노해씨 자신의 문제라기보다도 일반적으로 노동자들이 도시에서 사는 데서 농촌에서 사는 것보다는 편리함을 느낀다고 봐요. 그러나 노동자문학의 경우가 되면 무언가 좀 달라지죠. 노동자인 전인격적인 호소와 삶 자체의 전율 같은 것이 배어나와야 합니다. 70년대 초반부터 하나의 거대한 집단으로 도시노동자가 만들어지기 시작하고 이들 속에 있는 농촌공동체의 여러가지 추억, 농촌적 삶에서의 가치관 또 그들이 신봉했던 종교들 그리고 여러가지 전설들이 있잖아요? 박노해 시인의 시집에서 아직 그런 것을 못 봤어요. 예를 들면 말의 움직임도 그렇고, 직업 노동자들의 삶에 가장 돌출되는 부분, 즉 임금문제라든가, 부당노동행위라든가, 탄압이라든가, 해고라든가 이 문제를 보는 시각이 그때그때 쉽게 작용하는 제1차적인 '문제당' 대응 같아요. 세계를 보는 눈 같은 것이 있어야 해요. 노동운동 하는 친구들과 자주 접촉하면서 들은 얘긴데 대체로 집단에서는 잘 나타나지 않고, 아직까지 개인적인 문제 가령 연애라든가, 결혼해야 된다 이렇게 절박할 때는 농촌적인 가치관이 나온다고 해요. 결국 자기 안에 들어 있는 가치관은 어쩔 수 없이 농촌공동체적인 것이지요. 지주나 그 마을의 촌장하고 기타 마을사람들과의 관계가 조그만 중소업체의 사장하고 공원들 사이에도 일어나는 거지요. 맞보기는 못한단 말예요. 임금이 체불되어도 맞보기는 못해요. 나이든 사람에게 그러기야? 그러면, 미안합니다, 이렇게 나오기 일쑤지요. 이것은 부정적 측면일 수도 있고 긍정적 측면일 수도 있는데 어떻든 그런 판단이라든가 가치관, 기억전승, 생의 체험 같은 게 밑바닥에 어마어마하게 깔려 있는데 거기 어떤 리듬이 없을 수 있겠어요? 그 리듬이 도시의 공장생활과 거기서 한 걸음 더 나아가 타락 같은 것에 부딪혔을 경우에 어떻게 나올 것인가 하는 것은 박노해씨의 다음 작업이나 다른 노동자 작품에서 기대해야겠지요.

지식인계층의 민중운동에 대하여

백낙청 예, 좋은 지적을 참 많이 해주셨습니다. 이제 우리 문인들 · 지식인들 자신의 운동 이야기로 되돌아와야 할 때가 된 것 같은데, 노동운동의 단기적이고 단편적인 성격에 관한 김형의 말에 한 가지 덧붙이고 싶은 것은, 운동이란, 구체적인 싸움은 역시 사건이 터지는 현장에서 시작을 해야겠지요. 그러니까 '문제당' 싸움이 벌어지면 일단 '문제당'으로 시작을 해야지요. 물론 그것이 '문제당'으로, 문제별로 남아 있는 한은 그 싸움에서 깨지거나 편입당해버리고 마는 거지마는, 그래서 지식인이 총체적인 의식을 가지고 연결을 해주는 것은 중요하지만, 현장의 싸움은 일단 거기서 벌어진 다음에 싸우면서 의식화되어나가는 그런 과정을 존중한다는 전제 아래 얘기를 해야 할 것 같습니다. 그렇지 않고 처음부터 그러면 되느냐면서 타박을 한다면 그야말로 지식인의 나쁜 근성을 발휘하는 꼴이겠지요. 요는 지식인들 자신의 운동에서도 그런 것을 존중하는 자세로 지식인이 자기 현장에서 처해 있는 자기 싸움을 하면서 더 넓게 연결을 짓는 작업을 해야 하는데, 남이 해놓은 일을 보고 너무 쉽게 주눅이 든다고 하면 결국 한편으로는 자기가 지식인 또는 문인으로서 해야 할 어떤 기초적인 자기 본업에 뭔가 충실하지 못했기 때문에 그렇게 된 결과일 겁니다.

또 하나는, 여러 분야의 연결을 지어주는 작업에서 제대로 연결지을 전망이 안 보이니까 막연히 연결 연결 하고만 있다가 어디서 누가 새롭게 튀어나오면 금방 기가 죽어버린단 말이에요. 실제로 여러가지 단위운동간의 연결을 우리가 구체적으로 지어나가면서 또 그 속에서 자기가 할 수 있는 고유의 역할이 뭔가를 찾아나감으로써만 극복될 문제겠지요. 또 가령 우리가 민족문학이라고 할 때에는 구체적으로 우리 민족이 분단된 시대에 살고 있는 이 분단을 극복해야 한다는 것이 화급한 과제라는 것을 밑에 깔고 있는데 그러면 이 통일운동하고 노동운동하고가 어떻게 연결이 되느냐? 추상적으로 연결짓는 거야 어렵지 않아요. 분단되어 있기 때문에 노동운동이 해방 직후에 비해서도 훨씬 후퇴해 있는 상태고 여러모로 또 뭐 좀 해보려고 해도 안보를 해친다느니 하면서 꼼짝 못하게 되어 있는 판 아네요?

그러나 바로 그렇기 때문에 이야기를 거기서 한 걸음 더 전진시키려면 막막하기 짝이 없지요. 하여튼 노동자가 월급 좀 올려달라 해도 자칫하면 빨갱이로 몰리는 판인데 통일까지 부르짖고 나선다면 어떻게 되겠어요? 노동조합 깨지는 제일 간단한 방법이 되지 않겠어요? 또 통일문제를 얘기하자면 사실 외세를 얘기 안할 수가 없습니다. 그런데 뭐 외세라는 게 어느 한두 나라만을 지적할 건 아니지만 우리가 당장 영향을 받고 있는 나라가 미국과 일본인데, 노동운동에서 일본 문제만 해도 가령 사장이 일본사람이라거나 하는 기업의 경우가 아니면 어떤 거시적인 반일론을 내걸고 노동운동을 하기가 어렵지 않습니까? 이런 와중에서 그냥 막연한 원칙론이 아니라 어디서부터 이것을 풀어나가야 할까를 우리가 구체적으로 찾아내어 제시해줌으로써 운동을 전진시키는 것이 지식인의 책무라고 봅니다.

김지하 어려운 얘기입니다. 그런데 이 현장운동과 문학·예술·문화 운동을 연결지어 얘기하니까 더욱 복잡해지고 어려운 것이 아니겠습니까?

너무 고집스럽다고 백선생님은 욕하실지 모르겠지만 제가 삶을 얘기하는 이유가 그것입니다. 이런 삶이란 얘기는 내포와 외연이 들락날락하기 때문에 거기서 흠이 생겨요. 흠이 굉장히 많은데 그럼에도 불구하고 주체가 삶이다 이렇게 얘기할 수밖에 없는 것이 구체적인 생존 문제가 있기 때문입니다. 생명에 대한 감각을 총체적으로 회복할 수 있는 계기가 그 안에 들어 있어요. 그러니까 운동을 어떻게 하느냐가 아주 중요합니다.

하여간 임금투쟁을 하는데 임금투쟁의 목적을 달성하기 위해 방법, 전략과 전술, 조직의 여러가지 형태 안에 이런 것과 더불어서 뭔가 더 큰 것이 강조되어야 되지 않겠느냐, 이제까지 아무리 어렵다고 하더라도 노동운동도 상당한 경험을 축적했고 따라서 자기들 내부의 문제도 제거가 되고 있기는 한 것 같습니다만 그런 것 저런 것 다 합쳐서 볼 때에 이제 총체적인 삶도 생각해볼 만한 게 아니냐, 그런 점에서 노동운동에 경험 있는 조직자들과 소위 문화운동을 하는 지식인과 작가들의 몫이 있다고 봅니다. 요즈음 우린 기계가 아니라든가, 우린 인간이라든가, 인간 대접을 하라든가, 우리가 참새만도 못하냐라든가, 일견 들으면 너무나 당연한 얘기처럼 들리는 이런 요구가 저 밑에서부터 터져나오는데 그게 내 문자로 한번 더 실례한다면(웃음) 자기가 거룩하고 존엄하게 생각하는 자기의 어떤 가치가 송두리째 짓뭉개지는 데서 오는 상처받은 자존심이거든요. 인간으로서의 자존심. 이게 삶이란 말입니다, 제가 보기에는. 이 삶은 임금문제와 따로 있는 것이 아니고 하나로 붙어 있습니다. 역사적으로 다 그래왔어요.

그런데 노동자들을 소위 조직 지도한다는 사람들이 지금은 경제투쟁 단계다, 그다음은 정치투쟁 단계다 하는 건 편법상의 구분이고 그 밑에는 삶의 통합에 대한 찢어진 삶, 짓밟힌 삶, 거짓말에 의해서 속임을 당하는 삶을 통합하려고 하는 그 요구를 생명체는 모두 가지고 있다 이거예요. 마치 살이 찢어지면 백혈구가 동원되듯이 당연한 거예요. 노동운동의 현실적이고 구체적인 임금, 곡가 또는 뭐 작업조건 개선 등 일체의 투쟁 내용 밑바닥에 결국은 보편적인 생존의 통일이라는 대명제가 살아 꿈틀대고 있습니다. 그걸 자꾸 자각하도록 하는 것이 문화운동입니다. 밥 한 그릇이 밥 한 그릇이 아니고 7만원의 임금이 그냥 단순한 돈이 아닙니다. 피가 되고 살이 되는 찌개백반이란 말예요. 먹어야 살고 살아야 사람답게 사는 것이니까 그 기본 가치는 뻔한 얘긴데 뻔한 얘기를 자각적인 세계관으로 명시화시켜야 된다는 말입니다.

　몇해 전 배추파동 때 농민들이 배추를 팔지 않고 아예 거름으로 썩힌 적이 있는데, 그게 바로 농민들의 자존심이자 생명입니다. 그것이 바로 문자를 쓰면 보편적 생명의 통일인데 이게 요구란 말입니다. 내 철학은 뭐냐, 나는 이 주의자다 저 주의자다 하는 판에 노동자 농민이라고 주의 가지지 말라는 법 어디 있어요. 그러니까 내 주의는 뭐 이런 주의자다, 그렇게까지 갈 것은 없지마는 배추파동도 엄청난 철학적인 이유를 가지고 진행된 거다 이겁니다. 임금 몇 푼 받아가지고 참 추잡하게 먹고살려고 허우적거리는구나 하는 자괴감이나 자기비하에 빠지지 않아야 하는 게 중요한 문제 같아요. 부정적인 체험에 대한 고발 그 이전에 창조적 노동에 대한 엄청난 기쁨과 찬란한 해방감, 창조자로서의 자기긍정, 집단적 자기동일화의 체험이 있어야겠어요. 자신감과 자기긍정, 박노해씨의 경우 그것이 나타날 듯 나타날 듯하다가 오히려 식어버렸는데 고르끼(Gor'kii)의 『나의 대학』을 보면 볼가강의 새벽안개가 낀 부두에서 몇백 명이 노래를 부르면서 하역하는 게 있지요. 집단적인 노동체험의 말할 수 없는 기쁨 속에 인간과 인간이, 인간과 세계가 일치하는 아주 감동적인 장면이 있어요. 그런 체험은 워낙 소외노동이 보편화되어 있기 때문에 힘이 드나 그것에 대한 그리움이나 그것의 원초적인 기초적 생명 감각이 바로 노동하는 민중의 세계관이에요. 노동하는 민중의 세계관, 그것에 대해서 지식인들의 역할이 더욱 중요해지는 거 아닙니까? 노동운동 역량이 강화되면 될수록 그것이 정치적 분파주의나 경제주의로 빠지지 않고 노동자 중심의 진정한 노동운동이 되도록 하는 데 기층 대중의 문제와 연결된 민중문화운동의 역할이 있을 것입니다. 만약 그렇게 진행될 수 있다면 찢어진 생존을 통합하는 노동, 대지를 창조해나가는 그런 생명체험이 그들에게 주어지고, 그러면 그것이 바로 분단에 대한 거부가 되는 거고, 통일은 당연한 요구가 되는 겁니다.

백낙청 당면한 경제투쟁 목표나 한 걸음 더 나아간 정치적인 목표, 이것을 연결시키면서 거기에서 그치지 않고 인간의 원초적인 욕구로까지 연결시켜야 한다, 이건 당연한 얘기인데, 연결이 제대로 되려면 그 단계단계마다 고리가 하나하나 구체적으로 맺어져야지 그 사이에 비약이 많으면 결국 그것은 관념적인 연결이지 실제 연결이 아니란 말이에요. 가령 현장의 사소한 경제적인 요구도 생명의 당연한 자기표현이다라고 하는 것은 그 자체로서도 옳은 말일뿐더러 싸움터에서 사기를 앙양하는 데도 큰 효과가 있을 건 틀림이 없어요. 그런데 그게 지속적인 운동으로 성공을 하려면 그런 관점에서 구체적인 정책목표는 무엇이 되어야 하고 또 그런 것을 실현할 수 있는 사회는 어떤 제도를 가져야 되고 어떤 구조를 가져야 되는가에 대해서도 어느정도 설계가 되어 있어야 하거든요. 그런 것이 없이 원초적인 차원으로만 연결을 해놓으면 한때는 기분 좋지만 나중에는 결국 맥이 풀리기 쉽겠지요. 사실 생명의 원초적인 욕구를 존중하며 거기에 입각한 정치운동이 어떤 거고 경제운동이 어떤 거고 사회구조에 대한 설계가 어떤 거냐 하면 이건 보통 어려운 문제가 아니겠지요. 그러나 그 연결을 하나씩 하나씩 지어나가보자는 겁니다.

다시 경제문제로 돌아가서 얘기를 해보면 지금 워낙 임금을 형편없이 주는 상태에서 더 달라고 하는 것은 누가 보나 생명의 자기표현이고 그야말로 나도 인간답게 살고 싶다, 기계가 아니다 하는 절규라고 인정을 할 수 있는데, 가령 그 조건이 어느정도는 충족이 됐다고 합시다. 한국의 노동자가 아니라 미국의 노동자가 돼서 어느정도 충족이 된 경우에 그 사람들이 또다른 것을 요구할 때 그것은 생명하고 어떠한 관계가 있느냐, 이미 한국 노동자들보다는 훨씬 많이 받고 있지만 난 더 받아야겠다, 사장만큼 못 받으니까 더 받아야겠다, 그런 요구도 나올 수 있는 거고, 애초에 사장이니 뭐니 구별 없이 다 나누어 먹자 이렇게 나올 수도 있는 거고, 여러가지 주장이 있을 수 있지 않겠어요? 그러면 그 주장 하나하나가 과연 어느 것이 생명사상에 가장 적합하고 또 현싯점에서 그러한 요구를 가장 적절하게 관철시키는 방법은 무엇인가, 여기에 대한 판정까지 나와야지 우리가 신명이 나서 싸울 수 있고 싸워서 이길 수가 있는 것 아녜요?

김지하 예. 그게 제일 큰 문제인 것 같습니다. 그러니까 저는 기층을 중심으로 한 절대 다수의 민중운동이 점점 더 조직화되어 그 진출이 활발해지고 그럴수록 이들과 연대된 지식인들의 역할이 더 날카롭게 강화돼야 한다고 생각해요. 그러면 우리가 어떤 사회에서 살려고 하는 거냐, 어떻게 살아야 될 것이냐, 지금 같은 산업사회냐, 이미 무너져가는 농업공동체냐, 그 둘도 아니냐? 우리가 지금 진행하고 있는 운동이 어디를 향해서 가고 또 뭘 어떻게 하자는 얘기냐, 이런 물음을 조금 더 전문적인 차원에서 진행시킬 수 있는 것이 지식인들의 역할이겠죠. 민중과의 연대가 강화돼야 하고 결국 한 덩어리 속에서 연대된다는 것에까지 가야죠. 문화운동이 좁게는 문학이나 예술 창작의 향수, 집단적인 공동체험의 향수를 중심으로 하지만 더 크게는 세계관의 제시나 세계관의 검토, 이 문제까지 확대돼야 하지 않겠습니까? 여기에 지금까지 농업공동체가 가지고 있는 생명에 대한 인식 그리고 자기를 둘러싼 이웃들과 자기가 노동력을 가하는 대상으로서의 타생명체와의 관계에 대한 농업공동체적 체험은 중요합니다. 농업공동체적 공생의 원리는 이미 문자 이전에 체득하고 있으며 우주의 순환 같은 것도 이미 자기의 노동 속에 다 포함되어 있는 것 아닙니까. 그러나 지금 산업사회 속에서는 그렇지 못하죠.

농업공동체로 돌아가자는 것이 주장이 아니고 농업공동체에서 가졌던 그 원초적인 형태로서의 생명체험이라는 걸 보다더 확대시키고 보다더 과학화하면서 거기다가 산업사회의 과학, 기술, 통신, 교육과 온갖 유통구조나 사회화 등의 미덕도 흡수하고 버릴 건 버리면서 대응하는 창조적 통합 방법을 찾아야 합니다. 진정한 의미에서 사회적인 생명공동체 그러니까 인간과 인간 사이에서 사회적 관계가 해방된 공동체로서 보장되면 인간뿐만 아니라 생태계와의 유기적인 연관 위에서 인간의 생산력이나 생산관계 사이에 비로소 화해로운 어떤 조화가 이루어질 수 있을 것입니다. 여기서 일반적으로 제기되는 것은 민중의 원초적이고 일상적인 생명감각에서부터 세계관적인 인식에 이르기까지 그리고 공동체에 대한 의지까지 생명의 감각은 확대되어야 하지 않겠느냐는 것인데, 현실적으로 볼 때 우리는 사실 도처에서 생명이 파괴되는 갖가지 제도나 사회환경에 갇혀 있고 우선은 이러한 생명파괴의 제도나 사회환경에 저항하여 싸우는 운동이 필요합니다.

실제로 중산층이나 소시민층에서도 예를 들면 더이상 서울에서는 살지 못하겠다는 비명이 나오고 있습니다. 바로 이 서울에서는 더이상 살지 못한다는 불편함에 대해서 왜 더이상 살 수 없느냐는 질문을 제기하고 그에 대한 해답을 내리는 것이 지금 지식인 내지 지식인운동 그룹에서 해야 할 몫일 겁니다. 노동운동의 경우에도 단위노조운동만이 노동운동이 아니라 노동자의 전체적인 삶의 운동으로 확대되어야 합니다. 노동자들의 주거조건, 그들이 농촌에 두고 온 부모형제들과의 연관, 친구들이나 남녀관계, 종교와의 관계 등을 천착해서 노동자들의 총체적인 삶의 해방과 통합에 노동운동의 방향이 설정되어야 비로소 노동자들의 전인격적인 해방을 목표로 할 수 있고 노동운동도 다양하게 전략이나 조직의 탄력성을 획득할 수 있을 것입니다. 그렇게 본다면 민중운동에서 민중문화운동이 해야 할 몫도 구체적인 운동의 방법과 더불어 현실에서 받는 고난에 대한 표현 및 고통스러운 현실을 혁파하려는 의지와 찬양 또는 노동 자체의 창조적 가치에 대한 찬양뿐 아니라 세계관의 문제까지 제시할 수 있을 것입니다.

백낙청 농촌공동체로 되돌아가자는 것이 아니라 농촌공동체에서 어느 정도 가능했던 원초적 관계를 유지하면서 산업사회에서 취할 것은 취하고 또 그렇게 함으로써 원초적 생명 관계를 더욱 키워나가자, 이런 이야기겠지요? 또 거기에 필요한 세계관의 제시가 있어야겠다는 얘기도 하셨는데, 그런데 난 '세계관의 제시'라는 표현이 아무래도 흡족지가 않아요. 결국 과학이라든가 과학기술이라든가를 없애자는 것이 아니고 그 속에서 생성되는 사회와 인간의 관계가 지금과 달라져야겠다는 얘긴데, 이제까지는 우리가 정당한 세계관이 없었기 때문에 오히려 기계의 종노릇을 해왔지만 이제부터는 정당한 세계관을 제시해놓고 이것을 갖고서 과학을 활용하면 된다라는 입장으로는 뭐가 잘 안될 것 같아요. 그래가지고서는 과학과 인간의 관계가 근본적으로 달라질 것 같지 않아요.

그 문제를 나는 이렇게 봅니다. 과학기술이 인간을 지배하는 것도 아니고 인간이 '올바른 세계관'에 입각해서 과학기술을 더 잘 지배하는 것도 아니고 과학기술과 인간의 관계가 근원적으로 달라지기 위해서는, 우선 인간 개개인이 과학기술의 지식이나 기능을 좀더 평등하게 소유하게 되어야 하고, 그런 의미에서 모든 사람이 지금보다도 더 훌륭한 과학자와 기술자가 되어야 하고, 다른 한편 과학기술 문명의 소산에 대한 소유도 지금보다 훨씬 더 평등해져야 되리라고 봅니다. 물질적인 변혁이 반드시 정신혁명과 동시에 이루어져야 할 것입니다. 물질혁명만 얘기하는 것도 문제가 있지만 정신혁명의 중요성을 내세우면서 물질적인 차원에서의 변화를 등한시해서도 곤란할 것 같아요. 그래서 노동운동과의 관련에서 지식인의 역할이라든가 지식인의 운동이라는 것도 크게 봐서는 인간과 물질세계의 관계가 완전히 달라지는 과정인데, 조금 더 풀어서 얘기할 것 같으면 인간 개개인이 더 훌륭한 기술자가 되고 과학자가 되고 지식인이 되면서 동시에 좀더 평등한 소유자가 되고 그럼으로써 오히려 물질로부터 해방되는 그런 과정이 되어야 할 것 같습니다. 노동운동의 현장에서 자연발생적으로 나오는 요구가 대개는 좀더 평등한 소유에 대한 경제적 주장이고 노동자가 개개인이 현재 전문가들이 독점하고 있는 기술과 지식을 자기들도 가질 수 있도록 자기발전을 할 기회에 대한 요구입니다. 그런데 이런 물질적 주장이 바로 앞서 말한 기술지배로부터의 인간해방의 과정과 근원적으로 연결되어 있다는 거지요.

결과적으로는 김형이 말씀하시는 생명의 욕구와 현장의 욕구가 연결된다는 이야기를 내 식으로 풀어본 건데, 과학기술의 문제를 좀더 구체적으로 생각함으로써 지식인만이 해낼 수 있는 연결 작업의 한 고리를 제시할 수 있고 또 이 고리가 없어서도 곤란한 게 아니냐는 겁니다. 가령 김형이 자주 언급하는 증산사상(甑山思想)의 천지공사(天地公事)라는 것에 과학기술의 문제가 빠져서는 허황된 얘기가 되고 맙니다. 천지공사의 한 담지자로서의 과학기술에 대한 더 깊은 명상이 있어야 되지 않겠느냐, 과학기술만 발달되면 천지공사가 된다고 하는 것은 물론 말도 안되는 소리지만, 과학기술이 발전해나가는 가운데서 인간과 과학기술의 관계가 지금과는 전혀 달라짐으로써만 천지공사가 이룩된다, 그런데 그것이 현실적으로 어떻게 가능할까 하는 것에까지 연구가 깊어져야 할 것입니다.

김지하 예. 제일 초미한 문제겠습니다. 백선생님이 말씀하신 문제제기에 대해서 동의를 합니다. 하여튼 문화운동 즉 세계관과 관련된 문화운동과 사회적 소유의 분배랄까 협동적인 전환에 대한 정의가 동시에 이루어져야 한다는 것이 제 생각입니다.

백낙청 동시라고 해도 즉각적으로 이루어지는 것은 아니겠지요. 단위시간을 잘라서 보면 앞서거니 뒤서거니 하는 게 있겠지요.

김지하 그런데 그럴 경우에 양자가 절충적인 방향에서가 아니라 진정하게 유기적인 통일 속에서의 방법적인 선후 차나 어떤 국면의 차이로 진행되어야 합니다. 과학발전에 대해서 반대해서는 안된다는 것은 당연한 얘긴데 문제는 과학적 사고와 과학적인 여러가지 기능이 이제까지 발전해온 것도 분배되지 못했다는 점입니다. 그리고 과학 그 자체가 아직 미숙한 단계에 있다고 봐야 될 것 같아요. 미숙한 단계에서 과학에 대한 비판이 나온다고 봐야죠. 과학 그 자체를 전면 부정한다면 아무런 이야기도 성립되지 않을 뿐만 아니라 민중들의 현실적인 생활과 관련해서는 아무런 논의도 제기될 수가 없죠. 그것은 현실성이 없는 거니까. 앞서 천지공사를 말씀하셨는데 천지공사는 우주적인 과학이 아주 큰 새로운 단계로 비약적으로 발전을 해야 가능한 것입니다. 그리고 과학의 주체가 민중이라고 할 때에는 민중 자신이 전부 탁월한 과학자가 된다는 전제에서만 가능합니다. 그런데 문화운동의 차원에서는 그것을 과학적인 생명관, 우주정치적인 상상력으로 받아들여야 하며, 또한 성숙한 과학, 분배되는 과학, 민중적 삶의 도덕으로서의 과학, 한마디로 참된 과학을 묻고 꿈꾸고 제안하는 것은 곧 문화운동의 몫이어야 한다는 말입니다. 전체를 총괄하는 과학적인 세계관이 뭔가 미숙한 단계에 있음에도 불구하고 그것이 완전히 옳은 것처럼 생각하는 일은 없어야겠습니다.

백낙청 그렇지요. 그래서 나로서는 과학적 지식이나 과학 그 자체하고 '과학의 참뜻'을 구별해서 생각해야 한다고 주장해왔어요. 과학적 지식이라는 것은 우리가 불교식으로 얘기하면 알음알이를 잔뜩 쌓아놓은 것 아닙니까? 그러나 그렇게 알음알이가 쌓이는 게 그냥 쌓이는 거냐, 또 꼭 그냥 해롭게 작용해야 될 필요가 있느냐 하고 생각해볼 때, 말하자면 일종의 보살행의 한 방편으로서 알음알이를 쌓아갈 수도 있는 것 아니겠느냐? 바로 이런 데에 과학의 참뜻이 있을지도 모른다는 생각을 해보자는 겁니다. 이건 결론이 아니라 김형 말대로 과학에 대해서 우리가 새로운 각도에서 참신하게 물어나가자는 거죠.

그런데 만약 그런 숨겨진 의미가 있다 하더라도 지금까지 그것이 현실로 드러나지 않은 것만은 틀림이 없어요. 또 그건 내가 그렇다고 주장을 한다고 해서 그렇게 되는 것도 아닐 테고, 과학이 아직 덜 발달이 되어서 그런 면이 있는 동시에 인류 자체가 덜 발달이 되어서, 덜 깨우쳐져서 그런 면도 있겠지요. 어떻게 보면 과학자들의 집단이라는 게 현대판 승단(僧團) 같은 거라고도 볼 수 있어요. 원래 중들을 속세 생활에서 떼어내어 일정한 인위적인 규율 속에 묶어놓은 것은 저희들만 도통해갖고서 보통 중생의 삶하고 다른 뭐를 하라는 게 아니라 중생을 건지라는 거 아니에요? 승속의 구별이 없어질 때 승단을 만든 부처의 뜻이 실현되는 거 아니겠어요?

그런데 바로 그렇게 만든 승단이나 그들의 규율이 오히려 폐단으로 작용하기도 하는데, 그와 마찬가지로 과학도 정말 제 구실을 하자면 그게 더 발달되어서 모든 사람들이 과학자가 되어버리고, 과학자라는 사람들이 특권층이 되고 전문인이 되어 행패를 부릴 소지가 없어져야겠지요. 그러나 그것이 과학적 지식이나 기술의 물량적인 확대만 가지고 되는 것은 아니고 그야말로 우리 모두가 깨달은 사람들이 되어서 과학의 참뜻이 그런 알음알이의 물량적 확대 자체가 아니라는 것을 깨우치고 실천할 때라야 할 것입니다. 그런데 그것이 어떤 세계관에 대한 인식에 의해서 요구한다고 되는 것은 아니고 실제로 물질사회 자체가 바뀌고 과학의 내용이 바뀌고 과학과 인간의 관계, 인간의 소유관계 이 모든 것이 바뀌는 과정에서만 일어날 수 있지 않겠느냐는 이야기지요.

김지하 예. 결국은 같은 얘기인데 백선생님과 약간 차이가 나는 것 같아요. 민중시대다, 민중운동이다 했을 때 그 민중운동의 주체가 바로 살아 생동하는 삶 자체요, 그것 안에 과학적 삶도 있고 기술적인 삶도 있고 노동생활 또는 문화생활 다 포함되는 것이 아닙니까? 민중의 삶이 주체다 했을 때 그것은 통일적으로 보는 것이 객관적으로도 가능한가, 삶의 원초적인 통합성, 통일적인 어떤 활동의 모습이 과학적으로 인식할 때에도 어뗗게 가능할 것인가, 이걸 한번 물어야 할 것 같아요. 그러니까 알음알이의 양적 축적이 과학적 세계관의 근본적인 변경이라는 지적 성취를 낳는다는 소박한 낙관론은 조금 문제가 있고, 알음알이를 하더라도 그것이 양적 축적인 지적 성취를 축적해서 비약을 가져온다기보다는 그 질이 먼저 문제가 되어야 할 것 같아요.

동학의 경우에 시천주(侍天主) 사상을 가르칠 때 질적 내용 그러니까 인간이 곧 우주다, 우주 생명이다, 그런데 그다음 현실적 실천은 단계적으로 차이가 있는 것 같지만 시천주라는 인간과 우주의 자연적 통일을 인식하는 단계 안에 이미 과학적이고 사회적인 활동을 포함하고 있습니다. 2, 30년대의 천도교 운동에서 보면 과학에 대해서 아마 제일 선진그룹이 아니었나 그렇게 봐요. 당시 좌파라든가 이런 사람들은 거의 곁가지이죠. 천도교 쪽에서 한 조선농민운동 같은 것, 농민사라든가 노동사라든가 하는 것이 민중운동으로서의 주류였거든요. 30년대 이후 태평양전쟁 초기까지 좌파는 여기서 곁다리로 움직였단 말이에요.

하여튼 동학의 경우에 천도교까지 전래되어온 것을 보면 과학의 영성, 과학과 인간의 정신적 해방을 통일적인 문제로 주장합니다. 천도교나 상재교의 낡은 잡지들을 보면 앞에 시천주 인내천 사상이 조금 있으면 나머지 5분지 4는 전부 영농기술에 대한 얘기예요. 그 당시에 소개 안되었던 생리학, 생태학 등에 대한 얘기도 나옵니다. 증산까지도 특히 해월(海月)을 행동 모범으로 삼습니다. 그 일자 까막눈이 40년 동안 밑바닥에서 조직자로서, 일상적인 민중의 찢어진 삶, 소외된 삶의 보편적 통일의 자상한 실천적 모범으로 살았어요. 그 성취야 민중혁명으로 나간 것이지만 증산과 같은 큰 상상력의 틀은 오히려 해월과 같은 가장 소박하고 일상적인 활동 모범 안에 접어넣어가지고 다시 이해를 해야 합니다. 그런 점에서 본다면 선동학이건 후동학이건 철저하고 탁월한 의미에서 과학적인 인식과 그 실천은 바로 도덕을 이루고 행하는 것입니다. 서양과학이 살인기(殺人

機)인 데 비하여 동양의 참된 과학은 활인기(活人機), 즉 생명을 살리는 민중적 도덕입니다. 목숨을 죽이는 과학이 아니라 그것을 살리는 도덕, 일상적이고 구체적인 민중생존의 지혜 등으로 앞으로 우리가 요청해야 할 참된 과학이 아닐까요? 이렇게 동학의 견지에서 본다면 통일적 해결의 실마리를 잡을 수 있지 않을까 싶은데요.

백낙청 천도교가 일제 치하의 민중운동에 끼친 공로나 과학기술에 대한 관심을 부인할 수는 없겠습니다. 그러나 과학 중에서도 구체적인 역사와 사회에 대한 과학적 인식, 즉 사회과학적인 인식에는 아무래도 소홀한 것 같아요. 그러니까, 한편으로 일상적인 차원에서 그야말로 위생문제나 영농기술 문제를 원초적인 문제로까지 연결시키는데, 이것이 제대로 연결되려면 언뜻 일상생활에서 눈에 띄지도 않고 그렇다고 본원적인 차원에서 명상만 해서도 해결이 안되는 사회에 대한 논리적인 인식, 사회현상이나 사회구조에 대한 인식이 있어야 할 게 아닌가 싶어요. 앞서 과학기술을 얘기한 것도 막연히 과학기술하고 인간의 관계 어쩌고 하다 보니까 허황한 얘기처럼 되어버렸는데, 알음알이의 축적으로서 과학이 발달하게 되면 저절로 과학과 인간과의 관계도 바람직하게 바뀌리라는 소박한 낙관론이라면 그거야말로 기계적인 결정론이지요.

내 이야기는, 우리가 알음알이의 축적이라는 과학 그 자체를 반대하는 것은 아니고 어떤 세계관을 하나 새로 제시해서 거기에 맞춰서 과학을 써먹으면 된다는 발상도 아직까지 과학주의적인 사상에 얽매인 발상이란 거예요. 기술주의적인 발상이란 말이지요. 기술에 담겼을지도 모르는 보살의 뜻을 깨우치기보다 인간이 마음대로 써먹겠다는 것이니까요. 기술의 종이 안되겠다면서 기술을 기술적으로 부리겠다는, 무언가 아직 기술에 얽매인 자세란 말예요. 기술을 부리긴 부리되 말하자면 해탈한 사람이 희로애락을 자유자재로 부리듯이 그렇게 부려야 될 텐데 그러자면 해탈부터 해야 할 것 아니에요? 뭔가 인간이 해탈을 해야 하는데, 그러나 인간이 해탈을 하려는 구체적인 노력이 다수 민중이 더 나은 기술자가 되고 더 평등한 소유자가 되려는 구체적인 싸움과 근원적으로 연결이 되어 있다는 것이고 이것이 빈말로 끝나지 않으려면 올바른 사회과학적인 인식이 있어야 하겠다는 겁니다.

김지하 그런데 지적된 대부분의 현상입니다만 일정한 민중운동이 사회적인 구조 문제를 변혁해나가는 과정에 있어서 생산관계의 변혁에만 너무 낙관적으로 의지한 나머지 생산력 자체의 끊임없는 변화의 문제에 대해서는 깊이 관심을 돌리지 못한 것도 있는 것 같아요. 역사적 경험에서 생산력 자체라는 것을 놓고 보면 과학적 인식이라는 것도 주체적인 삶 속에서 살면서 스스로 삶을 객관화할 수 있는 것이 어떻게 가능할까 하는 문제가 되겠습니다.

백낙청 특정한 시대의 사람관계라든가 남녀관계 이런 것들을 어느정도 전제하고 거기서 생산력을 주로 얘기하다 보니까 마치 협의의 경제활동만을 생각하는 경향이 생기기도 하는데 생산력에서 제일 중요한 것은 노동자의 생산 아닙니까? 남자 여자가 어떻게 만나서 어떻게 아이 낳고 어떻게 기르느냐 하는 것부터가 생산력의 중요한 요인인데 그런 데까지는 생각을 덜 해온 셈이지요. 그러니까 생산력이라는 것은 그런 식으로 좀 넓혀서 생각을 해야 할 거예요. 가족의 형태라든가 육아방식이라든가 그에 따른 기본적 사고방식이라든가 하는 모든 것에 대해서 더욱 구체적이고 그야말로 과학적인 인식을 하면서 총체적으로 생산력을 봐야 하겠지요.

김지하 그러니까 우선은 터를 넓게 잡는 게 좋을 거 같아요. 실제 동학운동은 사회경제적 모순의 혁파를 강하게 주장하지만 동시에 해월의 내칙(內則), 내수문(內修文) 등에는 아이를 가졌을 때의 주의사항, 위생문제, 이웃과 친교와 협동노동 생활에 관한 이야기로 가득 차 있습니다. 요컨대 총체적 삶의 이해와 그 개조에 참으로 합당한 과학은 이미 도덕적인 것이며 이미 민중의 일상적 삶의 지혜가 되어야 합니다. 우리가 지금 하고 있는 민중운동이나 문화운동도 터를 넓게 잡고 탄력성을 길러야 합니다.

민중 주체로서의 작품 활동과 운동 문제

백낙청 지금까지 민중운동이나 민중문화운동 전반에 대해서 재미있는 문제제기가 꽤 되었다고 보는데, 더 구체적으로 우리 가까이 있는 자유실천문인협의회 같은 문학단체라거나 아니면『실천문학』의 역할 같은 것에는 논의가 아직 못 미친 셈입니다. 또 민중문화운동협의회도 있고요. 저 자신은 지난 1월 말에 자유실천문인협의회의 '민족문학의 밤'에 강연을 의뢰받고 다분히 집안 이야기를 하는 기분으로 몇 가지 이야기를 한 일이 있지요. 어떻게 보면 지금 이 싯점에서 고생하며 뛰어다니는 사람들 괜히 비판하고 김뺀다 싶을 이야기도 좀 했는데, 정작 우리가 좀더 운동을 잘해 나가기 위해서는 지식인으로서 의당 할 수 있고 또 마땅히 해야 할 그런 기능을 포기해서는 안되지 않겠느냐는 점을 다소 강조했던 겁니다. 그리고 무엇보다 우리는 좋은 작품을 생산하는 데 헌신적이고 좋은 작품과 덜 좋은 작품을 가려내는 데 공명정대한 문인들의 모임이 되자는 얘기로 끝을 맺었는데 어떻게 보면 구태의연한 '문학주의적' 자세란 말이에요. 창작 잘하고 비평 잘하자는 얘기로 끝나버린 셈인데, 그러나 역시 이것이 기반이 되어야 할 것 같습니다.

제가 볼 때 70년대 자유실천문인협의회는 여러가지 한계도 많고 문제도 많았지만 그래도 다른 운동단체와 연대해나가는 작업과 각 개인의 창작이나 집필 작업이 상당히 병행되었다고 봅니다. 이문구(李文求)씨나 황석영(黃晳暎)씨, 고은(高銀) 선생, 신경림(申庚林) 선생도 활동을 하면서 작품을 썼고 또 고선생이나 김형이 80년대 들어와서 내놓은 문학적 업적도 조금 시야를 넓혀서 보면 70년대 자유실천운동의 작품적 성과가 시차를 두고서 이렇게 나왔다고 볼 수 있겠지요. 앞으로도 그런 성과가 이루어져야 하고 또 이루어지리라고 기대를 합니다. 그러고 보면 내 입장이 사실은 좀 '중도통합론'적인 입장인데(웃음) 작품 쓴다고 운동 그만두고 자기 실속만 차리려고 해서도 안될 것이고 반면에 자유실천문인협의회의 활동이 학생운동식이라든가 또는 소집단운동식의 운동보다는 좀더 유연하고 다양하게 나아가야 될 것 같아요.

그리고 또 한 가지는, 아직까지 우리 운동의 단계에서 '자유실천' 같은 문학 단체가 할 수 있는 일이, 상당히 한정되었다는 점을 우리가 자각을 해야 될 것 같습니다. 가령 민중지향적인 지식인들이 모여서 단체를 만들려고 그럴 때 그 이념이라는 건 민주주의를 내세우고 대중성을 표방하고 이념집단을 표방하지만 현실이, 그래가지고서는 살아남을 수 없게 돼 있거든요. 현체제를 비판하는 입장을 취하는 사람들이 그런 식으로 대중성을 추구한다거나 이념적인 순수성만 고집한다든가 또는 내부적으로 100% 민주주의적 형식 절차를 거치려 들면 단체가 존속이 안되게 돼 있단 말이에요. 이런 현실에 대한 대응으로 원래의 취지하고는 얼마간 다른 형태가 생기기 마련인데 그렇게 되면 원래 의도했던 기능을 다 못하게 되고 또 항상 자체 변질의 위험에 시달리게 됩니다. 그러니까 어디까지나 이런 냉엄한 현실을 일단 현실로서 받아들이고 거기서 맞춰서 최선을 다하도록 끊임없는 자기점검을 하고 한껏 창의력을 발휘해야 할 것입니다.

김지하 내가 하고 싶은 얘기는 민중과 작가, 뭐 문학만이 아니라 그림 그리는 사람, 음악 하는 사람, 굿 하는 사람, 연극 하는 사람, 영화 이런 사람들까지 결국 민중적인 삶의 실상을 있는 그대로 내지 소망하는 방향으로 기술하는데 자기의 삶으로서 기술해야 한다 이거예요. 기술하는 게 자기 삶이 돼야 합니다. 그러니까 마치 표현 행위나 형식도 하나의 삶이다라고 하듯이 말이죠. 그럴 경우에 민중의 삶의 기술자로서 작가와 민중의 관계에 있어서는 이전까지보다는 바라보는 관계의 민중이 아니라 자기도 포함되어 있는 민중이 되어야 합니다. 그런데 이 경우에도 중요한 문제가 양식 문제인 것 같아요. 기존 양식을 때려부수고 새 양식을 만들자는 이야기만 일방적으로 주장하는 것이 아니고, 작가에 따라서는 새 양식을 창조하려고 하는 노력을 할 수 있겠고, 기존 양식을 어떻게 어떤 방향으로 자기가 표현하느냐 하는 의지에 따라서 기존 양식의 틀 안에서도 그 틀의 한계를 해방할 수 있지 않을까요? 틀 안에서 틀의 한계를 해방할 때 반짝하는 것들이 나오는 것이 통상 예술사의 경험이지요.

백낙청 그렇지요. 기존의 틀 안에서 틀을 해방한다는 것은 아주 재미있는 얘기인데 요즘 장르 문제가 많이 논의되지 않습니까? 그런데 장르라는 것은 기본적으로는 작가와 독자 사이의 막연한 약속이라고 봅니다. 그러니까 기존 약속의 틀에 그대로 매여도 그건 안되는 거고 그렇다고 해서 그것을 무시한다는 것도 진지한 자세가 못되죠. 일단 대중의 기대를 사실로서 인정하고 또 그것을 존중하면서 그 속에서 해방을 추구해나가는 거죠. 그러다 보면 어느 싯점에 가서 그럴 만한 어떤 역사적인 필요가 있고 또 그걸 충족시켜줄 만한 탁월한 재능이 합치됐을 때 그 장르가 변하기도 하고 전혀 새로운 장르가 창출되기도 하지 않겠습니까? 『대설』만 하더라도 그냥 허공 중에서 나온 것이 아니라 판소리라는 틀이 있고, 그동안에 '담시'를 비롯한 여러가지 작업이 기초가 됐고, 또 담시에서 대설로 오는 과정에서도 이것이 형식적인 확산만이 아니고 김시인 나름의 어떤 사상적인 진전이 있었단 말이에요. 그리고 나서도 이게 하나의 새로운 장르로 정착을 하려면 김시인 말고 다른 시인 또는 다른 작가들이 따라줘야지요. 그렇지 않으면 이것은 하나의 특수한 작품으로 남는 것이지 별개 장르로서 계속 이어지는 것은 아닐 거예요.

이런 상황인데, 장르 확산 문제도 너무 쉽게 얘기가 되고 있습니다. 말하자면 소설을 열심히 쓴다거나 또는 열심히 써진 소설에 대한 정당한 평가를 하는 일을 좀 가볍게 여기는 방향으로 논의가 흐르는 느낌이 있어요. 좋은 소설이 없으면 없는 대로 왜 그런지를 자상하게 밝혀서 좋은 소설문학의 발전에 실질적인 기여를 해야 할 텐데, 마치 소설이 한물간 장르인 것처럼 생각하고 끝내버리기도 합니다. 그런데 오늘 얘기했듯이 소설 자체는 서양식의 대설이라고도 할 수 있는 거고 그들 나름대로 여러가지 장르를 혼합해서 생긴 것입니다. 현재 서양에서는 소설의 생명력이 상당히 쇠퇴했다고 하지만 제3세계에서는 그래야 할 필요가 없는 장르이고, 우리는 어떤 의미에서 이제까지 본격적인 소설문학의 개화를 위한 준비 작업을 해왔다고 볼 수가 있습니다. 그동안에 소설 자체의 전통에도 쌓인 것이 많고 또 서양서도 제대로 장편소설이 나온 것은 르뽀나 수기가 많이 나온 다음에, 그리고 시문학이 한참 융성한 다음에 가능했던 거예요. 또 『대설』이 나와가지고 실제로 소설가들한테 많은 충격과 자극을 주기도 했고 하니까 저는 한국의 소설문학도 이제부터라고 봐요. 이제부터 시작할 단계이고, 소설이 주종이 돼야 하느냐 마느냐 이런 것은 굳이 따질 필요도 없지만 중요한 역할이 아직도 남아 있고 그건 또 반드시 수행해야 될 것입니다. 19세기 영국 같은 데서는 소설이 융성하면서 희곡이 쇠퇴했지만, 그것도 어디서나 그래야 된다는 법은 없고 제3세계에서는 소설은 소설대로 발달하면서 대설도 발달하고 마당극도 발달하고 극놀이 탈놀이 다 발달하고 이렇게 될 가능성은, 적어도 가능성만은 열려 있다고 봅니다.

예술성과 운동성은 둘이 아니다

김지하 조금 부연한다면 이 양식문제는 민중과 전문작가 사이의 관계에 있어서 내용 못지않게 중요한 것이고 그래서 어떤 측면에서는 민중이 쉽게 자기 얘기를 담아 쓸 수 있는 민중적인 틀을 만든다는 방향으로 나갈 수도 있고 또 한편으로는 민중적 삶을 살아 생동하는 형상 속에 총체적으로 잘 담는다는 것도 중요합니다. 그런데 그런 것을 이것이 옳다, 이렇게 너무 잘라버릴 일은 아닙니다. 백화제방하는 것이 좋지요. 이럴 경우에

70년대의 문학 주도에서부터 예술운동이 지금 연행형식 주도로 넘어가고 있다는 사실은 우리가 주의깊게 살펴보고 넘어가야 할 것 같아요. 조금 문제가 있습니다. 그러니까 연행형식 주도로 넘어간다고 했을 때 소설 형식이 매체와 관련이 있어서 활자매체를 민중활동이 제대로 장악하거나 활용할 수 없는 문제, 민중적인 소망이나 세계관이 그대로 표현될 수 없는 문제 등과 관련시킬 때 연행양식이 직접적이고 일회적이기 때문에 갖는 잇점이 있습니다.

그러나 그것보다도 실제에 있어서 연행양식들이 가지고 있는 틀의 구조적 생동성이 있어요. 예를 들면 삶·죽임·살림이라는 그런 기본 골격이 현대적으로 확대되면서 상당히 살아 뜀뛰는 측면이지요. 오늘날에 와서는 그것 자체가 또 상투적인 틀로 굳어지니까 문제가 생기는데 하여튼 그 안에 민중 자신의 삶의 실상이 거의 핍진할 정도의 생동성을 표현할 수 있는 가능성이 있어요. 바로 그 생동성을 소설문학이 기존의 양식 안에서 민중적 삶의 복잡하면서도 바람직한 방향으로 물결쳐나가는 형식으로 잡아낸다면 양식의 한계를 해방할 수 있는 활력이 될 수 있어요. 소설 양식의 생동성과 함께 지금 가능성을 보이는 것은 의미의 우탁 문제예요. 예를 들어 황석영씨의 『장길산』을 보면 이전 소설에서는 못 보던 불교의 미륵사상이라든가 무속사상이 굉장히 넘쳐나면서 교술적인 부분을 이루고 있어요. 그리고 초자연적 표현이 들어와서 뛰고 있어요. 박경리(朴景利)씨의 『토지』의 경우에는 몇몇 답답한 느낌이 들기는 하지만 축약이 많아진 점도 특징으로 보입니다. 하여튼 소설의 양식에서 의미의 우탁이 축약 등으로 범위를 넓혀가는 것은 새로운 조짐입니다.

또 하나 요즘 젊은 시인들 사이에 일반화되고 있는 '이야기 시' 자체도 문제는 있기는 하지만 양식의 틀이 가진 기존의 한계를 해방하려고 하는 노력으로 보여집니다. 미술의 경우에도 마찬가지예요. 전에는 민중미술이라면 으레껏 민화에 천착을 했는데 민화가 가진 일정한 장점에도 불구하고 양식적인 소박성이 있어요. 이 소박성에서 벗어나기 위해서는 일단은 초현실주의라든가 다다(Dada), 즉물주의까지도 끌어들였는데 이것이 통일성이 없어지자 새롭게 탱화가 등장하여 거기에서 총체성을 획득하려는 논의가 나오고 있습니다. 거기에 비하면 아무리 애는 썼다 하더라도 김지하의 대설은 특수 현상이나 기폭제로 족하겠고 실제 성과는 기존 양식 안에서 그것을 어떻게 넘나드는가 하는 데서 사실상 질적인 성취가 이루어지리라고 봅니다.

이런 생동성으로 민중운동에 대해서도 생각한다면 민중운동도 어떤 가능성이 보이는 것 같아요. 민중의 삶이 계속 살아 생동하고 희망하고 투쟁하고 부딪치고 깨지고 또 살아남으려고 허우적거리고 거기서 다시 재기하고 이런 과정이 노동운동과 민중운동은 크고 작고 원초적인 것과 확대된 모양의 그 차이가 있을 뿐이지 같은 거죠. 이런 걸 재생구조라고 하던가요? 우리 민중운동은 그랬어요. 이제까지 학생운동이나 노동운동은 맞으면 쑥 들어갔다가 다음에 다시 기어올라오고 또 콱 맞으면 황무지가 됐다가 먼저 학생운동이 올라와 다시 시민운동으로 발전하면 그다음에 비로소 기층운동이 대가리를 들고 일어서는 과정이에요. 이 과정 안에 바로 생동하는 뭐가 있어요. 이것이 운동형식에서도 작품형식에도 자각적으로 반영이 돼야 하는 것 아닙니까? 그런 형식은 반드시 민중운동이나 문화운동에서 재생해야 합니다. 문화운동에 이런 생동감있는 형식이 부족하니까 막상 현장에 있는 사람들은 전문작가나 광대들이 소위 민중을 그린 작품을 보고도 감동을 받지 못하는 거예요.

그리고 현장, 현장 하면서 너무 기능을 무시한 점도 없지 않아요. 서툰 것이 아름다운 것이다라는 소리까지 나오는 판이니…… 이것은 엄청난 직무유기예요. 서투를 바에야 무슨 짓을 못해요? 민중작가나 민중문화운동을 하는 사람들일수록 예술적으로 피나는 노력을 해야 합니다. 다만 노력하는 핵심이 민중적 미의식이어야 하지만요. 민중적 미의식을 더 갈고

닦고 잘 표현하는 것이 중요합니다. 예술적으로 표현하는 것을 내던지고 그냥 현장 근처에 가서 꽹쇠나 치고 하면 다 문화운동이다라는 안일한 견해는 다시 생각해야 합니다. 서툴러도 민중적으로 서투른 것은 예술이 된다 식의 문화운동은 다시 생각해야 합니다. 중요한 것은 예술적 양식이 가진 한계 안에서 최대한으로 민중적 가치는 살리는 줄기찬 노력입니다. 선동성도 필요한 기능이지만 그것 하나에만 역점을 두다 보면 이것은 필요없으니까 저걸 하자, 이것이 아니고 저것이다, 판소리는 이제 집어치워라 단형민요로 가자 해서 결국 전통도 별로 풍성하지 못한 나라에서 요것저것 다 가리고 나중에 뭐 혼자 불알 차고 큰길 가자는 얘기밖에 안됩니다. 그게 소승적 태도라는 거예요. 그건 민중적 태도는 아닙니다. 왜냐하면 지금 당장 밥을 먹어야 되지만 밥이 당장 필요하다고 밥 말고 다른 것은 다 버리는 사람을 민중이라고 볼 수 있어요? 내일 먹을지도 모르는 우거지는 집어다가 저기다 꼬불쳐놓고 오늘 먹을 밥은 밥대로 먹는 것이 준비성있게 사는 사람 아녜요? 그런 것이 총체적인 판으로서 요구되고 거기 대답하는 방향이 주어진다면 작가와 민중 사이가 그렇게 적대적인 것이 되지 않을 것입니다. 이러한 생각들이 자각적으로 조직화할 때 운동이 됩니다. 그렇게 실천해간다면 이제까지 지적된 1세대, 2세대, 3세대, 쥬라기, 시생대, 고생대 이런 얘기가 나오지 않을 겁니다.

현단계에 대한 정확한 인식으로 운동을

백낙청 지금 우리가 아는 형태의 전문가적 존재라는 것이 궁극적으로 극복되어야 한다는 것은 중요한 얘기라고 봅니다. 다만 그 중요한 이야기가 김형 말씀대로 소승적으로 흘러가는 배경에는 사실 전문가다운 전문가가 너무 없다는 현실도 밑바탕에 깔려 있지 않을까요? 전문적인 것을 극복한다고 할 때 어떤 얘기가 나오냐 하면, 너무 잘된 그림을 보여주면 민중이 기가 죽어가지고 자기는 감히 그려볼 생각을 못한다는 건데, 일리가 있는 얘기라 봅니다. 서툴게 그린다는 그 자체가 좋다는 게 아니라 서툴게 그리면 누구나 나도 그릴 수 있다는 생각을 가지고 저마다 그리게 되니까 너무 잘 그려서 기죽이는 것보다는 낫지 않느냐는 거지요. 그 말 자체는 그럴듯한데 사실 정말 잘 그린 그림은 누구나 잘 그릴 것 같은 기분이 들게 하기도 하잖아요? 그러니까 진짜 전문가는 아무나 따라갈 수 없는 경지에 도달해 있으면서도 사실은 누구에게나 따라가고 싶은 마음을 심어주는 능력까지도 겸한 사람이 전문간데, 주변에 그런 전문가가 귀하다 보니까 진짜 전문가는 못 보고 남들 기죽이는 기술이나 좀 익혀서 붙어먹는 어중떼 전문가들을 표적으로 반박이 나온단 말예요.

그러니까 우리가 궁극적으로 전문가 세상을 넘어서기 위해서 우선은 전문가다운 전문가도 좀더 나올 필요가 있다고 봅니다. 그리고 제대로 된 전문가가 얼마나 없는 게 우리 현실인지, 그것부터 똑똑히 알고 나가야지요. 일반적인 이야기로 저는 문화운동에서도 현단계 또는 현실에 대한 인식이 정확해야 된다는 점을 강조하고 싶습니다. 일단 운동을 하겠다 하면 정치현실이나 사회정세에 대해서 어느정도 정확한 인식을 가지고 그야말로 민심의 소재를 알아야 되겠지요. 민심이 어디에 가 있는지는 저 같은 책상물림이 어떻게 알겠습니까마는 지식인의 행태에 대해서는 저도 좀 아는데, 지식인들간에는 어떤 경향이 있냐 하면 혁명적인 기운이 고양됐던 시기의 지도적 지식인들의 역할에 대한 흠모의 마음에서 그대로 따라가보려고 하는 게 있어요. 과연 이 시기가 그런 시기냐, 또 설혹 그 비슷한 시기라 하더라도 우리 자신이 과연 그런 지도자감이냐 하는 건 별개 문제지요. 사실 민심의 소재가 어디에 있고 우리 자신의 위치가 어떤 것인지를 가장 정확하게 판가름낼 수 있는 길은 민중들 자신이 고도로 조직화가 되어서 지식인의 발언이나 행위에 대해 판결을 해주는 거죠. 지금 그런 것이 없는 상태에서 정말 누가 맞는지 알 수가 없게 돼 있어요. 지금 그런 기준도 없는 혼란상태에서 오로지 자기 양심과 양식, 그리고 몇몇 동지들간의 상호비판에만 의지한 채로 악전고투를 하는 훌륭한 지식인들을 저 자신 더러 알고 있기도 합니다만, 현싯점이 제대로 운동가도 못되고 예술가도 못되는 어중띤 문인들을 낳기에 알맞은 어려운 고비인 것은 사실이라고 봅니다.

김지하 내가 급진주의자에 대해 일방적으로 반대하는 것은 아닙니다. 그것도 별 한 개니까. 온건주의자도 별 한 개고 다 별 한 개예요. 중요한 것은 민중운동 전체에서 우린 자신이 민주적 훈련을 쌓는 것도 절대 무시 못해요. 급진주의자들의 기폭력도 물론 중요하지요. 그러나 아무리 중요 하더라도 그건 별 한 개예요. 왜냐하면 운동을 한 해만 보면 그렇지 십년 이나 이십년을 한번 봐보세요. 어떻게 작용을 하는지. 그 정도로 호흡을 크고 넓게 가져야 하는 것이 민중운동이다라는 얘기를 하고 싶어요. 그리 고 이럴 때라야 통일을 향한 커다란 틀의 민족주의, 민족운동이 제 길을 가 고 제 노릇을 하게 되는 거지요. 민주 훈련도 그래요. 자기와 방법론상에 서 약간 차이가 있는 사람은 견디지 못하는 것을 극복해야 될 것 같아요.

백낙청 시간도 예상보다 많이 흘렀는데 끝으로 『실천문학』에 당부한다 고 할까, 격려한다고 할까 그런 말을 해주는 게 어떨까요?

김지하 폭을 좀 넓히죠. 민중, 기층적인 민중들의 삶의 중심에 토대를 두면서도 폐쇄적으로 하지 말고 폭을 넓혀요. 지금은 저쪽에 있지마는 스 타일의 다양함에도 불구하고 지향만은 민중지향적으로 나가려 하는 것을 배제해서는 안됩니다. 그렇게 폭이 커지고 물줄기도 커져야 할 것 같고 그 런 것과 관련해서 민중형식 문제를 제기했으면 해요.

백낙청 앞서 문학운동단체가 지금 할 수 있는 일에 한계가 있다는 말을 했는데 그건 곧 『실천문학』 같은 공인된 정기간행물의 역할이 운동의 일 부로서도 그만큼 더 중요해진다는 얘기가 되겠습니다. 제가 보건대 『실천 문학』도 70년대에 『창비』가 그랬던 것처럼 재야 운동권과 체제내적인 문화활동의 경계선상에 자리잡게 되지 않을까 싶습니다. 운동단체의 입장에서 보면 어느정도 체제 내에 이미 편입돼 있는 느낌을 줄 것인데 그것은 엄연한 사실이기도 하지요. 우리나라는 법률상으로는 정기간행물 발간이 허가제가 아니고 등록제지만 사실 허가 안해주면 못하는 것이니까 당국의 승인을 받아서 『실천문학』을 하게 된 것 아닙니까? 그러니 허가와 관계없이 하는 활동과는 다른 제약을 받게 될 것이고 또 일이 잘돼서 부수가 늘어나고 규모가 커지면 그만큼 몸이 무거워질 거고 여러가지 새로운 제약이 생길 겁니다.

하지만 다른 한편으로는 『실천문학』을 당국이 계간지로 등록시켜준 것이 뭐 이문구씨나 송기원(宋基元)씨가 예뻐서 해준 건 아닐 테고 말하자면 문단과 문화운동판이 하도 시끌시끌하니까 무언가 정리가 됐으면 좋겠다는 그런 충정이 있었겠죠. 그렇게 보면 아수라판의 덕도 좀 입은 입장이고 어떤 의미로는 뿌리가 거기 있는 셈이지요. 그러니까 항상 접경에 서서 어려운 줄타기를 해나가야 할 것 같아요. 거기에는 왕도가 없고, 하시는 분들의 용기와 지혜와 기타 등등이 듬뿍 있어야 되겠지요. 폭을 넓히는 데 대해서 김지하씨 충고에 동감입니다. 『실천문학』이 결코 소집단 운동이거나 동인지가 되어서는 안될 것입니다.

| 좌담 |

80년대의 민족운동과 한국문학

박현채(경제평론가)
최원식(문학평론가)
박인배(마당극 연출가)
백낙청(문학평론가)
1985년 2월 27일 창작과비평사 회의실

백낙청 바쁘신데 이렇게 나와주셔서 감사합니다. 이번에 『한국문학의 현단계』 IV에 좌담을 하기로 했는데 제목은 「80년대의 민족운동과 한국문학」이라고 잡아봤습니다. 이렇게 정한 취지는 금년이 해방 40년, 분단 40년이 되는 해이므로 이 싯점에서 우리 민족운동 전반에 관해서 광범위하게 논의를 해보는데, 이건 문학평론집에 실릴 좌담이니까 한국문학에 관한 구체적인 이야기가 좀 되었으면 하는 것입니다.

이야기의 출발점은 사회자가 다소 독단적으로 잡아본 셈인데, 여기 나와 계신 박현채 선생님이 쓰신 「자본주의의 위기와 민족운동의 과제」라는 글에서 제기된 여러가지 문제가 있었지요. 거기서 우리 민족운동의 과제가 현싯점에서 자주적인 통일민족국가를 이루는 일이라는 말은 누구나

■ 이 좌담은 백낙청·염무웅 엮음 『한국문학의 현단계』 IV(창작과비평사 1985)에 수록된 것이다.

왼쪽부터 박현채, 박인배, 최원식, 백낙청

다 동의하는 바이지만, 제가 그 글에서 한두 가지 특히 중요하다고 보았던 것은, 한편으로 그러한 과제를 80년대의 국제질서의 성격과 관련시켜서 이야기하셨고, 그러면서 이제 막연한 민족운동을 얘기할 것이 아니라 사회적 실천의 전략·전술을 강조하신 점, 그리고 셋째로는 민중적 민족주의 쪽으로 나가야 된다는 문제를 제기하면서 이제까지 한국 민족주의의 성격이 소시민적 성격이 강했는데 이것을 극복해야 할 필요성을 지적하신 점입니다. 특히 지식인에 의한 민족운동, 그중에서도 문화예술 분야에서 그러한 지식인의 민족운동이 중요한 진전을 이룩했다는 점을 평가하는 동시에 그 한계를 지적하셨더군요.

이런 여러가지 문제제기 가운데서 제 생각에는 처음에 얘기한 국제질서의 성격이라든가 거기에 대한 민족운동의 전체적인 대응문제는 차라리 뒤에 가서 논의하는 것이 편리할 것 같고, 우선은 한국 민족주의의 소시민적 성격 극복의 필요성이라든가 그중에서도 특히 문화예술 활동 분야에서의 현황이나 문제점 등을 출발점으로 삼으면 어떨까 합니다. 우선 그 문제에 대해서 한마디씩 해주시고 그다음에 자유롭게 토론해주시면 좋겠어요.

한국 민족주의의 소시민적 성격

박현채 원래 「자본주의의 위기와 민족운동의 과제」라는 게 포괄적인 민족운동의 과제를 제시하는 이야기이긴 하지만, 따지고 보면 사회과학적인 접근이죠. 따라서 여기서 한국 민족주의의 소시민적 성격의 극복의 필요성과 문화예술 활동을 관련짓는다는 것은 어떤 의미에선 무리일 수도 있어요.

우리가 문화운동의 소시민적 성격, 민족주의운동의 소시민적 성격을 얘기하면 담당계층의 과도기적 성격을 말할 수 있는데, 그 담당계층의 과도기적 성격에서 오는, 말하자면 의식에 있어 어떤 과민한 성격이라고 할까 항상 불안한 상태에 놓여 있으면서 무엇인가 자기보존을 위한 노력 속에서 부단히 추구하려는 그러한 성향, 그러면서도 자본주의의 발전과정에서 분해될 수밖에 없는 과도기적 성격, 이런 것들이 소시민적 성격을 부정적인 것으로 만드는 게 아닌가, 따라서 우리가 이와같은 소시민적 성격의 민족주의가 역사적인 과정에서 본다면 과도기적으로는 큰 역할을 했으면서도 오늘에는 부정적으로 간주될 이유가 있다는 얘기고, 더욱이 여기서 소시민적 성격이란 단순히 중간층적인 담당계층의 문제만이 아니라 그중에서 특히 지식인에 의한 담당과 같은 문제가 문학과의 관련에서는 크게 제기되겠지요.

그랬을 때 결국 우리가 한국 민족주의의 소시민적 성격을 극복한다고 하는 것은 새로운 안정된 사회적 계층 내지 계급 속에서 민족주의운동의 뿌리를 발견한다는 의미가 되리라고 생각합니다. 말하자면 오늘을 사는 민중의 생활 그리고 민중구성 자체가 기본적으로는 오늘의 시대를 대표하는 민중이어야 한다는 사실 등으로 보면 결국 문화운동에 있어 과도기적 성격을 극복하고 뿌리를 내린다고 하는 사실은 오늘날의 민중구성에 해당하는 사람들 가운데서 기본적인 직접적 생산자 범주에 들어가는 사람들의 생활에서 그 뿌리를 발견하는 것이 되리라 생각합니다.

더욱이 문학 또는 문화예술 활동의 경우 전문지식인에 의한 담당이 어떻게 보면 과도기적 성격 또는 소시민적 성격을 극복하기 용이하게 해주는 것 같지만 도리어 극복하기 어려운 것이 아닌가, 그래서 한국 민족주의의 소시민적 성격의 극복 문제를 얘기할 때 문학 또는 문화예술 활동에 있어 소시민적 성격의 극복 문제는 딴 분야보다도 더욱더 강력한 것으로 제기되는 것이 아닌가 하는 생각이 듭니다.

그리고 이런 과정에서 요사이 얘기되고 있는 민중문학에 대한 개념 문제, 제가 외람되게 딴 데서도 몇 차례 말했습니다만, 사실상 민중문학이라고 하는 것들이 1980년대 이전에 상당히 큰 역할을 했다고 하면서도 그것이 과연 오늘의 민족주의적 요구 같은 것에 비추어서 바람직한 민중문학이었는가 하는 문제, 말하자면 비록 민중구성이라 할지라도 한 사회에 있어 기본적인 계급이나 계층이 아니고 침전계층 또는 탈락계층인 천민들의 생활이나 그러면서 민중문학연했고 그것이 민중문학으로 통했던 데 대한 반성을 함으로써 결국에는 80년대 민족주의운동의 과제로 돼 있는 민중생활에 뿌리를 내리면서 소시민적 성격을 극복하는 문학 또는 예술활동을 위한 단서가 주어지지 않겠는가 하는 생각을 갖습니다.

최원식 두 분이 말씀하셨듯이 한국 민족주의의 소시민적 성격의 극복 문제는 80년대 최대의 과제라고 저도 생각합니다. 그런데 여기서 한국 민족주의의 소시민적 성격이라고 할 때 일제시대에서 그 역사적 경험을 찾으면 소위 민족주의 좌파의 운동과도 관련이 되는 거겠죠?

박현채 그렇죠. 일제 식민통치 하의 경우 민중적 민족주의의 흐름을 지탱해야 할 기층생산자들 즉 직접적 생산자로서 노동자계급이나 농민계급이 자기의 계급적 각성을 통해서 민족주의적 의식에 이르지 않았을 때는 소시민적 민족주의의 갈래가 민족주의 좌파로 되면서 한 시대를 과도기 적으로 담당하는 역할을 한 셈이지요.

그렇지만 오늘처럼 역사 속에서 기층을 이루는 직접적 생산자인 민중 들이 큰 구성이 되면서 어떤 의미에 있어 계급적 각성을 갖고 민족의식이 투철한 시기에 정치적으로 억압돼 있는 상태에서는, 소시민적 민족주의 의 갈래가 판을 치는 것은 일제 식민통치 하에서 민족주의 좌파가 했던 긍 정적인 역할 대신에 도리어 사태를 흐리게 하고 제약적 요인이 된다는 얘 기입니다.

최원식 그러니까 민족주의 좌파의 운동을 긍정적으로 평가하면서도 그 것이 결국은 실패했다는 인식 위에 서 있는 것이죠?

박현채 그러니까 과도기적 성격, 과도기적 범주에 머무르지 않고 그것 을 자기주장으로 끌고 나갈 때가 되면 부정적인 역할이 된다는 거죠. 해방 전의 상황에서는 민족주의운동의 담당자로 돼야 할 민중적인 구성들이 아 직 계급적 각성을 기초로 민족적 의식에 이르지 않았기 때문에 그 과도기 적 성격이 긍정적으로 받아들여졌는데 오늘의 상황은 달라졌다는 겁니다.

최원식 일제시대가 오히려 민중운동, 즉 노동운동이나 농민운동이 더 강화돼 있었고 더 활발했던 게 아닙니까?

박현채 1920년대에 한국의 민중적 민족주의운동이 생성된다고 얘긴 합니다만, 그건 역사적 기록을 보면 알 수 있듯이 완전히 지식인에 의한 주도였습니다. 그리고 바로 그 지식인들이 우리가 크게 나누어본다면 민 족주의 좌파의 갈래를 이루는데, 그들은 선진이론을 도입하고 그 속에서 민중적 각성을 끌어내기 위해서 자기 역할을 했습니다. 그렇긴 하지만 바 로 그들의 사고는 관념적이었기 때문에 민중의 생활 그 자체에 밀착한 것 은 아니었고 그런 결과 1930년대 이후에는 이와같은 소시민적 민족주의 의 갈래가 노동자·농민운동을 이루는 민중적 민족주의의 흐름에 대해서 통제를 상실하고 떠버리는 거죠. 그러면서 밑으로부터의 민중적 힘들이 모아져서 30년대 이후의 소위 민족주의운동을 주도하게 되는 거죠.

최원식 제가 보기에는 오늘날의 노동운동이나 농민운동이 그때보다 상대적으로 낮은 단계에 있는 것이 아닌가 하는 생각이 들던데요. 그러니까 고조된 민중운동이 6·25를 거치면서 철저히 파괴되고 다시 4·19혁명을 기점으로 지식인운동을 매개로 소생하면서 이제 대중화의 한 초입에 다다랐다는 판단입니다.

박현채 상황인식의 차이인데, 말하자면 내재적인 성장을 바탕으로 한 민중적 민족주의의 요구가 얼마나 강렬한 것인가 하는 문제와 노동자계급이나 농민층이 근대사회로 옮아오면서 그 속에서 자기 성숙을 이룩하면서 내생적인 힘을 얼마나 갖고 있느냐 하는 문제지요.

제가 말씀드리고 싶은 것은 지난날에는 아직 노동자나 농민층이 근대 자본주의사회에서 자기들의 계급적 요구를 내생적으로 크게 갖지 못했기 때문에 소위 민족적 지식인에 의한 이들의 각성을 위한 노력들이 상당히 긍정적으로 작용을 했다는 것이지요. 그들의 소시민 성격에서 극좌로 편향하다든지 극우로 편향하다든지, 말하자면 장기적 안목 없이 문제를 지나치게 관념적으로 처리하는 식의 부정적인 역할을 했다 할지라도, 그것은 밑으로부터의 민중적 각성을 촉발시키는 데 자기 나름의 역할을 했다는 얘기입니다.

그런데 오늘 한국의 노동자들이나 농민이라는 건 어떤 의미에서 자본주의사회에서 자기 생활을 통해 느끼는 갈등이나 모순 속에서 내생적인 자기 욕구를 갖고 있단 말입니다. 이와같은 내생적인 요구가 억압되어 있는 상황에서 지식인에 의한 민족주의운동이, 어떤 민족주의적 요구 표현이 판을 치고 있다는 얘기죠. 말하자면 소시민적 지식인에 의한 자기 요구의 제기가 아니라 오늘의 민족문제의 해결에 있어 기본이 될 수 있는 계급·계층의 이해를 터주는 데 바로 민족적 지식인이 가져야 할 소위 민족운동의 과제가 있는 것이고, 따라서 소시민적 한계에 머무른다는 것은 역사에서 부정성을 갖는다는 얘기입니다.

백낙청 80년대 정세에 대한 구체적인 분석은 뒤로 돌리려고 했는데 처음부터 피할 도리가 없는 것 같군요. 결국 현싯점에 대한 인식에서 두 분 사이에 약간의 차이가 있는 듯합니다. 소시민적 성격의 극복이라는 당위성 자체는 최선생도 동의하지만 그 과도기적인 역할이 아직도 어느 만큼 남아 있는가에 대해 차이가 좀 있는 것 같은데, 우선 박인배형 얘기도 들어보고 또 얘기합시다.

민족운동의 목표와 주도세력

박인배 아주 원론적인 얘긴지 모르겠지만, 지금 박선생님이 현재의 민족운동이 소시민적 성격을 띠고 있다고 하셨는데, 민족운동의 목표를 어떻게 놓느냐에 따라서 이걸 소시민적 성격이라고 규정짓지 않을 수도 있지 않겠는가 하는 생각이 듭니다. 구체적인 예를 든다면 현재 민족운동의 목표가 민족통일국가의 형성인가 아니면 또다른 이상적인 형태의 계급이 소멸된 사회를 목표로 하는가에 따라서, 물론 민중적인 민족운동이 이뤄져야 된다라고 하는 건 두말할 여지가 없지만, 현재의 민족운동이 소시민적 성격을 가지고 있기 때문에 그걸 극복하고 민중적 성격을 띠어야 된다고 하는 것에 대해서는 조금 이의가 있지 않을까 싶은데요.

박현채 내 얘기는 소시민적 성격이 갖는 과도기적 성격을 인식함으로써 자기를 고집하지 않고 뿌리를 내리기 위한 노력을 하는 것이 중요하다는 것이지요. 왜냐하면 민족지식인이라든가 또는 이 나라에 있어 소시민적 민족주의의 요구라는 건 자기가 자기들의 요구를 갖는다고 얘기하기보다는 광범한 민족구성원의 요구를 반영하고 있다는 데서 그 관념성이 주어지는 것이거든요. 따라서 소시민적 성격을 갖는 민족주의 갈래의 요구에 비추어서도 대다수 민족구성원에 뿌리를 내려야 한다고 하는 당위는 누구도 부정할 수 없으리라는 것이지요.

박인배 소시민적 성격이라는 게 소시민의 자기 요구를 만족시키기 위한 성격이라는 것이 아닌가요? 박선생님은 담당계층이 소시민적이라고 말씀하셨는데 제가 듣기에는 민족운동의 목표가 소시민의 계층적 자기 요구를 만족시키려는 게 원래 소시민적 민족주의라는 단어의 뜻이 아닐까 싶은데요.

백낙청 박선생님이 말씀하신 건 주도성, 주도세력 이야기겠지요.

박현채 먼저, 경제학적 입장에서는 본질적으로는 자기의 경제생활에서 소위 계층 또는 계급이 갖는 성격에 의해서 규정된다고 이야기되지만, 민족지식인이 갖는 관념성은 오늘 이 한국사회에서 기본적인 계급구성으로 돼 있는 사람들과는 어떤 의미에서는 다른 측면이 있다는 얘깁니다. 말하자면 관념이 갖는 능동성이 있다는 이야기지요. 즉 소시민적 민족주의에 해당하는 갈래는 기본적으로는 밑으로 내려가면 박인배씨가 얘기한 대로 자기 계층의 이해를 대변한다고 하겠지만, 밖으로부터 주어진 민족적 요구가 아주 절실한 경우에는 그들은 관념적인 당위를 내세우면서 때로는 자기 이해의 대변이라는 한계를 극복하기도 하지요. 더욱이 이것이 민족지식인에 의해 주도될 때 그 관념적 당위에의 충실, 쉽게 말해서 자기 이해와는 상관없이 이상만을 위해서 자기 몸을 내던질 수 있는 건 지식인밖에 없거든요. 그런 의미에서 뿌리를 내린다는 사실하고 관련이 돼 있는 겁니다.

그다음의 문제는, 박인배씨는 목적이라 했는데, 오늘 한국 민족주의를 주도하고 있는 게 지식인이라는 사실, 그리고 우리가 민족지식인의 한 사람으로서 민족문제에서 얼마만큼 충실했느냐 하는 입장으로서의 자기반성 등을 제기하는 데서 소위 소시민적 민족주의의 성격을 극복해야 한다고 하는 얘기가 나오는 겁니다. 따라서 그것이 추구하는 것이 무엇인가,

이상적인 사회인가 하는 건 그다음 문제이고, 일단은 오늘 우리나라에서 민족주의를 주도하고 있는 그룹이 아직은 민족지식인이라는 사실, 그리고 그 속에서 우리가 민족지식인의 한 사람으로서 거기에 참여하고 있다는 사실에서 일차적으로 자기반성을 제기하자는 것입니다. 물론 과도기적 역할을 인정하되, 그 과도기적 역할이 이런 반성 위에서 출발되어야 하겠다는 그런 입장으로 얘기하는 겁니다.

백낙청 그런데 최선생이나 박인배형이 제기한 문제 중에서 조금 더 토론할 여지가 있는 것이, 우선 박형이 민족운동의 목표라는 말을 하셨는데 이것도 사실은 꼭 무슨 궁극적인 이상향과의 대비로서만이 아니고도 좀 더 논의해볼 여지가 있다고 봅니다. 왜냐하면 우리의 목표를 일단 통일된 민족국가의 수립이다라고 잡으면, 사실 그건 과거 유럽 같은 데서는 민족 부르주아지가 성취했던 과업 아닙니까? 그렇게 보면 목표 자체는 부르주아계급이나 소시민층에서 충분히 수행할 수 있는 목표라고 말할 수도 있는데 정작 현실을 보면 그렇지가 않거든요. 오히려 그런 기초적인 목표조차 달성이 안되고 분단이 돼 있는 상황에서는 시민계급이나 소시민계층이 그런 걸 안하려는 성향이 바로 분단 때문에 더욱 강해지는 면이 있단 말이에요. 그래서 민중 스스로가 주도가 돼서 해낼 필요가 있고, 여기서 문제가 애매해지는 부분이 있는 것 같습니다.

다시 말해서 한편으로 아까 최선생이 얘기했듯이 아직까지도 지식인의 과도기적 역할은 끝나지 않았고 그 소시민적 성격이 긍정적으로 작용할 여지가 많지 않느냐 하는 얘기가 나올 소지가 있는가 하면, 그것 가지고는 안되고 그야말로 소시민계층의 주도성을 극복하는 게 가장 시급한 과제다라는 말도 나올 수가 있는 것 같습니다. 이런 애매한 면이 있고, 우리 현실이 그렇게 특수하고 복잡하기 때문에 우리가 처음부터 민족운동이 뭐다, 민중운동이 뭐다 하고 개념적으로 규정해놓고 거기서 연역해나가는 것은 부질없는 짓일 것 같아요. 그래서 차라리 이제 구체적인 —

박현채 아니, 최선생 말씀도 내 얘기하고 상반되는 거는 아닐 거예요.

최원식 그렇죠. 박선생님이 말씀했듯이 민족운동에 있어 민족지식인의 역할이 과도적인 것이라는 엄격한 인식 위에서 우리가 출발해야 한다는 점에선 저도 절대적으로 동감인데, 다만 민중적 민족주의 또는 민족주의의 소시민적 성격 극복 등이 너무 강조되다 보면 지식인들이 민중에 대한 어떤 부채의식에 사로잡혀서 오히려 자기 역할을 긍정적으로 해나가질 못하는 경향이 파생합니다. 그래서 말씀드리는 것이지요.

백낙청 전문지식인에 의한 담당으로 생기는 문제점들은 나중에 따로 좀 본격적으로 얘기해봐야 할 것 같습니다. 하여간 이제는 구체적인 운동의 현황하고 관련시켜서 이야기를 전개하는 것이 좋을 것 같은데, 마침 박인배씨가 현재(좌담 당시) 민중문화운동협의회 사무국장도 겸하고 있으니까 민중문화운동의 현황이라든가 또 박형이 관심을 가지고 있는 공동체운동 등의 문제에 대해서 얘길 시작하면 어떨까요.

민중문화운동과 민중지향적 지식인운동

박인배 원래 우리가 민중문화운동협의회라고 이름붙일 때 실질적인 민중이 한 명도 조직에 참여를 안하는데 어떻게 민중이란 이름을 앞에다 붙일 수 있겠는가라고 하여 그냥 문화운동협의회라고 하자고도 했습니다. 그러다가 문화운동의 목표가 무엇이냐고 했을 때 민중문화라고 해서 그 민중문화를 형성하는, 위와 같이 주체의 문제가 있으니까, 민중문화의 형성에 기여하는 걸 목적으로 한다라고 했습니다. 즉 목표는 민중문화이고 민중문화를 달성하기 위한 운동을 하는 협의체라고 했지요. 그 실질적인 구성은 70년대 말에 탈춤이나 마당극운동이 민중현장과 접근해서 현장문화활동을 했던 조직이나 인원을 바탕으로 하여 운동의 조직을 짜기로 했고요.

그래서 현실적으로 민중문화운동이라고 한다면 현장 문화활동을 기반으로 해서 민중들의 삶 속에서 나오는 문화양태들을 지식인문화운동의 목표로 삼아 우리의 문화양식들을 새롭게 짜나가자고 하는 운동이지요. 실제로 현재 살아가는 민중들의 삶에 필요한 문화양식들을 보면 과거의 어떤 고급문화의 양식이라든가 형식하고 비슷한 것도 있지만 상당히 많은 것들이 현재 나뉘어 있는 장르나 형식과는 다른 모습을 띠고 있어요. 그래서 그 두 가지를 서로 전범으로 삼아가지고 새로운 문화양태를 만들어가는 운동, 이것이 민중문화운동이라고 얘기할 수 있을 것 같습니다.

박현채 이런 생각이 듭니다. 내가 민중문학을 민중지향적 문학하고 민중의 문학으로 구분했었지요. 거기에 대해 백낙청 교수가 민중문학운동에 참여하고 있는 지식인의 입장을, 기성이익을 지키기 위해서 상당히 많은 말씀을 하셨는데(웃음)* 나로서는 당위를 제기한 것뿐이지만 아닌게아니라 기성이익을 상당히 침해하는 점이 있는 것 같아요. 그래서 다시 민중문학의 개념을 광의의 개념과 협의의 개념으로 구분하는 게 좋을 듯싶습니다.

박인배씨가 기층으로 돼 있는 민중은 하나도 참여하지 않는 문화 또는 문학활동이 어떻게 민중문화·민중문학 활동이겠는가 하셨는데, 그런 데서 벗어나기 위해서라도 민중문학의 광의의 개념은 민중지향적인 지식인의 운동과 거기에 민중을 참여시키면서 좁은 의미의 민중문화 또는 민중문학을 개화케 하는 것까지를 포함한 것으로, 다시 말하자면 밑으로부터 민중이 자기 생활 속에서 갖는 삶의 표현양식으로서 문화 또는 문학과 더

---

* 박현채 「문학과 경제」(『실천문학』 4집, 실천문학사 1983)에 대해 백낙청 「1983년의 무크운동」(『한국문학의 현단계』 III, 창작과비평사 1984)에서 비판한 바 있음(해당대목은 백낙청 평론집 『민족문학과 세계문학』 II 135~39면에 나옴). 박현채 「문학과 경제—보다 근원적인 상호관계에 대한 인식」(『실천문학』 5집, 1984)은 그 후속논의이며, 이에 대한 재비판이 백낙청 「작품·실천·진리」(1986)에 있음(백낙청 평론집 『민족문학의 새 단계』, 창작과비평사 1990, 380~82면 참조)—편자.

불어 그런 협의의 민중문학·민중문화를 자연스럽게 발휘하게끔 그들의 삶의 표현을 도와서 풍부하게 해줄 수 있는 보조적인 역할, 그를 위한 지식인의 참여활동까지를 포괄하는 개념으로 확대함으로써 하나로 통할 수 있지 않겠는가, 그리고 민중문학운동 또는 민중문화운동이 갖는 이런 두 개의 요구에서 오는 변증법적 발전과정을 통해서 더 큰 민중문학운동·민중문화운동의 고양을 기할 수 있지 않겠는가 생각됩니다.

그러니까 내가 한국문학에 제기한 소위 민중개념에 대해 그것이 갖는 지나친 당위적 요구에의 편향이라는 사실을 인정하고 민중문학이나 민중문화라는 개념을 이렇게 광의·협의로 해서 하나로 통합하는 것이 좋을 듯하다는 건데 전문가들께서 어떻게 생각하실지?(웃음) 쉽게 말해서 광의의 민중문학이란 민중지향적인 문학과 민중의 문학 이 두 개를 포괄하는 것이다, 그리고 이렇듯 밑으로부터 자생하는 것하고 삶의 풍부한 표현을 갖게 해주려는 위로부터의 노력, 즉 지식인의 참여가 하나로 얽혀서 이 땅에서 민중문학·민중문화를 활짝 피게 하는 운동으로 된다 하는 얘기지요.

박인배 박선생님께서는 문학하고 문화, 민중문학하고 민중문화를 살짝 바꿔놓아도 그 의미에 큰 차이가 없을 것같이 말씀하시는데 실제로는 상당한 차이가 있을 것 같아요. 문학의 경우에는 잘 모르겠지만, 문화의 경우에는 삶과 함께하는 것이 확고한 개념인 것 같아요. 실제로 삶과 똑같이 이뤄지는 문화의 모습들, 생활문화의 하나하나는 문화순수주의의 어떤 경직된 논리가 아니라면 다 이해할 수 있는 거지요. 그런데 우리가 알고 있는 막연한 개념으로서의 문학은 어떻게 삶과 연결되고 있는지 모르겠군요.

최원식 문학이 문자매체라서 갖는 한계 때문에 그런 얘길 하는 게 아닌가요?

박인배 문학을 문자매체뿐만 아니라 구비문학까지 다 포함해서 생각할 때도 마찬가지인 것 같은데요.

백낙청 문화라는 말은 물론 문학이나 예술 작품 등으로 좁혀서 얘기하기도 하지만, 요즈음은 생활 자체를 문화라고 곧잘 얘기하잖아요? 그런 경우에는 민중문화라고 하면 민중의 삶 자체하고 밀착된 개념이 되어버리는데 민중문학이라고 하면 그것은 어쨌든 작품으로 되어 나온 것을 가리키니까 좁은 의미의 문화 중에 일부가 되어버리지요. 따라서 그것이 삶과 밀착하느냐 안하느냐는 문제가 새로 한번 따져야 할 문제로 남게 되는 거겠지요.

전문가의 마지막 손질이 필요한가

박현채 내가 항상 느끼는 건데, 지난날의 문학개념 또는 문화개념에서 비롯된 생각으로 마치 예술도 문학도 전문인이 마지막 손질을 안하면 안되는 것으로 생각하는 것이지요. 그런데 그것은 지배적 문학이나 문화에서 비롯된 것일 뿐이지, 굳이 그걸 전문가가 손질을 해야 하고 어떤 문학적 형식에 맞아야 한다는 법은 없다고 봐요.

백낙청 저더러 문단의 기성이익을 옹호한다고 자꾸 그러시는데(웃음) 그럴 생각이 전혀 없는 것은 아니지만, 그건 아까 최교수도 잠깐 얘기했듯이 가령 지식인들이 민중에 대한 부채의식에 불필요할 정도로 사로잡혀 가지고서 자기가 마땅히 할 기능도 못하게 되어서는 안되겠다는 의미에서, 말하자면 민중지향적 지식인들의 사기 문제를 위해서 하는 이야기이고, 전문가가 꼭 마지막 손질을 해야 된다는 이야기는 결코 아닙니다. 오히려 전문가의 작업이란 것이 일종의 마지막 손질에 해당하는 것 이상이 아니라는 데 제 얘기의 촛점이 있어요.

흔히 작품을 누가 썼느냐를 가지고 문제를 삼는데, 그 작품을 쓴 사람의 신원이 민중구성에 속하는가 아닌가가 중요하지 않다는 게 아니라, 거기에 너무 집착한다는 것은 작품이 만들어지는 과정을 너무 협소하게 본다는 것이지요. 작가 자신은 처음부터 다 자기가 머릿속에서 꾸며대서 썼다고 생각하더라도 실질적으로 그것은 여러 사람이 손대어온 것에 마지막 손질을 가한 것 이상이 아닌데, 마치 그것이 전부인 양 누가 썼느냐만 가지고 어떤 성격의 문학이냐를 판정하는 것에 대해서 제가 이의를 제기한 겁니다.

그리고 아까 광의의 민중문학 얘길 하셨는데 그건 결국은 민중문학에 있어서는 그것을 쓴 사람, 제작한 사람이 민중의 일원이냐 아니면 민중지향적 지식인이냐는 구분에 너무 집착하지 말고 민중지향적 문학과 민중적인 문학을 다 광의의 민중문학에 넣자는 제 노선에, 말하자면 박선생님이 귀순하신 셈이 되는데요.(웃음)

박현채 귀순했다 해도 상관없고(웃음), 그건 어떤 작품이 갖는 평가는 작품 그 자체, 그 자체로서 꺼내야 한다는——

백낙청 그렇지요. 바로 제 얘기가 그겁니다. 저는 사회계층을 분류할 때 민중적인 부문과 민중지향적인 부문을 구별하자는 데에는 찬성이지만 그것을 작품 자체에다 기계적으로 적용하지는 말자는 겁니다. 물론 작품 자체로 보아서 그것을 민중지향적이라 부르면 불렀지 민중적이라고는 못 불러주겠다는 것이 있고 한마디로 민중적이라고 말할 수 있는 작품이 있다는 차이가 있겠지만, 작품을 두고 구별할 때하고 사람을 두고 구별할 때는 뭔가 다른 성격을 띠게 된다, 다른 차원의 구별이다는 데 촛점이 있는 거예요.

박현채 그렇기는 하지만 아무래도 기성이익을 지키는 것 같은데……(웃음)

백낙청 그런데 민중문화운동 이야기가 나왔으니까 문학 이야기를 좀더 구체적으로 하기 전에, 지금 민문협 같은 데에서 하는 민중문화운동, 민중문화에 기여하는 운동——대개 마당극이니 탈춤, 굿놀이, 노래운동 등으로 많이 전개되고 있는데——이런 운동에 대한 현싯점에서의 평가라고 할까,

또는 그것이 소시민적 성격의 극복을 지향하고 있다면 어느 정도 달성되고 있는 것인지 들어보았으면 합니다.

박인배 민중문화운동에 대한 활동은 우리가 협의회를 구성하기 전부터, 70년대 중반 이후부터 계속되어온 것이지요. 이것은 하루아침에 즉각적으로 이뤄지는 일이기보다는 장기적으로 1년 내지 2년 식의 기본작업을 토대로 하고 또 거기서 발견되는 시행착오에 대한 반성도 하면서 진행되는 것이기 때문에 민문협이 1년 동안 한 일이 민중문화운동과 어떤 연관이 있는가를 구체적으로 따지는 것은 좀 어려울 것 같습니다.

민문협을 구성한 것은 84년 초부터 민주화운동·민중운동 단체들이 공개기구로서 조직화되는 과정에서 생겨난 것이지 민중문화운동을 본격적으로 하기 위한 단체다라고 얘기하기는 곤란합니다. 민문협은 하나의 공개조직을 형성했다는 데 의의가 있는 것 같습니다. 실질적인 민중문화운동, 그러니까 현장노동자·농민과의 문화활동이라든가 문화교육활동 같은 것은 민중문화운동이 문화운동의 성격도 띠지만 그 자체가 노동운동이나 농민운동하고 관련돼 있기 때문에 이미 만들어져 있는 민중문화를 광범위하게 확산시키는 것은 문화운동단체에서 한다기보다는 민중운동단체에서 직접 노동운동·농민운동의 일환으로 하는 경우가 더 많습니다. 예를 들자면 노동자의 애환을 담은 노래나 촌극 등이 노동운동단체의 자체 교육프로그램에서 활용된다든지 농민단체의 농민대회가 문화잔치로 이끌어지는 것 등이지요. 전문적 기능을 가진 문화패들이 초기 단계에서는 같이 작업을 하지만 농민이나 노동자 자신들이 활용할 수 있는 문화양식들이 어느정도 생겨나면, 그다음에는 스스로 점점 확산시켜가는 경로를 걷는다고 생각돼요.

마당극에서의 공동창작과 현장성

백낙청 그런데 박현채 선생과 논의하던 문제와 관련해서, 가령 마당극의 경우 공동창작 같은 게 많이 논의되고 실험도 되고 있는 것으로 아는데, 그것이 전문인들간의 공동창작일 수도 있고 현장 주민들간의 공동창작도 있겠고 아니면 이질적 집단간의 공동창작도 있겠는데 이런 시도들이 실제로 많이 있나요? 가령 대학생들이나 전문가들과 현장 주민들의 공동작업이 있다면 그런 과정에서 확인된 성과나 문제점들을 알고 싶군요.

박인배 70년대 중반 이후 대학이나 기성극단에 새롭게 나타난 마당극을 한마디로 정의한다면 우리의 현실을 정확하게 담아내고자 하는 연극이지요. 그리고 마당극의 민중지향적인 성격에 따라 70년대 말에는 농촌이나 공장 등 현장공연을 시도하게 되고, 몇몇 선진적인 민주노조나 노동운동단체에서는 자체 공연팀들이 생겨납니다.

이런 현장에서의 연희행위도 마당극이라고 얘기할 수 있지만, 우리가 대학이나 기성극단의 공연에서 마당극이라고 보아온 것과는 상당히 다릅니다. 우리가 고등학교 때 소풍 가서 하는 촌극 같은 것 그걸 연극이라고 얘길 안했을 뿐이지 이미 기존의 민중적 삶 속에서 이루어지고 있던 연극적인 행위들이에요. 그것을 문화운동의 입장에서 마당극을 하던 전문가들이 현장의 사람들하고 만나가지고 서로의 연극적인 양식들을 교환한 것이 현장마당극인데, 그것을 마당극이라기보다는 극놀이 내지 탈놀이라고 부르게 됐지요.

마당극이란 것이 연극의 형태를 띠어 기존의 연극이라 할 때 무대가 있고, 일정한 구성을 가지고, 분장도 하고 의상도 갖춘 배우들이 나와서 하는 식의 고정관념이 작용하므로 그것을 좀더 일상적으로, 그냥 놀이 형태로 간단하게 할 수 있다는 자신감을 불어넣기 위해서 극놀이, 촌극, 탈놀이라는 이름들이 붙여졌지요. 현장 노동자·농민들한테서 여러가지 연극적인 놀이를 유도하는 방식에서 조금씩 차이가 나기는 하지만 기본 모습은 대개 비슷합니다. 풍자적인 수법이 됐든 직설적인 수법이 됐든 흔히 노동 가운데서, 삶 속에서 있었던 일들이 적나라하게 드러나지요.

백낙청 독자들 중에는 현황을 잘 모르는 사람들도 많을 테니까 구체적인 사례를 들어서 설명해주면 좋겠는데요.

박인배 현장촌극에서부터 도시에서 소시민을 상대로 한 마당극 공연에 이르기까지 일관되게 성공했다고 할 수 있는 작품이 제가 생각하기에는 「고구마」라는 작품인 것 같아요. 「고구마」의 경우에는 77년에 시작된 함평고구마사건을 보여주고 있습니다. 농협에서 고구마를 전량 수매하겠다고 약속해서 고구마들을 다 심었는데 생산이 과다하게 되니까 농협에서 수매를 못하겠다고 하여 농민들이 왜 약속을 안 지키냐며 길가에 고구마를 쌓아놓고 썩히는 한이 있더라도 전부 수매해줘야 한다고 요구, 장기간의 투쟁을 거쳐서 결국 농협에서 수매나 피해보상을 해준 이야기였지요.

박현채 겨우내 끈 장기적인 싸움이었고 그걸 통해 일반 재야활동 특히 광주의 경우에는 천주교가 관여, 말하자면 농민운동이 단순한 농민운동으로 끝나는 것이 아니라 전체적인 민중운동으로 확대된 참으로 획기적인 의미를 갖는 사건이었습니다.

박인배 싸움이 다 끝난 다음에 그해 대보름날인가에 농민들이 싸움의 승리를 자축하는 행사를 하면서 그간의 투쟁과정을 간단한 촌극 형태로 발표했던 모양이에요. 사정을 잘 모르는 옆 동네 사람들에게 "야!" 소리 지르고 들어와서 우리가 이렇게 싸워서 이겼다 하고 과거의 얘기들을 아주 신나서 막 떠드는 게 처음 촌극의 내용이었는데, 그것을 광주의 탈춤추는 광대패 친구들이 가서 보고 양식 자체도 훌륭하고 싸우던 사람들이 직접 싸움의 경과를 외쳐주니까 체험의 내용도 아주 강하고 진실되게 표현된다고 느낀 거예요.

그래서 그 후에 함평고구마사건의 광주 보고대회에서 광주의 마당패

친구들이 그걸 재구성을 해서 발표했는데 광주만 해도 그 열기가 상당했기 때문에 전달이 잘 됐었지요. 그것을 다시 80년 1월에 서울의 문화패들이 대본을 가져다가 문화체육관에서 공연했는데 그때는 이 사건 내용을 좀더 자세하게 설명할 수 있는 요소를 집어넣었고 그렇게 해서 그 공연도 굉장히 성공했지요. 마당극의 양식적인 면에서 볼 때 "야, 여보시오! 동네 사람들 들으시오"라고 승리에 꽉 찬 기분으로 막 소리를 지르는 식으로 극을 이끌어가는 형식을 만들어낸 셈인데, 다른 내용을 도입해봐도 성공적으로 이끌어지는 걸 볼 수 있어요. 예컨대 작년 여름에 연우무대의 공해풀이 마당극 「나의 살던 고향은……」에서도 목포주민운동을 "와, 우리는 이렇게 해서 이겼소" 하고 전달하는 과정이 있는데 아주 성공적이었지요. 그런 것들이 현장의 삶 속에서 만들어진 촌극에서부터 전문적인 마당극 공연에까지 이끌어져나오는 과정으로선 좋은 예라고 할 수 있습니다.

최원식 「고구마」나 목포 공해문제 연극이 성공할 수 있었던 것이 구체적인 사건과 결부되어 있었기 때문이라는 사실은 매우 중요합니다. 광의의 민중문학에서 협의의 민중문학으로 전진하기 위한 한 디딤돌로서 민문협의 결성이 가지는 의미는 굉장히 크지만 그러면서도 아직 마당극운동이 전부 성공적이었다고 볼 수는 없는데, 「고구마」 같은 작품이 성공할수 있었다는 것은 그야말로 어떤 구체적 현장에 밀착돼 있었다는 것이에요. 그러니까 현장성의 강화라는 문제를 어떤 추상성에서 볼 게 아니라 구체적인 사건을 통해서 전형성을 획득하는 것이 중요합니다.

박현채 마당극론에 관해서 박인배·이영미(李英美)가 쓴 「마당극론의 진전을 위하여」를 보면 함평고구마사건에서부터 시작하여 그간 마당극에 관한 여러가지가 다 나오더군요. 그걸 보고 느낀 것인데 확실히 지금 우리나라 마당극론이란 것은 원래 옛날부터 추구해온 민중적 표현양식의 장을 마련하는 당위적 원칙에 서 있어요. 뿐만 아니라 그것이 지금 비록 완성된 단계에 서 있지 않을지라도 마당극에 참여하는 참여자에게는 무엇인가 민중적 역동성을 보여주는 힘을 줘요. 그런 의미에서는 큰 역할을 하고 있다고 생각합니다. 말하자면 마당극놀이가 그런 당위에 충실할 뿐만 아니라 오늘 민중적 역동성의 샘솟는 힘을 갖는 수단 또는 매체로 되고 있다는 것은 부정될 수 없어요.

전형성·도식성·'도식적 전형성'

그런데 여기서 '전형성'이라는 문제가 따르는 것 같아요. 즉 전형성을 통해서 단순화되고 현장성이 결여되면서 마당극놀이를 조직하는 사람의 선입관이 개입하는 게 아니냐는 거지요. 몇 개의 상을 정해놓고 마름은 항상 이렇고, 일본사람으로 나오는 인물은 항상 그렇고 등등 전형이 주어지는 거예요. 물론 과도기적으로 생각하면 그건 불가피한 것이고 마당극놀이가 민중 속에서 다시 되살아나기 위한 일차적 과정이 된다는 것은 부정하지 않습니다. 그렇기는 하지만 아까 말씀드렸듯이 함평고구마처럼 현장성을 갖는, 밑으로부터 샘솟는 방식은 단순화되면서도 민중적인 파급이 있습니다. 왜냐하면 그 주변의 민중이 그걸 다 같이 알고 있고, 자기가 참여했기 때문에 거기서 오는 상징성이 있는 것이고 그렇기 때문에 전형화된 것이 풍부한 내용을 가지고 전달이 됩니다.

반면에 마당극놀이패가 광주로, 서울로 갖다놓아 이미 현장성, 사회적 실천과는 관련 없이 전형화되다 보면 내용은 저버리고 도리어 형식화되면서 대중과 유리되게 되는 것이 아닐까요? 이런 전문화와 전형성의 문제, 소위 리얼리즘이란 전형성을 통해서 한 시대의 사회적으로 주어진 여러 문제를 총체적으로 밝힌다고 하는데, 이 문제를 백교수나 최교수 두 분이 잘 설명해주셔서 독자만이 아니라 나도 좀 가르쳐주셨으면 좋겠습니다.

최원식 굉장히 중요한 지적입니다. 아까 「고구마」 같은 작품이 성공적이었다는 저의 얘기도 지금 말씀하신 것과 통하는 것이에요. 예컨대 소인극(素人劇)운동에서 원칙이 하나 있는 게 그것이 직업화하면 안된다는 것이지요. 소인극운동은 소인극운동으로서, 학교와 공장과 농촌과 전선에서 자신들의 의식을 더욱 날카롭게 벼리는 생활적 요구에 입각해야 한다는 것입니다. 그러니까 지금까지의 마당극운동도 이와같은 소인극운동의 목표에서 보면 과도기적 단계라는 점을 인식해야 합니다.

박인배 그것이 우리 문화패들에게는 이렇게 정리돼 있다고 생각해요. 두 개의 개념, 말하자면 두레패와 뜬패의 개념이 있어요. 두레패의 개념은 분명히 현장문화의 개념이지요. 같이 일하면서 같이 추고 그리고 일하는 노력이랄까 생산 자체가 투쟁의 과정이니까 그 투쟁을 어떻게 이끌어왔는가 하는 결과들을 정월대보름이나 가을에 추수 끝나고 나서 재현한다든가 하는 식으로 연회 자체가 아주 현장적인 연회로 이끌어져가는 행위가 두레패의 행위라 할 수 있지요.

그렇다고 해서 전문적인 기능을 가지고 떠돌아다니는 뜬패의 역할이 결코 무시될 수 없는 거지요. 두레패에게는 자기의 가슴에 꽉 찬 맺힌 한과 체험 같은 것들이 있는데 이것을 어떤 양식이나 형식에 담아서 표현할 것인가에 대해서는 전문적인 연회의 기능을 가진 사람들이 한의 내용을 한번 표현해주면 두레패사람들이 '아 저거구나' 하고 받아들여서 그것들로 자기네 연회양식을 풍부하게 할 수 있게 되는 거에요.

과거에도 사당패, 즉 뜬패들이 전국적으로 돌아다님으로써 각 동네의 두레패를 자극해가지고 우리도 저렇게 다시 놀아보자라든지, 장구나 북 같은 것을 다시 끄집어내서 두드려본다든지 하여 두레패의 보존에는 사당패의 노력이 꼭 필요하다는 어떤 역사가 있는 것 같아요. 아직 전문적인 뜬패라는 기능은 갖추지 못했지만 요새 대학생의 농촌공연활동이라든지 지방 두레패활동, 소위 중간 매개집단들의 활동을 보더라도 그 관계를 알 수 있어요. 풍물을 잃어가던 마을에 가서 풍물강습회를 하겠다 하면 젊은 사람들이 몇번 두들겨보면서 놀다가 한 열흘 정도 되면 동네 노인네들도 나와서 우리도 한번 두들겨보자면서 쇠를 잡는데 과거에 치시던 분들이라서 물론 수준급 이상이지요.

그렇게 전문적인 기능을 가진 사람들이 돌아다니면서 공연을 해줘야 두레패의 활동이 지속적으로 이루어지고, 또한 뜬패는 뜬패대로 두레패의 체험과 내용들을 받아들이지 않고서는 자신들의 연희 자체가 현장사람들에게는 먹혀들어가지 않으니까 홀로 존재할 수는 없는 것이지요. 그러니까 상호보완적인 관계에 있는 것이지요. 둘이 서로 성과들을 보완해가면서 이뤄져가야 할 것 같아요.

박현채 민중지향적 문학과 민중문학도 바로 그 관계와 똑같은 것이지요. 자기표현의 다양성을 주고 그를 위한 형식을 준다 하지만 사당패란 민중적 한을 담고 있되 전업화되다 보니까 사실상 유랑하는 천민의 요구밖에 반영하지 못하고 있어요. 따라서 오늘 우리가 새로이 마당극놀이, 탈춤이나 탈춤운동을 조직할 때는 사당패적 사고로는 안된다고 생각합니다. 사당패가 서 있는 입장이 다르니까요. 밖에서 사당패놀음을 보고 민중이 자기들 표현양식을 발견하는 점도 있지만 오늘 우리가 생각하는 민중문화운동 또는 마당극운동이라는 것은 이제는 보다 적극적으로 민중적, 소위 직접생산자로 되는 민중 쪽에 서고 그들의 입장에 서서 그들의 표현양식을 다양하게 해주는 노력이어야지 마치 옛날의 사당패놀이처럼 고립되어 제멋으로 하는 그런 것은 아니어야 한다는 것이지요.

백낙청 박선생님이 중요한 문제제기를 많이 하셨는데, 우선 박선생님 말씀 중에서 지금의 마당극이나 탈춤운동이 설혹 흡족한 차원에 가 있지 않더라도 그것이 현장의 필요에 입각해 있고 현장의 신명에 의존하고 있는 이상, 그것이 당연한 출발점이 되어야 한다는 점에 저도 전적으로 동의합니다.

다음으로 전형성 문제를 말씀하셨는데, 박인배형의 글에서는 '도식적 전형성'이라고 한정지어서 얘기했지요. 그렇게 한정짓는 게 타당하다고 보는데, 왜냐하면 리얼리즘론에서 일반적으로 이야기하는 전형성이란 것은 우리가 상식적으로 이해하는 어떤 고정된 타입이나 유형하고는 달리 개별적인 구체성과 특수성을 지닌 채로 사회의 전체적인 모습을 집약해주는 그런 성격을 말하거든요. 그러니까 마당극에서 도식적 전형성이라고 얘기하는 것은 가령 리얼리즘 소설에서 얘기하는 전형성에 비할 때 그 구체적 개별성이 훨씬 많이 사상되고 도식적 유형성이 더 강조가 된다는 것인데, 이것은 마당극은 도식적이라서 재미가 없다는 말이 아니라 마당극 특유의 재미가 바로 그런 것이라는 마당극옹호론임은 물론이지요.

그런데 제가 읽기로는 박인배씨와 이영미씨의 마당극옹호론에 몇 가지 갈래가 있던데 각기 조금 다른 차원의 논의더군요. 하나는 우리의 현실 자체가 계층구조로 양극화되어 있기 때문에 그런 도식성이 나온다는 얘기, 다시 말해서 우리 현실에 대한 논의이고, 두번째로 나온 얘기가 마당극의 장르적인 속성에 관한 논의였지요?

박인배 형식적 전형으로 삼고 있는 탈춤이 원래 도식적이었다는……

백낙청 그렇지요. 그리고 거기에 덧붙인 얘기로 특히 옥외공간에서 할 경우에 그런 필요가 더욱 많다, 다시 말해서 마당극이나 놀이라는 장르가 어떤 장르의 전통을 계승했고 지금 어떤 형식으로 성립되는가 하는 장르적 속성을 얘기하는 것이었지요. 그리고 세번째는 연희자나 관객 수준과 관련된 얘기였지요.

그런데 이런 몇 갈래의 논의 중에서, 현실구조가 양극화돼 있다는 지적은 딱히 마당극의 도식적 전형성을 설명하는 얘기는 아니라고 봐요. 그것은 가령 개별적인 구체성을 담고서 전형화해놓았는데도 불구하고 어떤 사람들이 그게 너무 도식적이라고 반발했을 때, 그건 당신이 우리의 현실구조를 모르기 때문에 그런 말을 하는 거라고 대답하는 일반적인 반론에 해당하는 이야기지요. 소설을 두고도 얼마든지 할 수 있는 이야기거든요.

그다음에 관객이나 연희자의 수준에 관한 얘기는 어떻게 보면 한계점이나 문제점을 지적한 것이지 마당극의 속성 자체를 옹호한 얘기는 못된다고 볼 수 있을 것 같고, 정작 마당극에 관한 중요한 대목은 두번째로 했던 얘기 같아요. 소설에 비할 때 전반적으로 연극이나 기타 공연예술이 도식성이 높다는 일반적 속성이 있는데다가 그중에서도 특히 마당극이나 탈춤 같은 것은 가령 자연주의 연극보다 더욱 높을 수밖에 없는 요인이 있다는 이야기인데, 매우 중요한 지적이라고 봅니다.

그런데 문제는 이제까지 박선생님도 말씀하시고 최선생도 말씀하셨듯이 현장에서뿐 아니라 전체적으로, 그때그때 고립된 현장에서만 감동을 주고 끝나는 것이 아니라 전체 민중의 입장에서 더 많은 민중들에게 공감을 줄 수 있는 그런 도식적 전형성이 될 것인지, 아니면 현장의 신명에 의존해서 거기서는 효과를 보는데 다른 곳으로 옮겨가면 공감을 제대로 못주는 것인지, 이런 문제까지 생각해봐야겠지요.

박인배 그건 공감을 형성한다는 것이 양적인 확산, 그러니까 광범위한 공감의 형성인가 아니면 소수의 사람이지만 공연공간에서의 강력한 질적인 공감인가에 따라 조금 다를 것 같은데요.

백낙청 그걸 양자택일식으로 생각할 필요는 없지요. 아까 두레패도 있고 뜬패도 있어야 한다고 했듯이 그 현장에서의 강력한 공감도 있고, 동시에 그걸 바탕으로 했는데 현장에서와 똑같은 공감은 못 얻을지라도 좀더 광범위하게 공감을 얻는 경우도 있지 않겠어요?

박인배 매체에 따라서 달라져야 할 것 같아요.

백낙청 물론이지요. 그런데 왜 이런 얘기를 하느냐 하면, 우리가 적어도 이걸 민족운동의 차원에서 논한다고 할 때에는 다른 민족이라서 공감하지 않는 것은 어쩔 수 없지만 같은 민족이면서도 단지 그 현장에 없었기 때문에 공감을 안하는 예술이라면 그건 한계가 있다고 봐야 할 거란 말이지요.

소인극의 전통도 새로 검토해야

최원식 「마당극론의 진전을 위하여」를 읽으면서, 물론 원칙적으로 공감하면서도, 이런 생각이 들던데요. 마당극이 이처럼 비슷비슷하게 된 것은 탈춤만을 모형으로 했기 때문이 아닌가라는 느낌이 들었어요. 일제시대와 특히 해방 직후에 소인극운동이 활발하게 전개되었고 소인극 각본집이라든가 『소인극 하는 법』 같은 이론적 지침서도 나왔습니다. 그런데 요새 마당극운동은 일제시대와 해방 직후의 소인극운동의 경험과 이론을 너무 경시하는 것 같습니다. 그러니까 전통민속극에 무지했던 과거의 소인극운동이나 소인극운동을 경시하는 최근의 마당극운동이나 각기 문제가 없지 않습니다. 마당극운동의 새로운 전진을 위해서도 과거의 소인극운동의 경험을 보다 적극적으로 검토해주기를 바라는 것입니다.

박인배 그런데 실제로 대학에서 보는 마당극이 아니고 현장의, 마당극이라기보다는 촌극에 가까운 그런 연희형태를 보면 탈춤의 영향도 거의 미치지 않고 있어요. 대학가에서 탈춤을 가르쳐보면 한 1~2년 정도 원형보존이 돼요. 그러다가 배운 사람들이 점점 창작탈춤이나 마당극 형태로 바꿔가 현실화시켜버리는데, 현장에서 탈춤을 전수해주면 배우는 즉시로 바꿔버려요. 그만큼 형식을 배워가지고 자기의 내용을 담고 싶은 욕구가 강하다는 거지요.

그와 마찬가지로 소인극운동 같은 것들이 광범위하게 있었다고 하더라도 그 전통이 단절된 상태에서는 별로 소용이 없지요. 그런 내용에 해당되는 것은 일상적인 삶 속에서 얼마든지 찾을 수 있다고 봐요. 예를 들자면 농민대회 같은 것을 할 때 시골 아주머니 역할이 한 사람 필요하면, 현장에서 아무 아주머니나 보고 다음에 이러이러한 장면에 나와서 집안에서의 넋두리를 좀 해주십시오 하면 연습 한번 안해도 그냥 그 장면에 갖다놓으면 옆 사람이 하는 분위기에 이끌려가 정말 지루하지 않은 넋두리를 10

분 20분 막 쏟아내지요. 그런 상태에서 전범으로 삼을 과거의 소인극 대본 같은 것은 필요 없는 것 같아요.

그다음에 아까 현실구조의 양극화 현상은 딱히 마당극의 도식적 전형성을 설명하는 이야기는 아니라고 말씀하셨는데, 대학생들이 관념적으로 구성한 마당극 말고도 앞에서 얘기한 자기 넋두리나 현장의 촌극을 쭉 모아보아도 거기에는 인물이나 사건들이 전형화돼 있어요.

백낙청 전형화가 안된다는 얘기가 아니라 내가 얘기한 것은 소설에서 우리가 성공적인 전형이라 말할 때 요구하는 구체적인 개별성의 정도하고 연행양식에서 요구하는 것하고 그 도가 다르다는 것이지요. 연극이나 탈춤에서는 소설에서만큼 그렇게 세밀하게 구체화되지 않고도 부당한 유형화·도식화가 아니라 제대로 전형화된 것이라고 말할 수 있다는 점을 박형의 글에서 잘 지적했다고 인정하고서 하는 이야기예요. 그런 일반적인 성격은 잘 지적을 했는데, 사건의 현장에서 연희하는 데 머물지 않고 그런 현장적 공감을 직접 나누지 않은 불특정다수의, 그러나 어디까지나 같은 민족성원인 그런 관중을 상대로까지 공감을 줄 수 있게 하려면 어떤 경우에는 도식성이 더 강화되어야 할 면도 있고, 또 어떤 경우에는 도식성을 줄이면서 개별성·특수성을 좀더 부각시킬 필요가 있겠고―

박인배 민족성원이란 문제도, 제가 생각하기에는, 같은 민족이기 때문에 한 작품을 공동으로 이해해야 한다는 법은 없을 것 같아요.

백낙청 무조건 다 되는 것은 아니지만, 일단 민족운동을 한다고 할 때는 적어도 민족성원 중에서 특권층에 있는 사람, 도저히 공감 안할 특별한 사람 아닌 나머지는 되도록 많은 사람이 이해하게 만들려는 노력을 우리가 해야지 않겠는가 하는 거지요.

박인배 우리가 공연 전체를 비디오로 찍거나 영상매체로 만들어서 전국에 돌릴 때에는 전국사람이 다 이해할 수 있게 해야겠지요. 그러나 두레패적 성격을 띤 공연이 한 부락에서 이뤄진다면, 저는 그 부락사람들만 이해한다면, 강한 지역적 공감대를 유지한다면 다른 동네사람들이 이해하지 못해도 상관없을 것 같아요.

백낙청 내 얘기는 그걸 부정하자는 것이 아니라 그런 경우는 그런 경우대로, 그런 식의 경험은 경험대로 유지하고 해나가면서 또다른 면에서는 넓혀나가는 게 중요하지 않겠는가 하는 것이지요. 그럴 필요는 없는 건가요? 각자의 부락에서 따로따로 놀기만 하면 되는 건 아니잖아요? 가령 뜬패 이야기를 했었지만, 뜬패가 다니면서 두레패를 자극하고 형성하는 그런 역할도 있는 동시에 두레패에서 연행되고 있는 것을 배워가지고서 그 두레패 현장에 직접 접하지 못하는 사람들에게도 공감을 줄 수 있는 어떤 폭넓은 예술을 발전시키는 것도 뜬패의 임무일 것 같은데요. 그런 양면이 있지 않은가요?

박인배 문제는 각 부락사람이나 삶을 살아가는 사람들이 자신의 문화와 표현양식을 갖도록 하는 것이 중요하잖아요. 구체적인 예를 들자면 제주도 「줌녀풀이」의 서울 공연이 있었지요. 그때 실제로 보신 분은 아시겠지만 제주도 사투리를 못 알아들었기 때문에 내용전달에 문제가 많았어요. 하지만 그 공연은 내용을 정확히 전달해가지고 이해를 도왔다기보다는 오히려 사투리를 묘하게 잘못 알아들어가지고 재미있는 그런 점들이 많았지요. 처음에 서울 공연을 기획할 때 여러가지 검토를 했어요. 번역을 해가지고 공연해야 되는가 아니면 그냥 해도 될 것인가를 논의했을 때 처음에는 서울 관객을 위해서는 번역을 해야 한다는 원칙을 세웠었지요. 그런데 시간상의 이유도 있었지만 제주도에서 공연되었던 그대로를 가져다 보는, 그야말로 학술적 공연으로 생각하고 그냥 한 것이지요. 그 경우 서울에서 공연하는 걸 상정하고 제주도에서 연습이나 공연을 표준말로 할 필요는 없다고 생각해요.

백낙청 아니, 내 얘기는 제주도 예술이 서울에 와서 공연에 성공하는 것보다는 제주도에서, 그쪽 사람들에게 공감을 주는 게 더 중요하다는 것은 대전제로 깔고 하는 얘기입니다. 그러한 공감을 바탕에 깔고서 전민족적 공감으로 키워가는 작업이 필요할 것 같은데 그러기 위해서는 마당극이나 극놀이 쪽에서도 그런 의미에서의 일반화를 지향하는 노력이 좀더 있어야 되지 않나 싶은데요.

박인배 그러나 그것은 분리해서 요구해야 된다는 것이지요. 삶을 살아가는 현장사람들한테는 생활 속에서의 강한 공동체의식의 형성이, 그걸 다른 지역으로 전달해야 할 전문가들에게는 일반화가 필요하겠지요.

박현채 그런 것을 위한 노력 속에서 전형성, 도식적 전형성이 나왔으리라 봐요. 그런데 자칫 잘못하면 도식적 전형성을 추구하는 과정에서 현장성이 사라져버린다는 것이지요. 그러므로 도식적 전형성을 추구하는 과정에서도 항상 현장성을 중요시하는 노력, 그리고 실천문제와 관련지으려는 노력이 요구되는 동시에 연희나 마당극을 조직하는 사람들의 선입관이 지나치게 개입해서는 안된다는 것이 얘기되어야 할 것 같아요.

최원식 두 가지 활동이 있는 게 아니겠어요? 각 지역의 두레패와 연대를 맺으면서 더욱 하향적으로 확산시키는 활동이 있을 것이고 또 하나는 도시의 극장을 빌려서 비특정관객을 대상으로 하는 활동 말입니다. 지금의 마당극운동은 이 두 가지 활동을 똑같은 비중은 아닐지라도 동시에 진행시켜야 하는 부담을 안고 있는데, 특히 후자의 경우는 좀더 전문성이 강화되어야 하자 않는가 하는 것입니다.

박인배 과거의 경험으로 볼 때 사실 농촌에서 이뤄지는 자기표현의 연극적 행위, 즉 전통시대의 탈춤이건 오늘날의 촌극이건 간에 거기에는 별로 변함이 없는데, 서구 연극을 먼저 배운 우리의 관념이 그것을 연극으로, 좋은 작품으로 받아들이는 데 상당히 오랜 접근시간이 걸렸다는 거죠.

장르확산을 어떻게 볼까

백낙청 문학 쪽에서나 서양적인 연극을 한 사람들 가운데는 문학적 연극에의 요구가 있는데, 저는 이것 역시 충분히 존중되고 검토되어야 할 요구라고 봅니다만 그것은 별도로 논의할 문제가 되겠습니다. 그러나 여기서는 이제 장르확산의 문제와 관련해서 전문성 얘기도 더 해보고 구체적인 문학논의로 가봤으면 좋겠는데, 우선 장르확산 문제는 어떻게 생각해야 할까요?

최원식 민중지향문학에서 민중문학으로 나아가는 새로운 국면을 맞이하고 있는 현재, 기성 장르에 대한 재검토는 분명 필요한 작업입니다. 좀 더 엄밀한 검토가 필요한데 기성문학 전체를 전면 부정하는 논의로 흘러서는 곤란합니다.

박인배 제가 여태까지 연희 쪽에서 쭉 활동하면서 문학 쪽에 느꼈던 것은 문학을 하신다는 분들이나 문단의 여러 분들이 전부 문자문학만을 생각하고 계신다는 것인데, 제 생각에는 장르확산은 다른 장르를 생각하기보다는 우선은 문학이 문자문학이라는 관념을 실천적으로 탈피하는 것이 제일 중요한 것 같아요. 몇년 전, 요새도 그런 경우가 있지만, 시를 쓰신다는 분들이 자기 시를 낭독할 때도 띄어읽기를 틀리게 읽는 경우를 상당히 볼 수 있었어요. 그것은 시를 쓰시는 분들 자신이 읽어가는 일을 전혀 염두에 두지 않고 쓰셨다는 얘기지요.

최원식 현장문학 활동을 하는 쪽에서 기존의 지식인문학 또는 민중지향문학에 대해서 '우리처럼 해라'라고 얘기하는 것은 안되고, 오히려 지식인문학 쪽은 본격문학으로서 더욱 강화를 시켜야 할 필요가 있는 것이고, 지식인문학 쪽에서도 현장성을 강화하려는 문학 쪽을 향해 자기의 관점으로만 대해도 안될 것 같아요. 말하자면 현재로서는 상호연대, 상호교류를 통한 병진──지금 문제는 양측이 협동해서 지배문화를 깨는 데 있으니까요.

박인배 병진이라는 게 결국은 장기적 안목에서 볼 때 어느 한쪽이 다른 한쪽을 잡아먹는 게 아닐까요? 세력이 대등하니까 병진 얘기가 나오는 것인데, 어느 한쪽이 더 확산될 경우에는 다른 한쪽을 잡아먹게 되지 않을까요?

박현채 처음부터 완벽한 것은 없지요. 그렇기 때문에 그건 하나의 통일 과정으로 되겠지요. 하나가 하나를 잡아먹는 그런 형식이 아니라 둘이 합해서 하나가 되고 또 분화하면서 그다음 단계를 준비하는 그런 과정이 되겠지요.

최원식 현장문학이 광범하게 확산을 해주면 그 충격과 자극을 받아들이면서 더 크고 열렬한 문학의 지평이 나타날 것 같은데요.

백낙청 그런데 이제까지의 논의를 보면 '장르확산'이라는 개념 자체에 상당한 혼란이 있는 것 같더군요. 이야기 내용을 가만히 보면 기존장르 속에서 그 장르가 무엇이다라는 고정관념에 얽매이지 말고 더 창의적으로 활용해야 한다는 상식적인 차원의 얘기도 있고, 혹은 기존의 장르들을 서로 혼합해가지고 새로운 장르를 창출해야 한다는 얘기도 있는가 하면, 도대체 장르라는 것 자체를 파기해야 한다, 그런 구별 자체가 바람직한 것이 아니다라는 장르파기론이 있지요. 이런 상이한 이야기들이 다소 범벅이 돼 있다는 느낌이 듭니다. 기성장르의 고정개념에 얽매이지 않아야 된다는 것이야 더 말할 필요가 없는 것이지만 우리의 필요에 따라서 서로 혼합할 것은 혼합해서 새로운 장르를 창출해야 한다는 것은 기본적으로 옳은 얘기인데 다만 장르의 창출이란 것이 한두 사람이 원한다고 해서 되는 것도 아니고, 어떤 큰 시대적인 요구와 이를 구체적으로 담당하는 창의적인 예술가들의 활약이 모두 갖춰져서야—

박현채 말하자면 소설을 대설이라고 한다든지 하는 그런 거요?(웃음)

백낙청 글쎄 소설을 대설이라고 한다든지 그런 구체적인 시도가 있어야 하는 거고, 그러고 나서도 그것이 대설이라는 하나의 새로운 장르로 정착이 되느냐 안되느냐는 또다른 사람들이 따라줘야 되는 것이겠지요. 장르파기론에 대해서는 저는 찬성을 안합니다. 왜냐하면 장르에 대한 관심이라는 것은 어떻게 보면 작업을 하는 사람이 자기의 구체적인 작업형태에 대해서 진지하고 세밀한 관심을 갖는다는 얘기인데, 시각·청각 등에서부터 갖가지 다른 갈래들을 덮어놓고 뒤섞어놓기로 말한다면 가령 백남준의 비디오아트에다 냄새만 첨가하면 그게 모든 감각이 뒤섞인 최고의 종합예술이 되지 않겠어요? 그렇게 덮어놓고 섞는 게 장르확산은 아니겠지요.

박인배 무작정 짬뽕은 저도 절대로 현실적으로 안된다고 생각합니다.

백낙청 분담과 병진이라는 것이 중요한데, 아까 어떤 시인이 자기 시를 읽는데 잘못 읽더라 했을 때 물론 그 사람이 도대체 잘 읽을 수 없게 시를 쓴 것이라면 그건 곤란하지만, 그렇지 않고 다른 사람이 읽으면 잘 읽을 수 있는 시를 썼는데 본인이 잘못 읽었다고 하면 그건 큰 문제가 아닌 것 같아요. 시를 쓰기는 그 사람이 쓰고 읽기는 더 잘 읽을 수 있는 사람이 읽고 그렇게 분업하면 되는 게 아니에요?

박인배 그런데 운율 자체에 있어서 당연한 띄어읽기를 생각 안하고 썼다는 게 문제지요.

백낙청 어떤 의미에서는 시인이나 소설가, 문인들 일반이 문자행위에 너무 얽매여서 현장의 대중들과의 만남 같은 것을 무시하기 때문에 그런 측면도 있고, 다른 한편 공연히 그런 문제에 들떠가지고 실제로 자기는 문자행위의 작업을 하면서도 문자행위의 속성에 덜 충실하고 문자작업을 오히려 게을리하기 때문에 그런 결과가 나올 수도 있는 것 같아요.

전문성과 민중성

최원식 거기에 관해서는 제가 김민기(金民基)씨한테 재미있는 얘기를 하나 들었는데 요새 노래와 시를 결합하고, 시와 민요를 결합하려는 많은 시도들이 있잖아요? 노래시, 민요시 등등 많이 나오는데 김민기씨가 그걸 가지고 작곡을 해본 모양이에요. 그런데 아무리 해도 잘 안되더라는 거예요. 그래서 그 시인한테 너는 최고의 시를 써라, 그러면 노래와 시가 만날 것이다라고 했대요. 그러니까 무조건 혼합해서는 안될 일이고 장르문제에 있어서는 시대적 요구를 어떻게 담아내느냐 하는 보다 철저한 점검이 필요한 것 같습니다.

박인배 구체적인 연행예술의 입장에서 보더라도 우리가 여태까지 익히 얘기해온 일정한 형식들이 있는데 그것의 결합이 쉬운 일이 아니지요. 방금 말씀하신 노래만 해도 한국가락의 형식이냐 아니면 서양가락의 형식이냐에 따라 서로 결합하기가 어렵게 되지요. 그러니까 시도 시인의 감수성이 서양가락의 감수성으로 써냤느냐 아니면 한국의 전통민요 가락의 감수성으로 썼느냐에 따라 전혀 결합을 못 시키는 경우가 있어요. 구체적인 예로 김정환(金正煥)의 일상노래를 들 수 있겠는데 얼핏 보면 민요풍이란 느낌이 들지만 그것의 정서가 전통민요 가락의 박자로 표출되지 않았기 때문에 그것을 아무리 민요가락에 붙여서 노래를 만들려 해도 안되지요. 반면에 하종오(河鍾五)의 소리굿 같은 걸 보면 말 자체를 자기가 속으로 어떤 일정한 민요의 곡조를, 예를 들면 진도아리랑 곡조라든가 옹헤야 곡조 등을 생각하고 써놓으니 그대로 읽어가면 그 가락이 맞아들어가게 된단 말이지요. 얼핏 보면 똑같은데 감수성이 다르면 안되는 거지요.

얼마 전에 분도회관에서 있었던 민족문학의 밤 행사에서도 이애주(李愛珠)씨의 춤하고 이쪽 운동권의 노래를 결합시켜보자는 시도들이 있었는데 춤이 잘 나가다가 어색해질 때 보면 노래의 4/4 박자를 맞출 때인데,

전통춤의 박자가 4박자로 나가는 게 있고 3박자로 나가는 게 있는데도 강약의 위치가 달라지기 때문에 춤이 행진하는 모습으로밖에 나오지 않는 결과를 빚어 군데군데 어색한 모습이 나타난 것이지요. 전문적인 독자성을 유지해온 예술양식 체계가 있기 때문에 서로 다른 양식이 부딪친다는 것은 아주 이질적인 문화가 부딪치는 것과 똑같은 모습인 것 같아요.

백낙청 나는 이애주씨의 춤을 보고서도 전문성이라는 문제를 생각해봤는데, 전문성에는 양면이 있다고 생각해요. 예술가의 전문성이라는 것이 민중적 공감을 성취하고 그걸 확대하는 전문적인 기술에 해당하는 측면이 있는 반면에, 원래는 그런 기술에서 출발했을지라도 그런 기술을 가짐으로써 자연히 본인이 민중과는 다른 존재가 되기 때문에, 또 박현채 선생님도 「민중과 문학」이라는 글에서 지적하셨듯이 일단 이루어진 형식은 형식으로서 독립해가지고 형식주의적으로 더 발전해가는 그런 속성을 지니기 때문에, 전문성이란 것이 전문가를 대중과 유리시키는 속성이 되는 그런 또 하나의 측면이 있는 것 같습니다. 그러니까 우리는 전문성이란 것은 반드시 필요한데 없애면 되느냐 하면서 얘길 간단히 끝내도 안될 것이고 또 실제로 그걸 소홀히해도 곤란할 것 같아요. 나는 춤에는 문외한이지만 이애주씨의 경우를 보면 역시 전문적 수련을 거쳤기 때문에 주는 대중적인 공감이랄까 그런 면이 있지 않은가 하는 생각이 들던데요.

박인배 그런데 우리가 예술을 보는 감각의 문제에 있어서도 경계해야 할 것이 있다고 봅니다. 예술교육 자체가 부르주아지 혹은 고급문화에 유리하도록 우리의 감각을 교육시켜놓았기 때문에 그런 전문성이란 이름으로 아주 비민중적인 정서를 나타내는 경우도 많이 있는 것 같거든요. 구체적으로 그걸 깨려는 작업을 하는 '두렁'의 몇몇 그림 그리는 친구들을 보면 농촌에 다니면서 농민들한테 그림을 그려주려다 보니까 자기가 그린 그럴듯한 동양화를 농민들이 좋아하기는 하는데 같이 그리자고 하면 "아니 난 그림 못 그립니다" 한다는 거예요. 그렇게까지 수련을 쌓으려면 10

여년 이상의 수련기간이 필요하기 때문이지요.

그래서 직접 농민들끼리 그림을 그리고 놀게 해주려니까 자기 스스로가 전문화가적인 감각으로 익혀온 모양들을 버리고 농민들의 그림같이 투박하게 그리고 쉽게 그려야 되겠더래요. 전문화가적인 감각만을 가진 사람이 보면 어린애장난이지 무슨 그림이냐 할 정도로 끈적끈적할 것 같은 그림을 그려야 하더라는 것이지요. 그런데 그렇게 그럴듯해 보이게 그리는 것 자체가 우리의 어릴 때부터의 교육이 손놀림을 그렇게 만들어놓아서 그런 거지 실제로 농민들에게 투박한 모습의 그림들을 스스로 그리게 하고 새로이 감각을 바꿔주면 그것이 훨씬 더 그림에 대한 친근감 같은 걸 준다는 거지요. 다시 말해서 감각 자체를 전문가가 바꿔가서 농민들이 스스로 그릴 수 있게 될 때, 또 그렇게 투박하게 그려놓았다고 해도 자기들 모습일 때는 굉장히 좋아한다는 것이지요. 그런 점에서 전문가들에게는 그야말로 무기교의 기교가 요구되고, 한편으로는 전문성이란 이름을 띠고 반민중적인 감각을 길러온 것을 어떻게 발라낼 것인가 하는 게 문제인 것 같습니다.

소설의 장르적 속성과 역사적 기능

백낙청 문자행위에 집착하는 데 대해서는 상당한 반대도 있습니다만 이제 문학 얘기를 좀 해야 할 때가 된 것 같습니다. 장르확산 문제에서도 제가 보기에는 문학과 관련해서는 특히 촛점이 되는 것이 소설인 것 같아요. 왜냐하면 이것이야말로 활자에 얽매인 장르거든요. 낭독을 안하는 건 아니지만 아무래도 시나 희곡보다는 불편이 많고, 그런 반면에 현재로서는 대중적으로 가장 많이 읽히는 장르이고 문학 전반에 있어서 하여간 중요한 장르임에는 틀림이 없지요. 그런데 장르확산 논의에서는 여러모로 비판의 대상이 되고 있는 게 소설이기도 합니다. 활자에 얽매인다는 사실,

대개는 개인적으로 창작해서 개인단위로 읽혀야 한다는 것, 또 그것이 지금 이 싯점에서는 민중의 현실을 밝히는 데 르뽀나 수기보다도 오히려 적합하지 않다는 이야기도 나오고 있고, 어쨌든 80년대 소설이 그런 역할을 못하고 있다는 비판이 많습니다. 이런 여러 문제에 대해 우선 최교수가 한마디 해주시면 좋겠군요.

최원식 80년대에 들어와서 소설이 침체하고 시의 시대가 왔다라는 얘기가 많이 들리는데 일면 그럴 만한 점도 있어요. 확실히 소설이 80년대에 들어와서 주변적인 장르로 떨어진 면이 있으니까요. 그런데 원론적으로 얘길 하면 소설이란 것은 항상 중앙집권이 해체되는 시기에 있어서 어떤 민중적인 요구가 강하게 대두할 때 활발해졌다는 것입니다. 바흐찐 얘길 빌리면 시가 단일언어를 지향하는, 그래서 중앙집권이 잘 정비되었을 때 중요한 역할을 했다면 그런 것이 해체될 때 그동안 단일언어 또는 지배언어에 의해 눌려 있던 소리들이 사방에서 튀어올라오면서 그런 것이 소설의 시대를 만들어간다는 것이지요. 우리나라 경우에도 소설이 나오는 시기를 보면 나말·여초라든가 고려 말, 조선후기로 확실히 봉건체제의 정비가 흔들릴 때 이런 서사문학에의 욕구가 강했던 것이 분명하고 우리나라뿐 아니라 전세계적으로 마찬가지입니다.

그렇다면 소설문학이란 것이 80년대에 들어왔다고 해서 갑자기 시의 시대로 변화했다든가, 그래서 소설이란 것은 이제 폐기되어야 하고 앞으로 다른 쪽만 해야 된다고 논의하는 것은 조금 문제가 있을 것 같은 느낌이 들지요. 오히려 지금 소설이 이렇게 침체된 원인이 무엇인가 현상분석을 해서 소설장르가 다시 올라서는 것을 도와주는 게 중요합니다. 물론 그렇다고 해서 다른 장르들은 전부 부정하고 소설만 다시 세워져야 한다는 얘기는 아니고 소설장르가 갖고 있는 역사적 기능이라는 문제를 놓고 어떤 방안을 강구해보는 게 중요하다는 거죠.

백낙청 박현채 선생님께서는 민중문학의 이론뿐 아니라 소설에도 관심이 많으신 걸로 아는데, 한마디 해주시지요.

박현채 문학형식에서 지나치게 시에만 집착하는 건 정당한 게 아니지요. 왜냐하면, 전 문학에 대해서는 잘 모릅니다만, 적어도 시가 집약적인 자기표현 양식이라 할지라도 그건 사물을 단순화시키고 감성적인 데 너무 치중하는 게 되지 않을까 싶어요. 그렇기 때문에 최선생이 말씀하신 것처럼 어떤 역사적인 혼란기에는 시가 민중의 자기요구를 표출하는 돌파구적 역할을 하기는 하지만 오늘 그와같은 감성적으로 단순화된 비논리적 표현만을 가지고는 운동이라는 것을 조직할 수는 없어요.

그런 의미에서 우리가 소설이란 것도 민중문화운동의 한 형식으로 생각하고 그것이 큰 의미에 있어서 우리들의 민족주의적 요구를 충족하는 한 과정이라고 한다면 시보다는 그다음에 오는 소설이 보다더 강조되어야 하고 중요시되어야 한다고 생각합니다. 왜냐하면 소설이란 것은 전체적인 전개에 있어서도 논리적인 자기구성이 있어야 하고 치밀해야 하는 것인데 대중을 어떤 운동에 동원하는 데에도 이와같은 치밀성, 조직된 성격 없이는 안됩니다. 그리고 물론 사회과학이 그런 것을 부분적으로 한다고 할지라도 자기 생활 속에서 문학영역이 갖는 감성적인 것을 기초로 해서 논리적 인식에 이르게 하는 매개적 역할에서도 저는 소설이 갖는 의미가 중요하다고 생각하는 것입니다.

그래서 지금 소설이 잘못되었다고 하는 것은 오늘 소설이 그렇게 자기 논리를 분명히 밝힐 수 없는 사회적 상황의 한 반영으로 볼 수 있는 것이고 그런 의미에서 주관적인 자기필요에 따라서 해석되고 있는 시가 아니라 논리적인 소설이 억압을 헤치고, 헤치는 것만이 아니라 억압 속에서 무엇인가를 배태하면서 새로운 자기형식을 가지고 민중을, 사회과학이 이르지 못하는 영역에서, 매개해주는 그런 역할이 더욱 필요하지 않을까 생각합니다. 따라서 보다 좋은 소설, 옳은 소설, 그걸 위한 노력이 있어야겠다는 생각을 합니다.

백낙청 장르문제와 연관시켜서 보면 소설이라는 장르가 서양문학에서는 중세 말기에 봉건사회가 해체되면서 기존의 장르구별이 흐려지고 여러가지 다양한 장르를 혼융해서 형성된 새로운 장르라고 볼 수 있지요. 말하자면 여러 장르를 잡아먹고 형성된 장르인데 그렇기 때문에 여러 장르를 잡아먹고 말아먹을 수 있는 그런 탁월한 능력을 원래는 가졌던 장르라 하겠습니다. 그리고 제가 보기에는 아직까지도 그런 능력이 탕진된 것 같지는 않은데, 박형은 이 문제에 대해서 어떻게 생각하시나요?

박인배 저도 소설 형태의 필요성을 말씀하신 박선생님 논의에 전적으로 동감하는 바입니다. 하지만 최근에 와서 우리가 볼 소설이 별로 없는 것도 또한 사실인 것 같아요. 게다가, 이건 제 개인적인 사정인지는 모르겠지만 최근에 들어와서 우리의 생활들이 소설을 읽기에는 너무 여유가 없지 않은가 싶은데요. 70년대만 하더라도 소위 민주화운동권에서도 운동의 굴곡도 있고 또 한번씩 쫓겨나서 유배 비슷한 생활을 하다 보니 앉아서 소설도 보고, 그럴 여유가 있었는데(웃음) 80년대 들어서는 왠지 모르게 계속적으로 여유들이 없어지는 것 같아요. 그런데다가 소설이 그만큼 시간을 할애해서 볼 만큼의 내용을 담지 못하고 있는 데도 원인이 있지 않나 싶어요.

최원식 소설이란 원래 대중독자를 상대하는 것이 아니겠어요?

박인배 그렇지만 현재 출판의 현실로 보면 아직까지는 대학생이나 오피스걸을 위주로 한 지식인 내지 소시민 독자라고 봐야 하지 않을까요?

백낙청 그런데 우리가 한마디로 '소설'이라고 말하는데, 장편소설과 단편소설을 한번 구별해서 얘기하는 것도 좋을 것 같습니다. 우리 현대문학에서는 소위 본격문학이라 하면 산문에서는 단편이 주도해왔고 그래서 주로 단편을 가지고 얘기를 많이 하는데 서양에서 소설을 논할 때는 으레 장편을 이야기하게 되고, 또 중국의 고전문학도 그렇지요. 우리 고전문학도, 물론 한문단편들이 있기는 하지만 역시 소설 하면 상당히 긴 것들이지요. 그리고 대중적인 장르로서의 소설이라고 할 때는 단편소설보다 장편소설이란 말이에요. 단편이 짧아서 대중이 읽기 쉬울 것 같지만 그것은 짧은 맛에 읽는 그런 훈련이 된 사람들을 위한 특수한 장르고, 역시 많은 사람들이 즐겨 읽는 소설은 장편소설인 것 같아요.

그렇다고 할 때는 사람들이 장편을 읽을 만한 형편이 되느냐 못되느냐, 또 그만큼 많은 시간을 할애할 가치가 있는 작품이 나왔느냐 못 나왔느냐가 더 심각한 문제가 되는데, 소설의 침체라는 말을 저도 한때 쓴 적이 있습니다만, 사실 소설을 장편과 단편을 구별해가지고 말한다면 우리나라에서는 훌륭한 장편은 항상 드물었다고 말해야 옳겠지요. 특히 우리 현대문학의 출발이 다분히 전통과 단절되고 서양문학이 이식되면서 이뤄진 것이기 때문에 동·서양의 소설 전통을 소화해서 좋은 장편을 만들어내는 경우가 극히 드물고 이제까지 주로 단편수업을 해온 셈이지요. 그런 의미에서 보면 아직까지도, 물론 몇몇 예외는 있지만, 우리 현대문학에서는 단편을 주로 쓰면서 본격적인 장편문학을 발전시키기 위한 준비작업을 해온 단계라고 볼 수가 있고 그렇다면 80년대에 좋은 장편이 많지 않다는 사실을 갑작스런 침체라고 볼 수는 없는 거지요.

그리고 단편도 사실 정말 좋은 작품을 따지면 그것이 70년대는 굉장히 많았다가 80년대에 확 준 것 같지는 않아요. 아주 좋은 작품들을 기준으로 본다면 70년대에도 썩 많았다고 할 수는 없고, 또 반면에 80년대에도 송기숙(宋基淑)씨라든가 송기원(宋基元), 현기영(玄基榮), 이문구(李文求), 박완서(朴婉緖), 또는 최근에 좋은 작품들을 잇달아 내논 김향숙(金香淑), 이런 분들의 훌륭한 중·단편들을 보면 그건 어느 연대에 비해서도 크게 손색은 없지 않은가 싶어요. 다만 우리 형편이 이를 차분히 읽고 평가하기에 어떤가 하는 문제가 있는데, 물론 박형의 경우는 혼자서 여러 사람의 몫을 맡아가지고 눈코 뜰 새 없이 바쁘니까 예외적인 것이지만, 일반적으로 문제는 생활 자체가 이유없이 더 바빠진데다가 문학의 경우에는 한편에서 소설의 침체다 어쩌고 하면서도 별로 좋지도 않은 걸 문제작이니 걸작이니 하고 떠들썩해대는 작품들이 더 많아져서 오히려 거기에 치여가지고 제대로 좋은 작품을 읽고 즐길 만한 여유가 더욱 없어지지 않았는가 하는 생각도 듭니다. 최형은 우리 소설문학의 현황을 어떻게 보시나요? 좀 구체적인 거론까지 해주시면 독자들에게 도움이 될 것 같은데……

80년대 소설의 성과와 문제점

최원식 여러번 지적되었듯이 80년대에도 뛰어난 장편이 드문 형편입니다. 그중에서 10년간 연재 끝에 완결된 황석영(黃晳暎)씨의『장길산』은 단연 주목됩니다. 해방 이후 최대의 역사소설로 꼽히는 이 작품은 그럼에도『임꺽정』또는『수호지』의 수준을 훨씬 뛰어넘었다고 보기는 미흡합니다. 비단 황석영씨뿐 아니라 최근 역사소설에 관심을 둔 작가들이 너무『임꺽정』에 매달려 있는 것은 문제지요. 엄밀히 말하면 의적(義賊)이란 봉건사회의 핵심적 모순에서는 역시 한걸음 비켜선 것인데 역사소설에서도 이야기의 새로운 틀이 절실히 요구됩니다. 황석영씨에게 있어『장길산』시대는 일종의 준비기로 보고 싶고 앞으로 진짜가 나올 것 같은 데 큰 기대를 가집니다.

이호철(李浩哲)씨는 최근 장편도 나왔지만 저는「남에서 온 사람들」을 주목하고 싶어요. 북에서 6·25를 맞은 이 작가의 체험적 시각이 아주 생생한데 요새 작가들은 6·25 이야기를 너무 쉽게 써버리는 것 같은 느낌이 들어요. 김성동(金聖東)씨의『풍적(風笛)』이 흥미로웠는데 현재 중단상태이고…… 하여튼 6·25를 다룰 때야말로 단순한 심정적 반응을 넘어서서 이 전쟁의 실상에 접근하고 그럼으로써 분단시대를 극복할 수 있는 보다 투철한 과학적 인식이 절실히 요구됩니다.

송기숙씨는 최근 역사소설에 몰두하고 있는데『개는 왜 짖는가』라는 창작집이 주목됩니다. 특히 주목받은 「당제(堂祭)」 같은 중편은 민중적 숨결이 생생해서 이 작가의 문학적 전개 속에서 한 이정표가 되는데, 역사소설 쓰신다고 이런 작업은 아예 폐업하지 않기를 바랍니다.

가장 뛰어난 단편작가로는 송기원씨를 꼽아야 할 텐데 「다시 월문리에서」는 특히 감동적이었고…… 그런데 최근 『실천문학』지 일을 맡아 이 작가의 소설을 구경하기가 힘들 것 같은데, 오히려 이것이 단편작가로서의 송기원의 체질을 바꾸는 데 도움이 되었으면 합니다. 이밖에 신인으로는 현길언(玄吉彦)·김향숙·이은식(李垠植) 같은 작가의 활동에 기대를 겁니다. 요컨대 소설가들이 좀 야심을 크게 가지고 우리 시대를 끈덕지고도 통렬하게 파고들어서 독자들의 소설에 대한 갈증을 시원하게 풀어주는 새로운 이야기의 틀을 근사하게 보여줬으면 합니다. 그리고 비평가들도 대중소설, 또는 본격소설의 탈을 쓴 통속소설들에 대해 한층 철저한 감시역을 제대로 해야겠어요.

박현채 소설이라는 것이 형식상으로는 제일 완벽한 체계가 아닙니까? 거기에다가 시도 넣을 수 있고 다른 문학양식도 다 넣을 수 있는 것 아닙니까? 좋은 시를 쓸 수 있는 사람이 만약 소설을 쓸 수 있다면 그걸 더욱 빛나게 할 수 있는 거죠. 말하자면 시라는 것이 일종의 선동적인 형식이라면 소설이라는 건 더 차분하게 설득할 수 있는 선전의 형식이거든요. 그리고 그뿐만 아니라 소설이란 것이 선동성의 문제까지도 다 포괄할 수 있다는 것이지요. 그런 의미에서 소설이라는 장르는 버릴 것도 아니거니와 그속에서 완성을 기해야 할 그런 대상이라고 생각합니다.

그리고 문학 하는 사람들 욕 좀 하려는데, 소설에서 지금 현재 작품이 좋은 게 안 나온다는 것은 결국 문학 하는 사람들이 사물에 대한 전체적인 논리적 인식을 하기에는 약하다는 걸 표시하는 게 아닌가 합니다. 그런 점에서 문학 하는 사람에게도 사회 전체를 제대로 보고 리얼리즘을 관철시키려는 노력에서는 사회과학적인 연구가 더욱더 요구되는 게 아닌가 싶어요. 물론 사회과학적인 공부를 해서 사회과학적인 논리를 편다는 건 문학의 장르와는 다르지요. 그렇지만 기본적으로 사회과학적 인식에 기초해서 인간의 마음에서 우러나오는 공감을 이끌어내는 노력이 필요하다는 것이지요. 나는 『장길산』이나 『토지』의 첫 권들은 내가 사람이 약해서 그런지 몰라도 눈물도 더러 흘리고 참 감동적으로 읽었어요. 그런데 연이어지는 뒤편에서 그 감동이 오래가질 못해요. 작가의 의도하는 바를 관철시키지 못한다는 얘기지요. 그렇다면 오늘 장편소설에 읽을거리 없다, 좋은 게 없다 하는 것은 그 좋은 형식 속에 내용을 담을 수 있는 능력이 없다는 문제지요. 그런 의미에서 오늘 소위 민중문화운동이나 민중문학운동을 지향하는 사람들에 있어 보다더 큰 반성이 있어야겠다는 거지요.

최원식 확실히 뛰어난 장편소설이 드물다는 것은 맨 처음 문제제기에서 나왔듯이 한국문학이 아직도 소시민적 성격을 극복하지 못했다는 것과 직결되는 문제인 것 같아요. 사실 구한말이나 『장한몽』 『무정』 이때까지도 주류는 장편이었고 부정적이건 긍정적이건 사람들의 관심과 토론의 대상이었는데 이상하게도 3·1운동 이후에 단편 위주로 간단 말예요. 결정타를 먹은 게 조중환(趙重桓)의 『장한몽』인 것 같은데 『장한몽』 이후에 장편소설은 통속적으로 떨어져버리고 우리 문학이 지식인 중심의 소시민적 문학이 되면서 단편이 주류로 되는 것과 긴밀한 연관이 있습니다. 결국 70년대에 이르러서 장편소설 논의가 활발해진 것도 식민지시대 이래 굳어진 우리 근대문학의 소시민적 성격의 극복을 위한 뜻깊은 탐색이었고 따라서 장편소설의 건설은 아직도 절실히 살아 있는 역사적 과제입니다.

백낙청 제 생각에도 우리나라 소설문학이란 게, 80년대에 와서 다시 시단의 활기가 있고 노동자의 수기가 나오고 르뽀가 더욱 활발해지고 운동으로서 문학이 논해지고 다른 분야에도 민중문화운동이 활발해지고 그러면서 이제 비로소 장편문학의 본격적인 개화를 위한 기반이 만들어지고 있는 게 아닌가 싶습니다. 장편이 여러가지 장르를 포용하고 말아먹는—

최원식 장르의 대표주자인데 사실······

백낙청 대표주자란 말을 바꾸면 그러한 장편이 있기까지는 많은 사람들의 여러 갈래의 노력이 있어서 그런 다각도의 노력이 합류될 때 비로소 이룩된다는 얘기인데 조선조 말기에 와서 그럴 기미가 조금씩 보이다가 식민지가 되면서 끊어지고, 그리고 해방된 이후에도 분단이 된데다가 6·25로 타격을 받고, 그러다가 4·19 이후부터 조금씩 이뤄져온 것이 이제야 상당히 축적이 된 게 아닌가라는 생각이 들어요.

박현채 그런 의미에서 장편소설의 부진이 문학에 있어서 소시민적 성격의 반영이란 최선생의 지적은 우리가 앞에서 제시한 것과 관련해서 상당히 중요한 문제제기라고 봅니다.

민중운동의 요구와 장편소설

박인배 이런 생각도 해볼 수 있을 것 같은데요, 저 같은 경우에도 지금 기억을 해보니까 소설을 안 읽은 것은 아닌데 그게 전부 러시아나 서구 등의 외국문학이란 말이지요. 그것은 다른 예술분야에서 외국문화가 들어와가지고 우리 전통의 것을 올라타서 짓밟아버리고 배제시켜버렸던 것과 같은 현상이 작용한 게 아닌가 싶고, 또 하나는 아까 말한 여유의 면을 보면 대중매체가 전반적인 문화생활을 침탈해 들어와 예컨대 비디오테이프 같은 것이 소설을 볼 시간을 뺏어버리는 면도 있는 것 같은데요. 외국의 경우는 어떤지요?

백낙청 외국, 주로 서양의 선진공업사회를 얘기한다면 장편소설 장르가 쇠퇴하는 기미가 많음은 틀림없어요. 그런데 쇠퇴하더라도 거기서는 일단 장편이라는 장르가 대중적인 것으로 확립되었다가 쇠퇴하는 과정이니까 아직도 소설 하면 장편이지, 단편집은 출판사만 해도 그야말로 아주 유명해서 이름만 갖고도 팔 수 있는 작가라든가 한두 예외적인 단편작가들 이외에는 출판해주려고 하질 않아요. 그만큼 소설이라면 으레 장편으로 되어 있는데, 그렇지만 요즘 소위 본격작가라는 사람들의 장편은 내용도 못 알아먹을 것이 대부분이고 그러니 자연히 독자층도 상실해가고 있지요.

하지만 그런 현상을 저는 전파매체라든가 다른 수단의 발달과 평면적으로 연결시키기보다는 민중적 운동의 부재현상과 관련시켜야 하리라 봐요. 물론 다른 매체의 작용하고 무관하다는 것은 아니지만 바람직한 민중운동이 있는 곳에서는 다른 분야가 발달하더라도 소설은 소설대로 활력을 지니면서 양자가 병존하고 상호보완하는 관계로 나갈 텐데, 서양에서 소설이 밀리는 것은 민중운동의 쇠퇴라든가 민중의식의 문제점과 관련해서 생각할 일이 아닌가 싶은 거지요.

박인배 현재 우리 소설의 요구는 일단 지식인적 요구인 것 같습니다. 사실 일반 소시민적 생활이라든가 현장민중들의 경우에는 화이트칼라와는 달리 외국소설이나 무협지라도 읽을 수 있는 여유가 거의 없지요. 특히 현장민중의 경우에는 우선 문자라는 것은 거의 보지 않다시피 하는 것 같습니다. 심지어는 어떤 사례까지 있냐 하면, 공장근로자들이 시간을 낼 수 있는 게 30,40분가량의 점심시간인데 그나마도 공단 주변의 라면집에서 라면 하나를 먹고 거기에 갖춰진 거의 포르노에 해당하는 비디오를 감상한다는 거예요. 그리고 나머지 저녁시간은 TV가 모두 잡아먹을 테니 그런 여가활용 정도의 시간여유에다가 그런 문화상태에서 민중적 요구에 의한 소설형태라는 걸 어떤 걸로 잡아볼 것인가는 민중운동의 입장에서는 상당히 어려운 것 같아요. 실제로 민중운동을 하는 사람들 쪽에서도 그런 서사적인 내용이나 이야깃거리는 될 수 있으면 만화 같은 걸로 해달라는 요구가 큰 것 같아요.

박현채 백선생이 말씀하신 민중운동과 소설이 연관을 갖는다는 것은 중요한 얘기입니다. 대체로 운동의 차원이 낮을 때에는 단선적인 걸 요구하지만 문제는 단선적인 걸로 끝나는 게 아니지요. 운동의 과제가 더 차원 높은 것으로 가면 갈수록 단선적인 것이 아니라 지극히 복합됨 속에서 예술적인 조화를 이룩한다는 것이 싸움에 있어서 중요한 과제로 되는 것입니다. 바로 그런 요구를 충족해줄 때 소설은 먹혀들어간다는 것이지요.

그리고 그런 문제에 있어 우리가 민중적인 문학을 지향한다고 했을 때 대상을 기준으로 나무랄 게 아니라 주체가 문제인 것이지요. 말하자면 아까 얘기한 것처럼 소설이란 것이 모든 장르를 포괄할 수 있다면 오늘 시가 먹히는 상황을 충분히 활용해서 실천활동과 병행하면서, 말하자면 감성적으로 단선적인 것에 호소하면서 그를 매개로 해서 더 높은 차원의 고도의 이론적 정리를 필요로 하는 데까지 이끌어가는 노력이 있을 수 있다는 얘기입니다.

그런데 그게 안되고 있는 것은 결국은 민중지향적인 문학을 하고 있는 사람들이 주체적으로 오늘의 상황을 가지고 보다 나은 상황으로 이끌어가려는 노력이 없거나 그 능력이 없는 데에서 오는 것으로 보여요. 지금 기층노동자들의 요구가 높고 큰 것임에도 불구하고 상대방이 포르노 같은 거나 보이고 TV나 보여가지고 현실에 안주하게 하는 그런 상황을 우리는 간단하게 볼 건 아니라고 생각합니다. 그런 의미에선 소설이 가져야 할 역할이 큰 것이고 그 장르적 속성으로 보더라도 그런 걸 충분히 할 수 있는 형식인만큼 단선적인 요구를 받아들이면서 그 요구 위에서 더 복합적인 것을 이끌어가는 그런 주체적 노력이 가일층 요구됩니다. 그런 것에 대한 우리의 문단에의 기대가 큽니다.

백낙청 주체적 노력에 대한 비판과 관련되는 얘기로, 70년대의 민중문학이란 것 중 일부는 침전계층 내지 탈락계층을 그린 것이 곧 민중문학인 것처럼 되었다는 비판이 아까 나왔는데, 80년대 들어와서 달라진 건 그에 대한 반성이 작가들 스스로에 생겼다는 사실입니다. 물론 박선생님 같은 분이 자꾸 싫은 소리를 하시니까 그리 된 점도 있겠지만 더 기본적인 계기는 역시 기층민중 자신들이 쓴 글들이 훌륭한 게 많이 나왔는데 그걸 읽어보면 우선 읽을거리로도 시시한 소설보다 낫지만 특히 민중의 생활이란게 침전계층·탈락계층의 퇴폐한 생활만이 아니고 대다수가 훨씬 건전하다는 걸 실감하게 되거든요. 그래서 가까운 예로 이문구씨 같은 작가가 그런 자기비판을 한 것을 어디서 읽은 기억이 납니다. 명색이 민중문학을 한다고 하면서 변두리의 그런 타락한 인생을 주로 그린 것에 대해 반성한다는 얘기였지요. 이제는 작가들이 '밑바닥 인생'이라는 이름으로 그런 이색적인 측면만 그려가지고는 민중문학 했다고는 말을 못하게 됐지요.

르뽀와 '문학성'

박현채 그러면 르뽀문학의 장르는 무엇인가요?

백낙청 르뽀·수기냐 소설이냐 하는 식으로 곧잘 묶어서 이야기하는데, 르뽀와 수기는 성격이 좀 다르다고 봅니다. 좋은 르뽀가 나오기는 참 어려운 것 같은데 그건 르뽀 쓰는 사람의 의식이나 수준, 소양도 있어야 되고 게다가 운이 따라야 하거든요. 가령 사진사가 좋은 현장사진을 찍으려면 때가 맞아서 현장을 포착할 수 있어야 하듯이 딱 맞는 현장에 적시에 찾아가는 운, 물론 자기가 노력해서 만드는 운이지만, 그 운하고 그 사람의 능력이나 의식하고가 다 맞아떨어졌을 때 정말 훌륭한 르뽀가 나오게 되는 것이지요. 그러나 요즈음 르뽀 중 상당수는 말하자면 소설가들이 의당 건드려야 할 건데 너무 안일해서 안 건드렸던 것을 르뽀작가들이 대강 취재해서 썼다는 사실만으로 문학적인 인정까지 받는 것 같아요.

박현채 그러니까 문학적인 장르에 들어가기는 들어간다는 말이지요?

백낙청 안 들어갈 거야 없지요. 다만 르뽀 자체로서 높은 문학적 수준에 도달하기란 여간 힘들고 드문 일이 아닌데 소설보다 더 나은 작품이라는 식으로 너무 쉽게 얘기하는 경향이 있다는 거지요. 그리고 정말 어려운 상황을 살면서 본인의 체험에서 우러난 수기하고 국외자로서 취재한 수기 또는 르뽀를 혼동하는 경향이 있는데, 양자 사이에도 차이가 있다는 것이지요.

박현채 내가 하고자 하는 얘기는 현장적인 박진감도 있으면서 거기에 문학성까지 가미되어 인간의 심금을 울려주는 지극히 감동적인 것으로 될 때 르뽀문학은 픽션을 가지고 하는 다른 문학형식을 매개해주는 역할을 하고 좀더 나은 현실인식에 이르게 하는 그런 것이 안되겠는가 하는 얘깁니다. 그런데 대부분의 르뽀를 보면 이건 문학이 아니라 현장보고서에 불과한 것 같아요.

백낙청 현장보고서가 르뽀지요.

박현채 그러니까 '문학'을 붙였지 않소, '르뽀문학'이라고. 현장보고서라는 건 사회과학적 입장에서 경제학도가 하는 것도, 법학도·사회과학도가 하는 것도 있단 말예요. 그런데 거기에 문학이라고 붙였으니까 현장보고서하고 소위 이 르뽀문학하고 어떤 차이가 나느냐는 것이지요.

백낙청 저는 현장보고서와 르뽀문학에 무슨 본질적인 차이가 있다고 보지는 않아요. 현장보고서 중에서 박진감이 높고 감동이 높아서 읽는 사람이 다른 종류의 좋은 문학작품 읽는 것과 다를 바 없게 느낄 때는 그 르뽀가 곧 '르뽀문학'이라는 이름에 값한다고 보는데—

박현채 그러니까 르뽀 자체는 기본적으로 문학장르에 안 들어간다는 얘깁니까? 분명히 해주셔야지요. (웃음)

백낙청 문학의 개념을 확산해서 르뽀도 포함시켜야 한다고 봅니다. 다만 문학 안에도 여러 갈래가 또 있잖습니까. 르뽀도 있고 체험수기도 있고 소설도 있고 시도 있고. 그런데 이런 여러 갈래가 다 문학이지만 장르 자체가 갖는 잠재력을 보면 르뽀가 소설 못 따라간다고 봐요. 왜냐하면 소설은 르뽀를 가지고서도 그대로 소설을 만들 수 있지만 르뽀는 소설이 하는 다른 일을 할 수 없는 그런 한계가 있잖습니까.

박현채 그래서 하는 얘기인데 최선생도 계시고 백선생도 계시니까 '문학성'이란 무엇이냐고 묻고 싶습니다. 사회과학적 보고서와 다를 바 없다고 한다면 사회과학 쪽에 끌어넣어가지고 사회과학적 논리적 엄밀성을 구하든가 그렇지 않고 문학 쪽에 끌어넣는다고 한다면 그러한 논리적 치밀함보다는 인간적 감동을 불러일으키는 그런 걸로 돌리든지요. 왜냐하면 요새 르뽀문학이란 게 판을 치거든요. 상당히 광범위하게 일어나 소위 르뽀문학만을 위한 무크 같은 것도 나오고 있는 상태에서 우리가 민중운동이란 것을 생각할 때 르뽀문학을 문학 쪽에 넣어줄 것인가 아니면 감동적인 보고서로 논리적인 엄밀성을 요구할 것인가, 이런 걸 한번 생각해봤으면 합니다.

박인배 이런 걸 상상해볼 수 있겠죠. 수기하고 르뽀하고 소설하고를 놓고, 발표될 때 수기니 소설이니 하는 규정을 지워버리고 이것이 1인칭소설인가 수기인가 아니면 3인칭소설인가 르뽀인가 하면 잘 구별이 안될 수도 있을 것 같아요. 그렇다면 당연히 수기나 르뽀도 문학하고 같은 영역에 속해 있는 게 아닐까요? 그리고 현재 르뽀가 박선생님이 현장보고서와 다를 게 없다라고 하셨는데 현장보고서도 어떻게 서술하느냐에 따라 상당히 차이가 나는 게 아니겠어요?

백낙청 글쎄 현장보고서가 문학이냐 아니냐라는 식으로 문제를 제기하는 것보다는—

박현채 일정한 문학성을 가지고, 이런 문학성을 지닌 작품은 문학작품에 넣어준다든지—쉽게 말해서 사회과학에서는 제아무리 글을 매끄럽게 잘 썼더라도 과학적인 논리적인 엄밀성이 없으면 그건 사회과학 쪽에 안 넣어준단 말이에요.

백낙청 문학에서도 그 나름의 논리적 엄밀성을 요구하기는 마찬가지인데, 문학이란 것이 통째로 문학이란 것으로 있는 게 아니라 여러 갈래가 있고 결국은 개개의 작품으로서 존재하는데 그 갈래마다 또 결국은 작품마나 엄밀성을 요구하는 방식이 다르지요. 인식의 논리적 엄밀성이 모자란 것 자체가 미덕인 경우는 없어요. 다만 그것에 대한 요구가 어느 정도 직접적으로 또는 절대적으로 나타나느냐 하는 것이 문학 내에서도 천차만별인데 가령 르뽀를 문학의 한 갈래라고 본다면 거기에서는 서정시에서보다 사회과학적 엄밀성에의 요구가 훨씬 강하고 직접적이다, 이렇게 봐야지 사회과학이면 그게 요구가 되고 문학에 편입이 되면 없어도 된다는 얘기는 아니죠.

최원식 그렇게 된 데는 기존의 민중지향문학이 결국 감상적인 민중접근, 민중구성의 핵심이 아니라 그 주변 탈락계층에 대한 어떤 수난기 또는 참상에 대한 묘사로 끝난 거와도 관련이 되는 것 같아요. 소설이란 게 원래 백과전서적 장르이고 총체성의 표현인데 지금 우리 소설이 그 총체성을 표현하지 못하고 있는 게 분명해요. 소설이 더욱 발전하기 위해서는 민중지향이라고 해서 민중만 그릴 것이 아니라 민중뿐만 아니라 지배층이나 중간층을 총체적으로 보여줘야 할 것 같아요.

그렇지 못하기 때문에 장편이 안 나오고 자꾸 단편으로 가는 건데, 단편이라는 건 원래 어떤 이론가가 외로운 목소리라고 했듯이 대체로 중심부로부터 해체되거나 탈락한 사람들의 이야기이지요. 그러므로 모순이 복잡다기하게 얽힌 우리 사회를 그야말로 핵심적으로 드러낼 수 있는 새로운 이야기 틀의 제시—이런 것이 결국 소설이 침체에서 벗어나 장편소설의 시대로 가고 문학의 소시민적 성격을 극복하는 것도 되는 겁니다. 이런 차원에서 보면 르뽀라는 것은 총체성이 아니라 결국 한 국면 국면의 얘기가 아닐까요?

박현채 나는 문학성의 문제로 다시 돌아가고 싶은데요. 우리가 인체해부학적인 입장으로 보자면 사회과학이나 그런 논리적 엄밀성이란 이렇게 뼈대만을 그리는 것이고 문학이란 건 적어도 여기에 살을 입혀가지고 거기에서 풍기는 것까지 줘야 한다는 것이라 생각합니다. 그래야 그것이 문학이지 빼빼 마른 사람이나 그린다든지 아무 정서도 없이 곧 죽어가는 사람을 그려놓고 앉아서 그래도 살이 있으니까 문학이다라고 하는 것은 문제가 다르지 않나 싶어요.

백낙청 기왕 그런 비유를 드셨으니까 하는 말인데, 순서가 뼈대가 먼저 있는 데다가 살을 입힌 게 아니라, 뼈와 살이 붙어 있는 살아 있는 것을 제시하는 것이 문학이고, 그것에서 뼈대를 발라내서 그 윤곽을 좀더 분명히 보여주는 게 과학이 아닐까요?

박현채 그건 서로가 다 같이 가야지요.

백낙청 글쎄 그런 점을 일단 지적할 수 있겠고, 다음에 살이 있어야 된다는 문제와 관련해서, 인체에도 부위마다 살이 많은 데도 있고 적은 데도 있지 않습니까. 마찬가지로 문학이라는 큰 테두리 안에서도 살이 많이 붙어야 할 데가 있고 뼈대가 더 드러나야 할 데가 있다고 말할 수 있는 거지요. 그리고 자꾸 문학성을 정의하라고 하시는데 그것은 불초 소생의 능력에 안 닿는 걸 자꾸 강요하시는 것일뿐더러, 박선생님께서는 문학적인 것과 비문학적인 것 사이에 무슨 일목요연한 차이가 있어가지고 딱 갈라지는 것처럼 얘길 하시는데 그런 것 같지가 않아요. 그러니까 문학성이 뭐냐고 말하라면 저도 말할 수 없지만, 문학적인 것과 비문학적인 것의 경계가 상당히 애매하기 때문에 접경지대에 가령 르뽀 같은 게 있어 문학성이란 걸 조금 좁게 생각하면 빠질 수도 있고 좀 확산시키면 낄 수도 있고, 또 같은 르뽀장르에 속하는 글이라도 그 경계선에 놓여 있어가지고 그중에 감동이 진하고 호소력이 넓은 건 문학적이다, 그렇지 못한 건 '현장보고서에 지나지 않는' 비문학적인 글이다라고 말할 수도 있는 식으로, 상당히 유동적인 것 같습니다.

박인배 조금 빗나가는 얘기지만, 문학과 사회과학을 구분하는 과학적인 엄밀성에 있어서도 그 과학의 체계가 어떤 것이냐에 따라 기준이 달라질 수도 있는 것 같은데요. 아까 비유했던 말씀에 이어서 생각한다면 인체의 구조를 뼈대로 놓고 그 곁에 살이 붙어 있다고 생각하는 과학적 체계도 있겠지만 인체를 움직이는 건 뼈대와 살이 아니고 그 몸을 순환하는 기혈이다라고 보고 그런 체계 속에서 그런 시각으로 보는 과학도 있을 수 있지요.

박현채 사회적 현상을 어떤 자연과학적인 현상에 비유한다는 게 이미 무리가 있지요. 비유는 비유로 끝나야지.(웃음)

박인배 지금 그 비유의 문제에 있어서도 어떤 게 문학성이다, 사회과학이다, 문학이다 구분하는 기준의 문제나 시각의 문제로 작용하는 것 같다는 것이지요.

박현채 그렇지만 문학성이란 정의를 해야 돼요.

최원식 계속 흑백논리로 나오시는데……(웃음)

백낙청 정의를 하는 것이 아니라 끊임없이 생각해야 된다는 게 저의 평소 지론입니다.(웃음)

민족적 형식을 창출하려면

그건 그렇고, 민족적 형식의 창출이라는 문제가 요즈음 더러 얘기되고 있잖아요? 소설의 얘기와도 관련이 되고 요즈음 시단의 여러가지 업적이나 실험하고도 관련되는 얘기이고 아까 잠깐 나왔던 '대설'과도 관련이 되는데 이런 문제에 대해서 이제 좀 이야기를 해봅시다.

최원식 민족형식 문제는 단순한 형식논쟁이 아니라 문학운동을 포함한 전체운동이 우리 현실 속에서 어떻게 전개되어야 하느냐 하는 구체적 실천론과 직결되어 있습니다. 민족형식 문제는 중국의 연안에서도 제기된 적이 있었어요. 민중역량을 총동원해야 하는 항일전쟁 시기에 실제로 농촌과 공장과 전선에서 문화공작을 해보니까 서구적인 형식에 입각한 신시, 신극 같은 것을 갖고 들어가니 도대체 먹히질 않았지요. 여기서 민족형식 문제가 나오게 되었는데, 요점은 민족형식의 원천을 5·4운동 이후의 서구적 형식에서 구할 것이냐 아니면 봉건시대의 전통적 형식에서 찾아야 하느냐였지요.

전통파와 서구파 사이의 논쟁 속에서 서구파들은 신문학의 형식이라는 것이 물론 서구에서 이식된 것이지만 이미 5·4 이후에 토착화된 것이기 때문에 서구적 형식을 배척해서는 안된다라고 옹호하면서, 전통적 형식이야말로 봉건시대의 봉건적 양식이니까 안된다라고 주장했고, 전통파들은 서구적인 형식은 제국주의적 형식이고 봉건시대의 전통적인 형식은 봉건시대의 문예형식이기는 하지만 반봉건적 의식을 담은 민중형식이기 때문에 이것을 새로운 형식의 원천으로 삼아야 한다고 주장했습니다. 결국은 당시 중국의 객관적 정세가 전통파에 승리를 안겨주었습니다. 당시 중국에 있어서는 농민이 90%가 넘고 또 그들 속에는 아직도 전통적인 양식과 형식들이 그대로 살아 있는 틀이었기 때문에 결국 전통적 형식을 이용해서 내용을 혁신한다는 결론이 나온 것입니다.

우리 경우에는 70년대 이후 전통적인 형식에 대한 일대 회귀가 있었고, 실제로 민중지향적인 문화, 그것도 현장적인 것이 강화되는 속에서 판소리·탈춤·민요 들에 대한 새로운 인식과 적극적 이용이 활발했고 그것은 오늘날에도 확산일로에 있습니다. 그런데 지금 민중구성이란 것이 항일전쟁시기에 있어서의 중국과는 매우 다르잖아요? 노동자가 이미 8백만에 육박하고 농민이, 물론 아직도 중요한 기본 생산층이기는 하지만, 이미 상당히 해체되어 있고, 전통적 형식이 농촌에 그대로 살아 있느냐 하면 그렇지 않고 말이죠. 그래서 제 생각에 민족형식의 창출이란 것이 곧 전통형식을 재창조하는 것이다라는 것만 갖고는 옳게 해결될 수 없어요. 지금까지의 논쟁, 광의의 민중지향문학하고 협의의 민중문학 사이에 있어서의 괴리 같은 것도 이 문제와 관련된다고 봐요. 하여튼 기본적으로는 현재 우리 사회의 계층분석이나 민중구성에 대한 철저한 사회과학적인 분석이 전제

돼야 얘기가 좀 될 것 같은데, 어때요, 박형이 실제로 현장에 이런 형식들을 가지고 들어갔을 때의 반응은? 매우 궁금한데……

박인배 형식이라 할 때 그 형식이 가지고 있는 외형적인 특성만 생각하기보다는 그 형식이 민중 속에서 수용되고, 다시 창작되고 그 자체에서 재수용되는, 창작과 전달의 전 과정까지를 같이 놓고 봐야 할 것 같아요. 구체적인 예를 보면 60년대 말에 판소리 내지는 민요운동이 일어나고 탈춤운동도 같이 일어나는데, 대학사회에 전파·계승되는 데 있어서 탈춤은 성공을 하는데 민요나 판소리운동은 단지 문학사적인 연구로 그치지 실제적으로 학생들 사이에 연행되지 못했지요. 탈춤은 광범위하게 연행이 퍼져나갔는데 말예요.

타당한 논리인지는 모르지만 그것은 결국 재수용 과정에 문제가 있지 않았던가 싶어요. 탈춤의 재수용 과정이란 것은 연희하고 공동으로 춤을 춰야 되고 이런 것들이 조직적인 성향을 띠고 그것 자체가 어떤 공동체적인 유대감을 목표로 하지 않고는 탈춤패의 구성이란 건 불가능하거든요. 반면에 판소리 같은 경우는 수련 자체가 개인적으로 이뤄지고 창작과정도 개인적으로 이뤄지지요. 이런 점에서 볼 때 60년대 말에 민족형식·전통형식에 대한 요구는 같이 일어났는데 그것이 재수용되는 과정에서 문화패 조직의 문제를 반영할 수 있느냐 없느냐에 따라 탈춤은 광범위하게 조직적인 문화운동 차원으로 승화가 되고 판소리나 민요 등은 수용되는 과정이 조직적이지 못하기 때문에 확산이 되지 않은 면이 있지 않았을까 생각해볼 수 있을 것 같아요.

백낙청 길고 짧은 것은 대봐야 안다고, 현장에서 부닥쳐봐야 아는 거지요. 실제로 부닥쳐봐야 아는데 다만 부닥쳐보는 기간을 어느 정도로 잡을 것인가도 고려를 해야지요. 어느 싯점까지 안됐다고 해서 앞으로도 계속 안될 것인지는 알 수 없는 거거든요.

박현채 그게 전문성의 문제와 연관이 있어요.

백낙청 판소리 같은 건 확실히 전문성의 문제와도 연관이 있지요.

박인배 탈춤장단이나 민요장단이나 기본 장단은 똑같은데다 탈춤이 한 10년 정도 기반을 잡아놓으니까 지금은 민요운동이 다시 뿌리를 내릴 수 있는 기반이 갖춰진 거지요.

백낙청 그러니까 현장에서 부닥쳐봐야 되는데 부닥치는 게 한두 번 부닥치는 걸로 애길 끝낼 수도 없다는 것이지요. 가령 탈춤이 기반을 잡아줘서 민요운동이 다시 재생할 수 있다고 한다면 그전에 민요운동이 끝났다고 했던 건 속단이 되는 게 아니겠어요? 그러니까 좀 장기적으로 보아야 할 텐데 그러나 결국 결판이 나기는 구체적인 실천을 통해서 나는 거지요.

박인배 그리고 또 하나는 민요라는 형식을 보는 데 있어서도 전통의 가락, 과거의 노동요나 우리의 가락으로 된 것만을 민요다라고 하는 입장이 있고, 신민요나 아니면 최근에 유행가가 바뀌어 만들어진 개사곡 내지는 노래가사 바꿔 부르기까지도, 그러니까 민중의 노래는 전부 민요라고 파악하기도 합니다. 이런 것은 어떤 민요의 음악적 특성뿐 아니라 민요의 창조·유통 과정까지도 중요시하는 그런 경향이지요.

최원식 지금 현장이란 것은 운동집단을 말하는 것이지요?

박인배 농민운동이나 노동운동의 조직이 가능한 집단이지요.

최원식 그런데 빼어난 노동자 시인으로 주목받고 있는 박노해의 시집을 보면서 느낀 것인데 도대체 민요가락이란 게 전혀 없어요. 반대로 민중지향 지식인들의 시에는 굉장하잖아요? 전통형식의 적합성이란 것이 단순히 지식인운동집단에서만 공감을 이루고 있는 것인지 실제로 진짜 현장, 기층생산자인 농민과 노동자 속에 들어갔을 때 거기서도 과연 그와같은 공감이 있는 것인지 이게 검토되어야 할 것 같아요.

박인배 그러니까 정서적인 면에 있어서의 민요가락만을 전통형식으로 파악하는 게 아니라 전통형식에서 그 창조가 이루어지는 과정 자체를 전통형식으로 받아들이자는 것이지요. 예컨대 박노해의 시가 기존시인의 시와 달리 전통하고 연관이 되는 것은 시라는 건 한 시인이 쓰는 것이다라고 하는 우리의 고정관념을 벗어나 박노해 시는 분명히 한 사람이 시를 썼다고 하더라도 노동자그룹 속에서, 의식화교육 과정 속에서 돌려 읽어가면서 수정한 흔적이 역력히 보이거든요. 다시 말해서 시 창작 과정이 어떤 집단에 의해서 공동으로 이뤄진 과정이라는 것이지요.

그러니까 박노해 시가 이루어지는 과정은 옛날의 공동노동 가운데서 민요가 이루어지는 과정과 비슷하다고 볼 수 있겠습니다. 우리는 요새 그 것을 우선 전통민요 가락의 원형을 익히고, 그것의 형식을 창조하는 과정을 배우고, 그 결과로서 민요적인, 즉 민중적인 집단창작이 이루어지는 것을 배워오고 있습니다. 마찬가지로 탈춤패들이 참여했던 현장 마당극 같은 것에 있어서도 탈춤사위가 전혀 들어가지 않은 것들이 많이 있어요. 그렇지만 현장 마당극을 창조하는 방법, 즉 토론에 의한 공동창작방법 등은 탈춤의 집단창작과정에서 배워온 방식이죠.

최원식 창작방식만 배운 거지 민요와 탈춤이 갖고 있는 기본적인 정신 등을 가져오는 건 아니잖아요? 그렇다면 그건 딴 얘기죠.

백낙청 박형 얘기도 중요한 얘기인데 그건 어디까지나 창작방식에 관한 얘기고 최형의 얘기는 이루어진 작품의 형식에 관한 얘기니까 촛점이 좀 다르겠지요.

박인배 그게 바로 마당극에서 81년, 82년에 일어난 논쟁과 같은 것인데요. 기존 연극계에서는 마당극의 외형적인 형식만을 보고 서구연극의 비평기준에서 여러가지 지적을 하니까 81년 채희완(蔡熙完)·임진택(林賑澤) 형의 「마당극에서 마당굿으로」라는 글에서 그렇듯 서구연극의 비판기준으로 마당극을 평가하고 양식화문제 같은 것에만 치중해서 얘길 하려고 한다면 우리는 차라리 연극이 아니어도 좋으니 다시 굿의 정신으로 돌아가겠다, 그래서 마당굿을 주장하게 되었지요. 그러니까 문제는 마당극 정신이 중요한 것이지 서구연극의 입장에서 양식화를 논의한다든지 형식만을 논의한다는 것은 그 당시로서는 무의미한 논의라고 논쟁을 피해버린 결과가 되었죠.

백낙청 그 얘기는 그 얘기대로 중요하지만, 가령 시가 씌어졌는데 민요 가락이 어느 정도 담겨 있나 하는 것은 그것대로 중요한 문제가 아니겠어요?

박인배 그런데 현실적으로 현장에서 민요가락은 지금 잘 먹혀들어가지 않아요.

최원식 그래서 하는 얘기예요, 내 얘기가.

민족적인 내용의 발견이 중요

박현채 농경생활에서 얻어지는 표현과 메마른 공장노동 현장에서의 그걸 관련지어야겠지요. 그렇기 때문에 중요한 건 민족적 형식의 창출이라는 문제는 단순한 형식의 창출 문제가 아니라 민족적 내용의 발견이라는 문제고, 그런 것이 주어져야 그다음에 형식의 문제가 주어진다는 것이지요. 결국 우리가 형식에 의존하게 되면, 형식이란 것은 역사적 과정을 통해서 지배계급이 막 갖고 노는데 보존될 리가 없는데다가 민중이란 생활 자체도 종속이 돼 있어요. 그런 의미에서 일단 우리가 민족적 형식의 창출 문제를 생각할 때는 민족적인 것을 발견하고 이것을 어떻게 전승시키기 위한 틀을 만들 것인가 하는 입장에서 문제가 다뤄져야 할 겁니다.

여기서 생각해야 할 점은, 보통 민족적인 것을 강조하다 보면 일반적인 것을 부정해버리고 그리고 일반적인 걸 부정하다 보면 결국에 가서는 그것이 관념론으로 떨어지고 국수주의 같은 걸로 떨어져버린다는 것이에요. 따라서 구체성을 강조한다는 것은 항상 일반성을 전제로 하는 것이어야 되고, 우리가 구체성을 가지고 하는 것도 결국은 다 일반성과 결부되는 게 아니겠어요. 아까 얘기한 리얼리즘에서 전형성의 문제도 바로 그런 논리인데 한 지역에서 일어난 일을 가지고 남한테 전승할 때는 거기에는 어느정도 구체성의 희생이 있어야 하는데 바로 그런 의미에서 볼 때 중국에서와 같은 문제가 생기는 것입니다. 우리의 사유나 사물인식에서는 변증법적 통일을 쉽게 할 수 있지만 사회적 실천에 있어서는 그것이 쉬운 것은 아니고 사회적으로 일정한 시간적 지체가 있다는 것이지요.

지나치게 구체성이 강조되고 그렇기 때문에 일반적인 것을 못 볼 때는 일반성이 크게 강조되는 시기가 있어요. 그러나 그러다 보면 일반성에 매몰해버리거든요. 개인은 사유나 사물인식이 비교적 자유로이 가능하지만 사회 전체에서는 그렇게 안되는 거지요. 여기에 구체성이 강조되는 일정한 역사시기가 따르게 되는 거지요. 그렇지만 그건 종국적으로 통합을 시도한 것이라야지요.

그런 의미에서 본다면 오늘 민족적 형식의 창출이란 것은 민족적인 것의 재발견, 그를 담기 위한 형식의 창출 문제이고 그것은 어디까지나 구체성 위에 선 것이기는 하지만 일반성의 테두리 안에 있는 것이라는 거죠. 이런 건 나중에 가면 제3세계 문제하고 관련이 되는데 제3세계를 둘러싼 구체성의 강조가 요사이 사회과학에서도 문제가 많이 생기고 문학에서도 문제가 많이 생기는데, 어떤 의미에서는 지금 시대가 그동안 지나치게 일반성에 매몰되었던 데서 오는 것이지요. 그래서 요사이는 지나치게 구체성을 강조한 나머지 일반성을 부정해버리는 그런 경향이 있단 말예요. 따라서 이 시기는 어떤 의미에서는 민족적인 것을 찾으려는 노력을 가지면서 일반성이 강조되어야 할 그런 시기라고 생각해요.

최원식 그렇지요. 민족형식 문제를 얘기하는 게 형식을 따로 떼어 보자는 게 아니지요. 중국에서의 해결은 절충적이었어요. 그러니까 '내용은 사회주의적이고 형식은 민족적이다'란 식으로 논쟁을 마무리지었거든요. 그건 결국 변증법적 통일이 아니었고 절충주의였지요. 우리는 논의의 수준을 높이는 한편 실제현장에서의 경험을 통해서 적합성을 엄밀하게 검토해서 민족형식을 새롭게 만들어나가야겠지요.

박현채 중국이나 다른 어느 나라에서 지난 시대에 했던 논의를 우리가 따를 필요는 없습니다. 집단간에 인식수준의 차가 있는 법인데 우리는 이미 그 사람들이 거쳐간 것을 다 디디고 섰는데 뒤돌아설 필요는 없는 것이지요. 우리가 훨씬 나은데. 그런 것은 자생적인 걸 거쳐 이루어지는 여러 운동의 과정을 보면 이론적 수준이 훨씬 높다는 걸 알 수 있어요.

백낙청 이 대목에서 박노해 시인 말고도 다른 시인들 이야기를 좀 하고 넘어갔으면 하는데 최형이 좀 말씀해주시지요.

최원식 시는 잘 모르는데…… 최근 시단은 뛰어난 시인들의 대거 등장과 함께 원로·중견을 가릴 것 없이 매우 활발합니다. 고은(高銀)씨의 『조국의 별』은 통렬하면서도 아름다운 우리 시대 서정시의 한 기념비적 업적이지요. 70년대식 추상성이 말끔히 가신 점이 특히 주목됩니다. 신경림(申庚林)씨의 장시 작업은 아직 완결되지는 않았지만 신동엽(申東曄)의 『금강』 이후 가장 중요한 작품으로 평가되는데, 최근 유행하는 장시는 이야기시의 범람과 함께 문제가 있는 것 같아요. 최근 시는 기성 서정시에 대한 반발에서 너무 풀어져 타령으로 떨어지는 경우가 많은데, 장시에 대한 논의가 본격적으로 전개되었으면 싶어요. 이런 점에서 정희성(鄭喜成)·이시영(李時英)·김명수(金明秀)·이동순(李東洵) 등의 좀더 활발한 작업을 기대합니다.

특히 신인 중에 노동자 시인 박노해와 더불어 농민시인 김용택(金龍澤)의 출현에 유의하게 되는데, 자신의 일터에서 일하는 형제들과 함께 살아가는 이 두 신인은 앞으로 민중시의 건설에서 맡은 역할이 만만치 않으리라고 생각합니다. 그리고 무엇보다도 새로운 상황 앞에서 자신의 문학적 변모를 심각하게 모색하고 있는 김지하(金芝河)씨의 작업이야말로 날카로운 주목을 받아야 마땅합니다.

백낙청 저 역시 최근에 나온 많은 훌륭한 시집 중에 『조국의 별』이나

『노동의 새벽』 그리고 『섬진강』은 특별히 꼽고 싶습니다. 그런데 김지하씨의 이야기도 마침 나왔으니, 우리가 이제까지 얘기하던 관점에서 『대설 남(南)』을 본다면 어떻게 볼 수 있을까요? 그 장르적인 성격이라든가 문학적인 성과라든가를. 민족적 형식의 창출을 기도한 두드러진 시도 가운데 하나임은 분명하지 않습니까?

박현채 아직은 완성이 안돼서 모르겠지만 『대설』 처음 권을 보면 욕지거리가 너무 많이 들어 있어서 민족적인 것을 추구한다지만 좀 문제가 있다 싶었어요. 비록 민중이 자기 생활 속에서 건전함을 갖지 못하고 자기 어려움을 해소하기 위해서 그런 형식을 과연 빌렸는지 안 빌렸는지 모르지만 상당히 외설적이라는 건 좀 결함이 아닌가 싶어요. 그렇기는 하지만 읽어보니까 나름대로 박자와 리듬이 있어서 1권은 참 읽기가 쉽더군요. 그런데 2권에서는 그 리듬이 깨져 있어요. 그러므로 『대설』은 시도로서는 높이 평가하더라도 아직 전면적인 평가는 이르다고 생각합니다.

『대설 남』의 형식과 사상

박인배 단순히 외형적으로 봐서는 70년대 초반에서 중반까지의 담시 작업의 연장선상에 놓여 있는 듯한 인상을 많이 받았어요. 담시는 그 모델이 판소리의 아니리조로 박선생님이 말씀하셨듯이 설렁설렁 읽어가기에 입에 편하고 내용 자체는 지극히 풍자적이고 외설적이랄까 사람들 앞에서 심각한 얘기보다는 구시렁구시렁 얘기를 해서 웃기는 식이지요. 굳이 '대설'이라고 이름붙인 것이 맨 첫 권에서 얘기되고 있듯이 방대한 규모가 어떻게 끝날지를 두고 봐야 될 것 같고, 현재로는 풍자 같은 걸 끌어가는 건 좋은데 내용면에서는 그전의 담시를 못 따라가는 듯한 인상이 크고 연행면에 있어서는 결국 쉽게 읽히니까 앞으로 연행의 가능성은 판소리 한마당처럼 부분적으로 되든지 여기저기 줄여가면서 읽히는 창이 되든지 작업을 해봐야 될 것 같아요.

백낙청 『대설』은 일단은 문학작품으로 나온 것이지만 또한 판소리로 공연될 가능성이 있는 작품이라는 양면이 있지요. 다만 판소리가 먼저 있고 그 사설을 기록한 경우하고 다른 것은, 이건 어디까지나 먼저 문학작품으로서 창으로 안 부르고도 읽어봐서 신명이 나고 좋은지 그 문제를 먼저 따지고, 그다음은 이걸 판소리로 제작해서 불렀을 때 판소리형식의 발전 또는 갱생에 어떤 공헌을 하느냐 하는 또다른 문제가 있겠습니다. 아직 『대설』을 본격적으로 판소리로 짜서 부른 게 없지요?

박인배 『대설』은 없고 담시로는 두 편, 「소리내력」하고 「분씨물어(糞氏物語)」를 소리로 한 「똥바다」가 있지요.

백낙청 문학작품으로서의 『대설』은, 제 경우도 물론 이게 아직 2권까지밖에 안 나왔다는 걸(좌담 당시) 전제로 얘기해야겠는데, 첫 권을 읽으면 확실히 신명이 있어요. 박선생님도 '박자'가 있다고 하시고 비슷한 이야기를 하는 분들이 많은 걸로 보아 일단 이것이 일정한 성공을 거둔 실험이라 보겠습니다. 그러나 1, 2권을 읽을 때 당장의 흥겨움만 가지고 얘기를 한다면 좋은 판소리를 듣는 것처럼 지속이 되는 신명은 못되는 것 같아요.

그게 여러가지 이유가 있겠지만 하나는 시인으로서도 지금 좀 불리한 대목에 놓인 면이 있는데, 김지하는 역시 「오적」에서나 「비어」에서처럼 현실문제를 가지고 풍자를 해야 판소리에 필적하는 신명을 내는 면이 있거든요. 그런데 지금 저 도솔천상에서 시작해가지고, 현실 얘기를 하더라도 대개는 우의적으로나 하고 있고, 더군다나 세계사 편력하고 철학적 얘길 하면서 김지하 특유의 그런 재능하고는 조금 먼 데에 매어 있는 단계라고도 할 수 있습니다. 그래서 2권이 재미가 덜하다는 얘기를 여러 사람들이 하는데, 사실 2권에서도 뒷부분에 가면 특히 기독교 비판하는 데 가면 상당히 재미가 되살아나거든요. 그런 걸 보면 이것이 앞으로 현대까지 내려오면 또 좀 달라지는 면모가 있으리라 기대가 되기도 합니다.

박현채 본인도 좀 기다리라고 하니까 기다려야지요.(웃음)

백낙청 그런데 『대설』에 담긴 사상이라든가 『대설』 이외에 김지하씨가 『밥』 같은 책에서 발표한 생각, 거기에는 예술형식에 관한 문제도 있고 그외 온갖 문제가 많이 들어 있는데, 그의 생명사상이니 후천개벽이니 그런 데에 대해서도 얘기할 필요가 있지 않을까요?

박인배 생명사상이나 후천개벽론만 갖고 얘길 하는 건 좀 문제가 있을 것 같고 민족운동의 이념과 연관하여 얘길 해보는 게 좋을 듯싶습니다. 그분이 생명사상을 처음에 주장하시게 된 동기도 제가 듣기에는 우리 운동권에 있어서 이념적인 내용, 특히 서구적인 이념들만 좇아갈 게 아니라 우리 나름대로의 이념을 찾아보자는 가운데 생명사상 얘기도 나왔고 후천개벽론도 나오고 구체적으로 우리 문화운동 하는 쪽에서는 문화운동의 한 이념으로서 공동체문화운동이라든가 생활문화 얘기가 전개되었던 것 같아요. 또한 미륵사상 같은 것도 최근에 많이 얘기되고 있지요.

그런데 이것들이 구체적인 내용에 있어서는 약간씩 차이가 나고 어디의 얘기냐에 따라서도 차이는 있겠지만 기본적으로는 민족운동·민중운동을 어떤 목표로 어떻게 이끌고 갈 것인가 하는 문제를 담고 있다는 인상이 들어요. 민족운동의 이념적 목표로서 민중이 주인이 되는 세상, 후천개벽 얘기가 나오는 게 아닌가라는 생각이 드는데 구체적인 내용을 제가 지금 비교하기에는 어려운 면들도 많이 있는 것 같아요.

박현채 서구적 이론의 반론으로서 생명사상·후천개벽론이 나왔다고 하면 그건 옳지 않아요. 서구에서도 본원적으로 따져들어가면 어느 이데올로기건 생명을 부정하지는 않지요. 생명 위에 서서 그를 실행하는 방법을 둘러싸고 각 이론이 달라지는 거지 처음부터 생명을 기초로 하지 않는 이론은 없습니다. 그런 의미에서 지나치게 본원적으로 들어간다는 것은 오늘 해결해야 할 문제를 전부 호도해버리는 것이지요. 분명 대립이 존재하고 그 바탕 위에서 이미 큰 대립이 주어지고 있는데 그 대립에 치중하는 대신에 본원적으로 돌아가버리면 모든 대립이라는 게 해소되어버립니다. 그러면 다시 원점으로 돌아가버리는 것이지요. 그것은 아무것도 하지 않겠다는 얘기와 다름없는 것입니다.

후천개벽론도 그렇지요. 서구라파에서 사회변혁을 위한 모든 것들이 성서적인 기반을 갖는다고 얘길 합니다. 그렇다고 지금 성서에 돌아가고 한다면 기독교 신자 아닌 일반 대중에게 먹혀들 수 있겠어요? 후천개벽론만 하더라도 이젠 그와같은 개벽론과 같은 취지로 과학적인 현상분석을 통해서 여러가지 과학적 이론들이 제시되고 있는데 이제 와서 역으로 후천개벽론으로 들어갈 이유는 없지요.

그뿐 아니라 미륵사상을 봅시다. 미륵사상이란 게 우리 것은 아니죠. 그것이 우리 땅에 들어와서 그 시대적 상황에서 민중의 자기해방을 위한, 말하자면 삼국시대 말기에 지배계급의 불교사상인 석가모니불에 대항하는 것으로 되는데 오늘 우리가 미륵사상으로 돌아갈 이유는 없잖아요? 미륵사상의 내용을 받아들여서 오늘의 상황에서 생명을 해방시키고 인간을 자유롭게 하는 그런 것을 도입해야지요. 이건 민족적 전승 문제에 있어서 형식이냐 내용이냐 하는 문제와도 같은 거라고 생각합니다. 다시 말하자면 오늘 우리가 우리 것을 찾자는 것은 낡은 걸 주장하는 것이 아니지요. 후천개벽이라든지 미륵사상 같은 것을 강조하는 일은 그런 의미에서 오늘에 있어서 그다지 큰 의미를 갖는 것은 아닙니다.

백낙청 김지하 시인의 후천개벽사상에 대해서는 저도 박선생님처럼 비판적인 의견을 더러 가지고 있긴 합니다. 하지만 이제까지 모든 사상이나 이데올로기치고 생명을 부인한 것은 없다고 말씀하셨는데, 김지하의 입장에서는 이제까지의 이념들이 생명을 내놓고 부인했다는 게 아니라 생명에 대한 본원적인 파악에 있어서 그것이 그릇되었을 때 자기들이 입으로는 뭐라고 하건간에 생명 파괴하는 데로 귀속된다는 주장이거든요. 그러니까 비판하시더라도 그런 차원에서 비판하셔야지, 이제까지 다른 이론들도 다 생명을 주장했다고 지적하는 것만으로는 충분한 반론이 안될 것 같아요.

그런데 후천개벽론에 대해서 저는 제3세계의 민중이 각성을 시작하고 제3세계라는 것이 대두하면서 세계사의 어떤 새로운 단계가 벌어지고 있다는 생각을 하고, 그런 것을 강조하는 뜻에서 후천개벽 얘기하는 거에는 상당히 공감을 느낍니다. 다만 박선생님이 말씀하셨듯이 선천시대의 사상은 다 소용이 없는 것이냐, 김지하 자신이 그렇게 주장하고 있지는 않지만 결과적으로 이제까지 지난 시대의 사상 중에서 생명을 더 옹호하고 증진시키는 사상과 그렇지 않은 사상을 자세히 구별해 가지고 선택하려는 노력이 오히려 희미해지고 문제 자체가 호도될 염려는 확실히 있다고 봅니다.

박현채 세계사의 새로운 국면이 제3세계의 형성을 통해서 열렸다고 보시는 겁니까?

백낙청 저는 제3세계 민중이 각성을 시작하고 그것이 이제 커다란 역사적 동력으로 활성화되면서 —

박현채 그러면 백선생, 도대체 제3세계가 무엇이오? 제1세계가 있고 제2세계가 있고 나머지가 제3세계란 말이오, 그렇지 않으면 제3세계란 것이 어떤 동질성을 가지고 역사적 실체로 존재하고 있다는 것인가요?

제3세계란 게 과연 있는가

백낙청 제3세계에 관해서 쓴 소생의 글을 하나도 안 읽고 하시는 말씀이 분명한데,(웃음) 제3세계론을 주장하는 사람들 중에서도 여러 갈래가 있다고 봅니다. 제 경우는 제1세계가 있고 제2세계가 있고 또 어떤 동질적인 제3세계란 덩어리가 있다고 하는, 그렇게 세계를 3분하는 발상에는 반대하는 입장을 취하고 있어요. 세계를 하나로 보되 그것을 민중의 입장에서 보자는 건데 다만 민중의 입장에서 보는 것이 기왕에 제1세계적 또는 제2세계적 이념에서는 제대로 돼 있지 않으니 제3세계의 어떤 좀더 새로운 시각을 모색하겠다고 하는 그런 취지에서 제3세계란 용어를 쓰고 있지요.

박현채 그러니까 실제로는 제3세계라는 것이 이념적인 것이지, 실재하는 것은 아니지요.

백낙청 이념적인 것이지만 그렇다고 흔히 제3세계로 불리는 아시아·아프리카·라틴아메리카 지역의 현실과 아무 관계없는 공허한 관념은 아니고—

박현채 그렇다면 3세계를 보는 기본적인 표지를 봅시다. 종래 식민지 종속상태에 있었던 나라들이 오늘 생산력 관점에서는 한 나라 단위 안에서의 민중과 같은 입장에 있다고 하는 그런 입장이라거나 뭐가 있어야 할 거 아닙니까? 제3세계가 어디서 어디까지를 집어넣는지는 모르지만.

백낙청 그것은 민중이라는 개념에도 그대로 적용되는 어려움이 아닐까요? 민중도 어디서 어디까지 볼지가 애매한 경우가 많고 더군다나 민중구성을 보면 잡다하기 이를 데 없잖아요? 민중에는 노동자도 있고 농민도 있고 중간층도 있고 지식인을 넣느냐 마느냐 하는 문제도 있고, 또 농민 자체만 보더라도 박선생님이 누누이 강조하셨듯이 그 구성이 '농민'이라는 한마디로는 도저히 포괄할 수 없을 만큼, 그래서는 안될 정도로 다양하거든요. 그와 마찬가지로 제3세계에서도 아프리카 다르고, 라틴아메리카 다르고, 라틴아메리카 내에서도 나라마다 다르고, 또한 나라 안에서도 계급적 관계가 다르지만, 그러나 뭔가 이걸 한번 뭉뚱그려서 어떤 하나의 관념과 하나의 깃발을 내세울 필요가 있느냐, 그런 데에 대한 실천적인 요구가 있느냐 없느냐 이걸로 따질 문제지 엄밀하게 어디까지가 제3세계고 어디까지가 아니다, 또는 제3세계 내에 동질성이 있느냐 없느냐라는 것을 너무 따질 일은 아니지 않은가 싶어요.

박현채 아니, 적어도 어떤 사회적 실천이 전제로 된다고 한다면 제3세계의 존재와 그것에 대립되는 그 무엇이 존재해야 되는 게 아니겠어요? 그리고 그와같은 제3세계적 입장을 걸머쥘 기본적 집단이 필요한 것이고. 여기서 3분법을 써보면 제1세계가 있고 제2세계도 있고 제3세계가 있고, 그 제3세계에서도 복잡하게 나눠야 하는데 문학적으로는 제3세계가 있을는지 모르지만 적어도 우리가 사회과학적·경제학적인 입장에서 보면 문제가 많아요. 실제적으로 제1세계가 존재하고 제2세계가 존재하는데 이와같은 제1세계와 제2세계가 제3세계 안에 투영되어 있단 말이죠. 따라서 자기완결적인 지구라는 세계를 놓고 보면, 이렇게 다원적으로 놓고 보는 경우에는 제3세계가 해결해야 할 문제가 무엇인지가 분명하게 나타나지 않는단 말예요.

백낙청 제3세계가 해결해야 할 문제는 그야말로 전세계적으로 해결해야 할 공통의 과제지요. 그런데 그것을 해결하는 방법으로서 가령 선진자본주의국가에서는 자기들 나름대로의 어떤 해결방안이 있잖아요? 그 이데올로기가 있고. 대표적인 예가 근대화이론 아닙니까. 자기들이 앞서서 근대화하고 다른 사람들이 따라오고 하는 식으로 그것이 확산되면 된다 하는. 거기에 대한 하나의 대안으로서 동구에 사회주의국가권이 형성되었는데, 제3세계를 얘기하는 배경의 하나는 이들 사회주의 진영의 발생으로 문제가 최종적으로 해결되지 않았다는 인식이 깔려 있는 셈이지요.

박현채 나는 우선 제3세계가 존재한다는 사실에 대해서는 부정적입니다. 문학 쪽은 잘 모르지만, 특히 제3세계적인 입장에서 제기된 경제적 측면에 있어 대표적인 이론이 종속이론인데, 이와같은 종속이론이 서 있는 바탕은 지극히 취약하고 오늘 종속이론이 제기하고 있는 문제 정도는 이미 딴 걸로 해결되고 있지요. 지나치게 독자적인 구체성을 강조한 나머지 이론 자체를 현학적으로 비비 꼬는 그런 짓만 하고 있단 말예요. 왜냐하면 실재로서 존재하지 않는 제3세계라는 걸 놓고 문제를 다루니까요.

대체로 지금까지 일반적인 것은 서구적인 것이고 서구적인 것이 일반적이다라고 제기하는 것은 서구적인 입장이니까 우리는 우리의 독자적인 것을 가져야 한다고 얘기하는데 그것 또한 자기들이 비판하고 있는 것과 똑같은 입장에 서 있는 얘기지요. 그리고 여기서 덧붙여두어야 할 것은 그들에게 비판받고 있는 사람들이 그들이 비판하는 것처럼 생각하고 있지 않다는 것입니다.

'제3세계주의'와 제3세계적 인식

백낙청 제3세계의 특수성을 지나치게 내세우는 태도를 저는 '제3세계주의'라 하여 비판합니다. 그것은 제3세계 민중의 이익을 진정으로 대변한다기보다는 오히려 제3세계 일부 지식인들의 이해관계를 대변하는 이데올로기지요. 그런 식의 제3세계가 강조되면 될수록 실제로 덕 보는 것은 제3세계 지식인들이에요. 왜냐하면 서구 지식인들과 일대일로 상대하기가 어려운 상태에서 대등한 관계를 자동적으로 확보하면서 실제로 민중의 이익에 봉사할 책임은 안 져도 되는 그런 이데올로기니까요.

그런 점에서는 저도 박선생님과 공감을 하지만 그러나 그런 '제3세계주의'와는 별도로 제3세계적인 인식이 필요하고 그런 용어가 필요하다는 게 제 주장입니다. 그것이 과연 필요한가 아닌가를 판별하는 기준은 넓은 의미에서의 정치적인 기준이지 경제학만도 문학만도 아니라고 봅니다. 좁은 의미의 경제학으로 본다면, 가령 자연과학이나 수학 같은 데서 제3세계수학, 제3세계물리학 하는 게 말이 안되듯이, 경제학이 다른 인문사회과학이나 특히 문학 같은 것에 비해서 학적인 엄밀성이 더 있는 학문이니까 '제3세계적 경제학' 운운하고 나오는 것이 근거가 취약한 경우가 많이 있으리라 짐작됩니다. 그러나 제가 보기에 그것은 오히려 경제학 내부의 특수한 사정이고, 전체적으로 역사 전반의 필요성이란 입장에서 본다면 적어도 제3세계에 사는 우리들이 제3세계 얘기를 좀더 할 필요는 있다고 생각합니다.

박현채 낡은 것을 부정하고 새로운 발상의 전환을 가져온다는 점은 있을는지 모르지만, 그러나 지금 제3세계를 얘기할 때 백선생이 말하는 제3세계론은 지나치게 일반화되어 있는 제3세계론과 합치하는 건 아니거든요. 우리 경제이론에서도 소위 식민지반봉건사회론, 주변부자본주의론, 또는 종속자본주의론 등을 얘기합니다. 이 말 자체를 반대할 이유는 없습니다. 그러나 이 말 자체를 내세우면서 깔린 이론은 각기 나라의 구체성을 갖고 있다는 것이지요. 주변부자본주의론도 여러 사람이 하고 있지만 대체로 라틴아메리카를 중심으로 전개돼 있고, 또 종속자본주의론이란 것도 자기대로 구체성을 갖고 있습니다. 그러니까 그런 말을 쓸 때는 앞에다 단서를 붙여야 합니다, 남들이 한 그것이 아니라는.

가령 우리가 주변부자본주의론을 얘기할 때는 공동체적 유제의 잔존 때문에 이중구조를 갖는데 일반적인 이중구조와는 달리 이 이중구조가 자본적 경제제도에 의해서 해체된 것이 아니라 세계적인 분업체계랄지 또는 선진자본주의의 요구 때문에 해체되지 않고 접합상태로 그대로 간다는 겁니다. 그런 논리를 담고 있는 주변부자본주의론이라는 논리가 있는데 그와 상관없이 우리가 주변부자본주의란 말을 쓰게 되면 그도 같은 것으로 오해받게 되지요. 따라서 우리가 백선생이 말씀하신 의미에 있어 제3세계를 얘기하고 제3세계문학을 얘기한다고 했을 때는 차라리 같은 말로 쓰지 말고 우리 나름의 표제를 붙여서 그를 전개하는 게 오해를 덜기 위해서 좋은 게 아닌가 싶습니다.

백낙청 어떤 용어에도 위험부담이 따르게 마련인데, 제가 보기에는 제3세계적 인식을 갖는다고 해서 모든 분야에서 제3세계를 떠들 필요는 없는 것 같습니다. 분야에 따라서 그런 용어를 직접 쓰는 것이 이로운 분야가 있고 덜 이로운 분야가 있는데 아까 말씀드렸듯이 수학이나 물리학 하는 사람은 설혹 자기가 제3세계적 인식을 가지고 살고 학문을 한다고 하더라도 자기 학문 내에서 제3세계란 말을 입에 올릴 필요가 전혀 없는 것이지요. 경제학이란 분야가 또한 그런 제3세계라는 용어를 쓰는 것이 오히려 불이익이 많은 분야가 아닌가, 지금 박선생님 말씀을 들으니까 그런 생각도 해보게 되고 어쨌든 저도 이 방면으로 공부를 더 해야겠다는 생각은 절실합니다. 그러나 분야별의 사정을 떠나서 전체적으로 볼 때는 비단 문학에서뿐 아니라 전반적인 운동 내지 우리의 역사적인 노력 속에서, 특히 우리 같은 상황에서는 제3세계 이야기를 좀더 할 필요가 있다고 저는 아직도 주장하고 싶어요.

박현채 개념이 너무 포괄적이면 뚜렷하질 않아요. 뚜렷하지 않으면 문제를 해결하는 데 정확성이 결여되는 건 틀림없지 않습니까. 민중개념도 일종의 그런 건데 그래서 저 같은 경우에는 민중개념을 얘기하면서 민중의 성격 자체를 규정하는 건 그를 주도하는 계급 또는 계층이 어떤 계급 또는 계층이냐에 따라 달라진다고 한다든지, 문학에 있어 문학이 본래 있어야 할 자리와 관련지어서 직접생산자적 측면을 강조하는 것 등이 이것도 나름대로 문제가 있습니다만 그런 의미에서인데, 제3세계라는 것을 들어서 문제를 모호하게 하면서 다원적인 것을 하나로 묶어버리는 노력은 결국에는 문제해결을 위한 기대에서 지극히 단선적인 것으로 만들어버림으로써 결국에 모든 것을 정당화시키는 결과를 가져오며, 극단적으로 말하자면 옳고 그른 것을 분명히하지 않는 효과를 가져온다는 것이죠. 그런 의미에서 도리어 오늘 제3세계적 상황으로부터 해방되려고 의도하는 사람들에게 마이너스 측면을 줄지언정 긍정적인 측면을 못 주지 않나 싶습니다.

백낙청 저는 좀 생각이 다른데 이거야말로 구체적인 실천의 장에서 검증이 돼야겠지요.

박현채 제3세계를 설명하건 제3세계에 있어 경제이론을 설명하건 문학이론에 있어 제3세계적 입장에 서건 문학이론 내지 경제이론 일반이 갖는 일반성을 저버리지 않는 것이라고 한다면, 그리고 그 위에 서면서 구체성을 강조하는 것이라면 그건 부정할 이유는 없어요. 그리고 백선생이 얘기하는 의미에 있어 그것이 갖는 나름의 의의가 있다는 것은 인정합니다. 그렇지만 대체적으로 그런 일반성에 기초하지 않고 마치 지금까지의 것은 모두가 낡은 것이고 문제를 해결하지 못했기 때문에 자기들이 갖는 구체성 위에서 새로이 일반이론을 정립한다고 하는 태도로서는 긍정적인 측면은 거의 없고 오히려 부정적인 측면만 남는다는 것이지요. 그렇기 때문에 전자의 의미에서 쓴다면 저는 특히 문학에서의 제3세계문학이론을 반대할 생각은 없습니다.

최원식 생명론이나 제3세계론이나 일종의 전술적인 측면에서 채택된 면이 있지 않아요? 특히 우리 같은 남북분단의 상황에서는. 남북분단의 책임을 물론 전부 외적인 데에 몰아붙일 수는 없고 민족내적인 책임도 있지만 근본적으로는 미·소의 문제, 그리고 그 안에서 민족주의 우파운동이나 사회주의 좌파운동이나를 막론하고 지금의 단계에서는 그것이 결국 실패한 역사라는 것을 인정하고, 물론 그것이 갖는 의의를 인정하지만 그럼에도 불구하고 지금으로서는 그런 새로운 인식 위에서 나가지 않을 수 없다는 느낌이 들어요. 사실은 박선생님이 말씀하신 민중적 민족주의론도 전형적인 제3세계이론의 하나로 보이는데요.

박현채 그건 달리 설명이 되는 것입니다만 뒤로 미룹시다. 그러나 그렇게 모호한 제3세계론을 가지고 설명하는 게 아니라 오늘의 상황에서 적극적인 대응이라는 측면에서 일반론적 규정 위에 서면서 구체적인 것을 고려하는 것으로 되어야 합니다. 생명론이랄지 제3세계론이랄지 우리 경제학에서는 제3세계론의 반영으로서 나타난 종속이론이나 이런 것들이 그 다음에 오는 것을 해결해주지 않을 때 도리어 역으로 작용한다는 것이지요. 그리고 오히려 그런 것은 어떤 의미에서는 현실적인 어려움을 호도하기 위해서 제시한 방편적인 것으로 될 뿐 아니라 다음에 더 큰 제약을 가져온다는 거예요.

백낙청 종속이론하고 우리 문단에서 얘기하는 제3세계론하고를 그대로 일치시키면 곤란하지요, 종속이론에도 실제로는 여러 갈래가 있는 걸로 압니다만. 문학의 경우를 얘기한다면 민족문학론이란 것과 민중문학론, 제3세계문학론, 그리고 리얼리즘론, 이런 것들이 항상 변증법적인 상호작용을 하면서 진행을 해야지, 그것을 다 두루뭉술 같은 걸로 봐도 얘기가 너무 간단히 끝나서 그야말로 단선화돼버리는 거고, 완전히 따로따로 놀아도 곤란한 것 같아요.

민중·민족운동과 미륵사상

박인배 제3세계문학론이라든가 종속이론 등도 논리추구 그 자체만으로 사변에 흘러버리는 경우에는 하등의 도움이 되지 않는다고 봅니다. 제3세계문학론 같은 것도 그것을 우리 현실에 현실화시킬 때 나타나는 구체적인 모습들을 얘기하는 게 좋을 것 같습니다. 민족적 형식 문제에서도 구체적인 장르로서 예컨대 탈춤의 장단과 오늘날 마당극에 있어서의 운율의 문제 등을 구체적인 창작 작업에서는 어느 정도로 반영해줄 것인가, 기본적인 민중이나 대중의 정서가 민족적이지 못할 때도 탈춤의 가락을 고집할 것인가, 특히 일제시대를 지나면서 우리 대중의 정서가 완전히 왜색화돼 있는 현실 속에서 그것을 어느 정도 인정할 것인가, 예를 들어 노래의 경우에 현재 대중적인 접근을 하려면 왜색화된 뽕짝을 사용해야 하고, 그렇지만 우리 전통가락이 말살되었던 일제시대의 왜곡과정을 극복하려면 현재 뽕짝을 부정해야 한다는 얘기도 나올 수 있는 것이죠.

그럴 때 철학이나 사상의 문제에 있어서도 우리 민중운동의 맥락 속에서 이루어져오던 미륵신앙이나 후천개벽론 같은 것이 일제시대를 지나면서 단절 내지는 왜곡되어온 과정을 극복하기 위해서는, 우리가 민족적인 형식에 있어서 우선 안심하고 기댈 수 있었던 데가 탈춤과 같은 전통형식이었던 거와 마찬가지로 사상적인 면이나 철학적인 면에서도 기본적으로 우리의 전통 민중운동의 맥락 속에 있던 사상을 받아들여놓고 오늘날 현실을 타개할 수 있는 새로운 사상을 얘기해보자는 입장인 듯합니다.

박현채 그런데 지금 우리에게 민족적인 것으로 전승되어 있다고 하는 것이 과연 민중적이었는지라는 문제가 있지요.

박인배 아까 민족적 형식 얘기에서도 나왔듯이 탈춤이 그 창작과정에서 민중적이었던 데 비해서 양반의 여흥거리가 된 판소리는 그렇지 못했기 때문에 70년대 민중운동의 과정에서 다시 받아들이기가 어려웠던 것이 아닐까요? 구체적으로 우리 민족운동이나 민중운동의 이념적인 내용과 사상이나 구체적인 예술양식까지도 전체 운동의 이념하고 일치되는가 아닌가에 따라 그 형식이 살아남는가 아닌가가 결정되었던 것 같거든요.

최원식 그런데 실제 민중들은 그것이 지배층의 사상이든 아니든 우선 써서 자기 것으로 만들잖아요? 미륵사상도 원래 귀족신앙 아니에요? 삼국통일 당시의 귀족사상이었거든요. 그런데 삼국통일 후에 귀족들은 그것을 버리고 현세의 복락을 내세까지도 이어가려는 정토신앙으로 가버리죠. 그 버린 미륵신앙을 민중이 받아들여서 그걸 농민반란의 이데올로기로 만들어버리고 민중신앙으로 바꿔버리는 것이죠. 사실 민중은 아주 유연한 것 같아요. 그것이 누구 것이든간에 갖다가 자기 것으로 만들어버리지요. 그러니까 그것이 원래 지배층의 것이든 아니든 또는 외래 것이든 전통적인 것이든 말이죠. 최제우(崔濟愚) 같은 경우도 서구 기독교까지 다 갖다 쓰잖아요?

박현채 그것의 내용이 문제이지요. 말씀하신 것처럼 미륵사상이 한때 신라에 있어 지배계급의 사상이었다 할지라도 그건 생성하고 있는, 즉 무엇인가 자기 나름의 목표를 가지고 세상을 바꾸려고 하는 강한 진보적 의지를 가졌을 때의 사상이었다는 얘기지요. 그렇지만 통일을 이룩한 다음에, 즉 지배계급 또는 집단 간의 대립이 소멸해버리고 현실에 안주하게 될 때 그건 자기들과 합치하지 않지요. 도리어 어떤 의미에서는 그와같은 상황에 갈등을 일으키고 상황을 거부하려는 사람들이 이것을 소유하게 되니까 이제 지배계급으로 안정된 자리를 굳힌 자들은 그걸 저버리게 되고 현실안주적인 아미타불로 회귀하는 것 아닙니까.

이와같이 일정한 시기에 있어 미륵사상이 지배계급의 것이었다 아니었다가 중요한 것이 아니라, 지배계급이라 할지라도 현실변혁을 의도하는 역사적 시기에 있어서는 그와같은 변혁의 사상을 받아들일 수밖에 없었다는 의미에서 그것은 변혁의 사상이라는 얘기지요. 말하자면 미륵사상이란 내세불이거든요. 아직 안 와 있고 어느 때인가 와서 이 땅에 연화세계를 만드는 부처이지요. 그런 의미에서 이해를 한다면 우리가 굳이 반대할 이유는 없는 것이지요.

최원식 그렇지요. 후천개벽론을 비롯한 민중사상들이 원래 그런 것 아닙니까.

박현채 그러면 우리가 꼭 후천개벽론을 고집해야 하는가, 미륵이라는 형식적 테두리를 유지하면서 그걸 받아들여야 하는가가 문제로 됩니다. 그것에 대치되는 현실변혁에 대한 이론은 없는가 하는 문제가 나오지요. 지금 대체적으로 후천개벽론이나 미륵사상을 고집하는 사람들은 미륵사상이 갖는 내용을 고집하는 것이 아니라 미륵이라는 종래 주어진 형식적 테두리 같은 것을 유지하려고 하는 데 문제가 있다는 겁니다.

최원식 그렇지는 않을 거예요. 운동의 종교적 외피 문제인데, 낡은 신앙 속에 매몰되는 것이 아니라 민중 속에 살아 있는 종교적 심성 속으로 들어가서 혁신하려는 것이겠지요.

박인배 형식적 테두리의 문제점보다는 우리의 민족운동을 이끌어갈 새로운 이념을 필요로 하기 때문이겠지요. '민중'이라는 개념도 70년대 초반에는 엉성하기 짝이 없고, '대중'하고 혼동하는 경우도 여러 곳에서 발견할 수 있어요. 그런데 70년대를 쭉 지나면서 우리 운동의 이념으로서 민중이 확실하게 자리잡아오는 과정을 볼 수 있지요. 앞으로 80년대 민족운동이 나아갈 목표인 민족통일이나 민중적 민족주의의 좀더 구체적인 내용, 즉 60년대 민족주의의 더 구체적인 내용이 민중운동으로 얘기되었던 것과 마찬가지로 민중운동의 더 구체적인 이데올로기나 이념적 목표가 무엇이 되어야 할 것인가 하는 필요 때문에 이런 얘기들이 나오는 것이라 생각합니다.

박현채 김지하가 말하는 후천개벽이랄지 생명의 문제가 오늘 우리의 역사에서 우리의 전체적 문제의 해결을 위한 분업적인 한 과정이 돼 있고 그 속에서 분업적인 한 집단이 갖는 전술적 대응으로 된다고 하면 그걸 굳이 나무랄 것은 없지요. 그렇긴 하지만 오늘 민족문제를 생각하는 그룹이 큰 것이 못될 뿐 아니라 사고와 자제능력이 한정되어 있는 상황, 그리고 이와같은 분업을 통해서 현실적인 협업이 주어져 있지 않은 오늘의 상황에서는 이것이 위험한 면도 있다는 얘기입니다.

남자들이 생각해본 여성문제

백낙청 김지하 시인이 최근에 하고 있는 얘기 중에서 우리 남자들은 무심코 지나가지만 여성운동 측에서 특히 주목하는 새로운 요소가 있는데, 70년대와 달리 80년대 들어와서 그는 남녀평등 문제라든가 여성의 억압에 대해서 그가 많이 언급하고 있다는 것이지요. 그것이 후천개벽·음개벽과도 통하는 얘기인데, 보시다시피 우리는 오늘도 남자들끼리만 모여서 얘기를 하게 되었는데 남자들만 모여서 여성문제를 얘기한다는 게 어떻게 보면 우스운 면도 있긴 하지만, 그러나 민족운동·민중운동을 얘기하면서 마치 여성문제란 게 없는 것처럼 그냥 넘어가는 것도 곤란하니까 우리끼리라도 얘길 좀 해보지요.

박현채 우리 정도 되면 남녀평등이라는 건 전제하고 하는 거 아닙니까? 민족운동을 얘기할 때 민족구성원으로서 남녀를 다 참여시킨 걸 의미한 것이지 남성만의 운동으로 생각하는 사람은 없을 거예요.

백낙청 무슨 운동이든 남녀 다 들어와주기를 바라지만 문제는 독자적인 여성운동의 필요성을 어떻게 보느냐는 거지요.

박현채 일단은 그같은 상황에서 출발해야지요. 구체성이 강조되어야 하니까. 전체적인 운동에서 자기를 정립하는 게 일차적으로 요구되지요. 그렇지만 그건 분립을 위한 노력이 아니라 통합을 위한 노력이어야지요. 그걸 전제하지 않은 분립이란 아무런 의미가 없는 거지요. 오늘 모든 문제에 있어서 분리를 통합을 위한 노력으로 생각하지 않고 분리 그 자체에 두는 데서 오는 문제가 많은 것 같아요. 그것은 이론적인 논의나 실천의 쪽에서 다 같이 발견됩니다. 형식과 내용의 문제랄지 또는 일반성에 대한 구체성의 문제 등도 다 같은 하나의 다른 면들로 보아야지요.

따라서 그걸 전제로 한 것이라면 요는 민족운동에서 여성운동이 차지하는 위치가 어느 정도인가 하는 것이 문제가 되는데, 잘 모르겠습니다만 우리 사회에서 그간의 사회운동의 축적에 비추어본다면 분립을 필요로 하지 않는 단계일 수도 있어요. 최근 사회운동에서 여성운동을 강조해서 여성운동의 분립을 들고 나온 예가 농민운동에 있어요. 농민운동이라는 게, 가톨릭 농민운동을 비롯하여 모두 남녀 구별 없이 해왔거든요. 그런데 일부의 주장이 가정에서나 운동단체 안에서 여성참여가 배제된 채 남자들만 하니까 우리 여자들은 따로 독립하자는 얘기예요. 그런데 과연 오늘의 상황에서 여성부를 별개운동으로 독립시키는 게 의미가 있느냐 하는 게 문제지요.

박인배 분명히 역사상에 성적 차별이 존재해온 것은 사실인 것 같고요―

최원식 사실인 것 같다고요?(웃음)

박현채 경제적으로 보더라도 제일 처음 시작한 분업이 제일 늦게 끝나요. 토지의 사적 소유라는 것이 원래 집터, 채마밭에서부터 시작했어요. 그런데 토지의 사적 소유의 해소에서 가장 끝까지 남는 것이 이거예요. 마찬가지로 인류가 사는 사회에서 최초로 생긴 분업이란 성에 의한 분업입니다. 따라서 오늘 평등한 걸 지향하는 노력이 꾸준히 진전되고 그것이 거의 완벽한 단계에 들어간다고 할지라도 역사적인 사실에 기초해서 봤을 때 제일 처음 시작한 성적 분업은 제일 마지막까지 간다는 것이에요.

그렇지만 어떻게 해서 그런 벽을 뚫고 나가면서라도 평등을 실현하려는 노력을 가져야 할 것인가가 문제로 되는 것입니다. 역사적 진실이란 건 정확히 보고 거기에 대응하는 노력이 있어야지 어떤 역사의 발전논리랄지 법칙, 그렇게 될 수밖에 없는 걸 부정해버리고서 당위만 갖고 밀어붙이는 것은 옳은 게 아니지요. 그렇게 될 수밖에 없는 법칙적 논리를 정확하게 인식하고 그것에 대응하는 노력을 가질 때 인간이 모든 법칙에서부터 해방될 수 있는 가능성을 얻는 것이지요. 그런 의미에서 여성운동도 그런 차원에서 생각해야 할 겁니다.

박인배 여성해방운동의 이론서들을 보면 가부장제 이데올로기 속에 얽매여 있는 오늘날 남성과 여성에게 여성의 차별을 깨우쳐주는 예컨대 가사노동 문제부터 생물학적 성(性)의 극복에까지 많은 얘기들이 있지요. 서양의 여성운동을 소개한 것을 보면 자본주의적으로 여성을 왜곡하려는, 즉 여성미(美)를 추켜세우고 유행을 강조하는 방식 등으로 왜곡되어 있는 걸 극복하려는 노력 등이 보이기는 하지만 어느정도 사회적 평등, 민주적인 사회가 유지되고 있는 상태에서 필요한 일들이지요.

그들의 여성운동이 취하는 입장하고 우리나라의 그것은 차원이 다른 것 같아요. 여성억압구조가 존재하기는 하지만 그 상대적 정도에 있어서 남자들도 마찬가지라는 점이지요. 과거 봉건시대에 있어서 엄격한 가부장제와 신분제가 유지될 때에도 실제로 여성노동력이 많이 필요했던 하층농민들의 경우에는 남자들도 신분제에 얽매여서 똑같은 억압구조 속에 있었지요. 요즈음의 농촌에서도, 이문구씨의 『우리 동네』 같은 소설을 보면 남자들이 큰소리를 치면서도 뒤로는 여자들에게 잡혀 있는 거지요. 우리 경제의 농촌파괴구조 속에 농민 전체가 피해를 당하고 있는 게 아닐까요. 마찬가지로 여성노동자들의 경우에도 중산층 이상의 생활에서 여자들이 받는 그런 자본주의화된 왜곡된 억압보다는 상대적으로 훨씬 더 평등한 관계에 놓여 있는 것 같아요. 훨씬 더라는 건 어폐가 있을지 모르지만 어느정도 가정의 경제권을 쥐었을 때, 실제로 여성노동자들의 임금이 남성노동자의 반도 안된다는 통계가 나와 있음에도 불구하고 그들의 상호관계에서 보면 전적으로 남성들의 수입에만 의존하도록 되어 있는 여자들보다는 대등한 관계에 서 있다고 보여요.

이런 점을 보더라도 단독적으로 여성문제를 해결하기 위해서 여성들끼리만의 운동을 얘기하기보다는 전체적인 억압구조를 깨뜨리기 위한 노력이 함께 이루어져야겠지요. 노동운동 같은 경우에도 70년대 노동운동에서 여성노동자들의 조직운동이 거의 반 이상을 차지해온 것을 보더라도 크게 여성운동을 분리시켜 논의할 차원은 아니라는 생각이 듭니다. 학생운동에 있어서도 남녀공학대학의 경우 여성끼리 여성문제를 검토하는 그룹들이 있기는 하지만, 최근에는 여학생들이 전체 학생운동을 주도하는 경향까지 많이 생기는 걸 보면 우리 사회의 현실 자체가, 민족운동의 대상 자체가 남녀구분을 막론하고 적대세력이 너무 분명하기 때문에 남녀간의 갈등이 첨예하게 드러나는 것 같지는 않아요.

최원식 요새 확실히 여성 쪽에서부터, 물론 여성운동을 전체 민족운동으로부터 완전히 분리하겠다는 얘기는 아니지만, 보다 근본적인 관점을 갖기 시작하는 것 같아요. 가령 사회주의사회에서도 여성문제가 완전히 해결된 것은 아니다라는 인식들이 있어요. 지금 현단계에서 여성운동을 따로 분리해서 성적인 대결로 간다는 것은 그쪽이나 이쪽이나 누구도 다 피하는 것이지만, 그러나 시각을 새롭게 가질 필요는 있습니다. 언젠가 일본인들이 패전 전에 자기들의 좌익운동에 있어서 조선독립 문제에 대한 태도를 반성하는 글을 재미있게 봤는데요, 당시 그들은 조선독립운동을 따로 분리하면 안되고 일단 천황제 군국주의를 타도하는 데 조선인도 함께 투쟁하고 그게 성취되면 조선 문제는 저절로 해결된다고 했는데 그게 사실은 민족적 모순을 호도하는 수단으로 됐다는 자기반성을 했더군요. 그런 점에서 여성운동도 단지 통합의 측면만 강조해서는 안된다는 겁니다.

백낙청 참 좋은 지적이라고 생각하는데, 사실 모든 운동에서 이런 문제가 생기는 것 같아요. 원칙적으로야 그 시대에 가장 중요한 역사적 과제를 설정해놓고 그것을 위해서 모두가 대동단결해야 되니까 분리를 하더라도 통합을 전제한 분리를 해야 한다는 원칙론을 부정할 사람은 없지요. 적어도 여성운동 쪽에서 일부 극단적인 여성주의자 이외에는 대개 찬성을 할 겁니다. 그렇지만 그런 타당한 원칙론이란 게 항상 지배자의 논리로 작용을 해왔으니까—지금 우리가 이렇게 급한데 너희 분리하게 됐느냐, 총화단결해야지, 이런 식으로 늘 억제한단 말이에요.

제가 생각하기에는 성적인 억압이라는 것이 중요한 현실로 존재한다면 일단은 분리되는 사람들이 당연히 있어야 하고 통합되고 안되고의 문제는 그다음에 부닥칠 일이라고 봅니다. 물론 통합이 안되면 모두 깨지겠지만, 일단 분리될 만큼 분리된 다음에 분리된 사람하고 안된 사람들 간의 대화와 상호 노력을 통해서 새로 통합이 되어야지, 처음부터 통합을 전제로 한 분리만 인정할 수 있고 나머지는 인정할 수 없다는 입장은 독자적인 노력 자체를 봉쇄하려는 자세일 수가 있지요.

박현채 이건 나중에 다시 이야기해야겠지만 차원적으로 인식을 해야지요. 말하자면 여성운동이 여성의 성적 차별 극복을 위한 운동으로 존재하는 걸 부정하는 것이 아니라 그런 것들이 모든 분야에서 다 분리돼야 할 것인가 하는 것이지요. 아까 말한 가농 같은 케이스는 가톨릭농민회에 여성부를 두는 것이 아니라 아예 여성농민회로 떠자는 얘기란 말이지요. 그런 건 옳은 게 아니지요. 분리에 대한 당위성은 인정하지만 차원적으로 인식하는 노력이 필요한 것이지요. 너무 평면적으로 적용하려고 하는 데서 문제가 생긴 게 아닌가 싶습니다.

백낙청 거기에는 저도 동감입니다. 역시 차원적인 문제를 구체적으로 논의하려고 하면 실제로 구체적으로 떠고 있는 사람, 또는 떠자고 주장하는 여성들하고 같이 얘기를 해야지 우리 남자들끼리 앉아서 어디까지는 분리가 되고 어디서부터는—

박인배 남자들끼리의 얘기가 아닌 것이 제가 듣기로는 여성 내부에서도 여성부를 따로 두자든지, 여성운동을 따로 떼내자는 데에 대해서 강력한 거부를 하고 우리도 민주화운동이나 민족운동의 일원으로서 참석하는 것이지 왜 여성운동에서 민주화운동 하라고 하느냐라는 논리가 있는 걸로 압니다. 아까 일본의 예는 운동의 우선순위를 어디에 두느냐의 문제인 것 같아요. 우리가 운동의 당위로서 민족운동을 생각한다면 민족운동이 우선이 되고, 내부에서의 분리 같은 것도 역량배치 문제에 있어 어느정도 관심을 기울인다든지, 그것 자체를 항상 염두에 둬야 한다는 것은 아닌 것 같아요.

백낙청 여성문제를 얘기하기에는 이 팀에 어느정도 한계가 있는 것 같으니 이 정도로 하기로 하지요. 문제가 있다는 사실을 상기시키는 정도로 말이지요. 지금까지 좋은 얘기들을 많이 하셨으니까 애초에 우리가 출발했던 지점으로 되돌아가서 가령 박선생님이 「자본주의의 위기와 민족운동의 과제」에서 제기한 문제 중에서 80년대의 국제질서 문제, 거기에 대응하는 민족운동의 자세나 과제 이런 얘기를 마지막으로 하고 끝마쳤으면 어떨까 싶은데요. 박선생님, 한두 마디 부연설명을 해주시지요.

박현채 지금 현실적으로 보여지듯이 어려운 상황에 처해 있는 것은 틀림없지요. 오늘 세계적인 불황 속에서 경제적으로 본다면 모두가 각기 자국의 민족적 이익을 지키기 위해서 수렴하는 경향, 폐쇄적인 경향으로 나가는데 어떤 기업가가 얘기한 것처럼 한국경제라는 것은 남이 수입장벽을 높이고 보호무역적인 경향으로 치닫는데 우리는 도리어 지금 대개방을 행하고 있단 말이지요. 이 모순이 무엇인가. 이것이 바로 1980년대의 안팎의 조건을 인식하는 데 중요한 단서라는 겁니다. 남이 안으로 움츠러들 때 우리는 벌렸다, 이건 바로 대외종속이 심화될 수밖에 없다고 하는 걸 보여주는 것이다, 따라서 80년대에서 안팎으로 주어진 조건은 현재의 경제적 논리가 그대로 진행이 된다고 한다면, 다시 말해서 우리의 사회적 실천에 의해서 민족주의적 요구 관철을 위한 노력이 충분한 성과를 거두지 못할 때 그것은 현재의 상태 이상으로 종속이 심화된다는 것을 보여주는 것이다라고 얘기할 수밖에 없지요.

물론 이와같은 종속의 심화를 통해서 이익을 보는 사람도 있지만 종속의 심화 속에서 더욱더 어려운 생활을 강요받는 민중적 입장에서 본다면 이와같은 사태에 대응하는 주체적 대응력을 높여야 하고 그를 위한 보다 더 진지한, 우리 과제에 대한 분석과 인식의 심화가 있어야겠다는 것입니다. 그리고 단순히 분석과 인식의 심화만이 아니라 직접 몸으로 내달으면서 우리의 민족적 요구를 달성하기 위한 여러가지 전술전략을 가지고 소위 냉엄한 판단이나 우리들의 힘의 효율적 동원을 통해서 막아야 한다는 것을 얘기하고 있지요.

백낙청 박현채 선생 글에서 제가 특별히 재미있게 생각했던 점 하나는 세계적인 경제불황이 왔다고 할 때 크게 보면 그건 선진국들의 힘이 약화된다는 것인데 약화되면 될수록 후진국에 가해지는 압력은 오히려 가중된다는 것, 그렇기 때문에 더 강력한 민족적 대응이 필요하다는 것이고, 나아가서는 그런 고비일수록 같은 후진국 중에서도 강력한 민족적 대응을 하는 민족하고 그렇지 못하는 민족 사이의 격차가 벌어지는 계기가 된다는 것이지요. 바꿔 말해서 '개방적인 중진국' 어쩌고 하면서 들떠 있다가는 그나마 피땀 흘려서 좀 낫게 사는 후진국이 됐던 위치마저 날려버릴 위험이 많다는 얘기가 되겠습니다. 그런 점에서도 정말 중요한 고비에 우리가 와 있다고 봅니다.

박현채 상당히 중요한 계기에 와 있는 것은 틀림없습니다. 그 문제와 관련해서 전술전략 문제를 생각한다면 요새 흔히 무슨 협의회가 그리 많이 생기냐고 말들을 하지만 그건 일단은 만들어져야지요. 그러나 오늘 각 분야에 있어 자연발생적인 다양한 걸 하나로 뭉쳐서 하나로 하기 위한 노력이 따라야 해요. 그러나 그것만으로 끝나는 것이 아니라 무엇인가 큰 통합을 위한 노력을 가지면서 각기 주어진 자리에서 최선을 다하는 게 문제지요. 그런 건 여러 차원에서 생각될 수 있지만 앞에서 얘기된 것처럼 소위 생명의 문제를 얘기한다든지 후천개벽사상을 제기하는 문제도 전체에의 기여를 생각하면서 자기의 고유한 영역에 자기를 한정짓는다면, 이런 것들이 소위 통합과 분업 그리고 협업과 분업이라는 과정에서 예술적으로 운용이 될 때 결국에 가서는 우리가 민족문제의 해결을 위한 노력에 있어서도 우리들의 힘을 보다더 효율적으로 활용하는 그런 방법이 되지 않겠는가 그렇게 생각합니다.

최원식 통합 통합 하지만 통합이 어려운 것 같아요. 옛날에는 중앙집행부라는 것이 있었지만 지금으로서는 그건 어렵고, 더 나아가서 중앙통제방식에 대한 비판도 만만치 않습니다. 더구나 지금처럼 지역운동이 확산되는 단계에서는 더욱 분산이 중요한 것 같은데요. 물론 통합을 생각하지만.

박현채 그것은 운동의 아래 차원에서는 통합하고 위의 차원에서는 분산하고, 그러면서도 내재적으로는 통합을 위한 요구를 견지하면서 꾸준히 서두르지 않는 과정이어야 합니다.

최원식 일제시대 민족운동에서는 사실 지방이 거점이잖습니까?

박현채 1920~30년대의 운동에서는 비록 그것이 방만한 것이라 할지라도 이론적인 지도그룹이 있었으며 이것에 대해 대중단체는 지방에다 뿌리를 내리고 독립성을 유지하면서도 위에서는 연합형식으로 존재하고 있던 기구를 통해 조정을 했어요. 요사이의 협의체처럼 말입니다. 그래서 단일기구라 하지 않고 협의회라고 하잖아요? 그리고 상부기구는 상호협의과정을 통해 조정만 해주고 실제적으로는 아래에서 움직이는 것이지요. 따라서 아래의 요구는 위로 수렴하면서 동시에 전체적인 것으로 되어 운동 전반을 통일하고 규제하는 겁니다. 그리고 이 과정에서 뿌리로 되는 지방은 일제의 파쇼적 억압에 의해 중앙조직이 깨질 때마다 밑으로부터 자기보완을 하는 것이지요. 신간회의 해체는 바로 그와같은 운동논리에서 이해되지요.

최원식 이런 점에서 80년대에 들어와서 지방에서의 지역운동이 활성화되고 있는 점은 주목해야 합니다. 각 지방의 지역운동이 단순히 중앙의 운동을 본뜨는 것이 아니라 자기 지역의 고유한 특성을 갖추면서 뿌리를 내릴 때 전체 민족운동도 보다 건실해질 것입니다. 지금이야말로 왕년의 중앙통제 방식이 아니고 그렇다고 무정부주의적 분산주의도 아닌 새로운 운동방식을 진지하게 검토해야 합니다. 중앙과 지방이 서로의 독자성을 주장하면서 고도의 유기적 관계를 맺는 것이 중요한데 지역운동이 아직 초보적인 단계에 있는 지금으로서는 지방적 확산을 더욱 강조해야 하리라고 생각합니다. 그러니까 연합과 통일을 너무 강조하는 것은 현단계에서 문제가 없지 않습니다. 이것은 각 부문운동 사이에서도 마찬가지일 것인데, 다즉일(多即一)보다는 일즉다(一即多)의 관점이 지금 더 요구됩니다.

백낙청 다소 추상적인 일반론으로 얘기하자면, 무리한 통합이 아니면서 뭔가 자꾸 연합하는 형태가 있어야 되고, 더구나 우리가 분단을 극복하여 민족통일을 한다고 할 때는 그 연합이 광범위한 연합세력이어야 되는 것은 틀림이 없는데, 그렇다고 덮어놓고 양적으로 많이 연합만 해서 좋은 게 아니고 그중에서 정말 가장 튼튼하고 믿음직한 세력의 주도성이 구현되면서 연합이 되어야 하는데, 아직까지는 튼튼한 민중집단의 주도성이 강조되면 광범위한 연합이 힘들어지고 연합에 치중하면 주도성이 약화되고 이런 이율배반적인 상태에 있는 것 같습니다. 그러나 그건 일시적인 현상이고 점차 극복이 돼야겠지요.

박인배 박선생님도 글 마지막에 잘 정리를 해놓으신 것과 마찬가지로 민족운동의 최대의 목표가 민주적인 통일국가의 형성이라 할 때 우리가 흔히 얘기하듯이 남북대화 형태만으로는 그것이 해결될 수 없다는 것은 자명한 사실입니다. 그래서 얘기되는 것이 통일에 있어서의 민중주체를 확립하는 길인데, 그렇다면 우리들이 민중적 차원을 논의하는 데 있어서도 논리적으로만 민중주체를 확립하는 길을 찾을 게 아니라, 민중 스스로가 자신감을 확립하고 주체인식을 가지게끔 하는 과정, 그게 민중문화운동 혹은 민중문학운동의 목표가 아니겠습니까.

그런 주체인식을 가지고 그것이 광범위하게 확산되고 심화되어서 민중 스스로의 조직이 확대되어가는 과정이 바로 민족운동의 과제인 것 같습니다. 그런 과정 속에서 우리가 오늘 논의에서와 같이 지식인의 입장에서 얘길 한다고 하면 문화나 문학에 있어서 민족통일을 위한 정서적인 통일과 민중의 자기주체의식을 더 심화시켜주는 민중적 통일을 위한 노력이, 좀더 운동의 성격을 띠고 조직적으로 진행되어야 한다고 생각됩니다. 구체적으로 얘기한다면 문학에 있어서 분단극복의 문학이 얘기되면서도 분단의 아픔을 나타낸다든지 아니면 감춰진 사실들을 인식시켜주는 정도에서 그칠 것이 아니라 민족적 정서의 통일을 위해서 어떤 노력이 가해질 수 있는가, 이런 것이 민중의 자기 주체역량을 인식시키려는 노력과 더불어 우리가 염두에 둬야 할 민중문학이나 민중문화운동의 과제가 아닌가 싶습니다.

백낙청 참 좋은 말씀이군요. 민족통일을 위한 동력이 결국 민중에서밖에 나올 데가 없다는 이야기는 저도 했습니다만, 박현채 선생이 말씀하신 80년대의 새로운 국제관계에 효과적인 민족적 대응을 하면서 외세에의 종속 대신에 동족간의 통일을 선택하기 위해서 필요한 민중의 자기인식은 단순히 '인식'이라고 말하기보다 지금 박인배형의 지적대로 구체적인 민족적 정서를 바탕으로 한 좀더 강력하고도 흔연한 어떤 깨우침이어야 하리라고 봅니다. 말하자면 오랜 역사를 통해 우리 식으로 함께 살아온 집단으로서의 생활이 우리 현실에 대한 과학적 인식을 자연스럽게 밑받침하면서 그 실천을 보장하도록 만드는 데 우리 문학운동·문화운동의 역할이 특히 중요하다고 하겠지요.

미진한 이야기가 많지만 시간도 너무 흘렀으니 이쯤에서 좌담을 마칠까 합니다. 사회자로서 돌이켜볼 때 분야가 다른 사람들끼리 이야기하다 보니 논의가 초보적인 단계에 머문 대목도 없지 않고 80년대의 한국문학을 좀 집중적으로 논하려던 애초의 의도에도 미흡했다고 생각됩니다. 그러나 이렇게 분야가 다른 사람들의 만남을 통해 오히려 새롭게 부각된 문제들도 있겠고, 또 어쨌든 우리가 이런 논의를 거듭함으로써만 현단계 우리 민족운동의 미숙성이랄까, 각 분야의 고립분산성과 운동이 고립분산된 상태에서나 가능한 안일한 생각들을 떨쳐버릴 수 있으리라 믿습니다. 저로서는 오늘의 논의가 그런 방향으로 한 걸음 내디딘 것이라고 생각하면서, 정말 오랜 시간 수고해주신 여러분께 거듭 감사의 말씀을 드립니다.

현단계 한국사회의
성격과 민족운동의 과제

백낙청(서울대 영문과 교수, 문학평론가)
정윤형(홍익대 경제학과 교수)
윤소영(한신대 무역학과 조교수)
조희연(이화여대 강사, 사회학)
1987년 5월 15일 창작사 회의실

백낙청 바쁘신데 이렇게 나와주셔서 감사합니다. 「현단계 한국사회의 성격과 민족운동의 과제」라는 제목으로 좌담을 하게 되었는데, 먼저 제가 오늘 좌담의 취지를 간략히 말씀드리지요. 80년대의 특징이자 바람직한 현상의 하나로서, 우리 사회의 성격을 좀더 과학적으로 이해하고 민족운동, 민중·민주운동의 이론을 체계적으로 세우려는 노력이 학계나 운동권에서 활발해진 것을 들 수 있을 것 같습니다. 그리고 이 과정에서 85년 가을에 창비에서 낸 무크지 『창작과비평』에 '한국 자본주의 논쟁'이라는 것을 게재한 것이 토론을 촉진하는 데 일정한 역할을 했다고 자부합니다. 그래서 이번에 저희가 다시 무크지를 내기로 하면서 뭔가 그런 토론에 새로운 기여를 해볼 생각을 하게 되었습니다. 그간의 논의는 주로 사회과학자

■ 이 좌담은 무크지 『창비 1987』에 수록된 것이다.

왼쪽부터 시계방향으로 윤소영, 조희연, 백낙청, 정윤형

들을 중심으로 전개되었는데 일반 독자들이 보기에는 너무 어렵고 전문적이라는 문제가 확실히 있었던 것 같습니다. 그래서 한편에서는 이야기는 좋은 이야기인데 다수 독자들이 이해하기 힘들다, 특히 사회과학의 전문적인 지식이 부족한 문학독자들한테는 이해하기 힘들다는 말이 있었고, 또 하나는 그것이 단순히 사회과학의 문외한에게만 이해하기 힘든 것이 아니라 사회과학적인 논의로서도 일정한 한계가 있지 않았을까 하는 의문도 없지 않았습니다.

그래서 오늘 저희가 계획한 것은 조금 색다른 방식으로 논의를 진전시켜보자는 것인데, 다시 말해서 저 같은 문외한이 사회를 봄으로써, 사회과학 위주의 토론을 하되 저 자신을 비롯한 많은 문학독자들에게도 충분히 이해가 될 수 있는 그런 토론을 한번 만들어보자는 겁니다. 그래서 여러분이 얘기하시는 과정에서 제가 잘 못 알아들을 얘기가 나온다든가 또 제 짐작에 독자들에게 너무 어렵다고 생각하면 그때그때 질문을 하고 보충설명도 요구하고 그런 식으로 하려는 거지요. 이러다 보면 저의 무식이 탄로나기도 하겠지만, 말하자면 저는 몸으로 때울 작정입니다.(웃음) 저 개인으로서는 몸으로 때우겠다는 겸허한 자세로 나왔는데 그렇다고 해서 ─

정윤형 표정이 별로 겸허해 보이지도 않는데요.(웃음)

백낙청 겸허하지 않은 대목을 제가 얘기하려는 참이에요.(웃음) 사회과학에 비해서 문학 자체가 더 저자세를 취한다는 건 아니란 말이지요. 문학과 사회과학의 상호교류가 될 수 있는 그런 논의가 될 때 사회과학도 비로소 제구실을 할 수 있다는 생각이고 그런 점에서는 제가 사회자로서 개입하는 게 순전히 저자세로만 하는 게 아니고 사회과학에 대한 문학 쪽의 어떤 정당한 요구도 있다고 생각하셨으면 합니다. 진행순서는 우선 조희연 선생이 『창비』 무크 이래, 뭐 그 이전부터도 좋습니다만, 한국사회성격 논쟁에 대해서 일단 정리를 해주시고 다음에 윤소영 선생, 정윤형 선생의 차례로 한마디씩 발언을 해주시고, 그다음부터는 흐름에 따라 자유롭게 진행하도록 하지요.

80년대의 상황변화와 사회성격 논쟁의 등장

조희연 저는 사구체논쟁 내지는 사회성격 논쟁의 등장이라는 것을 80년대적 상황의 한 반영이라고 생각합니다. 즉 한국사회는 60·70년대를 거치면서 크나큰 구조변동을 경험해왔고 그 결과로 파생된 사회적 문제혹은 모순들이 80년대에 들어서면서 전면적으로 노정되기에 이르렀는데, 그 와중에서 그러한 모순들을 보다 구조적으로 극복하려는 변혁주체들이 사회의 여러 영역에 정형화되어왔고 그 주체의 인식 또한 보다 근본적인 차원으로 점차 심화되어왔습니다. 사구체논쟁이라는 것은 바로 그러한 80년대적 변화의 한 반영이라고 생각합니다. 그러니까 사구체논쟁이 진전되는 배경에는 사회운동의 발전과 그에 수반되는 사회인식의 발전이 자리잡고 있다고 할 수 있을 것입니다. 단적으로 이야기하자면 방금 백선생님께서 말씀하신 대로 한국사회에 대해 과학적인 인식을 하고자 하는 노력으로 볼 수 있겠는데요, 여기서 과학적 인식이라고 할 때는 한국사회의 구조, 즉 경제·정치·사회적 구조의 객관적 상태에 대한 정확한 이해를 의미하겠는데, 사구체논쟁이라는 것은 그러한 이해를 근거로 하여 한국사회의 구조적 조건 속에서 파생되어 나오는 여러 모순들의 성격·위치·상호연관들을 밝히고 나아가 그러한 모순을 해결하고자 하는 사회운동, 즉 민중운동의 올바른 실천방향을 정립하고자 하는 시도라고 볼 수 있을 것 같습니다.

그런데 사구체논쟁이라고 할 때 그것을 두 가지로 나누어 보아야 할 것 같습니다. 첫째는 운동권이라고 할까 비제도권 내부에 있어서의 이론논쟁이 있었고, 그다음으로는 학계에서의 논쟁이 있는 것 같습니다. 이 두 가지는 서로 조응되는 측면이 있기도 하지만, 상당한 거리가 있는 것같이도 느껴집니다. 그것은 비제도권의 논쟁이 당면하는 실천의 문제를 중심으로 전개될 수밖에 없는 반면, 학계의 논쟁은 아무래도 그것과 일정한 거리가 있을 수밖에 없기 때문인 듯합니다. 그간의 논쟁은 비제도권의 이론논쟁에 의해 촉발되고 그다음 학계의 일부가 그것을 아카데미즘의 자기반성이란 각도에서 수용·확산하는 과정을 밟았던 것 같습니다. 먼저 본격적인 논쟁이 이루어지기까지의 지성사적 과정을 살펴볼 필요가 있겠습니다. 70년대 말에 이르면 유신체제가 잉태한 여러 경제적·정치적 모순으로 인해 학계 내부에는 그러한 것을 이해하는 비판적·진보적 인식에의 요구가 꽤 확산되어 있었습니다. 도대체 80년대에 상응하는 진보적 인식을 담을 이론틀이 뭐냐 하는 물음이 강하게 제기되던 차에, 종속이론이 도입되자 그것을 열광적으로 수용하게 되었고, 그러한 이론에 비추어 한국사회를 분석하고자 하는 노력이 꽤 광범하게 나타납니다.

종속이론도 그 범위가 넓은데, 각 분과학에서 종속이론을 수용하는 측면이 약간씩은 달랐지만 아무래도 종속구조 하에서 산업화를 수행하는 여타 제3세계 사회와 한국이 현상적으로는 유사한 점이 많으니까, 한국사회 분석에 많은 설득력을 가지고 원용되었던 것 같습니다. 이들 여러 분과학들 중에서 특히 사회학계에서는 사구체논쟁과 조응한다고도 볼 수 있는 계급론 논쟁으로까지 발전했던 것 같습니다. 즉 한편에서는 종속 하에서 산업화를 하니까 계급구조에 제3세계적인 특수성이 나타나게 된다(예컨대 비공식부문이 팽창한다)는 주장을 했고, 다른 한편에서는 자본·임노동관계의 확대와 구(舊)중간계급의 분해로 특정지어지는 자본주의적 계급분화가 한국에서도 어김없이 관철되며, 따라서 종속이론은 환상이라는 주장을 했습니다.

이처럼 어떻게 보면 각론에 해당된다고 볼 논쟁 혹은 논쟁의 맹아가 있던 즈음에, 『창작과비평』 무크에서 본격적인 사구체논쟁의 시발이 주어졌던 것 같습니다. 『창작과비평』 논쟁은 한국 자본주의 전개의 총체적 성격 해명이라기보다 원론적 수준으로 논쟁을 재정리하는 데 나름대로 기여했던 것 같습니다. 그래서 어떤 의미에서는 학계의 본격적인 사구체논쟁은 『창비』의 국독자와 주자 논쟁으로 촉발되었다고 얘기할 수—

백낙청 잠깐만요! 지금 처음부터 사구체라는 말을 쓰시고 국독자, 주자 그러시는데 그 약칭 자체를 모르는 사람이 많아요. '사구체'라는 것은 '사회구성체'고 '국독자'라는 건 '국가독점자본주의'겠지요, '주자'라는 건 '주변부자본주의'일 테고…… 적어도 처음 한번씩은 비록 공사다망하신 중에라도(웃음) 제대로 불러주시고 그다음부터 약어를 써주시면 좋겠어요.

한국 사회성격 논쟁의 두 단계

조희연 네. 지금 말씀드렸듯이 사구체논쟁의 본격적인 전개는 『창비』 무크지에서 촉발된 국독자와 주자의 논쟁으로 출발했다고 볼 수가 있겠는데, 그걸 어떻게 보면 논쟁의 1단계라고 얘기할 수 있을 것 같습니다. 다시 말해 논쟁의 1단계에서는 논쟁의 양 축(軸)이 국가독점자본주의론과 주변부자본주의론으로 설정되었습니다. 이 논쟁은, 주자론이 한국사회의 종속성과 그로 인한 사회내적 특수성을 파악해내는 데 있어서 많은 기여를 했으나 종속이론이 정통 정치경제학적 방법론으로부터 이탈된, 소위 리버럴한 혹은 소시민적 성격을 갖는 이론이라는 점에서 비판을 받고 일단락이 되면서, 국독자론을 출발점으로 해서 종속성을 국독자론의 틀 안에서 수용해야 한다는 식으로 정리가 된 것 같습니다. 그다음 이렇게 정리가 되어갈 즈음에 현대 한국사회를 식민지 반 봉건사회로 파악하려고 하는 식민지반봉건사회론(이하 '식반론'이라 하지요), 이 식반론이 등장하면서 논쟁은 2단계로 넘어갔고 그것이 지금에 이르고 있다고 생각합니다.

저는 1단계 논쟁과정에서 한국사회 분석상에서 제기되는 여러 논점들이 많이 부각되었다고 생각합니다. 주자론은 한국사회의 성격을 해명하는 데 있어서 종속이론을 포함한 제3세계이론을 원용하고자 하는 입장인데, 제3세계 사회는 선진자본주의사회를 중심부로 하는 세계자본주의체제에 주변부적 위치로 종속되어 있음으로 인해 그 산업화과정이 선진자본주의사회들의 고전적 자본주의화 과정과 다를 수밖에 없고 선진사회들과 다른 여러 기형성·특수성을 노정하게 되므로 맑스주의까지 포함하여 고전적 분석틀의 도식적 적용만으로 제3세계 사회를 해명할 수 없고 별도의 이론화가 필요하다고 주장합니다. 고전적 분석틀로서 제국주의론이 있으나, 그것은 어디까지나 선진자본주의의 대외적 지배와 그것을 유발하게 된 선진자본주의의 구조적 성격을 이야기할 뿐, 정작 그러한 지배를 받는 주변부사회의 시각에서 바라보지 않고 그 결과 주변부사회의 내적 구조에 대한 분석이 미비하다고 주장하기도 합니다. 국가독점자본주의론은, 선진자본주의사회에 대한 급진적 분석논리라고 할 수 있는 국가독점자본주의론이 한국사회에 적용가능하다는 입장을 갖고 있는데, 더 확대해서 이야기하자면 제3세계의 특수성에 상응하는 새로운 개념틀보다는 자본주의의 세계적 발전과정의 보편성을 전제한 위에서 한국사회를 분석해야 한다고 보고 있습니다.

그런데 논쟁의 쌍방이 상대방을 어떻게 인식·비판하고 있느냐 하는 점을 보면 상당히 흥미롭습니다. 주자론에서는 국독자론을 단순 국독자론, 즉 서구 국가독점자본주의사회와 한국사회의 단계적 동질성을 가정하여 서구 국독자론을 한국에 기계적으로 적용하려는 이론이며 일국내의 계급모순만을 강조하는 이론이라고 보고 있는 것 같습니다. 반면 국독자론은 주자론이 한 사회의 내적인 계급관계·모순관계를 파악하지 않고 대외적인 종속성만을 강조하는 이론이라고 비판했습니다. 또한 주자론은 한 사회의 역사적 발전과정에 대한 사적 유물론적 인식, 한 사회의 내부 경제구조에 대한 정치경제학적 인식으로부터 일탈한 이론이다, 또한 변혁적 세계관이 명확히 정립되지 않았을 때 나타나는 포퓰리즘(populism)의 아류이고 그 이론의 계급적 당파성이 모호하며 결국 소시민적 이론에 불과하다고 인식하고 그렇게 비판했습니다. 이와같은 비판은 이론의 내용보다는 이론의 계급적 성격, 그 이론이 구사하는 분석틀의 정치경제학적 성격을 문제삼고 있다는 점이 주목되기도 합니다.

1단계 논쟁을 정리하는 각도에서 얘기해본다면, 첫째로 주자론에 대한 국독자론의 이와같은 메타이론적 비판은 당시 사회운동과 그 주체들의 변혁적 성격을 강조하는 시류와 연결되어 상당히 호소력있게 받아들여졌다고 생각됩니다. 사구체논쟁이 한국사회 분석에 있어 한층 엄밀한 정치경제학적 방법론과 한층 변혁적인 성격을 담보하는 이론들을 확립하는 데 목적이 있었다고 한다면, 주자론이 비판되면서 이러한 소기의 목적이 부분적으로는 달성되지 않았는가 하는 생각이 듭니다.

둘째로 논쟁의 구체적 내용과 관련하여 본다면, 논쟁을 통해서 한국사회에 존재하는 여러 모순들 중 특히 계급모순과 민족모순이 중요하며 한국사회를 근본적으로 규정하고 있다는 점이 확인된 것 같습니다. 특히 사회학 쪽의 계급론 논쟁을 보면, 지난 20여 년간의 경제개발을 통해 자본·임노동관계를 축으로 하는 자본주의적인 계급모순이 우리 사회의 기본모순으로 정착했다는 점이 확인되었으며, 한국사회의 종속성으로 표현되는 민족모순이 한국사회를 기저적(基底的)으로 규정하고 있다는 점이 확인된 것 같습니다.

셋째로 사회구성체 논쟁이란 것이 그러한 민족모순과 계급모순을 통일적으로 인식해내야 하는 것이라고 볼 때, 국독자론과 주자론을 양 축으로 하는 1단계의 논쟁구도는 잘못된 것이었다고 하는 점을 지적할 수 있겠습니다. 주자론에서 강조한다고 하는 종속성·예속성하고 국독자론에서 강조한다고 하는 한국사회의 자본주의적 발전과 그로 인한 계급모순은 동일한 차원의 대립물이 아니기 때문입니다. 요컨대 한국사회가 종속상황에서 자본주의적 발전을 겪는 사회(이른바 식민지종속형 자본주의화의 길을 걷는 사회)라고 할 때 그 양 측면을 통일적으로 인식해내는 것이 중요한데, 그 양 측면을 별개로 파악하고 전개됐던 1단계 논쟁은 구도 자체가 잘못되었다고 볼 수 있을 것 같습니다. 선발 자본주의화의 길과 후발 자본주의화의 길 간에 차별성이 존재하듯이, 선발과 후발을 포함한 이른바 제국주의적인 자본주의화의 길과 제국주의 지배 하의 자본주의화의 길 사이에는 일정한 차별성이 존재한다, 그러나 그러한 차별성을 내용으로 가짐에도 불구하고 한국현대사를 자본주의적 발전의 길로 이해할 수 있다는 것입니다.

넷째, 세번째의 요지와 관련된 것이기도 한데, 논쟁의 쌍방이 서로에 대한 오해가 있었다는 점을 지적할 수 있을 것 같습니다. 즉 박현채(朴玄珠) 선생을 단순 국독자론자, 계급모순만을 편향적으로 강조하는 이론가로 생각했는데, 박선생의 경우 군이 표현하자면 단순 국독자론보다는 신식민지 국독자론이나 예속적 국독자론에 가까우며, 계급모순을 기본모순으로, 민족모순을 주요모순으로 설정하고 있고 민족경제론이 바로 그러한 구상을 일정하게 체계화해놓고 있다는 점입니다. 그리고 주변부자본주의론은 민족경제론이나 신식민주의론 등에서 깊이 천착 안된 식민지종속형 사회의 구조적 특질에 대한 폭넓은 현상분석의 지평을 열어줬으나(이 점에서 저는 종속이론의 이론적 유산을 폭넓게 재해석해서 수용해야 한다고 생각합니다), 종속성과 그로 인한 사회내적 특수성에 접근해가는 데 있어서 자본주의 발전의 보편성에 대한 적극적 설정이 없는 채로 특수성만을 과도하게 강조함으로써 한국사회의 자본주의화 과정에 대한 본질적 혼돈을 유발시킨 점이 있으며, 정작 민족모순이라고 하는 것에 대해 편향적으로 종속성을 강조했을 뿐이지 민족모순에 대한 제국주의론적 인식에 있어 진전을 가져오지 못했다, 따라서 주자론이 민족모순을 강조했다는 것도 정확한 표현은 아니다라는 점입니다. 2단계 논쟁의 전망에서 볼 때 1단계 논쟁은 이상과 같이 정리할 수 있을 것이라고 봅니다. 그다음에, 그러니까 국독자와 주자의 논쟁에서 주자의 약점이 극복되면서 국독자론이라고 하는 보다 철저한 시각에서 주자론의 문제제기를 수용해야 한다는 식으로 정리되어가고 있을 즈음에 한편에서 식민지반봉건사회론이 제기되면서 논쟁이 2단계로 넘어갔다, 이렇게 보죠.

백낙청 1단계가 정리되는 과정에서의 주요 문헌이라고 할까, 또는 그걸 정리해놓은 글 같은 게 있습니까?

조희연 일단 그것에 대한 정리는 도서출판 한울에서 나온 『국가독점자본주의론 1』 후기에 조민씨가 쓴 한국사회성격 논쟁에 대한 정리, 여기서 국독자론과 주자론의 어떤 대립점을 나름대로 일정하게 드러내고 또 그것을 종합하려고 한 여러가지 시도를 소개하고 실증적인 한국사회 분석에 어떻게 그 논쟁이 도입될 수 있을까 하는 점을 정리한 바가 있습니다. 그다음 2단계에는 식민지반봉건사회론의 등장과 더불어 1단계 논쟁하고는 전혀 다른 몇 가지 문제점들이 제기되었던 것 같습니다. 제가 잘 이해하고 있는지 자신이 없는데요, 앞으로 논의과정에서 나올 것이기도 하니까 그냥 몇 가지 논쟁점을 소개하는 정도로 하지요.

제2단계의 새로운 쟁점들

첫째로 한국사회의 종속성에 대한 보다 심층적인 규정이 필요하다는 점을 들 수 있을 것 같습니다. 1단계 논쟁의 종합 시도로서의 신식민지국독자론이 한국사회의 종속성을 신식민지라는 개념으로 이해하려고 했다면, 그 개념이 과연 정확한 것이냐 하는 의문이 제기되었습니다. 경제적 종속뿐만 아니라 정치군사적 종속과 기타 제반의 사회적 종속을 내포하는 종속의 총체적 성격에 대한 파악이 필요하다는 것이고, 거기서 신민지라는 개념을 제시하는 것으로 보여지고 있습니다.

둘째로 한국사회 분석에 있어 남한사회만을 독자적인 단위로 놓고 사회구성체론적 분석을 할 수 있는 것이 아니고, 오히려 한반도 전체적 시각이 필요하다는 점이 주장되는 것 같습니다. 이른바 '반국적(半國的)' 시각이 아니라 민족전체적 혹은 일국적(一國的) 시각이 필요하다는 얘기인 것 같습니다. 이러한 시각을 분석자가 수용하게 되면 구체적 분석에 있어서 엄청난 차이를 가져오는 것이기 때문에 무어라고 한마디로 규정하기는 힘든 것 같습니다.

다음 셋째로 한국사회의 반 봉건적 성격에 대한 강조입니다. 이것은 식민지성을 강조하게 되다 보니까 자본주의적 발전의 (질적) 허구성을 강조하게 되고, 그 논리적 귀결로서 자연스럽게 나오는 것이 아닌가 싶습니다. 어쨌든 한국 사구체논쟁은 식반론이 등장하면서 거센 회오리바람에 휩싸이게 된 듯한 느낌입니다. 여기서 단서를 달아두어야 할 것은 식반론을 주장하는 내부에서도 한국사회의 자본주의적 발전을 일정하게 수용하려는 입장이 있을 수 있을 것 같습니다. 예컨대 '식민지 자본주의론' 같은 입장이 그것이겠지요. 혹자는 식반론을 단지 한국사회의 정치·경제적 규정만으로 이해해서는 안되고 그 철학적 배경을 이해해야 한다고도 얘기합니다만, 여기서는 그 철학적 측면은 논외로 할 수밖에 없을 것 같습니다. 과도하게 단순화해본다면, 2단계의 논쟁이 실제로 존재한다고 하고 그 논쟁의 양 축을 지적한다고 할 때 저는 '신식민지 국가독점자본주의론'과 '식민지반봉건사회론'을 들 수 있지 않을까 하는 생각이 듭니다. 두서없이 너무 장황한 정리가 된 것 같습니다만……

백낙청 아니, 대단히 조리있게 잘 정리해주셨는데 역시 문외한들에게는 어려운 용어가 너무 많이 나오는 것 같고, 또 최근으로 올수록 다소 제도권 바깥의 논의에 치우쳐 좀 생경한 분위기가 느껴지는 것도 사실입니다. 그러나 얘기를 해나가면서 차차 보충할 건 보충하고 비판할 건 비판하고 우리 힘으로 시시비비를 가릴 수 있는 것은 냉정하게 가려보도록 합시다. 우선은 윤선생이 조선생의 정리에 대한 논평이라든가 또는 새로 문제제기할 것이 있으시면 말씀을 해주시지요.

윤소영 글쎄요. 논쟁의 쟁점은 앞으로 이야기하면서 자연스럽게 제기될 때 같이 토론하는 게 좋을 것 같습니다. 조선생님이 과거 7, 8년에 걸친 논쟁의 궤적을 잘 정리해주셨는데 저는 그것을 주로 박현채 선생님의 업적과 관련해서 조금 부연해보는 것이 오늘 제 발언의 전체적인 맥락을 미리 밝혀둔다는 점에서도 좋을 것 같습니다. 오늘 좌담의 제목부터가 「한국사회의 성격과 민족운동의 과제」라고 되어 있는데 제목에 나타난 그 두 가지 범주들을 중심으로 이야기를 전개하는 것이 어떨까 하는 생각입니다. 조선생님의 말씀을 들어보면 대개 논쟁의 1단계에서 쟁점이 되었던 것은 한국사회의 성격이라고 할 수 있겠는데, 그러면서 조선생님은 그것을 사구체와 거의 동의어처럼 말씀하시지만 제 생각으로는 그 문제를 조금 해명하고 넘어가는 것이 어떨까 합니다. 즉 1단계 논쟁은 사구체논쟁이라고 이해하고 2단계에서 쟁점이 된 것은(그 운동의 성격에 대해서는 여러가지 말이 있을 수 있겠지만) 운동의 과제라고 이해하는 것이 어떨까 합니다.

그런데 사구체논쟁, 보통 우리가 사회성격 논쟁이라고 표현하는 사구체논쟁에서 쟁점이 되었던 것, 그것을 조선생님께서는 국독자론과 주자론이라고 이야기하셨지만 저는 이렇게 생각합니다. 실제로 그 당시에 문제가 되었던 것은 어떤 기본적인 의미에서 논쟁의 대상이 될 수 있다기보다는 객관적으로 실존하는 과학적 이론을 우리가 어떻게 주체적으로 영유해야 하는가, 그리고 그 과정에서 소아병적으로 나타났던 온갖 혼란들을 어떻게 극복해야 하는가라는 문제가 아니었던가 하는 얘기이고, 그것이 바로 『창작과비평』 57호 무크에서 제기되었던 박현채 선생님과 이대근(李大根) 선생님 사이의 논쟁의 쟁점이 아니었던가 하는 생각입니다. 객관적으로 실존하는 정치경제학 체계, 이 체계에 대한 몰이해야말로 우리가 주자론, 또는 보다 일반적으로 종속이론을 광범위하게 수용하게 된 하나의 주체적 조건이었다는 바로 그런 맥락에서 말씀드리는 겁니다.

한 가지 부언하자면 주자론의 주된 이론체계는 대강 아민(S. Amin)의 것이 아닌가 하는데, 저로서는 종속이론의 체계를 아민을 통해 수용했다는 것이 논쟁을 불모화시키는 데 일조한 것이 아닌가 합니다. 그래서 오히려 주자론과 국독자론 사이의 논쟁을 생산적으로 이해하기 위해서는 우리에게는 별로 알려지지 않았지만 종속이론의 발상지인 라틴아메리카에서 논쟁이 구체적으로 어떻게 전개되어나갔는가를 좀 봐야 되지 않을까 생각합니다. 라틴아메리카에서의 논쟁을 보면 59년 꾸바혁명 이래 60년대 중반에 남미 각국의 사회구성체를 둘러싸고, 사실은 사회구성체라기보다는 변혁의 성격이었을 텐데요, 그것을 둘러싸고 종속이론이라는 것이 보다 정통적인 식민지반봉건사회론에 대해서 문제를 제기했던 게 아닌가 합니다. 단편적으로 소개되었긴 하지만 예컨대 프랑크(A. G. Frank)의 초기 논문들을 읽어보면 당시 종속이론의 주된 관심사가 무엇이었던가를 알 수 있죠. 그리고 나중에 민족문제와 계급문제를 다시 거론해야 할 텐데, 당시 프랑크가 주요 쟁점으로 제기했던 것은 변혁과정에 있어서의 민족부르주아지의 성격을 어떻게 파악할 것인가라는 것이었지요. 그래서 어떤 의미로는 사구체논쟁이 즉각적으로 변혁의 성격에 대한 논쟁과 연결되는 것이었고 그러한 논쟁이 진행되는 과정에서 좀더 정통적인 입장에서는 식반사회라는 그 이론을 국독자, 우리가 요새 이야기하는 식으로 하면 종속국독자라는 이론체계로 정리해나갔던 것이고, 그다음에 특히 칠레 아옌데정권의 성립과 그 몰락, 그것을 전후로 하는 60년대 말·70년대 초의 과정에서는 과거에 종속이론을 주장했던 논객들도, 또 기왕에 정통적인 입장에 서 있던 사람들도 남미 각국의 사회구성체는 대개 국독자, 또는 종속국독자라는 식으로 합의를 보고 변혁과정에 있어서 한층 구체적인 진술을 어떻게 수립할 것이라는 걸 가지고 소위 파시즘논쟁 또는 보다 일반적으로 민주변혁논쟁을 진행한 것 같습니다.

그런데 다시 우리의 논쟁으로 돌아와본다면, 남미에서의 이런 논쟁경과를 볼 때 저로서는 비록 그것이 다소 혼란스럽기는 했지만 우리 논쟁의 1단계에서 어떻게 생각하면 일방적으로 획득된 국독자라는 이론적 성과와 지금 2단계에서 전개되어나가고 있는, 아까 식반사회론이라 정식화한, 그 둘 사이의 관계를 어떤 식으로 설정할까를 이야기해야 될 것 같습니다. 남미의 논쟁에서는 식반사회론이라는 것이 국독자론이라는 것과 동일한 이론체계 내에서 나타났던, 말하자면 하나는 사구체에 대한 규정이고 하나는 운동의 성격에 대한 규정, 이런 식으로 국독자론과 공존할 수 있는 이론체계로서 제기되었는데, 우리나라에서는 양자간의 관계 문제가 그렇게 정확하게 이해되고 있지는 않은 것 같습니다. 예컨대 아까 조선생님이 정리하실 때, 주자론에서 제기했던 종속의 문제라는 것을 보다 구체적으로 실증적 측면에서 또는 이론적인 측면에서 발전시킨 것이 신식민지론 내지는 식민지에 대한 논쟁이 아니었던가, 그런 의미에서 주자론이라는 것이 정치경제학적 기초는 부족했지만 기여한 바가 있지 않았던가라고 하셨던 것 같은데, 저는 좀 견해가 다릅니다. 왜냐하면 문제가 종속이라는 개념 또는 카테고리의 공유에 있는 것은 아닌 것 같기 때문입니다. 고전적인 제국주의론을 보더라도 그 안에 식민지·종속국이라는 카테고리가 있고, 정치경제학적인 토대를 가지고 주자론에서 남용했던 종속의 개념이 충분히 해명될 수 있을 것 같습니다. 그렇기 때문에 논쟁의 1단계에서 2단계로 넘어가는 과정을 우리 상황에서 조금 구체적으로 검토해보는 것이 1단계 논쟁의 혼란을 2단계에서 재생산하지 않기 위해서 우리에게 필요하지 않을까 하는 생각이 드는데, 저 자신의 개인적인 견해를 말씀드리자면 이런 식으로 대강 정리될 수 있을 것 같습니다. 1단계 논쟁에서 주로 토대에 대한 논쟁이 전개되었다고 한다면, 그리고 2단계의 논쟁이 운동의 과제 또는 성격에 대한 논쟁이라고 한다면 그 두 개의 논쟁을 매개해줄 수 있는 것은 현대 한국사회에서의 국가 내지는 국가권력의 성격에 대한 논쟁이 아닐까, 또 그것에 대한 이론적·실증적인 탐구가 아닐까라는 것입니다.

'창비논쟁'의 계몽적 효과는 인정

정윤형 저도 80년대에 제기된 논쟁에 대해서 그 일반적인 성격이라든가 전반적인 흐름을 나름대로 정리를 하고 넘어가도록 하겠습니다. 우선 종속이론과 주변부자본주의론의 발상지였던 남미의 경우를 보면 1950년대에는 근대화론이 지배적이었으나, 1950년대 말부터 ECLA그룹에 의한 구조주의적 비판이 제기되기 시작했고, 이걸 바탕으로 해서 60년대 중반에 종속이론이 나왔습니다. 또 그것은 점차 주변부자본주의론으로 발전하면서 결국 정통적인 정치경제학 이론에 접근하게 된 것이 아닌가 생각합니다. 종속이론이나 주변부자본주의론은 라틴아메리카의 역사적인 발전과정에서 형성된 토착적 이론체계로서 당초에는 맑시스트 정통이론과는 다른 어떤 길을 걸어왔다고 생각되는데 지금은 상당히 접근해 있습니다. 그러한 이론적인 변화는 그동안 라틴아메리카가 겪었던 고통의 산물이었습니다. 80년대 우리가 처했던 절박한 상황, 그 과정에서 성숙한 민중의식과 민족의식, 그래서 뭔가 우리 사회문제에 대한 본질적인 어떤 해결책을 찾아야 한다는 절박한 요구, 이런 것들이 중남미에서 근대화론으로부터 주변부자본주의론으로 발전해온 이론적 과정을 축약적으로 표출하게 했던 것이며 그것이 바로 이 논쟁이 아니었겠느냐, 하는 생각이 듭니다.

그러나 물론 우리나라의 경우도 그러한 과정이 80년대에 와서 난데없이 튀어나온 것은 아닙니다. 이미 60년대에 경제개발계획이 추진되고 고도성장기에 들어서면서부터 현실에 대한 비판론으로서 '민족경제론'을 비롯하여 여러가지 비판론들이 제기되었습니다. 이것은 바로 중남미에서 구조주의·종속이론·주변부자본주의론이 나오게 되는 과정과 궤도를 같이하는 것입니다. 다만 중남미의 역사적인 상황과 한국의 상황이 달랐기 때문에, 그리고 학문적인 전통의 차이 등이 이론적인 틀에 다소 편차를 가져오지 않았겠느냐 하는 생각이 듭니다. 그런데 우리나라에서는 1970년대 중반까지도 근대화론의 비판체계로서 막연하나마 민족경제론이라는 체계가 확립되어가고 있었는데 1970년대 후반에 갑자기 종속이론·주변부자본주의론이 도입됨으로써, 한편으로는 현실개혁의지가 고양되면서 다른 한편으로는 현실인식에 혼선이 벌어진 면도 없지 않았습니다. 그러던 중 1985년에 무크지 『창비』에서 박현채 선생이 국독자론을 들고 나와 주변부자본주의론을 비판하고 이대근 교수는 주변부자본주의론의 입장에서 국가독점자본주의론을 비판하는 글을 실어 논쟁을 야기하였습니다. 이를 계기로 많은 논의들이 있었지만, 이 두 개의 논문은 상이한 입장에서 따로 발표된 논문이지 그것 자체가 논쟁은 아니었습니다. 그런데 사실 이 논쟁의 조짐은 『창비』 57호가 나오기 이전에, 그때 저는 직접 참석하지 못했지만, 산업사회연구회의 발표회장에서 박현채 선생이 일제시대 식반사구체론에 대해 이의를 제기하고, 한국사회를 자본주의라는 맥락에서 파악해야 한다는 주장을 내세웠을 때부터 있었다고 봅니다. 이 논쟁의 핵심은, 우리 사회가 봉건적인 사회냐 자본주의사회냐 하는 문제와, 만약 우리 한국사회를 자본주의사회라고 전제할 때 그것을 정통적인 자본주의 분석이론을 가지고 분석할 수 있겠느냐, 아니면 제3세계 자본주의의 특수한 측면을 강조하는 주변부자본주의론의 틀을 가지고 파악하는 것이 옳겠느냐 하는 데 있다고 봅니다. 그런데 어느 이론을 막론하고 결국 우리가 당면하고 있는 현실문제의 성격을 과학적으로 분석하고 그것을 개혁하는 방안을 모색하는 데에 제일차적인 목적이 있다고 생각합니다. 그렇다면 과연 이 논쟁에서 도출된 실천적인 결론이 국독자론과 주자론에서는 각기 어떻게 다르게 나왔느냐 하는 것이 문제가 되겠는데, 여기까지는 논의가 제대로 되지 못한 것 같습니다. 이 논쟁에서 실천적인 성격이 강조되었으면서도 실천적인 결론이 어떻게 다르냐, 또 만약 다르다면 거기에는 어떤 논리적 필연성이 존재하느냐, 하는 점이 불분명한 채 남아 있는 것 같습니다.

이와 관련해서 저는 논쟁의 효용이라는 측면을 고려해보고자 합니다. 사회과학 이론의 첫번째 효용은, 사회적 실천운동에 있어서 전략전술을 짜는 데 필요한 현실분석이라는 점에 있고, 두번째는 운동과정에서 민중을 계몽하여 민중의식을 높이는 데 있다고 생각됩니다. 80년대 이후에 우리 민중의식은 급속히 고양되었습니다. 하지만 운동 차원에서는 아직도 민중운동을 지도할 만한 지도부조차 형성되지 못한 단계라고 봅니다. 민중운동을 지도할 만한 그룹이 형성되지 못했기 때문에 아직까지는 이런 논쟁의 효용도 전략전술적인 측면보다는 민중운동의 기반을 넓히는 계몽적인 역할이 더 강하게 요구되는 그런 시기가 아닌가 하는 생각도 듭니다. 『창비』 57호가 나와 논쟁의 화제가 되고 있을 때 나는 이 논쟁이 과열되는 것에 대해서 걱정을 했었는데, 우선은 지금 이런 논쟁이 제대로 될 수 있겠느냐 하는 분위기의 문제가 있었고 그렇지 못할 바에는 논쟁과정에서 불필요한 오해가 생기지 않을까 걱정스러웠습니다. 저는 지금까지 민족경제론이든 식민지반봉건사회론이든 또는 70년대 후반에 도입된 종속이론이든 그것들이 갖는 계몽적인 역할은 대단히 컸다고 보는 입장입니다. 종속이론이 지금은 격렬하게 비판받고 있지만 70년대 후반, 80년대로 넘어오면서 우리의 인식수준을 높이는 데 결정적 기여를 하지 않았습니까? 지금은 국가독점자본주의론 계열의 이론들이 전반적으로 우세한 형편이고 종속이론이나 주변부자본주의론이 수세에 몰려 있는 듯합니다만, 현단계로선 이러한 이론체계들을 비판적으로 검토함으로써 하나의 일관된 체계로 만드는 것이 오히려 시급한 과제라고 할 수 있겠죠. 저는 논쟁 초기에 이 논쟁의 효용에 대해 의문을 표시한 바 있습니다만 논쟁이 진행되는 동안 그 계몽적 효과에 대해서 수긍하게 되었습니다. 논쟁 가운데 혼란이나 오해가 많이 생길수록 논쟁거리가 더 많아지고 어떤 면에서는 그렇기 때문에 더 많은 사람들의 관심을 끌지 않았느냐, 하는 생각도 듭니다.(웃음)

조희연 사구체논쟁의 정치적 효과 말씀이지요.

정윤형 맞습니다. 정치적 효과라고 할 수 있겠지요.(웃음) 그래서 이제부터는 공식적으로 이 논쟁을 그만두자는 얘기는 안하려고 생각하고 있습니다.

자본주의라는 인식틀이 필요한 이유

백낙청 지금 정선생께서 민중계몽의 중요성에 대해서 얘기하셨는데 그런 각도에서 우리 얘기를, 좀더 근본으로 돌아가서 쉽게 정리해나갈 필요가 있지 않을까 생각됩니다. 가령 지금 국독자론이라든가 주자론 등 여러가지 얘기를 했지만 거기에 전제되어 있는 것은 자본주의라는 개념인데,

심지어는 현재 한국사회가 자본주의사회가 아니고 봉건사회다라고 얘기할 때조차도 자본주의라는 인식틀을 전제하고서 하는 논의인 셈입니다. 경제학계에서는 그런 전제가 당연한 것으로 되어 있을 것이고 여타 사회과학 분야에서도 가령 조형 연배에서는 대체로 그럴 것으로 압니다만, 사회과학의 지식이 없는 사람이라든가 또 심지어는 사회과학자들간에도 분야나 연령층에 따라서는 도대체 왜 그렇게 꼭 자본주의라는 것을 들먹거려야 되느냐라고 의문을 품는다든가 거부감을 갖는 경우가 없지 않을 것 같아요. 도대체 어째서, 설혹 한국사회가 자본주의사회라 치더라도, 자본주의사회는 사회라도 다른 면으로 분석하는 것이 더 중요할 수도 있는데, 어째서 이 자본주의라는 인식틀이 논의의 준거가 되어야 하느냐, 기준이 되느냐, 이 문제부터 좀 문외한들이 알아듣게끔 설득력있게 말씀해주셨으면 합니다.

정윤형 자본주의 개념이 필요한 이유를 저는 두 가지 점에서 생각해보고 싶습니다. 자본주의라는 개념을 강조하는 첫째 이유는, 사회발전을 근대화라는 맥락에서 파악하려고 하는 견해에 대한 비판의 필요성에 있다고 생각이 됩니다. 우리나라의 경우에는 1960년대에 들어와 경제개발계획이 시작되면서 통치이데올로기로서 근대화론이 널리 보급되었습니다. 그때에 로스토우(W. W. Rostow) 교수는 한국에 와서 며칠 울산 등 몇 군데 둘러보고는 한국이 도약(take off, 이륙)단계에 들어섰다고 공언한 바 있습니다. 그때부터 우리는 근대화의 본궤도에 들어섰다, 그래서 조금만 지나면 우리도 오늘날의 선진국들, 즉 근대화된 나라들과 같이 잘살 수 있다는 희망을 가졌던 것도 사실인 것 같습니다. 그러나 70년대에 들어서면서부터 그런 생각에 대한 회의가 많이 일어났습니다. 특히 70년대 초 노동문제가 격화되면서부터 이런 식으로 공업화가 되더라도 결국 노동자들의 사회적인 지위향상은 어렵지 않느냐는 생각들이 대두되었고, 산업화과정에서 생긴 농업의 피폐와 이농문제도 중요한 사회문제였습니다. 1960년대 후반 이후 급속히 증가한 도시빈민도 급속한 산업화의 결과입니다. 이처럼 산업화과정에서 생긴 농민문제, 노동문제, 도시빈민문제 등 여러가지 사회문제들은 근대화론이 환상이었음을 보여주었던 것입니다. 근대화론에서는 산업구조가 고도화되고 수출이 확대되고 경제성장이 잘되면 자연히 해소될 것이라고 본 그런 문제들이 사실은 그렇지 못하다라는 인식을 갖게 되니까 자연히 새로운 관점이 필요하게 된 것이지요. 그래서 결국은 이건 자본주의의 고유문제다, 그래서 자본주의라는 개념을 가지고 봐야 된다는 생각에 도달한 것이라고 할 수 있습니다.

또 하나는 봉건제, 또는 봉건적 유제와 관련된 문제입니다. 종속이론이 나오기 이전까지의 중남미 역사학파 사람들은 그들의 사회를 봉건적 사회로 보았으며 우리나라의 경우에도 최근까지 그런 이론적인 경향들이 남아 있었습니다. 즉 오늘날 봉건적인 유제 또는 잔재로 설명하려고 하는 시도들이 그것입니다. 그런데 앞에서 언급한 산업사회연구회의 논쟁에서도 그때까지 대표적인 '반 봉건'론자였다고 할 수 있는 안병직(安秉直) 교수도 현재의 우리 사회가 자본주의화되었다 하는 선까지는 온 것 같습니다. 그러므로 현재의 우리 사회를 바로 봉건사회라고 이해하는 사람은 없을 것 같습니다만 봉건적인 잔재를 문제로 삼을 여지가 있습니다. 자본주의론은 말하자면 이런 역사관에 대한 비판이 될 것입니다. 그런데 지금은 논의가 자본주의냐 아니냐보다는 어떤 종류의 자본주의냐 하는 데로 모아지고 있습니다.

조희연 우리가 논쟁을 아까 1단계, 2단계로 정리했는데 2단계의 입장에서 쟁점을 집약시켜본다면 제국주의적 지배 하에서 자본주의적 발전을 경험하는 사회, 그 사회구조의 내용이 뭐냐, 성격이 뭐냐, 그리고 그것에 따라서 변혁의 제조건이 어떻게 달라지느냐, 다른 얘기로 하면 서구의 자본주의적 발전과정에서와 달리 계급문제의 전개에 민족문제가 중첩되어 나타나는데 그 총체적 성격이 무엇이냐 하는 문제가 되는데, 1단계에서는 사실 주자론이 종속성을 지나치게 강조하다 보니까 자본주의적 발전이라는 각도에서 보면 상당히 정체적인 발상을 했던 것 같습니다. 그러니까 한국사회의 자본주의적 발전과정, 그걸 계급적으로 얘기하면 자본·임노동 관계가 기본적인 사회관계로 되고 다음에 이 관계 속에 사회 제성원이 더욱 더 광범위하게 포괄되어가는, 그리고 그것이 우리 사회의 기본모순이 되어가는, 이런 자본주의화 과정을 부정하거나 혹은 모호하게 만드는 경향을 띠고 있었던 거죠. 그래서 국독자론이 그것을 비판하는 과정에서 결국 제국주의 지배 하에 있건 혹은 여러가지 특수성과 파행성을 지니고 있건 자본주의화라는 보편적인 세계사적 과정을 겪고 있다, 우리가 자본주의사회라는 인식을 출발점으로 해야 한다, 이런 식으로 어느정도 합의가 되어가는 과정을 겪었다고 봅니다.

그런데 이제 여기서 약간 전제하고 넘어갈 것은, 2단계의 식반론이 나오면서부터는 이 자본주의라는 인식을 출발점으로 해야 한다고 하더라도 자본주의라는 것하고 우리 사회의 반 봉건적 성격이라고 하는 것의 관계를 재고해볼 필요는 있다라는 단서를 조금 달고, 그건 이따가——

백낙청 그러니까 제가 던졌던 물음에 대해서 정교수께서는 더 기초적인 답변을 하신 것 같고, 조선생 말씀은 그보다 한 차원 다른 얘기 같습니다. 도대체 왜 자본주의라는 인식틀을 우리가 전제해야 되느냐 하는 데 대해서, 가령 근대화를 주장하는 근대화이론의 신봉자들, 로스토우 같은 사람들이 사실은 자본주의적 발전의 신봉자들인데 오히려 그런 사람들이 자본주의라는 말 대신 근대화라든가 근대라는 말을 즐겨 쓰는 이유는, 자본주의가 역사상 여러가지 가능한 생산양식 가운데 하나이고 그 나름의 독특한 문제점을 지닌 생산양식이라고 파악하지 않고, 자본주의 이전은 근대 이전의 '발전되지 않은' 상태고 자본주의가 되면 제대로 제 길에 들어선 거니까 굳이 자본주의라는 말을 쓸 필요가 없는 셈이겠지요. 그에 반해서 우리 현실의 여러가지 모순을 체득하면서 자본주의라는 개념을 살

피게 되었다는 게 정선생님 말씀 같고, 조형의 얘기는 그런 인식틀을 전제하고 내부논쟁을 하는 과정에서 가령 자본주의에 대한 어떤 일반화된 논의에 밀착해서 우리의 구체적인 현실을 설명하는 방향으로 나가는 중에 식민지반봉건성의 문제가 새롭게 제기되었다는 말씀 같은데, 저의 이런 이해가 틀린 게 아니면 그다음의 말씀을——

윤소영 정선생님의 「경제학에서의 민족주의적 지향」(『한국민족주의론』, 창작과비평사 1982)이라는 논문에서도 이미 검토가 된 바 있지만, 제가 듣기로도 60년대까지만 하더라도 한국사회를 식반사회로 파악하는 이해가 상당히 있었던 것 같습니다. 정선생님이 정리하실 때 그런 식의 이해가 아직까지도 잔존해 있는 것이 아닌가, 그러면서 자본주의라는 인식의 출현이 그것을 타파하는 데 일조를 하지 않았는가 하셨는데, 저는 바로 그 지적을 좀 부연하면 어떨까라는 생각입니다. 우리가 식민지시대의 성격을 이야기할 때 논쟁거리가 되겠지만, 50년대까지 내지는 60년대까지의 한국을 식반사회라고 봤다는 것은, 본래적 식민지시대 그러니까 45년까지의 식민지시대의 제문제가 아직까지 해소되지 않고 그대로 연장되어 있다는 이해일 것이며 그것은, 어떻게 생각하면 몇 안되는 진보적인 지식인들이었겠지만 하여튼 그들이 당시 상황에서 자기 자신의 진보적인 사상 내지는 이념을 표현하기 위해서 그리했던 것이 아닌가 합니다.

또한 우리가 특히 주목해야 할 것은 4·19 이후에 민족주의가 광범위하게 부활되면서 거기에 어떤 이론적인 내용을 주기 위해서 그랬던 것이 아닌가 하는 생각도 듭니다. 그래서 그것을 당시 사회의 성격이나 운동의 과제라는 문제와 연결시켜봤을 때, 말하자면 한국사회의 바람직한 발전의 길로서 자본주의가 아닌 것 즉 '비자본주의적 발전'의 길이라는 것을 조정하면서 내세웠던 이론이 아니었던가, 따라서 당시 한국사회를 '근대화'시키고자 하는 정권의 노력이라든지 그것을 지지해주는 근대화론이라는 이데올로기에 대한 저항이기도 하지 않았던가라는 생각입니다. 그런데 저 자신은, 별로 사회의식이랄 게 있었던 것은 아니지만 70년대 당시 한국사회 자체가 자본주의라는 점에 대해서는 별로 회의를 가져보지 못했습니다.(웃음) 그래서 물론 제 개인적인 경험을 전제로 하는 얘기지만 80년대 초에 민족경제론에 대한 비판이 소장 학자들에 의해서 제기되었다는 것은 말하자면(어폐는 있습니다만) 학자들간의 세대차가 반영된 게 아닌가 하는 생각까지 듭니다. 저로서는 8·15부터 적어도 4·19까지 10여년 동안 어찌 되었든간에 한국사회가 독자적인 국가 내지는 경제라는 것을, 어떤 방식으로든간에, 예컨대 미국의 원조를 통해서든 또는 일본의 차관을 통해서든 그리고 물론 중요한 일련의 정치·외교적인 조치에 의해서든 성공적으로 착근시켰던 것이 아닌가, 그리고 당시 선배들께서 계속해서 그 근대화론에 대한 문제를 제기하면서 식반사회론에 집착하셨다면 그것은 그분들이 가지고 있었던 이념적인 어떤 진보성과 현실과의 어떤 갈등을 반영했던 것이 아닌가라는 게 저의 솔직한 생각의 일단입니다.

정윤형 박현채씨가 1960년대 중반에 민족경제론을 처음 제기했을 때 그것은 근대화론에 대한 대안이라는 방식으로 제기되었다고 봅니다. 최근 한 좌담에서 박선생 자신은 민족경제론과 국가독점자본주의론이 다른 이론이 아니라 후자가 전자의 발전형태라는 취지의 말씀을 하신 걸로 알고 있습니다. 물론 저는 이 두 이론이 서로 모순된다고는 생각하지 않습니다. 그러나 민족경제론은 그것이 제기된 당시 우리나라의 정치상황이라든가 사회적 분위기, 국민의 일반적 인식수준 등에 의해 제약받아 경제개발의 한 가지 대안이라는 형식으로 제기되었습니다. 그렇기 때문에 오늘의 시각에서 보면 여러가지 문제점이 지적되고 실제로 그것에 대한 반론들이 제기되고 있는 것도 사실입니다. 그러나 민족경제론에 깔려 있는 바탕, 즉 사회경제체제에 대한 기본적 인식이 달라진 것은 아니라고 이해하고 싶습니다.

민족경제론에 대해서는 이 정도로 얘기하고 자본주의의 개념에 대해 좀더 얘기할까 합니다. 우선 저는 자본주의를 부정하는 견해들이 왜 존재했느냐, 자본주의를 부정하는 전형적인 이론은 반봉건사회론인데 종속이론과 주변부자본주의론도 제3세계에는 고전적 자본주의와 뭔가 다른 점이 있다고 이해합니다. 그런데 이런 것들은 기본적으로 서구적인, 고전적인 자본주의를 모델로 생각한 데서 나온 것이라고 생각됩니다. 아까 윤교수도 얘기했지만 자본제적인 생산양식이 광범위하게 보급되면서 산업구조면에 파행성이 존재한다든가 하는 것이 그것인데, 말하자면 이러한 구조적 취약성이 영국이나 프랑스 같은 고전적으로 발전한 나라와 다른 특수성이라고 할 수 있습니다. 그러나 그러한 생각에는 자본주의라는 것은 매우 좋은 것이다라고 하는 생각이 그 바탕에 깔려 있다고 생각됩니다. 이러한 관념은 사상사적으로 추적해보면 맑스(Marx)의 자본주의관, 그리고 막스 베버(Max Weber)의 자본주의의 개념과 맞닿는다고 봅니다. 맑스는 역사의 한 단계에 있어서의 자본주의의 진보성을 강조한 바 있습니다. 막스 베버는 자본주의를 경영적·합리적 자본주의와 천민자본주의로 나누고 궁극적으로는 후자를 전대근대적인 것이라고 하여 자본주의의 테두리 밖으로 몰아냄으로써 자본주의를 극단적으로 미화하였습니다. 그는 퓨리턴, 특히 칼비니스트들의 합리주의 정신에서 자본주의의 정신적 뿌리를 찾았습니다. 그러므로 그의 세계관의 중심에는 비합리적인 것과 합리적인 것의 대립이 자리잡고 있으며 봉건사회에서 자본주의로의 이행도 비합리적인 사회에서 합리적인 사회로 넘어가는 역사적 구도로 파악됩니다.

이제까지 반봉건사회론에서 한국사회에 남아 있는 봉건적 잔재가 강조되거나 구조적 취약성이 지적될 때에 기준이 되었던 것이 영국이나 프랑스의 모델일 것입니다. 그런데 선진제국에서 산업혁명이 일어난 지 근 2세기가 되었고 그동안 선진자본주의 국가들의 침투에 의해 제3세계 국가들도 거의 대부분 자본주의적인 성격의 나라로 변했습니다. 물론 제3세계 국가들에서는 영국처럼 고전적인 발전의 길을 걷지 못했기 때문에 여러가지 취약점이 있을 것이고 사회적 모순도 더 극렬한 형태로, 또 증폭된 형태로 나타나고 있다고 봅니다. 그렇다고 하더라도 그것은 궁극적으로 본다면 자본주의적 모순의 표현이지 제3세계가 자본주의화되지 못했기 때문에 생기는 모순, 즉 전근대성 때문이라고 이해하는 것은 잘못된 생각이 아니겠느냐는 게 저의 생각입니다.

'사회구성체'의 차원과 '사회성격'의 차원

윤소영 한국사회를 자본주의로 이해한다는 문제는 한국사회에서 진행되어나가는 운동의 과제 또는 성격뿐만 아니라 특히 한국의 사회구성체를 분석하는 구체적인 이론적 태도에 있어서도 말하자면 하나의 입장을 채택할 것을 요구하는 것이 아닌가, 만일 그렇다면 운동에서 변혁의 주체가 되어야 하는 계급 내지는 계층을 명확하게 부각시켜야 하는 것이 아닌가, 또 그렇기 때문에 지식인이라는 사람들의 의식이나 실천도 결국 그쪽을 지향해야 되는 게 아닌가 등등을 전제하고 있는 문제라는 생각이 듭니다. 그다음에 만약, 우리가 너무 쉽게 이야기하고 있긴 하지만 한국사회를 자본주의로 인식하고 그 자본주의라는 인식에 적합한 어떤 이론적인 틀을 가지고 분석을 수행한다면 저는 당장 이런 문제가 발생한다고 생각합니다. 이것도 정확히 말하자면 몇 가지 유보가 필요한 것이겠지만, 한국이 자본주의사회라고 이해를 한다면 아주 고전적인 정식에 따라서 이 사회도 발생하고 발전하고 소멸한다라는 명제를 암묵적으로 받아들이면서, 한국의 자본주의가 발생단계에 있는 자본주의인지, 아니면 발전하고 있는 자본주의인지, 아니면 소멸해가고 있는 자본주의인지 바로 이런 문제를 제기하는 거라고 생각합니다. 그래서 저는 박현채 선생님께서 한국사회를 분석하는 세 가지 이론적인 수준을 구별하시면서 그 사회구성체와 발전단계, 다음에 그 사회의 성격, 다음에 그 경제의 구조 내지는 유형 등을 제기하신 것은, 우선 한국사회를 자본주의로 이해할 뿐만 아니라 그것이 어떤 특정한 발전단계에 이미 이르러 있다는 것을 강조하기 위한 것이 아닌가, 그러면서 아까 제가 말씀드린 의미에서 사회구성체 및 그 발전단계와 사회의 성격이 또한 구별될 필요성이 있음을 강조하기 위해 그런 것이 아닌가 합니다.

특히 후자를 부연하자면, 저는 경제의 구조를 사회의 성격에 총괄해서 말씀드리는데요, 예컨대 우리가 사회성격논쟁이라는 말을 사용할 때 주로 중국에서의 사회성격 논쟁, '사회성질논전'을 염두에 두고 있다고 생각하는데, 중국에서의 논쟁은 적어도 그 귀결의 역사적 교훈에 있어서는 엄밀하게 말해서 변혁의 성격과 나아가 주체의 성격에 대한 논쟁으로 해석되어야 한다고 봅니다. 엄밀한 의미에서 사회구성체논쟁은 아니라는 거지요. 그러므로 우리의 경우에도 사회구성체논쟁이라는 건 논쟁이라기보다도, 아까 제가 말씀드렸듯이, 바로 객관적으로 실존하고 당분간 우리가 상실했던 그런 이론적 전통을 복원하는 문제이고 그것을 우리의 것으로 만드는 그런 문제라고 봅니다. 그래서 한국사회를 자본주의라는 사회구성체로 이해하고 그것이 예컨대 특정한 단계에 돌입했다라는 식의 이론적인 태도를 획득하면 되는 것이지 더이상의 논쟁이라는 게 필요없다는 생각입니다. 그리고 일단 그런 자본주의라는 입장을 채택할 경우에 저는 약간의 미묘한 쟁점은 있지만 그것을 국독자라고 이해하는 것은 거의 문제가 돼서는 안될 것이라 생각합니다. 그다음에 요구되는 것은 그 국독자의 제국주의체제 속에서의 특수성은 무엇일까, 나아가 한국사회 속에서의 독자성은 무엇일까, 말하자면 한국사회의 성격이라든지 그 변혁의 과제, 변혁의 주체의 문제와 관련해서 국독자론의 내용을 보다 풍부히 해내는 것, 이것이 아닌가라는 생각이 들어요.

백낙청 지금 사회구성체논쟁하고 사회성격에 관한 논쟁을 구별하셨지만, 바로 이런 구별이 문외한들이 들을 때에 아주 골치아픈 거거든요. 도

대체 이게 무슨 소린가 싶은 생각이 든단 말이에요. 그런데 '사회의 성격'이라 하면 지금 말씀하셨듯이 운동의 주체와 당면과제에 촛점이 맞춰져 있는 것이고 사회구성체는 자본주의냐 아니냐, 생산양식이라든가 그 발전단계라든가 이런 데 대한 논의가 되겠는데, 그렇다 하더라도 우선 일정한 '사회성격'의 논의를 진행하기 위해서 전제가 되는 사회구성체라든가 생산양식에 대한 논의가 있을 것 아니에요? 윤교수는 이것이 자본주의라는 점이 당연히 전제되어야 하고 더 나아가서 국독자라는 데 이의가 없어야 된다고 말씀하시는데, 이 자리에는 아마 주변부자본주의론이라든가, 국독자론에 반대되는 다른 논의를 적극적으로 전개할 분이 안 계신 것 같습니다만, 그렇다고 해도 어째서 그런 반론들이 나오는가를 한번 생각하면서 동시에 국독자라는 것은 도대체 뭔가 하는 것을 좀더 설명할 필요가 있겠습니다. 조금 아까 사회구성체로서는 자본주의다라고 말씀하셨는데 국가독점자본주의론이라는 것도 역시 사회구성체에 대한 논의죠?

윤소영 사회구성체의 발전단계에 대한 거죠.

백낙청 어떤 발전단계를 국가독점자본주의라고 합니까?

조희연 논의전개에 있어 두 가지 차원을 구분을 해야 될 것 같습니다. 자본주의라는 인식을 전제할 것이냐 말 것이냐 하는 차원하고, 자본주의라는 인식을 전제하고, 그런 인식틀 속에서 한국사회를 자본주의론의 맥락에서 분석할 때 뭐라고 규정할 것인가, 국독자라고 할 것인가 뭐 기타등등으로 할 것인가 하는 차원으로 나눌 수 있을 것 같습니다. 예를 들면 70년대 '선성장·후분배'냐 '선분배·후성장'이냐 하는 논쟁이 있었는데 그때는 성장 자체의 정당성을 전제하고 논의했습니다. 그러나 이 성장이라는 것이 근대화·자본주의화인데, 요는 그 성장 자체가 계급적 모순을 잉태하고 사회집단간에 적대관계를 창출하기 때문에 그런 적대관계를 총체적으로 극복하는 '성장의 극복', 이런 차원으로 우리의 논의가 가야 된다, 그런 차원에서는 자본주의라는 인식을 전제해야 된다는 것이 있겠습니다. 다음으로 윤선생님 아까 말씀은 일단 한국사회를 여러 우여곡절에도 불구하고 자본주의적 발전으로 한번 이해하게 되면, 사실상 자본주의 발전의 한 고도한 형태로서의 국가독점자본주의라는 것을 자연스럽게 도출될 수밖에 없는 논리적인 귀결로 되어갈 것이다, 이렇게 보셨는데 그 점에서는 논의의 여지가 있다고 봅니다. 그것을 여기서 얘기할까요?

백낙청 네, 그래도 좋겠지요.

정윤형 그 점에 대해선 제가 먼저 말씀을 드리죠. 나는 현대 한국사회가 어떤 사회냐 하는 것을 한마디로 말하기 위해서는 농담처럼 들릴지는 모르지만 우리 국민들한테 한번 우리 사회가 봉건사회냐, 또는 주변부자본주의사회냐, 아니면 그냥 앞에 형용사 없는 자본주의사회냐 하고 물어봤으면 합니다. 내 생각으로는 그냥 단순하게 자본주의라고 표현하는 쪽에 다수표가 나오지 않겠느냐 생각합니다. 만약 다수의 사람들이 자본주의라고 생각하고 있다면 논리야 어떻든 학문하는 사람들은 거기에 알맞은 개념을 설정해주어야 한다고 생각합니다. 많은 사람의 공감을 얻을 수 없는 개념이라면 아무리 정연한 논리를 가졌다 하더라도 소용이 없을 것입니다. 저 개인적인 경험을 하나 얘기하죠. 십여 년 전 시골 고향에 내려갔을 때 일입니다. 사회과학은커녕 공부다운 공부라고는 해본 일이 없는 농부가 한 말인데, 자기가 보기에는 우리나라는 민주주의사회가 아니라 자본주의사회라는 거예요. 그 얘기를 듣고 나는 충격을 받았습니다.(웃음) 그러니까 그 농부의 생각에는 민주주의는 국민 모두가 다 잘사는 사회이고 자본주의사회는 자본 있는 사람만 잘산다는 것이지요. 그렇게 볼 때, 우스갯소리 같습니다만 한 농부의 눈에 비친 우리 사회의 모습이 그랬다면 우리 사회를 자본주의로 봐야 하는 더이상 강한 논거가 어디 있겠습니까?

백낙청 그런데 그것이 기성세대의 학자나 지식인들 간에 아직까지 지배적인 태도하고는 아주 대조적인 거란 말이에요. 저도 우스개 비슷한 걸 하나 말한다면, 보통 사람들도 그냥 "이 세상에서 돈이 있어야 살지"라고 말할 것을 곧잘, "자본주의사회에서 돈이 있어야 살지" 이렇게 말하지 않아요?(웃음) 그런 식인데, 아까도 이야기가 나왔지만 학자들간에는 자본주의적 발전을 전제하는 사람일수록 자기 직업을 자본주의와 다른 어떤 개념을 중심으로 추진한단 말이에요. 그냥 산업화라든가 발전이라든가, 이런 식으로 자본주의라는 인식틀을 빼버리는데, 그게 바로 자본주의라는 것을 생성해서 발전도 하고 쇠퇴도 할 수 있는 그런 가변적인 것으로 보지 않고 자본주의에 일단 도달한 다음부터는 자본주의 자체를 더 문제삼을 것은 없고 다른 차원의 분석만 하면 된다는 식의 태도에서 나온다는 점이 우리 논의에서 어느정도 해명이 된 것 같습니다. 그런데 일단 자본주의의 틀에 입각해서 볼 때 그 발전단계가 국가독점자본주의라고 하면 국가독점자본주의의 구체적 내용은 도대체 뭔지, 이런 궁금중들을 좀 풀어주시면 좋겠습니다.

정윤형 한울에서 나온 『현단계』 무크에 실린 박현채 선생의 대담을 잠깐 보았는데 박선생이 민족경제론을 얘기하면서 60년대에도 국가자본주의라는 개념을 썼고 그것은 바로 국가독점자본주의를 지칭하는 것이었다는 내용이 있었던 것 같습니다. 저는 좀 의견을 달리합니다. 제가 알기로는 60년대에 박선생이 국가자본주의를 얘기한 것은 분명히 대외의존적인 경제를 독자적인 국민경제로 개편하는 데 필요한 정책체계라는 맥락에서였다고 생각해요. 즉 1960년대에 제기한 국가자본주의는 자본주의 경제체제가 고도로 발전한 단계에서 나타난 국가독점자본주의 체제와는 다른 것이었다고 기억됩니다.

'국독자'란 도대체 무엇인가

백낙청 전공하시는 분들은 당연히 아시니까 제가 자꾸 부탁을 해도 묵

살하시는데,(웃음) 국가독점자본주의가 자본주의 발달의 최근 단계라고 할 때 그게 예컨대 그냥 독점자본주의하고는 어떻게 다른가, 국가독점자본주의 자체의 특징이 어떤 것인지 이런 얘기부터 좀 해주세요.

정윤형 사회구성체로서 자본주의를 이야기할 때 우리는 보통 산업자본주의 단계부터 자본주의라고 말합니다. 그리고 산업자본주의가 주기적으로 공황을 겪으면서 1870년대 이후에는 독점자본주의로 이행하였다고 말합니다. 그리고 독점자본주의는 다시 1930년대에 세계 공황이라는 위기를 맞았습니다. 이제 독점자본주의만으로는 자본주의체제를 유지할 수 없는 단계에 이른 것입니다. 그래서 결국 독점자본가들은 자본주의체제를 유지하기 위해서 국가권력의 적극적인 개입을 필요로 하게 되었다는 것입니다. 그러므로 국가독점자본주의는 한 단계 발전한 독점자본주의라고 할 수 있습니다. 그러면 자본주의 발전단계가 산업자본주의에서 독점자본주의로, 독점자본주의에서 다시 국가독점자본주의로 이행하는 것이 단계이행이냐 하는 논란이 생깁니다. 국가독점자본주의를 독점자본주의의 한 국면이라고 이해할 수도 있고 각기 독자적인 단계로 볼 수도 있을 것입니다. 지난번 『창비』의 논쟁에서도 국가독점자본주의가 서구자본주의의 성숙한 단계에서 등장한 것인데, 자본주의화가 되었다 하더라도 아직 초보적인 단계에 있는 우리나라에서 국가독점자본주의를 이야기할 수 있겠느냐 하는 질문이 제기되었습니다. 이 점에 대해서는 좀 토론이 있어야 될 것 같아요.

윤소영 저는 그 문제를 이런 식으로 이해하는 게 어떤가 하는데요, 일단 자본주의를 이야기할 경우에는 그것의 일정한 발전단계에 대하여 이야기해야 하는데, 예컨대 산업자본주의에 대한 이론이란 그 단계에서 말하자면 가장 발전된 나라 내지는 (이 표현이 어떨지 모르겠지만) 세계자본주의 속에서 헤게모니를 행사하는 나라가 모델이 될 수밖에 없는 게 아닌가 해요. 그런데 문제는 정치경제학의 고전적 이론이라는 게 자본주일반에 적용될 수 있는 이론이면서 동시에 산업자본주의 단계에 가장 전형적으로 적용될 수 있는 이론인데, 19세기 말·20세기 초에 자본주의의 전혀 새로운 발전단계가 나타난다는 것입니다. 그래서 우리가 보통 제국주의 또는 금융·독점자본주의라고 하는 발전단계를 어떻게 이해해야 되는가라는 문제가 생기고, 결국 그 문제하고 관련되어 아까 정선생님께서 간단히 정리하신, 정치경제학의 새로운 문제가 아주 고뇌에 찬 논쟁과정에서 서서히 모습을 드러내게 되는데, 저는 선생님 말씀에 특히 이것만 보충하면 어떨까 싶습니다. 그 과정에서 자본주의의 '이념적 평균'(ideal average)으로 설정되는 그 주된 분석대상이 영국에서 독일로 이행했다가 (그렇기 때문에 금융자본에 대한 이론이 독일을 모델로 해서 나온 거겠죠), 40년대 이후에 결정적으로 헤게모니가 미국으로 넘어가면서 결국 그 사회를 중심으로 독점자본에 대한 이론이 발전된 것이 아닌가 합니다.

그런데 아까 정선생님께서 정리하신 국독자 논쟁사라는 것이 결국은 선진국, 제국주의사회에 대한 이론적인 발전이었지만, 또한 그 당시에(그 역사적 기원이 산업자본주의, 때로는 그 이전으로도 소급된다는 것이 고유한 이론적 문제를 제기하지만) 주로 아시아와 아프리카에 식민지라는 것이 형성되어 있었고 그 사회의 성격, 변혁의 과제를 어떻게 이해해야 할 것인가란 문제가 전혀 새로운 차원에서 제기되었다는 것도 부언해두어야 할 것입니다. 저는 그 가장 상징적인 논쟁이 우리가 보통 이야기하는 '민족·식민지문제'에 대한 논쟁이 아닌가라는 생각인데, 당시에 논쟁이 여러가지 착종된 형태로 전개되었기 때문에 논점들을 명확하게 구별해내기는 어렵지만 결국 그것은 변혁의 성격으로서 사회의 성격에 대한 논쟁으로 집약되어나갔었던 게 아닌가 합니다—사회구성체 그 자체에 대한 논쟁이라기보다도. 그러면서 이러한 논쟁이 구체적으로 더 부각될 수 있었던 계기는 결국 45년부터 60년대 초까지 전개된 광범위한 민족해방투쟁 과정에서 주어졌던 거지요. 저는 바로 그 점에서 라틴아메리카와 구별되는 아시아·아프리카 탈식민지사회의 성격에 대한 논쟁에 주목하고 싶은데요, 그 논쟁은 국가자본주의에 대한 논쟁으로 제기되었던 것 같아요. 그런데 국가자본주의 논쟁의 일반적인 귀결인 종속관료(독점)자본주의라는 이론적 시좌(視座)와 비교할 때 민족해방의 과제라는 특수성 속에서도 국독자라는 일반성을 검출해내고자 하는 박선생님의 최근의 이론적인 성과가 더 돋보인다는 생각이 듭니다. 왜냐하면 후진국, 탈식민지사회에 독점자본주의든 국가독점자본주의든 이런 식의 이론적 규정을 주었던 것은 사실은 최근의 일일 뿐만 아니라 그것을 식민지론 내지 신식민지론과 결합하려는 시도는 예컨대 인도, 알제리, 남미 제국의 논쟁에서도 드문 작업이기 때문입니다.

민족경제론과 국독자론

백낙청 박현채 선생의 민족경제론에 대해서는 아무래도 우리가 여러가지 이야기를 하게 될 것 같습니다. 우선은 대체적인 성격규정을 하는 선에서 그치고, 특히 조선생께 부탁하고 싶은 것은 국독자론에 대한 대안적인 학설이랄까, 아까 잠시 얘기했던 새로운 종합의 가능성 그런 것을 몇 가지 간단히 짚고 넘어갔으면 싶은데—

조희연 그러니까 여기서 사회성격이라는 것하고 사회구성체라는 개념이 좀 달리 쓰이는데, 사회구성체라는 것은 상식적으로 얘기한다면, 한 사회에 있어서 가장 기본적인 것이 생산을 둘러싼 사회적 관계이고, 그런 생산관계의 총체가 토대이며, 이 토대의 논리가 일정하게 상부구조, 즉 정치적·법률적 상부구조와 사회적 의식의 제형태에 반영이 되는데 그 토대와 상부구조의 총체를 사회구성체라고 하는 것이 아니겠습니까?

그런데 요는 자본주의적 사회구성체라고 할 때 자본주의적인 토대의 논리가 한 사회의 전반에 지배적으로 관철되고 그 운동논리가 사회의 여타 제도·관계 등에 각인(刻印)된다는 얘기가 깔려 있습니다. 바꾸어 말하면 자본주의사회라는 것이 토대의 차원으로 보면 자본·임노동관계에 기초해서 생산현장에서 잉여가치의 수취가 일어나는 것이고 이러한 토대적 차원에서의 수탈을 지속적으로 재생산하기 위한 체제로 다른 제반의 정치적·법률적·이데올로기적 메커니즘이 정착이 되었을 때 그 사회를 자본주의사회로 규정하는 것 같습니다. 그런데 문제는 자본주의는 자본주의인데 제국주의적 지배를 받는 자본주의의 경우가 있지요. 박현채 선생 표현으로는 식민지종속형 자본주의라는 거지요. 그러면 이 식민지종속형 자본주의의 특징이나 특수성을 어떻게 총괄적으로 규정해낼 것이냐, 이것이 문제가 된단 말이죠. 식민지, 제국주의 지배 하의 자본주의라고 하는 것, 혹은 그런 자본주의적 발전과정을 겪는 한국사회 같은 경우는 여러가지 파행성이라든가 왜곡성, 특수성이 존재할 것인데 이것을 어떻게 개념화할 것이냐 하는 각도에서 '성격'이라는 문제가 제기되는 것 같습니다. 박선생의 경우 사회구성체상으로는 자본주의이고 단계상으로는 국가독점자본주의이고 성격으로는 식민지반봉건—박선생님의 그전까지의 표현을 빌리면 매판성과 경제외적 성격을 내포로 하는 관료자본주의적 성격이라고 보고 있습니다. 그리고 그것을 더 일반화된 체계인 민족경제론으로 체제화하려고 하신 것 같습니다. 저는 박현채 선생의 민족경제론을, 상식적인 차원에서 얘기하면 이런 것 같아요. 즉 지역적인 범주로서의 국민경제, 하나의 자본주의적 재생산권으로서의 국민경제하고는 다르다는 점에서, 그러니까 지역적으로 사회성원들이 모여서 사는 어떤 국민경제가 그 성원의 인간적 생활을 보장하는 경제제도로서 기능을 하느냐, 그렇지 못하다라는 측면을 강조하는 데에서 민족경제론이라는 개념이 나오는 것 같습니다. 국민경제 내에서 소위 제국주의 독점자본과 거기 예속되어 있는 국내 매판독점자본의 지배 때문에 국민경제가 양적으로 성장한다고 하더라도 또 다른 의미에 있어서는 민족적 구성원의 생존권이라는 차원에서는 어떤 왜곡과정이다, 다른 말로 하면 민족경제의 축소과정이다, 이렇게 되는 것 같습니다. 그래서 이제 박선생님의 경우에 단계규정이라는 것과 민족경제라는 규정을 다르게 사용하고 있다는 것이 바로 지금 윤선생님이 남미의 이론보다 박선생님이 나름대로 진일보한 일면이 있다고 지적한 점이라고 볼 수 있겠지요. 그러니까 단순히 반 봉건을 주장하는 것이 아니라 자본주의적 사회구성체를 전제로 하여 거기서 피제국주의적 상황 하의 자본주의적 발전의 왜곡성·특수성을 포괄하려고 하는 그런 시도를 보이고 있다는 점, 또 그러한 점을 발전시켜야 하는 것이 박선생님의 장점이자 과제라고 볼 수 있을 것 같습니다.

그런데 저는 국가독점자본주의에 대한 박현채 선생의 논점이 약간은 달라진 점에 주목하고 싶습니다. 그러니까 『창비』논쟁에서는 주자론 대 국독자론이라는 식으로 되었는데 그 후의 논의 과정에서 박선생님이 민족경제론 내의 하위영역으로서의 국독자로 약간 축소 규정을 한 느낌이 있습니다. 국독자라는 것은 아까 정선생님께서도 정리해주셨듯이 자본주의의 고도한 발전과정에서 자본주의가 어떤 전반적인 위기에 직면해서 그 위기상황을 타개할 수 있는 방안으로 나온 것, 즉 자본주의의 총괄적 위기에 대응하기 위해서 국가권력으로 보강된 독점자본 지배체제다, 이렇게 국독자를 얘기하지 않습니까? 그렇다면 한국에 있어서 국독자론을 얘기했을 때 그에 대한 반론으로 선진자본주의에 있어서의 국독자와 식민지종속형 사회에 있어서의 국독자가 다르지 않느냐는 문제제기가 당연히 나오게 되는 것입니다. 그런데 그것을 박선생님은 유형론으로 해결한 거죠. 즉 선발자본주의사회가 있고 후발자본주의사회가 있으며, 나아가 식민지종속형 자본주의사회가 있는 겁니다. 그 각각은 자본주의의 발전 과정이라는 보편적 과정을 밟고, 그 단계는 초기자본주의에서 국가독점 자본주의까지 이행하게 되는데 각각의 유형에 있어서 국독자의 출현 형태, 그 내용, 내적 관계라는 것이 다르다는 식으로 박선생님은 해명하고 있는 것으로 여겨집니다. 이번 『실천문학』 무크의 좌담을 보면, 국독자라는 것이 자본주의의 일종의 동맥경화증인데 식민지종속형 사회처럼 왜곡성이 강한 경우 국독자가 일찍 올 수도 있다는 얘기를 한단 말이죠. 그런데 국독자를 선진자본주의에도 적용하고 식민지종속형에도 적용하게 되면 자연히 국독자의 개념이라고 하는 것이 확대될 수밖에 없는 거죠. 결국 국가권력의 독점자본과의 결합에 의한 금융과두지배라는 것을 지칭하는 게 되지요. 박선생님은 최근 국독자를 얘기할 때 국가권력과 독점자본의 밀착관계라는 면에 촛점을 맞추고 그외의 측면들, 예를 들면 복지정책의 존재 같은 것은 국독자의 본질적 규정이 아닌 걸로 배제해버린 거죠. 그래서 그간의 사구체 논의에서는 국독자라는 규정이 한국사회에 가능할 것이냐 아니냐가 쟁점이 되었는데, 현재는 국독자라는 개념을 사용할 때 그 개념의 내용을 무엇이라고 규정할 것이며 식민지종속형 사회의 특수성을 국가개념과 관련하여 어떻게 파악할 것이냐가 쟁점이 되는 지점으로 논의가 갔다고 봅니다.

국가 문제가 논의의 핵심 고리

윤소영 국독자의 내용에 대해서 약간 부연하면서 얘기를 풀어갈 필요성을 느끼는데요, 박현채 선생님이 내놓으신 국독자에 대한 이론적 규정 자체는 상당히 진보된 국독자론의 소개가 아닌가라는 생각이 듭니다. 아까 정선생님께서도 지적하셨지만 국독자라는 것을 하나의 단계 내지는 국면으로 봐야 될 것인지, 아니면 특히 최근에는 하나의 경향 또는 특성으로 봐야 될 것인지를 쟁점으로 논쟁이 전개되어온 것 같아요. 『현단계』에서 박선생님이 제출한 정식을 보면 '파동'이라는 표현을 쓰셨는데 그게 정확하게 말하자면 경향 내지는 특성 테제라는 입장이 아닌가 해요. 그 얘기는 다시 이론사적으로 보면 자본주의의 일반적 위기에 대한 이론을 국독자보다 더 우위에 놓는 이론가들이 취한 태도를 수용하시는 것 같아요. 그 래서 저는 결국 박현채 선생 이론의 특징이라고 한다면 국독자론이라기 보다는 일반위기론이 아닌가, 내지는 일반위기론으로서의 국독자론이 아 닌가라는 생각이 들거든요. 그런데 박선생님은 그것을 하나의 파동 혹은 경향·특성으로 파악하면서 동시에 그러한 규정을 후진국 내지는 식민 지·종속국형에다가 적용하지요. 우리가 계속 지적하고 있지만 박선생님 이 국독자론은 민족경제론의 하위체계라는 식으로 항상 말씀하시는 것도 바로 그러한 맥락에서 이해될 수 있다고 생각되는데, 이제 이 문제를 얘기 해보죠.

예컨대 박선생님은 70년대에 민족경제론의 관점에서 수용하셨던 국가 자본주의론 내지는 관료자본주의론이 국독자론을 예고하는 것으로 말씀 하시는데, 저는 오히려 이런 식으로 한번 얘기해보는 것이 어떤가라는 생 각이 듭니다. 민족경제론의 문제가 어떻게 보면 민족주의 또는 민족운동 의 문제인데, 저는 계급문제를 정확하게 이해함으로써 민족문제를 정확 하게 제기할 수 있다는 생각입니다. 아까 우리가 썼던 용어로 말하자면 사 회구성체를 올바로 파악함으로써 변혁의 과제나 성격을 올바로 설정할 수 있다는 생각인데, 앞에서도 제가 그런 말씀을 드렸지만 그 두 개의 상 이한 차원을 매개시켜줄 수 있는, 또는 결합시켜줄 수 있는 고리가 국가의 문제라는 것입니다. 그러면서 국가라는 것 자체가(아까 단순하게 유형론 이라고 얘기했지만) 그것이야말로 제국주의 세계체제라는 하나의 사슬의 개개 고리의 성격을 규정해주는 게 아닌가라는 생각이지요. 즉 사회구성 체와 사회구성체 사이의 관련을 이야기할 때 일차적으로 논점이 되어야 하는 것은 바로 국가 또는 국가권력의 문제가 아닌가라는 겁니다.

그래서 제가 언뜻 지적을 했지만 고전적 제국주의론에서 채택하는 예 컨대 식민지라든지 아니면 종속국이라든지 이런 유형론이 민족문제를 올 바로 이해하는 관건이 될 수 있다고 생각합니다. 제국주의의 고전적 이론체계가 형성되는 단계에서 보면 그들은 우선 지리적인 차별성, 말하자면 종속국이라는 용어는 주로 라틴아메리카를 지칭하고 식민지 또는 반 식민지라는 용어는 주로 아시아·아프리카를 지칭하는 범주화였습니다. 그런데 전후 제국주의의 새로운 형태의 출현에 따라 그런 식민지·반 식민지가 45년부터 60년대 초까지 사이에 정치적 독립을 획득하면서 대부분 탈식민지사회로 이행하는데, 이후 그 사회를 포괄적으로 규정할 때 우리가 사용해야 되는 개념은 '식민지·종속국'이라는 규정 중에서 바로 그 '종속국'이라는 말이고 이 종속국이라는 규정을 계승한 이론이 신식민지론이 아닌가, 그런데 신식민지론은 아까 우리가 언급한 일반위기론 내지 일반위기론으로서의 국독자들의 발전된 하나의 형태라는 얘기죠. 제국주의=식민주의의 새로운 형태로서의 신제국주의=신식민주의를 국독자의 세계체제로 규정하는 게 바로 일반위기론입니다. 그래서 박현채 선생의 이야기를 요약하자면 신식민지론 내지는 일반위기론을 취하면서(여기서 바로 '민족경제론'의 의의를 찾아야 한다고 생각됩니다만) 그 안에서 처음으로 국가자본주의 또는 관료자본주의, 최근에는 국가독점자본주의라는 이론 규정을 수용하시는 게 아닌가 합니다.

대안적인 학설들도 검토해야

백낙청 어떻게 할까요? 지금 계급과 민족의 문제를 우리가 당연히 논의해야겠다고 말씀하시고 국가권력 문제는 처음부터 제기하신 건데, 그 이야기에 앞서서, 국가독점자본주의라든가 또 박현채씨의 민족경제론에 대해서 일차적인 정리가 이루어진 것으로 보고 그다음으로 근·현대사의 이해 문제로 넘어가는 게 어떨지요?

조희연 대안적 학설도……

백낙청 대안적 학설들을 사실은 기대했었는데 국가독점자본주의론의 위세에 눌려서 그런지(웃음) 잘 안 나온 것 같아요. 말씀을 해보시죠.

조희연 신식국독자니 예속국독자 이런 얘기를 잠깐 하고 넘어가지요. 1단계 논쟁이 한창일 때 그 논쟁구도를 그대로 수용하면서 그것을 종합하거나 혹은 특정 측면을 한층 강화하려는 시도가 나타났었던 것 같습니다. 먼저 종합의 시도로서 예속적 국독자론과 신식민지 국독자론 등이 제기되었습니다. 그밖에 국제독점자본주의론과 국내독점자본주체설이라는 것도 있는데, 혹자는 이 두 입장을 종속이론을 극단화했거나 단순 국독자론을 극단화한 요소가 있다는 점에서 편향적인 이론들이라고 평가하기도 하는데, 어쨌든 여기서는 그 이야기를 길게 하기보다 예속적 국독자론과 신식민지 국독자론에 대해 잠깐 말씀드리지요.

전자는 한국사회의 모순을 첫째는 노자간의 계급모순(자본주의성), 둘째는 제국주의 하의 종속적 상황(예속성), 셋째는 정치체제(국가)의 강압적 성격(파시즘)으로 나누는데, 이 각각의 문제를 해결하기 위한 극복대상은 독점자본·제국주의·파시즘이 된다는 것입니다. 이 3자가 예속적 국독자의 세 구성요소인 '예속적' '국가' '독점자본주의'에 대응하는 것인데, 이 세 가지가 상호결합하여 지배한다는 것입니다.

다음 신식민지 국독자론은 전자와 내용에 있어서는 유사한데, 예속적 국독자라고 하면 서구에서 발전된 국가독점자본주의의 한 하위형태인 데 비해, 신식국독자는 제국주의 지배 하에 있다는 점에서 서구 국독자와 질적 차별성을 갖는 것으로 인식하는 것 같습니다. 즉 내적인 상태로서의 국독자와 외부적 규정성으로서의 신식민지성이 굳건히 결합하여 하나의 신식민지 사회구성체를 구성하는 것으로 봅니다. 여기서 특이한 것은 종속이라는 개념보다도, 형식을 바꾼 채로 식민지적 본질이 여전히 관철된다는 내용을 갖는 신식민지라는 개념이 사용된다는 점인 것 같습니다. 종속성에 대한 인식에 있어 일정한 변화가 있는 셈입니다. 저는 앞서 1단계 논쟁에서 국독자론의 틀 안에서 종속성을 보다 심화되게 인식하는 형태로 논쟁이 정리되어간다고 말씀드렸는데, 그것이 신식민지 국독자론 같은 이론이 될 것 같습니다. 그리고 그것은 아이러니컬하게도 박현채 선생의 입장과 그렇게 거리가 먼 것은 아니라는 점은 앞서도 말씀드린 대로입니다.

윤소영 암만해도 조선생은 주자론에 대한 미련 내지는 도덕적인 책임감을 상당히 느끼시는가 본데,(웃음) 저는 이렇게 생각합니다. 최근에 어떤 써베이 논문 같은 것을 보니까, 국독자론은 계급모순을 강조하고 주자론 내지는 종속이론은 민족문제를 강조했다고 했는데 저는 과연 그렇게 이야기할 수 있는 논리적인, 실증적인 근거를 어떻게 댈 수 있는지 ─

조희연 아니, 그러니까 지금 그 구도가 잘못되었다는 것을 누누이 지적하는 거잖아요?

윤소영 아, 결국은 같은 얘기로군요. 저도 역시 그러한 구도가 잘못되었다는 생각이고, 오히려 이렇게 이야기하는 것이 종속이론에 대한 올바른 입장이 아닌가라는 생각이 듭니다. 즉 종속이론이라는 것은 정확하게 말하자면 자본주의라는 건 세계적인 실체다라는 걸 강조하는 이론입니다. 따라서 변혁이라는 것도 그런 차원에서 이해해야 한다는 것이고 그런 의미에서 아민보다는 프랑크나 월러스틴(I. Wallerstein) 같은 사람이 대표적인 논객인 셈이지요.

백낙청 대안적인 학설을 소개하면서도 이야기가 국독자론과 민족경제론에서 멀리 벗어나지는 못하는 느낌이군요. 종속이론이라든지 국독자론에 대한 어떤 대안을 적극적으로 지지하는 분을 아무도 이 자리에 못 모신 탓인지도 모르겠습니다. 그런데 월러스틴에 관해서는 저 자신 얼마간 관심을 가져온 편입니다. 그가 정치경제학의 일반원리에서 벗어나는 학설을 펼치고 있다는 비판의 대상이 되리라는 점은 저로서도 짐작이 갑니다. 그러나 사회자의 입장에서는, 반대토론이 거의 없는 상태에서 우리들의 결론이 성급한 것일 수 있음을 기억하고 넘어가고 싶은 게 하나 있고, 또 하나는 아까 사회구성체 개념을 얘기할 때 제가 말할까 하다가 일부러 안했던 건데요, 왜냐하면 제가 얘기를 쉽게 하자, 쉽게 하자 그러면서 공연히 얘기를 복잡하게 만드는 말을 그 대목에서 꺼낼 필요가 있을까 했던 거지요.

다름아니라 이 사회구성체 개념의 엄밀한 내포와 외연에 대해 분명한 합의가 없지 않습니까? 임영일(林榮一)씨의 어느 글에서처럼 '생산양식'과 구별해서 쓰는 경우도 있고요. 생산양식이라는 게 훨씬 더 추상적이고 일반적 개념이고 사회구성체는 한층 경험적인 개념으로, 즉 추상의 수준에 따라 나눠서 쓰자는 것이지요. 다른 한편 월러스틴의 세계체제론에서는 사회구성체가 생산양식에 의해 규정되는 개념인 대신, 그 개념의 적용범위는 세계경제 전체 아닙니까? 그렇게 보는 데에 반드시 동의하자는 말이 아니라, 한 가지 생각해볼 문제는 우리가 사회니 사회구성체니 할 때 으레 일국사회를 전제하고 이야기하는데 과연 그게 얼마나 두말할 여지가 없는 건지, 사실 하나의 사회구성체의 단위를 어떻게 잡아야 될 건지 이것 자체가 아직도 불분명한 것 같단 말입니다. 세계체제론에서는 생산양식의 개념이 원칙적으로 세계경제 전체에 적용되니까 그러한 세계적 규모의 '사회' 속에 국가나 민족들이 하위범주로서 포섭된다는 식으로 명쾌한 해답이 나옵니다. 다만 이론적으로 명쾌한 대신 정작 구체적인 실천의 차원에서는 너무 공허해져버릴 위험이 있겠지요. 그러나 아까 식민지와 관련해서 국가권력의 성격 문제가 나오기도 했습니다만, 식민지시대의 사회구성체적 성격을 논하는 경우도 식민지사회가 어떤 의미에서 여전히 '일국사회'로서 사구체론적 분석대상이 되는지—월러스틴이 제기하는 분석대상 단위의 문제를 우리가 다시 생각하지 않을 수 없다는 거지요.

조희연 그것은 저도 중요한 문제라고 생각합니다. 특히 식민지사회의 이해와도 관련이 깊겠지요.

식민지시대를 이해하는 시각의 차이

백낙청 그러면 너무 추상적인 이야기로 나가기보다, 우리의 근·현대사에 대한 구체적인 검토를 해나가면서 이론적인 문제도 더 생각해보기로 하지요. 먼저 일제 식민지시대를 어떻게 볼 건지, 자본주의 사회구성체인데 주요모순을 중심으로 볼 때는 식민지반봉건사회다라는 성격규정이 있는가 하면, 자본주의화가 되기 이전으로 보면서 식민지반봉건사회라는 별도의 사회구성체를 설정하는 분들도 있는 것으로 아는데요.

정윤형 아까 세 가지 차원을 분리해서 규명해야 한다고 했는데 그게 되면 논리적으로는 잘 정리되는 셈이죠. 내가 알기로는 종래에는 박현채 선생이 일제시대를 보는 데 기본적으로 식민지반봉건사회라는 관점을 받아들였었다고 여겨집니다. 그런데 최근에 국가독점자본주의론을 제기하면서 이 문제가 다시 논의되었습니다. 한국사회를 자본주의라는 관점에서, 좀더 본격적으로 접근해야겠다는 필요성을 느끼고 그것을 일제시대에까지 확장하다 보니 논리적인 갈등이 생기지 않았나 그런 생각이 듭니다. 최근에 제시된 국독자론의 단계규정과는 별도로 박선생에게는 일제시대의 고유한 단계규정이 있었거든요. 이런 이원적인 체계가 독자들을 당혹하게 만드는 면도 있단 말입니다. 그런데 일제시대 단계규정을 보면 식민지 통치기구인 총독부의 지배방식의 변화, 어떻게 보면 토대라기보다 상부구조의 변화를 가지고 성격규정을 하고 있습니다. 이것은 얼핏 보기에는 한 사회의 경제체제의 발전단계로서 규정한 것처럼 보이기 때문에 많은 혼란을 일으키는 것 같습니다. 이 점은 앞으로 박선생이 통합해서 민족경제론이라는 틀에 넣든, 국독자론을 유지하면서 그것과 연결시키든, 어떤 방식이든 뭔가 정리가 되어야 하겠다는 생각입니다. 이것은, 과거에 민족경제론을 말하자면 근대화론에 대한 정책대안으로 제기했다가 80년대에 들어오면서 갑자기 사회체제론으로서 국가독점자본주의론을 제시해서

두 가지 다른 차원의 논리가 갈등을 일으켰고 이것이 바로 박선생의 일제시대 단계구분 및 해방 이후의 단계구분이라는, 단계구분의 이원성을 낳게 하는 원인이 아니었겠느냐 하는 생각이 드네요.

윤소영 네, 정확하신 것 같습니다. 여기서 이론적인 개념을 토론하기 위해서라기보다 적어도 우리의 논의를 진전시키기 위해 필수적인 수준에서 약간 정리할 필요가 있을 것 같습니다. 생산양식과 사회구성체 사이의 관련성에 대하여 저 자신은 아주 추상적인 수준이지만 이렇게 이해하고 있습니다. 생산양식이라는 것은 생산력과 생산관계의 모순적 결합에 대한 하나의 개념이라고 생각합니다. 그런데 생산관계라는 것은 사회관계 중의 하나이고 생산력이라는 것은 그 사회관계에 포섭되어 있기는 하지만 인간이 대응해야 하는 자연이라고 생각합니다. 그런데 문제는 일단 생산력과 생산관계가 조응한다고 하더라도 생산관계는 그 자체로서 존재하는 게 아니라는 것입니다. 그래서 우리가 잘 아는 정식에 의하자면 생산관계의 총체, 말하자면 생산관계라든지 유통관계라든지 하는 모든 경제적인 관계들의 총체라는 토대 위에 상부구조가 세워져 있고 동시에 그 상부구조, 정확하게 말하자면 법률적인 또는 정치적인 상부구조와 나란히 토대에 조응하는 사회적 의식의 형태들이 있다는 것인데 저는 그것들을 총괄해서 상부구조 또는 국가라고 말해도 좋다는 생각입니다.

이렇게 정식화되는 토대와 상부구조, 또는 경제와 국가를 우리가 보통 사회구성체라고 하는데, 문제는 거기서 발생한다고 봅니다. 만약에 우리가 지금 정의한 개념들 사이의 관계가 논리적인 관계라고 한다면, 일단 생산양식의 개념이 주어지면 그것에 의해서 토대와 그 상부구조라는 개념들이 순서대로 도출되고 따라서 사회구성체라는 개념이 도출된다는 결론에 이르게 되는 것이거든요. 예컨대 60년대 말 이후 서독에서 전개되는 국가도출론이라는 것이 바로 그러한 이론이었는데 그 결론을 보면 지극히 사변적입니다. 현실적인 국가를 설명할 수 없기 때문에 그렇습니다. 요컨대 세계체제 속에서의 민족국가의 형성이라는 것을 국가도출론으로써는 설명할 수 없다는 것입니다. 사실 저는 바로 그것을 논점으로 삼았으면 하는 생각인데, 아까 사회구성체와 사회구성체 사이의 관련이라는 것이 국가를 매개로 하지 않고서는 이루어질 수 없다는 가설을 세웠는데, 국가도출론의 교훈을 거기다가 원용하면, 국가의 민족적인 성격을 이야기하기 위해서는(물론 근대에 국한해서 이야기하는 것이지만) 그때 성립되는 민족국가의 개념이 세계체제 속에서 실존하는 민족국가, 말하자면 어떤 것은 억압의 주체가 되고 어떤 것은 억압의 대상이 되는 그런 민족국가들 사이의 현실적인 차이를 반영해야 하기 때문입니다.

말하자면 우리가 아까 자본주의라는 인식틀을 보편적인 것으로 공유하자고 했는데 토대의 차원에서는 그렇게 할 수 있을는지 모르지만 상부구조, 말하자면 민족국가의 차원에서는 그렇게 할 수 없다는 것이 적어도 작업가설로서 받아들여져야 할 태도가 아닌가 합니다. 만일 그렇다고 한다면 상부구조, 즉 민족국가는 구체적인 현실 속에서 유형론적으로 파악될 수 있는지 몰라도 보편적으로 적용될 수 있는 개념은 아니다라는 게 제 생각입니다. 다시 말해 개개의 민족이 억압하고 억압받는, 그리고 그 억압하고 억압받는 방식이 역사적인 조건에 따라 달라질 수도 있는 그런 상황까지 고려해야지 우리가 사회구성체라는 개념을 사용할 수 있는 게 아닌가, 즉 사회구성체에 대한 일반적 이론은 없는 것이며 따라서 사회구성체에 대한 분석은 필연적으로 국가의 문제 또는 민족의 문제로 전개될 수밖에 없다는 생각인데요, 만일 그렇다면 우리가 식민지시대에 대해 이야기할 경우에 과연 거기서 국가를 어떻게 파악할 것인가가 아주 중요한 이론적 문제로 제기된다고 생각합니다. 지금 정선생님께서도 지적하셨듯이 박현채 선생께서 일제시대를 구분하시면서 총독부 권력의 성격의 변화 내지는 정치적 대응의 변화라는 식으로밖에 분석할 수 없었는데—그러나 실은 본국 자본주의의 발전단계의 문제도 동시에 제기하시지요—그것은 이론적 오류라기보다는 식민지시대가 제기하는 아주 고유한 이론적 문제로 이해해야 된다고 생각합니다.

그런 의미에서 20년대 말에서 30년대 초까지 전개된 중국에서의 논쟁을 보면 그 구체적인 경과야 어쨌든간에 쟁점은 변혁과제에 대한 문제이지 결코 사회구성체에 대한 문제는 아니었다고 생각됩니다. 동시에 그때 제기된 사회성격의 문제, 말하자면 광범위하게 민족부르주아지까지 포함해서 해결해야 되는 그 변혁과제의 문제라는 것은 결국 그게 진정한 의미에서의 해방의 문제인데 다른 식으로 말하면 민족국가 건설의 문제입니다. 그 민족국가 건설의 주체가 물론 민중일 수도 있고 아니면 그 민중을 이용하는 민족부르주아지일 수도 있겠지만 어쨌든 민족국가 건설의 문제라는 거지요. 그러면서 장기간의 투쟁의 결과로 결국 40년대 말에 민족국가가 형성되었고 그 건설의 주체는 민중이었기 때문에, 예컨대 신민주주의라든지 민중민주주의라는 식으로 성격부여를 하는 게 아닌가 합니다. 중국의 경우와는 전혀 다르지만 우리의 경우에도, 식민지시대의 문제와 어떤 의미에서든 독자적인 국가권력이 획득된 그다음의 문제, 즉 신식민지시대의 민족경제의 문제는 구별되어야 하는 게 아닌가, 그리고 그것은 이론적으로만이 아니라 실천적으로도 구별되어야 하는 게 아닌가라는 게 제 생각입니다.

정윤형 지금 윤교수는 우리나라 해방 이전의 식민지시대와 해방 이후의 신식민지시대를 구별해야 한다고 하면서 국가권력의 획득이 갖는 의미를 강조했는데 지난번에 내가 본 윤선생 논문에서는 그런 논리가 아니었지 않아요? 말하자면 해방을 일본의 지배로부터 미국에 의한 지배로 지배주체만 바뀐 거라는 식으로 이해한 건 아니었던가요?

윤소영 제가 용어를 좀 혼용했던 점은 있었겠지만 저는 분명히 이렇게 이야기했던 것 같습니다. 형식적이지만 독자적인 국가권력을 획득했다는 것, 그러면서 그게 분단이라는 새로운 모순적인 현실에 의해 중첩되긴 하지만 그것을 식민지시대의 상황과는 좀 구별해야 되지 않을까 이런 이야기였죠. 선생님께서 지적하신 이야기는 오히려 45년부터 53년 사이의 격동기에, 말하자면 완성된 민족국가를 건설하는 주체가 누구인가라는 문제가 새로이 제기되었다는 상황과 관련되는 것 같습니다.

식민지를 독자적 사회구성체로 보는 의미는?

백낙청 45년 이후의 얘기를 하기 전에 식민지시대 얘기를 좀더 하고 넘어갔으면 좋겠군요. 중국의 경우에는 완전한 식민지가 아니었으니까 지금 윤선생이 지적하신 식민지 고유의 이론적인 문제라는 것들이 정면으로 부각되지 않는 면도 있어요. 그런데 한국의 경우에는 일본의 식민지였으니까 문제가 생기는데, 가령 사회구성체라는 것을 일정한 생산양식을 가지고 거기에 조응하는 상부구조를 가진 그런 단위가 사회구성체라고 정의를 하고 나면, 그 뒤에 식민지 상황이므로 토대에 조응하지 않는 상부구조를 가진 독특한 사회구성체로서 식민지반봉건 사회구성체라는 것을 설정하는 일은 자가당착밖엔 아무것도 아니겠지요. 그러나 사회구성체의 개념을 가령 생산양식과 별도의 어떤 좀더 추상수준이 낮은 단위로 설정한다거나 할 경우에는 자가당착이라고 몰아버릴 수는 없고 달리 반박을 해야 되겠지요.

또 사회구성체에서 일정한 생산양식으로서의 토대와 상부구조가 조응한다고 말할 때도, 이미 지적들 하셨듯이 그게 대등한 조응이 아니고 경제가 그야말로 토대가 되어서 상부구조에 대해 규정력을 행사한다는 말이 아니겠습니까? 상부구조의 일정한 자율성이나 역작용을 인정한다 하더라도 말이지요. 그런데 총독부 권력이 자본주의국가적 성격을 가짐으로써 토대가 자본주의로 규정되어야 한다는 설명은, 듣기에 따라서는 마치 식민지 상황에서 토대와 상부구조와의 역학관계가 역전되는 것처럼 들리기도 하는데, 어떻게 해명해야 할까요?

정윤형 그건 반드시 그렇다고 볼 수만은 없죠. 왜냐하면 지금 식민지 조선을 하나의 독립된 경제단위로 보고, 일본 자본주의를 또 하나의 독립된 단위로 본다면 그런 일이 가능한데, 이걸 하나로 묶어서 파악할 때는 비교적 성숙되어 있는 일본 자본주의와 아직 성숙되지 못한 조선 식민지를 포함해서 통치하는 통합된 상부구조로서의 일본 통치기구, 그 하부조직으로서의 총독부, 이렇게 보아야겠지요.

백낙청 그게 바로 식민지사회의 고유한 이론적 문제 중의 하나인지도 모르겠는데, 그러면 당시의 조선사회와 일본사회를 하나의 경제단위로 보시는 것 아닙니까?

정윤형 방법론상 매우 어려운 질문을 제기하셨는데, 저로서 확실한 답변을 못 드리겠습니다만, 어쨌든 식민지적 규정성을 중시해야 한다는 것이 저의 취지입니다.

백낙청 식민지와 종주국을 하나의 경제단위로 본다는 것은 어떤 의미에선 하나의 사회구성체를 설정한다는 얘기도 될 수가 있는데 과연 이 경우에 사회구성체의 단위를 어떤 범위로 설정하는지가 식민지시대의 난삽한 문제가 되어 있는 것 같군요. 마찬가지로 45년 또는 48년 이후에 독자적인 국가권력을 획득했다 할 때도 독자적인 국가권력을 두 개를 획득했다면 말이에요, 그때도 문제가 생기는 것 같고, 아무래도 좀 간단찮은 문제가 있는 것 같은데 이걸 좀 어떻게……

조희연 일제시대의 경우에 쟁점은 식민지적 상황, 즉 제국주의의 직접적 지배 하에 있는 사회의 경제적 구성, 이것의 성격 혹은 특수성을 무엇이라고 규정해낼 것인가 하는 점인데요. 자신이 없습니다만 저는 이런 생각을 갖고 있습니다. 지금까지 안병직(安秉直) 선생님을 중심으로 하는 중요한 경제사적 실증연구 과정에서 일제시대가 식민지반봉건사회라는 합의, 즉 실증적 천착의 어떤 이론적 합의 같은 것이 있었던 듯합니다. 그러니까 상부구조로는 부르주아적인 총독부 국가권력을 갖고 있으면서도 토대에 있어서는 반 봉건적 생산관계가 지속되는, 그러면서 식민지 지주제를 근간으로 하는 어떤 독특한 경제적 사회구성을 갖고 있는 것이다, 이런 생각은 식민지에 있어서 반제·반봉건 민족해방투쟁의 사회이론적 근거로 충분히 합의가 되어서 70년대까지도 일정하게 지속되어왔다고 생각합니다. 그런데 80년대에 들어 다시 문제가 되는 이유는 이것을 식민지반봉건 사회구성체라는 일반론으로 끌어들이는 시도와 관련하여 쟁점이 되는 것이고, 또 하나는 최근에 현재의 한국사회까지도 식반론으로 이해하려고 할 때 그럼 구식민지 식반론과 현재의 식반론의 차별성이란 게 뭐냐라는 측면에서 일제하의 식반론이 다시 부각되는 것 같습니다.

먼저 전자의 측면에서 그간에 일제시대의 실증적 분석의 이론적 합의로서 채용되어온 식반사회론의 정확한 위치규정이 문제가 됩니다——70년대적인 사회인식 수준에서는 그것이 문제되지 않았지만 현단계 한국사회에 대한 인식이 심화되면서 일제시대의 성격이 소급적으로 다시 파악되는 과정에서 문제가 된 것 같습니다. 이 점과 관련하여 박현채 선생은 식반사회론을 '사회성격'이란 차원으로 재해석하면서 자본주의적 사회구성체란 차원과 분리시켜 이해하려고 했지요. 그와 달리 한편에서는 일본의 코다니(小谷汪之)나 카지무라(梶村秀樹)의 입장을 수용하면서 식민지사회를 독자적인 사회구성체로 일반화시켜 보려는 시도가 나타났습니다. 이른바 '식민지반봉건 사회구성체'론이죠. 코다니는 이것을 자본주의(제국주의)가 식민지·반식민지에 창출한 인류사적으로 부차적·종속적인 사회구성체이나 독자적인 성격을 갖는 것으로서 토대로서의 반 봉건제가 재생산되는 구조를 갖는 것으로 얘기하는 것 같습니다. 카지무라는 더욱 일반화시켜 후진제국의 이행과정을 전자본주의 사회구성체에서 식민지반봉건 사회구성체를 거쳐 주변부자본주의 사회구성체로의 길로 파악하고, 이것이 국제분업의 제단계에 상응하는 것으로 주장하고 있습니다. 그러니까 식반사회는 농·공 국제분업 단계에 대응하여 주변부의 종속적 발전의 제1단계로 창출되는 사회구성체라는 것이지요. 이런 논리에 따른다면 인류사의 발전단계에 관한 정통적 견해와 전혀 상이한 견해가 되는 셈인데, 바로 여기서 정통적인 경제사적 인식으로부터의 이탈이 아닌가 하는 문제제기가 나오는 것 같습니다. 이러한 견해 역시 (구)식민지반봉건사회론의 80년대적 재해석의 한 갈래라고 규정할 수 있겠지요.

그런데 여기에 반대하여 앞서 논의한 자본주의적 인식과 연결시켜서, 식민지반봉건적 상태까지 포함하여 한국사회를 거시적으로 자본주의적 발전의 역사적 한 도정(途程)으로 이해하려는 견해도 나오는 것 같습니다. 저는 윤선생님의 논문 「한국사회성격 해명에 있어서의 올바른 이론적 입장의 확정을 위하여」(한신경제과학연구소 경제학토론 8611호)도 그런 시각을 담고 있다고 이해하고 있습니다. 바꿔 말하면 식민지사회를 자본주의의 역사, 제국주의 특유의 식민지지배 논리의 관찰에 따른 식민지 자본주의의 발전이란 관점에서 보는 것인데, 그렇게 보게 되면 식민지사회는 반 봉건제의 구조적 재생산으로 정체되는 것이 아니라 식민지라는 특수한 조건 하에서지만 나름대로 자본주의가 발전하여 그 재생산의 논리, 운동법칙이 식민지사회의 전체를 지배하게 됨으로써 반 봉건제를 비롯한 여타의 우끌라드(uklad, 경제제도)들은 구조적으로 재생산되는 것이 아니라 경향적으로 분해 내지는 해체되는 것으로 파악되는 것 같습니다. 저는 식민지시대에 대한 최근 연구가 이와같은 지점에 와 있지 않은가 하는 생각이 듭니다.

백낙청 그러면 원래 일제시대를 식반사회구성체라고 주장하던 분들도 일단 그 비판을 대개 수긍한 겁니까? 입장의 변화가 온 건가요?

정윤형 대체적으로 식반론을 주장하는 입장에서는 식민지 하에서 자본주의라는 것은 궁극적으로 성립할 수 없다는 전제가 있었던 셈인데, 그러나 최근에 와서는 다소 그런 생각들이 바뀌고 있는 것이 아닌가 합니다.

80년대 들어와서 우리 사회를 자본주의사회로 봐야겠다는 일반적인 인식이 30년대를 보는 눈에도 영향을 미치는 것 같습니다. 식반사회론을 주장하는 논자들의 경우에도 30년대에 자본주의적인 우끌라드가 많이 자라고 있었다는 데까진 다 인정하고 있습니다. 그렇다면 만약 식민지시대가 더 지속되어서 식민지통치 하에서나마 공업화가 더욱 진척되고 근대 자본주의적인 기업들이 많아져서 지배적인 생산양식이 되었더라면 식반사회론의 기본적인 전제는 어떻게 되는 겁니까?

윤소영 저는 사구체로서 식민지사회를 이해하는 태도, 즉 식민지에서는 자본주의적 발전이 불가능하다는 인식, 소위 식반사구체론의 주체가 누구인가라는 문제를 제기해야 될 것 같습니다. 진정으로 민중의 입장에 선다고 하면 공업생산량이 늘어났는지 줄어들었는지 그리고 토착자본가가 늘어났는지 줄어들었는지 이게 중요한 게 아닙니다. 민중의 생활을 규제하고 있는 원리가 무엇인가, 즉 민중이 어떤 방식으로 수탈당하고 있는가 그리고 어떤 형태로 저항하고 있는가, 요컨대 민중이 그 모순을 해결하기 위해서 어떤 방향을 설정해야 하는가 하는 그 자체가 중요하다는 것이죠.

박현채 선생의 민족경제론이나 국독자론은 바로 그러한 민중의 입장에서만 이해될 수 있습니다. 그러면서 아까 이야기로 돌아가서 더 구체적으로 얘기해보면, 민족국가까지 포괄하는 근대적인 의미에서 사구체라는 개념을 사용할 경우에 식민지시대가 고유한 이론적인 문제를 제기한다는 것은 너무나 지당한 이야기이고 더군다나 식반사구체론에 대해서는 추가적인 난제가 지적될 수 있습니다. 말하자면 전자본주의적 사구체의 개념에 대한 대체적인 합의도 있어야 된다는 것입니다. 이론적인 내용이 없는 개념을 가지고 자의적으로 문제를 풀어봤자 자의적인 해답밖에 나오지 않고 따라서 논쟁이 불모일 수밖에 없다는 말입니다. 일례를 들어서 코다니와 카지무라는 식반사구체를 정의하면서 그 이전에는 어떤 사회구성체라도 상관이 없다는 식으로 이야기를 합니다. 예컨대 아프리카의 전자본주의적 사회구성체는 봉건적 사회구성체가 아니지만 아프리카의 식민지 식반사구체이다라는 식인데, 그 이유는 식반사구체라는 것이 세계사적 차원에서 형성되는 부차적이며 종속적인 카테고리기 때문이라는 겁니다. 제 생각으로는 바로 그러한 태도야말로 전자본주의적 사회구성체에 대해서 깊은 조사를 하지 않고 자의적으로 개념을 만들어내는 무책임한 태도인 것 같습니다.

사구체 개념의 적용범위는 여전히 불분명?

백낙청 식민지에 관한 사회구성체론의 경우에 특별한 문제가 있다는 것은 윤선생께서 잘 지적해주셨는데, 사실은 식민지사회의 특별한 문제만이 아니라 역시 개념 자체의 엄밀한 정의랄까, 아까부터 말하는 그 적용범위의 문제가 아직 분명해지지 않은 느낌이에요. 가령 고전적인 분석에서는 서양의 일국사회, 특히 영국, 프랑스 이런 사회들이 전제되지 않습니까? 그런데 당장 영국만 하더라도, 잉글랜드가 아닌 그레이트 브리튼이라고 하면 스코틀랜드, 웨일즈 다 합친 것인데 그 경우 스코틀랜드를 18세기 초에 잉글랜드하고 통합된 이후에는 별도의 사회구성체로 보지 않지요. 그러나 가령 스코틀랜드의 독립을 주장하는 사람들은 우린 아직도 별도의 사회니까 별도로 떨어져 나가야겠다는 식인데, 만약에 그 사람들이 성공을 한다면 오히려 이걸 별도의 사회구성체로 안 봤던 우리가 오류를 범했다는 것이 사후에 밝혀질 수도 있는 거지요.

물론 조선의 경우는 처음부터 일본이 노력을 했더라도 동화할 수 없는 식민지라는 것이 명백했고 또 결과적으로 동화가 안되었지만, 어떤 경우는 동화가 되기도 하거든요. 또 그 동화 정도의 차이도 천차만별일 수 있고, 그렇기 때문에 사회구성체의 단위를 설정하는 데 그 기준을 어디다 둘까 하는 문제는 일반론의 차원에서는 여전히 미해결로 남았다고 봅니다.

더구나 오늘날 영국이라는 국가는 아일랜드의 일부를 떼어낸 북아일랜드와 그레이트 브리튼의 연합왕국(United Kingdom)인데, 그런 점에서 고전적 모델인 영국이야말로 '일국사회'의 개념을 적용하는 데 가장 곤혹스러운 사례일 수도 있다는 역설적인 이야기가 됩니다.

제가 알기로는 박현채 선생은 역시 어떤 주체적인 변혁의 가능성을 기준으로 삼는 것 같아요. 그래서 가령 일본하고 한국이 하나의 경제권으로 어느정도 통합이 되었다 하더라도 한국사회가 반식민지 해방투쟁을 벌여서 별도의 민족국가 건설을 할 수 있는 그런 한에서 별도의 사회구성체로 보는 거지요. 그런 가능성이 소진되었다고 하면 그때부터는 비록 문화적 차이가 두드러지더라도 일본과 동일한 사회구성체로 봐야 될 것이고, 이런 기준이 암암리에 있는 게 아닌가 싶어요.

정윤형 사회구성체 개념을 독자적인 경제영역에만 적용할 수 있다면 식민지에 그것을 적용할 수는 없겠지요. 그런데 선진국이라고 하더라도 완전한 자립적 구조를 갖고 있는 것은 아니지 않습니까? 박현채 선생의 경우도 식민지 종주국에 완전히 포섭되었던 식민지에서 민족경제론을 얘기하면서 민족의 생존기반으로서의 독자적인 경제영역을 운위하고 있지만 식민지지배에서 벗어난 완전히 독자적인 영역이 존재한다고 믿는 건 아니란 말이에요. 그것은 앞으로 민족해방운동의 기반이 되고 독립국가가 형성되었을 때 하나의 발전의 토대가 될 수 있다는, 어떻게 보면 미래지향적인 개념의 설정이라고도 볼 수 있단 말이에요. 사회구성체라는 개념을 독자적인 재생산권이라든가 오오쯔까(大塚久雄) 식의 국민경제 개념에 묶어둘 필요는 없지 않을까요?

백낙청 저는 뭐 오오쯔까도 못 읽었으니까 무슨 독자적인 주장을 하려는 건 아닙니다. 다만 식민지사회를 별개의 사회구성체로 볼 건가 말 건가를 먼저 정해놓고서 그 시기의 조선이 어떤 사회구성체적 성격이었느냐를 논해야 옳겠다는 생각이고, 또 현실적으로 독자적인 국민경제를 못 가진 지역일지라도 다른 지역과 구별되는 독자성을 설명해야겠지요. 더구나 100% 순수하게 독자성을 갖는 경우라는 것도 없는 것이고—

정윤형 식민지시대에도 적지만 어느정도의 독자성은 있죠. 관세의 장벽 같은 것이 거의 없어졌다 하더라도 역시 식민본국이 식민지를 완전히 포섭할 수 있었던 것은 아니니까 경제교류 면에서 어느정도 구분되는 측면이 있을 수 있죠. 또 사회구성체라는 개념을 토대로서의 하부구조와 상부구조를 포괄하는 개념으로만 사용하기 때문에 복잡한 논의들이 나오는 것 같아요. 한 사회의 성격을 근본적으로 규정하는 것이 토대라고 한다면, 사회구성체라는 개념을 토대에다가 촛점을 맞추어서 분석할 때 상부구조와의 괴리라는 문제가 비교적 쉽게 풀릴 것입니다. 예컨대 물질적 토대라는 관점에서 볼 때에 일제시대의 식민지 통치기구인 총독부권력의 성격이 뭐냐 하는 데 대해 너무 심각하게 생각하지 않아도 된다고 봅니다. 식민지 조선에 살았던 사람들이 어떤 생산관계에 포섭되어서 살았느냐를 분석함으로써 거기에서 일제시대의 우리들의 생활조건, 사회적인 지위, 미래에 대한 희망까지도 어느정도 연역해낼 수 있다고 봅니다. 사회구성체 개념은 맑스에 있어서도 초기에는 비교적 단순한 의미로 사용되었던 것이 아닌가 합니다. 『경제학 비판』 서문에 나오는 사회의 경제적 구조라는 개념이 있는데 사회구성체는 이보다는 넓은, 상부구조까지 포괄하는 개념이겠지요. 그렇게 본다면 우리가 이 사회구성체 개념에 지나치게 매달려서 상부구조가 갖는 의미를 보면 복잡한 문제들이 생기므로, 이것을 좀더 상식적인 개념인 사회경제구조라든가 하는 개념으로 대체하더라도 큰 무리는 없을 것이고 따라서 이를 둘러싼 복잡한 논의들이 상당히 줄어들지 않을까 하는 생각이 드는데……

백낙청 일제 식민지시대라는 게 식민지라는 것은 자명한 사실이고 또 봉건적인 면모도 많은 사회다, 이런 점에는 누구나 쉽게 합의가 되겠는데, 요는 식민지라는 개념이나 반 봉건사회라는 개념을 자본주의라는 틀 속에서 자본주의적 성격의 일환으로 볼 것인가, 즉 자본주의적 사회구성체론에 근거하되 윤교수가 거듭 말씀하듯이 사회 '성격'의 차원에서만 식민지반봉건성을 인정하는 입장과 별도의 식민적 사회구성체론이 있다, 그리고 대체로 지금 추세는 후자가 전보다 약화되고 있다, 대강 이런 정도로 이해하고 다음으로 넘어가지요. 이제 8·15를 계기로 그다음에 어떤 변화가 일어나는가를 논의했으면 합니다. 편의상 정치적 성격에 치중해서 식민지성이 어느 정도 해소되었는가 하는 문제하고 경제적인 측면에서 반봉건성이 어느 정도 극복되었는가, 이런 식으로 이야기를 진행시키면 어떨까 하는데요.

8·15를 어떻게 해석할 것인가

정윤형 그러니까 정치적인 성격은 결국 지배계급의 문제로 귀착되겠죠. 일제 식민지는 일본 독점자본에 의한 식민지지배이기 때문에 일본 독점자본이 궁극적인 지배자라고 할 수 있고, 그 중간에 지주계급·매판자본가·민족부르주아지 등이 그 현지 대리인이었습니다. 8·15해방에 의해 일본의 직접적 지배는 해소되었으므로 남은 것은 내부의 지배계급 즉 지주계급·매판자본가 세력인데, 이들의 계급지배가 해소되었느냐 하는 문제로 집약될 것 같습니다. 그런데 그런 관점에서 본다면 그동안의 해방전후사 연구에서 지주세력·매판세력이 그대로 온존됐다는 점이 강조되는 게 최근의 연구경향인 것 같습니다. 이들 친일세력이 미국의 지원 하에 정권을 그대로 잡았으니 지배계급의 교체가 이루어지지 못했다고 말할 수 있지만 그렇더라도 그 사람들이 디딘 물질적 기반이 변했다면 그 사람들의 계급적 성격 자체도 변했다고 보아야 할 것입니다. 그런 면에서도 그 정치적 성격을 규명하는 데는 반드시 토대가 어떻게 변했느냐 하는 것이 설명되어야 할 것입니다. 그러니까 결국 그 사람들 자체보다는 그들의 경제적인 기반이 어떻게 변했느냐에 더 관심을 가져야 합니다.

조희연 정치적인 얘기 먼저 하고 경제 쪽 얘기를 하는 것이 좋을 것 같은데요. 결국 이제 한국 사구체 혹은 사회성격 논쟁에 있어서 중요한 쟁점은 8·15를 어떻게 해석할 것인가 하는 점인 것 같습니다. 사구체 논의의 1단계에서 2단계로 넘어간다고 했을 때 주자론이 비판되면서 쟁점으로 남겨진 문제 즉 한국사회의 제국주의적인 지배와 그로 인한 민족문제의 성격, 이것을 어떻게 파악하는가 하는 점이 8·15의 해석과 연관이 있는 것 같습니다. 주자론 자체가 한국사회의 예속성 문제를 지나치게 리버럴한 시각과 개념틀 속에서 인식했다는 점 때문에 비판을 받으면서 1단계 논쟁이 신식민지 국독자로 귀결된다는 얘기를 했는데, 이 신식민지 국독자론은 구식민지가 해체되면서 신식민지적 상황으로 전환된다고 보는 것 같습니다. 그러니까 지배의 본질은 유지되면서 형식상으로는 직접지배에서 간접지배로의 전환이라고 보는 거지요. 이때 간접지배로 전환하면서 토착 국가권력이 생성되어 그 토착 국가권력이 제국주의로부터 일정하게 자율성을 갖게 되므로 경우에 따라서는 그것이 범세계적인 제국주의 자본운동에 일정한 굴절을 가할 수가 있게 된다는 것 같습니다.

저는 박현채 선생의 8·15에 대한 해석도 이와 유사하다고 생각합니다. 이것은 일종의 8·15에 대한 신식민지주의론적 해석이라고 할 수 있겠습니다. 저는 이 문제에 대해 명확히 입장이 서지 않는데, 일종의 식민지론적 해석도 제기된 것이 사실입니다. 그런 주장에 따르면, 직접지배에서 간접지배로의 형태상의 변화에도 불구하고 식민지성이라는 것이 온존된다, 그러니까 한국사회에 대한 제국주의적 지배라는 각도에서 보면 8·15를 분기점으로 하여 본질적 변화가 없다라는 주장인 것 같습니다. 저는 상식적으로 생각할 때 분명히 달라졌고 최소한 형식상의 변화라도 했는데 변하지 않았다고 주장한다면 그 논거가 무엇일까 하는 의문을 가져보았습니다. 대체로 이렇게 보는 것 같습니다. 구제국주의 세력이 물러가고 지배주체가 바뀌었으나, 한국의 경우는 외세의 전일적인 지배와 그에 대한 토착 국가권력의 전면적 예속성이라고 하는 것이 여타의 신식민지사회와는 비교할 수 없을 정도로 관철되고 있다, 흔히 신식민지로 전환된다 할 때는 정치적으로는 독립하면서 경제적으로는 종속되는 관계인데 우리 같은 경우는 경제적 종속뿐만 아니라 정치·군사·사회·문화·이데올로기 전반에 걸쳐서 외세의 지배가 관철되고 있다, 이렇게 얘기되는 것 같습니다. 신식민지라는 개념조차도 한국의 예속성을 파악하는 데 적절하지 못하다는 발상을 깔고 있는 것 같아요. 그만큼 한국에 있어서 외세의 지배라는 것이 직접적이고 전면적이라는 얘기를 하는 것 같습니다. 이런 것의 극단적인 표현이 바로 민족분단이고, 그러니까 식민지성이 아주 극명하게 드러난 것이 민족분단이다, 이렇게 되는 것 같습니다. 그렇기 때문에 8·15를 지남에도 불구하고 한국사회에 있어서 제국주의 지배라고 하는 어떤 민족적인 문제, 민족적 모순이 여전히 주요한 문제로서 관철되고 있고 외적으로는 부르주아적 발전이 이루어지건 않건 간에 이 민족문제의 해결, 반제(反帝) 문제가 모든 문제 중 가장 주요한 것이라고 보는 것 같습니다.

제 파악이 어느 정도 옳은지는 저로서도 자신할 수 없는데, 현재로 볼 때 8·15의 정치사회학적 성격은 거의 식민지성의 온존으로 파악해야 한다는 입장하고, 그럼에도 불구하고 구식민지에서 신식민지로의 변화과정에서 나타나는 어떤 변화의 의미를 일정한 정도로는 수용해야 한다는 그런 두 입장으로 나눠볼 수 있지 않겠는가 하는 생각이 듭니다.

백낙청 이제 조선생은 그 논의 자체를 일단 중립적으로 정리해주신 거지요. 그리고 윤선생은 아까 상대적 독자성이라는 입장을 분명히 밝히셨던 거죠?

윤소영 분명히 밝혔다기보다 그중에서 제 기호에 맞는 입장에(웃음)──

백낙청 호의를 표명하셨던 거죠. 거기에 대해서 뭐 아까 대강 말씀하셨지만 좀더 자세한 논거를 제시한다든가……

국민국가의 성립은 인정해야

윤소영 처음에 설정했던 입장을 굳이 계속해서 관철시켜야 할 필요성을 느끼는 것은 아닌데 이야기를 논리적으로 하기 위해서는 그럴 필요성도 없지 않아 있다는 생각입니다. 아까 식민지시대에 대해서 이야기할 때 식반이라는 것 자체를 사구체로 이해할 것이냐 아니면 변혁과제라는 의미에서 사회성격으로 이해할 것이냐라는 식으로만 이야기한 것 같습니다. 그런데 해방 이후의 사회를 보면 대안적인 이론들이 상당히 많은 것 같아요. 언뜻 생각나는 것만 들어봐도 흔히 식반사구체론하고 결합되어 왔었던 주변자본주의론 또는 극단적으로 중진자본주의론, 그다음에 식반사구체론하고의 관계는 제가 알기로는 거의 없는 소위 식반성론 내지는 식자론 이런 이야기라든지——

백낙청 식자론이요? 그건 '식민지자본주의론'이겠군요.(웃음)

윤소영 네. 그다음에 식반사구체론을 비판하면서 민족경제 내지 국독자를 제기하셨던 박현채 선생의 이론, 이런 식으로 정리가 되는 것 같습니다. 저는 8·15를 하나의 사건으로 이해할 것이 아니라 적어도 하나의 정세 내지는 운동의 차원에서 이해해야 할 것이라고 생각하고, 나아가 그런 의미에서 53년까지는 우리가 현대사의 초기 조건으로서 총괄적으로 이해해야 한다라는 입장입니다만, 하나의 사건으로 이해하든 정세로 이해하든 간에, 바로 그 후의 사회구성체 내지는 사회성격에 대한 이해는 식민지시대를 어떻게 이해하는가 하는 것과 유기적으로 관련되는 것 같습니다. 여기서는 여러 대안들 중에서 우선 식반사구체론과 관련되는 것은 논외로 해도 좋을 것 같고 식반성론 내지 식자론과 박선생님의 입장 간의 문제를 보지요. 사구체라는 개념을 엄밀하게 적용할 필요성에 대해서 제가 누차 강조했는데, 각 대안들은 과연 식민지성의 유지·온존이라는 것을 사구체 차원에서 이해하는 것인지 사회성격 차원에서 이해하는지를 먼저 밝혀야 한다는 생각입니다. 사회성격 내지는 변혁과제라는 차원에서라면 8·15가 갖는 의미를 소극적으로 평가하고 식민지성이 유지·온존된다라는 것을 어느정도 받아들일 수도 있겠습니다.

그런데 아까 제가 식민지시대를 이야기했을 때 세웠던 논점은 그 당시의 변혁과제라는 게 독자적인 사회구성체, 말하자면 독자적인 민족국가를 형성하는 문제였다고 한다면, 식민지성의 유지·온존을 사회구성체 차원에서는 어떻게 이해할 것인가라는 문제가 제기된다고 봐야 되겠죠. 식민지성이 그대로 유지·온존된다는 논자들 사이에서도 사회구성체로서는 자본주의가 아니겠는가라는 견해가 나타났다는 것이 이를 반증하지 않습니까? 그런데 식반성론을 변형시킨 소위 식자론에 대해서는 이미 주자론에서 제기된 이론적 곤란을 거의 그대로 지적할 수 있겠습니다. 그래서 예컨대 이런 관점을 한번 세워보면 어떨까 합니다. 물론 분단이라는 문제가 중첩되는 상황이 있긴 하지만 분단문제를 일단 도외시한다면 해방정국이라는 것 자체가 사회구성체 상에서 무엇인가 변화를 초래했다, 즉 형식적이지만 독립적인 민족국가를 허용하는 그런 사태로 귀결했다, 이런 식으로 이해해야 되지 않겠는가, 그래서 고전적인 제국주의론의 유형론을 따르자면 어떤 의미에서 식민지에서 종속국으로, 구식민지에서 신식민지로 전화했다는 것을 인정해야 되지 않겠느냐는 것입니다.

그런데 물론 사회구성체가 그렇게 변화했다고 해도 사회성격에서 식민지성 내지는 반 식민지성이 관철된다는 것에는 동의할 수가 있는데, 그렇지만 식반성을 주장하는 사람들이 다른 나라는 경제적으로만 종속이 됐는데 우리나라는 그렇지 않다고 얘기하는 데 대해서는 아주 상식적인 반문이 떠오릅니다. 경제적으로 종속당했고 아주 대규모의 수탈을 당하는 나라가 어떻게 상부구조의 지배를 통하지 않고서 그런 수탈을 허용하겠습니까? 경제적인 수탈이 있다면 반드시 상부구조적으로도 억압과 기만이 있는 것이고 따라서 식민지성을 이야기하면서 정치·군사적 지배라는 것만을 가지고 한국사회의 특이성을 강조하려는 것은 별로 근거가 없는 얘기가 아닌가 합니다. 문제는 식민지성이라고 부르든 신식민지성이라고 부르든 그것을 사구체 차원에서 이해할 것인지 아니면 사회성격 내지는 변혁과제의 차원에서 이해할 것인지가 문제라는 것이며 제 생각은 후자가 옳지 않은가 하는 것입니다.

백낙청 일제 식민지시대의 식민지성도 사회구성체 차원의 문제가 아니며 이른바 '식반사구체'라는 게 따로 없다라고 주장하는 입장에서는 8·15 해방 이후에 일정한 식민지성이 온존한다 하더라도 식민지적 사회구성체로 보지 않을 것은 너무나 당연한 일이겠지요. 더구나 윤선생은 다른 차원에서의 식민지성이라면 어느정도는 수용할 수 있다고 말씀하시는 가운데서도, 한층 엄밀하게는 종속성 내지 신식민지성이라고 해야지 식민지성이라고 그대로 얘기할 수는 없다는 입장이시군요.

윤소영 예. 거기에 약간의 부연을 하지요. 박현채 선생께서 『현단계』 대담에서도 이야기하신 것처럼 사회구성체나 그 발전단계를 국독자로 이해하고 다음에 그 경제의 유형이라든지 사회의 성격은 식반성으로 이해해도 일단은 어느정도 범위에서 동의할 수 있겠지만, 그다음에 달라지는 문제가 바로 이 문제입니다. 1945년부터 1953년에 이르는 그 기간 이후에 (말하자면 분단문제가 여기서 즉각 나오게 되는데요) 그 분단된 결과로서 남쪽에서 구성된 국가라는 것을 독립된 민족국가 또는 그 민족국가란 말이 좀 거북하다고 하면 국민국가로서 인정할 수 있는가, 말하자면 그것이 분단된 것이긴 하지만 독자적인 사회구성체를 형성시켰던가라는 문제를 이야기해야 하는 것이지요. 그 문제를 이야기하기 위해서 미리 결론부터 말한다면 저는 그랬다고 이해합니다. 물론 60년대까지 지속됐던 그런 운동이 있었지만, 적어도 60년대 이후에는 독립적인 국민국가의 실존을 객관적으로도 주관적으로도 부정할 도리는 없고 그 경우 식민지성이나 제국주의의 문제라는 것은 당연하게 국가를 매개로 해서 제기되어야 한다는 것입니다. 따라서 민족문제라는 것 자체가 그 차원에서 해결되는 것이 아니라 어떤 의미에서, 아주 포괄적인 의미가 되겠지만 민주화의 문제를 가지고 더 복잡하고 매개된 형태로 제기되는 것이 아닌가 하는 게 제 생각입니다.

조희연 아까 사구체론이라는 문제를 2단계의 지평에서 볼 때 신식민지 국가독점자본주의론하고 식민지반봉건사회론으로 양축을 설정해볼 수가 있다고 했는데, 식반론에서도 자본주의적 발전이라는 것이 이론 속에 도입될 여지는 있습니다. 그것이 이른바 '식민지자본주의론'이라는 이름으로 제기되는 것 같은데요, 식민지성은 있지만 식민지 지배체제의 현지 파트너가 바뀌었다, 즉 옛날에는 제국주의가 농업과두세력을 자기의 현지 지배 파트너로 했으나 이제는 새로운 지배 파트너 예컨대 토착자본가나 관료·군부로 바뀌었다는 논리가 식반론 내부에 도입될 수 있다는 것이죠. 오히려 제국주의가 자기의 지배를 고도하게 관철시키기 위해서 식민지의 자본주의적 발전을 일정하게 창출하게 되고 그 과정에서 현지 지배 파트너가 약간 전환된다는 것이죠, 이렇게 얘기를 할 수 있는데, 식자론은 기실 신식국독자론하고 약간 내용적인 친화성이 있는 것이기 때문에 크게 나누면 신식국독자와 식반론으로 현재의 사구체론을 나눌 수가 있지 않을까 했던 겁니다. 그런데 윤선생님이 강조하시는, 식반성을 사구체 차원에서 얘기하느냐 사회성격 차원에서 얘기하느냐 하는 문제는 사실상 자기 내부에서도 아직 정리는 안되어 있는 걸로 판단됩니다.

다시 '반봉건성'의 문제

백낙청 얘기가 자연히 아까 정선생 말씀하신 경제적 기반을 검토하는 데로 돌아오게 되는데, 어떻습니까, 실제로 반봉건성이 어느 정도 해소됐는지, 우선 지주들의 양적인 문제도 있을 것이고 또 그들이 사회 전체 내에서 차지하는 기능이라든가 그것의 변화도 있을 텐데요.

정윤형 식민지성이 해소되었느냐 안되었느냐 하는 것은 첫째, 식민지 매판자본이 어떻게 처리되었느냐, 다음에는 식민지 지주제가 어떻게 개편되었느냐 하는 것으로 요약이 될 수 있을 것 같습니다. 그런데 우리가 맞은 해방은 다른 제3세계 국가들과 다른 특수한 조건에서 이루어졌던 것 같아요. 뭐냐 하면, 다른 식민지들은 대부분의 경우 독립되었더라도 과거 종주국들이 그대로 남아 경제적 지배권을 장악하고 있었는 데 비해서 우리 경우에는 지배국가이던 일본이 완전히 손을 들고 물러났지 않습니까? 그렇기 때문에 일본인이 소유하고 있던 토지라든가 광산이라든가 자본이 모두 공중에 뜬 셈이지요. 그것을 미군정이 접수하여 관리하다가 정부가 선 뒤에 한국정부에 넘겨주었습니다. 이들 귀속재산은 방대한 규모에 달하고 있었으므로 그 행방이 새로운 사회의 성격을 규정지었다고 보아도 과언이 아닙니다. 누누이 지적되었듯이 이 귀속재산의 불하가 새로운 부르주아지를 형성하게 되는데 거기에 매판성 또는 관료자본주의적 속성이 당연히 따르게 되었지만 봉건성을 운위할 수는 없을 것입니다. 문제는 농업부문인데 여기서도 일단 농지개혁을 통해서 부르주아적 개혁은 관철되었다고 봅니다. 이후의 농업발전이 정체된 때문에 논란이 있습니다만 어떻든 외형적으로는 봉건적인 토지소유와 그것에 기초해서 지대를 수취하는 봉건적 지주계급은 없어졌다고 보아도 좋겠지요. 물론 그 이후 농업에 있어서의 자본주의화의 길을 개척하지 못했다는 점에서 농지개혁의 실패를 말할 수 있지요. 그러나 소농이 유지되었다는 것을 가지고 반 봉건성의 온존이라고 볼 수는 없을 것 같습니다.

윤소영 그래서 반 봉건의 문제가 당연히 제기되는데요, 저는 우선 반 봉건 내지는 반 봉건주의라는 개념이 과연 성립될 수 있는 개념인지 의심스럽습니다. 해방 이후 한국에서 반 봉건이 존재했느냐는 문제는 지금껏 논의해온 것처럼 지주·소작제의 소멸 여부를 중심으로 제기할 것이 아니라 좀 다른 시각에서, 말하자면 농업문제가, 조금 더 계급론적으로 이야기한다면 농민문제가 해결됐는가라는 식으로 이해해야 되는 게 아닌가 합니다. 그렇다면 명백하게 지주제가 있건 없건 간에 농업 또는 농민의 문제는 해결되지 않았는데 그렇지만 그것은 비단 우리의 상황뿐만 아니라 선진국에서도 마찬가지일 수 있습니다. 비근한 예로 '일본자본주의 논쟁'에서도 그런 문제가 제기되었지요. 따라서 농민이 주체가 되어서 변혁과제로서 요구하는 그 문제가 해결되지 않았다는 의미에서 반 봉건적 성격이 남아 있다라는 식으로 이해하고 따라서 반(反)봉건적 과제도 남아 있다, 이런 식으로 이해해야 되리라는 게 제가 좀 추상적인 차원에서 잠정적으로 낸 결론입니다.

조희연 여기서 반 봉건성의 의미, 그 실체, 내용은 무엇일까 하는 점이 문제가 되는데요. 이것은 물론 엄밀히 분리는 안되겠습니다만 두 가지 입장으로 나눠볼 수 있겠습니다. 먼저 반 봉건성을 농업 내부의 반 봉건적 생산관계에서 찾으려고 하는 입장이 있겠습니다. 반 봉건성이라는 것은 제국주의의 반동적 지배의 현재적 표출을 의미하는데 그것이 가장 가시적으로 확인되는 것은 농업 내부가 아닌가 하는 생각이 듭니다. 이러한 논리는 예를 들면 미군정 하에서 농지개혁이 불철저하게 이루어짐으로써 봉건적 대토지소유라는 형식, 경제외적 강제 등은 소멸했으나 봉건적인 본질이 온존됨으로써 자본주의적 계급분화는 저지되고 지주·소작관계 같은 현상들을 재생하게 된다는 설명논리를 자신의 논거로 사용하는 것 같습니다. 그러니까 한편에 있어서 제국주의와 밀착된 독점자본에 의해 자본제적 우끌라드가 이식되어감에도 불구하고 그 이면에서 반 봉건적 지주제도가 강하게 온존되므로 현재의 식민지 지배블럭의 현지 파트너 중에서 예속독점자본가보다 지주계급을 더 선두에 놓아야 하고, 바로 이러한 상황이 현단계 사회변혁의 과제에 반봉건적인 민주혁명의 성격을 부여하게 된다는 주장인 것 같습니다. 초창기 식반론자들은 이런 주장을 상당히 강력하게 제기했던 것이 아닌가 합니다.

그다음 둘째로 반동적인 제국주의 지배의 온갖 왜곡현상들을 '반 봉건성'으로 집약해보는 입장이 있을 수 있습니다. 즉 농업 내부에 있어서 반봉건성뿐만 아니라 정치적·법률적 제관계, 사회·문화·사상 전반, 예컨대 국가권력의 억압성, 시민적인 제권리의 부재, 권위주의 등이 포괄될 수 있겠습니다. 이처럼 반 봉건성을 사회적 관계 일반에서 찾으려고 하는 경향은 식반성을 사회성격으로 규정하려는 논리와 통한다고 볼 수도 있을 것 같습니다. 저는 농업 내부의 반 봉건성과 연결시켜 지주계급의 존재를 논의하는 견해에 대해서는 부정적인 생각입니다. 지주계급이 존재한다고 말할 수 있으려면, 개별 지주의 이해관계의 무차별적인 추구를 넘어서서 그것을 보다 일반화된 형태로 인식하여 실현하는 집단적 주체가 있어야 하며, 이 집단적 주체가 국가권력을 통해 지주계급 일반의 이해관계를 방어하고 그 이해관계를 관철시켜야 하는 것입니다. 그러나 이런 의미에서의 지주계급은 부재한다고 얘기하는 것이 옳을 것 같습니다. 이 지주계급의 계급적 해체의 단초는 바로 농지개혁에서 주어지는 것이 아닌가 싶습니다. 농지개혁이 불철저하고 미봉적임에도 불구하고 지주계급 해체의 계기로 작용하는 것은, 먼저 일본제국주의 아래서 치열하게 수행되어온 농민들의 저항과 미군정에 의해 담지된 국가권력의 부르주아적 성격, 북한 지역에서의 농지개혁의 영향과 그로 인한 농민들의 동요 및 6·25를 통한 체험 등 제반 요소의 결합으로 인한 것이 아닌가 싶습니다.

이처럼 농지개혁에 의해 주어진 지주의 계급적 해체의 계기는──물론 이것은 계기일 뿐 농지개혁에 의해 반 봉건성이 완전히 척결된 것은 아닙니다만──6·25를 통한 농업 자체의 피폐와 50년대의 농민수탈, 60년대 이후 농공 불균형성장에 기반한 수출지향적 산업화에 의해 강요되는 농업의 구조적 열악성 때문에 더욱 현실화하게 되는 것 같습니다. 60년대 이후를 중심으로 해서 본다면, 독점자본의 압도적 우위성이 강화됨으로써 사회 전체적 수준에서 지주계급의 의미와 비중은 현저히 저하되는 것 같습니다. 여기서 개별 지주는 존재한다 하더라도 계급으로서의 지주는 존재하지 않는 현상이 발생하게 되지 않는가 합니다. 지주계급은 존재하지 않으나 개별 지주는 존재하고 반봉건적 소작관계라는 형식은 존재하나 그것이 규정적 경제제도로서의 의미를 상실한 채로 존재하는 이 복잡한 양상이 한국 농업의 특성인 것 같습니다. 가설적으로 저는 설령 농업 내부의 반봉건성은 얘기하더라도 그것은 지주의 계급적 존재와 별개로 논의해야 하지 않을까 하는 생각까지도 해보게 됩니다. 반면에, 아까 말씀드린 제국주의 지배의 온갖 왜곡 현상들이 있는데──

정윤형 그런데 그 경우는 구체적으로 잡히는 현상이 아니란 말이에요. 전부가 인간의 행동·의식 속에 남아 있는 행동양식이라든가 이런 식으로 설명할 수밖에 없는데……

백낙청 얼핏 듣기에는, 애초에 지적됐듯이 자본주의라는 것을 미화해 가지고 나쁜 건 다 봉건성이고(웃음) 좋은 건 모두가……

뉴딜형과 파시즘형, 어느 것이 더 전형적인가

정윤형 이렇게도 얘기할 수 있죠. 우리나라가 서구적인 의미에서 부르주아혁명을 제대로 거치지 못한 것은 사실입니다. 그러나 갑신정변, 동학혁명, 3·1운동, 8·15해방 그리고 4·19와 80년의 봄 등 여러 역사적 계기들을 거치면서 뭔가 변해온 것이 사실이거든요. 이런 계기들을 통해서 서구 부르주아혁명이 이룩했던 어떤 성과들을 전혀 만족스럽진 못하지만 어느정도 축적해왔다고 생각됩니다. 물론 아직도 우리 사회의 구석구석에는 전근대적인 요소들이 남아 있고 사회관계에 경제외적인 힘이 작용하는 것을 볼 수 있습니다. 그런 것을 뭉뚱그려서 전근대성 또는 반봉건성이라고 말하는지도 모르지만 우선 그건 실체가 잡히지 않을 뿐만 아니라 그것을 가능하게 하는 물적 기반을 분명하게 지적할 수 없으므로 그것은 전근대적인 것이라고 하더라도 인간의 의식 속에 남아 있는 잔재라고 보아야 할 것입니다.

또한, 그것이 반드시 봉건적인 속성에서 기인한 것이냐는 것도 문제입니다. 자본주의가 고도로 발달한 소위 국가독점자본주의 단계에서 민주적 요소가 현저히 감소하는 것을 보았습니다. 1930년대의 공황을 벗어나는 과정에서 국가독점자본주의가 출현했는데 크게 보자면 그것도 다양한 형태를 띠었습니다. 보통 우리가 국가독점자본주의의 유형으로 미국의 뉴딜형과 독일·일본·이태리 등의 파시스트형으로 나누는데 뉴딜형은 좀 미화해서 표현한다면 복지국가형이라고 얘기할 수 있겠죠. 이 점은 주자론의 입장에서 국독자론을 비판하는 가운데 매우 강조되었던 점인데, 국가독점자본주의의 본질을 가장 선명하게 표현한 것이 뉴딜형 복지정책이 아니라 파시즘이라는 것을 간과했기 때문에 그런 결론이 나왔다고 봅니다. 그런데 이들 파시스트 국가들도 바이마르공화국, 명치유신 등 어떤 의미에서 시민혁명을 겪은 나라였단 말이에요. 그런 나라들이 국가독점자본주의 단계에 들어서면서 국가에 의한 통제가 강화되고 사회관계에 있어서 경제외적인 지배가 일반화되었습니다. 이것은 어떻게 보면 중세 농노에게 가해졌던 압박보다 더 강한 것일 수도 있어요. 이건 분명히 일종의 경제외적인 강제지요. 그것은 시민혁명을 못 겪었기 때문에 전근대적인 요소가 남은 것이 아니라 자본주의의 위기 즉 국가독점자본주의의 본질적 측면이라고 보아야 할 것입니다.

그렇다면 우리 사회에도 그런 요소들이 남아 있다면 그것을 반드시 전근대적인 요소라고 보기보다는 독점자본주의의 한 형태로 파악하는 것도 가능하지 않을까 합니다. 그렇게 보아야 최근 우리 현실문제를 반파시즘적 운동이라는 맥락에서 파악하려는 경향에 이론적 근거를 제시할 수 있게 될 것입니다. 어떻든 오늘날 우리 주변에서 보는 사회적 갈등은 대부분

자본주의 모순에서 발생하는 것이라고 파악해야 문제의 본질에 접근할 수 있다고 봅니다.

윤소영 또는 이렇게 얘기할 수도 있겠죠. 지금 두 선생님 말씀을 종합해보면 우선 이데올로기의 수명이라는 게 상당히 끈질기다, 그래서 그것이 한때 소멸되었나 했더니 제국주의시대에 다시 부활할 수 있고 심지어 변혁 이후에도 부활할 수 있는 것이므로 그런 이데올로기의 잔존을 두고 반 봉건성이라고 이야기하면 곤란하다는 것이고, 다음에는 국가권력의 폭력성을 가지고 이야기해도 곤란하다, 왜냐하면 적절한 예를 드셨지만 현대자본주의라는 게 항상 뉴딜 방식만 있는 것이 아니라 파시스트 방식도 있고 그것은 사상 유례없는 폭력을 수반하기 때문이다라는 말이 아니겠습니까?

백낙청 사실은 국가권력의 폭력성뿐만 아니라 정반대로 국가권력의 자유주의적 성격도 마찬가지라고 봐요. 자유주의는 대체로 초기 자본주의의 특성으로 얘기되지만 사실 영국 역사에서 보면 어떤 의미에서 봉건시대의 유물이기도 하거든요. 귀족들이 왕권의 남용이나 절대화에 대해 항거를 해서 얻어낸 특권으로서의 자유가, 귀족·지주 신분에만 적용되다가 자본가 일반, 유산자 일반으로 적용의 폭이 넓어졌다고 볼 수 있는 거지요. 물론 그것도 수많은 사람들이 자유의 이념 자체를 위해 싸우는 과정에서 그리된 것이지 산업화가 시작했다고 저절로 된 게 아니지만, 어쨌든 이런 문제는 그때그때 사회구성의 성격에 따라서 봐야지 어떤 이데올로기만 따로 떼어서 얘기한다면 곤란하겠죠.

윤소영 그래서 아까 나왔던 얘기로 돌아가자면 반 봉건성 문제를 일단 의미있게 얘기하려면 생산관계로서 이야기해야 한다고 봅니다. 따라서 그럴 경우에는 항상 식민지적 내지는 반 봉건적 지주의 존재를 가지고 이야기해야 한다는 말이죠. 그런데 생산관계로서 반 봉건을 이야기할 경우는 그것은 사구체 차원으로 또 승격될 수밖에 없어요. 그건 분명히 문제가 있을 것 같아요. 왜냐하면 아까도 예를 들었지만 일부 선진국에서도 반 봉건의 문제가 있다고 하지만 반 봉건적인 생산관계는 없고, 우리나라도 점점 그런 관계가 소멸되어가고 있는 과정이고, 그래서 생산관계도 아니고 그렇다고 상부구조의 몇 가지 특징으로 요약될 수 있는 것도 아니기 때문이죠. 그래서 반 봉건의 과제를 이야기할 때의 반 봉건이라는 것은 역시 농민의 독자적인 요구라는 문제, 그러면서 그것을 노동자의 문제와 혼동하지 않은 채 '노농동맹'의 전략적 차원에서 세밀한 검토를 요구하는 문제가 아닌가 합니다. 이런 차원에서의 이야기라면 후진국뿐만 아니라 선진국 국가독점자본주의 하에서도 고유한 의미에서 반 봉건의 문제는 존재한다고 생각하는 게 제 이해방식입니다.

백낙청 실증적 논의에서도 지주계급 온존론이 수그러든 겁니까?

정윤형 지주계급 자체의 온존을 강조했던 경우는 없었던 게 아닙니까? 일제하의 지주세력이 해방 후에 그대로 정치적인 지배권을 장악했다는 얘기는 하지만. 어쨌든 백교수 주변에서 구체적으로 지주계급이라고 지칭할 만한 사람이 있습니까? 지주의 이익을 대변하는 어떤 주체들이 계급으로서 존재하느냐 하는 겁니다.

윤소영 이재에 좀 어두운 사람들이 아직까지 농지를 소유하고 있겠죠. 그런데 한국사회라는 게 그렇게 이재에 어두운 사람들을 용인할 정도로 어리숙하지가 않아서⋯⋯(웃음)

조희연 그런데 저는 반 봉건성이라고 하는 논의를 긍정적인 차원에서 본다고 한다면, 원래 반 봉건성이라는 개념을 통해서 이야기하려고 하는 것은 제국주의적 지배 하에 자본주의화를 경험하는 사회가 갖는 어떤 특수성 내지는 파행성을 지칭하는 것이 아니냐 하는 생각이 듭니다. 나아가서 반 봉건이란 문제는 결국 반제 문제가 해결되지 않는 한 여전히 잔존하는 것이라는 점에서 제국주의의 문제를 보다 첨예하게 부각시킨다는 측면이 있는 것 같습니다. 그런 각도에서 이걸 좀더 적극적으로 고려할 여지도 있겠지요.

윤소영 그러니까 사실은 논점이 바로 그겁니다. 바로 제국주의의 지배라는 것을 반 봉건성으로밖에는 파악할 수 없는 상상력의 부족, 말하자면 그것을 지적하는 것이 쟁점이었기 때문에 자꾸 집요하게 비판을 한 것이지요.

백낙청 애초에 제가 논의를 식민지성과 반 봉건성을 나누어서, 편의상 정치적인 것과 경제적인 것으로 나누어서 하자고 했는데, 그러다 보니까 오히려 폐단이 생긴 것도 같습니다. 원래 그렇게 나눌 수 있는 논의가 아닌 셈이지요. 그래서 그 논의를 종합해서 하면서 더 구체화하는 방편으로 이제 우리의 분단현실을 정면으로 거론해보는 것이 어떨까 하는데…… 아까 윤선생 이야기는 일단 한국전쟁을 거치고 나서 1953년 이후로는 별개의 국민국가가 성립된 것으로 본다, 이런 취지였는데 그렇다고 한다면 분단현실이라는 것은 오늘날 한국이라는—그러니까 남한이지요—사회구성체의 예속성을 가져오는 데 결정적인 역할을 한 것이긴 하지만 이제는 이미 그것이 사회구성체의 내부적인 성격은 아니고, 대외적인 여건 중에 가장 중요한 것일 수는 있지만 어쨌든 일종의 외부적 조건으로 규정한 셈인데, 그와는 달리 한국사회의 성격 전체를 규명하기 위해서 분단현실 자체를 내재적인 것으로 이론화해야 한다는 입장도 있겠는데요. 그 문제를 좀 논의해봤으면 합니다.

민족모순과 분단모순

조희연 저는 기본적으로 반 봉건성을 주장하는 것은 아닌데 그에 대한 정확한 이해는 좀 해야 될 것 같아요. 식반론과 신식국독자론을 조금 일반론적 수준에서 얘기하면 미묘한 차이가 있는 것 같습니다. 그걸 조금 지적을 하고 넘어가야겠는데요. 그러기 위해서는, 식반론에서 강조하는 점이 신식국독자론에서는 어떻게 해석되느냐 하는 측면하고, 신식국독자론에서 강조하는 점이 식반론에서는 어떻게 해석되느냐 하는 점을 검토해볼 필요가 있을 것 같습니다. 예를 들면 식반론에서 주장하는 반 봉건성이라는 문제를 신식국독자론에서는 자본주의적 발전이 개별 사회에서 구체화되는 과정에서 나타나는 특수성으로 이해하는 것 같습니다. 즉 선발자본주의사회나 후발자본주의사회와 달리 제국주의 지배 하에서 식민지종속형 자본주의 발전이 수행되는 과정에서 나타나는 파행성으로 이해된다는 거죠. 차원이 조금 다르죠.

그런데 역으로 식반론에서 신식국독자론을 보게 되면, 이건 크게 보아 자본주의의 세계적인 보편성을 지나치게 전제하는 과정에서 제국주의에 대한 정확한 인식, 민족문제의 정확한 위치를 확보하지 못하고 있다, 이렇게 비판을 하게 되죠. 그러니까 저도 반 봉건성이라는 것에 원칙적으로 찬성하지는 않지만, 그것이 제국주의론을 집요하게 물고 늘어지면서 민족문제를 부각시키려고 하는 어떤 실천적 함축에 대해서는 좀 환기를 할 필요가 있겠다는 거지요.

윤소영 아까 조선생도 분명히 한쪽에서는 어떤 문제를 간과하고 한쪽에서는 어떻다고 하는 게 잘못이라는 식으로 이야기를 하셨는데, 그런 관점을 여기서도 관철시켜야 될 것 같아요. 무슨 얘기냐 하면 식반론하고 신식국독자론을 비교할 때 민족문제라든가 제국주의 문제를 어떤 쪽에서 간과하고 어떤 쪽에서는 어떻게 했다는 식으로 정식화할 것이 아니라 (제 입장에서 물론 말씀을 드리지만) 각각의 이론들이 민족문제를 받아들이는 차원, 수용하는 태도가 달라지는 게 아닌가라는 식으로 이해해야 한다는 겁니다. 말하자면 식반론을 주장하는 사람들은 적어도 독자적인 국민국가를 인정하지 않는 입장이 되는 것이고 따라서 국가권력의 문제가 변혁과제로서 일정에 올라가 있지 못하는 그런 상황이란 얘기예요.

조희연 국가권력을 상대로 하지 않는 것이 아니라 토착 국가권력의 자율성을 부정하는 것이죠.

윤소영 그게 미묘한 차인데, 분단을 얘기할 때 더 분명해지겠지만 국가권력을 장악한다는 것의 의미를 인정해주지 않는 입장일 것 같아요.

백낙청 그러니까 역시 분단문제하고 연결시켜야 좀더 구체적인 논의가 될 것 같군요. 왜냐하면 국가권력을 장악했느냐 안했느냐는 문제도 있지만, 또 하나는 장악한 국가권력이 온전한 국민국가의 권력인가 아니면 (이게 사회과학적 표현일지는 모르겠지만) 반쪽국가의 권력인가라는 문제도 있거든요. 아까 조선생도 '반국적(半國的)'이란 말을 쓰셨는데 온전한 일국이 아니라 반쪽이라는 말 아닙니까? 그렇다면 국가권력 또는 국가기구를 장악하기는 했더라도 분단이 안된 여타 예속적인 국가에서 장악한 것하고 뭔가 성질이 또 다르다는 얘기죠. 그런데 단순히 남한이라는 별개 국민국가의 가장 중요한 주변여건으로서 남북분단이 있는 것인지, 아니면 언젠가 조선생하고 어떤 자리에서 그런 토론을 나눈 일이 있는데, 말하자면 현재 우리 사회의 내재적 모순으로 볼 것인지—그때 조선생은 우리 사회의 주된 모순으로 계급모순과 민족모순과 분단모순이 있다는 식으로 얘기한 것을 기억합니다. 그렇게 말하는 경우 분단모순의 성격이 정확히 무엇인지도 알아야 하지만, 아까 윤선생이 얘기했던 53년 이후부터는 완전히 별개의 국민국가로 생각하는 것과는 처음부터 좀 다른 발상 아니겠어요?

윤소영 물론 분단문제까지 이야기해야지만 한국사회의 총체적인 모순이 떠올라지겠지만 일단 차원이 상이할 경우에는 그 차원을 혼동하지 않고 논리를 전개시켜나가야겠지요. 그래서 일단 분단문제라는 것을 도외시하고 이야기할 때, 한 가지 예로 라틴아메리카에서는 제국주의에 의해 분단된 나라는 없겠지만 그들의 경우 제국주의의 전일적인 지배를 인정하면서도 그 변혁과제는 민주화라는 식으로 문제를 제기하는 것이 아엔데(S. Allende) 이후의 일반적인 논의수준인 것 같아요. 그래서 제가 생각할 때는 일단 제국주의 문제를 고려할 경우에도 국민국가를 매개로 해야 하지 않는가라는 것이죠.

정윤형 그런데, 지금 분단모순이라고 했는데 조희연씨 글에서 어떻게 제기된 것인지 잘 모르지만 이건 민족모순에 포함시킬 수 있는 개념이 아닙니까.

백낙청 저도 안동의 그 모임에서 민족모순과 분단모순을 병렬시키는 데에 이의를 제기했었습니다만, 우선 분단문제에 대한 활자화된 논의로는 김진균(金晉均) 교수와 조희연씨가 공저한 글이 까치사에서 낸『분단시대와 한국사회』에 실려 있는데 거기서부터 이야기를 풀어나가보지요. 그때의 이론적 근거는 주변부자본주의론이었지요? 여하튼 분단으로 인한 한국사회의 구체적인 성격을 자세히 다룬 드문 예가 아니었는가 싶은데, 우선 그 내용을 좀 소개해주시고, 이론적인 입장의 변화로 인해 분단에 대한 이해 자체에도 무슨 변화가 생겼는지 아니면 그 점에서는 계속 당시의 주장을 견지하시는 건지……

조희연 그러니까 그땐 주자론적인 관점을 가지고 접근을 했었는데, 사실은 주자론적 시각과 분단문제 사이에는 논리적으로 필연적인 연결성이 없었습니다. 그래서 지금은 주자론적 시각을 배제하고 분단문제를 다시 논의할 수 있지 않을까 생각합니다. 우리가 지금 하고자 하는 것은 현단계 한국사회의 성격을 해명하는 것인데, 이 한국사회를 조금 일반론적 수준에서 얘기하기 위해서는 몇 가지 유형화가 필요하다고 생각합니다. 그러니까 선발자본주의사회와 후발자본주의사회에서 나타나는 사회적 제모순을 포괄적으로는 선진자본주의 열강의 발전과정에서 나타나는 모순들이라 볼 때, 이와는 달리 제국주의적 지배 하에서 자본주의 발전을 경험하는 과정에서 나타나는 사회적 제모순이라는 것이 있는 거죠. 한국의 경우는 일단 후자의 유형에 포함될 텐데, 이런 사회에서는 제국주의적 지배 하에서 자본주의화가 수행되므로 민족문제를 내적으로 함유하면서 계급문제가 제기되는 그러한 사회라고 얘기할 수 있는 거죠. 그런데 예를 들어 브라질이 우리하고 똑같이 종속적 자본주의화를 경험하는 사회지만 다른 측면이 있다면 우리는 분단상태 하에서 외세의 지배를 받으면서 자본주의적 발전을 수행하는 나라란 말이에요. 그래서 그 결과로 나타나는 모순이 당연히 특수하게 나타날 수밖에 없는 거 아니겠습니까? 앞서 얘기했던 식반론자들이 주장하는 식민지성의 근거, 예를 들면 한국사회의 어떤 특성, 즉 신식민지라고 얘기하기에도 부끄러울 정도의 군사적 요인, 정치적 강압에 가까운 이 지배라는 것이 이런 분단상태 때문에 유발된 것이 아니냐, 분단이라고 하는 것이 바로 거기서 끌어들여야 될 설명변수가 아닐까, 이렇게 생각을 하게 되는 거죠. 그런데 바로 그 차이를 너무 확대해석해서, 모든 것을 제국주의 탓으로만 돌려버리니까, 우리 사회가 갖는 특수성을 식민지반봉건성으로 해석하는 논리가 나타나는 거죠.

어쨌든 그런 의미에서 저는 분단이라는 것이 중요한 설명변수로 도입되어야 한다, 그러나 계급모순·민족모순 하듯이 분단모순이라는 말을 의제적으로 그냥 쓴다고 할 때 분단모순이라는 것을 적절히 위치시킬 필요가 있다, 그러나 계급모순·민족모순하고 동차원에 분단모순을 위치시키는 것은 조금 문제가 있다, 이렇게 생각을 하게 됩니다. 저는 그때 김진균 선생님과 같이 쓴 글에서 분단이라는 것을 한국사회의 특수한 현실을 설명하는 데 어떻게 도입할 것이냐는 생각을 했었습니다. 저는 분단이라고 하는 외생적(外生的) 사실이 공산주의에 대한 피해의식과 그에 대한 적대의식으로서의 '분단의식'으로 국민들 속에 내면화됨으로써 사회성원들의 사회적 실천을 제약하고 그 결과 여러가지 사회구조적 왜곡을 유발시킨다고 생각했습니다. 이 분단의식은 레드 콤플렉스(red complex)라는 가치합의된 현실로 정착함으로써 이것을 하나의 '사회적 실재'(social reality)라고까지 간주할 수 있다고 생각했습니다. 바로 분단이라는 객관적 사실이 이러한 의식과 매개과정을 통해서 작용을 하게 되는데, 먼저 내면화된 분단의식은 국민 대다수에게 노동운동·사회운동 및 저항 등에 대한 부정적인 사회적 관념을 형성시키게 됩니다. 이러한 부정적인 사회적 관념은 사회 내에 여러 왜곡된 결과를 낳는데, 먼저 분단의식은 여타의 종속적 자본주의화를 수행하는 사회에서는 거부감을 일으켰을 수도 있을 제반 현상들, 예컨대 식반론자들이 식민지성의 근거로 제시하는 첨예한 정치·군사적 예속 현상들을 전혀 거부감 없이 수용할 수 있는 의식적 조건을 창출하게 된다고 보여집니다.

또한 다른 측면에서 분단의식은 지배조건을 유리하게 하고 피지배·저항조건을 악화시키며 저항을 통한 부분적인 개혁기반의 형성을 제약하게 됩니다. 이것은 분단의식으로 인해 대중들의 주관적 의식 속에서 사회적 제모순, 특히 자본주의적인 계급모순을 완화된 것으로 인식하거나 그것의 인식이 제약되기 때문입니다. 결국 이렇게 되니까 여타의 종속형 사회의 사례들에서보다도 객관적인 모순이 부분적으로 해결되지 않은 채로 누적되어가게 됨으로써 더욱 첨예하고 중층적인 모순상황을 노정하게 되지 않았는가 하는 생각이 듭니다. 바로 이러한 것들이 분단의 규정성이고 분단과 연관지어 해명되어야 할 현상이 아닌가 생각됩니다.

정윤형 3대 모순을 나열적으로 설정하고 있는데 분단이라는 것은 계급모순·민족모순을 해결하는 데 외부적인 제약조건이라든가 이런 방식으로 설정을 하는 것이 좋지 않겠느냐 하는 생각이 듭니다. 분단이 우리 민족으로서는 대단히 중요한 문제고 그것이 우리 사회의 발전을 크게 제약하고 있다고 하더라도, 아까 윤교수가 말한 대로 남한이 사실상 하나의 독립된 국가로 형성되었다고 한다면 우리 사회의 문제를 해명하는 데 분단이라는 외적인 조건 또는 제약성을 사회의 기본적인 모순의 하나로 설정하는 것은 논리적인 차원에서 문제가 있을 것 같다는 느낌입니다.

분단현실의 이론화는 가능한가

백낙청 그러니까 3대모순론 자체는 조형도 일단 철회를 하시는 셈이지요? 동일한 차원에서 말하는 것은 아니다, 그렇다면 일정한 계급모순과 민족모순을 지닌 남한사회가 겪고 있는 외부적 조건이라든가, 어떤 내부 문제점의 구체적인 현상을 기술하는 데 있어서 분단이라는 특성에 착안한다는 것이지, 이게 별도의 이론화의 도구가 된 것은 아닌 셈이군요.

조희연 예, 거기 이런 게 있습니다. 극단적인 식반론의 경우 결국 제국주의가 지배를 하고 그것은 식민지적으로 지배를 하는 상태라는 말입니다. 그런데 식민지에서 해방된 지역이 있고 미해방된 지역이 있는 거죠. 그러니까 분단이라고 하는 것은 민족모순의 첨예한 집약이고 표출일 뿐인 거죠. 따라서 그런 맥락에서 보면 민족모순과 분단모순이라는 것이 동일한 모순이고 그것은 제국주의 지배에서 유래한 동일한 모순이 되는 거죠.

백낙청 아, 그건 나하고는 좀 다른 얘기고요. 사실 분단현실에 대한 이논의가 지금 한국사회의 그야말로 구체적인 성격에 대한 논의인데 어떤 교착상태에 와 있지 않느냐는 느낌이 들어요. 다시 말해서, 이제까지 학계에서 사회구성체 논의를 해온 분들은 대개가 ─윤교수가 그걸 좀더 단적으로 표현하신 셈이지만─이건 엄연히 두 개의 사회구성체고 두 개의 국민국가가 생긴 것이다, 그렇기 때문에 분단이라는 것은 그냥 이 사회의 구성을 설명하는 또 하나의 변수이고 당면한 제약조건 중에서 중요한 것이다, 이렇게 보는 쪽이지요. 반면에 그렇게 안 보는 쪽은, 그야말로 지금 소개된 식반론이라든가의 관점에서 분단을 일종의 단순화된 반제국주의적 민족모순으로 처리해버린단 말이에요. 그래서 거기에 동조하지 않는 사람들은 분단문제라든가 민족문제를 더 소홀히하고 이론화에 차라리 무관심해지는 면도 있는 듯합니다.

그런데 저 자신은 아까 윤선생 얘기에 대해서도, 일단 상대적인 독자성을 갖는 국가기구가 성립되었다고 하더라도 그것이 분단국가냐 아니냐는 것이 단순히 그냥 첨가해서 얘기할 정도의 변수가 아니라 그 국가 자체의 성격, 그런 의미에서 그 사회구성체의 기본성격의 하나로 규정돼야 하지 않겠는가 하는 생각입니다. 왜냐하면 한국사회의 이른바 신식민지성 내지 종속성과 관련해서도 우리가 특히 주목할 점은, 지금 조선생이 분단으로 인한 여러가지 왜곡현상을 지적했고 심지어 일부에서는 신식민지라고 말하기도 뭣할 정도로 식민지적인 성격이 두드러진다, 외국군대의 주둔이라든가 등등의 사실이 강조되고 있다고 소개해주셨는데, 제가 생각하기에 한국사회의 정말 고유하고 독특한 특징은, 어떤 구석을 보면 이건 누구 말대로 '신식민지의 식민지형'이라는 표현이 어울림직한 현실이 두드러지지만 바로 그 똑같은 사회의 다른 어떤 측면들을 보면 이건 참 후진국·종속국 중에서는 출중한 면도 한두 가지가 아니거든요. 흔히 들먹거려지는 경제성장도 그렇고, 또 문화적인 통합성이나 자율성, 물론 이것도 문화수준이나 민도에 비해 어처구니없이 타율적인 면도 있지만, 제3세계의 대다수 국가들로서는 쉽사리 따라올 수 없는 측면이 많단 말입니다. 그런데 바로 이런 상반된 성격들이 동시에 공존할 수 있는 것이 분단으로 인해서나 가능한 게 아니냐, 그런 생각이 들어요. 그렇다고 한다면 분단된 사회구성체가 하나냐 2분의 1이냐를 양단간에 결정하자는 것보다도, 분단된 사회로서의 독특한 면을 어떤 식으로든 이론화해볼 필요가 있지 않느냐는 거지요.

정윤형 그런데 적어도 이제까지 나온 이론 가지고 설명을 한다면 이 분단된 두 개의 지역을 포괄하는 어떤 사회구성체를 설정한다는 것은 불가능하지 않을까 생각됩니다. 제 생각으로는요. 사실 분단의 극복은 우리가 해결해야 할 가장 시급한 과제이고 또 그것이 해결 안되고서는 다른 어떤 사회문제도 궁극적으로 해결 못할 것이라는 데까지는 상당히 폭넓은 합의가 이루어져 있다고 봅니다. 이런 각성을 토대로 해서 모든 사회운동에서 통일문제가 논의되고 있지 않습니까? 그런데 우리가 어떤 사회과학적인 틀을 만들어서 설명할 것이냐 할 때에는 난감한 느낌이 드는 게 사실입니다. 몇년 전 기독교사회문제연구원에서 경제적인 측면에서 통일문제를 다루어달라는 제의를 받은 일이 있는데 저는 그 당시 도대체 어떤 틀을 가지고 이걸 다루어야 할지 난감한 생각이 들어 포기한 적이 있습니다. 하여튼 통일문제는 우리나라 사회과학 하는 사람들 입장에서는 아주 고민스러운 분야입니다.

백낙청 그런데 그게 다급한 현실문제인데 사회과학적으로 이론화가 안되어 있다고 한다면 이건 현실을 나무랄 일은 아니고 뭔가 이론가의 책임이 더 큰 것 아니겠습니까?

정윤형 물론이죠. 그런데 최근에 들어와서 분단상황이 사회에 어떤 영향을 미치느냐 하는 분석들은 상당히 진척되고 있지 않습니까? 이런 연구들이 축적되다 보면 새로운 이론구도를 갖출 수 있는 가능성이 생길지도 모르죠. 그러나 문제를 제대로 다루는 이론구도는 아직 없다고 보아야 할 겁니다. 그다음 가능한 편의적인 방법으로, 우리에게 어떤 통일에의 가능성이 주어졌을 때 어떤 방식으로 통합하겠느냐, 또는 통일을 했을 때 우리에게 경제적으로 또 사회적으로 어떤 잇점이 있겠느냐 하는 등 매우 실용적인 입장에서 그런 문제를 다룰 수는 있을 거예요.

백낙청 그런데 이론구도가 나온 것이 없다고 말씀하셨지만, 박현채씨의 민족경제론에서는 다소 막연하나마 어떤 이론적 구도가 있는 것은 아닙니까?

정윤형 글쎄요, 난 그걸 유심히 안 봐서 그런지⋯⋯

백낙청 가령 「통일론으로서의 자립적 민족경제의 방향」이라는 글이 『한국경제구조론』에 실려 있는데, 거기 보면 통일론으로서의 자립적 민족경제론이라는 게 소극적인 의미와 적극적인 의미가 있다고 전제하고서, 주로 이야기하는 것은 소극적, 말하자면 당면의 이야긴데, 다시 말해서 우선 남한사회를 하나의 사회구성체로 설정해놓고 여기서 되도록 자립적인 민족경제를 건설하자는 논의입니다. 그러나 그것을 '소극적'인 의미라고 규정한다는 것은 바꿔 말해서, 분단상황에서의 자립적 민족경제의 건설이라는 것은 어디까지나 한정된 것이고, 일정한 한도 내에서밖엔 가능하지 않다, 좀더 적극적인 자립적 민족경제는 통일을 함으로써만 가능하다는 주장이지요. 다시 말해 남북한이 하나의 사회구성체로서 재결합됨으로써만 가능하다, 따라서 소극적인 민족경제론이라는 것은 그러한 통일을 향한, 통일운동의 공간을 넓히고 통일운동의 물적 기반을 마련한다는 의미에서의 자립적 민족경제론이지, 온전한 자립적 민족경제가 남쪽만의 사회구성체에서 가능하지는 않다는 논리거든요. 가령 이런 논리에서도 어떤 큰 테두리는 주어졌다고 볼 수 있는 것 아닙니까? 더구나 이건 박선생의 저술에서 일관된 논지라 생각되는데요.

6·25로 인한 전환의 양면성

조희연 식반론의 경우에는 이 분단모순이라는 것이 민족모순의 한 표출이기 때문에 어떤 면에서는 설명 자체가 매우 간단하고 어떻게 보면 아주 단순할 수 있는 부분이 있는 것 같습니다. 그런데 그런 입장을 취하지 않을 때 과연 어떻게 설명을 해들어가야 할 것인가 하는 점인데, 이런 문제가 있습니다. 가령 식민지종속형 자본주의화라고 얘기할 때, 그러면 식민지종속형 자본주의사회 일반과 한국사회의 차이점은 뭐냐는 물음이 제기될 수 있습니다. 그럴 때 그 차이 중에서 가장 중요한 요소가 분단이겠지요. 사실은 식반론자들이 주장하는 식민지성이라고 하는 것, 혹은 다른 말로 하면 한국 자본주의의 군사적 성격이라고도 할 수 있겠고 신식민지성의 형해화라고 얘기할 수 있는 소지가 있다고 봅니다.

좀더 체계화시켜 얘기한다면 저는 분단과 관련시켜서 두 가지 사건, 즉 한국에 있어서의 독자적인 국가권력의 성립과 그다음에 6·25라는 것을 주목해야 한다고 생각합니다. 먼저 구식민지로부터 신식민지로 이행을 하면서 나름대로 상대적으로 자율적인 토착 국가권력이라는 것이 정립되게 되어 이제 자본운동도 그것을 매개로 해서 관철되어야 하고 외세의 지배도 토착적 국가권력을 매개로 해서 관철되어야 하는 그런 상태로 진전했습니다. 그런데 바로 그다음 사건인 6·25를 통해서 바로 외세와 토착 국가권력의 신식민지적인 관계설정 자체가 달라지는 것으로 생각해볼 수도 있지 않을까 싶어요. 그 점에서는 6·25라는 것이 어떠한 결과를 가져왔느냐를 파악해야 할 것 같은데, 일단 저는 6·25를 우리 사회에서 계급적 역(力)관계의 현저한 전환을 유발한 사건이라고 봅니다. 그러니까 6·25의 성격이 뭐냐는 것은 일단 차치하더라도 일단 한국사회 내부에서 운동세력의 궤멸을 포함한 우리 사회의 극우적 재편이—그건 이데올로기적 재편까지도 포함하는 것일 텐데요—이것이 바로 6·25를 통해서 이루어지는 것 같습니다. 그렇기 때문에 한국사회에서 사회운동이라는 것이 원점에서 다시 출발해야만 하는 그런 조건이 창출됩니다.

이처럼 6·25를 통해 일어난 계급적 역관계의 현저한 전환은 양면적인 결과를 낳게 되는 것 같습니다. 하나는, 아까 백선생님도 말씀하셨지만, 그 전환을 통해서 의외로 이른바 신흥공업국적인 발전, 부르주아적 발전이 우리 사회에서 순조롭게 추진될 수 있는 계급적 조건이 갖추어진 거란 말입니다. 대부분의 신생독립국에 있어서는 이런 부르주아적 발전을 바로 수행하기에는 농업 과두세력의 저항도 심하고 민중들의 열망이라는 것도 자본주의적인 틀 안에 갇힐 정도를 넘어서 있는 상태가 아니었던가 싶습니다. 그래서 이 자본주의적 발전을 수행할 수 있는 계급적 조건이라는 것이 사실상 갖추어지지 않은 거죠. 바로 여기서 비자본주의적 발전이라든가 하는 얘기가 나오는 것인데, 우리의 경우에는 계급적 역관계의 현저한 전환 그리고 이데올로기적 정지작업을 통해서 '비자본주의적'이 아닌 자본주의적 발전이 전개될 수 있게 되는 것입니다. 어떻게 보면 역설적으로 60년대 이후 한국에 있어서의 경제개발이라는 것이 바로 6·25가 창출한 계급적 조건 위에서 가능했다는 얘기도 되는 것이죠. 바로 이처럼 자본주의적 발전을 남다르게 수행할 수 있는 조건창출이라는 측면이 하나 있고, 반대의 측면에서는 식반론자들이 식민지성이라고 주장하는 그러한 현상들이 나타나게 만드는 원인이 되는 것 같습니다. 물론 여기에는 6·25를 통해 창출된 분단의식 같은 사회의식이 작용하기 때문이겠습니다.

윤소영 저는 될 수 있는 대로 분단문제에 대해서는 좀더 생각해보기 전까지는 이야기하지 않을 작정이었지만 이왕 얘기가 나왔으니 약간 부언하겠습니다. 지금 조선생님께서 분단의 효과에 대해서 예를 들어서 설명해주셨는데, 저도 대체로 동의합니다. 그런데 문제는 분단이라는 현실을 별도로 이론화할 수 있는가라는 차원의 것이었는데, 제가 생각하기에는 좀 곤란하지 않을까 하는데요. 예컨대 민족문제를 이론화한다고 했을 때, 제국주의적 이외에 식민지·종속국이라는 범주 설정이 가능하고 그것이 피지배국에 특수한 종별성(種別性)으로 나타나는 뭔가 현실적인 요소들이 있기에 그걸 이론화하는 건데, 지금 쭉 들었던 예 자체가 한국에 아주 독자적인 고유한 성격을 분단구조로써 설명해보자는 것이기 때문에 그러한 논의 자체가 말하자면 분단의 이론화를 처음부터 배제하는 것이 아닌가 합니다. 분단의 효과를 충분히 인정하면서도 분단의 이론화는 좀 힘든 게 아닌가 하는 거지요. 그래서 아까 쓰던 용어대로 한다면 분단 그 자체는 사구체 차원에서는 아무런 효과가 없는 것이고 그 사회의 성격이라든지 변혁과제라든지 여기다가 영향을 미치는 게 아닌가 합니다.

그래서 이렇게 한번 생각해보면 어떻겠습니까? 대만이나 홍콩, 싱가포르 같은 부분국들은 독자적으로 사구체상의 문제를 제기하지 않는 것 같습니다. 그래서 이런 것은 우리가 일단 무시해도 상관없을 것 같은데 상당한 인구를 포괄하고 있는 분단국, 두 개의 적대적인 체제가 한 민족 내지는 한 나라 안에 공존하는 그런 상황을 예로 들어서 검토해야 될 것 같은데, 이 경우에는 카테고리라고 얘기할 것도 없이 독일하고 한국하고 이전의 베트남밖에 없는 것 같습니다. 그런데 독일이라는 나라는 우리가 잘 아는 바와 마찬가지로 제국주의 모국이었는데 패전의 결과 분단이 되었던 그런 경우고, 우리나라는 종주국 자체가 바뀌어나가는 바람에 패전국도 아니면서 분단이 된 경운데, 실제로 분단이라는 것이 아까 제시한 그 효과들과는 별도로 그 자체로서 어떤 식으로 인식될 수 있는가라는 문제를 제기해야 될 것 같습니다. 좀 어폐가 있을지는 모르겠지만 '사고의 전회'를 위해서는 이제 분단이라는 것은 국제법상의 문제가 아닌가 하는 좀 도발적인 표현을 썼으면 좋겠다는 생각이 듭니다. 예컨대 70년대 이전까지만 해도 동독도 서독도 주체적인 국가로 범세계적인 인정을 받지 못했습니다. 우리나라는 지금까지도 그렇고요. 그렇기 때문에 양국이 분단국이라는 인식이 상당히 보편화되었던 게 아닌가 하는 생각입니다. 그런데 우리가 잘 아는 바와 마찬가지로 국제법상의 지위라든지 그것이 국내법상에 반영되어 나타나는 헌법상의 규정이라든지 하는 것 자체가 그 사회의 사회구성체적 성격을 규정하는 것은 절대 아니라는 인식을 먼저 해야 될 것 같습니다.

그래서 저는 물론 독일의 예를 한국에 그대로 적용할 수 있다는 생각은 아니지만, 동독에서 분단문제의 이론화가 진전되어나간 과정을 보면 상당히 교훈적인 몇 가지 점을 발견할 수 있을 것 같습니다. 동독도 45년 이후 7, 8년 동안은 동서독이 같은 민족이다, 서쪽은 말하자면 (물론 반 봉건성 얘기는 안하지만) 식민지다라는 얘기를 상당히 지속했던 것 같아요. 즉 1민족·1국가론이었지요. 그러다가 한국전쟁 이후 미묘한 논점의 차이가 생겼던 것 같습니다. 뭐냐 하면, 헌법에 대한 논의에서나 실제로 사적 유물론에 대한 논의에서나 독일은 민족은 하나지만 국가는 둘로 나뉘어 있다는 식의 이론적인 작업을 한 것 같아요. 다시 말해 1민족·2국가론이 된 거지요. 그러면서도 민족은 하나다라는 이야기에서 보듯이 동독의 입장에서는 아직까지도 통일을 지향한다는 이념적인 토대는 유지했는데, 70년대 동서독간의 기본협정이 맺어지는 과정에서 훨씬 수세적인 위치에 몰렸던 것 같아요. 그래서 요즈음은 '2민족·2국가론'이라는 얘기를 하는 것 같습니다. 그러면서 미묘한 용어법상의 차이를 보이는데, 가령 '두 민족'이라고 이야기할 때는 '나찌온'(Nation)이라는 표현을 쓰고, 그렇지만 하나의 '나찌오날리테트'(Nationalität)다라는 식으로 얘기합니다. 우리 식으로 표현하자면 민족은 하난데 국민은 두 개가 되었다는 식으로, 서독 자체가 독자적인 사회구성체라는 것을 인정해주는 것 같습니다.

그런데 이것은 아까 제가 말씀드렸던 것처럼 헌법상의 논의, 국제법상의 논의, 나아가 사적 유물론의 이론적인 논의와 병행하고 있지만 사실은 무언가 서독 내지 동독에서의 현실적인 변화를 법률이론적인 차원에다 반영한 것이 아닐까 하는데, 동독과 서독의 위치 자체가 한국에서의 양측의 위치하고는 다를 테니까 이걸 곧바로 원용할 수는 없겠지만 우리도 이걸 본보기로 삼아서 좀 반성을 해야 할 측면이 있지 않을까 합니다.

민족문학론적 관점에서의 요구

백낙청 윤선생 말씀을 들을수록 저는 반성을 하기는커녕(웃음) 민족문학을 얘기해온 사람으로서 사회과학자들에게 분단의 이론화를 더욱 강력하게 요구해야겠다는 점이 새삼 느껴집니다. 우선 소박한 얘기로부터 출발한다면, 우리가 민족문학을 말할 때는 어디까지나 한반도 남북의 '하나의' 민족의 문학을 말하는 것이거든요. 그럴 때 그것이 하나의 사회구성체냐 두 개의 사회구성체냐에 대해서는 문학계에서는 자세히 논의된 바가 없고 (그런 논의를 못한 게 뭐 자랑은 못되지만) 여하튼 사회구성체가 어떻게 되었든간에 하나의 민족의 문학이고 또 당연히 하나의 국가를 이루어야 된다는 것이 전제로 되어 있습니다.

그런데 이것이 그 얘기로만 끝난다면 단지 문학 하는 사람들의 감성적인 당위론이다, 이론이 부족해서 그렇다 할 수 있을지 모르지만, 저는 요즘 사회구성체에 관한 논의를 들으면 들을수록 사회과학에서도 논의의 결정적인 진전을 이룩할 수 있는 고비가 여기에 와서 걸려 있지 않은가 하는 생각이 들어요. 우선 사구체의 개념이라든가 그걸 적용하는 범위, 분석대상의 단위에 대해서 아까부터 제가 문제를 제기했는데, 바로 그런 문제도 여기에 걸려 있고요. 그러니까 남북한을 두고서 사회구성체가 하나냐 둘이냐를 가지고 싸우자는 게 아니라, 오히려 그런 걸 논의하다 보면 뭘 가지고 사회구성체가 하나라 그러고 뭘 가지고 둘이라 그러는지조차 애매해져버린다는 거지요. 다시 말해서 사구체적 분석이라는 것을 할 때에 그 분석대상의 단위가 무엇이며 무슨 근거로 그렇게 잡았느냐는 데 대해서 기본적인 합의가 없다면 공연한 어려운 이야기밖에 안될 것 같아요.

또 한 가지는 아까 우리가 분단의 효과에 대해서 구체적으로 논의하는 가운데 조선생이 처음에는 분단에 의한 왜곡의 측면을 주로 얘기하시다가 다른 한편으로 자본주의적 발전, 부르주아적 발전을 더욱 용이하게 해준다는 측면도 얘기하셨는데, 제 생각에는 그 양면을 종합해서 이해하는 이론이 필요하다고 봐요. 아까도 말했듯이 바로 그러한 양면의 불가분성이 분단국의 특징이 아니냐, 분단현실의 기본적 특성으로서 이론화될 필요가 있지 않느냐 하는 생각입니다. 그리고 지금 분단이라는 것은 (독일을 빼면) 유독 한국에만 적용되는 독특한 상황인데 이런 독특한 사례를 가지고서 무슨 일반성 있는 이론을 만들어낼 수 있겠느냐 이런 말씀이셨는데, 제가 보기에는 홍콩이나 싱가포르, 대만, 이런 부분국가들이 한국하고는 물론 경우가 다르긴 하지만 또 어떤 공통성도 있는 것 같아요. 가령 그 네 나라가 갖는 공통성을 해명하면서 그 가운데서 한국이 갖는 특수성을 해명하고 그것을 자본주의 전체의 어떤 일반성의 원리하고 연결시켜줄 그러한 이론이 필요하다는 생각입니다. 홍콩과 같은 부분국가의 경우는 별도의 사회구성체로 볼 수 없다고 했는데, 분단국가인 경우 별도의 사구체로 볼 수 없다고 그처럼 단언은 못하는 대신에 그러면 과연 이것이 하나의 사회구성체인가 하는 데 대한 논란의 여지는 생기는 거지요.

그런데 하나의 사회구성체인지 의문이 간다는 사회들이 원래는 좀더 온전한 사회구성체의 일부였을 거 아녜요? 그러던 것이 반반씩으로 갈라져나오든 조그만 조각으로 떨어져나오든 떨어져나올 때에는 그것이 뭔가 당시 세계의 지배적인 질서, 그것을 제국주의라 하든 국가독점자본주의라 하든 그 필요에 의해서 이루어진 것 아니겠어요? 그러한 특수한 필요에 의해서 성립된 사회이니만큼, 처음부터 그런 것을 성립시키려는 내외세력의 비중이야 어찌되었든 여하튼 제국주의면 제국주의의 논리가 관철된 결과지요. 그렇기 때문에, 제국주의의 희생자라는 면이 남달리 커지는 동시에 경제성장을 적극적으로 추진하도록 도와준다든가 자본주의 세계경제 내부에서 일종의 특혜가 주어지는 면도 없지 않다고 봅니다. 그런 부분국가를 만들어낸 독점자본주의 측에서는 원래 그럴 필요가 있어서 만들어냈을 테니까요.

그런데 분단으로 인한 항시적인 내부적 긴장상태에서 오는 지배상의 잇점이 지적되었는데 이것도 흔히 말하는 부르주아적 헤게모니하고는 다른 것 같아요. 적어도 그람시(A. Gramsci)가 말하는 헤게모니는 물론 물리적인 강제력이 기반이 되어 있기는 하지만 직접적인 강제를 행사하지 않고서도 지배하는 그러한 주도력을 말하는 건데, 분단상황에서 분단의식이 내면화되는 것을 보면 아까도 얘기됐지만 어떤 면에서는 이건 뭐 신식민지라고 말하기도 어려울 정도로 식민지적인 성격이 강하고 물리적 강제가 심하지요. 반면에 그런 식민지적 상황치고는 상대적인 독자성이 오히려 돋보이는 면도 있어서 도무지 종잡기가 힘들거든요. 이런 것은 분단국가의 속성인 동시에 부분국가들에 어느정도 공통적인 특성으로 봐야 되지 않을까 합니다. 그런데 이런 부분국가의 존재가 이른바 진영모순과 직접 겹치는 경우가 바로 남북한과 대만인데, 한반도는 거의 대등한 규모로 갈라졌기 때문에 이 문제가 대만보다 더 절실합니다. 어쨌든 이렇게 되면 앞서 지적한 제반 경향들이 더욱 강화되는데, 요는 이것이 그냥 특수한 현상만이 아니라는 거예요.

　내가 얘기하고자 하는 것은, 우리 시대에 자본주의가 직면한 위기를 더욱 전형적으로 보여주고 다른 한편으로는 이러한 위기에 대응해서 그 나름의 발전을 지속하는 자본주의의 능력도 더욱 전형적으로 보여주는 것이라는 점에서, 일견 파행적이고 예외적으로 보이는 것이 단순히 특별사례가 아니라 어떤 일반법칙의 관철을 오히려 철저히 보여주면서 동시에 한국이라는 사회의 특수성 — 단순히 파행성이라든가 퇴폐성만이 아니고 한편으로는 왜곡된 것이면서 다른 한편으로는 흔히 말하는 '기적적'인 성장이라든가 어쨌든 무시할 수 없는 우리 사회의 활력, 이 양면을 동시에 설명해주는 한층 풍부한 구체성에 도달하는 게 아니냐는 겁니다. 그런 의미에서 저는, 박현채씨가『오늘의 책』12호에 실린 글에서 식민지종속형 자본주의의 전후의 발전을 다시 유형화해서 '사회주의형' '서방세계 잔류형' 그리고 '소시민적 민족주의형' 이 세 가지로 얘기를 한 데 대해, '사회주의형'은 이미 자본주의적 형태가 아니니까 논외로 하고, '소시민적 민족주의형'은 이번에『현단계』대담에서 보더라도 별도의 내실있는 유형으로 보고 있지 않는 것 같고, 그러니까 결국은 '서방세계 잔류형'이라는 것을 더 세분해서 논의하지 않는 한 이렇게 세 개로 나누었다는 것이 큰 진전은 없는 셈인데, 저는 이 '서방세계 잔류형' 중에서 하나의 하위범주로서 '부분국가형'이랄까 '분단국가형'을 설정하면서 그것이 그 나름의 특수성을 지니는 동시에 어떤 면에서는 자본주의의 일반적인 법칙을 더 현저하게 관철시켜준다는 식으로 이해를 해보는 게 분단현실을 이론화하는 하나의 방편이 아닐까 생각해봅니다.

진영모순이 중첩된 분단국가의 특수성과 일반성

윤소영 민족문제가 있다는 것은 누구도 부정하지 않습니다. 그런데 민족문제에 접근하는 사회과학적인 태도와 문학 또는 이데올로기적 태도의 차이라는 것은 인정해야 하는 것 아니냐는 생각입니다. 아까 제가 말씀드렸던 것은 분단을 고착화하자는 얘기가 아니라──

백낙청 아니에요. 내 얘기는, 나의 문제제기는 애초에 민족문학론자로서의 또는 문학 하는 사람으로서의 감성적인 것일 수도 있고 또 당위론을 수반한 것이기는 하지만 그 자체는 이론적인 문제제기죠. 사회과학적인 가설이죠. 그게 틀린 가설일지는 모르지만, 뭐 통일을 해야 된다는 막연한 얘기는 아니잖아요? 말하자면 일단 하나의 사회가 한반도에 있었는데 그것이 전후에 분단이 되었단 말예요. 분단이 되었음에도 불구하고 그것을 계속 하나의 사회구성체로 보는 것도 무리지만 그것을 단순히 두 개의 사회구성체라고 얘기해놓고 끝내는 것도 무리가 될 만큼 그런 독특한 사회구성체라면 사회구성체가 생겨났으니까 이것에 대한 이론적인 인식을 하자 이겁니다. 그에 대한 이론적인 인식으로서 가령 식민지종속형 자본주의의 전후 발전의 한 하위범주로서 '부분국가형'이라는 것을 설정할 수가 있고, 그 부분국가형의 나라들 가운데에는 그야말로 하나의 사회구성체라는 말을 적용하기 힘들 정도로 특수 경제구역에 해당하는 그런 것도 있지만──그러나 싱가포르만 해도 단순하게 경제구역만은 아니지 않습니까?──또 거의 대등하게 갈라지는 그런 경우도 있고…… 또 여기에 진영모순이 중첩되면 파행성도 심해지지만 어떤 면에서는, 순전히 물량적인 측면에서일지라도 성장가능성도 더욱 높아지는 거죠. 그리고 군대가 많다는 게 뭐 올바른 의미의 발전은 아니지만, 엄청난 군사력의 발전과 경제성장이 병행할 수 있는 가능성도 그만큼 높아지는 거예요. 이렇게 이론적인 설명을 해보자는 것이지──

윤소영 그렇지만 백선생님 입장하고 제 입장이 적어도 그 수준에서는 차이가 없는 것 같습니다. 그러니까 아까 제가 말씀드렸던 것도 분단이라는 현실 그 자체를 극복하는 데 분단이라는 것을 독자적으로 이론화하기보다도, 정선생님께서 처음에 말씀하셨듯이 제3세계에서 나타나는 민족문제의 하나의 독특한 형태로서 분단이 중첩된 민족문제가 존재하는 것이고 따라서 그 경우에 민족문제를 해결하는 절차나 수단이라는 것이 다른 나라와 좀 다를 것이라는 정도로 이야기를 하자는 거죠. 그러니까 민족문제 해결과는 별도의 차원에서 분단문제의 해결이 존재하는 것이 아니라 민족문제를 독자적으로 해결하는 방식으로 분단문제가 제기될 것이라는 얘깁니다. 그 얘기를 제가 강조하는 이유는 이렇습니다. 아까 제가 사구체는 아니라는 이야기를 하면서 말하고자 했던 것은, 분단국의 예 가운데 우리가 간과했던 것들 중의 하나가 베트남의 경우인데, 저는 솔직히 분단국이라는 용어를 사용할 경우에 과연 베트남을 백선생님 말씀하시는 뜻에서의 분단국이었다고 얘기할 수 있겠는가라는 생각입니다. 위에서 이야기한 독일(동독)의 경우와 정반대의 예로 오히려 전후 유고슬라비아를 보면 유고 민족은 진영의 논리가 강요하는 분단의 실현 자체를 주체적으로 극복했는데, 제 생각으로는 베트남은 오히려 그쪽에 가깝다는 것이지요.

백낙청 베트남하고 한국하고 독일하고 그 경우가 모두 다른데, 독일의 경우는 아까 윤선생이 얘기했듯이 선진국형이니까 내가 볼 때도 그 발전의 유형이 처음부터 다르고, 거기서는 말하자면 당사자간 어느정도의 합의 하에 분단문제를 상호 대외관계의 문제로 전환시키고 일단 낙착이 된 거죠. 장기적으로는 어떻게 될지 물론 모르는 일이지만…… 그래서 독일의 경우는 우리와는 거리가 먼 것이고, 베트남의 경우는 저는 이렇게 봅니다, 그건 어떤 면에서는 구식민지 해방운동의 연장이죠. 구식민지 해방운동에서 어느정도 승리를 했던 것을 다시 미국이 개입해서 전쟁을 연장시킨 측면도 있고—

윤소영 바로 그렇습니다.

백낙청 또 하나는 이미 성립된 사회주의정권에 대한 간섭전쟁이라는 측면이 있지요. 이렇게 그 경우도 한국과는 다릅니다. 구식민지전쟁의 연장이었는데 지금은 그게 이미 끝나버린 셈이니까, 우리는 그 결말을 어떤 눈으로 보느냐에 관계없이 우리 상황과의 너무 직접적인 비교는 옳지 않다고 봅니다. 그래서 우리가 요구하는 이론화를 위해서는 한국, 대만, 홍콩, 싱가포르, 모두 이른바 신흥공업국들입니다만, 이들을 일단 유형화하면서 그중에서도 한국의 특수성을 얘기하는 것이 더 낫지 않을까 하는데, 이렇게 자꾸 하위범주를 만들고 특수성을 강조하다 보면 점점 더 특수한 것만 나열하는 것으로 보일지도 모르겠지만, 제 얘기의 골자는 이렇게 특수한 중에서도 특수한 분단 한국이야말로 어떤 의미에서는 가장 전형적인 전후 자본주의사회의 한 형태로 볼 수 있지 않겠느냐는 겁니다.

가령 윤선생이 누누이 강조하신 국가독점자본주의론에 비추어보더라도 사회주의 진영과의 대치상태라든가 그 전단계 자본주의가 제대로 운영이 안될 때 국가의 개입에 의해 자본주의체제를 유지하고 그 발전을 촉진시켜나가는 게 국독자라고 한다면, 말하자면 남북한의 대치라는 위기상황에서 또 식민지잔재의 온존이라든가 이런저런 이유로 해서 자생적이고 주체적인 자본주의 발전이 불가능한 상황에서 막강한 국가권력과 외세의 현저한 작용으로 자본주의 발전을 이룩하는 것이야말로 어떤 의미에서는 기형적인 것이 아니라 이게 바로 전형적인 것이라고 말할 수 있지 않느냐는 거예요. 다른 데서는, 소위 선진국에서는 이런 전형적인 것이 오히려 완화되었고(웃음)…… 이렇게 한번 바꿔 생각해볼 수도 있다는 거죠. 꼭 그렇게 바꿔보아야 된다는 것이 아니라, 그렇게 해보는 것도 가능할 정도로 일반성을 띤 가설이지 이게 단순히 특수성에 대한 현상묘사는 아니라는 것을 강조하려는 거지요.

윤소영 그렇게 말씀하신다면 저는 더이상 반대할 이유가 없습니다. 그런데 문제는 바로 이겁니다. 식반론하고 신식국독자론 사이의 논쟁이 분단국에 무슨 국독자냐라는 식으로 제기되었기 때문에 분단이라는 것 자체가 사회과학계에서 하나의 이론적인 쟁점으로 부각됐었던 거거든요. 예컨대 식반사회로서의 베트남의 경험을 원용하면서 한반도에서도 종전 이후의 기간은 민족사의 관점에서 보면 순간적인 것이기 때문에 지금 이러한 현상을 가지고 국독자라고 얘기하는 것은 성급하다는 식으로 비판이 들어오고 있거든요. 그래서 거기에 대한 반비판으로, 민족문제를 우리가 간과하는 것이 아니라 민족문제를 처리하는 방식이 베트남의 방식과 다르다고 본다, 그것을 강조하기 위해서 아까 제가 분단문제 이론화의 곤란함을 지적했던 겁니다.

조희연 식민지종속형 자본주의 발전의 한 유형으로서 '부분국가형'이라는 것을 서술적인 의미에서 사용할 수는 있다고 보는데, 그것을 보다 일반화된, 말하자면 식민지종속형 자본주의 발전이라는 것보다도 일반화된 그런 유형으로 설정하는 것은 본말이 전도된 게 아닐까요? 그래서 저는 아까도 얘기했지만 계급·민족·분단을 동차원의 세 가지로 놓을 것이 아니라 크게 보면 식민지종속형 자본주의 발전유형 중에서도 특히 분단상황 하에서 그 발전이 이루어지는 독특한 형태가 한국이라고 봐야 되지 않겠느냐 하는 생각을 합니다. 그런 각도에서 보면 민족문제의 어떤 독특한 발현형태를 갖고 있는 사회가 한국이고, 그 독특한 발현을 규정하는 가장 중요한 변수가 분단상황이다라는 식으로 이해할 수 있을 것입니다.

그런데 아까 백선생님 얘기 중에 그것을 보다 일반화시켜보려고 하는 의도를 저는 이렇게 정리해볼 수 있지 않을까 싶습니다. 국독자라는 게 뭡니까? 어떻게 보면 자본축적을 무리없이 가장 효과적으로 수행할 수 있도록 국가가 독점자본을 그야말로 물심양면으로 원조하는 것이거든요. 그런데 거기서 국가의 계급적 중립성이라는 의식이 국민적 수준에서 확보

될 수만 있다면 훨씬 더 좋겠죠. 국가가 독점자본의 이해관계를 원호하면서도 자기가 전국민의 이해관계를 대표하는 것처럼 표상할 수만 있다면 얼마나 좋겠습니까? 그것은 어쩌면 국독자 할아버지 같은 상태가 실현되는 것이라고 볼 수 있겠죠.(웃음) 그런데 이 분단국가에서는 국가라는 것이 공산주의와의 대립의 주체라는 각도에서, 특정계급의 이해를 대변하는 것이 아니라 말하자면 전국민의 이해를 대변한다는 식의 어떤 계급적 중립성을 표방할 수 있게 된단 말입니다. 그 얘기는 이런 분단사회 속에서는 국독자적 본질이라는 것이 훨씬 더 효율적으로 고도하게 관철된다, 이렇게 설명할 수 있는 여지는 있는 거죠.

백낙청 바로 그래요. 말하자면 본말을 전도한다고 느껴질 정도로 일반성이 있는 가설이라는 거지요.

정윤형 그런데 백교수가 윤교수를 반통일론자로 몰고 가서(웃음) 분위기가, 반격을 좀 해야 뭔가 평형이 이루어지지 않겠는가 해서(웃음)──

백낙청 하세요.(웃음)

정윤형 하여튼 통일이라는, 사회과학자들이 매우 난감하게 생각하는 문제를 가지고 고도의 상상력을 발휘해서 어떤 새로운 이론틀을 만들겠다는 그 의욕에 우선 경의를 표하고 싶고(웃음) 그렇게 해서 뭔가 만들어서 우리에게 줬으면 참 좋겠다는 생각은 합니다만…… 그런데 또 한 가지, 아까 얘기를 하는 과정에서 한국의 분단이라는 상황이 경제발전에 하나의 좋은 조건을 가져왔다는 이야기가 있었는데 그렇게 된다면 그 말이 갖는 의미가 뭘까 한번 생각해봐야 할 것 같아요. 분단되었을 때 경제발전이 잘된다, 그렇다면──

백낙청 아니, 내가 얘기하려는 건 이겁니다. 분단이 되었을 때 왜곡되어 나오는 현상을 따로 이야기하고 분단으로 인해서 경제성장을 한다든가 또는 국가권력이 더욱 공고해진다든가 하는 면을 또 따로 얘기하고, 그래서 경제성장 얘기를 하자니까 마치 정부를 지지하는 얘기가 될까봐 걱정이 되고,(웃음) 왜곡 얘기만 하다가 보면 극단적인 식반론으로 치달을 염려가 있고, 이래서 우리의 사회이론이 어떤 교착상태에 있지 않느냐, 그래서 제가 이런 가설을 제시해본 것이고 그 가설에 대해서는 윤선생과 조선생이 어느정도 동의를 하셨는데 유독 정선생만 고도의 상상력 운운하며 냉소적으로 나오시는 건 도저히 납득이 안 가는군요.(웃음)

정윤형 나는 가만히 듣다가 보니까, 야 이거 분단이 돼야 경제발전이 잘된다⋯⋯(웃음)

백낙청 아니, 그건 이런 거예요. 가령 제국주의 세력이 분단을 시킨다든가 어느 한 지역을 특별경계구역으로 떼어낼 때에는 자기들의 이익하고 그것이 합치되는 바가 있기 때문에 그렇게 하는 게 아닙니까? 그러면 그것을 유지하기 위해서는 군사적인 보호도 해줄 것이고 또 경제발전도 어느정도 시켜줘야 될 것이고—물론 그 경제발전이 거기 사는 주민들의 진정한 복지를 위한 경제발전 또는 성장이라는 얘기는 아니에요. 그렇지만 일정한 경제성장이 일어난다는 사실을 부인하면 결국은 그 실증적인 사실을 들이대는 사람 앞에서 무색해지는 수밖에 없지 않겠습니까? 소위 중진(中進)자본주의론이라는 것에 동의하지 않더라도 거기서 지적되는 실증적 자료들을 아예 외면해서는 곤란한 것 아니에요? 그러니까 제 얘기는 부정적인 측면들과 소위 말하는 긍정적인 측면, 물량적인 성장이라는 측면, 이것을 동시에 분단이라는 문제를 중심으로 설명하는 이론틀이 있어야겠다는 거죠.

과연 헤게모니가 있는가

조희연 그런데 우리가 분단을 바라볼 때, 우리 사회가 갖고 있는 기본적인 모순으로서 민족모순과 계급모순을 풀어가는 도정, 그 도정은 그러한 문제를 해결해가는 주체적인 민중운동역량의 성장과정인데, 그 민중운동의 성장을 분단이라는 구조가 결정적으로 제약하고, 규정하고 있는 거죠. 민중운동의 역량이라고 할 때 단순히 대중들의 조직역량이라든가 하는 것만을 의미하지는 않고, 예컨대 민족문학에 있어서 우리의 현실을 형상화해낼 수 있는 인식지평의 확보와 그러한 문학적 생산물의 산출능력까지 포함한다고 한다면, 분단이라는 상황 자체가 민중운동의 성장을 제약할 뿐만 아니라, 그것의 일부일 수도 있겠지만 민족문학의 문학적 상상력의 정치적 제약으로 작용하고 있으므로 그것을 극복하는 것이 바로 분단극복의 일부가 될 수 있다는 것입니다. 때문에, 우리가 문학과 관련해서 분단을 얘기하는 것은 사회과학은 원체 첨예하니까 바로 그 성격이 드러나지만 문학은 훨씬 더 우회적인 측면이 있으니까 이 분단으로 인한 제반 규정성, 모순해결의 제약상황을 보다 포괄적으로 밀고 나가주는 그런 의미에서 말하자면 분단으로 인한 정치적 제약으로부터 문학적 상상력의 해방이라고 할까 이런 각도에서 분단에 대해 더 치열하게 대면하는 것이 중요하다는 것을 지적하는 것이 아닐까요?

백낙청 글쎄, 내 얘기를 자꾸 문학적 상상력의 차원으로 밀어내시려는 것 같은데,(웃음) 거듭 말하지만 일단 제가 문제제기를 한 것은 이론적인 차원에서 한 겁니다. 그리고 민중운동의 제약 문제에 대해서도 한마디 하고 싶은데, 저는 거기에도 양면이 있다고 봅니다. 김진균 교수와의 글에서 조선생은 '분단의식의 내면화'라고 표현했던데 내가 보기엔 그게 내면화인 면이 있고 다른 한편, 깊은 의미에서는 내면화가 결코 아니고 그야말로 엄청난 물리력에 의해서 유지되고 있는 현상인데 이걸 '내면화'라고 표현함으로써 오히려 주체적인 역량을 과소평가하는 측면도 있는 것 같습니다. 아까 헤게모니 얘기를 잠깐 했지만 분단사회에서의 특징이, 어떻게 보면 엄청나게 강한 헤게모니가 손쉽게 성립되는 것 같은 느낌이 들지만 또 어떻게 보면 이건 헤게모니가 없는 상황이에요. 조형 말씀대로 6·25를 통한 초보수적 재편성이 있었는데도 진정한 의미에서 우파적 헤게모니랄

게 성립이 안되고 있는 사회가 우리 사회지요. 주도권을 쥐었다는 계층에서는 당장에 외국군대만 나가도 어떻게 될지 전전긍긍해야 하는 그런 상황이거든요. 학생운동이 남달리 큰 힘을 갖는 것도, 아무도 말을 못해서 그렇지 말만 나오기 시작하면 걷잡을 수 없어질 만큼 그 헤게모니가 취약한 거란 말입니다.

조희연 그렇죠.

백낙청 그러니까 이러저러한 특수성들을 그냥 나열하지만 말고 사회과학자들이 자신이 전개하는 사구체론이면 사구체론의 일부로서 이걸 이론화해줘야겠다, 이것이 제 소망이고 주문인 것입니다.

윤소영 그래서 제 생각으로는 독일과 베트남(또는 유고)의 경험을 검토한 후에, 아까도 얘기가 나왔던 대로 한국사회에서 민족문제가 독자적인 방식으로, 아주 고유한 형태로 존재한다는 것을 이제 분단문제까지 고려해서 이야기할 경우에, 하나의 정식(定式)으로서 민족모순의 이중성이라고 정리할 수 있을 것 같습니다―종속성과 분단성, 뭐 이런 식으로요. 그럴 경우 그것을 사회과학적으로 설명한다면 이런 방법은 어떨까요? 보통 우리가 사회문제를 이야기할 경우에, 사회구성체와 사회성격 사이의 관계에서도 그런 식으로 설명이 되지만, 그 사회의 기본모순과 주요모순을 가지고 설명하지 않겠습니까? 대체적으로 오늘 이 자리에서 얘기 나온 것이 한국사회의 기본모순은 계급모순이고 주요모순은 민족모순이라는 식으로 좁혀들어가는 것 같은데…… 그렇다면 어떠한 종속국이나 식민지에도 존재하는 민족모순이 한국에서는 어떤 방식, 어떤 형태로 존재하는가를 볼 때 저는 이렇게 생각하는 게 어떨까 합니다. 아까 우리가 분단의 여러가지 효과들을 이야기했지만 그 두 가지 효과를 한편으로는 (이런 표현이 성립될지 모르겠지만) 안보이데올로기라는 차원에서 강요되는 측면 그리고 한편으로는 성장이데올로기라는 차원에서 강요되는 측면이라고 총괄하면서, 그것이 국가권력의 독특한 성격 또는 국가장치 자체의 독특한 작용이라는 것을 재생산하는 데 기여한다는 점을 우선 지적해두지요. 그럴 때 우리가 분단문제라든가 분단문제에 의해 중첩되는 민족문제를 첨예하게 의식하지 않는다면, 한국의 주요모순에 대한 잘못된 이해, 즉 사회성격이나 변혁과제에 대한 잘못된 인식에 이르게 되지 않을까 합니다. 그것이 식반론이 우리한테 주었던 교훈이라고 할 수 있는데, 말하자면 제국주의 문제를 조금 더 첨예하게 인식하게 하고 따라서 민족문제를 조금 더 과학적으로 인식하게 하고, 나아가 그 민족문제의 중첩성이라는 것을 지배이데올로기와 관련지어서 이해하게 함으로써 주요모순 즉 민족문제를 구체적으로 해결하는 방식에 대한 보다 현실적인 논의를 우리에게 요구하는 게 아닌가 생각합니다.

'기본모순' '주요모순', '내적 모순' '외적 모순'

백낙청 이제 논의를 조금 더 전진시키기 위해서 이런 이론적인 수준에서만 얘기할 것이 아니라, 운동의 주체라든가 방향이나 방법 등의 문제로 시선을 돌려보면, 이제까지 얘기하던 가운데 우리가 어느 정도 합의를 하고 있는지 또는 어디에 얼마나 견해차이가 있는지 더 좀 분명히 드러나리라고 봅니다. 그런데 그에 앞서, 지금 기본모순·주요모순 얘기를 하셨는데, 이것도 사실은 문외한들이 들을 때 아주 어리둥절해지는 대목 중의 하나예요. '기본'이라는 것도 제일 중요하다는 얘기 같고, '주요'하다는 것도 여러 중요한 것들 가운데서도 제일 주되게 중요하다는 얘기 같고, 그런데 사회과학자들 논의에서는 '기본적인' 것이 '주요한' 것보다 더 기본적인 것으로 되어 있는 거죠?(웃음) 그 개념을 좀더 설명해주시면 어떨까요?

윤소영 이론적인 문제점을 좀 지적하는 게 좋을 것 같은데요. 기본모순이라는 것을 우리가 대개 계급모순으로 이야기해왔는데, 문헌사적으로 보면 본래 그렇진 않습니다. '기본모순'이라는 것은 고전에서 그렇게 광범위하게 사용되는 개념은 아니고 아주 특수한 문맥에서만 사용됩니다. 대체적으로 이야기할 때 생산력과 생산관계라는 두 카테고리 사이의 관계를 기본모순으로 이야기하고, 그다음에(이건 좀 깊은 이론적 천착이 필요하리라 보지만) 그런 생산력과 생산관계 사이의 모순이 특수 자본주의적 형태──왜냐하면 생산력·생산관계라는 것은 역시 일반에 적용되는 개념이니까──생산의 사회적인 성격과 영유의 사적·자본주의적인 형태라고 설명하면서 그 사이의 모순이 노자간의 계급적대라는 현상형태로 나타난다는 식으로 이야기합니다. 그래서 실제로 우리가 사용하는 계급모순 또는 계급적대라는 개념은 생산력과 생산관계의 모순의 특수 자본주의적 형태인 생산과 영유 사이의 모순의 현상형태의 하나가 되는 셈이죠. 나아가 정치경제학에서는 그러한 내용을 더 발전시켜서 생산과 유통 사이의 모순이라든가 생산과 분배 사이의 모순, 또는 특히 공황론에서 사용되는 개념으로서 생산과 소비 사이의 모순──이것들을 때로는 파생모순이라고 부릅니다만──이런 식으로 이론이 한 개의 계열로 발전해나가는 것 같습니다.

그런데 주요모순이라는 개념은 그런 맥락에서는 전혀 제기될 수가 없는 모순입니다. 기본모순의 현상형태인 계급모순을 축으로 해서 계급모순 이외의 여러가지 모순, 각 계급 내부의 모순이라든지 다른 계층 또는 계급들 사이의 모순까지를 다 포괄해서 무수히 많이 존재하는 사회 내의 모순 중에서 그것을 해결함으로써 현단계를 지양할 수 있는 모순을 가리키는 게 주요모순인데──다른 것들을 부차 모순이라고 합니다──바로 그런 의미에서 주요모순이라는 개념이 변혁론적인 맥락에서, 심지어는 군사론적인 맥락에서 제기되고 정식화되어왔던 것입니다. 저는 기본모순과 주요모순의 개념 사이에 약간의 이론적인 난점이 있다는 것을 지적하면서도, 이론의 발전을 다 기다린 다음에 개념을 사용할 필요는 없기 때문에 기본모순이라는 것을 가장 기본적인 계급적대로 이해하고 그 기본적인 계급적대에 주변적인 여러가지 모순들까지 다 포함해서 성립되는 제문제의 체계 중에서 현단계에 해결해야 하는 과제를 의미하는 모순을 주요모순이라고 설명하는 게 어떨까 합니다. 그런 식으로 이해하면, 아까 백선생님께 제기하셨던 것처럼 기본모순·주요모순 사이의 용어법상의 애매한 점을 좀 해명하면서 어느정도 관례를 세울 수 있지 않을까 하는 생각입니다.

백낙청 쉽게 말해서 이런 식으로 이해하면 되는지 모르겠습니다. 주요모순이라는 것은 변혁운동의 당면과제를 위주로 생각한 모순이고, 기본모순이라고 한다면 그러한 당면과제를 낳은 사회 내지는 사회구성체의 기본적인 성격, 생산양식의 성격과 관련된 모순이라고 보면 될까요?

정윤형 그렇게도 보고요, 또 거기다 추가해서 주요모순은 좀 단기적인 목표 설정과 관련되는 것이고 기본모순은 보다 장기적인 목표설정과 관련되는 개념이 아니겠는가…… 그래서 나는 최근 박현채 선생이 전략적 수준과 전술적 수준에 이 두 개념을 대응시켜 설명한 것이 원전을 해석하는 방법으로서 정확한지 않은지는 모르겠지만 상당히 일리가 있는 해석 방법이 아니겠는가, 그리고 그렇게 정리한다면 이 문제를 둘러싼 혼란도 어느정도는 제거될 수 있지 않을까 합니다.

백낙청 그러면 그 정도의 예비지식을 가지고—

윤소영 그 얘기를 조금 더 할 필요가 있을 것 같습니다. 박현채 선생의 그러한 견해에 대한 비판이 바로 모순론이 가지고 있었던 고유한 애매성 때문에 제기될 수 있다고 생각됩니다. 실제로 문헌을 보면 중국사회에는 기본모순이 두 개라는 식으로 나와 있거든요. 더욱이 그 두 개 가운데 하나는 내적 모순이고 하나는 외적 모순일 수가 있다는 겁니다. 따라서 그 기본모순 두 개 중의 어떤 하나가 특정한 국면에서는 주요모순이 될 수 있고 그다음에는 또 다른 것이 주요모순이 될 수 있습니다. 주요모순이라는 것도 내적일 수도 있는데 외적일 수도 있다는 얘기죠. 그런데 박선생님처럼 이해할 경우 기본모순은 두 개일 수가 없습니다. 또 박선생님께서는 아주 비타협적으로 기본모순은 항상 내적이다라는 식으로 이야기를 하거든요. 물론 이것은 각각 식민지시대 중국사회와 현대 한국사회에 대한 것이므로 그 차이를 직접 비교할 수는 없습니다.

그래서 우선 한국사회의 민족문제, 민주문제하고 연관해서 이렇게 설명해보면 어떨까요. 기본모순은 아까처럼 하나의 약속으로 그냥 계급모순으로 설정한다면 그것은 하나일 뿐만 아니라 절대로 외적인 모순이 될수가 없습니다. 또한 그러한 계급모순이라는 게 기본모순이 되기 위해서는 그 기본모순을 재생산시켜줄 독자적인 국민국가가 있어야 된다는 생각입니다. 주요모순이라는 것은 그런 기본모순으로서의 계급적대를 해결하기 위한 현단계의 과제를 설명해주는 것이죠. 따라서 그것은 반드시 계급적인 문제일 필요는 없습니다. 그런데 우리가 이 좌담에서 민족모순이라는 말을 좀 무차별하게 사용했는데, 현단계 한국사회에서 해결해야 되는 주요모순이 민족모순이라고 말할 때 그 민족모순이라는 것이 과연 외적인 모순으로서의 민족모순인가 하는 문제를 검토해야 될 겁니다. 그게 아까 식반론과 국독자론의 관계에서도 쟁점이 되는 문제인데, 저는 국독자론에서도 민족모순을 무시하지는 않는다고 얘기했습니다. 제가 한때 민족모순이 기본모순화되어버렸다는 식으로 이야기했었는데 그때 제가 말하고 싶었던 것은 바로 민족모순이 외적 모순으로 존재하는 것이 아니라는 것입니다. 민족모순이 중국의 경우처럼 외적 모순으로 존재했다는 것은 독자적인 민족국가가 없었을 때 그 민족국가를 형성하고자 하는 그 단계에서의 민족모순이 외적 모순인 것이고, 이미 국민국가가 형성되어 있다고 한다면 민족모순이 존재하기 때문에 그 민족문제라는 것이 사실은 내적 모순으로 존재한다는 얘기죠. 아주 도식화해서 생각하면 구체적인 계급동맹의 문제라든지 구체적인 정세에서 해결해야 될 변혁과제의 문제라든지 하는 식으로 존재한다는 겁니다. 그러다 보니까 역설적으로 민족문제를 소극적으로 해결하는 태도는 민주화를 지향하는 길이라는 이야기—일단 민주화가 민족문제를 해결하는 첫 단계가 된다, 절차상으로 볼 때 민족문제를 해결하는 일차적인 과제가 바로 민주화 문제가 된다는 이야기가 가능합니다. 그래서 오히려 주요모순으로서의 민족모순이라는 건 구체적으로 이야기하자면, 민중 대 독재권력 사이의 모순이 되어버립니다. 왜냐하면(아까 우리가 얘기했던 대로) 그것이야말로 분단과 종속이라는 걸 이미 체현하고 현재 그것을 실현하는 주체이기 때문이지요. 이렇게 기본모순론하고 주요모순론, 즉 모순론 자체의 이론적인 해명을 통해서 박현채 선생이 제시하신 민족문제 해결책이라는 것이 정당화될 수 있지 않을까요?

정윤형 그 경우도 국가를 어떤 독자적인 존재로 설정한다면 그런 식으로 얘기가 되겠지만, 궁극적으로 국가의 성격이 뭐냐고 할 때 독점자본의 이익을 대변하는 기구이다라고 한다면 국가의 문제는 독점자본의 문제로 바꿔서 얘기하는 것이 더 정확하지 않나 하는 생각이 드네요.

윤소영 그렇죠. 예컨대 국가권력, 종속적이고 또 분단을 이용하는 그런 국가권력의 토대는 독점자본이라고 할 수 있습니다—물론 그것은 토착의 독점자본뿐만이 아니라 외국의 독점자본일 수도 있겠죠.

조희연 가령 민족모순이 외적 모순이다, 또는 주요모순이다라고 얘기를 하더라도, 구식민지의 경우와는 달리 신식민지의 상황에서는 외세의 지배 자체가 토착세력과의 연관 속에서 이루어지는 것이기 때문에 외세를 극복한다는 것은 단순히 외세를 지리적으로 배격한다는 차원이 아니라, 외세와 그에 연대된 토착적 제세력에 대한 극복의 문제로 나타나는 거죠. 그러니까 외적 모순의 극복이 내적인 계급갈등으로 나타나는 것으로 정리할 수 있겠죠.

백낙청 그런데 민족모순이 내적이냐 외적이냐 하는 논의는, 한편으로는 지금 윤선생이 정리하신 것처럼 내재화되어 있는 요소를 어떻게 평가할 것이냐는 논의도 되지만, 또 하나는 전혀 다른 식의 문제제기도 있을 수 있잖아요? 분단체제 자체를 민족 내적인 모순으로 보는 견해 말입니다. 다시 말해, 하나의 민족이 둘로 갈라져 있다는 이것이 민족모순의 골자이고 외세의 작용이라든가 외세와 결탁한 내부세력의 작용이 바로 이걸 중심으로 구체화되어 있는 것이라는—이건 식반론의 논리하고도 전혀 다른 시각이면서 윤교수가 말하는 '사회구성체 안에 내재화되어 있는 민족모순'하고도 좀 다른 거지요. 그래서 나는 너무 이론적인 차원에서만 논란을 계속한다든가, 반대로 우리가 이론적 합의에 도달했다고 너무 쉽게 결론내리기보다, 이제는 우리 사회의 주요모순이 어떠어떠하게 설정되었을 때 운동의 주체는 또 어떻게 설정할 수 있나를 좀더 구체적으로—

운동주체의 설정방식

정윤형 앞의 국독자론하고 주자론에서 실제로 구체적인 형태로 정립이 되어 있는지는 의문이지만, 국독자론이 국내 독점자본을 제1차적인 타깃으로 삼는 반면에 주자론은 말하자면 그 본거지가 외국에 있다고 보는 견해차이가 있을 것 같습니다. 물론 국내 독점자본의 지배체제를 강조하는 경우에 있어서도 그 독점자본이 결국 외국 선진자본주의의 독점자본에 예속되어 있다는 것은 인정하는 것이고, 또 선진국의 독점자본이 지배하고 있다고 보는 경우에도 현지 대리인으로서 국내 매판독점자본을 설정하고 있는 것은 틀림없습니다. 사실을 인정하는 점에서는 똑같은데, 실천운동에 있어서 어느 것에 타깃을 두느냐 하는 데 따라서 관점이 달라지는 것, 말하자면 전술상의 차이이죠.

그런 차이가 현실적인 논쟁에서 그대로 제기되지는 못했다 하더라도 궁극적으로는 그런 식으로 논의가 정리되어야 하지 않을까 합니다. 그런 관점에서 본다면, 우리 한국의 현상을 그리고 세계 자본주의체제의 성격을 신식민주의체제라고 할 때, 구식민지시대에는 외국자본에 의한 직접적인 지배가 우위에 설 수도 있었지만 지금은 외국자본이 현지 토착 매판자본을 통해서 잉여를 수취하기 때문에 역시 핵심적 위치에 떠오르는 것은 매판적 국내 독점자본이다, 그렇다면 민족모순이라고 하더라도 얼핏보기에는 외적인 것이지만 그 모순이 내적 모순을 통해서 발현되기 때문에 실천문제의 차원에서 볼 때에도 그것을 역시 내적 모순으로 보아 국내 독점자본을 일차적인 대상으로 삼는 것이 옳지 않느냐 하는 생각입니다. 국독자론의 논리는 이런 실천적인 결론과 이어질 수 있다는 점을 강조하고 싶습니다.

윤소영 우리가 분단상황에 대해서 이야기할 경우에, 분단의 결과가 두 개의 사회구성체냐 아니면 분단에도 불구하고 하나의 사회구성체냐 하는 것이 중요하다는 이유가 여기 있습니다. 왜냐하면 백선생님이 조금 전에 지적하셨던 것처럼 하나의 민족 안의 분단이라고 한다면, 또는 보다 정확히 하나의 국가밖에 없다면(저는 이 경우에는 분단이라는 용어는 남용이라고 생각합니다) 그 민족모순은 아직까지도 외적이죠. 그렇기 때문에 그 외적인 모순을 해결하기 위해서는 별개의 절차와 별개의 수단이 동원되어야겠다는 것입니다. 그리고 심지어는 별개의 주체가 전제되어야 한다는 얘기죠. 그런데 민족모순을 인정하면서도 민족모순이 내재화된다고 얘기하는 것은 지금 정선생님이 말씀하신 것처럼 국내의 매판적인 독점자본이 독자적인 국가권력을 가지고 이 국가권력을 매개로 해서 외국의 독점자본, 국제독점체하고 관련을 맺는다는 인식이거든요. 따라서 여기서 민족문제를 해결하는 방법은 또다른 절차로 제기된다는 거죠. 그러니까 새로운 국민국가를 형성하는 것 또는 국민국가를 완성하는 것이 문제가 아니라 기왕 형성되어 있는 그 국민국가의 성격을 바꾸어나가는 것, 이것이 문제가 된다는 얘기죠. 그렇기 때문에 민족문제를 이야기하면서도 역설적으로, 구체적인 해결방법이 일차적으로 내지는 소극적인 의미에서는 민주화의 문제로서 제기된다는 것을 바로 그러한 맥락에서 이해해야 합니다. 저는 ('민족국가론' 내지 '민족국가완성론'이라기보다는) '민족경제론'의 쟁점이 바로 이것이라고 생각합니다.

조희연 그러니까 제국주의를 극복한다는 것 자체가 국내에 존재하는 연대세력들의 극복을 뜻하는 것이고 그것은 말하자면 그들에 의해서 장악된 국가권력을 새로운 대항세력이 획득해내는 과정이 된단 말입니다. 여기서 문제는, 그런 국가권력의 획득을 위한 싸움의 의미, 싸움의 순서, 싸움의 전망을 어떻게 잡느냐에 따라서 국내 독점자본의 주체성을 강조하느냐 아니면 제국주의의 주체성·우위성을 강조하느냐 이렇게 갈라진다고 볼 수도 있겠죠.

윤소영 저는 단지 그런 문제는 아니라고 생각합니다. 제가 국독자론의 내재적인 비판이라는 관점을 이야기하면서, 더군다나 일반위기론 내지 신식론으로서의 국독자론에도 고유한 문제가 있다고 한 것 중의 하나가 바로 그 점인데, 만약에 민족문제가 순수하게 내재화되었다는 관점을 설정하지 않는다면, 그 해결을 위해서는 무언가 민족적인 단위 이상의 것에 의존할 수밖에 없습니다. 그걸 진영이라고 해도 좋고 또다른 어떤 것이라고 해도 좋고요. 그런데 저는 그러한 이해에는 문제가 있는 게 아닌가 하는 생각에서—그렇다고 해서 국제주의를 부정하는 것은 아닙니다만—민족문제가 내재화되었다는 점을 강조하는데, 말하자면 사슬에 고리가 떨어져나갈 때, 그 이후의 과정이 굉장히 곤란할 수는 있겠지만, 일국적 내지는 민족적 수준에서도 어느정도 그 사회의 성격을 독자적인 방식으로 전화시켜갈 가능성이 있으리라는 그런 의미에서, 그런 전망 때문에 주요모순으로서의 민족문제라는 것 자체가 내재화되었다는 가설을 계속해서 유지해야 한다고 생각하는 겁니다.

갈라져서도 밤낮 싸우는 부부의 경우

백낙청 거듭 하는 얘기지만, 제가 답답하게 생각하는 것은 이론적인 해명에서도 그랬듯이 운동방향의 설정에 있어서도 무언가 너무 양분화가 딱 되어 있지 않느냐는 겁니다. 물론 남북간에 일정하게 다른 사회가 성립되어 있다는 사실을 우리가 부정할 수도 없고 부정해서도 안되지요. 또 반쪽에서나마 성립된 이 국가가 일정한 국민국가적 성격을 띠었고 그것의 실제 내용을 바꿔나가는 일이 우리의 일차적 과제라는 데에도 동의합니다. 그러나 구체적으로 우리의 문제를 풀어나갈 때, 새로운 국민국가의 건설이냐 아니면 이미 이루어진 국민국가의 성격변화냐 이렇게 양단식으로 문제제기를 해가지고는 별로 진전이 없을 것 같아요. 그리고 운동 자체도, 우리가 국가권력의 획득이니 뭐니 말은 듣기 좋게 하고 있지만(웃음) 이래가지고는 뭐가 획득되기도 어려울 것 같고, 또 궁극적으로는 한반도 전역에 하나의 국민국가가 성립되기를 원하는 것이 아직까지는 대다수 남북한 주민들의 바람인데, 그런 바람도 달성이 안될 것 같아요. 일정하게 국민국가적인 성격을 띤 별개의 국가기구와 별개의 사회가 있다는 것을 인정하면서 거기에 내재화된 모순에 대응하는 작업과, 비록 두 개로 갈라졌지만 어떤 한정된 의미로는 아직도 하나의 사회라고 볼 수 있는 측면, 적어도 하나의 민족인 측면을 동시에 감안하면서 이 양쪽을 동시에 풀어나가는 어떤 운동방법이 요청되고 있다고 보아서 분단현실의 이론화라는 요구를 제기했던 겁니다. 그런데 한쪽에서는 통일문제가 민주화운동의 과정에서 말하자면 부수적인 과제로 제기될 수 있다, 다른 한쪽에서는 그것이야말로 지상과제이고 다른 얘기는 필요없다, 이렇게 나온다면 무슨 진전이 있겠느냐 이거예요. 나는 이게 부수적인 과제 이상의 것이되 그것으로 인해서 다른 모든 문제가 사상되거나 단순화되지는 않는 그런 해결책이 있어야겠다는 거죠. 그런데 내가 받은 인상은, 많은 이론가들이 그 양면을 하나로 이론화하기가 어려우니까 이론화의 편의상 하나를 잊어버리고 나머지만 가지고 주요과제를 설정하고, 그래서 이론에 있어서도 교착상태가 오고 운동에 있어서도 한계가 나오지 않으냐, 이런 말이지요.

윤소영 그래서 이 좌담이 진행과정에서 처음에는 두 개를 분리해서 생각했다가, 좀 불충분한 것밖에 안되겠지만, 두 개를 통일하는 한 가지 정식을 제안한 것 아니겠습니까. 말하자면, 민족문제 내지는 민족모순의 이중성을 설정해놓고 그것을 국가의 문제와 연결시켜서 어떻게 해서 민주화문제를 통해서 민족문제도 해결할 수 있는가라는 한 가지 정식을 제시했었는데, 여기서 불행하게도 백선생님 혼자서(웃음) 대안적인 이론화의 가능성을 아직까지도 주장하시는 건데, 다소 오해가 있는 것 같습니다.

정윤형 지금 백선생 얘기를 들으면서 조금은 의문이 풀리는 점이 있습니다. 지금까지 백선생 얘기로는 통일문제를 어떻게든 사회구성체의 차원에 포섭해가지고 설명을 했으면 좋겠다는 그런 의견이었는데 우리의 의견으로는 사회구성체 차원에서는 흡수해서 처리하기 어려우니까 말하자면 다른 차원의 문제로 처리하고 그것까지 포괄하는 어떤 변증법적인 통합이 이루어졌으면 좋겠다는 겁니다. 분할되어 있는 남북을 포괄하는 어떤 사회구성체 개념을 백선생이 제기했는데 기존의 사회구성체 이론을 가지고 그걸 흡수하기가 불가능하다고 하니까 통일문제를 배제하자는 것처럼 느끼신 모양입니다. 아마 윤선생 의견도 그럴 것이고 나도 그걸 배제하자는 것이 아니라 사회구성체이론 차원에서 그걸 흡수하는 것이 어려우니까 다른 차원의 문제로 이를 제기해서 기존 이론체계에 통합하는 작업이 필요하다는 생각이 듭니다. 그렇게 된다면 백선생의 고민도 해결되는 거고 이쪽과의 의견대립처럼 보이는 것들도 해소되는 것이 아니냐, 그런 생각이 듭니다.

백낙청 그러니까 비유를 하나 들어봅시다. 부부간에 싸워가지고 갈라져서, 법적으로나 실질적으로나 별거생활을 하는 걸로 합시다. 그럴 경우에 이 두 사람이 별개의 세대를 이루고 있다는 걸 부인하자는 건 아닙니다. 별개의 호적이 있는지도 몰라요. 그런데, 실질적으로 이혼을 하기는 했는데 둘이서 이웃에 살면서 밤낮 하는 일이라는 게 만나서 싸우고 또 밖에 나가서 다른 사람 만나서도 상대방 욕만 하고,(웃음) 하여간 갈라진 다음 대범하게 따로따로 살아가지 못하고 그 인생이 계속 두 사람간의 대치관계로 좌우되고 있단 말이죠. 그리고 어쩌면 그 저변에는 아직도 정말 사랑하기 때문에,(웃음) 재결합을 원하기 때문에 그럴 수도 있고, 또는 자식들이라든가 제반상황으로 봐서 반드시 다시 합칠 수밖에 없는 사람들일 수도 있단 말이에요. 그런 경우에 이 두 사람이 어떤 의미에서는 아직도 한집안이다라고 말하는 것이 그 두 사람이 경제적으로나 주민등록상으로나 별개 가구라는 사실을 부정하는 그런 비과학적인 논의가 아니고, 그것은 일단 인정하지만 이게 원래부터 남남인 두 개의 세대가 따로따로 산다든가 이웃간에 사이가 좀 안 좋다든가 또는 이혼을 했더라도 정말 원만한 합의이혼을 해서 사는 사람들하고 같은 차원에서 얘기할 수 없지 않느냐, 이런 얘깁니다. 그래서, 제가 남북한이 딱히 하나의 사회구성체라고 주장하는 것이 아니라, 두 개의 사회구성체라고 너무 간단하게 얘기하지는 말자, 별개의 사회구성체라고 하더라도 이건 어떤 의미에서는 아직도 하나인 면이 있고 또 궁극적으로 하나가 되지 않고는 그 자체로서도 제대로 사회구성체 노릇을 길게는 못할 그러한 사회구성체라는 측면을 인정하자, 그런 얘기였죠.

이걸 구체적인 운동방법과 관련시켜서 생각해보면 좀더 분명해질 수 있지 않을까 합니다. 말하자면, 운동방법에 있어서는 한편으로는 통일논의라는 것은 부수적이고 우리 내부의 민주화라든가 민중혁명이라든가 하여튼 남한 내에서만의 그런 변혁이 선행된 다음에 북쪽하고 교섭해서 합의가 되면 통일하고 안되면 뭐 그냥 따로따로지만 좀더 사이좋게 살아간다, 이렇게 보는 논리도 아니고, 다른 한편으로 여기는 식민지니까——우리가 이따금씩 수사적으로 식민지 운운하는 그런 뜻에서가 아니라 엄밀한 의미의 식민지니까 무슨 식으로든 식민지해방이 선행되어야 한다는 논리도 아니고, 한국 내부에서의 변혁운동은 그것대로 추진하면서 어떻게든지 이 분단체제 자체를 조금이나마 더 허물어가는 것도 그것 자체로서 민주·민중운동의 일부로 삼는 그런 방식이 되는 거죠. 이건 어떻게 보면 더 복잡하고 어지러운 방식이지만, 그만큼 더 창의적이고 신축자재한 대응을 요구하는 셈이지요. 예컨대 다른 맥락에서라면 단순히 개량주의적인 시민운동에 불과할 수 있는 그런 부분도 새롭게 인식하고 더 큰 비중을 줄 수도 있습니다. 그것이 통일운동이라는 근본적 변혁운동의 유기적 일부가 됨으로써 그 성격이 달라지는 거죠. 가령 반핵평화운동 같은 것 말이에요. 서방세계에서라고 다 그런 건 아니지만 거기서는 많은 경우 이게 부르주아적 양심에 입각한 시민운동의 성격에 머물고 있는데, 이곳에선 어떤 의미에서는 반민중적 체제에 대한 가장 아픈 타격이 될 수 있단 말이에요—물론 그것만 가지고 뭐가 된다는 얘기는 아니지만. 그래서 이런 시민운동이나 기타, 소위 부르주아적 기본권을 위한 싸움들도 민중운동·민족운동의 일부로서 새로운 의미를 띠게 될 것이고, 이런 것들이 단순히 여러 부문운동들을 나열하는 식이 아니라 말하자면 이 사회구성체의 기본적인 특성에 대한 과학적 인식에 입각해서 그런 민중연합을 구성하고 여러 부분의 연대투쟁을 주도해나갈 수 있는 가능성도 열리지 않는가 하는 생각입니다.

조희연 저는 분단의 극복 내지 통일이라는 것이 우리의 궁극적 과제의 하나라는 점에서 분단문제를 우리 현실의 과학적 그리고 동시에 구체적인 분석을 위해서 도입해야 된다는 것을 인정합니다. 또한 백선생님이 강조하시는 대로 통일이 대다수 국민의 압도적 열망이 되어 있고 현체제가 분단고착적이라는 인식이 광범위하게 확산되어 있는 상황에서, 현재의 사회운동이 통일문제를 장기적인 과제 정도로 설정하는 소극적 태도를

버리고 현단계 사회운동의 진전을 위한 풍부한 잠재적인 저항 에너지원(源)이라는 인식을 가지고 그것을 구체적인 실천의 과정에서 활용해야 한다는 점에 동감입니다. 그러나 그러한 실천적 활용에 있어서는 심각한 정치적 고려가 요구되지 않는가 싶습니다. 저는 오히려 당면 민주화의 과제가 해결되는 바탕 위에서 백선생님이 얘기하는 그러한 가능성이 폭넓게 열리지 않을까 생각합니다.

윤소영 그렇죠. 그런데 민족문제에 있어서는 차별적인 입장을 가졌던 두 개의 입장이 당면과제에 있어서는 민주화로 수렴이 된다는 얘기는 좀 수수께끼 같은 생각이 듭니다. 그래서 둘 중의 하나가 말하자면 오류를 범하는 게 아닌가, 그런 생각이 듭니다.

정윤형 그래요. 과거의 이론을 고수하면서 결론만 하나로 모았다면 과거의 이론이 뭔가 잘못되었다는 얘기가 되죠.

백낙청 하기야 둘 중의 하나만이 아니라 양쪽 다 부족했을 수도 있지 않습니까? 양쪽이 반반씩 잘못했다는 무책임한 이야기가 아니고, 적어도 명백히 제시된 운동목표들부터가 뭔가 실감이 부족할 때가 있거든요. 물론 민주화라는 당면의 목표에는 거의 누구나 공감하지만, 다음 단계에 민중권력을 획득하고 나서 민족문제를 해결한다는 발상만 하더라도, 처음부터 통일운동을 겸한 광범위한 민족운동으로 진행되지 않고서 그게 과연 어느 정도 성공을 할 것인가 의문이 생깁니다. 물론 그것이 유일한 길이라는 확증이 있다면 이러고 앉아서 성공할까 안할까 묻고 있는 게 무책임한 태도겠지만, 도대체 어디서부터 어디까지가 하나의 사회구성체인지도 합의가 안된 상태에서 특정 사구체론에 입각한 계급동맹 운운해봤자 반대쪽의 동맹만 더 넓혀줄 위험이 있지 않은가, 이런 문제가 있고…… 다른 한편으로 전술적인 차원에서만 무슨 민주적인 연합세력을 만들어서 그것을 제국주의에 대한 직접투쟁의 하나의 디딤돌로 삼는다고 할 때도, 그것도 좀 현실성이 부족한 것이, 전술적인 연합의 대상으로 설정된 사람들이 다 바보는 아니거든요. 처음부터 그런 식으로 전술적으로 나오는데 반드시 그 전술에 놀아나줄지, 이런 문제도 있단 말이에요. 좀더 일반화해서 얘기하면, 어느 운동이나 궁극적으로 성공하기 위해서는 실제로 다수 국민들의 바람에 진실되게 부응함으로써 여러 세력들간의 가장 폭넓은 연합이 이루어지면서 동시에 그 연합의 성격을 가장 올바로 체득하고 있는 세력의 주도성이 확립되어야 하는데, 그러기 위해서는 한국사회가 분단된 사회라는 기본적인 성격에 대해 과학적인 이론이 나와야겠다는 거죠.

민중사회학 논쟁과 중산층론

시간이 많이 흘렀습니다. 이제 다음 얘기로 진전을 시켜보죠. 운동주체와 관련해서 최근에 중산층의 역할에 대한 논의도 많이 있고 사회학계에서는 민중사회학에 대한 논의가 제기되고 있는데, 그 문제를 잠깐 짚고 넘어가면 어떨까요.

조희연 먼저 최근 『신동아』 4월호에서 논쟁되었던 민중사회학에 관한 논의를 해보겠습니다. 주지하다시피 민중사회학은 70년대적 상황에 대한 치열한 지적 대결의 결과로 나타난 70년대적 사회비판이론이라고 볼 수 있겠습니다. 지금까지 우리가 사구체논쟁이라는 이름으로 논의해온 것은 70년대적인 사회인식을 뛰어넘어 좀더 심화된 사회인식을 가져보자는 것이었고 그럴 때 그 내용은 무엇인가 하는 물음이었다고 볼 수 있을 겁니다. 그렇기 때문에 민중사회학이 70년대적 상황의 일정한 반영이자 70년대적 인식지평의 제약을 받고 있었다고 할 때, 보다 심화된 80년대적 인식을 내적으로 담보해내지 않으면 안되겠다는 생각을 할 수가 있는 것이죠. 그런 각도에서 민중사회학 심화의 방향은 한국경제에 대한 정치경제학적 접근방식과 한국사회의 집단관계에 대한 계급론적 분석 그리고 이론의 계급적 당파성을 주장하는 변혁적 전망을 보다 확실히 하는 것이 강조되는 것 같은 생각이 듭니다. 이것은 민중사회학의 원칙론적 발전방향이라고 얘기할 수 있겠는데요, 우리가 이상에서 논의해온 사구체 논의와 관련시켜 한층 구체적으로 그 내용을 얘기해본다면, 먼저 앞서 한국사회에 자본주의적 계급분화가 진전된다는 사실을 얘기했었는데, 그러한 사실을 전제할 경우 민중은 계급적으로 미분화된 피지배층 일반이 아니라, 노동계급을 기본구성으로 하는 여러 계급의 연합체로 파악해야 한다는 것을 의미하게 됩니다.

또한 민중사회학에서는 즉자적 민중과 대자적 민중을 구분하고 후자를 정치의식을 갖는 깨어 있는 민중으로 규정하는데, 80년대적 인식지평에서 볼 때 바로 그 깨어 있는 정치의식의 내용이 자본주의적 현실에 대결하는 의식으로 발전하지 않는 한 민중사회학의 민중개념은 포퓰리즘적 발상을 벗어나기가 어렵다는 것입니다. 그다음 그간의 사구체 논의에서도 명확해졌듯이 한국사회의 주요한 모순으로서 민족문제가 존재하며 그것에 대한 치열한 인식이 필요하다는 점입니다. 그런데 70년대까지는 민족문제가 저항적 인식의 지평 위에 떠오르지조차 않았으며 외세는 우호적 실체로 비쳐졌습니다. 민중사회학도 바로 이러한 수준의 민족문제 인식 위에서 정립된 것이므로, 진일보한 인식이 요구된다는 점입니다. 이상과 같은 민중사회학에 대한 몇 가지 논의는 비단 민중사회학에만 머무르지 않고 사회과학계 일반에서 70년대적 의식을 극복하는 문제를 지적하는 것으로 볼 수 있을 것 같습니다.

이상은 민중사회학의 이론적 측면인데, 다른 한편 민중사회학 논쟁에서 제기됐던 문제는 중산층의 개혁적 성격에 대한 것입니다. 이는 한상진(韓相震) 교수가 박현채 선생의 민중론과 한완상(韓完相) 교수의 민중론을 비판한 것으로 촉발되었던 것 같습니다. 박선생은 계급론적 시각에서 노동자·농민·도시빈민을 주요구성으로 하는 민중개념을 제시한 바 있습니다. 한완상 교수는 소외론적 각도에서 정치적 권력으로부터 철저하게 배제된 민중개념을 정치적 민중으로 파악했습니다. 한상진 교수는 바로 이러한 양극모델적 파악은 중산층의 정당한 성격을 포착하지 못한다는 것입니다. 그러면서 중산층의 강렬한 변화·개혁열망을 근거로 하여 중산층을 민중범주에 포함시킬 것을 제안하면서 중산층이 주도하는 개혁의 필요성을 제기하고 있는 것 같습니다. 특히 87년으로 넘어오면서 여야의 대립이 극단상황으로 치닫는 것 같은 상황 속에서 타협과 대화를 통한 온건하면서 점진적인 개혁을 주도할 수 있는 층은 중산층이라고 하는 논의를 제기하고 있습니다. 역설적으로 한편에서는 민중운동의 발전 그리고 민중을 주체로 하는 변혁의 전망들이 자리잡아가고 있는데, 다른 한편에서 중산층 주도의 개혁론이 제기됐다는 것은 흥미롭다고 하겠습니다. 이러한 논의에 대해서는 먼저 중산층적 개혁론의 문제점, 중산층주도론의 이데올로기적 성격에 대해 문제제기가 있었던 것 같습니다. 즉 지금 같은 개헌국면에 있어 한국사회 재편의 내용이 중산층적으로 이루어진다고 할 때 과연 현재 제기되는 문제를 일정하게 수용·해결할 수 있느냐 하는 점이며, 또한 현재의 중산층적 대안이라는 것이 원래 집권층 내부의 온건파가 양보하려고 했던 것의 한 표상이고 합리화가 아니냐 하는 점입니다. 그렇기 때문에 중산층적 개혁을 넘는 민중적 대안이 요구된다는 반론이 제기되었던 것 같습니다.

그리고 중산층을 민중에 포함시키느냐 않느냐의 문제는 그냥 분석자의 자의에 의해 결정되는 것이 아니라, 현재 한국사회의 주요한 과제를 무엇으로 보느냐에 따라 달라진다는 반론도 제기되었던 것 같습니다. 즉 "(자본주의적 재편을 경험한 현 한국사회에 있어서) 민중은 노동계급을 기본구성으로 하면서 한국사회의 주요모순에 대응하는 제계급 연합"으로 규정될 수 있기 때문에, 그 당면 주요과제를 무엇으로 파악하느냐에 따라 민중의 외연이 달라진다는 반론인 것입니다. 의외로 한상진 교수의 민중규정이 주관적이지 않은가 하는 반론이 제기되었던 것 같습니다.

윤소영 그렇다면 오히려 '민중사회학 논쟁'이라기보다 '중산층논쟁'이라고 불러야 하지 않을까요? 말하자면 정치변혁에 있어서의 중산층의 위치와 역할에 대한 논쟁이라는 점에서……

조희연 그렇죠.

윤소영 정선생님 어떻습니까, 60년대 경제발전에 있어서의 중산층 문제에 대한 유명한 논쟁이 있지 않았습니까?

정윤형 그건 정책적인 차원에서 제기되었던 문제니까 다소 성격이 다르지요. 그런데 이 문제는 주변부자본주의론에서의, 소위 도시비공식부문의 팽창이라는 걸 내세우면서 고전적인 이론도식이 안 맞지 않느냐는 주장과 비슷한 데가 있는 것 같습니다. 우리의 경우를 보더라도 민중역량이 축적되어온 70년대에 중산층이라고 할 만한 계층에서 운동에 기여한 바는 상대적으로 적었고 밑바닥의 민중 속에서, 노동운동에서만 보더라도 조직운동보다는 비조직운동 쪽에서 주도해왔고 농민운동은 이주 기층 쪽에서 운동역량이 축적되어왔습니다. 그러므로 이제 와서 중산층이 나름대로의 개혁의 기치를 들고 나온다고 해도 설득력도 없고 사회적인 반향도 없지 않겠어요? 오히려 그동안의 고도성장 과정에서 확대된 소위 부유층들의 변혁에 대한 두려움이 중산층이라는 미명하에 마치 사회의 양식을 대표하는 어떤 집단이 존재하는 것처럼 허상을 만들고 있는 것이 아닌가 합니다.

백낙청 저는 중산층의 '주도성'이라는 것과는 별도로, 중산층의 보수성을 너무 단순하게 전제하지는 말자는 이야기는 상당히 설득력이 있다고 봅니다. 그 점에 대해서는 조희연씨도 『신동아』 특집에서 자기비판을 어느정도 하셨더군요. 더군다나 중산층이라 하면 흔히 유복한 중산계급을 생각하는데, 그게 아니고 가령 서관모(徐寬模) 교수가 이번 『실천문학』에서 분석했듯이 여러 중간계층들을 설정하고 각 중간계층의 계급적 성격을 검토하면서 그 각각의 성향을 구체적으로 검증하는 가운데 변혁운동에 참여할 가능성을 가늠해보는 것은 앞으로도 더 필요한 일이라고 봅니다. 그런데 오늘 우리의 논의에 비추어볼 때 민중사회학 논쟁의 대표적인 참가자 두 분이 모두 자본주의라는 인식틀을 기본으로 삼지 않고 있다는 공통점이 눈에 뜨이지요. 그러다 보니, 특히 한상진 교수의 경우는 그런 인식틀을 활용하는 것이 곧 민중을 노동자·농민·도시빈민으로 '한정'시키는 게 아니냐는 기우를 품게 되고, 오늘 여러분들이 설명해주셨듯이 자본주의라 해도 국가독점자본주의의 단계에 오면 오히려 광범위한 민주연합이 전개된다는 점을 간과하는 게 아닌가 합니다.

조희연 이런 점은 생각해볼 수 있을 것 같습니다. 민중적 입장에 선다고 했을 때, 특히 우리가 자본주의적 인식을 전제로 했을 때, 결국은 현재 변혁의 주체, 변혁의 가장 기본적인 구성은 노동계급이고 그다음에 농민 그리고 도시빈민을 포함한 구성을 갖고 있는데, 지배층과 이 민중의 중간에 위치하는 중간제계층을 민주변혁과 관련하여 어떻게 정치적으로 획득해야 하는가 하는 점입니다. 이 점을 정확히 하기 위해서는 먼저 중간제계층이 어차피 다양한 범주들로 이루어진 것이기 때문에 중간제계층을 구성하는 계층의 계급적 성격을 명확히해야 할 것으로 봅니다.『실천문학』에 실린 서관모씨 논문에서는 중간층을 신중간계층과 구중간계층으로 나누고, 특히 신중간계층의 경우는 그 하위구성부분으로 국가부문종사자·민간부문종사자·인텔리층으로 나누고 있습니다. 이 각각의 계급적 성격에 대한 정확한 파악 위에서 이들의 정치적 획득 문제가 정당하게 고려되어야 하리라고 봅니다.

그런데 이 중간제계층의 정치적 태도에 대해 최근까지도 민중론적 시각에서는 친체제적인 보수적 성향을 띠는 것으로 생각해왔습니다. 그리하여 중간제계층에게 체제변혁의 요구와 이를 위한 운동의 잠재력이 광범위하게 분포되어 있음을 보지 못했던 것이 사실입니다. 그에 대한 깨달음은 아무래도 2·12총선(1985) 결과를 보면서 나타나게 되었다고 하겠습니다. 저는 특히 신중간계층의 경우 객관적인 사회적 관계상 모순적 위치에 있음으로 체제동조적 의식과 체제지양적 의식이 공존하는 의식의 이중성이 있지 않을까 생각해봅니다. 이에 대해 정권담당자의 입장에서는 그러한 중간계층의 개혁열망이 급진화하지 않도록 하면서 체제 자체의 수정이 일어나지 않는 범위 내에서 적극적으로 수용하려 할 것이고, 급진적인 사회운동세력의 입장에서는 그러한 개혁열망을 사회에 대한 급진적 변혁의식으로 고양시키려 할 것입니다. 따라서 현재의 문제는 그러한 중간계층의 개혁열망을 어떤 방향으로 수용할 것인가 하는 점이 될 것입니다. 그런 의미에서는 오히려 중산층론과 동차원에서 대립하기보다는 중산층론의 문제제기를 민중론적 시각에서 수용해버리는 방향에서 노력하는 것이 필요하다고 생각합니다.

윤소영 만약에 그런 식으로 문제를 제기한다면 저는 사회구성체에 대한 논의하고 전혀 무관한 게 아니라는 생각이 듭니다. 그러면서도 민중사회학이라든지 아니면 사회학적인 계급분석이라든지 하는 데서 제기되었던 몇 가지 논점 중에서 제가 좀 불만스럽게 생각했던 것은 이런 개념들입니다. 중산층이라는 개념은 말할 것도 없지만 중간계층이라는 말도⋯⋯ 사실은 그게 말일 따름이지 개념은 아닙니다. 중산층이라고 한다면 유산자냐 무산자냐, 말하자면 재산소유 내지는 소득수준을 기준으로 사회계층을 분류하는 건데 사회학에 고유한 비과학적인 분류법이라는 생각이 듭니다. 중간계층이라고 하더라도 결국 마찬가지입니다. 우리가 기본모순을 계급적대라고 얘기했을 때 그것은 곧 사회에 기본적인 계급이 있다는 의미입니다. 그런데 중간계층이라고 하면 그 기본적인 계급 사이에 뭔가 불안정한 상태로 포착되어 있는 또는 뭔가 분류되지 않은 상태로 있는 그런 계층이라는 인상을 주거든요. 더욱이 중간계층을 획득한다는 것은 계급동맹의 문제, 말하자면 대중운동 속에서 헤게모니를 잃지 않으면서 그 토대를 넓혀가는 문제인데, 단순한 중간계층이라는 표현으로는 이것을 제대로 제기할 수 없을 것 같습니다. 왜냐하면 우리가 언급했던 것처럼 그 중간계층 안에는 독자적인 요구를 갖는 농민이라는 계층이 있고, 농민 안에도 물론 내적인 분화가 있습니다. 그리고 농민이 아닌 소생산자 계층이 있는데 이 계층도 변혁과정에서 또한 독자적인 요구를 가지고 있을 것입니다. 그리고 또 농민도 아니고 소생산자도 아닌 광범위한 임금생활자라는 계층, 소위 지식노동자뿐만이 아니라 지식인까지도 포함되는 광범위한 부류가 있거든요. 그것들을 뭉뚱그려서 중간계층이라고 얘기한다는 것은 제가 생각할 때는 좀 문제가 있지 않은가 하는 겁니다. 앞으로 중산층이라든가 중간계층에 대한 논쟁이 생산적으로 전개되기 위해서는 단순한 통계분석이나 그것을 보충하는 의식분석이 아니라 정치경제학적 개념의 운용이 필수적으로 요구되리라는 것이 저의 소감입니다.

조희연 사실은 중산층이라는 개념의 문제점, 나아가 그것의 이데올로기적 성격까지도 저는 인정합니다. 그래서 자본주의적인 기본 계급관계를 전제로 해서 그 중간에 존재하는 다양한 범주들을──물론 그들의 계급적 이해관계는 상이할 수 있겠지요──중간제계층으로 얘기하는 것입니다. 이때 중간제계층의 경우도 도시 내부에 존재하는 경우와 농촌 내부에 존재하는 경우를 구분해서 말할 수 있겠지요. 그리고 지금 말씀하신 대로 농촌은 토지소유관계를 매개로 해서 모순의 규정을 달리 받는 거니까, 그래서 나름대로 별도의 경제적인 이해관계에 규정되는 면이 있으니까, 구별해서 봐야 된다는 점에서는 동의를 합니다.

민주주의 이념을 새롭게 정립할 필요

백낙청 농민문제도 제대로 이야기하자면 따로 한참 해야겠고, 그밖에 도시빈민문제라든가 여러가지가 많겠습니다만 이제는 좀 서둘러서 좌담을 마무리지을 때가 된 것 같습니다. 이제 마지막으로, 우리의 당면과제가 민주화라는 데는 견해차이가 없었는데 이 민주화 문제에 대해 몇 마디 덧붙이는 선에서 마무리를 지어보지요.

정윤형 서구 자본주의 발전과정에서 민주화라고 한다면 결국 부르주아혁명을 얘기하는 건데, 우리 같은 경우는 아까도 얘기했습니다만 선진국의 영향을 받았건 어쨌건 여러 단계에 걸쳐서 점진적으로 그런 문제들을 해결해왔고 그러므로 여기서 미해결의 형태로 남아 있는 서구적인 형태의 부르주아혁명을 재현하는 것은 아닐 것이라고 생각합니다. 서구의 여러가지 민주적 제도들이 마련되어 있음에도 불구하고 실제 국민의 의식이라든가 권력의 성격 등등을 고려할 때는 역시 민주화라는 것이 중요한 과제임에 틀림없습니다. 그러나 그동안 민중이 쌓아온 역량이나 역사적 발전단계에 비추어보면 이제 서구 시민혁명기에 성취한 민주화 이것만 가지고서는 민중의 요구를 충족시키지 못한다는 데에 문제가 있는 것 같습니다. 노동운동, 농민운동을 비롯한 기층 민중운동이 70년대 이후 상당히 고양되어왔는데 그 요구를 수용하지 못하는 한 형식적 의회민주주의 제도의 도입만으로 민주화가 달성될 수 없다는 것만은 분명한 것 같습니다. 그러니까 지금 우리나라의 민주화 과제에는 광범위한 사회적인 요구들이 내포되어 있다고 봅니다.

윤소영 최근에 민주주의라는 문제에 대해서 우리의 인식이 상당히 발전한 것 같습니다. 확실히 그것은 논쟁상황 자체가 첨예화되고 무엇보다도 현실의 운동 자체가 발전되었기 때문인 듯합니다. 지금 정선생님께서 말씀하신 것처럼 얼마 전까지만 하더라도 민주주의 하면 부르주아혁명의 전유물이라는 식의 생각이 지배하고 있었거든요. 그러나 실제로 조금만 역사를 거슬러 올라가 보더라도, 민주주의의 내용이 시대에 따라 나라에 따라 변한다는 것을 알 수 있습니다. 가령 후발 자본주의국에서는 선발 자본주의국에서 보장되었던 부르주아민주주의적 권리들 자체가 보장되지 못했던 사례가 많지만 또한 동시에 예컨대 바이마르헌법이 국민의 기본권 문제뿐만 아니라 민중의 생존권 문제까지도 제기한 최초의 헌법이라는 것도 우리는 알고 있지요. 다시 말해 후발 자본주의국에서는 선발자본주의국과 구별되는 고유한 민주주의 문제가 제기되었다는 겁니다. 그리고 너무나 잘 아는 얘기지만 식민지·종속국 경우의 민주주의 문제, 말하자면 새로운 민주주의의 문제라는 것은 단지 민중의 생존권 문제뿐만 아니라 민족의 자결권이라는 차원에서 제기되었습니다. 그래서, 아까도 나온 얘기지만, 민주주의라는 것이(물론 그 이중성을 경계한다는 전제하에서) 그 사회구성체의 발전단계라든지 특정한 발전단계 내에서의 구체적인 정세에 따라 변혁의 과제를 담아내는 가장 포괄적인, 가장 광범위한 동맹세력을 규합해낼 수 있는 그릇, 그런 틀이 아닌가 생각합니다.

조희연 식민지종속형 자본주의 발전을 겪는 나라에 있어서 민주적 과제의 해결 주체가 이미 민족자본가의 손을 벗어나 민중의 손으로 이전되었다는 것, 진정한 의미에서 민족적·민주적 과제를 해결할 수 있는 계층이 민중이라는 것을 새롭게 확인해야 한다는 생각이 듭니다. 현단계에서 민주주의혁명이라는 것이 가장 핵심적으로 부각된다고 보는데, 의외로 이 민주화가 요구되는 요인이 상당히 다방면에서 제기되었던 게 아닌가 싶어요. 예를 들면 남미 같은 경우에 형식상이긴 하지만 제한된 민주화가 이루어지는 과정이, 사실은 민중적인 힘이 일차적으로 전제가 되는 것이긴 하지만, 여타의 다른 요인들도 다각적으로 작용했습니다. 예컨대 지배블럭 내에서도 민주화를 통한 재편을 갈망하는 측면이 있었다는 점을 들 수 있겠습니다. 지배블럭이라는 것이 남미에서는 독점자본과 군부의 결합으로 인식되는데 먼저 군부의 강압적 통치의 장기화 때문에 군부에 대한 피지배세력의 반감이 광범위하게 존재하게 됩니다.

그다음 식민지종속형이긴 하지만 자본주의적 발전과정을 통해서 독점자본의 토착적 힘 또는 사회적 헤게모니라는 것이 일정하게 강화됨으로써 상급동반자로서의 군부와 하급동반자로서의 독점자본의 관계를 일정하게 역전시키려는 요구가 나타나게 됩니다. 이러한 상황에서 남미에 대한 미국의 안정적 지배가 위협받는 상황 속에서 일정한 재편을 통해 남미의 정치적 동요를 안정화시켜야 할 필요가 나타나게 됩니다. 이렇게 남미의 경우를 보면 민주화의 요구라고 하는 것이 상당히 여러 곳에서 제기되는 것임을 상기할 때, 민주변혁의 과정에서 그런 제반의 원동력을 전술적으로 끌어내는 개방적인 노력이 상당히 필요한 게 아닐까 하는 생각입니다.

백낙청 저는 앞서도 몇번 시도했다가 실패한 얘기를(웃음) 계속 좀 해야 겠습니다. 민주주의의 이념이나 민주화의 과제를 설정하는 데 있어서도 우리 사회가 분단사회라는 성격을 처음부터 감안해서 설정해야 하지 않을까 합니다. 지금 정선생도 지적하셨고 다른 분들도 지적하셨듯이 식민지종속형 자본주의에서 일반적으로 그렇지만 더구나 분단국에서 시민계급의 주도에 의한 고전적인 민주주의 혁명을 추구하는 것은 비현실적이라는 데에 저도 물론 동의합니다. 다만 아까 얘기하던 분단사회의 양면성, 헤게모니 자체의 양면성이라는 것하고 관계되는 얘기인데, 어떻게 보면 자본의 헤게모니가 너무나 강력해서 이에 대한 아주 근본적인 도전이라고 할까 그런 것 없이는 그 논리를 뒤집어엎을 수 없는 면이 있고, 다른 한편에서는 이게 워낙 취약하고 그 자체가 제대로 된 부르주아적 헤게모니가 아니기 때문에 오히려 고전적인 자유주의의 문제제기 비슷한 것이— 말하자면 부르주아적 헤게모니를 확립하려는 노력을 닮은 것이—오히려 직접적인 도전이 되고 그 가장 아픈 데를 찌르는 측면이 있는 것 같습니다. 그래서 우리가 설정하는 민주주의의 이념도 그것이 고전적인 부르주아민주주의일 수는 결코 없는 동시에, 고전적인 민중민주혁명이랄까 그런 것하고는 좀 다른 면이 있어야 할 것 같아요. 사실 이것은 고전적인 시민적 민주주의가 세계사적으로 존재할 수 없게 된 시대의 일반적인 특징이랄 수도 있지요. 바로 그렇기 때문에 우리 사회가 갖는 어떤 점에서 기형적인 특성이 실은 이 시대 자본주의 위기의 일반적인 특성하고 일치한다고 아까 말했던 거죠. 가령 '권리장전' 같은 것을 엄격히 존중해주면 미국이나 영국 같은 사회도 지금처럼 존속하기 어렵게 되어 있지 않습니까? 그러니까 분단사회 고유의 특징이라는 게 세계 어느 곳에도 없는 기현상이라기보다 어떤 일반적인 왜곡현상이 특별하게 잘 드러났다고도 말할 수 있지요. 가령 외국군대가 자기 나라 영토에 오래 주둔하면서 자국군의 지휘권까지 갖는 것이 바람직하지 않다는 건 그야말로 고전적 부르주아 국민국가의 이념이 아닙니까?(웃음) 그런데 이런 고전적인 이야기를 자칫 잘못 꺼냈다가는 무슨 소리를 들을지 모른단 말이에요. 이런 상황이니까 고전적인 자유주의적 요구도 더 강력하게 제기해보자는 것인데, 저는 특히 이것을 단순히 전술적인 차원이 아니라 분단사회의 특수성에 대한 이해와 더불어 자본주의에 대한 일반적인 이해와도 연결을 지어야 되고 또 그렇게 연결될 수 있지 않겠느냐는 점을 강조하려 했던 겁니다.

정윤형 지금 필리핀이 겪고 있는 과정에 유의해야 할 것 같습니다. 필리핀 사회가 가지고 있는 근본적인 문제들에 대한 해결은 아직 유보되어 있는 상태에서 형식적인 민주주의 절차만이 유지되고 있거든요. 그러나 그것 자체를 궁극적인 민주화로 생각하는 사람은 없을 거란 말입니다. 필리핀에서도 이건 하나의 잠정적인, 말하자면 과정에서 필요한 것일 뿐이지 궁극적인 목표는 앞으로 해결되어야 할 문제겠지요. 그렇기 때문에 우리나라의 경우도, 백선생이 강조하는 것도 아마 그걸 거예요, 그러한 절차 또는 과정에서의 민주주의에 대해 의미를 부여하는 것은 필요하다고 생각합니다. 민주화를 강조하는 대부분의 사람들 중에 의회민주주의 제도의 도입만으로 모든 문제가 해결되리라고 소박하게 생각하는 사람들은 적을 것이라고 봅니다.

윤소영 그러면서 실제로 민중의 요구를 채워줄 수 있는 민주주의는 국민의 기본권, 민중의 생존권, 민족의 자결권, 이것들을 보장해주는 민주주의라야 된다는 것인데, 특히 아까 얘기했던 민족문제와 관련시켜서 이야기를 하자면, 저는 바로 그런 점에서 올바른 민족적인 요구를 수렴해주는 민주주의라는 것은 단순히 대외종속의 문제뿐만이 아니라 민족분단에 대한 아주 자연스러운 논의를 보장해주고 민중의 요구에 따라서 그걸 실현해줄 수 있는 그런 민주주의일 수밖에 없는 게 아닌가라고 생각합니다.

조희연 지금 민주화라는 것이 시민적 민주주의를 달성하는 것이 아니라고 이미 전제가 된다면, 현싯점에서 상정할 민주변혁의 내용이 뭘까, 이것을 한번 생각해봐야 할 것 같아요. 그러기 위해서는 민주화의 문제가 제기되고 있는 현국면의 성격을 좀 확인해볼 필요가 있습니다. 크게 보면 한편에서 외세와 군부세력을 포함한 지배세력의 변용·재편의 의도가 있고, 다른 한편에서 민중운동세력의 요구가 있는 겁니다. 어쨌든 현체제에 문제가 있다는 것은 양쪽이 다 인식하고 있고, 이 문제를 일정한 정도 해소하는 방식의 모색과정이 바로 지금 민주화의 과정인 셈이죠. 집권층의 입장에서 보면 그간 60년대, 70년대, 80년대의 과정을 통해서 드러나듯이 자본주의적 수탈관계를 일정하게 완화시켜야 될 필요 같은 게 있단 말입니다―그렇게 안하고는 견딜 수가 없으니까, 정치적 자유 같은 것도 어느 정도 허용하는 이런 등등의 제한적인 재편을 통해서 현체제를 일정하게 안정된 체제로 바꾸는 시도가 지배블럭의 의도에서도 나오고 있는 것이죠. 다른 한편에서, 이에 대응해서 한층 차원높은 변혁의 가능성을 담보하는 정치적 공간을 획득하려는 목표에서 민중운동세력은 싸우고 있는 것 같습니다. 이 위로부터의 힘과 아래로부터의 힘이 각축하고 있는 국면이 현재의 민주화국면인데, 요는 그 결말이 어떻게 나느냐에 따라서 민주변혁의 성격이 규정되는 것이겠죠. 이제 그런 각도에서는 어쨌든 현단계로서는 이것이 미봉적인 개혁이 아니라 보다 차원높은 개혁, 그리고 보다 차원높은 개혁을 견지해낼 수 있는 대중의식의 진전이 이루어지는 계기로서의 민주화가 되도록 노력해야 된다고 생각합니다.

학술운동의 과제 및 '문학적 능력'의 문제

백낙청 당면과제에 대해서도 대강 말씀을 해주신 셈인데, 거기에 덧붙여서 학문이나 문학을 하는 우리들 자신의 직접적인 문제, 학술운동이라든가 문화운동과 관련해서 누가 좀 말씀해주시고 끝내면 어떨지─학술에도 운동이 있는 건지 모르겠습니다만……(웃음)

조희연 물론 노동운동이나 농민운동을 얘기할 때 함축하는 운동의 의미하고는 조금 다르겠지요. 저는 사회의 각 영역에 있는 사람들이 자기가 자리잡고 있는 곳에서 조그마한 자기 몫을 성실히 줄기차게 그러면서도 전체적 흐름과 유리되지 않게 수행해내는 것이 필요하다고 생각하며, 그런 점에서 학계에 자리잡고 있는 분들도 마찬가지로 생각합니다. 그래서 학술운동과 관련해서 얘기를 좀 하고 싶은데요. 80년대 이후에 전반적인 민중운동의 성장에 자극받으면서 보수적인 학계에서도 일정한 자기반성의 흐름들이 나타났고, 그런 것들이 크게 보면 비판적 아카데미즘 또는 학술운동·과학운동이라는 형태로 정형화되어가고 있는 것 같습니다. 다시 말해, 전반적인 민중운동의 고양과정, 식민지종속형 자본주의 발전을 겪는 사회의 변혁과정에서 공부하는 사람들이 기여할 수 있는 부분들이 과연 뭘까 하는 것들이 논의되는 것 같습니다.

지금 학계가 해내야 될 가장 우선적인 과제로는 인식틀의 기본적인 전환, 각각 자기 분과학의 영역에 있어서 더 과학적이고 변혁적인 인식틀·개념틀을 확보해내는 것을 들 수 있다고 봅니다. 과학적 시각이나 과학적 세계관이라는 것 자체의 역사가 우리 학계에서는 아직 일천한데, 개별 분과영역에서 그런 과학적 세계관이 어떻게 구체화되어야 할 것인가는 잘 모르겠지만, 어쨌든 그것이 정착이 되고 그런 과학적 인식을 공유하는 집단들이 개별 분과학 내에서 주도력을 확보해나가는 것이 중요하지 않을까 합니다. 그리고 만일 그것이 가능하다면, 그런 제반 분과학의 토대가 쌓이면서, 그것이 학술운동 또는 과학운동으로 사회적 차원으로 집단화되고, 민중운동의 발전에 대한 이데올로기적 공간을 확보하는 데 일조할 수가 있다는 생각입니다. 즉 직접적으로는 이론적인 작업을 통해서 운동이 과학적으로 전개될 수 있는 지적 자료를 제공한다는 측면이 있고, 다른 한편 정치적 차원에서 대중의식 고양을 가능케 하는 이념적 공간을 확보하기 위한 노력, 이런 것이 필요하고, 이런 것이 소위 과학운동·학술운동의 몫이라는 거지요.

정윤형 학술운동이 그동안 민중운동에 기여한 측면도 무시해서는 안되지요. 다만 최근에 특히 주변부자본주의론을 받아들이는 과정 같은 데서 조급한 나머지 충분한 소화과정을 거치지 못한 채 불필요한 외국이론들까지 막 쏟아놓아서, 민중운동 하는 사람들에게 불필요한 정력의 낭비를 가져오게 한 측면도 있다는 점을 학문하는 사람들로서는 반성해야 한다고 생각합니다.

백낙청 저 자신은 학술과 문학이 앞으로 좀더 밀접히 교류하면서 상호보완함으로써 우리의 민족운동에 더욱 알차게 기여할 수 있게 되기를 바라는 말이나 덧붙이지요. 제가 오늘 좌담 첫머리에 여러분께 되도록 문외한들도 알아듣게 말씀해달라고 요구했던 것도 그런 뜻에서였는데, 말하자면 단순히 학자들이 이미 확보하고 있는 진실을 쉽게 풀어서 나눠달라는 것만은 아니고 그것을 전달하는 문학적 능력이랄까 그런 점에 유의하는 것이 사실은 학문적인 논의 자체를 더욱 타당성있는 것으로 만들고 진실을 더욱 엄밀하고 정확하게 규명해나가는 작업의 일환이라고 생각했기 때문입니다. 사회자의 실력이 달리다 보니 오늘의 논의를 그런 방향으로 제대로 끌어오지 못한 점도 반성이 됩니다만, 어쨌든 저로서는 공부가 많이 되었고 독자들에게도 어느정도 보람있는 좌담이 되지 않았을까 싶습니다. 장시간 토론에 다들 너무 피곤하시겠어요. 정말 고맙습니다.

| 좌담 |

민족문학과 재일문학을 둘러싸고

백낙청(서울대 교수, 『창작과비평』 편집인)
이회성(『민또오(民濤)』 대표, 소설가)
양민기(『민또오』 편집위원, 문화운동가)

민족문학론의 배경

이회성 백낙청 선생님을 모시고 『민또오(民濤)』 지상에서 좌담회를 열게 된 것은 매우 의미있는 일이라고 생각합니다. 백선생님은 2월 29일 일본에 도착하신 후 바로 다음날부터 열정적으로 여러 스케줄을 소화하시느라 매우 바쁘셨으리라 생각합니다. 3월 2일에는 총평회관에서 3·1절을 기념하는 강연(「한국 민중문학과 민족문학」)을 하셨습니다. 이 자리에는 저도 참석했습니다만, 청중들에게 커다란 감명을 안겨주셨습니다. 저희 재일

■ 이 좌담은 재일문예 계간지 『민또오(民濤)』 1988년 여름호(3호)에 '특집'(민족문학의 가능성)의 한 꼭지로 실린 것이다. 토오꾜오에서 이루어진 이 좌담은 우리말로 진행되었으나 일본어 번역으로 활자화되었는데 이 일역본을 토대로 다시 우리말로 번역하면서 원래의 발언취지에 맞게 약간의 손질을 더했다. 원제는 「民族文學と在日文學をめぐって」.

문학인들에게도 매우 시사적인 강연이었습니다.

이날 문학가를 포함해 일본인 참가자들도 상당히 많았습니다만, 현대 일본문학에 관심을 갖는 사람들에게도 백선생님의 솔직한 발언은 의미가 있었다고 생각됩니다. 단지 한 가지 아쉬운 점은 저희가 꼭 모시려고 했던 고은(高銀) 시인께서 갑자기 참석하지 못하게 되신 것입니다. 그렇지만 고은 시인의 몫까지 백낙청 선생님께서 말씀해주셨을 것이라고 믿습니다.

그럼 오늘은 「민족문학과 재일문학을 둘러싸고」라는 테마를 가지고 서로 기탄없이 의견을 교환하는 자리를 마련하고자 합니다. 우리가 현대문학을 어떻게 만들어갈 것인지에 대해 백선생님께서는 민중적 민족문학이라는 입장에서 논지를 전개하고 계십니다. 우선 민족문학에 대한 선생님의 견해부터 말씀해주셨으면 합니다.

백낙청 예, 질문에 답하기 전에 먼저 우연히도 3·1절을 기념하는 싯점에 일본에 와서 이렇게 여러분과 만날 수 있어서 감개가 무량합니다. 더구나 오늘은 우리 동포가 운영하시는 잡지를 통해서 일본에 살고 계신 동포들과 만나게 되어 매우 기쁘게 생각합니다.

또 고은 시인이 참석하지 못한 것은 저도 유감스럽게 생각하고 있으며, 고은 시인도 메씨지를 통해서 그와같은 뜻을 전달하셨습니다. 우리 두 사람은 출발하기 전에 서로 같은 의견을 가지고 있으니 제가 대표로 인사드리고 또 말씀도 나누기로 했습니다. 이것으로 고은 시인의 인사말씀을 대신하도록 하겠습니다. 고은 선생님과 저는 상당부분 의견을 같이하고 있습니다만, 지금부터 드리는 말씀은 저의 개인적인 이야기가 되겠습니다.

민족문학에 대해 일본 분들과 이야기를 나누다 보면 생각해봐야 할 문제가 많다는 것을 느낍니다. 예컨대 왜 한국에서는 민주주의를 주장하고 또 민중문학을 지향한다고 하는 사람들이 민족주의를, 민족을 전면에 내세우는가, 이러한 의문을 갖고 계신 분들이 많아서 제가 이에 대한 설명을 해왔습니다. 하지만 재일동포 독자 여러분들께는 이에 대한 긴 설명은 필요 없을 것이라고 생각됩니다. 오히려 어떤 의미에서는 한국 내에 있는 독자보다 민족문제를 방기할 수 없음을 하루하루 한층 실감하면서 살고 계실 테니까요. 그래도 한국에서 민족문학론이 나오게 된 배경에 대해 간단히 말씀드린다면, 당연한 말이겠지만 우리는 민중을 위한, 또 민중 스스로가 만드는 문학과 그러한 방향의 민중문학을 지향하고 있습니다. 하지만 한국과 같이 외세의 강압에 의해 아직 분단된 채로 있고, 그 분단상태가 계속되고 있으며, 더구나 이 분단 때문에 혹은 그밖에도 여러가지 이유로 계속해서 민족 전체가 위협받고 피해받는 상황에서는 민족문제를 떠나서 민중의 문제를 말한다는 것이 너무나도 추상적이고 관념적인 민중론, 민중문학론이 될 것입니다. 민족문학론은 이에 대한 반성과 이와같은 분위기 속에서 전개되었습니다.

따라서 제가 강연에서 간단하게 말씀드렸던 것처럼 이것은 민중문학에 대한 논의, 그리고 더 넓게는 민중문학적 성과라고 할 수 있는 작품이 어느정도 축적된 단계에서 민족문학론이 전개된 것입니다. 또 때마침 발표된 7·4공동성명이라든가 이러한 민족사적 계기와도 맞물려 있었고요. 그와같은 의미에서 이것은 민중문학론의 심화라고 봐야 합니다. 일본사람들이 오해하고 있는 것과 같은 복고주의적이고 배타적인 민족주의와는 거리가 먼 것이지요. 또 하나 덧붙인다면 실제로 한국 내에서, 정부측에서도 그런 부분이 있었습니다. 민족을 내걸고 민족문화를 앞세운다거나 하는 방식으로……

양민기 70년대에 '민족중흥'이라든가 '민족의 정기'라든가, 또 전통문화의 보호·육성이라는 명분으로 무형문화재를 지정한다거나, 민속촌을 만들어 민족예술제를 연다거나, 그런 일에 급격히 열을 올리고, 이른바 '주체성'을 강조해서 '한국적 민족주의'를 만들어내려고 하는……

백낙청 그렇죠. 7·4공동성명도 박정희(朴正熙) 대통령이 자신의 영구집권을 목적으로 한 유신을 감행하기 위한 구실이었으니까요.

이회성 그렇습니다.

백낙청 그렇게 하면서 위태로운 '정통성'을 어떻게든 이어가기 위해 민족문화가 이러니 저러니, 정신문화원을 만들거나 하는 식으로 여러가지 속임수를 써왔던 것이지요. 이처럼 한국에서도 민족주의가 완전히 엉뚱한 방향으로 흘러가는 그런 위험한 상황이었습니다만, 우리가 민족문학론을 이야기함으로써 어떤 의미에서는 민족이라는 명분을 그쪽에 빼앗기지 않고 되찾아왔다고도 말할 수 있을 것 같습니다.

'시민문학론'의 개념

이회성 말씀을 들어보니 역시 민족문학보다 먼저 민중문학이 논의되었고, 어느정도 축적되고 나서 비로소 민족문학이라는 성격을 띠게 된 것이라는 인상을 받았습니다. 그러면 여기서 생각할 수 있는 것은 역시 문학이론도 우리 민족의 시대적 발전 속에서 전개되어왔다고 하는 점입니다.

앞에서 7·4공동성명을 언급하셨습니다. 강연에서는 그해 10월부터 시작된 유신체제에 대해서도 말씀이 있으셨습니다. 어쨌든 70년대 문학과 80년대 문학을 비교해볼 때 불과 10년 사이에 상당히 급격한 변화가 일어나고 있는 것 같습니다.

제 개인적인 이야기입니다만, 1972년 5월에 한국을 방문한 적이 있는데, 그때 서울대학 등지에서 강연할 기회가 있었습니다. 저는 민족문학이 필요하다는 주장을 했습니다만, 그 무렵 백선생님은 아마 미국 유학 중이셨지요?

백낙청 예, 저는 그해 8월에 돌아왔습니다.

이회성 엇갈렸군요.

백낙청 예, 서로 엇갈렸나 봅니다.

이회성 아무튼 그래서 저는 '북이든 남이든 내 조국'이라는 내 나름의 생각을 바탕으로 체제를 넘어선 민족문학, 오천만 동포를 지향하는 문학이 필요하지 않겠냐는 발언을 했습니다. 그러나 제가 말한 것은 기껏해야 감성적 수준에 지나지 않았으며, 어떤 이론적 체계가 있었다고 하기보다는 소박하고 절박한 민족감정과 같은 것이었습니다. 그런데 지금 말씀을 들어보니, 그 후 국내에서는 완전히 역사의 흐름 속에서라고 할까, 시대적인 투쟁 속에서 민족문학이 발전하고, 민족문학 이론도 백선생님에 의해서 전개되고 있다고 생각하니 무척 기뻤습니다.

백낙청 이선생님은 멀리서 보고 계셔서 미화하고 계신 것은 아닌지……

이회성 아닙니다, 절대.(웃음)

백낙청 그런데, 커다란 흐름은 저도 대체로 그렇다고 믿고 있습니다.

이회성 「시민문학론」을 쓰신 것이 66년이었던가요?

백낙청 69년입니다.

이회성 그렇습니까? 당시 시민문학론을 주장하신 이유에 대해 말씀해주시겠습니까?

백낙청 예, 당시 시민문학론이라는 타이틀이나 시민문학이라는 용어만 듣고 오해하시는 분이 간혹 계신 것 같은데 설명할 기회가 주어져서 기쁘게 생각합니다.

특히 일본에서는 시민이라는 말을 부르주아의 번역어로 사용하고 있지 않습니까? 원래 한국에서 시민이라는 단어의 의미는 그것과는 조금 거리가 있습니다. 한국에서는 일본에서와 같은, 과거에 말이죠, 그러한 시민계급이라고 할까, 계층이 정착되지 않은 상태였기 때문에 어감이 사실 다릅니다. 그런데도 일본에서 사용되던 용어를 번역해서 그대로 가져와버린 것입니다. 나는 「시민문학론」에서도 설명하고 있습니다만, 시민은 부르주아의 번역어가 아닌, 영어로 말하면 citizen이라든가 불어로 citoyen이라는 의미로 사용했으며, 시민계급이라든가 중산계급들이 그와같은 citizen

이라는 의미에서의 시민의 역할을 그 나름대로 다할 시기가 있고, 또 다하지 못하는 시기가 있음을 구별하면서, 그것을 나라의 주권을 가진, 그 나라의 주인인 시민으로서의 책임감을 느끼고 의식을 가진다는 그런 의미에서 시민과 시민문학론이라는 용어를 썼습니다.

그 용어가 나오게 된 싯점과 제가 69년에 이 글을 쓰게 된 배경에는 두 가지가 있습니다. 하나는 당시 서구의 유행을 좇는 사람들 중에 소시민의식이라는 것을 무분별하게 미화하는 사람들이 있었습니다. 즉 공연히 거대담론을 들어 힘들게 살아가기보다는 일상생활의 평범함에 매몰되어가는, 그러한 곳에 진실한 소시민 정신이 있다는, 어떤 의미에서는 바람직한 주장을 하는 사람들이 있었는데, 저는 이에 대한 반대 입장에서 소시민적인 것이 아닌, 시민적인 것이라는 용어를 사용했습니다.

다른 하나로는 당시는 박정희 대통령이 3선개헌을 앞두고 지식인에 대한 탄압이 거세지던 시기였습니다. 그래서 참여문학론을 주장하는 사람들 중에 탄압을 받게 된 사람들이 있었는데, 그 때문에 같은 내용을 용어만 조금 바꿔서 말해보려는 시도가 있었습니다. 당시 저는 진정한 의미에서의 시민적이고, 바꿔 말하면 정치의식이 있는가라는 의문이 들었고, 문학은 이미 서구에서도 한국에서도 시민계급의 차원으로는 이루어질 수 없는 시대라는 결론에 도달했습니다. 그런 의미에서는 민중지향적인 사고를 가지고 있었고, 또 우리 민족현실의 특수성에 대한 인식도 어느정도 가지고 있었다고 생각합니다. 그러나 본격적인 민족문학론이나 민중문학론을 논하는 지점까지는 이르지 못했다고 할 수 있습니다. 그런 점에서 나 스스로도 뭐라고 할까, 어느정도 자기비판도 했고, 또 여러분은 시민문학론에 대해 평가를 해주셨습니다만 비판도 상당히 받았습니다.

이회성 자세히 몰라서 여쭙겠습니다. 예컨대 시민문학론이라고 할 때, 그 개념이 서구에서 말하는 시민과 우리나라에서 말하는 그것과 내용에 차이가 있다는 것을 알았습니다. 그런데 그 당시 예를 들면 이호철(李浩

哲) 선생이 쓴『소시민』의 경우, 그는 애정을 가지고 썼다고 할까, 그러한 사람들을 버리지 않고 있습니다.

백낙청 예.

이회성 그러한 소설에 대해서는 어떻게……?

백낙청 이호철 선생이『소시민』이라는 제목의 장편을 썼고, 그 후에 소시민의 생활을 소재로 한 단편 등도 쓰고 있습니다만, 말 그대로 '소시민'이라는 제목이 붙은 장편은 부산 피난시절 이야기지 실제로 소시민의 생활을 테마로 삼고 있지는 않습니다. 그 후에 어느정도 안정된 소시민 생활을 하는 사람들의 생활감정이나 갈등 같은 것을 그린 작품을 많이 썼습니다. 그중에 예컨대「대가(貸家)」라는 단편이 있는데, 이런 작품은 저도 좋아하는 편입니다.

시민문학론의 관점에서 보자면, 시민문학의 소재가 어떤 것인가 하는 점에 기준을 둔 것은 아니었습니다. 작품의 의식이라고 할까 세계관이, 얼마만큼 작가 자신의 사회 속에서 자신의 운명을 만들어가는 주체로서의 의식을 가진 역사관인가 하는 것이었고, 또 그와같은 역사관이 견고한가였습니다. 이러한 관점에서 제가 특히 비중있게 다룬 것은 조금 전 세대의 문인 중에는 한용운(韓龍雲)이었으며, 저는 그를 높이 평가했습니다. 그다음으로 최근의 문인으로는 시인 김수영(金洙暎)을 좀 길게 논했습니다.

이회성 예.

백낙청 김수영은 소시민계급 출신이라고 할 수 있으며, 그러한 소재를 많이 다루면서도 항상 소시민의식을 넘어서려고 적극 노력한 사람이었습니다. 저는 그런 점을 평가한 것입니다.

이회성 김수영 시인에 대한 김지하(金芝河)의 시론이 있지요. 나중에 읽었습니다만, 한국에 갔을 때에는 그것도 모르고 김수영 시인의 여동생 분을 만나뵈었습니다. 그 당시 잡지 편집장을 하고 계셨지요.

백낙청 아, 예, 김수명(金洙鳴)씨.

이회성 수명씨, 예. 그분이 자택에서 오라버니의 유고를 보여주셨는데, 솔직히 말하면 그때는 김수영 시인이 어떤 분인지 몰랐습니다. 동생 분은 실망하는 눈치였습니다.(웃음) 매우 부끄러운 이야기입니다만, 그만큼 국내의 문학가나 문학 사정에 대해 무지했던 거죠.

양민기 백선생님은 「시민문학론」에서 60년대 한국문학을 논하기에 앞서 일제시대의 문학에 대해 논하고 계십니다. 그 안에서 한용운을 우리나라 최초의 근대시인이자, 3·1운동이 낳은 최고의 시인으로 들고 계십니다. 일제시대의 문학적 성과로는 시 분야에서는 한용운의 한 권의 시집을 제외하면 이상화(李相和), 소월(素月), 육사(陸史)의 시 몇 편밖에 없다고 언급하고 계십니다. 우리나라 근대문학이 형성되어가는 것은 3·1운동이 실패로 돌아간 직후부터이고, 일제의 이른바 '문화통치'의 틀 안에서 어떤 의미에서는 일제가 의식적으로 장려해서 만들어갔다고도 할 수 있는 문단을 통해서입니다. 그리고 전 민족적인 규모로 전개되었던 3·1운동은 마치 없었던 것처럼, 그런 현실과는 완전히 동떨어진 곳에서 문단이 성립되고, 근대문학이 형성되어갑니다. 거기서 보이는 시민의식의 빈곤이 문학적 성과의 빈곤에 반영되어 있다고 백낙청 선생님은 지적하고 계십니다. 「시민문학론」에 나타난 이러한 시점은 매우 중요한 의미를 가진다고 생각합니다. 최근에 고은 시인이 편찬한 『민족시가(民族詩歌)』라는 책이 나왔습니다. '조국에 바치는 사랑과 질책의 노래'라는 부제가 달려 있습니다만, 그 안에 '현대시가편'을 보면 「시민문학론」에서 백선생님이 언급하신 한용운과 앞에서 말한 시인들, 그리고 심훈(沈熏), 윤동주(尹東柱) 정도가 들어 있었습니다. 양적으로도 실로 빈곤하다는 인상을 받았습니다. 비록 그들은 문단의 변방으로 밀려나 잊혀져가고 있지만, 이들 시는 자유, 평등, 사랑과 같은 이념으로 묶을 수 있는 시민의식의 가장 좋은 표출이라고 생각합니다. 그리고 동시에 그야말로 지금 이 시대의 민족문학의 귀중한 전통을 이루는 것이라고 생각합니다.

재일동포 문학도 역사를 거슬러 올라가면 이미 1920년대부터 시작되고 있고, 본국의 문학과 거의 흡사한 문학사조를 기반으로 걸어왔다고 저는 보고 있습니다. 우리나라 민족문학의 훌륭한 전통, 그리고 오늘날의 민족문학의 전개나 이념은 재일문학과 관련이 있으며, 그러한 관점에서 재일문학을 생각해가야 한다고 봅니다.

'현해탄 콤플렉스'를 둘러싸고

백낙청 일본의 상황은 잘 모르겠습니다만, 일본의 문인들, 일본에서 문학을 하는 사람들은 일본문학이 위기에 처해 있다든가, 문학이 붕괴되어가고 있다든가, 힘을 잃어가고 있다고 하는 말을 자주 합니다. 그런데 한국의 문학도 실제로 그렇게 부러움을 살 정도는 아닙니다만, 어찌 되었든 우리나라 문학은 4·19 이후, 일관되게 발전을 계속해오고 있지 않습니까? 다른 한편에서는 더욱 개탄스러운 상황으로 흘러가고 있지만 기본적으로는 생명력을 유지하고 있습니다. 이런 긍지를 저는 가지고 있습니다.

이회성 70년대를 지금 되돌아보면, 보기에 따라서는 정치적 계절이었다고 할 수 있을 겁니다. 7·4공동성명은 잠깐 동안이었지만 틀림없이 흥분되는 일이었습니다. 그러나 곧 우울해질 수밖에 없는 사건들이 속출했습니다. 10월유신이라든가 다음해 8월 8일에 일어난 김대중 납치사건, 그리고 74년 4월의 민청학련사건. 그런 긴장된 상황 속에서 김지하 시인에 대한 사형선고도 있었습니다. 우리는 힘이 없었기 때문에 단식투쟁을 하면서 항의했습니다. 어제 모임에 오오에 켄자부로오(大江健三郎) 씨도 오셨지만, 그를 포함해 다른 일본인 문학가들과 텐트에서 연좌농성을 벌였었습니다.

이러한 냉엄한 정치풍토에서 살아가는 한국 문학가들에게는 어떤 정신으로 무엇을 쓰는가 하는 문제의식이 자연히 첨예화되어간 것은 아닌가 생각됩니다. 시련 속에서 태어난 남한의 문학은 그만큼 재일문학가에게도 영향을 미치고 있습니다. 하지만 우리 재일동포 문화운동의 경우는 10년 정도 뒤떨어져 있는 것 같습니다. 국내의 민중문화운동과 비교해 볼 때……

마당극은 1970년경에 서울 대학로에서 펼쳐지기 시작했다고 하는데, 일본에 파급되어 들어온 것은 80년 초부터가 아닙니까? 이것은 아무래도 국내의 정치풍토 때문에 자유로운 왕래가 불가능했던 것이 원인이라고 봅니다. 10년이 지나서야 국내의 민중문화운동이나 민중문학운동이 시야에 들어오게 된 것은 저의 공부가 부족했던 탓도 있겠습니다만.

그러나 어쨌든 70년대에 국내에서 민중문학의 기념비적인 몇 작품이 탄생한 것과 그것이 80년대에 들어와서 민족문학으로 거듭 발전하고 있는 것은 우리 재일문학가들에게도 커다란 힘이 되었습니다. 일본문학 상황과는 대조적인 현실이기도 합니다.

일전에 천 잉전(陳映眞)이라는 대만 작가를 만났는데, 그분은 작년 6월에 한국에 갔을 때의 감동을 줄곧 말씀하셨습니다. 세계 어느 곳을 보더라도 한국 학생처럼 에너지가 충만하고 활력있는 젊은이는 찾아볼 수 없다고 합니다.

백낙청 예, 천 잉전 씨는 저도 서울에서 잠깐 만난 적이 있는데, 6월항쟁이 한창이던 때였습니다. 최루가스를 마시고 눈물을 뚝뚝 흘리면서도 한국이 매우 훌륭한 나라라고,(웃음) 그렇게 말했습니다.

이회성 그분은 7년 반이나 감옥살이를 했습니다. 우리나라 문학가와 재일문학가를 비교해볼 때, 우리 재일문학가는 국내 문학가와 달리 정신적 고뇌는 그렇다 하더라도, 육체적 고문은 받지 않아도 됩니다. 일본에 살고 있다는 단지 그 차이로 말이죠. 이런 점이 자신에게 부끄럽다고 할까, 오히려 고통으로 느끼는 재일문학가가 상당히 있을 것이라고 생각합니다.

백낙청 그것은 뭐라고 할까요, 한국에서 벌어지는 상황을 기준으로 생각하면, 여기 계시는 분들이 뒤떨어져 있다고 말할 수 있을지 모르겠습니다만…… 10년이면 10년 말이죠. 그러나 반면에 여기 일본에서 진행되는 상황에 대해서는 국내가 뒤져 있을 것이고. 또 한국 내에 그것이 전해지기까지는 오랜 시간이 걸릴 겁니다. 따라서 우리는 어느 편이 뒤졌는가 하는 것은 절대적인 것이 아니며, 그것이 어느 쪽이든간에 좋은 일이 생겼을 때 그것을 전하는 기간을 앞으로는 조금 더 단축할 필요가 있다고 생각합니다.

이회성 객관적으로 말해서 우리나라가 분단되어 있기 때문에 인위적인 방해가 많은 것은 틀림없습니다. 그러나 우리가 이 상황을 극복하기 위해서는 재일조선인이기 때문에 가능한 것도 있지 않겠습니까? 그리고 동시에 조국에 눈을 돌리고 살아가야만 민족적인 힘의 원천을 얻을 수 있지 않을까 생각합니다. 어찌되었든 민족과 재일동포의 관계를 앞으로 이론적으로나 실천적으로도 더욱 확실하게 해나가는 것이 중요합니다. 그러한 전환점에 와 있는 것은 아닐까요?

백낙청 그렇고말고요. 중요한 것을 말씀해주셨습니다.

양민기 일본의 어느 잡지에서 재일조선인 여배우, 가수 등 젊은 여성 세 명을 인터뷰한 기사를 읽었는데, 우연인지 세 명 모두 한국을 방문했을 때의 인상으로 재일교포를 보는 시선이 차가웠다는 말을 하더군요. 그래서 자기들은 일본으로부터도 차별받는 존재이고, 고국으로부터도 버림받은 존재라고. 그러한 의식은 젊은 세대에게 의외로 많습니다. 재일작가 중에서도 이회성 세대보다 젊은 사람들은 그런 실존의 문제를 즐겨 그리는 경향이 있는 것 같습니다.

사회운동을 하는 사람들 사이에도 그러한 의식이 있습니다. 그중 하나는 일본과 조국의 관계에서 마이너리티인 사회적 존재로서의 '재일'의 아이덴티티를 추구해가려고 하는 주장입니다. 그러한 '재일'한국인으로 살아가기 위한 시민적 권리를 확립하는 운동이 절대화되기 쉬운 경향이 있는 것 같습니다. 또 다른 하나는 일본은 물론 고국조차 자기들에게는 가해자라는 사고입니다. 그러한 생각을 하게 되는 것은 알겠지만, 원래 '재일'이란 역사적으로 구축되어온 것이고, 거기다 분단이라는 민족적 현실이 초래한 존재라고 하는 점을 간과해서는 안됩니다. 문학도 그 관련성 안에서 삶을 보지 않으면 진정한 '재일'의 실존을 그릴 수 없을 것입니다. 예컨대 지문날인 거부의 경우도 그렇습니다. 박노해의 시 중에 「지문을 부른다」라는 것이 있지요? 이 시는 화학공장에서 일하는 노동자나 젊은 딸들이 약품으로 지문이 없어져버려 주민등록을 하려 해도 지문이 나오지 않는다는 내용을 담고 있습니다. 사라진 지문은 수출품 속에 묻혀 바다 저편으로, 지문도 청춘도 존재까지도 사라져버렸다고 하는 시. 그러한 동시대의 민족의 여러가지 현실을 시야에 넣어 생각할 때, 지문날인거부운동은 고국의 노동자와도 연대할 수 있으며 그것을 문학으로도 표현할 수 있을 것입니다.

백낙청 예, 예.

이회성 '현해탄 콤플렉스'라는 뛰어난 표현으로 일제시대 일본의 문화적 영향으로부터 벗어나지 못했던 조선인 문학자의 정신구조를 지적한 김윤식(金允植) 선생님의 평론을 읽은 적이 있습니다. 일본에 건너온 문학자들은 일본문화의 지배적인 영향 아래에서 살아갈 수밖에 없었기 때문에 아무리 해도 정신적인 해방을 이루지 못하고, 해방 후에도 그 식민지성으로부터 벗어날 수 없었다고 분석하고 있습니다. 작품이나 평론이 말입니다. 그것을 일컬어 '현해탄 콤플렉스'라고 명명하고 있습니다. 그러나 이러한 현상은 오늘날 우리가 일본에서 문학운동을 할 때에도 발견할 수 있습니다.

백낙청 그가 말하는 '현해탄 콤플렉스'라는 것은 한국에 있는 사람들이……?

이회성 아닙니다. 일제시대 문학자들의 정신풍토를 분석한 말입니다.

백낙청 일본에 대한 콤플렉스는 말할 것도 없이 강하지 않았겠습니까? 그것은 식민지상태라면 반드시 있는 상황 아닐까요? 정치적으로나 군사적으로 지배를 받으면 자연히 문화적으로도 그와같은 정신적 노예상태가 따라오게 되죠. 그것은 어떤 의미에서는 당연한 것입니다. 오히려 문제가 되는 것은 오늘날처럼 독립국가가 된 상태에서도 그것이 계속되고 있다는 것입니다.

물론 해방 후에는 일본보다 미국이나 유럽에 대한 콤플렉스가 더 강했습니다. 그러나 원래 일본에 대한 콤플렉스도 그 성격을 들여다보면 우리보다 먼저 서양을 따라간 일본에 대한 콤플렉스인 것입니다. 그래서 한국에서는 친일과 친미가 대립하는 경우도 더러 있지만, 대부분의 경우 이 둘은 서로 일치합니다. 이처럼 문화적인 면에서도 서양에 대한 콤플렉스와 일본에 대한 콤플렉스는 동일하다고 보고 있습니다.

따라서 서양에 대한 콤플렉스가 강해서 일본에 대한 콤플렉스가 없어진 것처럼 보여도 서양에 대한 콤플렉스가 강한 이상, 일본에 대한 콤플렉스는 늘 내재되어 있다고 할 수 있습니다. 또 상황이 조금 변하면 일본에 대한 의존성이라고 할까, 그것이 고개를 들게 됩니다. 지금이 그와같은 단계가 아닐까 생각합니다. 지금까지는 그 어떤 것보다 반일 기운이 강해서 일본에 대한 동경이 억제되고 있지만, 앞으로는 점차 더 공공연하게 나타나지 않을까 싶습니다. 그러면 그럴수록 국내에 있는 우리도 상황을 확실하게 파악해서 그에 대처하는 주체적인 자세를 가져야 하겠습니다. 일본에 사는 동포들의 역할 또한 한층 커지고 중요해질 것이라고 생각됩니다.

지금까지 재일동포들의 역할은 여러가지 현실적인 제약도 있고 해서 좀 전에 말씀하신 것처럼 정치적인 사건이 일어났을 때 그것을 지원하거나 항의하는 정도였습니다. 또 그러한 차원 이외에는 이렇다할 만한 것이 없었습니다. 예컨대 이선생님의 경우만 보더라도 어딘가에서 데모를 하기보다, 정말 우리나라 문학발전을 위해서라면 이선생님과 우리 국내 문인들이 일본에서든지 한국에서든지 만나서 문학토론을 하고, 정치 이야기도 하고, 또 작품도 읽고, 서로 알고 왕래하는 편이 더욱 커다란 의의가 있지 않겠습니까? 그렇지만 과거에는 그러한 것을 하려고 해도 할 수 있는 상황이 아니었고, 한국에 있는 사람들에게도 위험한 일이었습니다. 그렇지 않습니까?

지금도 그것이 근본적으로 바뀐 것은 아니지만, 나 같은 사람도 여기 와서 말할 수 있게 되었고, 또 일본 문인들의 작품도 한국에 소개되기 시작했습니다. 따라서 앞으로는 장기적인 측면에서 의의있는 실제적인 작업을 왕성하게 해나가야 할 것입니다.

'재일'한국인을 어떻게 볼 것인가?

이회성 백낙청 선생님의 「오늘의 민족문학과 민족운동」(『창작과비평』 복간호, 1988년 봄)을 읽었습니다. 그 안에서 여러 작품을 비평하고 계시는데, 그중에 재일교포 이야기, 조총련계 여성과 연애하는……

백낙청 아, 그거요? 재일교포 이야기가 나오는 것은 윤정모(尹靜慕)의 「님」이라는 작품……

이회성 예. 그 단편을 평가하고 계신데, 작품의 소재로 재일교포가 등장하고 있는 것이 왠지 기쁘기도 하고 감사한 기분이 들었습니다. 아, 그렇구나, '민족문학'이라는 견지에 섰을 때 비로소 해외동포가 국내 문학가들 시야에 들어오는 거로구나 하는 인상을 받았습니다. 이것은 70년대 민중문학 단계에서는 그곳에 아무리 좋은 작품이 있다 하더라도 보이지 않았던 현상이 아닐까 합니다.

백낙청 예, 그것은 물론 그 작품을 쓴 작가가 재일동포 문제를 시야에 넣고 썼기 때문일 겁니다. 단, 솔직히 말씀드리면 아직 국내의 평론가나 일반 국민의 의식 안에 재일동포 문제가 그렇게 가깝게 다가오지 않는 것이 현실입니다. 그러나 이 작품에서는 하나의 중요한 주제로 제시되고 있으며, 같은 잡지에 실린 '좌담'(민족문학과 민중문학)을 읽어보셨는지 모르겠지만, 그 좌담을 보면 최원식(崔元植) 선생이 흥미로운 지적을 하고 있습니다. 염상섭(廉想涉)의 「만세전(萬歲前)」이라는 작품이 있지요? 토오꾜오에 머물던 유학생이 3·1운동 직전에 자기 집으로 돌아오는 과정을 그린 소설입니다만, 그 안에도 그런 내용이 들어 있습니다. 그래서 정말 오랜만에 일본에 있는 동포문제가 우리나라 문학에 등장하고 있다는 지적을 하고 있습니다.

이회성 분단시대를 살아가는 해외동포는 아무래도 분단의 후유증이라고 할까, 그 때문에 민족이 느끼고 있는 고통을 각각 나누어 갖고 있다고 생각됩니다. 각자가 살고 있는 지역의 특수성이라는 차이는 있다 하더라도 역시 동시대를 사는 동포의 성격을 뛰어넘지는 않는다고 생각합니다.

백낙청 예, 그렇습니다. 옳으신 말씀입니다. 국내에 살거나 해외 어딘가에 살고 있거나 같은 동포라고 하는, 그러한 근본적인 공통성이 있기 때문입니다. 제 경우도 재일동포나 그들이 처한 상황에 대해 잘 모르면서도 '재일'동포에게는 다른 해외동포들과는 변별되는 특별한 무언가가 집약되어 있을 것이라고 생각합니다.

미국에 우리 동포가 많이 나가 있습니다. 그곳의 경우 일찍이 하와이 노동자로 건너갔던 사람들의 경우는 다르지만, 요즘 나간 사람들은 결코 가난한 사람들이 아닙니다. 그러한 의미에서 미국 이민, 근년의 미국 이민은 한국 민중수난사의 중요한 부분은 아니라고 생각합니다.

또한 교포사회 안에 이념의 분열이 없는 것은 아니지만, 미국이라는 나라가 전세계 자본주의 진영의 총사령부이며 한국의 우방국이니만큼, 교포 사이에는 일본에서 보이는 것 같은 이념적 분열이라든가, 더 나아가서는 이념이 다른 사람들끼리 공생하는 현상은 보이지 않습니다. 중국이나 소련의 경우는 잘 모르겠습니다만, 어쨌든 일본처럼 특수한 현상은 없을 것이라고 생각됩니다.

재일동포의 경우, 무엇보다도 재일동포의 수가 증가하게 된 배경에는 일제 식민지하에서 그 탄압과 고통에서 벗어날 수 없었던 민중, 억지로 끌려갔던 사람들이 있습니다. 그중에는 유복한 사람도 물론 있지만, 대부분의 사람들은 민중수난사의 중요한 일부로서 '일본에 거주하게 되는(재일)' 상황이 발생하게 된 것입니다. 이들은 지금도 한반도와 가장 인접한 나라에 살며, 한국뿐만 아니라 북한과도 관계가 있습니다. 단체도 두 개 있으며, 여러 사람들이 대립도 하고, 우리 한국에 있는 사람들로서는 상상도 못할 일이지만 서로 만나서 교류도 하고……

이회성 그렇습니다.

백낙청 이와같은 사회는, 한편으로는 한국사회의 분단의 비극을 집약하고 있으면서 동시에 이 분단을 넘어설 수 있는 가능성을 모색하는 데에 매우 유리한 지점, 장소가 아닐까 그렇게 저는 생각하고 있습니다.

'세대론'의 한계

양민기 저는 문학과는 거리가 멀고, 재일조선인 문학을 별로 읽지 않아서, 거친 논의가 될지 모르겠습니다만, 굳이 말한다면 '재일'문학은 일본 문학을 모방하는 경향이 짙다고 생각됩니다. 즉 우리는 강대국 일본에 의한 문화이식의 피해를 계속 받아왔습니다만, 그것은 주로 민족적 형식의 파괴라는 형태로 나타났다고 생각합니다. 그러한 '형식의 폭력'에 주체적으로 대응해왔다고 말하기는 어렵습니다. 따라서 '재일조선인 문학'이라는 것은 일본의 이른바 순문학의 범주에서 크게 벗어나지 않는 극히 한정된 장르와 형식인 것입니다.

최근에는 새로운 작가들의 등장으로 문학은 다양화되고 있습니다. 이회성은 이제 진부하다고 말하고 있는 모양입니다만, 그 다양성이라는 것도 최근 일본문학 전반에 보이는 다양화 경향에 편승한 것에 지나지 않습니다. 재일조선인 문학의 개성은 오히려 엷어지고 있다고 할 수 있습니다. 연극이나 음악의 경우는 더욱 그렇습니다. 그리고 그러한 것이 일본문화의 틀 안에서 성립되어, 일단 시민권을 획득하면 할수록 그런 경향에 박차를 가하게 됩니다. 이렇게 되면 일본의 문학·예능의 형식이나 테크닉을 몸에 익히는 것에 의해서만 재일문학·예술의 창조가 가능하다는 결론에 도달합니다. 이것은 '동화'를 스스로 자청해서 용인하는 것에 다름아닙니다.

'재일'문화의 표층에 보이는 이와같은 경향은 재일동포의 계층분화가 급격하게 진행됨에 따라 70년대 이후에 특히 현저하게 나타나는 것 같습니다. 다양한 문화영역으로의 진출은 두드러지지만, 문학가는 상대적으로 감소하고 있습니다. 얼마 전 문화영역에서도 논의의 표적이 되었던 것은 이른바 '세대론'이었습니다. 이 세대론은 신구(新舊)세대의 '단층'을 특히 강조하고, 조국이라든가 민족이라든가 통일이라든가 하는 것보다 '재일' 그 자체에 집착하는 것에 재일문화의 독자성이 있다고 주장합니다. 종전의 그러한 대의명분에 집착하는 것은 고루하며 정치주의라고 말합니다. 『민또오』가 간행될 때에도 신문도 그렇게 썼을 정도니까요. 그것으로도 알 수 있듯이 이 세대론은 결국 민족·조국과 '재일'한국인 사이에 깊은 단층이 역력히 존재하고 있음을 보여줍니다. 민족적 동질성이라고 할까 관련성은 보지 않는 것이죠.

그러나 이러한 논의야말로 관념적이고 빈곤한 상상력에서 오는 사고라고 할 수 있습니다. 그래서 민감한 젊은 세대는 오히려 귀를 기울이지 않게 되었습니다. 80년 광주항쟁을 전후로 한 민족적 현실을 절절히 피부로 느낀 분들이 건전한, 보통의 정신이라고 할 수 있을 겁니다. 그들은 한국문학가들의 목소리에 귀를 기울이게 되었습니다. 또한 민중문화운동에 대한 뜨거운 관심을 표했습니다. 예컨대 김지하의 판소리 「소리내력」을 테이프로 열심히 듣는다거나, 마당극과의 관련에 대해 관심을 기울인 다거나…… 그리고 무엇보다도 80년 광주항쟁은 그들의 의식을 크게 변화시켰습니다. '세대론'을 말하는 사람들이 보기에서는 낯선 풍경이겠지만, 언어도 역사도 풍습도 모르고, 민족의 통일을 말한다고 해도 잘 와닿지 않을 2세·3세 젊은이들에게 민족문화라든가 민중문화운동을 이야기하면서, 같이 모여서 민속 악기를 배우고, 농악을 하고, 마당극을 하는 등 여러 형태의 표현활동을 진행하고 있습니다. 아직 문화운동이라고 말할 수 있을지 모르겠지만, 그러한 차원의 자연발생적인 움직임이라고 하더라도, 이것은 재일동포의 새로운 문화적 동향이라고 봐야 하며, 민족운동의 일환으로 주목해야 한다고 생각합니다. 그리고 이러한 대중적인 문화운동과 '재일'문학이 톱니바퀴처럼 연대를 강화해가는 것이 '재일'문학의 독창성을 획득하는 데 매우 중요한 관건이 되지 않을까 생각합니다.

이회성 지금 일본은 한편에서는 재일조선인 문학이 존재하고, 다른 한편에서는 민중문화운동이 시작되고 있는 상황입니다. 이 두 가지가 양립하는 것인지 어떤지는 시대의 상황에 물어야 할 것입니다. 그러한 점에서 저 자신도 이러한 문제설정으로부터 벗어날 수 없으며, 어떻게 대응해갈 것인지 고민해야 될 것 같습니다. 이 점은 다른 문학가들에게도 해당되는 문제가 아닐까요?

백낙청 제가 막연하게 추측하건대 그 두 가지가 합치하는 것은 매우 중요하다고 생각합니다. 왜냐하면 재일동포 문학이 아무리 활발했다고 하더라도 민중예술운동은 또 그 나름의 역할이 있을 테니까요. 특히 문학만으로는 한계가 있습니다. 실제로 언어장벽으로 한국문학을 읽을 수 없는 경우에는 언어를 매개로 하지 않는 미술이라든가 마당극과 같은 민중예술의 역할이 그만큼 커지게 될 것입니다.

동시에 그것이 아무리 활발하다고 하더라도 역시 문학을 통해 새롭게 표현하고 정리하는 작업이 이루어져야만 진정 완전한 문화운동이 될 것입니다. 예컨대 양선생님이 말씀하신 대로 재일교포가 한국에 왔을 때 상당한 소외감을 느끼는 경우가 있습니다만, 그렇다고 또 일본에서 따뜻하게 받아주는가 하면 그것도 아닙니다. 그러한 괴로움에 부딪혔을 경우, 그와같은 괴로움을 솔직하게 있는 그대로 정확하게 그려내는 것이 중요할 것입니다. 더 나아가서는 왜 그런 일이 생겼는지 그 뿌리를 한국과 일본에서 찾아보는 것이 중요합니다.

한국의 경우에 대해 제가 말씀드릴 수 있는 것은, 한국사람들은 일단 재일교포라고 하면 우선 경계부터 합니다. 대강 짐작하시겠지만, 자칫 잘못하면 부당하든 정당하든 터무니없는 피해를 받게 되기 때문이죠. 더구나 우리는 늘 정부 당국으로부터 그렇게 하게끔 협박당해왔습니다. 조심하라고 말입니다. 그리고 실제로 조심하지 않았던 사람들이 크게 당하는 경우도 보아왔습니다.

또 다른 문제로는 이제까지의 경우, 물론 한국인 전부가 그렇다는 것은 아닙니다만, 우리 민족문학을 하는 사람들 일부에서 볼 수 있는 것은, 한국에 자주 오는 재일동포나 일본인은 그다지 우리에게 고마운 손님은 아니라는 것도 사실입니다.(웃음) 정말 만나보고 싶은 사람들은 들어오지 않는 거죠. 그리고 이쪽에서는 실제로 좋은 사람이 왔는데도, 나쁜 사람이 아닐까 하는 의심의 눈으로 보고 마는 경우도 있습니다. 그런 거리가 존재하는 것이죠. 한국에 있는 사람은 한국에 있는 사람 나름의 특수한 현실에서 오는 사정이 있습니다. 그에 대한 동포로서의 이해가 재일한국인 작가들에게도 있었으면 합니다.

이회성 저는 2세이므로 모국어는 조금 쓸 수 있습니다. 그런데 우리보다 1세대 젊은 사람들의 경우는 모국어를 쓰기는커녕 말도 못하는 사람이 상당히 많습니다. 젊은 엄마들은 한국식 자장가가 아닌, 일본식 '자장가'(ねんねころりょ)로 아기를 재우고, 아이들은 '성황당(城隍堂)'이 아닌 마을의 '친쥬노 마쯔리'(鎭守の祭, 신사에서 행하는 마을 축제 — 역자)를 보고 자라납니다. 따라서 같은 민족이라고 하더라도 성장과정에서 보고 듣는 것이 다르니 감수성도 다릅니다. 3, 4세들 대부분은 일본문화의 영향이 압도적으로 크다고 할 수 있습니다. 같은 동포라고 하더라도 이러한 이화(異化)현상은 그것대로 직시해야 하며, 재일문학은 이러한 문제를 테마로 삼아야 할 것입니다. 오히려 문학을 하는 데 강한 힘이 될 것입니다.

백낙청 일본에 살고 있기 때문에 한국에 사는 사람들과 다른 생활감정을 갖게 된다는 것은 그다지 문제가 되지 않습니다. 그곳은 그곳의 삶이 있으니까요. 여기서 생활하는 이상은 본인이 아무리 민족의식을 가지고 민족적 전통을 지켜가고 싶어도 국내보다 일본문화의 영향을 많이 받게 될 테니까요. 일본생활에 익숙해지는 것은 당연합니다. 그것은 자신의 삶에 주어진 조건이라고 생각하면 될 것입니다. 오히려 그렇기 때문에 이것을 잘 활용한다면, 특히 우리가 한일연대를 추구해갈 때에 대단히 유리할 것이며 결정적인 연결고리가 될 것입니다. 따라서 일본에 사는 재일동포들은 한국과 다른 생활을 하면서, 일본인과도 변별되는 생활의 특수성을 유지해가려는 노력을 반드시 해야 할 것입니다.

문화주의를 넘어 선 운동

이회성 그렇기 때문에 민중문화운동이 제기되고 있는 것입니다. 되돌아보면 70년대는 너무나도 정치적인 계절이었기 때문에, 이대로 간다면 우리는 정치운동만 하다가 그대로 패배해버리는 것은 아닌가 하는 생각조차 들더군요. 우리는 문화적 인간이 되어야 합니다. 이 문화적 인간이라는 것은 이른바 문화주의가 아닌, 민족적 문화를 가지고 있는 인간을 말합니다. 그렇게 해야만 비속한 정치적 현실에 대결할 수 있지 않겠습니까? 늦었지만 그런 생각을 하게 됐습니다. 이것은 또 세대를 넘어 생각해봐야 할 과제라고 봅니다. 우리는 세대를 넘어 일본에 살아가면서 느끼는 공통된 어려움을 나누어 갖고 있습니다. 앞으로 더욱 자신감을 가지고 살아가기 위해서라도 민중문화는 반드시 만들어가야 할 것입니다.

백낙청 예. 그런데 지금 문화주의가 아닌 문화운동이라고 말씀하셨는데요. 아주 적절한 표현이라고 생각합니다. 그런데 그 문제는 국내에서도 아직 해결되지 않았습니다.

보기에 따라서 한국에서는 그동안 문화운동을 해왔다고 하지만 광주항쟁 이후 오히려 정치적으로 되려는 의지가 강해졌습니다. 민주화도 달성하지 못했죠. 이것은 문화주의의 위험을 경계하고 그것을 극복해야 된다는 의지로서는 당연한 것이고 올바른 것이라고 봅니다. 지금 이선생님은 이전의 너무나도 정치지상주의적인 운동으로부터 벗어나자고 하는 말씀이셨던 것 같은데, 그곳으로 되돌아가야 한다고 하는 논의도 나오고 있습니다. 문화운동이 더욱 정치적이어야 하는데, 이것은 대체 뭔가라는……

그 문제는 국내에서도 논의되고 있습니다만, 구체적인 방법에 있어서는 우리도 국내 또는 여기 계신 여러분들이 서로 내부적인 토론을 해나가야 한다고 생각합니다. 다만 원칙적으로는 문화주의도 아니고 정치지상주의도 아닌, 진정한 정치적 의미가 있는 문화운동을 착실하게 추진해나가는 것이 무엇보다 중요할 것입니다.

당장 그날그날의 삶을 더욱 윤택하게 하는 데에도 커다란 역할을 하게 될 것이며, 지금 말씀하신 것처럼 시야를 넓힌다면 그것은 남과 북 모두에게 건전한 문화를 배양하고 통일의 길을 열어가는 작업이 될 것으로 확신합니다.

문학에 '적(敵)'은 없는가?

이회성 이야기가 바뀝니다만, 일본의 문단상황은 한국의 민중문학과는 크게 다른 것 같습니다. 얼마 전 카가 오또히꼬(加賀乙彦) 씨가 쓴 에쎄이 (『군조오群像』 87년 3월호)의 말대로 대체적으로 "문학에 적이 없어졌다"고 하는 분위기 같습니다.

백낙청 적······?

이회성 즉, 싸워야 할 적이라는······

백낙청 아, 싸울 상대.

이회성 카가씨는 그러한 작가들을 '낙천적'이라고 풍자하고 있습니다. 일본은 경제적인 번영을 누리고 있지만, 그 사회 안에는 당연히 그 나름의 모순이 있고 인간의 자유나 해방도 달성되지 않았다, 따라서 자유라든가 혁명이라고 하는 말은 '사어(死語)'가 될 수 없음에도 문학가는 하이테크 놀로지를 구가하고 포스트모던 상황을 추종한다, 그 결과 '적'을 놓쳐버리고 말았다고 말하고 있습니다.

이 '적'이 무엇인가에 대해서는 광범위하게 생각해야 할 것입니다만, 이와같은 비평, 견해에는 동감하는 바입니다. 일본문단이 서양에만 눈을 돌리고 제3세계를 무시하는 경향이 있는 것 같습니다. 또 젊은 재일문학가가 일본문학의 포스트모더니즘의 나쁜 영향을 받고 있는 것도 걱정스럽습니다.

백낙청 국내에서도 그와같은 현상이 없는 것은 아닙니다. 그러나 다른 점이 있다고 한다면 그에 반대하는 작가나 문학이 많다는 것입니다. 따라서 그러한 문학이 우리나라 문학 전체를 석권하는 현상은 일어나지 않는다고 하는 차이가 있을 것입니다.

또 이론적으로 예컨대 한국문학에 적이 없다고 말할 수 있습니까? 설령 마음속으로 그렇게 생각하고 있다든가 혹은 스스로 발견하지 못하고 있을지는 몰라도, 입을 열어 우리나라 문학에는 싸울 적이 없다고 주장하는 사람은 아마도 없을 것입니다. 따라서 일본문학에 적이 없는 것은 아니라고 하는 카가씨의 표현은, 저도 이선생님과 마찬가지로 옳은 말이고 당연한 말이라고 생각합니다. 일본에 문학이 적으로 삼을 만한 것이 없다고 한다면, 바꾸어 말해 일본사회는 완벽한 사회라는 것이 되겠죠.(웃음) 그런 말이 성립할까요? 그러한 말이 어느정도 통용되고 있다는 사실 자체가 이미 작가가 '적'으로 삼을 만한 현상의 하나가 아니겠습니까?

이회성 일본의 문학풍토에서는 민족을 테마로 생각하는 작가가 매우 드뭅니다. 재일문학가인 제게 뭐라고 하는가 하면, "이선생 부럽습니다. 쓸 테마가 있으니"라는 식으로 말합니다. 아무래도 민족이 분단되고, 소외되어 있기 때문에 문제의식이 많다고 느끼는 것 같습니다. 아주 모르는 바는 아닙니다만, 이러한 말을 들을 때마다 고개를 갸우뚱하게 됩니다. 일본에는 그 정도로 테마가 없는 건가 하고. 이 지점에서 작가의 시대정신을 물어야 할 것입니다. '민족'이라든가 '국민'이라는 말은 예전 일본에서는 군국주의자에 의해 멋대로 사용되었던만큼 그 반동으로 그런 말이나 개념을 일본인 작가가 경계하는 것은 알겠지만, 현대를 살아가는 문학가라면 민족의 존재와 인간의 운명을 동시에 생각해가야 할 필요가 있다고 봅니다. 50년대에는 '국민문학논쟁'이 있기는 있었습니다만……

백선생님은 강연에서 일본인이 민족문제를 더 광범위하게 다루어갔으면 좋겠다는 취지의 발언을 하셨습니다. 그 부분을……

백낙청 그럼, 조금 전에 말씀하신 일본인 작가가 이선생님을 부럽다고 했다는, 그 이야기부터 시작해볼까요?

이회성 그렇게 하시죠.

백낙청 저는 어느 사회건 간에 이 정도로 진보된 사회에서 글쓸 재료가 없다는 것은 말이 되지 않는다고 생각합니다. 앞으로 사회가 어떻게 변할지는 모르겠습니다만, 앞으로도 작가가 쓸 것이 없는 사회가 올 것 같지는 않습니다. 설령 온다고 해도 그것은 그다지 좋은 사회는 아니라고 생각합니다. 단, 쓸 것이 없는 것은 아니지만, 그 써야 할 것을 실제로 작가가 쓸 수 있게 되기까지는 많은 사람들의 도움이 있어야 된다고 생각합니다. 실제로 집필하는 사람은 개인일지 모르지만, 그것은 개인의 능력만의 문제가 아니기 때문입니다. 그 사람을 어딘가 음지에서 도와주는 그런 사람들이 주위에 있어야 비로소 써야 할 것이 눈에 보이게 되고, 눈에 비친 것을 쓸 수 있는 힘이 나오게 되는 것이지요. 예컨대 한국에는 분단이라든가 그런 상황이 있는데 일본에는 없다거나 하는 것 자체가 중요한 건 아닙니다. 오히려 작가를 비롯해 많은 사람들이 그런 문제가 정말 문제가 된다고 알아주는 인식이 있어야 합니다. 일본의 경우 이런 부분이 한국에 비해 적다고 할 수 있겠지요. 그렇게 본다면 훌륭한 작품이 나오기 위해서는 역시 그 배경에 민중운동이라고 할까, 그러한 현실이 있어야겠지요. 그렇다고 딱히 정치적으로 첨예한 형태로 나타나는 운동을 말하는 것은 아닙니다. 전체적으로 대중의 어떤 커다란 움직임과 그에 따르는 사회적 분위기 안에서 정말 훌륭한 문학이 탄생한다고 봅니다. 그런데 일본의 경우를 보면 뜻있는 사람들이 다양한 운동을 전개하고 있습니다만, 제가 느낀 바로는 파편화되어 있어서 뭔가 커다란 대중운동을 만들어내는 일은 없지 않나 싶습니다. 대중동원력의 측면에서 보더라도 역시 집권세력이 조직과 돈으로 동원하는 것이 가장 커다란 흐름이며, 이에 대항할 만한 대중의 움직임은 없는 것 같다는 거지요.

그런데 앞으로의 일본의 전망, 양심적이고 뜻있는 인사들이 자신들이 하고 있는 일을 지탱하고 또 달성시킬 수 있는 대중적인 배경을 어떻게 확보해갈 것인가를 생각할 때, 일본의 민족문제, 일본의 민족적 전통, 민족적인 감정, 이러한 것에 대해 그들이 깊이 생각하고, 그것을 자신들의 운동의 일환으로 수렴해가려는 노력이 필요할 것입니다. 저는 막연하지만 이와같은 과제가 있다고 확신하고 있습니다만, 아직 그 문제에 대해 일본

분들과 깊이있는 이야기를 나눈 것도 아니고, 저 자신도 깊이있게 연구한 상태가 아니어서 확언하기는 어렵습니다.

이회성 백선생님은 루카치(Lukács)의 19세기 리얼리즘 문학에 대해 연구하고 계십니다. 저는 루카치의 책이라고는 한두 권 읽은 정도로 거의 알지 못합니다. 단지 막연하게 현실이 안고 있는 제문제로부터 눈을 돌리지 않고 그것을 비판적으로 반영하는 문학이 필요하다고 한다면, 루카치의 비판적 리얼리즘은 한국이 당면한 현실에 매우 유효하지 않을까 싶습니다. 이러한 이론을 우리나라 실정에 맞춰 살려나간다면 민족문학의 강력한 무기가 되지 않을까 싶습니다만, 어떻게 생각하고 계신지요? 그리고 일본에 거주하는 우리는, 어찌되었든 일본의 문화적 영향을 받기 쉽고, 또 현실적으로 그런 의미에서 모더니즘 방법이나 스타일을 모방하는 경향이 없지 않습니다. 아니, 매우 현혹되기 쉬운 경향이 실제로 존재합니다. 자신의 문학방법론이 확실치 않다면 자연히 다른 사람을 모방해서라도 쓰고 싶은 갈증을 풀려고 하는 마음은 알겠지만, 이러한 방법론이 과연 어디까지 유효할지, 또 그렇게 되면 재일문학은 어떻게 되는지, 이에 대한 절실한 문제가 민족과 조국, 재일조선인의 생존과 관련해서도 매우 중요할 것입니다. 그러면 여기서 리얼리즘 문학을 어떻게 생각해가야 할지 백선생님의 고견을 듣고 싶습니다만……

리얼리즘 문학의 방법

백낙청 글쎄요…… 우선, 재일동포 문인들에 대해 직접적으로 이렇다 저렇다 충고할 입장은 아닙니다만…… 어쨌든 지금 말씀하신 루카치와 관련해서, 관련된 문제라고 할까 느낀 점을 이야기하도록 하겠습니다.

물론 루카치의 리얼리즘론도 우리가 당연히 뛰어넘어 정말 우리나라 민족문학에 맞는 리얼리즘을 개척해가야 한다고 생각합니다. 그러나 루카치의 리얼리즘론에 대해서는 기본적으로 동의하는 바가 많습니다. 우선, 루카치가 모더니즘 비판을 많이 하고 있지요? 이른바 20세기 초 모더니즘운동 과정이나 그 시기에 생겨난 개개 문학작품에 대한 루카치의 비판에는 동의하지 않는 부분이 많습니다. 예컨대 제가 영문학 박사논문에서 다룬 것은 로런스(D. H. Lawrence)입니다만, 저는 로런스를 리얼리즘 작가로 보고 있고, 루카치는 그를 전형적인 모더니즘 작가로 보고 있습니다. 이러한 견해차이는 있지만, 모더니즘이라는 문학적 이데올로기의 본질에 대한 루카치의 비판은 정당하다고 봅니다. 다만 모더니즘의 이데올로기가 표출되어 있지 않은 작품을 루카치는 표출되었다고 보는 경우도 있고, 전체적으로 모더니즘이 그릇된 이념이긴 하지만 작품으로서는 좋은 것이 나올 가능성에 대해서도 루카치는 너무 완고하게 평가하고 있습니다. 그러나 모더니즘 이념 자체를 비판해야 한다는 그의 의견에는 찬성합니다.

또 하나, 루카치의 논의에서 뛰어난 통찰이라고 할 수 있는 것은 진정한 리얼리즘과 자연주의를 구별한다는 점입니다. 아직 서양도 그렇고 아마 일본도 그럴 것이라고 생각됩니다만, 많은 논자들이 자신은 이미 리얼리즘을 뛰어넘었거나 리얼리즘은 진부하다고 말할 때 그들이 염두에 두고 있는 것이 사실은 루카치가 말하는 리얼리즘이 아니라는 겁니다. 다시 말해 루카치가 자연주의라는 이름으로 비판한 것을 가지고 그것이 마치 리얼리즘인 양 착각하고 자신들이 리얼리즘을 극복했다고 생각하는 것이지요. 그런데 루카치는 오히려 그러한 의미의 자연주의, 혹은 일반적으로 리얼리즘으로 통용되고 있는 바로 그러한 것이야말로, 이념적인 면에서는 진정한 리얼리즘보다 모더니즘에 가까운 것이라고 말하고 있습니다. 이 점은 매우 뛰어난 통찰이라고 생각합니다.

우리가 한국의 현실을 문학으로 그려내고 진실성을 더 표현하려고 한다면, 루카치의 리얼리즘론에서 기본적으로 이 정도는 타당한 것으로 받아들이고 출발하는 것이 옳지 않나 생각합니다. 하지만 실제로 지금 이를 기본적으로 타당한 것으로 받아들이면서 우리의 현실을 바르게 표현하려고 할 경우, 루카치가 배격했던 여러가지 실험적인 예술적 형식을 오히려 우리가 끌어안고 가야 하는 경우가 생기기도 합니다. 뿐만 아니라 그 과정에서 더 깊이 사고하는 가운데 루카치의 리얼리즘 밑바닥에 흐르고 있는 서양 형이상학의 기본적인 전제라고 할까, 그러한 것을 극복해야 할 필요가 생길지도 모릅니다. 그런 대목에서는 우리가 루카치를 뛰어넘어야 한다고 생각합니다.

일본에서도 루카치를 뛰어넘는 리얼리즘을 지향하는 사람도 있고 리얼리즘 자체를 부정하는 사람도 있겠지만, 제가 볼 때는 세계문학으로 인정받고 있는 리얼리즘의 위대한 작가 똘스또이(Tolstoi)라든가 영문학의 디킨즈(Dickens)의 작품을 하나도 들지 않고, 이것이 리얼리즘이나 루카치를 뛰어넘는 새로운 리얼리즘이라고 주장하는 것은 상당히 무리라고 생각합니다. 게다가 한국과 일본에 있는 재일동포 문학의 경우는 언뜻 진부하게 보이는 사실주의와 같은 요소도 더욱 과감하게 도입할 필요가 있지 않을까 생각합니다.

한국의 경우를 보면, 아직까지도 어떤 종류의 소재는 상징이나 알레고리(寓意) 방식으로밖에 그릴 수 없으며, 종래의 사실주의로 그릴 경우에는 상당한 위험이 수반됩니다. 바꾸어 말하면 종래의 사실주의 방식이야말로 우리나라 현실에서 여전히 생명력을 가지는 것이며, 어떤 불의(不義)의 세력에게는 가장 두려운 방식이 될 것입니다. 그러한 측면은 한국뿐만이 아니라 재일동포, 미국 흑인문학과 같이 억압된 상황 아래에서 한층 잘 드러날 것입니다. 예컨대 미국문학에서는 리차드 라이트(Richard Wright)의 『토박이』(*Native Son*)를 들 수 있겠지요.

이회성 항의문학이지요.

백낙청 예, 이 작품을 그 무렵의 미국 백인작가 작품과 비교해보면 훨씬 더 전통적인 사실주의에 가깝다는 걸 알 수 있습니다. 그러나 제가 볼 때 그것은 결코 진부한 사실주의가 아니라, 훨씬 생생하게 실감할 수 있는 리얼리즘입니다. 저만 그렇게 생각하는 게 아니고, 그야말로 서양의 모더니즘적 사고를 하고 그것을 작품화했다고 할 수 있는 싸르트르(Sartre) 같은 사람도 라이트의 작품을 매우 높게 평가하지 않았습니까? 따라서 앞에서도 말씀드렸지만 재일동포문학이나 우리 한국문학에서는 역시 리얼리즘 문제는 피해갈 수 없는 중대한 문제라고 생각합니다.

이회성 재일작가를 대표하는 것은 아니지만 제 개인적인 의견을 말씀드리자면, 역시 우리의 문학적 방법으로는 리얼리즘이 중요하다고 생각합니다. 그렇다고 해서 온통 현실적인 것이 좋다는 것은 아닙니다. 어딘가에 비약이 있어도 좋습니다. 오히려 상상력이 작동하지 않는 리얼리즘이란 생각할 수 없으니까요. 그런 의미에서는 현실성(actuality)보다도 그 작품에 리얼리티가 있는지 어떤지가 분기점이라고 생각합니다.

글을 쓸 때의 방법론은 자유롭게 쓰면 되는데, 중요한 것은 그것이 현실을 바탕으로 하고 있는지, 그리고 그 형상화된 세계나 인물이 누구를 위해 무엇을 향해 쓰고 있는지를 물어야 한다고 생각합니다.

백낙청 동감입니다. 앞서 특정한 소재의 경우는 오히려 종래의 사실주의 방법이 더 효과적이라고 말씀드렸습니다만, 그것은 역시 어떤 소재에 대해 이제까지 은폐되어온 사실을 명확하게 할 때 비로소 그것이 더욱 효과를 발휘할 것입니다. 그러나 일단 그와같은 한계를 넘어서면, 그다음 방법은 역시 사실주의만으로는 안된다고 생각합니다.

예컨대 4·3사건과 같이 진실이 은폐되어 있는 상황에서 그것을 말할 수 없을 때에는 사실 그대로 기록하는 것만으로도 사회에 커다란 충격을 안겨줄 수 있습니다. 아울러 그 자체만으로도 훌륭한 단편이나 중편이 탄생할지 모릅니다. 그러나 그러한 소재를 오늘날 우리 사회 전체의 문제, 민족 전체의 문제와 연결시켜 지금 말씀하신 것처럼 총체적으로 규명해가고자 할 경우에는 그 방법이 더욱 견고하고 다양화되어야 하고, 필요에 따라 자유자재로 구사할 수 있어야 할 것입니다.

이회성 절대적으로 동감합니다. 단지 국내에서는 전체적인 소설을 쓸 경우, 즉 민족문학의 견지에서 쓰고자 할 때, 분단된 조국의 반쪽인 북조선을 어떻게 표현할 것인가 하는 문제가 생기지 않습니까? 그럴 경우 종래의 사실주의 방법으로는 도저히 ……

백낙청 우선 현재 상황에서는 이러한 사실주의적인 방법으로는 북한에 대해 쓸 수 없을 것입니다. 알지조차 못하니까요. 안다고 하더라도 쓸 수 없는 측면이 많을 테지만, 어쨌든 우선 알지 못하거든요. 대개 사실주의적 방법으로 쓸 경우에는 과거에 북한에 살았던 적이 있는 사람들, 그러한 작가들의 경우는 그때를 회상해서 기록할 수 있겠지요. 이호철 씨가 북에서 온 사람들을 소재로 연작을 몇 편인가 쓰고 있고, 최근에는 이정호(李貞浩)라는 여성작가의 활동이 있습니다. 그는 6·25전쟁으로 남으로 내려온 분 같은데, 피난 이전의 경험들을 쓴 소설이 많이 있습니다. 그것을 반드시 진부한 리얼리즘이라고 굳이 딱지를 붙여 나쁘게 말할 필요는 없겠습니다만, 아무튼 대체로 사실주의적인 방법으로 그리고 있습니다. 그러나 어디까지나 단층적인 기록이지요, 끊겼다 이어졌다 하는. 총체적인, 총체성을 나타내는 작품이라고 말하기는 어렵습니다.

지금 한국문학에서 분단현실을 총체적으로 나타낸다고 할 경우에 말 그대로 남한과 북한의 현실을 함께 그려내기란 거의 불가능합니다. 그래도 예술의 방법은 다양하므로, 다른 여러가지 방법이 있을 것이라고 봅니다. 지금 제가 생각하기에는 우리 남쪽 사회 내부의 가장 핵심적인 문제라고 할까요, 그것은 역시 노동현실의 문제라고 생각합니다. 이 문제를 중심으로 정말로 사실적으로 정확하게 응시하면서, 또 그 현실을 다룰 때에도 노동현실이, 그리고 직접 그 노동현실은 아니더라도 분단을 통해 이 문제나 다른 문제가 어떻게 체현되고 있는지를 종합적으로 제시할 수 있다면,

설령 북한사회에 대한 기록이나 내용이 들어 있지 않더라도 충분히 한반도문제 전체를 시야에 넣어 남한사회를 그렸다고 평가할 수 있을 것입니다. 그동안 민족문학의 의미있는 성과가 많이 축적되어왔지만, 아직 이러한 수준에 도달한 작품은 나오지 않았다는 것이 저의 솔직한 생각입니다.

이회성 한국에서는 숄로호프(Sholokhov)의 『고요한 돈 강』이 번역되었다고 들었습니다만, 어떤 평가를 받고 있는지요?

백낙청 그 작품을 접한 많은 독자들이 감명을 받았을 것으로 생각합니다. 그러나 아직 그 작품을 둘러싸고 본격적인 논의나 의견이 발표된 것을 본 적은 없습니다. 그것이 필요하다고 생각됩니다만.

이회성 고르끼(Gor'kii)의 『어머니』는······?

백낙청 고르끼의 『어머니』도 번역되었습니다. 번역이 썩 잘된 편은 아니라고 들었습니다만, 이 작품도 많이 읽히는 모양입니다.

이회성 그렇습니까?

백낙청 번역이 잘됐는지 어떤지는 모르겠습니다만, 저는 고르끼의 『어머니』를 영어로 읽었는데 그렇게 뛰어난 작품이라고 생각하지 않습니다. 실제로 평판만큼 재미있지는 않더군요.(웃음) 이 작품이 많은 사람들에게 감동을 주었을지 모르지만, 당시 러시아의 현실이라든가 혹은 러시아 노동운동의 총체적인 모습을 잘 표현하고 있다고는 말할 수 없을 것 같습니다. 중편 아니면 조금 짧은 장편에 해당하므로 그러한 총체성을 반드시 요구할 필요는 없을지 몰라도 노동자의 생활이라든가 그러한 것이 그다지 그려져 있지도 않고 말이죠. 읽고 나서 뭔가 작가의 개인적인 주장 같은 것이 너무 적나라하게 드러나 있는 작품이라는 느낌이었어요.

생활의 현장을 그리다······

이회성 우리나라 문학사의 경우는 1920년대에 카프(KAPF, 조선프롤레타리아예술가동맹)에 속했던 문인들이 고르끼의 『어머니』를 비롯해 소련문학의 영향을 받았습니다. 1920~30년대 우리나라의 역사적인 상황을 고려한다면 당연하겠지만, 당시 카프계의 문학작품을 읽어보면 노동자의 단결과 투쟁을 호소하는 내용이 많습니다. 그중 뛰어난 단편도 있지만, 소설의 후반부는 대개 시시합니다. 단체교섭을 하는 장면이나 파업에 들어간 상황을 묘사한 것은 유형적이고 도식적입니다. 애써 전반부에 인간의 갈등을 잘 그려놓고도 후반이 되면 판에 박은 듯한······

지금 한국에서는 『노동문학』이란 잡지도 나오고 있지만, 20년대 작품에 나타난 결함이라고 할까, 예술성의 부족, 이러한 문제를 포함해서 앞으로 남한에서는 노동문학이 어떻게 전개되어갈 것 같습니까?

백낙청 그러니까 우리가 리얼리즘이 중요하다는 것은 한편으로는 모더니즘에 대한 비판의 입장에서 그렇게 말한 것입니다만 다른 한편으로는 현실을 중시하는 작가들이, 혹은 스스로 그렇게 생각하는 작가들이, 정작 그들이 써내는 작품에서는 구체적인 현실이 빠져 있거나 현실생활이 누락되어 있어서 현실에 대한 그들의 주장만 남게 되는데, 우리는 이러한 작품에서 탈피해야 한다는 의미도 포함해서 말하고 있습니다. 리얼리즘이 중요하다는 것은 바로 그것이 아니겠습니까?

최근의 작품을 보면 그렇습니다. 최근에는 특히 노동자의 생활이나 노동현장에서의 경험을 다루면서, 노동자의 인간다운 삶을 위한 투쟁에 나서려고 하는 의지를 담은 작품이 많이 나오고 있습니다. 그러나 지금은 아직 단편이나 중편 규모를 벗어난 장편으로 성공했다고 보이는 작품은 없지 않을까 생각됩니다.

이회성 아직, 성공작은 없다는······

백낙청 예, 장편에서는 딱히 이거라고 할 만한 것이……

이회성 「객지」를 뛰어넘는 작품은……

백낙청 「객지」는 장편이 아니지 않습니까? 중편 정도지요. 그런데 「객지」의 경우는 중편이라는 점도 있고, 또 오늘날의 시점으로 보면 거기에 나오는 노동자는 조직화된 노동자도 아니고 공장노동자도 아니니까요. 그런 점에서 요즘 독자들의 가장 직접적인 관심사와는 거리가 있습니다. 공장노동자 문제를 처음 다룬 작가로는 70년대의 조세희(趙世熙)가 있습니다. 그의 경우는 역시 모더니즘에 다소 경도된 환상적인 면이 보입니다.

이회성 매우 매력적인 소설이었습니다.

백낙청 매력 있지요. 저는 70년대 문학의 중요한 성과라고 평가하고 있습니다. 그리고 윤흥길(尹興吉)씨도 다소 다루고 있습니다. 빈민문제를 많이 썼고, 공장노동자를 다룬 것도 한두 편 됩니다. 그러나 전체적으로 볼 때 이전의 성과를 뛰어넘었다고는 할 수 없을 것 같습니다.

최근에는 노동자 자신이 직접 쓴 작품도 많이 나오고 있습니다. 이번에 제가 쓴 「오늘의 민족문학과 민족운동」이라는 글에서 최근에 나온 작품 몇 편을 다루었는데, 그중에서 규모라든가 여러 면에서 주목할 만한 작품은 한백이라는 사람의, 제목이 뭐더라?

이회성 「동지와 함께」.

백낙청 맞습니다. 그 작가의 작품을 읽으셨습니까?

이회성 백선생님의 평론으로 읽은 게 전부입니다.

백낙청 이 작품은 『노동문학』이라는 무크지에 실렸습니다만, 85년 구로연대투쟁, 흔히 구로연투라고 하는데, 구로공단지역에서 있었던 근래 한국노동운동으로는 최초의 연대투쟁, 연합정치투쟁으로, 이에 가담한 노동자의 이야기를 쓴 것입니다. 이 작품이 흥미를 끄는 첫번째 이유는 의식화되지 않은 노동자의 경험을 그리고 있다는 점입니다. 즉 노동자가 되기 전 경험이 전제로 있고, 일자리를 얻지 못해 전전하면서 모든 고통과

괴로움을 겪지만, 투쟁에 연관되어 이러쿵저러쿵 말을 듣는 것보다는 겨우 잡은 지금의 직장을 소중하게 여기며 조용히 살아가고자 했던 노동자가 자신의 직장에서 쟁의가 일어나고 농성이 벌어지게 되면서 의식화되어가는 내용을 다루고 있습니다. 처음에는 가담할 의사가 없었는데 자기도 모르는 사이에 그 속에 뛰어들게 되고, 투쟁과정을 통해 각성하게 되기까지는 선배·동료로부터 받은 교육의 영향이 있기는 하지만 그보다는 역시 그동안 노동자로서 쌓아왔던 생활체험이나 자신의 아버지와 어머니가 겪었던 경험 등이 크게 작용합니다. 그리고 그러한 투쟁의식을 형성하는 데에는 생활이 갖는 중요성, 즉 노동자로서의 생활이 갖는 중요성이 잘 드러나 있습니다. 그렇다고 해서 앞서 이선생님이 지적하신 것처럼 그것에 대한 주장만 있는 것은 아닙니다. 생활의 문제, 현실의 문제가 결부되어 있습니다. 여기서 제가 다소 비판적으로 언급하고 싶은 것은 그러한 투쟁이 일어나기까지는 매우 실감나게 표현되어 있는데, 그리고 그 투쟁이 무산되고 자본가측이 투입한 폭력단이 덮쳐 쫓겨나고 그래서 해임되기까지의 과정도 생생하게 그려져 있는 데 반해, 해고된 노동자들이 모여서 앞으로 더 본격적인 투쟁을 결의하는 부분은 미약하게 끝나버린다는 점입니다.

물론 본격적인 장편이 아니기 때문에, 그 부분을 간단하게 끝내버리는 것이 치명적인 결함이라고 할 수는 없을 것입니다. 그러나 그처럼 직장이 있어도 배고프고 하루하루 먹고 사는 데 급급했던 사람들이 대책없이 쫓겨났는데도, 그 후에 어떻게 사는지는 고사하고 해고된 며칠 동안만이라도 어떻게 살고 있는지, 또 그때 만났던 다른 동료들은 어떻게 생활하고 있는지 하는 문제는 작품의 시야 밖으로 사라져버리고 마는 것입니다. 따라서 마지막 부분에서 동지와 함께 투쟁해가고자 하는 강한 의지의 표현이 조금 관념적이라는 느낌을 받습니다. 그런 면에서는 이 작품도 역시 부족한 점이 있다고 할 수 있겠지요.

양민기 그 작가는 노동자 출신의 작가입니까?

백낙청 저는 모르는데 혹시 아시는 바 있는가요?

양민기 아니요. 그런데 시대는 조금 거슬러 올라갑니다만, 공장노동자의 쟁의를 그린 것으로 「객지」 이후에 역시 황석영(黃晳暎)이 「야근」이라는 단편을……

백낙청 예, 황석영 씨의 「야근」……

양민기 아마도 70년대 중반 「객지」를 발표하고 얼마 안 있다가 집필한 것으로 생각됩니다. 『현대문학』에 실린 것을 읽고 매우 놀랐던 기억이 납니다. 줄거리는 아마도 일본에서 만들어진 기계와 자재로 가구를 제조하는 공장에서 비밀리에 스트라이크를 계획하는데, 누군가의 밀고로 멈춰서야 할 기계가 그대로 움직이고 있다, 이에 화가 난 한 노동자가 스위치를 끄러 갔다가 감전되어 죽고, 시신을 창고에 안치한 채 농성하면서 회사측과 대치한다는 하루 동안의 이야기입니다. 그 안에는 시신이 안치된 곳을 찾은 여동생이 미군 중사의 여자라든가, 밀고한 노동자의 아내가 사장의 먼 친척이라든가 하는, 관념적인 노동자가 아닌 여러가지 상황이 복잡하게 얽혀 있는 노동자의 현실적인 삶이 그려져 있습니다. 거기다 쟁의에 가담하여 회사측과 대결해가는 과정을 매우 리얼하게 묘사하고 있습니다. 그 후 70년대 후반이 되면 윤홍길이라든가 조세희처럼 노동자를 다룬 작가가 나오게 됩니다. 예컨대 윤홍길만 하더라도 노동자의 생활이나 노동문제를 외부의 시점에서 그리려고 하는 것 같습니다. 즉 전문작가가 노동자를 그릴 때의 시점이 문제가 된다고 생각됩니다만……

백낙청 「야근」은 저도 좋은 작품이라고 생각합니다. 역시 황석영 씨의 재능에는 따라갈 자가 없는 것 같아요. 따라서 우리는 굳이 노동자 출신 작가에 집착할 필요가 없습니다. 그동안 많은 시련을 경험한 훌륭한 재능을 가진 작가가 그러한 소재를 계속해서 써준다면 더 바랄 것이 없겠지요.

양민기 마당극 같은 것도 그렇습니다만, 전문가로 독립해가는 부분과 그렇지 않은 부분과의 관계성이라는 것이 있습니다. 단순히 각각의 역할만이 아닌, 그것을 통일해가는 것으로서 민중문화라든가, 민중문학이라는 예술이념이 나오고 있습니다. 80년대가 되면 기존의 작가와는 변별되는 노동자 작가나 시인, 농민시인이 등장하지 않습니까? 출신만 그러한 것이 아니라, 예컨대 박노해처럼 노동현장을 떠나지 않고 노동자이면서 시인이기도 한 경우 말입니다. 그런데 박노해 시집 『노동의 새벽』은 노동자의 생각, 세계관, 감성이 배어 있는 훌륭한 시라고 생각합니다만, 두 가지 정도의 문제가 있다고 생각합니다. 하나는 일본에서는 과거 일본의 노동시와 흡사하다는 평이 있고, 또 하나는 시의 형식이 평이하고 진부한 종래의 형식을 그대로 답습하고 있어 시가 얼마만큼 힘을 가질 수 있는가 하는 것입니다. 이것은 바꾸어 말하면 한국 노동자의 삶이 문학의 내용이어야 하며 동시에 삶이 형식이기도 해야 한다는 것이지요. 우리나라 민중에게 더 자연스럽게 파고들 수 있는 형식, 예컨대 비나리라든가 이야기 형식, 김지하의 「비어(蜚語)」처럼 소리를 내어 판소리로 부를 수 있다든가 하는. 그러한 형식을 새롭게 만들어가야 하는 게 아닌가 합니다. 최근 『노동문학』이라는 무크지에 실린 박노해의 「씨받이 타령」이라는 시는, 작년 7~8월에 있었던 노동쟁의를 소재로 하고 있습니다. 이 시는 연좌농성을 벌이던 노동자 앞에서 한바탕 연설을 한다는 내용으로, 실제로 연좌농성을 벌이던 노동자가 청중으로 설정되고, 그들이 야유를 보낸다거나 동의한다거나 하는 일종의 이야기 형식을 취하고 있습니다. 노동문학이라든가 민중문학이라고 하면 뭔가 대단히 사실적이라는 이미지가 있습니다만, 내용과 함께 표현형식 면에서도 뭔가 새로운 시도처럼 느껴졌습니다.

백낙청 이번 『노동문학』에 실린 시들은 좋은 시는 역시 좋습니다만, 전체적으로 볼 때 시집 『노동의 새벽』에 비해 크게 새로운 것은 없어 보입니다. 좋은 시는 대체로 『노동의 새벽』의 뛰어난 시와 별반 다르지 않습니다. 또 어떤 시는 너무 길어서 긴장감이 떨어지고, 그중에서 「씨받이 타령」은 상당히 색채가 다른 작품으로 박노해로서는 새로운 시도였다고 생각됩니다. 저는 재미있게 읽기는 했습니다만. 특히 시 첫머리는 김지하가 담시(譚詩)라든가 대설(大說)을 쓸 때처럼 활달합니다. 우리나라 옛 판소리 가락을 섞어서 노래하는 것이 박노해 본래의 스타일하고는 조금 다른 것 같은데, 그것이 마지막까지 계속되고 있지는 않습니다.

이회성 「십오방 이야기」라는 단편은 광주사건과 관련 있는 작품이라고 하던데, 평론에 언급되어 있지요?

백낙청 예. 이것은 『일어서는 땅』이라는 단편집 안에 들어 있는 정도상(鄭道相)씨의 작품이지요. 어떤 내용인가 하면 공정부대원이, 이 사람은 병졸이라는 설정입니다만, 이 공수부대원이 소대장과 함께 광주에 잠입해서 진압군이 들어오는 길목에다, 예를 들면 도청의 지하실에 있는 다이너마이트 뇌관을 미리 뽑아둔다든가 하는 공작을 하는 인물로 설정되어 있습니다. 그런데 잠입하고 보니 중국집 배달일을 하는 자신의 동생이 총을 들고 빌딩 경비를 서고 있고, 동생에게 들켜버립니다. 몇 마디 말을 나누던 중 형의 정체가 발각되고 마는데, 그 즉시 소대장이 동생을 사살해버립니다. 말하자면 자신 때문에 동생이 죽게 된 것이죠. 그 일이 있은 후 형은 동생을 죽인 상관에게 적을 쏘도록 심하게 다그칩니다. 그러나 소설 속 인물은 상관에 대한 개인적인 적개심은 표출하고 있으나, 광주사태에 대해서는 이렇다할 정치적 인식을 가지고 있지 않습니다.

그래서 감방에 들어가서도 정치범이 데모를 한다거나 항의하는 것을 보면 마음이 편치 않습니다. 더구나 광주가 이렇다 저렇다 할 땐 오히려 속으로 반발합니다. 녀석들 광주에 대해 제대로 알지 못하는 주제에라고 말이지요. 자신은 광주에서 동생까지 잃은 사람이라는 데서 오는 반발심입니다. 그러나 어느 사이엔가 끊임없이 광주에서의 일이 되살아나고 자신도 모르는 사이에 정치범들과 일종의 연대감을 느끼게 됩니다.

현대의 '동시대 병'

이회성 이 작품을 '5월 문학'의 새로운 수확이라고 평하고 계십니다. 저는 이 단편을 읽어보고 싶은 생각이 들었습니다. 왜 이런 기분이 들었는가 하면 앞서 카가 오또히꼬 씨가 '적은 없는가?'라는 문제를 던졌다는 말씀을 드렸습니다만, 진정한 적은 누구인가라는 문제가 지금 있기 때문입니다. 민중문학을 하면서 이같은 문제가 정말 흥미롭다고 느낍니다만, 언뜻 보기에는 적, 진짜 적이라고 생각되는 자가 실은 그렇지 않고 피해자이거나, 가해자이면서 또 피해자이기도 한……

백낙청 그렇습니다.

이회성 이것은 우리나라 현실의 모순이 결합되고 중첩되어 있는 지점이라고 생각합니다. 따라서 착종된 현실 속에서 인간의 진실을 발견하기 어려운 것처럼 '적'과 '아군'을 구분하기는 곤란하지만, 그곳까지 추구해가는 것이 역시 문학의 사명이라고 생각됩니다. 백선생님은 이 점을 시사하고 계신 것일지 모릅니다.

실제로 생활하다 보면 우리는 매번 이러한 현상에 부딪히게 됩니다. 이번 대통령 선거에서 양 김씨의 추태 하나만 보더라도, 인간이 얼마나 적·아군을 구별하지 못하는 존재인가를 잘 알 수 있었습니다. 이제는 민주주의에 대한 신념, 감도(感度)의 문제라고 생각합니다. 그래서 민주화와 반체제측의 지도자가 주장해오고 있습니다만, 저는 이 민주화문제는 위정자측에서만 짊어져야 할 성질의 것이 아니라고 생각합니다. 실은 동시대적인 병이라고 냉엄하게 다시 판단하는 새로운 시대감각이 필요하다고 생각합니다. 그렇지 않으면 반체제측 내부에 있는 비민주적 체질이 그대로 온존하게 되며, 정권이라도 잡으면 같은 일을 반복하게 될 테니까요.

그렇다고 해서 이도저도 모두 같다고 하는 논법은 아닙니다. 우리가 현재 살고 있는 시대, 우리 민족이 안고 있는 복잡하게 얽혀 있는 모순을 고려해서, 진정한 민주주의를 위해 이 '동시대 병'을 민주진영이 극복해가지 않으면 안된다고 말하고 싶습니다. 그것을 권력측보다 먼저 실천할 수 있을 테니까요.

우리가 살고 있는 일본이란 사회 안에도 본국과 같이 시대에 뒤떨어진 비민주적 현상이 많이 있습니다. 적과 아군을 구별할 줄 모르는 사람들이나 관료주의자, 기회주의자가 민중의 이익을 계속 배반하고 있으니까요. 그 때문인지 「십오방 이야기」는 복잡하게 얽힌 인간관계나 모순 속에서 누가 적이고 누가 아군인지를 생각하게 해주는 흥미로운 작품이라고 생각했습니다.

백낙청 예, 그렇습니다.

이회성 양선생님은 『민또오』 2호에서 재일동포 사회의 관제문화를 날카롭게 비판하고 계십니다. 해방 후 동포의 생활 속에 녹아 있던 민속악기나 판소리, 연희(演戱)가 어떻게 조직의 지도자에 의해 밀려나게 되는지, 그 과정을 제시하면서 잃어버린 고유의 민중문화를 되살리는 것이 필요하다는 주장입니다만.

양민기 본국의 경우는 어떨지 모르겠습니다만, 일본에서는 우리 고유의 문화양식은 과거의 산물로 그것에 애착은 느껴도, 그것을 아직까지 고수하는 민족은 시대에 뒤떨어진다고 보는 경향이 있습니다. 그러한 가치관이 확산되고 있으며, 그에 대한 반발로 고대사라든가 조선통신사, 또는 이조자기의 경우 과거에는 일본보다 발달했었다고 하는 논의도 나오고 있습니다. 그런데 근대 이후가 되면 입을 다물어버립니다. 자, 그럼 무엇이 현대적이고 보편적인가? 그 모델로 제시되고 있는 것이 서양이나 일본입니다. 식민지지배와 분단으로 한국의 사회발전이 늦어진 것은 사실입니다. 그러나 그것 때문에 근대화에 늦게 편승한 후진성으로부터 빨리 탈출해야 하겠다는 의지도 강해졌다고 생각합니다. 예를 들면 우리에게 고유한 것은 뒤처진 것이고 변경의 문화이며, 서구나 일본의 문화는 보편적이고 현대적이라고 보는 것은 문학이나 예술의 경우도 마찬가지입니다. 식민지 이후 서구나 일본으로부터 이식된 근대 서구의 예술형식만이 현대적 가치를 가진 것으로 여겨왔고, '재일'한국인 문학예술도 이와 크게 다르지 않습니다.

그런데 풍습이나 생활양식, 또는 고유의 감수성과 같은 것은 의식(意識)보다 보수적인 경향이 강해서, 세대가 바뀌고 동화가 진행되었다고 하더라도 동포사회 속에 여전히 살아 숨쉬고 있으며 민족 전체를 지탱해가고 있습니다. 그것이 '재일'동포인 것입니다. 이러한 생활 속에 살아 있는 민족감정이나 정서를 환기시키는 고유한 문화형식이 구석으로 밀려났으나, 최근에는 진부하다고 여겨지던 것이 오히려 새로운 창조의 힘이 되고 있습니다. 특히 문화적 자립과 민족의 동질성을 고양시키는 데에 커다란 힘이 될 것이라는 반성과 함께 젊은층을 중심으로 고유한 전통형식에 바탕을 둔 민중문화운동이 일고 있습니다.

백낙청 그러한 문제는 사실 국내도 심각합니다. 텔레비전 문화가 정착된 이후에는 더욱 그렇습니다. 민요도 없어지고, 공동생활이라든가 공동으로 여가를 즐기는 모습은 찾아보기 힘듭니다. 모두 훼손되고 파괴되어가고 있으니까요. 따라서 지금 남아 있는 것을 지키고, 새로운 생활에 맞도록 우리가 재창조하는 작업이 필요할 것입니다. 또 국내에서 사라진 것이 일본에 남아 있는 경우도 있을 것입니다. 중국이나 연변에 다녀온 사람들 말에 의하면 그곳에는 오히려 옛 원형이 그대로 보존되어 있다고 하더군요. 서두에 제가 말씀드렸던 것처럼 우리 국내에 있는 사람과 해외에 살고 있는 동포가 조금 더 긴밀하게 작업해나가는 것이 여러 면에서 중요할 것 같습니다.

이회성 말씀하신 대로입니다. 앞으로 본국과의 유대를 소중히해야 문화적 토대도 단단해지고 동포들도 소외되지 않을 것입니다. 이 잡지를 창간하게 된 것도 우리 재일문학을 더욱 발전시키는 것이 무엇보다 재일동포를 위한 일이라고 생각했기 때문입니다. 정체성의 위기라고 일컬어지는 정신적인 기로에 서 있는 재일한국인 2세, 3세가 앞으로 어떻게 살아갈 것인지, 그리고 그 세대가 늘어가는 것이 눈에 보이는 이상, 우리는 문화운동을 통해 삶의 변혁을 가져올 수 있도록 노력해야 할 것입니다.

재일문학은 앞으로 조국이라든가 민족이라는 테마, 통일이라는 문제에 국한할 것이 아니라, 현실생활과 더욱 밀접한 곳에서 테마를 찾아야 할 것입니다. 예를 들면 일본사회와 재일사회의 관계나 가정문제, 교육, 노동이나 성(性) 문제 등이 테마가 되어야 할 것입니다.

양민기 제 경우는 일본에서 태어나고 자라면서 민족적인 자각을 하게 된 것은 15, 6세 때였습니다. 본명을 사용하기 시작한 것도 고등학교에 들어가면서부터입니다. 그래도 당시는 아직 가정이나 주변에서 민족적인 것을 자연스럽게 몸에 익힐 수 있는 환경이었습니다. 그러나 지금은 그렇지 않습니다. 생활 속에서 접할 기회가 없으며, 그렇게 하고 싶어도 교육자료가 매우 빈약합니다. 재일동포 자제가 많은 오오사까(大阪) 초·중학교에서 민족교육을 실천하고 계신 선생님이나 학부형의 말에 따르면, 아이들에게 조선옷을 입게 하고, 장구를 가르치거나 학교 축제에서 전통무용이나 민화(民話)를 소재로 한 연극(民話劇)을 하게 하는 것이 말로 하는 교육보다 훨씬 효과적이라고 합니다. 그런데 선생님 자신이 민화를 잘 알고 있지 못해서 어느 학교든 민화를 소재로 한 연극은 오래 지속되지 못하는 상황입니다. 민화 책은 몇 권인가 있습니다만, 우리나라 동화는 전혀 알려져 있지 않습니다.

창작과비평사에서 '창비아동문고'가 이미 백 권 정도 나온 것으로 알고 있습니다. 그러한 읽을거리가 일본어로 번역되어 아이들이 손쉽게 읽을 수 있도록 하면 정말 좋을 것입니다. 아동문학이라고 해도 이원수(李元壽)의 「꼬마 옥이」나 「불새의 춤」, 권정생(權正生)의 「무명저고리와 엄마」 등은 우리의 민중적 민족문학의 성과에 포함되는 훌륭한 작품으로, 재일한국인 어른들도 꼭 읽어야 한다고 생각합니다.

필요한 아동문학의 출판

백낙청 '창비아동문고'를 평가해주셔서 감사합니다.(웃음) 실은 아동문고를 시작할 당시 저는 창작과비평사 경영을 직접 담당하고 있었습니다. 창비출판사 사장이었지요. 그래서 아동문고를 보면 간행자의 말이 실려 있는데 그건 제가 쓴 겁니다.

당시는 한국도 마찬가지로 아이들이 읽을 만한 책이 많지 않았습니다. 아동문고라고 하면 값비싼 호화판 전집류, 그렇지 않으면 이른바 덤핑본이라고 해서 아주 싸고 내용도 형편없는 책들이 나와 있는 정도였지요. 호화판이라고 해서 내용이 훌륭한 것도 아니었습니다. 그러한 상황에서 정말로 아이들에게 뭔가 멋진 꿈을 안겨주고, 또 그들의 연령에 맞는 교훈을 줄 수 있는 읽을거리가 필요하다는 생각에서 출판하게 되었습니다. 그리고 발간사에도 썼듯이 정말로 좋은 아동문학은 어른들이 읽어도 재미있는 문학이라고 생각했습니다. 국내의 경우도 어른들은 대체로 동화를 읽지 않습니다. 가끔 취미로 아동문고를 읽는 어른이 있기는 합니다. 저는 휴가 갈 때 몇 권 가져가서 읽거나 하는데, 열심히 읽는 사람들은 아주 재미있다고 합니다.

그런데 다른 나라 아동문학 사정은 잘 모르겠습니다만, 한국의 경우는 아동문학에 문제가 상당히 많습니다. 아동문학의 독자층인 아이들은 읽어서 좋은 책인지 아닌지를 나름대로 느끼기는 하겠지만, 그것을 판단해서 표현하는 능력은 없지 않습니까? 아동문학에 대한 평론을 아이들이 쓰지는 않으니까요. 정말로 아동문학을 알고 아이들을 알고 좋은 평론을 쓸 수 있는 사람이 없으면 완전히 비평 부재가 되어버립니다.

사실 어른들 문학에서도 좋은 평론을 보기 어렵지만, 아동문학의 경우는 비평다운 비평이 거의 없다고 할 수 있습니다. 설령 있다고 하더라도 활기가 없는 상황입니다. 그래서 대체로 신문사 계열의 언론기관이나 아동문학 관련 큰 출판사를 잡고 있는 사람들이 아동문학 전체를 지배하게 됩니다. 그들이 만들어내는 아동문학은, 이것도 일종의 모더니즘이라고 하면 모더니즘입니다만, 아이들의 실정, 실제 모습과는 아무런 관련이 없으며, 우리 민족의 현실과는 동떨어진 관념의 유희에 머물곤 합니다. 그들은 자신들이 상상하는 이미지를 아동문학이라고 설정하고 변덕스러운 문학을 만들어내지요. 그런데다 타산적이기까지 합니다. 신춘문에 당선작을 보면 완전히 어이가 없는 작품이 많습니다. 그런 것이 신춘문에 상을 타거나 하는 그런 상황이니까요. 이러한 상황을 바꾸어보려고, 뭔가 출판사 차원에서 조금이라도 바로잡아보려는 노력의 일환으로 기획한 것이 바로 창비아동문고입니다. 그런데 창비사나 편집위원 중에 이 문제를 전문적으로 추진할 사람이 없는 상황이어서 여러모로 힘이 듭니다. 초창기에는 전혀 팔리지 않아 전집류와 덤핑문고 사이에 끼어 고전을 면치 못했습니다만, 그래도 우리 나름의 신념을 가지고 출판을 계속해오고 있는데 오늘 양선생님의 과분한 말씀을 들으니 한층 용기가 납니다.(웃음)

재일문학과 제3세계

이회성 시간이 얼마 남지 않았으므로, 마지막으로 재일동포문학에 대한 기대를 포함해 자유롭게 말씀해주시기 바랍니다.

일본어만 할 줄 아는 재일동포 세대가 늘어가고 있습니다. 그러나 그렇다고 해서 비관할 필요는 없습니다. 비록 모국어는 알지 못해도 민족적으로 살아갈 수는 있기 때문입니다. 신세대의 인생관이나 감각을 소중하게 생각합니다. 귀화하는 사람도 늘고 있지만, 부모로 인해 귀화한 청년이 재일한국인으로서 민중문화운동을 왕성하게 하는 사람도 늘고 있습니다.

민족적으로 볼 때 어려운 시대이지만, 재일동포의 삶은 그렇기 때문에 의미가 있다고 생각합니다.

마지막으로 재일동포에 대한 기대라든가 주문이라든가, 어떤 것이라도 좋으니 말씀해주시겠습니까?

백낙청 먼저 드리고 싶은 말씀은 제가 재일동포문학에 대해 너무나도 무지했다는 점을 진심으로 부끄럽게 생각합니다. 그동안 국내에 번역된 작품이 별로 많지 않았고, 또 좋은 작품을 번역하는 것이 어려운 현실적인 제약도 있었겠습니다만, 그것은 제쳐두더라도 번역된 작품조차 저는 제대로 읽지 않았습니다. 그래서 완전히 무지한 상태였지만, 전체적으로 우리가 생각해볼 문제에 대해서는 여러 각도에서 논의되었다고 생각합니다. 리얼리즘 문제가 그렇고, 국내의 민족문학과의 관련이라든가 이러한 문제에 대해서도 논의했습니다.

지금 일본어로밖에 쓸 줄 모른다고 말씀하셨는데, 저는 그것은 매우 당연한 것이라고 생각합니다. 일본에서 일본어로 주로 생활하고 있으니까요. 따라서 일본어로 쓰는 것에 대해 뭔가 죄의식을 느낀다든가, 그것에 대해 콤플렉스를 가질 필요는 전혀 없다고 생각합니다.

단, 일본어로 쓰더라도 한국어로 된 여러 작품, 특히 한국에서 새로 나온 작품을 직접 읽고 이해할 수 있는 사람이 일본어로 글을 쓰게 되면, 그것은 그러한 경험이 없는 사람들, 특히 일본인이 쓴 일본어문학과는 변별되는 독특한 특성을 확보하게 될 것입니다.

이회성 일본은 단일민족이라고 하고, 우리나라도 단일민족이라고 말합니다. 그렇다면 재일동포는 어떤 민족일까요.(웃음) 단일민족을 넘어서고 있습니다. 대략 40퍼센트 정도의 재일동포 가정은 일본인과 결혼하고 있습니다. 이것만 보더라도 본국과는 다른 면이 있습니다.

백낙청 따라서 재일동포의 존재야말로, 그야말로 일본민족이 단일민족이라든가 한민족이 단일민족이라든가 할 때, 그 단일민족이라는 개념이 정밀하지 않은 개념이라는 것을 나타내는 단적인 증거라고 생각합니다. 예컨대 필리핀이나 인도네시아 혹은 아프리카 여러 나라처럼 나라가 아직 부족 단위로 구성되어 있다거나, 언어도 수개에서 수십, 수백 가지가 있으며 민족이 완전하게 형성되었다고 볼 수 없는 곳에 비한다면 우리나라가 단일민족일지 모릅니다. 그러나 그 이상으로 생각한다면 그것은 오히려 민족을 신비화하는 결과가 되겠지요.

우선 그런 면에서 재일동포의 존재는 우리 한국인에게도 우리가 국내에서 항상 만나고 서로 잘 알고 있는 그러한 동포만 있는 것이 아니라, 일본에 사는 동포도 있고, 미국에 사는 동포도 있고, 또 국내에서도 피가 다른 (예컨대 미국인과의 혼혈 등) 한국인도 살고 있다고 하는 점을 상기시켜주는 역할을 합니다.

일본인들에게는 더더욱 그럴 것입니다. 왜냐하면 그들에게는 아이누(Ainu)도 있고, 우리보다 민족구성이 더 다양하니까요. 그런데도 일본인은 자신들이 단일민족이라고 말하고 일본에는 민족문제가 없다고 생각합니다. 이러한 생각이 얼마나 현실과 동떨어진 것인가를 생생하게 깨닫도록 해 주는 것이 일본에 사는 한국인, 재일동포들이 아니겠습니까?

양민기 시간이 다 됐습니다만, 한 가지 여쭙고 싶은 것이 있습니다. 백선생님은 어떤 글에서 비유적으로 뉴욕과 토오꾜오에서 보면 서울은 변경이라고 언급하고 계십니다. 특히 일본에 있다 보면 그와같은 시야에서 제3세계를 바라보기 쉽습니다. 민족문학이라는 개념 안에는 한국문학이 제3세계문학의 일부이며, 그렇기 때문에 또 세계사적 사명을 짊어지고 있다는 자부심도 포함되어 있는 것 같습니다. 이러한 문제와 관련해서 재일문학에 대해 한말씀 해주시기 바랍니다.

백낙청 제가 일본에 막 도착해서 가진 문학자·지식인 간담회에서도 그런 이야기가 나왔습니다. 재일동포는 제3세계라는 개념 안에 포함되는지 어떤지 말입니다. 거기서 했던 말을 그대로 옮겨보면, 제3세계라는 말은 엄밀하게 정의된 개념이라기보다 세계 전체의 문제를 민중의 입장에서 보려고 하는 일종의 의지의 표현입니다. 그 이야기를 하면서 생각한 것이 재일동포 문제는 특수한 면을 포함하고 있다는 점입니다. 문제는 그것을 의식하지 않고 지나치기 쉽다는 것입니다. 그런데 이것을 의식하게 되면 너무나도 기묘한 존재라고 생각합니다. 왜냐하면 제1세계나 제2세계의 입장에서, 그들의 관점으로 보면, 제3세계가 변경이고 한국도 변경이고 서울조차 변두리인 것입니다. 그럼 서울을 기준으로 재일동포 문제를 보면 어떨까요? 이 경우 재일동포는 또 이 한반도로부터 변경으로 다시 밀려나가 해외로 나간 그러한 존재인 것입니다. 변경에서도 더욱 변경인 것이지요. 결국에는 망각되어버리는…… 변경으로도 인정받지 못하는 망각된 존재. 그런데 다른 쪽에서 보면, 한국과 달리 일본은 제3세계가 아니지 않습니까? 일본 또한 제1세계 속에서도 매우 기묘한 존재이긴 합니다만, 어쨌든 제3세계로는 보지 않는 선진 자본주의 국가입니다. 따라서 일본에 사는 재일동포는 한국보다는 변경이 아닌 곳에 속하는 것이 틀림없습니다. 이처럼 변경인가 아닌가, 완전히 묘한 존재입니다만, 어떤 의미에서는 변경이고 또 어떤 의미에서는 변경이 아니라는 것, 재일동포가 한반도와 연관된 존재라는 것, 또 그들이 속해 있는 일본사회와의 관계, 일본 주류 사회와의 관계, 전 세계 속의 위치, 이러한 것이 정확하게 규명된다면, 그 과정에서 재일동포의 자기인식이 확립될 것입니다. 뿐만 아니라, 재일동포의 위치를 규정하는 모든 다른 요소, 말하자면 국내에 살고 있는 한국인의 존재나 일본에 살고 있는 일본인의 존재, 혹은 뉴욕이나 모스끄바에 있는 사람들의 존재, 그러한 존재의 본질적인 성격이 어떤 것인가를 이해하는 데에도 어떤 중요한 단서를 제공해줄 것이라고 생각합니다.

그런 의미에서도 재일동포의 현실을 바르게 파악하고 재일동포의 자기인식을 확립하는 문학이나 예술이 그 나름의 세계사적인 사명을 지녔다고 말할 수 있지 않겠습니까?

이회성 16년 전 제가 서울에 갔을 때, 국내 문학자들 앞에서 재일조선 인문학에 대한 저의 생각을 말한 적이 있습니다. 그 자리에서 만약 통일된 다면 재일문학은 없어질 것이라고 언급했습니다.

그러나 그 후 10여 년이 지나고 보니, 그때의 제 생각이 완전히 빗나갔 다고 다시금 통감하고 있습니다. 우선 통일이 빨리…… 저는 70년대 초에 는 통일의 시기가 올 것이라고 지레짐작했고, 그렇게 되면 재일동포는 일 본에서 한국으로 귀국할 것이며, 재일문학은 아마도 우리나라 문학에 흡 수될 것이고, 일본에 남은 문학은 귀화자 문학으로 바뀌어갈 것이라고 아 주 단순하고 낙천적으로 생각했습니다.

그런데 오늘날까지도 재일문학은 없어지지 않았고, 그 내실은 시대의 변화 속에서 소멸되기는커녕 그 존재의 의미라고 할까 진가가 부각되고 있다고 생각됩니다. 그래서 그 개념이라는 것은 앞에서 백낙청 선생님이 말씀하신 것처럼 일본문학이 아닌, 그리고 본국의 문학과도 어딘가 다른, 독자의 영역을 가진 문학이 아닐까 생각됩니다. 아마도 그것은 아시아를 통해 제3세계와 정신풍토를 공유함으로써 한국과 일본에 거꾸로 무엇인 가를 되돌려주는 그러한 문학의 길을 걸어가는 것이라고 생각합니다.

백낙청 저도 그렇게 생각합니다. 통일이 안되어서 재일문학이 아직 남 아 있다는 것은 매우 유감스러운 일이지만,(웃음) 아마도 긴 안목으로 보면 재일문학이 존재하는 것에 대해 일본인들도 고맙게 생각할 것입니다. 그 리고 통일된 조국도 재일문학이 계속해서 남아 있는 것에 감사하지 않을 까 생각합니다.

이회성 이것으로 마치도록 하겠습니다. 감사합니다.

〔손지연 옮김〕

| 좌담 |

민족통일운동과 민주화운동

박현채(경제평론가)
백낙청(문학평론가, 『창작과비평』 편집인)
양건(한양대 법대 교수, 헌법학)
박형준(고려대 강사, 사회학)
1988년 7월 13일 창작과비평사 회의실

백낙청 오늘 좌담 제목은 「민족통일운동과 민주화운동」으로 잡았습니다. 이제까지 창비에서 저희가 계획한 좌담 중에서는 시국과의 직접 관련이 가장 큰 좌담이 되겠습니다. 이런 성격의 좌담을 생각한 것은, 지금 싯점이 6·29선언 1주년이 지났고 또 작년 7, 8월 투쟁 1주년이 되는 싯점입니다. 게다가 올림픽이라는, 좋은 의미든 나쁜 의미든 '대사'를 앞두고 있는 상황입니다. 여러가지로 급박하게 돌아가고 있는 이런 싯점에서 현시국을 한번 깊이있게 점검해볼 필요성이 있지 않을까 생각한 것입니다. 최근의 상황에서 특히 주목되는 것은, 다 아시다시피 학생운동권을 비롯해서 각계에서 민족통일운동의 열기가 드높아졌다는 점입니다. 그래서 조국통일·민족통일을 직접적으로 표방하는 운동에 대해서도 짚어보고, 또

■이 좌담은 『창작과비평』 1988년 가을호에 수록된 것이다.

왼쪽부터 박형준, 박현채, 백낙청, 양건

그러한 운동과 우리 사회에서 민주화와 인간해방을 지향하는 다른 여러 운동과의 관계를 점검하면서, 어떻게 하면 우리가 가장 효과적으로 힘을 모아서 성공적인 활동을 전개해나갈 수 있을지, 그 길을 모색해보자는 것입니다.

그리고 이야기를 하다 보면 자연히 정세에 대한 현상적인 분석만이 아니고 그동안 창비에서 특별한 관심을 기울여왔던 한국사회의 성격에 대한 논의라든가 또 민족문화에 대한 논의, 이런 논의들과도 자연스럽게 이어지는 토론이 되리라 믿습니다. 또 그러한 연관을 지음으로써 논의 자체가 한단계 진전될 수 있기를 바랍니다. 특히 제가 부탁드리고 싶은 것은 아무쪼록 그런 얘기를 하시더라도 대중들이 쉽게 이해할 수 있고 납득할 수 있는 이야기를 해주십사는 겁니다. 좌담 진행은, 참석하신 분들이 앞으로의 토론에서 특히 중요하다고 생각하시는 점이라든가 사회자에게 주문하실 점을 먼저 한마디씩 해주시고, 그 뒤로는 자유롭게 진행하고자 합니다. 먼저 박선생님께서 시작해주시죠.

민주화가 여전히 일차적인 과제

박현채 저는 지금까지 한국에 있어서 민족통일운동과 민주화운동의 관계가 긴밀한 것이라고 말해왔습니다. 이와 관련하여 먼저 다루어야 할 문제는 우리 사회의 성격 문제인데, 우선 중요한 것은 민주화를 선행시키는 일입니다. 말하자면 민주화 속에서 민중들의 통일에 대한 요구가 제대로 제기될 수 있을 때 이것이 바로 민중·민족적인 요구의 표면화 또는 표출을 통해서 통일문제와 연관된다는 입장을 저는 취해왔습니다. 이 입장은 지금도 변함이 없습니다. 가령 우리 사회의 상황을 신식민지적 상황으로 규정한다 할지라고 민주화의 문제는 중요한 문제입니다. 물론 신식민지라는 규정 속에서 민주화를 부정하고 또 불가능하다고 말하는 견해가 일부 있습니다만, 나는 한국사회에서 정치권력의 상대적인 독자성이 있는 한 민주화는, 모든 것이 서로 얽혀 하나로 되는 것이라고 할지라도, 형식상 우리 운동의 일차적인 과제라고 생각합니다.

그간 우리의 민주화 추구에는 상당한 진전이 있었습니다. 우리가 6·29선언에서 7·7선언을 낳게 한 기초적인 원인을 따지기로 한다면 오늘 민족·민중적인 그리고 통일을 지향하는 힘이 강력해지고, 표면상 제기되고 있는 것을 100% 긍정적으로 받아들이지 않는다 할지라도 힘의 관계에서 민족적이고 통일을 지향하는 세력이 강력히 대두하기 시작했다는 것은 부정할 수 없는 사실입니다. 그러나 그 과정에서 본다면 약간은 부정적인 면도 있다고 생각합니다. 약간의 표면적인 민주화가 우리 문제를 둘러싼 이론상의 논의를 지나치게 추상적이고 관념적인 논의로 만들면서 이론적 작업을 위한 노력이 민족적 과제의 실현을 위한 길에서 통합보다는 도리어 분열을 가져오고 있다는 사실입니다.

그러한 관점에서 저는 오늘 민족통일운동과 민주화운동의 관련 속에서 일차적으로 유의해야 할 것은 종래의 민주화운동 선행론에 대해서 과연 어떠한 성격의 주체가 어떠한 힘을 가지고 이것을 구체적으로 끌고 갈 것인가 하는 문제, 우리 사회에서 민족통일과 민주화운동을 중심으로 제기되고 있는 추상적이고 관념적인 논의에 대하여 얼마간의 실체를 부여할 수 있는 주체의 형성 문제가 중요한 의미를 가지고 있다고 생각하고 있습니다. 금년 들어서 우리 운동의 논의에서 통일문제가 두드러지게 강조되고 있는 데 대해 한마디 덧붙인다면, 이것이 아까 말씀드린 민주화선행론과 모순되는 것 같은 인상을 받을 수도 있습니다마는, 제 생각은 민주화를 통해 전체 민족·민중적인 요구를 하나로 수렴할 수 있는 계기를 잡기 위해서는 일단 통일논의를 통해서, 민주화와 또는 민중·민족적인 요구를 표면화하고 표출시키려는 노력 속에서 통일을 제기하는 것이 순서다, 실현하는 데 있어서의 순서가 아니라 문제제기하는 데 있어 순서라는 얘기입니다. 정말로 오늘 우리에게 주어지고 있는 모든 상황은 분단에서 비롯된 것입니다. 그렇기 때문에 이러한 상황에 대처하는 모든 논의 또는 실천적 방안을 강구하는 데 분단에 대한 인식 없이는 아무런 실마리를 찾을 수 없을 것입니다. 그러나 실현의 측면, 가능성에서 본다면 민주화가 지금 일차적인 과제라고 저는 생각합니다.

　양건 우선 민주화운동이 선행조건이라고 하신 것은 저도 공감하는 부분이고 대단히 강조될 필요가 있다고 생각됩니다. 그런데 이 민주화란 개념이 아주 넓기 때문에 이것을 어떻게 구체적으로 파악하느냐는 것이 민주화운동과 통일운동의 이론적인 논의나 또 실천적인 행동에서나 중요하다고 생각합니다. 조금 더 들어가서 얘기하자면, 저는 민주화운동 중에서도 특히 정치적 민주화의 의미를 더욱 강조해야 하지 않나 하는 생각을 가지고 있습니다. 이 문제는 박선생님이 말씀하신 주체형성의 문제하고도 직결된 것이고 대단히 중요하다는 생각이 드는데, 대체로 정치적 민주화라고 하는 의미를 상당히 경시하지 않나, 가볍게 생각하지 않나 이런 것을 저로서는 느꼈습니다. 어떤 표현을 보면 정치적 민주화는 하나의 과정이다, 이런 얘기들이 곧잘 나오고, 또 '통과제의'라는 표현까지 봤습니다. 그런데 과연 정치적 민주화가 하나의 통과과정이고 단순히 부차적이냐, 저는 좀 다른 의견을 가지고 있습니다. 정치적 민주화는 경제적·사회적 민주화운동의 하나의 기본조건이라고 생각합니다. 기본조건이라고 해서 단계적으로 일차적인 단계를 넘어서야 이차, 삼차 단계의 논의를 진전시킬 수 있다는 의미가 아니고, 전체적인 맥락 속에서 기본조건이 된다, 그런 의미입니다. 그리고 정치적 민주화라고 하는 것은 우리가 궁극적으로 지향해야 할 사회에서도 포기될 수 없는 중요한 요건이라고 생각합니다. 바로 이 점이 지금까지 민주화에 관한 논의에서 좀 소홀하지 않았는가 생각합니다. 그런 점에서 작년 6월 이래, 특히 양대선거 끝난 후 지금까지의 운동전개과정을 보면 이런 점에 대한 인식이 철저하지 못하지 않은가, 표현을 어떻게 해야 좋은지 모르겠습니다만 재야운동권의 움직임이 새로운 민주화운동, 특히 정치적 민주화운동을 위해 새로이 전개된 상황을 깊이 평가하지 못하고 따라서 그것과 결합하기보다는 오히려 거기서 따로 떼어내어 분리시키려 한다는 느낌을 받았고, 어떻게 보면 일반시민들이 느끼기에는 '갑작스런' 통일문제의 제기라는 것도 정치적 민주화운동의 중요성에 대한 인식의 부족, 특히 제도권의 정치적 움직임과 스스로 분리시키려는 그런 데서 나온 요소는 없는지 한번 짚고 넘어가야 할 문제라고 생각합니다.

민중이 쟁취한 과도기적 국면

박형준 저는 박선생님의 말씀을 주체형성의 관점에서 정세를 투시적으로 바라보고 그 속에서 주체형성을 위해 복무할 수 있는 구체적인 현실분석과 실천의 방법론을 도출해야 한다는 말씀으로 이해하고 전적으로 동감입니다. 그런 측면에서 작년 6월투쟁 이후의 87~88년 정세를 개괄해볼 필요가 있다고 생각되는데요. 개괄의 촛점은 역시 87, 88년의 정세를 통해서 계급의 역관계 또는 정치적 역관계가 어떻게 변화했는가 하는 것입니다. 적어도 6월투쟁 이전까지 우리 사회는 분단상황 속에서 일방적인 계급 역관계의 편향·불균형을 보여왔었고 그 과정에서 그것을 강제한 체제가 군부독재 또는 종속적 파시즘체제라고 생각됩니다. 그런데 작년 6월 이후의 상황에서, 그것이 여러가지 제한성은 있습니다만, 적어도 민중들의 자주적인 투쟁에 의해서 군부독재체제가 상당히 이완되는 형국을 맞았다는 것, 87년 6월 이후의 국면이라는 것은 예컨대 83년도의 유화국면처럼 일방적인 지배세력의 입장에서 어떤 정책적인 의도를 가지고 펼쳐낸 유화국면이 아니라 민중들의 민주화투쟁의 성과물로서 획득한 국면, 즉 민중들의 정치적 진출을 전제로 해서 형성된 국면이라는 점에 유의할 필요가 있습니다.

그 과정에서 투쟁에 의해 쟁취한 국면이 갖는 과도기적인 성격, 역관계의 비대칭성을 볼 수 있습니다. 대중들의 자발적인 투쟁에 의해서 쟁취된 것임에도 불구하고 그 성과를 추스르고 그것들을 다음 국면에서의 완전한 민주주의의 실현으로 밀고 나갈 수 있는 그런 주체가 결여되어 있음으로 해서 그다음 국면이 지배세력의 교묘한 지배전술에 의해서 활용당하는 측면을 가졌다고 생각합니다. 말하자면 6월항쟁 이후에도 우리 사회의 지배세력은 대단히 지혜롭다(?)는 것을 느낄 수 있었는데 그것은 뭐냐면 소위 '선수치기 민주화'라고 할까요, 대중들의 생활상의 요구나 그런 것들에 기반한 민주주의 실현이라기보다는 지배질서의 안정화를 위한 제도적인 방책으로서의 민주화, 그러니까 이것은 상당히 허구적일 수 있고 형식적인 민주화인데 이런 제한된 개량을 통한 지배질서의 안정화라는 것은 곧 우리 사회에 있어 부르주아적 헤게모니의 확립이라 할 수 있는 그런 내용을 담고 있다고 생각합니다. 이 지배방책은 선거제도의 최대한 활용, 보다 교묘해진 이데올로기적 통제, 공작정치의 활성화 등의 모습으로 나타나고 또 각 계급·계층에 대한 정책에서는 이른바 중산층을 체제내화하고 소위 민중운동을 고립시키려는 의도를 가진 듯합니다.

그럼에도 불구하고 87, 88년 정세의 전개과정에서 민중들과 그들을 대변해주는 운동세력은 상당한 역량의 성장을 이루었다고 평가할 수 있을 것 같습니다. 우선 작년 7, 8월 투쟁과 금년 상반기의 노동자대중투쟁, 수입개방에 반대하는 농민들의 투쟁 등이 대중운동의 괄목할 만한 전진을 가져왔고 이러한 것들이 민중들과 그들을 대변하려고 하는 민중운동세력과의 접촉면적을 넓혔으며 우리 운동의 대중적 기반을 확대하는 역할을 했습니다. 또 그동안 금기로 되어왔던 반미의식이 대중적으로 확산되는 모습을 볼 수가 있었습니다. 그러나 그러한 과정에서 가장 결정적인 문제는 역시 작년 대통령 선거과정과 금년 상반기까지 이어졌습니다마는 민중민주운동의 분열상이고, 이런 분열상이 아직도 극복되지 못하고 있는 실정인 것은 분명한 것 같습니다.

그럼에도 불구하고 금년 상반기의 경우 노동자투쟁의 지원을 위한 공동투쟁을 활성화하고 또 통일운동을 매개로 해서 전 민족민주운동권이 단결하려는 모습을 보여주고 또 새로운 민중운동세력의 정치적 구심을 만들어내기 위한 논의구조를 창출하려고 함으로써 민족민주운동권의 통합을 위한 노력도 상당부분 성과를 이루어내고 있다고 평가할 수 있겠습니다. 그래서 결국 지금의 정세는 민중들의 투쟁에 의해서 쟁취된 국면 속에서 양대 계급세력간의 역관계가 어느 한쪽의 승리 또는 패배로 귀결되기보다는 비대칭적인 관계 속에서 한쪽에서는 주체형성을 위한 끊임없는 노력이 실행되고 있고 다른 한쪽에서는 지배질서의 안정화를 위한 다양한 방책들이 시행되고 있는 과도기적인 상황을 보여주고 있다는 생각이 듭니다.

그래서 이 싯점에서 우리의 운동의 입장에서 보자면 어떻게 하면 우리 운동 내부의 통합의 기운을 제고시키고 구체화할 것인가가 가장 중요한 문제라는 생각이 들고요, 그를 위한 논의와 통일과정 자체가 당면의 구체적인 실천을 통한 통일이라고 할 때, 당면의 구체적인 실천에 대한 대안을 제시하는 것이 중요하다고 생각됩니다. 그러한 의미에서 당면의 구체적인 실천의 쟁점은 역시 민족통일문제와 아직도 거의 실질적인 진전을 보이지 못한 민주화의 문제, 예컨대 기층민중의 생존권 문제라든가 군부독재체제의 청산 문제, 제반 악법의 개폐 문제 등이 되겠습니다.

　백낙청 중요한 문제들을 많이 제기해주셨는데, 대충 이런 순서로 해나가면 어떨까 싶군요. 먼저 통일운동과 관련해서 최근의 일련의 사태들을 다루어보고, 다음에 양교수가 특별히 강조하셨고 다른 분들도 언급하신 정치적 민주화의 문제, 민주적 개혁의 문제를 논의해보고, 그다음에 박형준씨의 얘기에서 나온 노동운동이라든가 민중운동 분야의 진전, 그리고 이들 여러 운동을 어떻게 결합할 것인가의 문제, 이런 순서로 나가봤으면 싶습니다.

　먼저 통일운동에 대해 몇 가지 사실을 우선 떠올려본다면, 뭐니뭐니해도 학생운동권에서 제기한 6월 10일 남북학생회담 제의가 비록 성사는 안되었습니다만 역시 큰 파문을 일으켰고 사회 전반에 걸쳐 막대한 영향을 미쳤다고 생각됩니다. 거기에 대한 평가를 좀 해볼 필요가 있겠고요. 그밖에 문화계에서는 독일에 있는 작곡가 윤이상(尹伊桑)씨의 휴전선에서의 남북합동음악축전 제안이 있었고 제가 소속해 있는 민족문학작가회의에서도 남북작가회담을 제안한 바가 있습니다. 또 종교계에서도 기독교계와 불교계에서 남북 공동행사 제의가 있었습니다. 그리고 7월 2일, 3일, 4일에 걸쳐 재야측에서 주최한 일련의 통일염원 행사가 있었고 최근에는 7월 7일 대통령의 선언이 나왔지요. 이런 일련의 사태진전에 대해서 좀 말씀해주시기 바랍니다.

통일문제와 기성세대의 태도

양건 아까도 잠깐 말씀드렸습니다만, 통일문제의 제기가 일반시민들이 처음 받아들일 때에는, 좀 뭐라고 할까요, 적절한 표현 같지는 않지만 느닷없다, 이런 느낌이 아니었나 생각합니다. 다만 결과적으로는 느닷없다는 느낌의 밑에 깔려 있던 고정관념들을 깨부수는 데 상당히 기여를 했다고 생각하고 이 점은 대체로 아무도 부인하지 않는 것 같습니다. 여태까지 통일문제가 일반시민의 차원에서는 자신의 문제로 인식된 경험이 없었다고 생각합니다. 통일문제, 분단문제가 재야운동권에서 오래 전부터 제기되어왔지만 시민들은 그것을 그리 심각하게 받아들이지 않았던 것 같습니다. 그런데 이것이 정면으로 우리의 문제라는 의식의 깨어남, 이런 것이 이번 통일문제 제기의 가장 큰 성과이고 또 상당히 큰 변화라고 생각됩니다. 또 6·10남북학생회담 문제 이후 7·7선언이 있기까지 일련의 진전을 보면 통일문제에 대한 과거의 어떤 전형적인 패턴하고는 다른 양상이 나타났다, 말하자면 과거에는 정부가 통일문제를 국내정치적인 관점에서 툭툭 던져버리는 그런 모습이었는데 이번에는 오히려 시민의 입장에서 먼저 제기되고 정부가 거기에 쫓아가는, 따라가는 양상이 되었다는 것이죠. 통일문제가 국내정치적으로 이용되는 그런 면을 미리 차단시켜버린 점에서 또 커다란 의미를 갖는다고 봅니다.

그런데 또 한편으로, 시민들 중에는 이 문제에 대해서 완전히 열려진 마음으로 받아들이지 못하는 측면도 있는 것 같습니다. 6·10남북학생회담 문제가 나왔을 때 대한변호사협회에서 회장 이름으로 나온 성명서가 있는데, 그것이 일반시민들의 보통 느낌을 대변하는 것이 아닌가 하는데, 이런 골자입니다. "너무 성급한 행동이다, 그렇기 때문에 반대한다." 이것이 첫번째이고, 또 하나는 "통일논의에는 국민적 합의가 중요하다, 그렇기 때문에 학생들이 먼저 기성세대 설득부터 해야 할 것이다", 이런 반응을 보이고 있습니다. 여기서 특별히 두번째 얘기, "기성세대 설득부터 해야 할 것"이라는 것은 상당히 중요한 점이 아니냐 하는 생각입니다. 운동에 있어서 시민들의 고정관념을 깨뜨린다, 또 앞서 나간다라는 선도적인 역할도 중요하겠습니다만, 특히 민주화운동이란 측면에서 보면(이 문제는 다시 제기되겠습니다마는) 중간층의 흐름을 누가 잡느냐는 것이 결정적으로 중요한 점이라고 생각합니다. 중간층의 향배가 지배층으로 휩쓸려 들어가느냐 아니면 민주화운동·통일운동에 계속 발맞춰나가느냐, 이 점이 앞으로 운동방향에 있어서 결정적으로 중요한 부분이라는 생각이 드는데 그렇다면 중간층이 어떻게 생각하고 있다는 것, 무엇을 원하고 있다는 점을 고려해서 통일운동도 제기해나가야 하지 않느냐, 그런 말씀을 드리고 싶습니다.

또 최근의 7·7선언과 관련된 말씀을 드리면, 남북교류 및 교차교류가 그 주된 내용일 것 같은데 그 교류의 의미라고 하는 것이 기본적으로는 두 가지 상충되는 의미를 가지고 있지 않은가 생각합니다. 통일을 위해서는 기본적으로 두 체제 사이, 갈라진 민족 사이의 동질성 회복이라고 하는 것이 기본조건이라는 측면에서 교류의 촉진·증대를 주장하는 것은 아주 긍정적으로 받아들일 수 있다고 생각하는데, 반면에 교류라는 것이 방향에 따라서는 통일지향적인 교류가 아닌 분단의 고정화를 위한 교류일 수가 있습니다. 따라서 교류를 주장할 때는 이것이 근본적으로 통일지향적인 교류여야 한다고 본다면 이번 7·7선언에서 통일문제에 대한 기본적인 언급이 없었다는 데에서도 나타나는 것처럼, 어느 방향에서의 교류냐에 관해서는 또 생각할 점이 있다고 하겠습니다.

백낙청 7·7선언의 성격에 대해서 얘기하기 전에 6·10회담에 대한 양 선생님의 견해에 대해 조금 더 논의를 해보면 좋겠군요.

박현채 나는 조금 견해가 달라요. 6·10회담에서 나타난 양상이란 것은

28년 전에 나타난 양상입니다. 4·19 후에 통일을 위한 첫걸음으로 판문점 남북학생회담 제안이 있었고 6·10과 똑같은 양상의 진전을 보였습니다. 물론 내용은 달랐죠. 그러나 큰 맥락에서 봤을 때 그것은 같은 양상이었습니다. 그럴 때 우리가 생각해야 할 것은 꼭 이런 것들이 국민적 합의를 전제로 해서 주어져야 하고 학생이나 또 각기 작가면 작가, 음악가면 음악가, 이런 다원적인 접촉이 거부되어야 하는가에 문제가 있다고 생각합니다. 7·7선언에 대해 본다면 민주화와 통일이 하나라는 인식, 그로부터 통일문제를 제기하고 있다는 점에서 노태우정권이 종래와 같은 터무니없는 방법으로 일을 처리하는 것이 아니라 재야권의 논리에 대응하는 것으로서 자기 안(案)을 내놓았다고 볼 수 있습니다. 말하자면 통일추구세력의 논리에 대한 대응으로서 주어진 것이 이번 7·7선언이었습니다. 이 7·7선언에서 제기한 바가 통일원장관 이홍구(李洪九)씨가 말한 것처럼 "우리는 하나의 민족공동체이다" 이런 것에 기초한다고 했을 때, 다원적 접촉을 위한 '국민적 합의'라는 것은 반드시 필요한 것은 아니라고 봅니다. 말하자면 민족 밑에 종속하는 것이 지금 현상적으로 국가란 말이죠.

그러니까 꼭 분단된 2개의 국가체제를 중심으로 해서 통일을 추구한다고 하는 것은 민족공동체적 발상에 위배됩니다. 민족공동체적 발상에 서는 한, 접촉은 다원적이어야 하고 다원적인 접촉 속에서 또한 민족구성원 전체의 요구가 하나로 수렴될 가능성이 보이는 것이 아니냐, 그런 의미에서 7·7선언은 어떤 의미에서 그 동기로 보면 반드시 올바른 것일 수는 없어도 분단된 2개의 조국을 하나로 수렴하는 것이 민족공동체라는 발상의 전환을 내포하고 있다는 의미에서 결과에서는 긍정적이라고 볼 수 있습니다. 그리고 이것은 당연한 진전입니다. 지금껏 우리들의 통일논의가 진전이 안되어왔던 것은 말하자면 우리가 하나의 민족공동체에 수렴되어야 하고 분단이 민족공동체 안에서의 내부적 모순의 외화에서 오는 것이라는 점을 거부했기 때문입니다.

백낙청 7·7에 관한 얘기를 하기 전에 6·10에 대해 얘기하자고 했는데, 박선생님은 바로 7·7로 넘어가셔서—

박현채 왜냐하면 7·7에 관한 얘기를 안하면 6·10문제가 안 올라온단 말이죠.

백낙청 양교수가 교섭의 다원화 자체를 반대한 것은 아니고 6·10회담의 경우에 기성세대를 설득하는 측면이 모자라지 않았는가, 또는 중간층의 향배가 민주화운동에 있어서 중요한데 그 점에 좀 소홀하지 않았는가, 그런 문제를 제기한 것 아닌가요?

박현채 문제는 전술적으로 완벽했는가 완벽하지 않았는가가 중요한 것이 아니거든요. 말하자면 남북학생회담에 대한 제기가 전체 운동을 위한 단서를 주는 것이지 그것이 바로 완성을 추구하는 것은 아니거든요. 그러한 관점에서 봤을 때 중간세력을 앞으로 어떻게 할 것이냐 하는 문제는 그 다음 문제죠. 어쨌든 6·10학생회담의 제의는 현재 정권을 잡고 있는 사람들로 하여금 우리가 하나의 민족공동체이고 적대적인 행위를 하지 말자는 7·7선언을 끌어냈단 말이죠. 그러한 의미에서 그것은 성공을 한 것이죠. 그뿐 아니라 지배계급 안에서도 전환을 가져왔다는 것입니다. 통일문제를 이야기하면서 이것이 분단된 2개의 잘못되어 생긴 의사국가간의 문제로서 그 본질에서 민족공동체 내부의 문제라고 한다면 엄밀하게 자기 내용을 갖춘 국가간의 문제가 될 수 없죠. 그것은 불행한 역사의 소산이죠. 그리고 그것이 청산되어야 할 것이라는 입장에 서는한 접촉은 다원적이어야 하고 모든 민족구성원으로 하여금 자기 이해에 기초하여 통일문제를 생각하게 하고 상호 접촉하게 하는 것이 정상이고 정당하다는 것입니다. 곧 오늘의 우리를 하나의 민족공동체로 보는 인식에 기초하는한 그렇게 될 수밖에 없다는 것이죠.

백낙청 박형준씨 얘기도 듣고 나서 양선생이 하실 말씀이 있으면 하시도록 하지요.

박형준 저는 일단 지난 대통령선거 과정이나 총선 과정에서도 통일문제가 정치적으로 쟁점화될 것으로 예상했었습니다. 그런데 실제로 작년 대통령선거 기간 동안에 김대중(金大中)씨의 공화국연방제 통일안이 실질적으로 쟁점화되지 못했고 또 이번 총선과정에서도 진보적인 민중운동세력들이 상당부분 참여했음에도 불구하고 통일문제를 적극적으로 이슈화하지 못했다고 생각해요. 그러한 의미에서 역시 통일문제라는 것은 아까 박선생님도 말씀하셨지만 대중적 합의를 이루어가는 과정과 동시에 선도적인 문제제기 집단이 확실하게 문제를 제기하고 그것이 정치적 쟁점으로 되고 대중운동으로 자리잡아나가는 과정이 병행되어야 한다고 생각합니다. 그런 의미에서 그것이 학생들만의 문제제기는 아니었다는 생각이 듭니다. 그러니까 3월부터 있었던 일련의 통일운동의 흐름이 있었기 때문에 그런 흐름을 연속성 속에서 학생들이 집단적으로 문제를 제기하고 정치적으로 쟁점화해냈다는 점에서 상당히 중요한 의미가 있고 또 성공적이었다고 생각합니다. 문제는 그럴 때 통일운동이 민주화운동과 어떻게 결합되었고 대중들의 통일에의 열망을 어떤 방향으로 조직화했느냐가 평가의 기준이 되어야 할 것 같습니다. 예컨대 단순히 감성적인 통일의지를 확산하는 데 머물렀다고 한다면 그것은 분명히 그 성과를 지배세력도 활용할 가능성을 남겨두는 것이죠. 그런 통일운동을 쟁점화해내는 데 있어서 무엇을 구체적인 고리로 해서 쟁점화하느냐에 따라 평가가 많이 다를 수 있겠습니다. 이런 측면에서, 역시 박선생님도 말씀하셨지만 28년 전의 운동양상과 거의 비슷했는데 적어도 통일을 가로막는 세력이 누구인가를 전면적으로 폭로하는 데는 실패했다고 봅니다. 그러니까 통일운동이 구체적인 민주화운동과 연결될 수 있는 고리를 확보하는 데는 실패했다고 봅니다.

양건 아까 박현채 선생님이 지금의 통일운동과 4·19 후의 양상을 비교하는 말씀을 해주셨는데, 저는 그 점과 관련해서 4·19 후의 통일문제 제기가 5·16의 명분의 하나로 이용됐던 그런 경험도 충분히 고려해야 하지 않느냐는 겁니다. 저는 상황이 지난 6월항쟁의 성과가 어느 방향으로 전개되느냐, 긍정적인 방향으로 전개되느냐 제대로 피어나지 못하느냐 하는 하나의 전환기이고 지금부터 힘의 관계가 잡혀가는 과정이라고 보는데, 이런 과정에서는 시민에게 가장 넓게 공감받을 수 있는 문제에 집중하는 것이 더 중요하지 않느냐 하는 생각이고, 또 통일문제처럼 어떻게 보면 무척 미묘해질 수 있는 문제가 자칫하면 분위기조성에 잘못 이용될 수 있는 요소도 있기 때문에 상당히 조심해야 되는 측면이 있다, 이렇게 말씀드리고 싶었던 것이죠. 따라서 민주화운동이 조금 더 자리를 잡는 단계에 들어서는 것이 당장에 중요한 문제가 아니냐는 얘기였습니다. 그리고 접촉문제에 있어서도 다양한 접촉이 필요하지만 거기에도 나름대로의 질서는 있어야 한다고 생각합니다. 여러 구체적인 방법이 있겠는데 국회회담을 이용하는 것도 하나의 방법이라고 생각합니다. 여러 다양한 목소리를 국회를 통해서 반영한다는 것이죠. 또 민족문학작가회의에서 제기한 방식을 보면 양 당국에 대해서 주선해달라는 방식인데 그것은 학생들이 아무 간섭 없이 직접 만나겠다는 주장보다는 더 공감을 받을 수 있는 방식이 아닌가 생각합니다.

4·19 이후와의 닮은 점과 다른 점

박형준 네, 거기서 방법은 여러가지로 제기될 수 있을 것입니다만, 제가 한 가지 지적하고 싶은 것은 4·19 이후의 상황과 지금 상황의 역사적 조건의 차이를 고려해야 한다는 것입니다. 물론 양선생님이 말씀하신 대로 또 한번의 반동화 가능성을 우려하면서 조심스럽게 진전해야 된다는 주장도 가능합니다만, 4·19 이후의 상황과 지금의 상황을 규정짓는 제반 조건들의 차이, 예컨대 국제정세라든가 자본주의적 계급분화의 급진전,

그리고 여기서 필연적으로 나올 수밖에 없는 정치갈등구조의 성격, 이런 것들을 생각하면 실제로 4·19 이후 5·16을 가져올 수 있었던 내외적 조건하고 지금의 조건은 상당히 다르다고 생각합니다. 그리고 제가 처음에 말씀드렸듯이 현재의 개량국면이 대중의 힘에 의해 쟁취한 면이 주요한 측면이고 어떤 의미에서는 민중과 민중운동세력이 소위 진지로서 구축해낸 것이라 할 수 있습니다. 그럴 때 너무 조심스럽게 발을 내딛는 것은 반민주세력의 입지를 넓혀줌으로써 민주주의를 속도를 빠르게 진전시키는 데 장애로 될 수도 있다는 생각이 듭니다.

백낙청 그러니까 4·19 이후하고 문자 그대로 똑같다고 한다면 5·16식의 결말을 걱정하는 것이 당연하겠지요. 그러나 박선생님이 4·19 이후와의 유사성을 얘기하는 것은 일정한 면에서의 유사성일 뿐이고 지금 박형준씨 지적대로 엄연히 다른 점도 있는 것이겠지요. 4·19 직후와의 유사성 가운데서 제가 볼 때 중요하다고 생각되는 것은, 통일논의를 억압하는 체제 속에서 국민들이 오랫동안 살아왔기 때문에 소위 기성세대를 설득한다는 문제가, 정상적인 설득의 방법이 확보되어 있지 않았단 말예요. 그렇기 때문에 기성세대가 의아하게 생각할 정도로 충격을 주는 것 자체가 설득의 공간을 확보하고 궁극적으로 설득을 수행하는 하나의 방식이라는 것이 4·19 이후하고 지금이 비슷한 점이라는 생각입니다.

그런데 6·10에 대해서 전술적인 측면에서 몇 가지 얘기됐지만 저도 거기에 대해 아쉬운 느낌이 없지는 않습니다. 가령 작년 6월 10일은 아직도 선결과제라고 하는 민주화운동의 큰 이정표였는데, 이번 6월 10일에 그것을 기념하고 그때의 역량을 다시 동원하는 노력이 너무 소홀하지 않았는가 하는 생각이 들었고, 또 아직까지는 우리 사회에서 노동자들이 통일논의에 직접 뛰어들기에는 시기상조라고 할지라도 그래도 통일에 관한 대행진을 한다든가 대회를 할 때 노동자들이 자기들과 직결된 문제를 가지고 참여할 수 있는, 그들의 참여를 극대화할 수 있는 방안을 좀더 모색할 수 있지 않았는가 하는 점에서도 아쉬운 느낌을 가지고 있습니다.

7·7선언에 대해서는 좀더 본질적인 차원에서 얘기하기 전에, 작가회의의 제안에 대해 양선생께서 언급을 하셨으니까 잠깐 그에 관해 얘기를 하죠. 접촉은 다원화하더라도 뭔가 질서는 있어야 한다는 것은 물론 옳은 말씀입니다. 그러나 지금 질서를 장악하고 있는 실세들이 다원화 자체에 대해 너무 냉담하고 심지어 적대적인 것도 사실이거든요. 이런 상황에서는 소위 창구 일원화라는 논리를 극히 비판적으로 대하지 않으면 우리가 원하는 교류의 확대, 특히 양선생님이 말씀하셨다시피 분단을 유지하자는 교류가 아니고 극복하려는 교류를 실현하기가 어렵지 않을까 합니다. 물론 국회라는 공간이라면 정부 대 정부 회담보다는 다소 다원화되는 셈이지만 그것만 가지고는 역시 부족하고, 가령 문인·예술인이라든가 학생들이라든가 이런 쪽에서 문제를 주도해가면서 정부에 성실하게 협조하라고 촉구하는 그런 방안들을 추구해야 할 것 같습니다. 민족문학작가회의의 경우는 7월 2일자 제안의 이 부분이 좀 미묘한데, 우린 학생들하고 달라서 처음부터 일방적으로 날짜를 정해서 누구하고 어디서 만나자, 이런 것은 아니었고, 또 수만명의 학생들이 화염병을 들고 나가서도 서울 시내도 못 벗어나고 저지되는 판에 문인들이 일방적으로 판문점에 가겠다고 해서 될 리도 없는 것 아니겠어요. 그래서 "이 제안의 원활한 실현을 위해 남북한의 행정당국도 성실하게 협조해줄 것을 간곡히 바란다" 이렇게 말했습니다. 이 말은 일단은 당국의 자발적인 협조를 기대해보겠다, 또 현실적인 문제로서 당국이 물리력을 동원해서 막으면 막을 수 있다는 실정을 인정하는 태도이기도 합니다. 그러나 동시에 북쪽의 문인들로부터 합리적인 반응이 왔을 때 당국이 성의를 안 보인다면 우리는 결코 당국이 성의를 보여줄 때까지 방관하면서 기다리지 않겠고, 국민여론에도 호소하고 또 우리 나름의 역량과 상황에 맞는 온갖 방법을 동원해서 당국으로 하여금 협조를 않으면 안되게 만들겠다는 의지를 담은 이야기지요. 일단 당국의 실

세는 인정하더라도 그쪽의 '주선'에만 내맡기지는 않는 자세가 중요하다는 거지요.

양건 그런데 저는 통일문제가 나올 때마다 제일 먼저 곤혹스럽게 부닥치는 게 무엇이냐 하면 통일문제라는 것은 상대방이 있는 문제라는 거지요. 혼자서 할 수 있는 통일운동이 있는 것이 아니라 상대방이 있는 문젠데, 상대방이 어떤 생각을 하고 있고 어떻게 하려고 한다, 이런 데 대해 너희들이 아느냐, 이렇게 나올 때 아주 어려워진단 말이죠.

박현채 만나서 서로 알겠다고 하면……(일동 웃음)

양건 만나서 알 수 있는 문제도 있겠고 알 수 없는 문제도 있을 것입니다. 그러니까 통일문제를 다룰 때 먼저 중요한 것은 우선 기본적인 문제, 말하자면 북한 자료를 개방하겠다는 말도 정부에서 했습니다만 북한을 객관적으로 알 수 있는 상황을 만드는 것, 이것이 중요한 문제가 아니겠느냐는 겁니다. 또 그것과 관련해서 통일논의 자체를 자유롭게 할 분위기를 조성하는 것이 통일운동에 있어서 첫번째로 짚고 넘어가야 할 것이라고 생각하고, 다만 이것을 달성하기 위해서 아까 백선생님도 말씀하셨지만 충격요법이라든지 이런 것은 있을 수가 있겠습니다.

7·7선언의 성격과 문제점

박형준 상대방을 고려해야 한다는 말씀과 관련해서 7·7선언에도 그 말이 똑같이 적용될 수 있을 것 같습니다. 그러니까 7·7선언의 대상으로서 북한이 이 제안에 얼마나 호응할 수 있겠는가 하는 문제가 충분히 고려됐어야 한다고 생각합니다. 통일정책은 원칙문제하고 그것을 실현할 방도가 함께 고려되어야 하는데 아까 박선생님이 말씀하신 것처럼, 하나의 민족공동체로서의 적대성의 해소, 이런 것은 원칙적인 면에서는 상당히 좋은 것이라고 할 수 있겠지만 구체적으로 실현하는 방도의 측면에서는 상대방이 협상테이블로 나올 수 있는 구체적인 계기를 이쪽에서 주어야 한다고 생각합니다. 그런 의미에서 7·7선언은 미흡했다는 생각을 금할 수가 없습니다. 이것은 『한겨레신문』 좌담에서 리영희(李泳禧) 선생님도 분명히 말씀하셨지만 지금의 남북한에게 문화적인 교류나 체육회담이나 이런 교류도 중요합니다마는 실질적으로 남북 민중의 생존권을 압박하고 있는 군사적인 긴장구조를 어떻게 완화할 것인가 하는 문제에 대해서 구체적인 접근방법이 제기되지 않으면 평화통일에의 길은 요원한 것일 수밖에 없습니다. 핵무기가 계속 배치되고 양쪽에서 엄청난 군사훈련이 진행되고 많은 신형무기들, 민중의 생존을 위협하는 무기들이 들어오는 상태에서 문화교류만 진행된다고 해서 그것이 과연 통일에 진전을 가져올 수 있겠는가 하는 것입니다. 오히려 현재의 분단체제를 공고히 하는 방향에 기여할 수도 있다고 봅니다.

박현채 이번에 북한측이 내보인 반응도 또한 그런 의미가 있는데, 민족공동체를 중심으로 해서 1민족 2국가를 기정사실화하는 논의가 분단을 제도화시키면서 현재의 체제를 합법화시키는 한 계기가 될 수 있는 것이죠. 그런 의미에서 지금 정부가 보여준 민족공동체라는 문제를 가지고 우리가 해야 할 것은 이와같은 형식에 내용을 담는 일입니다. 이 내용을 담는 것이 바로 접촉의 다원화이고 거기에서 내용은 쟁취될 것입니다. 어떤 의미에서 "두 개의 정부가 같이 창구를 일원화해서 매개해준다"는 논리는 통일을 위한 노력에서 민족적 참여를 거부한다는 것을 의미합니다. 우리가 민족공동체를 상정하는 한, 국가적 제약에서 해방되어야 하며 민족적인 것을 기초로 모든 민족구성원의 참여가 보장되어야 합니다. 통일을 위한 과정은 한쪽에 의한 한쪽의 통합이 아니라 두 개로 쪼개진 것을 가지고 새로운 하나를 만드는 창조적 과정입니다. 새로운 하나를 만드는 과정은 현재의 정치정세 속에서 지배적인 위치를 점하는 사람이 아니라 이 민족을 구성하는 대다수로서의 민중, 그 민중이 민족적이고 민주주의적일 수밖에 없고 더욱 새로운 가능성을 갖는다는 의미에서 새로운 것을 만드는 것이어야 합니다. 단순히 중도적 통합이나 하나에 의한 다른 하나의 흡수가 아니고 새로운 창조의 길이기 때문에, 그것은 불행한 역사의 소산인 분단된 국가체제의 제약에서 가급적 벗어나야 점점 더 큰 가능성을 갖는 것입니다. 물론 양선생님은 국회를 통한 논의방법도 생각할 수 있다고 하셨는데, 야당에 소위 재야세력이 포함되어 있다고 하지만 과연 이번 선언이 얼마만큼 민족적인 요구를 반영할 수 있느냐 했을 때 그런 형식을 받아들이는 것 자체가 문제가 된다고 말할 수 있겠지요.

양건 한말씀만 드리겠습니다. 지금 접촉 다원화에 대해서 말이 나왔는데요. 저는 거기에 대해서 충분히 이해합니다. 이해를 한다는 것은, 접촉 다원화 주장이 근본적으로 현정부에 대한 불신에서 나온 것이라고 보기 때문입니다. 그런데 이 접촉문제를 일반론적인 입장에서 본다면 또 다르게 볼 수 있지 않느냐, 가령 진정한 민주정부가 섰을 때 이런 식의 다원적인 접촉주장이란 것은 문제가 달라질 수 있다는 것이죠. 또 하나 아까 통일문제에 상대방이 있다는 것은 구체적인 제안에 있어서 상대방을 고려하는 문제도 있겠습니다마는 더 근본적인 태도의 차원에서 상대방이 있다는 것이고 그것은 거꾸로도 얘기가 될 수 있을 것입니다. 북쪽에서 보면 남쪽의 태도가 뭐냐, 또 남쪽에서 보면 북쪽의 태도가 뭐냐, 이것이 가장 근본적인 문제라는 점에서 한 얘기입니다. 달리 말하면, 상호간에 기본적인 신뢰가 형성돼 있지 못하다는 얘기도 되겠습니다.

또 7·7선언에 관련해서 한마디 덧붙인다면 아까 박현채 선생도 얘기를 하셨지만 기본적인 통일문제에 대해서 북쪽은 정치·군사적인 문제 우선주의이고 남쪽은 경제·사회교류 우선주의입니다. 그런데 양쪽의 기본태도·접근태도에 다 문제가 있다고 보는 것이죠. 실질적인 경제적·사회적인 교류가 없는, 따라서 동질성을 어느정도 확보할 수 없는 아주 이질적인 상태에서 정치·군사적 해결이라는 것이 과연 얼마나 설득력이 있느냐, 그것이 가능하냐 하는 문제가 제기될 수 있고, 반면에 정치·군사적인 문제에 관한 동시적인 접근 없이 경제·문화적인 교류만 주장하는 것, 그것이 갖는 한계도 있지 않느냐는 것이죠. 어느 한쪽만을 고집하는 태도는 기본적으로 문제가 있지 않느냐 그렇게 생각합니다.

백낙청 '상대방'의 문제는 나중에 우리가 아는 한도 내에서 그쪽의 실정이라든가 태도에 대해 좀더 얘기하기로 하지요. 다만 상대방이 있다는 말도 정부측에서 통일논의를 안하기 위해서 너무 써먹었잖아요? 그리고 상대방을 알려고 하면 국내 논의의 개방이나 자료 개방도 필요하지만, 그런 다음의 단계가 아니라 그것과 똑같은 단계에서 정책수행자가 아닌 사람들의 만남도 개방해야 한다고 봅니다. 그리고 7·7선언에 대해서 저도 한마디 한다면, 이번 선언 후에 흔히 7·7선언이 7·4공동성명과 6·23선언에 비해서 더 나아갔느냐 못 나아갔느냐 이런 식의 논의를 신문 같은 데서 읽는데, 저는 더 나갔느냐 덜 나갔느냐를 따지기 전에 72년의 7·4성명하고 73년의 6·23선언은 그 성격이 전혀 다르다는 것을 먼저 분명히할 필요가 있다고 생각합니다. 어떤 점에서 둘은 서로 모순되는 것이라고 할 수 있습니다. 그렇다고 볼 때에 7·7선언은 역시 성격상 7·4의 연장선상에 있다기보다는 6·23선언의 연장선에 있는 것이 아니냐, 이것은 신민주공화당의 김종필(金鍾泌) 총재가 누구보다 더 잘 알고 지적한 점이기도 하지요. 다만 6·23과 다른 것이 있다면, 6·23은 그야말로 상대방이 안 받아주면 아무것도 안하겠다는 선언이었는데 이번 7·7선언은 어떤 한도 내에서는 북쪽의 반응과 관계없이 우리가 일방적으로 몇 가지 조치를 취하겠다, 이런 것이 있지 않습니까? 어느 정도 실질적인 조치를 취할지는 두고봐야겠지만 다소 그런 차이가 있고, 또 박선생님이 지적하셨듯이 민족공동체에 대한 강조가 이번에 두드러진 것이 사실입니다. 그런 점에서는 6·23선언의 연장선상에 있으면서 다소 진전했다, 7·4성명으로 약간은 다시 접근해왔다고 볼 수 있는데, 그런 차이가 생긴 원인은 역시 그동안 우리의 통일운동과 민주화운동이 진전했기 때문이겠습니다. 말하자면 6·23선언이라는 것은 유신을 감행한 박정희가 유신체제라는 자신의 강한 입장을 바탕으로 7·4를 부정하고 나온 선언이었던 반면에, 7·7선언은 줄곧 통일논의에 부정적이던 정권이 국민들에게 밀려서 7·4쪽으로 약간은 되돌아갔다고 보는 것이 타당할 듯싶습니다.

그런데 최근 우리의 통일운동에서 여러 사람의 주목을 끌고 있는 또 한 가지는 반미적인 성격이 점점 커지고 있다는 점입니다. 이제 반미구호 등장의 의미라든가 반핵운동, 반전운동, 이런 것들을 좀 논의해보았으면 합니다.

반미구호 등장의 배경과 의의

박현채 반미구호가 등장한 것은 그다지 큰 의미를 부여할 필요는 없을 것 같아요. 왜냐하면 현실적으로 8·15해방에서 주어진 미국에 대한 기대가 우리 민족에게는 배신 그 자체로 되었기 때문이지요. 그런 의미에서 반미는 한·미관계의 초기부터 그 내재적 기초를 갖고 있었던 거죠. 그뿐 아니라 역사적 경과에 있어서도 한국경제의 상황이랄지, 특히 한국경제의 성장과정에서 보여준 미국의 입장이라든지가 문제로 되지요. 오늘도 미국은 목전의 이익을 위해서 국민생활에 직접 와닿는 농축산물 수입개방을 강요함으로써 말하자면 반미 할 수 있는 구실이 생기고, 미국으로부터 자주적 위치의 확보 없이는 민족적 생활양식이나 민족적 생존이 있을 수 없다는 것이 드러났으니만큼 반미구호가 나타나는 것은 당연한 일이고 별로 새로운 의미는 없다고 생각합니다. 단, 오늘의 정치적 상황이 이미 있던 이와같은 반미의 경제적 기초랄까 이런 것들을 표출시킬 수 있게 했다, 비록 초보적일지라도 정치적인 민주화를 통해서 국민의 민족적 의식의 표출이 가능해짐으로써 그만큼 한미관계를 중심으로 경제적인 모순관계가 첨예한 요소로 국민들에게 인식되었다는 사실이 새롭다고 하겠지요.

박형준 우선 오늘날 지구상에 존재하는 국가 가운데 반미운동이 없는 국가는 어디에도 없다는 것을 말씀드리고 싶습니다. 사회주의 국가든 자본주의 국가든 마찬가진데, 특히 2차세계대전 이후에 구식민지로부터 독립한 국가들이 걸어온 여러 발전유형 가운데서 종속적 자본주의 발전의 길을 걸은 나라에서는 민족운동의 전개 자체가 반미운동과 연결되지 않을 수가 없었던 것이죠. 그런데 우리 사회에서 유독, 사회운동의 본질에서 민족운동이라는 동일함에도 불구하고 반미구호가 대중적으로 전면으로 드러난 것이 80년 이후에야 가능했던 원인은 분단이 주는 제약에서 찾을 수 있을 것입니다. 분단상황은 반미를 곧 친공과 동일시하는 강제력을 발휘했습니다. 우리 사회에 80년대 후반의 싯점에서 주목할 사실은, 친미 및 그와 똑같은 개념으로서의 반공, 그것과 동질의 개념으로서의 분단 등과 대립되는 개념이 반미인데 이 친미·반공·분단을 이루고 있는 기본적인 이데올로기적 구조, 그것을 우리는 반공이데올로기구조 내지는 종속적 파시즘의 이데올로기구조라고 표현해왔습니다만, 그런 것들이 현격하게 느슨해지고 허물어지는 경향을 볼 수 있다는 점입니다. 심지어 보수야당조차도 이제 그전의 명확한 친미에서 '비반미' 단계를 거쳐서 이제는 미국에 대한 비판적 시각을 표방하고 있을 정도로 반미라는 것이 신속히 대중성을 획득해가는 과정이라는 것입니다. 그것은 동시에 기존의 지배이데올로기 구조가 허물어지고 있는 과정이고 운동의 관점에서 보면 민족민주운동의 이념을 객관화할 수 있는 조건이 대중적으로 확보된다는 것, 동시에 민족민주운동의 독자적 이념에 입각한 정치세력화를 가능하게 하는 조건이 형성되고 있다는 것을 의미합니다.

양건 여태까지 미국을 객관적으로 볼 수 있는 상황이 없었는데 최근에 와서 그것이 깨지기 시작하는 새로운 전환과정을 맞는 것 같습니다. 박현채 선생님이 경제적인 관점에서 반미가 나올 수 있는 기초는 이미 오래 전부터 되어 있었다는 지적도 해주셨는데, 그것과 더불어 80년 상황에서 민주화운동에 미국이 하나의 장애적 요인이었다는 것이 드러나고 또 그 민주화라는 것은 국민 모두가 누구나 다 공감하는 문제기 때문에 전시민적 차원에서 미국을 다시 볼 수 있는 계기가 생긴 것 같습니다. 또 최근에는 아주 생활과 관련 깊은 무역마찰에서 미국의 노골적인 또 대국주의적인 자세, 예컨대 담배문제 같은 데서 국내법을 아주 무시하는 방자한 태도로 나오는 데서 시민들이 공감을 할 수 있는 계기가 되었다고 생각됩니다. 이렇게 우리 역사적 과정에서 아주 중요한 미국에 대한 편향되고 왜곡된 시각을 교정해줄 수 있는 계기가 주어졌다는 것은 큰 의미가 있고, 또 이것은 정부에 대해서도 좋은 상황이 될 수 있다고 생각합니다. 이런 것이 또 미국의 우리에 대한 기본적인 정책을 수정하지 않을 수 없게 만들 수 있다는 점에서도 긍정적이라고 생각합니다. 다만 미국이 우리 수출시장의 약 40%를 차지하는 데에서도 알 수 있는 것처럼, 미국에 대한 객관적 시각을 확보하되, 심경적 차원이 아니라 현실적으로 어떻게 하는 것이 자주적이고 또 이로운 것이냐 하는 점도 고려해야 된다고 봅니다.

백낙청 지금 양선생께서 요즘의 반미운동이 미국의 기본적인 정책에까지 영향을 미칠 수 있을지 모르겠다고 하셨는데, 가령 미국의 핵정책이라든가 한반도 군사정책까지도 변경시키는 것이 과연 어떤 선에서 가능할지, 반미운동이 어느 정도까지 가야 그것이 변화될 수 있을 것인지, 또 그것이 어떻게 변화되어야 바람직할 것인지 그런 것들을 점검해봐야 할 것 같습니다.

반핵·평화운동과 민족의 생존권

박현채 미국이 세계를 지배하는 강대국인 한 미국에 반대하는 반미는 어떤 나라에서도 있을 수 있습니다. 그러니까 미국은 사실상 이런 반미문제를 감안해서 그간에 정책을 펼쳐왔습니다. 즉 미국은 항상 자신의 자본논리를 관철시키면서 그것을 영구화하고 장기화시키려는 노력 속에서 대응양식에서의 약간의 변형만을 가져오지요. 그런데 반미문제가 반핵문제하고 바로 직결되느냐 할 때 반핵운동이 아직 광범위한 국민적 지지를 받고 있는 것 같지는 않죠. 그러나 그것이 제기될 수 있었다는 데 더 근본적의미를 부여해야 한다고 봅니다. 왜냐하면 종래 우리는 한국이라는 위치를 미국과의 관계 속에서만 정리해야 하고 이것 없이는 못 산다고 생각해왔죠. 그러나 이제는 자기 문제를 주체적으로 생각할 수 있는 계기를 잡았다는 얘기입니다. 오늘 반핵문제라고 하는 것은 덮어놓고 핵무기가 없어져야 한다거나 그런 얘기가 아니고 이 땅 위에 미국 핵무기가 있는 한 한국은 상대방으로부터 보복받을 가능성이 있고 6·25 못지않은 동족상잔을 가져올 가능성이 있다는 것이죠. 그럴 때 바로 평화나 반핵에 대한 문제제기는 어느정도 우리의 문제를 자주적으로 생각할 수 있고 우리를 한 민족으로서 주체적인 입장에서 생각하는 계기를 만들어준 것이 아니냐, 말하자면 미국의 대공산권 전략에 끌려간다기보다는 미국이 어떤 대공산권전략을 갖건 우리 민족은 살아남아야 한다는 사실, 그리고 그런 것들이 바로 6·25동란에서의 동족상잔과 관련지어질 때 오늘 이 땅에서 반핵과 평화운동이 갖는 의미, 그리고 그것이 민족의 통일 그리고 자주화·민주화문제와 관련해서 —

박형준 80년 이후, 레이건 정권이 들어서면서 힘에 의한 대소우위의 전략 때문에 핵무기를 대량 도입한다든가 또는 동아시아에서 군사동맹을 끊임없이 강화한다든가 하는 측면, 이런 것을 긴장격화의 축이라고 얘기하는데, 이러한 미국의 군사적인 요구가 끊임없이 관철되어왔습니다. 반면에 긴장완화 요구가 동시에 주어져왔는데 예컨대 교차승인의 문제라든가 북한과의 관계를 개선하는 문제라든가, 한반도 주변정세에서의 신데땅뜨의 흐름을 타고 그런 긴장완화의 흐름도 주어져왔는데, 제가 보기에는 미국에 의해 규정되는 긴장완화의 흐름은 분명히 분단현실의 고착화를 위한 긴장완화의 제반 정책시행인 것 같고 근원적으로는 군사적인 대치구조를 강화시키는 전략이 끊임없이 실행되어왔다는 것이죠. 예컨대 작년 대통령선거 때만 하더라도 작전권이양 문제를 잠깐 얘기했다가 선거가 끝나자마자 그 문제는 90년 이후에야 논의할 수 있다든가, 또는 금년의 한미안보정례회의에서 결정된 사항들을 보면 남한에서의 핵의 철수 문제라든가 군사적인 긴장완화의 문제는 빠져 있고 오히려 기왕에 미국이 구축하려고 하는 한·미·일 군사동맹에 대한 한결 적극적인 의사표명이 있었지요. 아까 제가 7·7선언을 얘기하는 데서 군사적인 대립구조 해결을 위한 방법이 중요하다고 했던 것도 바로 긴장격화의 구조를 어떻게든 해소하지 않으면 통일에 대한 논의가 상징적이고 이데올로기적인 수준을 뛰어넘기가 힘들다는 의미에서 그랬던 것입니다. 그런 의미에서 통일운동의 한 차원으로서, 보다 넓게는 민족생존권운동이라고도 말할 수 있겠습니다마는 반핵운동이라든가 평화운동이 갖는 의미는 대단히 중요하다고 봅니다.

백낙청 미국의 대한정책을 깊이있게 얘기하려면 역시 미국사회 자체의 성격이랄까 미국의 군사전략 일반에 대한 논의가 있어야 하는데 그것은 우리가 나중에 시간이 나는 대로 좀더 얘기해보기로 하고, 우선은 통일운동의 일부로서 반미문제, 핵문제, 또 평화운동이 제기되는 것은 당연하다는 데 합의를 하는 선에서 그다음으로 넘어가지요. 앞서 다른 분들도 다 얘기하셨지만 특히 양교수가 강조하신 정치적 자유화의 문제, 내지는 민주적 개혁의 진행상황에 대해서 얘기해봤으면 합니다. 시간적 제약도 있고 하니까 제가 이런 식으로 질문을 던져보고 싶습니다. 이것은 제 질문이라기보다 양교수가 제기한 건데, 정치적 민주화가 단순히 수단인가 아니면 그 자체가 목표의 중요한 일부인가 하는 물음이 되겠습니다. 그리고 6·29 이후로 일정한 정도의 정치적 자유가 획득되고 민주적 개혁이 다소 진행되고 있다는 것은 아무도 부인하지 않는데, 그 실질적 내용이 대체로 어느 정도인가를 한번 짚어봐야 할 것 같습니다. 다시 말하면 제6공화국의 성격에 대한 질문이 되겠지요. 지난 2월에 새로운 헌법이 발효하고 새 정부가 출범했습니다. 그 새로운 헌법 아래 국회의원선거가 4월 26일에 있었고 민정당이 과반수 확보에 실패했지요. 그리고 그 여파로 사법부도, 적어도 노태우정권이 계획했던 것보다는 더 큰 폭의 변화를 경험하게 됐습니다.

이런 변화라든가, 그밖에 기본권의 실질내용에 있어서 어떤 진전이 있었는지, 또 5공화국의 비리나 광주의 진상에 대한 규명작업이 어느 정도 진척이 됐고 또 앞으로 어느 정도 될 수 있을지, 군부세력의 실세에 어떠한 변화가 있었는지 또 있을 수 있는지, 그런 차원에서 6공화국의 성격에 대한 얘기를 할 수 있으리라고 봅니다. 이 두 가지 문제, 그러니까 하나는 양선생이 제기하신 정치적 민주화의 문제이고 또 하나는 6공화국의 성격과 전망인데, 이중 첫번째 것은 이미 양선생께서 자기의 입장을 밝히신 셈이니까──

박현채 그래도 결국 양선생님이──

백낙청 네, 그럼 그 문제에 대해 앞의 얘기에 좀 덧붙이신다든가, 아니면 6공화국의 성격에 대한 언급을 하셔도 좋고……

사회의 가장 근본적인 모순은 무엇인가

양건 조금 보충 말씀을 드리죠. 저는 정치적 민주화가 단순히 과정이 아니다, 매우 중요한 부분이다, 그런 말씀을 드렸는데요. 그것을 조금 이론적인 차원과 결부시켜서 보충 말씀을 드리겠습니다. 그것을 사구체 문제하고도 관련해서 얘기가 되겠습니다마는──

백낙청 양교수도 '사구체'라고 하지 마시고 '사회구성체'라 하시죠.(웃음)

양건 저도 최근에 그 관계를 좀 읽다 보니까 금방 말이……(일동 웃음).
저는 계급모순이라고 하는 것보다 더 근본적인 모순이 있다고 생각합니
다. 사회주의사회건 자본주의사회건 어느 사회를 막론하고 모든 사회가
갖기 마련인 보다 근본적인 모순이 있다는 것인데, 그것은 개인과 공동체
간의 모순이라고 생각합니다. 개인의 자율성과 공동체의 힘, 집단적인 통
제의 힘, 이것은 근본적으로 모든 사회가 부딪치지 않으면 안되는 근본적
인 모순이 아니냐는 것이죠. 그런데 이 모순이 어떻게 보면 이른바 기본모
순보다 더 본질적이라고 생각하기 때문에 '근본모순'이라고 부른 것입니
다. 이 근본모순을 어떻게 해결하느냐? 그것은 굉장히 중요한 문제라는
생각이 드는데 그것에 대한 해결이 자유민주주의 방식 또는 개인의 자유
를 최대한 보장하는 방식이고 이것과 반대방향에서의 태도가 사회주의적
인 방식이 아니냐, 그런데 바로 오늘날 중국·소련에서 나타나고 있는 개
혁이라고 하는 것은 바로 근본적인 모순의 해결에 대한 사회주의 방식의
문제성이 드러난 것에 대해 스스로 자인하는 것이 아니겠느냐는 그런 생
각입니다. 이것은 인간의 본성과 관련되는 문제지요. 그렇기 때문에 개인
의 자유·자율이라고 하는 것은 단순한 과제가 아니라 지향해야 할 목표
중의 하나다, 이렇게 생각합니다.

박현채 나는 그 문제에 대해서 견해를 좀 달리합니다. 말하자면 우리가
분단사회에서 개인의 자유 문제와 관련지어 개인과 집단과의 모순관계가
어떤 쪽이 보다 바람직하고 바람직하지 않느냐로 보아야 한다는 견해인
데, 역사적인 관점에서 본다면 원시공산사회나 이후의 계급사회에서도
집단적 규제와 개인 간의 모순은 존재합니다. 그러나 역사적으로 주어진
집단과 개인 간의 모순이 바로 자본주의사회에서는 청산이 되었고 사회
주의사회에서는 그것이 더 첨예하게 대립된다는 얘기는 이론적으로도 옳
지 않다고 봅니다. 자유민주주의, 다시 말하자면 초기자본주의사회에 있
어 반봉건을 통해서 얻어지는 개인적인 자유는 집단으로부터의 해방, 엄

밀하게는 공동체로부터의 해방입니다. 그러나 그것은 이론상으로 자유민주주의사회에서 새로운 이익공동체를 만들겠다는 것이고 따라서 집단으로부터 오는 제약이 달라진 형태로 존속하는 것입니다. 자유민주주의사회의 경제적 차별에서 오는 불평등 그리고 경제적 관계에서 오는 사회적으로 생산된 경제잉여의 수취와 피수탈 관계라는 기초 위에서 민주주의의 내용이 형식적인 정치적 자유만으로 그치게 되는 거지요. 민주주의는 그것이 적어도 경제적 내용을 가질 때 진정한 의미로 민주주의가 실현될 수 있고 개인적인 해방이 주어질 수 있다는 주장과 더불어 사회주의가 제기되는 것이죠.

그러니까 정치적 관계의 대등함뿐만이 아니라 경제적 관계에 있어서도 대등한 관계를 취하려는 노력이 부분적으로 집단적 규제를 강화시킨다고 해서 바로 그것을 경제적 차별을 전제한 상태와 동일차원에다 놓고 말하는 것은 이론상 문제가 있지 않느냐 하는 것입니다. 어쨌든 우리처럼 경제학을 하는 사람들의 입장에서는 그런 논리는 타당하지 않은 얘기라는 것입니다. 물론 오늘의 사회주의 하에서 시도하는 것들이 양선생님이 말씀하신 의미에서 집단적 규제 하에서 개인의 자유를 회복하려는 것인데, 그러나 그것은 한 체제가 일정한 자기목표를 실현하는 하나의 과정 속에서 주어지는 것이라는 데서, 본질적으로 자본주의적 자유와 사회주의적 자유를 대등한 것으로 놓고 도리어 자본주의 하의 경제적 불평등을 동반하는 자유가 사회주의사회에 있어—

백낙청 잠깐만요. 제6공화국의 구체적인 현실을 얘기하자고 했더니 어느새 기본모순에다 근본모순까지 나오고 자본주의와 사회주의라는 거창한 문제가 나오는데(웃음)—

박형준 그것은 북한사회를 보는 시각하고도 관련이 된 것 같아서 잠깐 말씀드리겠는데요. 문제를 바라볼 때, 사회주의사회를 맑스가 이상적인 사회로 그려놨으니까 현실의 사회주의가 그것하고 안 맞으면 이 사회주의사회는 실패한 것이다, 이렇게 평가하는 것이 알게모르게 지식인사회에 팽배한 것 같은데, 우리가 우리 사회에 대해서 객관적인 그리고 현실적인 눈을 가져야 하는 것과 마찬가지로 사회주의사회에 대해서도 객관적이고 현실적인 눈을 가져야 한다고 생각하거든요. 어떤 사회든지 모순이 없는 사회는 없습니다. 그런데 그 모순의 해결주체와 새로운 모순을 해결하려는 방식이 어떤 것인가, 이것이 중요한 것 같습니다. 그럴 때 개인과 공동체 간의 문제가 북한사회를 언급하게 되면 바로 또 부딪치게 될 것 같은데, 그런 것에 대해서 우리가 어떻게 이해를 할 것인가의 문제를 절대화된 하나의 논리를 먼저 상정해놓고 그 재단에 의해서 하는 것이 아니라 북한사회 내부의 개혁과정에서 어떠한 문제를 배태해왔는가, 이런 관점에서는 것이 정말 우리가 통일을 지향하는 남북한 사회의 체제를 정확한 관점에서 비교할 수 있는 기준이 되리라고 생각합니다. 그런 의미에서 아까 얘기의 연속입니다마는 여러 차원에서의 다원적인 교류가 필요하다는 말씀이 중요하다고 생각합니다. 예컨대 이쪽의 작가와 그쪽의 작가들이 만나서 구체적인 자기 현실이 어떤가 하는 것을 비교하게 되고, 이쪽의 노동자와 저쪽의 노동자가 만나서 자기가 사는 현실에 대해서 얘기할 수 있게 되고, 이쪽의 지식인과 저쪽의 지식인 등이 만나서 교류하게 될 때 구체적으로 체제가 갖고 있는 문제나 그것이 구체적인 사람들의 삶 속에서 가지는 의미, 그야말로 내재적인 의미가 밝혀질 수 있을 것입니다.

정치적 민주화를 위한 투쟁의 보편성

백낙청 기왕에 얘기가 나왔으니까 나도 한마디 합시다. 정치적 민주화라고 양선생이 말씀하신 것을 흔히는 부르주아적인 개혁이니, 형식적 민주주의니 이런 식으로 표현하는데, 그러한 것들이 단순한 수단만이 아니고 어떤 사회에서건 목표의 일부라고 한다면 전적으로 동감인데, 다만 그 근거로 인간사회의 근본모순을 개인 대 공동체의 모순이라고 설정하는 것은 좀 납득이 안돼요. 왜냐하면 개인과 공동체 간의 갈등이라고 하는 것이 어느 사회 누구에게나 다 있는 것이겠지만 그것이 엄밀한 의미에서 '모순'이라고 보기는 어렵지 않겠는가 하는 생각이 들어요. 개인과 공동체는 조화하기도 하고 갈등하기도 하는 것이지 갈등하는 대립항이라고만은 할 수 없거든요. 그래서 개인과 공동체를 근본모순으로 보는 것은 아무래도 시민계급 이데올로기의 일종이라고 생각되고, 다만 제가 양교수가 처음에 제출하신 명제에 동의한다고 하는 것은 그런 일반론에 근거하지 않더라도 지금 현실을 보면 사실상 정치적 민주화를 위한 투쟁이 벌어지고 있지 않는 곳이 없습니다. 지구상의 어떤 체제를 보더라도 그런데, 저는 이것을 대충 세 가지로 구별해서 살펴볼 수 있지 않을까 싶습니다.

하나는 정치적 자유를 제일 먼저 획득했다고 하는 서양의 선진자본주의 나라들의 경우인데, 여기서도 현대에 와서는 정치적 자유의 획득이랄까 아니면 이미 획득된 기본권의 수호를 위한 노력이 오늘날 새로운 역사적 의미를 띠고 있다고 봅니다. 물론 그동안에 그들이 정치적 민주주의를 남보다 앞서서 확보한 것을 갖고서 후진국을 억압하는 구실을 삼기도 했지만 제국주의시대가 진행되면 될수록 그들 내부에서 이러한 기본권을 허구화시키지 않고서는 제국주의체제를 유지하기가 어려워지는 상태가 됩니다. 이것이 박선생님이 지적하시는 국가독점자본주의의 특징의 하나가 아닌가 싶은데, 어쨌든 소위 선진국 가운데서도 민주화를 위한 노력이 새로운 절박성을 띠는 것을 보게 됩니다.

또 하나는 현존하는 사회주의 국가의 경우인데 물론 박선생님이 지적하셨듯이 경제적 평등을 실현하면서 생기는 제약을 불평등이 전제된 상태에서의 제약과 동일선상에 놓아서는 안되겠지요. 그러나 어쨌든 소련과 중국에서도 개혁정책·민주화정책이 진행되고 있는데, 이것은 어떻게 보면 사회주의혁명이 정치적 자유를 어느정도 이룩한 선진국에서 일어난 것이 아니고 후진국에서 일어났기 때문에 생산수단의 국유화라는 변혁을 먼저 겪고 나서 사회주의 자체로서도 내실을 갖기 위해서 정치적 개혁이 뒤따라야 하는 것이 아닌가 싶습니다. 다시 말해서 선진자본주의 국가뿐 아니라 사회주의 국가도 그들대로 정치적 자유라고 하는 것이 중요한 목표로 되어 있다는 것을 알 수 있습니다.

그다음 제3세계의 경우도 보면, 물론 어디까지나 시민계급의 헤게모니 확립을 위해서만 정치적 민주화를 주장하는 세력도 있습니다만, 제가 볼 때는 기본적으로 제3세계의 상황이라는 것이 선진적인 자본주의사회에서 확보했던 그러한 정치적 자유나 기본권을 민중에게 실제로 주고서는 지탱될 수 없는 체제라고 봅니다. 그렇기 때문에 군사독재체제가 성립되는 것이고, 또 민주적 절차를 위한 투쟁이라는 것이 단순한 수단이라기보다는 근본적인 변혁운동의 유기적 일부가 된다고 보는 것입니다. 이렇게, 어떤 '근본모순'을 추상적으로 설정하고 거기서 정치적 민주화의 당위성을 도출하기보다도, 각기 다른 체제 다른 상황을 살펴보더라도 다 이런 목표를 내걸고 있다는 점을 살펴보는 것이 오히려 양선생님이 원래 의도했던 문제제기의 타당성을 증명하는 길이 되지 않을까 생각합니다.

박현채 그런데 문제는 오늘 주체적 역량의 성숙과 관련해서 과연 민주주의를 위한 민중의 요구를 담을 수 있는 정치적인 형식이 주어졌느냐 하는 의미에서 우리는 지금 진행되고 있는 민주화를 따져봐야 할 것 같습니다. 그런 의미에서 제가 양선생님에게서 듣고 싶은 것은, 양선생님 전공이 헌법 분야니까, 우리나라 새 헌법이 과연 오늘 6·29선언을 낳기까지 그리고 7·8월 노동자투쟁을 구체화시킬 만큼 진전된 한국국민의 민주화에 대한 요구를 담을 만한 것으로 되었느냐 안되었느냐 하는 문제, 그것을 전문가적인 입장에서 말씀해주시면 그다음에 문외한으로서의 정치적 발언을……(일동 웃음)

새 헌법의 민주적 수준, 제3공화국보다 약간 못해

양건 그런데 우리 사회 전체적인 수준이 많이 올라가서 이제 전문가가 없는 영역들이 점점 많이 생기는 것 같고, 그중의 하나가 헌법분야라고 생각합니다. 그래서 지금 전문가라고 얘기할 처지가 못되는데, 어쨌든 새 헌법의 민주적인 수준이랄까 이것을 우리 과거와 견주어본다면 5·16 후의 3공화국 헌법 수준보다 약간 못하지 않은가 하는 생각이 듭니다. 대통령제의 틀 위에서 입헌민주주의의 기본요소들을 회복했다는 점에서 대체로 보면 제3공화국 수준인데, 부분적으로 보면 제3공화국 이후 유신체제 이래 악화된 측면을 교정하지 못한 측면도 있다, 예컨대 보안처분 같은 것이 하나의 단적인 예라고 하겠습니다. 새 헌법을 만들 때 마지막까지 가장 논란이 된 문제가 바로 이 보안처분 문제인데 이것을 결국은 완전하게 해결을 안하고 애매하게 해놨어요. "적법한 절차에 의하지 않고는 보안처분을 할 수 없다" 이런 식으로, 적법한 절차가 무엇이냐는 해석은 입법과 판결에 맡겨버리는 어중간한 입장을 취한 것이죠. 바로 이러한 것을 보면 3공화국 헌법 수준에 미달한 부분이 남아 있다고 할 수 있습니다.

백낙청 무식한 질문을 하나 하겠는데요. 가령 사회안전법 같은 것을 국회에서 폐기한다고 할 때 폐기하는 것 자체에도 대통령이 거부권을 행사할 수 있지요?

양건 현행법을 폐지한다는 것도 하나의 법률형식으로 폐지하는 것이니까 거기에 거부권을 행사할 수가 있죠.

백낙청 그러니까 그것도 대통령의 동의 없이는 어렵다는 얘기군요. 말씀 계속하십시오, 죄송합니다.

양건 전반적으로 새 헌법 자체는 그렇게 생각되고, 그다음에 얘기를 계속할까요?

박형준 그 문제와 관련해서 조금 더 근본적인 문제를 따져봐야 할 것 같습니다. 헌법이든 법률이든 저는 기본적으로 사회세력 내지 계급들 간의 힘의 관계와 양자간의 갈등과정을 통해서 조정되고 결정된다고 보는데 그런 의미에서 민주화가 전혀 안되었다, 이렇게 얘기하는 것은 대중들의 투쟁성과를 무시하는 발언일 것입니다. 문제는 민주화를 추진하는 주체가 누구인가를 따지는 것이라고 봅니다. 그것은 지금의 민주화의 한계와 범위를 규정하는 문제하고도 관련이 되고 제5공화국과 제6공화국의 성격의 차이하고도 관련이 되는데요, 일단 본질적인 측면에서 보면 이런 특징이 발견됩니다. 우선 제5공화국과 제6공화국 사이에는 권력의 주체에는 하등의 차이도 없다는 것을 볼 수가 있습니다. 여전히 외세의 지배와 국내 독점자본의 국가권력에 대한 독점적 지배가 관철되고 있는 권력이고 또 그 권력의 핵심이 군부로부터 충원되고 있다는 점에서 변화가 없다는 것입니다.

또 하나는 억압적인 국가기구의 존재와 힘의 행사방식을 중요하게 볼 필요가 있습니다. 그럴 때 과연 제5공화국에서의 우리나라 종속적 파시즘의 가장 핵심적인 무기였던 강압적 국가기구들이 제6공화국에서 얼마나 자태변화를 하였는가를 따져봐야 할 것 같습니다. 그런 의미에서도 강압적 국가기구가 여전히 자기 힘을 모든 면에서 행사하고 있다는 점을 주목해야 할 것이고 그와 관련해서 그 강압적 국가기구의 힘을 보증해주는 제도적 장치가 국가보안법이라든가 집시법이라든가 노동관계법이라든가 사회안전법이라든가 하는 여러 수준의 법일 텐데 그런 법의 민주적 개폐가 될 듯 될 듯하면서 아직 미진한 상태에 있습니다. 그런 점과 동시에 고려해야 할 것은, 그럼에도 불구하고 하여튼 두 차례의 선거를 거치면서 전체 국가기구 체계 내에서의 의회의 역할이 상당히 커졌고 잘 아시다시피 '여소야대'라는 새로운 구도를 창출했다는 점입니다. 기존의 종속적 파시즘의 국가체계가 의회민주주의 또는 시민적 동의에 기초하는 그런 정치체계를 수용할 능력이 얼마나 있는가라는 문제를 따져봐야 할 것 같아요.

거기에는 양측면, 의회의 기능이 활성화되면서 이것이 부르주아적 헤게모니를 강화시키는 측면하고 오히려 합법적 정치영역에 대한 민중운동의 영향력을 증대시키고 종속적 파시즘체제를 이완시키면서 국가권력 내부의 갈등을 촉진하는 그런 측면이 있는데, 민중운동을 하는 입장에서는 후자를 주요한 측면으로 전화시킬 수 있도록 해야 할 것입니다.

독재와 민주의 싸움에 국민들이 나서야

백낙청 '변화가 없다'고 할 때 변화의 차원을 구분해서 말해야 할 것 같습니다. 근본적 의미에서 권력주체에 변화가 없다는 것은 너무나 당연한 사실인데 그것을 너무 강조하다 보면, 다른 데가 많이 있고 가장 근본적인 변화만 없는 것처럼 들릴 수가 있단 말이에요. 가령 미국의 영향력이라든가 이런 것이 변하지 않은 것은 물론이지요. 그러나 그것을 전제하고도 우리가 상식적으로 생각할 때 이 정도는 변할 수 있지 않겠는가 하는 것조차도 아직 안 변하고 있단 말이죠. 그 점이 조각이나 공천 과정에서 드러났고 가장 단적으로 드러나는 것이 소위 제5공화국의 비리 조사 특히 전두환씨 개인의 조사 문젠데, 이것은 미국하고의 관계까지는 안 가고 이 정도는 해내서 6공화국의 독자성을 세워나갈 수 있을 법한데 그것조차 못한단 말이죠. 그러니까 안 변한 정도가 그 정도란 말이에요.

물론 변화의 차원을 구분한다는 것이 속사정을 알면 그렇게 간단치는 않겠지요. 가령 전두환(全斗煥)씨 개인의 비리가 그걸로 끝나면 좋은데 그게 개인 문제만이 아닐 테고 그다음에 광주도 조사해야죠. 광주를 조사하다 보면 군부 전체의 문제가 나오고 또 미국의 문제가 나오고 이렇게 자꾸 확대되니까, 이것을 한번 시작하면 어디까지 갈지 모른다, 아마 이런 속셈이 있을 것입니다. 그러니까 이것이 근본적으로 권력주체에 변동이 없다는 사실하고 물론 관련된 얘기지만, 어쨌든 아주 낮은 차원에서조차 변화를 못 보여주고 있다는 점에 주의를 환기할 필요가 있다는 생각입니다.

박형준 네, 제 얘기도 바로 그런 뜻인데요. 그러니까 아직도 안되고 있는 민주화조치들, 이런 것들을 둘러싼 투쟁이 상상 이상으로 효력을 볼 수가 있다는 것이죠. 민주화투쟁의 의미가 아직도 살아 있고 그 투쟁이 여전히 유효하며 아직도 정치투쟁의 전선을 독재와 민주 사이의 전선으로 규정짓고 있다는 것입니다. 물론 그 안에 진보와 보수의 대결이 내재화되어 있고 그런 것들이 현상화되고 있는 과정이기는 합니다마는, 따라서 보수야당의 견인 또는 제휴가 유효하다는 말씀이고 그 제휴를 가능케 하는 구체적인 투쟁의 계기가 각종 악법 개폐라든가, 5공화국의 비리 조사라든가 또는 광주항쟁 조사 문제라든가 등등이겠죠.

백낙청 거기에 하나 덧붙인다면 양심수석방 문제, 이건 어떻게 생각하면 감옥에서 고생하는 사람 좀 내주라는 낮은 차원의 인도주의적 주장 같은데 이것 하나도 못 들어준단 말이죠.

양건 글쎄 그것이 이렇게 정리될 수 있을지 모르겠습니다. 정치적 민주화를 한다고 할 때 절차·제도·틀을 민주화한다는 것이 하나 중요한 것 같고, 또 하나는 제도·틀을 움직여나가는 사람의 문제, 이 두 가지가 있는데 구체적으로 말하자면 악법 개폐의 문제는 바로 제도·틀의 민주화의 핵심적인 부분이다, 이렇게 얘기할 수 있겠고, 5공화국 비리문제와 광주문제는 제도를 움직이는 사람하고 관련된 문제입니다. 우선 틀을 바꾸는 차원의 문제에서, 지금은 상당히 **빡빡한** 균형관계가 아니냐 하는 생각이 듭니다. 국회 차원에서 볼 때 야당이 과반수를 조금 넘고 2/3에는 모자라는 상태인데 여기서 할 수 있는 것이 무엇이냐, 악법 개폐에 관한 문제에서 지금 야당만으로는 적극적인 변경을 할 수 없다는 것이죠. 여당이 더 악화시키는 데 대한 소극적인 방어장치는 되어 있는데 거부권을 뛰어넘을 2/3가 안되기 때문에 야당만 갖고 적극적으로 바꿀 수는 없는 의회세력의 역관계입니다. 그렇게 보면 이것은 좀 약하다 하는 그런 우려도 듭니다. 따라서 완전히 의회에만 맡겨놓는 데는 한계가 있다, 야당이 2/3가 못되는 국회에 대해서 좀더 힘을 주기 위한 시민적 지원이랄까 이런 게 불가피하다, 의회세력만을 가지고는 안되는 기본적인 한계가 있다는 것이죠.

그렇다고 국회가 전혀 무의미하냐, 그렇게 보지는 않습니다. 우선 비리 문제라든지 광주문제라든지 조사 차원의 문제는 과반수를 가지고도 얼마든지 할 수 있는 것이죠. 다시 말해 국회에서 야당이 할 수 있는 조사 차원의 문제에서 그 기본틀이 되는 '증언감정법' '국정감사조사법'을 가지고 계속 실랑이를 벌이지 않을 수 없는 것이, 그 조사의 차원에서 얼마만큼 할 수 있느냐는 기본틀이 바로 이 두 가지 법에 매달려 있기 때문입니다.

백낙청 다시 말해서 조사조차도 과반수만 갖고는 맘대로 못한다는 이야기죠.

양건 조사 자체는 과반수만 가지고도 되는데—

백낙청 그러나 조사에 필요한 법적인 장치를 과반수만 가지고는 못 만드니까 말이죠.

양건 그렇죠.

백낙청 그러니까 지금 야당이, 설혹 동질적인 야당으로서 굳건한 의지를 가지고 있다고 하더라도 과반수만 갖고는 어렵다는 건데, 그렇다면 역시 민주화를 진전시키려면 다시 국민들이—

박현채 의회적인 방법만 가지고는 역시—

양건 시민들의 지원이 있어야겠죠.

기층운동의 기반이 약했던 재야운동

백낙청 6공화국의 현실에 대해서 좀더 자세히 논의를 했으면 좋겠습니다마는 다음 이야기로 넘어가지요. 다른 얘기를 하면서 또 나올 수도 있으니까요. 역시 변화의 가능성을 구체화시키고 또 의회만으로 해낼 수 없는 일을 해내기 위해서 필요한 민중운동이 어떤 것이며 또 어떤 수준에 와 있는가 하는 문제, 그리고 다수민중의 움직임을 수렴해서 정치권에 연결시켜줄 수 있는 재야의 단체라든가 그런 문제들을 얘기해봤으면 합니다.

박형준 작년 대통령선거 때도 그랬고 이번 총선에서도 그랬지만 민중민주운동세력이 기존의 야당세력과 제휴하는 방식에서 큰 문제였던 것은 일단 민중민주운동 내부가 통일된 입장으로 서지 못했다는 거예요. 통일된 입장에서 제휴가 되어야 제휴의 목표도 달성하면서 동시에 운동의 독자성이라든가 독자적인 진출 문제를 제기할 수 있는데, 그런 전제가 확보되어 있지 않음으로 해서 야당과의 제휴라는 것이 민중민주운동의 주체형성에 제대로 복무하지 못했다는 반성이 선행되어야 합니다. 이런 반성이 공유됨으로써 새로운 민중운동의 실질적인 정치적 구심으로서의 민중운동연합에 대한 논의가 활성화되고 있고, 그런 민중운동연합이 기존의 재야운동단체들을 하나로 결집함으로써 그 기초 위에 보수야당과의 제휴도 올바른 방식으로 할 수 있다, 이렇게 봅니다. 물론 그러한 민중운동연합이 단시일 내에 이루어질 것 같지는 않습니다. 여러 논의과정과 여러 실천과정을 통해서 형성되겠지만 적어도 지금의 민중민주운동에서 핵심적인 과제로 설정해야 할 것은 어떻게 하면 운동의 통일을 담보할 수 있는 조직적 계기를 만드느냐 하는 것입니다. 그것들이 있을 때 제도권 내에서의 운동과 제도권 밖에서의 운동이 좀더 유기적인 관계로 설정될 수 있을 것 같습니다.

박현채 운동이라는 것은 기층운동이 기반이 돼야죠. 그게 기반이 되고 중간에서 낮은 차원의 민주화투쟁을 위한 재야세력이 매개적인 역할을 했어야지요. 선거에서는 박형준씨가 얘기한 것처럼 제대로 역할을 못했습니다. 이것에 대해 평가는 그렇게 말할 수밖에 없어요. 사회적 실천이 그렇게 쉽게 되는 것은 아닙니다. 재야세력이란 것이 말하자면 다원적인 사회구성을 반영하는 낮은 차원의 민주화세력인데, 그것은 끊임없는 실천과정을 통해서 통일의 과정, 통합과 분리하는 과정을 거쳐서 통일이 될 수밖에 없다는 것입니다. 그런 의미에서 우리가 재야세력의 통합을 강조하고 단일화를 중요시하기는 하지만 그것만을 위해서 모든 차별을 부인하고 무조건 통합을 말하는 것은 옳지 않습니다. 왜냐하면 철저한 통합은 먼저 차별성을 기초로 해서 이루어진다고 보기 때문입니다. 일반적으로 지금까지 상황에서 민주화운동단체의 이합집산과 취약성은 그것이 기층운동에 기반하지 않았기 때문이고 그다음엔 무원칙한 통합으로 양적인 팽창만을 시도하고 거기에서 민주화의 목표에 대한 합의가 없었기 때문입니다. 그래서 당위는 통합을 강조하지만 이 싯점에서 각기 차별성을 가지고 자기들이 서 있는 물적 기반에 근거한 실천적인 운동과정에서 다시 통합하는, 그런 노력이 주어지지 않았다고 저는 생각합니다. 그런 의미에서 이번 선거에서 나타난 지방색에 대해 일부에서 상당히 비관적인 견해가 있는데 전 절대로 그렇게 생각하지 않습니다. 적어도 오늘까지의 한국 사회에 있어, 다시 말하면 1945년 8·15 후 44년에 이른 지금 와서 다시 지방색이 나타날 수밖에 없다는 것은 그간에 지방이라는 낡은 유제의 집단이 국민적 통합을 이룰 계기를 갖지 못했다는 것이죠. 그것에 대한 반성이 일단 주어지면서 이번 선거에서 나타난 지방색을 부정적으로만 평가할 것이 아니라 보다더 긍정적으로 발전시킬 대안을 갖는 것이 바람직하다는 입장입니다.

백낙청 소위 지방색이니 지역감정의 문제를 부정적으로만 볼 것이 아니라는 점은 저도 누차 얘기한 바가 있습니다. 또 그것이 우리 역사에 누적된 문제의 표출에 불과하다는 것도 사실이지만, 그러나 지도층의 무원칙한 통합론뿐 아니라 무원칙한 분열이 그것을 조장한 측면도 있었다고 봐야지요.

박형준 그동안의 분열이 아까 박선생님이 말씀하신 대로 현실의 발전과정상에서 나타나는 필연적인 현상일 수 있지만 동시에 분열주의라고 비판받을 수 있는 것은 공동의 실천에 대한 공동의 참여, 그 속에서 공동의 논의구조 확보조차도 소극적이었던 그런 태도들, 또 그러한 노력을 기울이기 전에 일단 입장이 서면 그것을 무리하게 객관화하려는 자세 때문에 그것이 꼬리를 물고 내부의 분열을 가져오는 그런 현상을 비판하는 것이고, 그것이 바로 기층민중운동이 확고하게 서지 않았기 때문에 나타나는 현상이라는 것은 분명히 옳은 말씀입니다.

백낙청 기층운동이라고 하면 지금 우리 사회에서 주민구성의 양적 비중으로 보나 또는 자본주의사회에 대한 일반이론의 관점에서나 노동운동이 제일 중심이 되는 것이 아니겠습니까? 그러면 작년 7, 8월의 노동투쟁이나 금년도 상반기의 노동운동이 과연 지금 박형이 말씀하시는 운동연합의 기반을 마련하기 위해서 어느 정도까지 갔다고 평가할 수 있을까요?

노동운동은 어디까지 왔나

박형준 그 점에 대해서 저는 이렇게 생각합니다. 일단 작년 7, 8월 투쟁과 금년 노동운동은 노동자대중들의 운동이고 노동조합의 수준에서 전개된 것이라는 점을 전제로 하고 봐야 할 것 같습니다. 그랬을 때 가장 큰 의미는 우리 사회에서 그야말로 민주주의 사회의 가장 기본인 노동조합운동이 본격적 궤도에 진입했다는 데 있을 것 같고요. 노동조합운동이 어떤 방향으로 갈 것이냐, 이것은 계급간의 역관계라든가 객관적인 조건에 많이 좌우되겠습니다만 일단 그 과정에서 얻은 성과나 의의는 다음 몇 가지로 정리가 될 수 있을 것 같습니다.

첫째는 작년 7, 8월과 금년 봄의 투쟁에서 과거의 노동운동과 다르게 소위 독점대기업, 그것을 노동운동 차원에서 전략적 사업장이라고 합니다마는, 전략적 사업장의 의미를 객관화해냈다는 점이 대단히 중요합니다. 그러니까 이것은 이미 객관적인 경제구조를 반영하는 현상이라고 생각하는데, 독점자본에 포섭되어 있는 대기업노동자들의 집단적인 운동과정이 단순히 노동운동 차원이 아니라 한국사회 전체 변혁운동 수준에서도 대단히 중요한 무게와 비중을 갖고 등장하기 시작했다는 것이 첫번째로 평가되어야 할 것 같고요, 그럴 때 앞으로도 여전히 그 부분의 동향과 전개양태에 많은 관심이 쏟아져야 할 것이라고 생각합니다.

두번째는 그런 과정에서 소위 노동조합운동에서 연대투쟁의 고양 측면이 중요한 것 같습니다. 작년에 현대 같은 경우 그룹 차원의 투쟁, 그다음에 운수노동자들의 경우 지역별 연대투쟁, 이런 연대투쟁이 활성화되면서 금년 봄부터 각 지역에서의 노동조합협의회가 상급조직으로서 속속 형성되기 시작했고 또 노동조합협의회가 단위사업장의 노동조합을 강화하는 상호관계가 형성되고 있다고 생각합니다. 그리고 그런 과정에서 필연적으로 노동조합협의회라든가 노동조합 수준의 연대투쟁이 기존의 노동운동단체들에 대해서 대단히 거부감을 보이는 양상이 강했었는데 금년 봄에 와서는 이것이 상당히 극복되는 양상을 보였습니다. 현대엔진 노동자들의 경우 적극적으로 노동운동단체들과 연대해서 단위사업장의 노동조합운동이 가지는 한계를 극복하려 했고, 여러 사업장에서 노동운동단체들과의 정치적 연계가 필연적이라는 사실을 스스로 깨닫기 시작했습니다. 그 과정에서 노동운동단체들 수준에서는 전국 노조탄압저지공동대책협의회를 결성해서 그것을 중심으로 해서 공동으로 지원하는 매개를 만들었고 이것이 기존의 진보적 노동운동단체들과 노동조합운동을 연결해줄 수 있는 고리를 최소한의 수준에서 확보해줬다는 의미를 지닙니다.

박현채 박형준씨, 그건 과대평가하는 것 아니요? 어디 딴 선진적인 노동운동이 있는 나라들의 보고서를 읽는 것 같은데, 나는 그런 평가에는 반댑니다. 노동조합운동이 주가 되고 있다고 해서 소위 말하는 민주화운동이 크게 진전되었다고 하는데, 사실상 노동운동이 전체적인 민주화운동의 기반이 되고 선도성을 발휘하고 해야 민주화를 선도하는 노동운동이지 낮은 수준의 노동운동이 그렇게 되는 것은 아니지요. 다시 말하면 그것이 갖는 객관적인 힘에 있어 주체가 되고 있지는 않다는 것입니다. 전반적으로 민주노조라고 하는 것들도 사실상 아까 평가한 것처럼 노동조합운동의 한계 내에 있고 그런 의미에서 정치투쟁의 범위까지 자기 힘을 못 뻗치고 있을 뿐 아니라 전체 민중운동의 기반이 되고 있지도 못하다, 그래서 전체적으로 강화되고 있고 부분적으로 민주화운동과의 관련 속에서 참여를 하고 있지만 양적 규모에서 그러하지 질적 수준에서 그렇게 역할하고 있는 것은 아니다, 따라서 지금 우리 운동에 있어 노동운동에 대한 지나친 평가는 도리어 운동을 그르칠 가능성이 있으므로 이것을 삼가야 하고 일단은 낮은 차원의 민주화운동이라는 형태, 소시민적 운동을 매개고리로 해서 정치적 상황을 발전시키는 것, 그것 또한 전술적으로 선택 가능한 하나의 방법이 아닌가, 그렇게 생각합니다.

박형준 그 부분에 대해서는 크게 반대할 생각은 없는데요. 마지막 대목에 조금 이견을 가지고 있습니다. 그러니까 지금의 노동운동이 양적 규모에 상응하는 어떤 운동역량을 가지고 있다든가 그만큼 작년·금년에 획기적인 발전을 이루었다고 보는 것은 아닙니다. 적어도 노동조합운동이 본격적 궤도에 진입할 수 있는 초기의 터전은 마련했다는 그 수준에서의 발전이 있었다는 것이죠.

박현채 그런 의미에서 기층운동을 강조하는 것이죠? 기층운동이 바로 중심이 될 수 있다—

박형준 네, 바로 중심이 될 수 있다는 그런 얘기는 아닙니다.

박현채 그것을 분명히합시다.

박형준 그럼에도 불구하고 기왕에 존재하는 조직으로 보더라도 노동조합협의회하고 전국노동운동단체협의회는 별개 조직이고요. 그러니까 지금 이것이 결합이 안되고 있는 수준인데 노동조합 수준에서는 아까 박선생님이 말씀하신 대로 낮은 수준에 있고 이것이 그야말로 본격적인 민주노조운동으로 발전하기 위해서는 상당기간 노력이 필요할 것 같습니다마는 노동운동단체들에서는 문제를 보는 관점이라든가 이런 데 대해 좀 다를 수가 있다고 봅니다. 기존의 재야 중심의 지식인운동과 80년대 이후의 여러가지 경로를 통해 형성된 노동운동단체들이 어떤 관계 속에서 상호 결합할 것인가가 문제가 되는 것입니다. 어떤 한쪽을 전혀 배제한다든가 이런 것은 절대 아닙니다. 노동운동단체들이 단순히 노동자운동을 하기 때문에 주도권을 인정해야 한다, 이런 얘기가 아니라 적어도 그렇게 성장해온 노동운동단체들의 논의구조라든가 거기서 진전된 모습들이 기층운동의 향배를 결정하는 데 이미 상당히 중요한 요소가 되고 있다는 거죠.

박현채 난 굳이 반대할 생각은 없는데, 단 뭐냐면 노동운동에 대한 지나친 강조가 일부 노동운동 출신자들이 내보이고 있는 편향 내지는 운동의 헤게모니를 위한 자기정당화, 이런 것이 되어서는 안된다는 것이죠.

양건 그 문제에 대해서 소박하게 하나 묻겠는데요. 정치적인 민주화라는 면에서 조금 개선된 상황에서 근로자들이 노동운동의 형태를 노동조합주의라는 방향에서 전개한다는 것은 자연스러운 일이고, 또 근로자 입장에서 봐서는 합리적인 성격으로 볼 수 있지 않겠냐는 것이죠. 그것을 정치운동적인 성격이 약하다든지 하는 어떤 비판적인 입장에서 보기보다는 좀더 확고히 쟁취해나가는 것을 북돋아줘야 하지 않느냐 그런 생각이 듭니다.

박현채 그렇죠. 북돋아줘야죠. 그런 다음에 지향성을 가져야죠. 단순한 임금문제 같은 것을 넘어서서 자기들이 처한 노동조건의 문제라든지 저임금, 한국경제의 구조에서 생기는 문제 등—그와같은 한국경제의 구조는 우리 사회의 종속적 상황 그리고 분단이 만들어놓은 부정적인 제측면, 말하자면 지금 우리가 얘기하고 있는 민주화 문제, 민족자주의 문제, 민족통일의 문제를 얘기할 수 있게 된다는 것이죠. 그렇기 때문에 그들이 자기들이 처한 경제적 상황에 대한 인식을 갖는 것이 나쁘다는 얘기가 아니고 그것을 굳건히 하면서 거기에 머무르지 아니하고 본질을 알아낼 때 바로 오늘 우리 문제의 해결에 큰 힘이 될 가능성이 보인다는 것이죠.

통일운동과 민주·민중운동들이 결합하는 길은?

백낙청 두 분이 '기본모순'의 인식에 있어서는 차이가 있었습니다마는 현싯점에서 민주화를 위한 범국민적인 노력이랄까 그런 것이 중요하다는 점에서는 일치하는 듯합니다. 그런데 한 가지, 박현채 선생님 말씀 도중 통일문제가 다시 나왔습니다. 이제까지 입헌주의 내지 법치주의적인 개혁운동과 기층민중운동이 결합되어야 한다는 것을 우리가 얘기했습니다만, 통일운동과도 결합되어야 한다는 데에 원칙적으로 이의가 없으리라고 봅니다. 다만 현실적으로 어느 수준까지 그런 결합이 가능한지 또 어떤 원칙에 입각해서 이루어질 수 있고 이루어져야 하는지 하는 문제가 있을 것 같은데요. 아무래도 지금 노동운동이 노동조합운동으로서도 초보적인 단계라고 하고 있는만큼 통일운동을 주도한다거나 하는 것은 요원한 느낌이지요? 어떻습니까? 그런 이야기를 좀……

박형준 아니 그 문제가 굉장히 고민이었던 것 같습니다. 학생들이 통일에 대한 문제제기를 하고 나갈 때 노동운동단체들에서 이러한 것들을 어떻게 뒷받침해줄 것인가가 대단히 큰 고민거리였던 것 같습니다. 노동자들의 구체적인 삶의 조건 가운데 통일운동의 계기가 주어지지 않는 상태에서 학생들의 선도적인 움직임에 대해 노동운동 수준에서 통일문제를 접맥시키는 과제, 이런 것들이 여전히 난제로 남아 있는 것 같습니다.

박현채 그런데 나는 낙관을 합니다. 왜냐하면 현재의 투쟁을 정치적 투쟁으로 전화하려면 논리적 갱신이 필요합니다. 그것은 상당한 시차를 가지고 진행되겠지요. 그다음에 중요한 것은 뭐냐면 아직 그런 인식에 이르고 있지는 않지만 노동자의 삶이라고 하는 것은 구체적인 한국의 현실적인 구조와 아주 긴밀한 관계를 가지고 있다는 것입니다. 아직 노동운동이 고양이 안돼서 그렇지 노동운동이 전체적으로 고양될 때 오늘의 한국자본주의의 종속적 구조라는 한계가 드러나게 됩니다. 말하자면 구체적으로 노동자들이 자기 요구를 제기하고 기업이 그것을 들어주지 못할 때, 기업이 설명해주고 또한 그들이 스스로 알게 된다는 얘기예요. 그렇기 때문에 조만간 노동운동이 고양되면 그들의 삶의 실천이 비록 경제적인 한계에 머물러 있다 할지라도, 그렇게 될 수밖에 없는 구조를 알게 된단 말이죠.

그런 의미에서 우리가 이번 투쟁에서 현실적으로 나타난 경험적 사실을 강조하는 것은 바로 이런 것 때문입니다. 우리는 경인지역에서 중소기업을 상대로 해서 선진적인 많은 노동운동단체들을 산출해냈었지요. 그러나 그들은 7, 8월 노동투쟁에서 큰 힘을 발휘하지 못했어요. 그러나 6·29선언에서 나타난 정치적 변화는 거대독점자본이 지배하고 있는 대재벌급 회사들에서 노동운동의 고양을 가져왔어요. 거기서는 의식화를 위한 활동가들의 노력도 크게 주어지지 않았어요. 그러나 정치적 상황의 변화는 그들의 보다 나은 삶을 위한 요구에 기초해서 거대기업 중심의 노동운동의 기초를 마련해놓은 것입니다. 바로 이런 것들을 보면서 우리는 한국의 현실 속에 기초적인 조건이 있는 한 외부적인 여건만 주어진다면 한국의 노동운동은 낮은 차원의 경제투쟁에 머물지 않고 정치투쟁으로 발전할 가능성을 내포하고 있다고 말할 수 있습니다.

사회구성체논쟁에서 얻은 성과

백낙청 노동운동이 아직 그렇게까지 고양되지 못한 상태에서 노동운동이 통일운동과 어떤 연관을 맺을 것인가를 얘기하는 것이 자칫하면 애초에 박선생님이 경고하셨듯이 주체를 떠난, 실천과 결부되지 않은 공허한 논의가 될 위험성이 있는 것이 사실입니다. 그러나 다른 한편 실제로 그러한 상황이 닥치기 전에 앞질러서 여러가지 가능성을 검토하는 것이 이론가들의 책무라고 볼 수 있지요. 그런 의미에서 우리가 이론적인 차원에서 통일운동과 노동운동이 어떤 원칙 하에서 결합해야 할 것인가, 비단 노동운동뿐 아니라 노동운동을 포함한 전체 민중운동과 좀더 좁은 의미의 민주화운동, 그리고 통일운동, 이런 운동들의 관계를 올바르게 정립할 수 있는 이론적인 모색도 해봐야 하지 않을까 싶습니다. 이것이 바로 그동안의 한국사회의 성격에 대한 논쟁 같은 데서 부분적으로 이루어져왔는데, 그동안의 성과에 대해서 박형준씨가 간략하게 소개해주시면 어떨까요?

박형준 박선생님이 말씀하셔야 될 것 같은데요.

백낙청 박선생님은 뭐 싸우기 바쁘셔 가지고 남의 이야기는……(웃음)

박형준 그런데 박선생님이 앞서 말씀하셨지만 주체와 관련되지 않는 논의의 관념성, 이런 것에 대해서 연구자들 자신도 한편으로는 상당히 자제를 하고 조심을 하면서 다른 한편으로는 그러나 논의 자체를 포기하는 것이 아니라 발전적으로 가기 위해 여러가지 노력을 하고 있습니다. 그런데 저간의 사회구성체논쟁에서 얻은 성과라고 한다면 여러가지가 있겠습니다마는 일단 두 가지 차원에서 짚고 싶은데요. 하나는 운동 자체가 과학화되어야 한다는 인식에서 그를 위한 과학적 정치노선의 확립의 필요와 사회구성체논쟁이 연결되면서 운동권 내부에서도 한국사회에 대한 과학적인 현실분석의 의의를 적극적으로 인식하게 되었고, 다른 한편으로 학계에서는 그동안의 아카데미즘 영역 내에서의 지평을 돌파해내고 학계의 문제의식을 한단계 끌어올리는, 그럼으로써 더이상 학계의 영역과 실천의 영역이 분리되지 않고 연결될 수 있는 고리를 형성해줬다는 데에 이 사회구성체논쟁의 객관적인 성과가 있는 것 같습니다. 내용의 측면에서 본다면 그동안 논쟁의 주요 대립항이 소위 식민지반봉건사회론과 신식민지국가독점자본주의론으로 형성되어왔는데 그런 대립의 과정에서 적어도 이런 정도는 얘기가 된 것 같애요. 그러니까 식민지반봉건사회론의 경우에 채택하고 있는 변혁의 노선, 그것의 민족자주적 관점이라든가 요즘 흔히 얘기하는 NLPDR〔민족해방민중민주주의혁명〕이라든가 그런 것들이 한국사회의 변혁운동의 성격을 기본적으로 설명해주고 있다는 데 대해서는 대개 동의하고 있는 것 같습니다.

그 내용, 변혁의 과정에서 내용이 무엇이냐를 둘러싸고 반제·반봉건이냐 반제·반독점이냐 이런 대립항이 있는데, 문제는 식민지반봉건사회론만 하더라도 이것이 일관된 운동사적인 흐름이 있고 그렇기 때문에 이론적인 완결성을 갖추고 있는 반면에 신식민지국가독점자본주의론은 한국사회라는 특수성을 해명하는 과정에서 전통적인 식반사회론으로도 해명이 안되는 점을 이론화하는 모색과정에서 나온 것이기 때문에 과정상에 있는 이론이라는 것이죠. 아직 신식국독자론은 개념으로서만 제출이 되어 있는, 그러니까 문제의식 내지는 몇 가지 일반적인 테제로서만 제출이 되어 있는 것이지 이론적인 내용을 채우는 수준에까지는 이르지 못하고 있다고 봅니다. 그래서 많은 논자들이 신식민지국가독점자본주의론이 우리 현실을 제대로 반영하는 이론이라고 보면서도 그 내용을 어떻게 채워갈 것인가 하는 데 관심을 집중하고 있는데, 그것을 채워가는 방식이 두 가지 양태로 주어진다고 생각합니다.

하나는 이론 자체의 수준에서의 논리구성 문제——모순론, 계급론, 식민지종속형 자본주의 역사의 문제, 또는 그 사회에서 민족해방의 성격 문제 이런 것들을 이론적 수준에서 재검토하고 또 국제운동사 속에서 점검하고 그것을 체계화하는 측면이지요. 다른 한 측면은 우리 사회에 대한 구체적인 현실분석·실증분석을 특히 역사상의 계기들을 중심으로 제대로 해내는 것, 지금은 이 실증분석이 거의 안돼 있는 상태이기 때문에 그 어떤 이론을 제출하기도 꽤나 민망한 수준이라고 생각합니다. 그래서 구체적인 역사분석과 실증분석들을 보다 풍부하게 함으로써 그 이론의 내용을 채워내는 작업에 연구자들이 노력을 집중하려는 경향이 있습니다.

백낙청 박형의 얘기를 들으면 이론의 작업 역시 다분히 초보적인 단계에 있고 이론가들이 주체형성을 기다리면서 손을 놓기보다 이론작업에 더욱 박차를 가해야 할 싯점에 있다는 인상을 받는데요.

박현채 내가 얘기하는 것은 요사이 이론에서 지나치게 높은 차원의 것을 얘기하는 것은 그것이 사회적 실천의 주체에 기초지어지지 않는한 관념적으로 이론상의 분열만 가속화시킨다는 것이죠. 그것이 실천을 위한 이론인한 이론은 사업을 흩어지게 하는 것이 아니라 실천을 통해서 대응해야 한다는 것이죠. 그런 의미에서 현상의 주·객관적인 조건에 따라 규정되고 있는 사회적 상황 그리고 일정 주체에 의한 전략적 목표에 의해 규정되고 있는 전술적 목표에 따른 사회적 실천을 향해 더 많은 사람들을 몰자, 그리고 사회적 실천을 통해 이론의 정당성 여부를 가려내고 새로운 이론적 방향을 정립해가자는 것이지요.

백낙청 그러나 '무원칙적 통합'이 되면 안되니까—

박현채 지금 백선생은 잘 모르니까 이론적 투쟁이 낮은 수준이라고 했는데 이론적 수준이 지금 높은 단계에까지 가 있어요.

백낙청 제가 낮은 수준이라고 한 것은 이런 겁니다. 이론이라는 것이 사회의 '기본모순'에 대해서 정확하게 파악하는 것이 가장 기초적인 문제지만 그러나 이것이 실천적인 성격을 띠려면 그 사회의 당면과제로서의 '주요모순'까지 정확하게 규명할 때 비로소 실천적이 되는 게 아니겠어요? 그런데 바로 주요모순에 대해서 합의가 없고 박형준씨도 심정적으로 한쪽에 기울어지지만 어떤지 모르겠다, 이런 단계라니까 그런 점에서—

박현채 그것은 주체가 없어서 그래요.

백낙청 주체가 없다는 것은 어떤 미흡한 현상에 대한 원인규명일 수는 있지만 그것이—글쎄요 이론이란 게 그렇지 않습니까? 이론이 어떤 물질적인 토대라고 할까 계급적인 기반이 없이 생겨날 수는 없는 것입니다만, 그러나 그런 토대가 주어져서 어떤 실질적인 주체가 형성되어간다고 할 때는 반드시 이론적인 작업을 동반하면서 형성되는 거지 주체가 먼저 형성되고 나서 이론이 뒤를 따라오는 것은 아니잖아요.

박현채 문제는 사회적 실천을 의도하는 사람들에 의해서 이론이 발전된 것이 아니라 관념적으로 사회과학을 하는 소시민적 지식인들에 의해서 이론이 정리되고 전개되어왔기 때문에 그런 편향이 생기는 것입니다.

백낙청 글쎄요, 그것은 이론가들이 당면한 한계에 대한 일반론적인 진단이지 이것을 돌파하려는 이론가의 구체적 노력에는 미흡한 이야기가 아니냐, 이론가의 노력이라고 하면 역시 이론적으로 제기되는 문제점을 이리저리 검토하면서 새로운 이론적 타개책을 찾아나가야 하는 것이고, 그것이 대중의 사회적 실천과 앞서기도 하고 뒤서기도 하면서 나가는 것이 이론의 발전 과정이라고 생각하는데, 가령 주요모순의 이해 문제와 관련해서 지금 반제·반봉건이냐 반제·반독점이냐 이렇게만 되어 있는 상태입니까?

박형준 주요모순의 이해에 대해서 백선생님이 관심을 가지고 있기 때문에 자꾸 그 문제를 지적해주시는 것 같은데요.

백낙청 아, 그건 모든 사람이 다 관심을 가져야 할 대목이지요.

'민족모순'과 '분단모순'

박형준 아까 말씀드렸지만 우리 사회 변혁운동의 기본성격이 민족운동이어야 한다는 데 다 동의를 하고 있습니다. 그 부분에서 어긋나는 것은 없는 것 같고요. 물론 부분적으로는 있겠죠, 그 부분에 대해서 과소평가한다든지. 그런데 백선생님이 말씀하시듯이 분단모순을 주요모순으로 보자는 주장은 적어도 사회과학계 내에서는 공인받지 못하고 있습니다.

박현채 분단모순도 민족모순에 들어가요.

박형준 그렇죠. 그런 식으로 파악하고 있는 것이죠.

백낙청 아니, 그런데 분단모순이 민족모순에 들어간다고 보는 게 편리한지, 민족모순이 분단모순에 들어간다고 보는 게 편리한지 이것도 세부적으로 검증이 되어야지—

박현채 지금 뭐라고 했나요?

백낙청 분단모순이 민족모순을 포괄한다고 보는 방법도 있고 민족모순이 분단모순을 포괄한다고 보는 방법도 있는데, 그 둘은 약간의 차이가 있는 거거든요. 제가 어느 쪽이 옳다고 고집할 생각은 없고, 구체적으로 그것에 대해서 반론을 할 건 하고, 제기된 문제들은 검토가 되어야 하는데, 물론 제가 너무나 부족해서 그렇겠습니다마는—

박현채 상대를 안해주지. (웃음)

백낙청 맞아요, 상대를 안하려는 거라. (일동 웃음)

박형준 그건 아닌 것 같고요. 학계에서도 그것에 대한 논쟁이 한번 있었죠. 김진균(金晉均) 선생님과 조희연(曺喜昖)씨가 분단모순론을 전개했을 때—

백낙청 그것은 조희연씨와는 일찌감치 합의를 봤는데, 계급모순·민족모순·분단모순 이렇게 병렬적으로, 나란히 늘어놓는 식으로 나가는 건 잘못된 것이라고 내가 주장했고 조희연씨가 순순히 수긍했습니다. 그러니까 내가 말하는 분단모순은 그러한 합의에 기초해서 나온 개념이지 종전의 나열식 개념은 아닌 거예요.

양건 글쎄요. 문외한이기는 하지만 느낌을 말하자면, 분단문제를 민족문제에 흡수시켜서 볼 수 있는 것인지 조금 의문이 갑니다. 아까도 지적하신 것처럼 우리 사회의 여러가지 문제의 주요한 요인이 분단에서 오는 것이라는 것은 대체로 다 동의를 하신 듯합니다. 그리고 통일문제만 해도 물론 대외적인 자주의 문제 이런 것도 있지만, 특히 오스트리아의 경우와 비교해볼 때 오히려 분단시작의 원인부터가 민족의 내부분열, 이것이 더 본질적인 책임문제가 아닙니까? 또 분단 이후의 대결양상을 보더라도 진영간의 대립보다도 더 조악한 대립상태가 전개되었다, 그렇게 본다면 분단모순이 단순히 민족모순에 휩쓸려갈 수 있는 성질의 것이냐…… 의사전달이 제대로 됐는지 모르겠는데요.

박형준 저는 반대인데요. 민족 내부의 분열이 있고 민족 외부의 어떤 것이 분단을 가져오는 것이 아니라 민족 외부의 모순을 해결하는 과정에서 내부의 분열이 현상된 것이기 때문에 그런 의미에서 민족모순이 계급모순을 부정했던 것이죠. 그리고 해방 이후의 과정이라는 것이 그런 의미에서 민족모순이 우위라고 계속 얘기하는 것이고요. 그리고 그런 민족모순과 체제간 모순과 그것의 규정성, 내부의 계급모순, 민족모순을 축으로 한 이 3자간의 현상태가 분단이라는 형태로 고착화되어가는 것이죠. 분단을 그런 모순들의 작용에 의한 현상태로 파악하자는 것이죠. 현상이라는 것이 본질이 없다는 뜻이 아니라, 본질은 민족모순 이것에 의해서 주어진다, 그런 차원에서 말씀드리는 것입니다. 그럴 때 분단현상이라는 것이 양체제간 또는 양체제 내부에 사는 사람들에게서 다시 역규정되어 들어가는 제반 작용들, 이것을 부정하는 것은 아닙니다. 현실적인 조건으로 작용하고 있는 그런 것들에 대해서 부정하는 것은 결코 아니죠.

백낙청 그런데 조금 아까 양선생 말씀이 기본전제에 있어서나 최종 결론에서는 박선생님하고 다를지 모르지만, 분단모순은 내적 모순의 외화 형태라는 박현채 선생의 지론하고 오히려 통하는 얘기가 아닌가 합니다. 그리고 박형준씨의 얘기는 박선생님의 다른 말씀하고 통하는데, 다시 말해서 외적 모순이 계급적인 프리즘을 통해서 작용했다는 얘기지요. 그런데 사실 분단모순의 특수성은 그것이 내적 모순의 외화인 동시에 외적 모순이 계급적인 프리즘을 통과해서 작용한 것이 겹쳐져서 생긴 현상입니다. 그런 의미에서 단순히 민족모순이라고 말하기에는 어려운 독특한 성격이 분명히 있다는 것이 제 생각이고, 또 하나는 우리가 민족모순, 민족모순 하는데 도대체 민족모순이 무엇인지 이것을 한번 짚어볼 필요가 있을 것 같아요. 민족모순이라는 것이 아메리카민족과 배달겨레의 모순은 아니잖아요? 그러니까 남한의 민중과 미국을 비롯한 제국주의 자본과의 모순이다 이렇게 볼 수도 있고, 제국주의와 한반도 전체 민중과의 모순이라고 볼 수도 있는 것이고, 제국주의와 남한민중과의 모순 플러스 북한민중과의 모순, 이렇게도 볼 수 있는 것입니다. 도대체 어느 것을 가지고 얘기하는가부터 분명히 해야 과학적인 논의가 가능하겠지요.

박형준 제 생각에는 제국주의와 남북한 민중과의 모순이죠.

백낙청 그렇다고 남북한을 하나의 사회구성체로 보는 것은 아니겠지요?

박형준 아, 결코 아니죠.

백낙청 그러면 이때에 '남북한 민중'이란 것이 무엇이냐가 엄밀하게 규정돼야죠. 적어도 이 문제에 있어서는 남북한 민중간에 아무런 차별성이 없는 단일한 실체로 볼 것인가? 아니면 남한민중과 북한민중이 제국주의와의 관계에서 차별성을 띠는 독자적인 존재인데 일종의 연합세력을 형성하고 있다고 볼 것인가? 이 점을 명시해야 하고, 후자의 경우라면 각기의 '민족모순'은 어떤 것이고 각기의 어떤 내적 모순에 입각해서 어떤 연합체를 가능케 하고 있는 것인가가 규명되어야 하는데, 그러한 작업 없이 덮어놓고 민족모순 운운하는 것이 큰 혼란을 불러일으킬 수 있다는 겁니다.

박현채 말하자면 민족모순에 대한 보다 정확한 이론적 근거들이 있어야겠다는 얘기죠?

백낙청 그렇지요, 하지만 이야기가 거기서 끝나는 것이 아니고—

박현채 잠정적으로 그 정도로 결론을 내리고—

백낙청 잠정적으로 그렇게 결론을 내리고 좀더 정확한 해명을 추구하다 보면 분단모순의 문제에 다시금 부닥칠 수밖에 없다는 것이 소생의 지론이올시다.(웃음) 왜냐하면 민족모순의 문제를 분단모순에 치중해서 검토한다는 것이 무엇을 의미하냐면, 우선 분단체제의 발생과정하고 일단 발생한 분단체제가 재생산되는 과정 각각을 좀더 엄밀하게 검토해야 한다는 이야기가 됩니다.

박형준 그러니까 거기서 분단체제의 재생산과정을 설명할 수 있는 개념으로서 분단모순을 넣자는 말씀이시죠?

백낙청 그렇죠. 분단의 발생과정에 민족모순과 계급모순이 결합되었다는 것으로 얘기를 끝내지 말고 발생과정과 재생산과정에 차별성이 있는가 없는가도 분석해야 옳지요.

박형준 그 부분이 논쟁점입니다. 일종의 상대적 국민국가의 형성을 어떻게 바라보느냐 하는 문제와 관련이 되는데 발생의 문제와 연속성은 있지만 형성된 재생산 메커니즘을 일단 분리해서 이해하는 것에는 동의를 하는데, 문제는 그렇다면 재생산과정에 분단문제를 끄집어들여서 과연 무엇을 더 설명하려고 하는 것인가를 명확히해야 합니다. 모순론 차원에서 분단모순이 어떤 대립항을 이루고 있는가도 분명히 제시되어야 합니다.

백낙청 모순의 대립항이 뭐냐는 질문이지요? 분단모순이라고 해서 남북 민중끼리의 모순으로 바라보면 그야말로 냉전이데올로기에 그대로 빠지는 것이고, 그게 아니라 '분단국가의 모순'으로 규정하더라도 부차적인 현상을 증폭시켜버린 것밖에 안되겠지요. 그런 모순이 물론 있고 이른바 진영모순의 일익을 맡고 있기도 하지만 그것은 '주요모순'일 수는 없지요. 하지만 남북간의 대립이라기보다 분단체제와 분단국민 간의 모순으로 보면 분단체제를 지지하는 온갖 세력, 그중에는 외세가 압도적인 비중을 차지하겠지만 그러나 그것만이 아닐 수도 있는 가능성을 열어놓는 것이 분단모순론입니다.

박형준 구체성이 있어야 한다고 봅니다, 그 부분에서……

백낙청 구체성이 어떤 개념에서 없다는 겁니까?

박형준 예컨대 대립의 양 축이라는 것이 정확하게 민족모순과 일치한다면 그 개념을 따로 쓸 필요가 없을 것입니다. 민족모순의 자기전개로 보면 될 것입니다.

백낙청 물론이지요. 정확하게 일치한다면 굳이 새로운 용어를 만들어낼 필요가 없겠지요.

박형준 그러니까 예컨대 민족모순이라 하더라도 이쪽 사회 내부의 매판세력을 민족모순의 진보적 측면으로 보지 않는 것처럼, 통일을 반대하는 세력은 바로 민족모순에 있어서 반민족적인 집단에 이미 포함되기 때문에, 예컨대 민족적인 집단이면서 통일을 반대하는 집단이 있다면 그 개념이 성립할 수 있을지 모르나 그것이 성립하기가 힘든 것이 아닌가 생각합니다.

북한사회성격 논의의 필요성

백낙청 그러나 민족모순이라는 외적 모순이 '남북한 민중'이라는 막연한 덩어리를 상대하는 것이 아니고 남북한 각기의 내부적 모순을 통하여 작용한다는 입장이라면, 북쪽에도 내부적 모순이 전혀 없는 것이 아닌 바에는 북쪽에도 반통일세력의 작용이 있을 것이 아닙니까? 이쪽에선 평화통일 하려는데 저쪽은 무력적화통일밖에 안하려 한다는 식의 냉전논리가 아니라, 40년이 넘는 분단시대를 거치면서 남북 각기의 사회구조가 분단상황에 얼마큼 적응되어왔는가를 묻는 거지요. 이건 북쪽에 반통일주의자가 몇 명 있느냐는 것과도 다른 차원의 문제입니다. 체제의 재생산구조와 관련된 문제지요. 지금 당장 이런 문제를 실증적으로 규명하기는 불가능한 것이겠지만 그런 검증을 할 수 있는 이론적인 틀을 만들자는 것이 분단모순론의 취지입니다. 민족모순이라는 개념만 가지고는, 자칫 남북한 전체에 걸쳐 단일한 '신식민지민중'이 있다거나, 아니면 한쪽에는 내적 모순이 아예 없다는 인상을 주는, 이론상의 여러 혼란을 정리하기 힘들지 않겠느냐는 거지요.

또 한 가지, 분단모순이라고 할 때, 나는 모순이란 말을 함부로 갖다 붙이는 것은 삼가야 한다고 믿지만, 박선생께서 통일에 대해 덮어놓고 통일을 주장할 것이 아니라 역사적인 진보를 내용으로 담는 통일이어야 한다고 지적하신 일이 있는데 바로 그 명제를 자동적으로 수용하는 것이 분단 '모순'론이지요. 다시 말해서 남한은 남한대로 북한은 북한대로 그 내적 모순의 해결을 가로막고 있는 중대한 장애물로서의 분단을 제거하는 통일이어야 한다, 내적 모순의 해결에 결정적인 진전을 이룩하는 역사적 진보로서의 통일이어야 한다, 이것이 분단모순의 개념입니다.

양건 제가 잘 이해가 안되는 부분이 있는데 제 말이 맞는지 지적해주십시오. 분단모순이라는 개념을 받아들이느냐 않느냐 하는 것의 중요한 갈림길이 혹시 북한체제 내에 모순이 있다고 하느냐 아니면 잘 모르겠다는 태도를 취하느냐 하는 것과 관련이 있는 것이 아닙니까?

박현채 그것은 아닙니다. 말하자면 박형준씨가 얘기한 대로 분단모순이라는 것이 민족모순 안에 포괄될 수 있다, 그런 입장에서 굳이 분단모순이라는 것을 설정할 필요가 있느냐 하는 얘기입니다.

박형준 자연스럽게 이야기가 북한사회와 연관이 되는 것 같습니다. 사실 사회과학 연구하는 사람으로 부끄러움을 금할 길이 없는데 실제 최근에 정민씨가 조사한 바에 의하면 북한관계 논문이 50년대 이후에 약 7천여 편 정도가 나왔다더군요. 이 가운데서 그야말로 객관적인 시각으로 씌어진 북한사회연구는 정말 손에 꼽을 정도로, 없다 해도 과언이 아닙니다. 이것은 정부의 북한사회 자료에 대한 봉쇄와 결코 무관하지 않다고 생각합니다. 북한연구가 주로 관 주변에서 주로 남한의 정권에 봉사하는 측면에서만 이루어졌기 때문에 연구자들로서는 사실상 북한사회가 어떤 체제로 이루어졌고 그것이 어떤 형성과정을 밟아왔는지에 대해 자세히 알기가 어려운 실정입니다. 그래서 제가 여기서 북한사회의 성격이 어떻다는 얘기를 할 능력이나 준비가 안되어 있고요.

다만, 연구현황이나 문제점과 관련하여 몇 가지만 말씀드리면, 일단 현대사연구에서부터 북한연구가 풀려야 될 것 같습니다. 지금까지 우리가 소위 반공교육에 의한 교과서에서 일방적으로 주입받아온 북한사회에 대한 이해를 탈피할 수 있는 계기로 역시 해방 이후 현대사에서 민족자주통일국가를 형성하지 못하고 왜 분단국가로 귀결될 수밖에 없었는가, 거기서 북한사회의 기능이라든가 북한사회의 체제변화는 어떤 역할과 의미를 지니는가, 이것을 좀 확실히 해야 될 것 같고요. 다음에 한국전쟁에 대한 분석도 전면적으로 다시 할 필요가 있겠습니다. 이제는 민족내부의 적대성에 주목하는 감성적인 차원에서 한국전쟁을 다룰 것이 아니라, 민족의 통일을 지향하는 관점에서 한국전쟁의 의미를 재해석하고 그 기원을 밝혀보는 작업이 대단히 중요하다고 봅니다. 그러기 위해서 한국전쟁에 대한 자료들도 대폭 개방될 필요가 있다고 생각합니다. 우리가 통일을 하려면 분단의 기원과 분단의 책임 문제가 명확히 해명되지 않으면 통일의 방식이나 통일의 주체를 바라보는 데서 상당히 애로가 있기 때문입니다.

또 하나는 그동안의 북한사회에서는 저희가 듣기로는 사회주의적 개혁을 약 30년에 걸쳐서 해왔고 사회주의체제 내에서도 특히 중·소논쟁을 거치면서부터는 자주적인 노선을 걷는 것으로 알고 있는데, 북한의 사회주의 개혁의 성과와 한계가 무엇인지 이런 것에 대해 좀 정확히 알 필요가 있다고 봅니다. 이것은 소위 주체사상 문제를 바라보는 데 있어서 대단히 중요한 측면인 것 같습니다. 주체사상이나 김일성사상의 문제를 어떤 봉건적인 이데올로기로부터 유습된 또는 체제의 유지를 위해서 일방적으로 강요된 이데올로기로 파악하기보다는, 이데올로기라는 것은 항상 사회의 내적 근거가 있기 때문에 그 사회의 내적 근거를 정확히 밝혀주는 작업이 선행되어야 한다고 봅니다. 그러니까 단순히 김일성사상의 성립과 그것의 물질화 과정을 이데올로기 수준에서, 그러니까 개인숭배나 권력세습이란 관점에서만 파악하려고 하지 말고 그것의 사회내적 근거를 정확히 알아야 그 이데올로기가 민중의 구체적 삶과 어떻게 정확히 연결되는가를 알 수 있고 그런 전망이 설 때에야 북한사회의 변혁을 위해서도 우리가 같이 고민할 수 있다는 생각이 듭니다.

미국사회성격 논쟁도 있어야

백낙청 북한에 대해 우리가 모르는 것이 너무 많지만, 사실 북한과는 달리 어느정도 우리에게 개방되어 있는 주변국가들에 대해서도 너무나 모르고 또 운동론을 전개하면서 그런 여건을 충분히 감안하지 않는 경우가 많은 것 같습니다. 어떤 사람들은 지나치게 주변정세에 관심을 쏟아서 오히려 주체적인 대응을 소홀히하는데, 주체적인 대응을 강조하는 쪽은 또 너무 시야가 좁다는 인상을 받습니다. 앞서 미국의 대한정책을 이야기 하면서 미국의 정책 일반에 대해 약간 언급을 했습니다만, 더 나가서 미국사회의 성격에 연관시켜서 살펴본다든가, 또 일본에 대해서도 좀더 깊이 있는 논의가 필요하리라 봅니다. 특히 한반도를 둘러싸고 있는 미·소·중·일 4국은 우리에게만 영향을 미치는 것이 아니고 전세계의 운명에 막대한 영향을 미치는 강국들입니다. 우리가 이들 나라의 성격과 실정을 이해할 필요가 이래저래 크다고 하겠습니다. 우선 미국에 대해서 아까 박형준씨가 레이건의 군사정책 이야기를 했습니다만, 거기에는 미국사회의 어떤 근본적인 성격이 깔려 있다고 할 수 있을까요?

박현채 뭐 미국사회의 성격이야 자본주의 발전의 높은 단계에 이르렀는데 이것이 강력한 성장의 힘을 갖기보다는 쇠퇴기에 들어선 나라라고 보여집니다. 그런 과정에서 자기들의 경제적인 약화를 극복하는 것이, 말하자면 경제적인 힘의 열세를 군사력으로 보강하려는 것이 레이건의 군사정책입니다. 그런 의미에서 미국자본주의의 한국자본주의에 대한 규정성이 상당히 달라집니다. 이럴 때 미국사회가 갖는 한국에 대한 영향이랄지 하는 것이 바로 저는 자본주의 상호관계의 마지막 단계인 경제통합의 단계로서 농축산물 개방의 문제로 다가온다고 봅니다. 이것은 일본이 당하는 문제와는 다르죠. 저는 그런 의미에서도 농축산물 개방문제가 지극히 큰 문제라고 봅니다. 즉 미국이 자기의 지배권을 더욱더 굳건히 하고 자국경제의 약화를 블록경제를 통해 극복하려고 한다는 것입니다. 그리고 이런 가운데서 우리 주변국가로서 중대한 영향력을 갖는 일본은 기본적으로 한반도 통일을 원하지 않습니다. 현상유지를 통해서 남북시장을 똑같이 자본주의 발전에서 이용한다는 이런 관점입니다. 물론 자본주의는 성장변화함으로써 그것들이 갖는 상호관계가 변화한다는 것은 말할 나위도 없지요.

한편 소련의 개혁정책의 의미와 그것이 미치는 영향은 상당히 긍정적이라고 생각합니다. 노태우의 대북한정책이 아까 말씀드린 것처럼 국내 민주화투쟁의 쟁취물이기도 합니다만, 거기에는 한국의 경제구조와 국내 민주화투쟁의 긴밀한 연관이 있습니다. 한국의 경제구조는 미국과의 관계에서 첨예한 모순관계에 있는데, 그것이 비록 정치권력이나 자본의 매판성을 고려에 넣더라도 현실적으로 거대독점자본으로 성장한 한국 독점자본은 미국과의 무역마찰이랄지 넓은 시장에 대한 요구로부터 공산권과의 개방정책에 큰 유인을 가질 수밖에 없고, 그와같은 큰 유인이 말하자면 공산권시장에의 참여를 위해서 북한에 대한 유화정책, 통일문제에 대한 전향적인 정책을 갖게 한 것이라고 생각합니다.

양건 미국의 기본적인 대국주의적 성향이라고 하는 것이 2차대전 이후에 완전히 지배국가의 형태로 등장하지만, 그 성향이 이미 19세기 후반부터 줄곧 확대되어왔다고 알고 있는데, 이것이 이제 레이건 단계에 와서 쇠퇴기로 들어가면서 오히려 더 군사적인 측면을 강조하는 방향에서 안간 힘을 쓰는 그런 양상으로 나오는 것 같고 그것이 미국 내 경제문제 때문에 그 관철에 지장이 생기는 상태인 것 같습니다. 이것이 한국에서는 특히 평화문제와 직결되기 때문에 중요한 관심사가 될 수밖에 없습니다. 레이건의 등장 이후 대소전략관계에서 소위 동시다발전략이라는 것이 나타났는데 이것은 한반도 평화와 심각히 관련되는 것이고, 핵문제가 논란되는 것도 이런 배경과 연관되는 것 같습니다. 한편 국제정치학 하는 사람들의 이야기를 들으면 미국의 안보전략에 있어서 동북아에서는 기본적으로 일본이 축이고 한국은 말하자면 완충적인 지대로 생각하고 있다, 이런 얘기를 합니다. 그런데 여기서 문제라고 생각되는 것은 기본적인 동북아시아 군사전략의 측면에서 정작 일본 중심으로 방향이 바뀌어갈 때 한국의 입장이라는 것이 대단히 힘들어지는 것이 아니냐는 거죠. 미국이 빠지면서 일본이 그 자리를 차지하게 되면 군사적인 측면뿐 아니라 경제적 측면에서도 어려운 상황이 되지 않느냐 하는 겁니다. 경제학 하는 사람들의 얘기를 들어보면 대미관계에서 경제적인 마찰이 심각하지만 일본에 대한 기술종속의 문제도 굉장히 심각한 문제다, 이럴 때 일본에 대한 기술종속과 겹쳐서 또 군사적인 관계에 들어간다면 앞으로의 전망에 있어서 미국과의 관계에서는 조금 더 자주적인 입장을 취할 수 있을지 몰라도 잘못하면 일본과의 관계에서 아주 심각한 문제가 일어나지 않겠느냐, 이런 문제도 염려를 해야 할 것으로 생각합니다.

백낙청 저는 우리가 한국사회성격 논쟁뿐 아니라 미국사회성격 논쟁도 차차 시작해야 한다고 생각하고 있습니다. 미국에 대해 박선생님은 자본주의란 시각에서 주로 말씀하셨고, 양선생은 대국주의란 용어를 쓰셨는데, 저는 미국사회를 기본적으로 자본주의사회로 이해하는 시각을 견지하면서 미국의 독특한 역사에서 비롯되는 미국 특유의 대국주의의 성격을 정확하게 파악하는 것이 중요하다고 생각합니다. 그런데 미국이 세계 자본주의진영의 맹주니까 자본주의로 보는 시각은 당연한 것 같지만 사실은 그동안 미국사회의 발전과정에서 보면 고전적인 자본주의론에 입각한 많은 예측들이 어긋나왔거든요. 그렇기 때문에 미국인들 스스로는 고전적인 자본주의론에 해당 안되는 나라라고 생각하는 경향이지요. 그런 논의에 대해 자세히는 알고 있지 못합니다만, 우리 입장에서는 미국이 자본주의 이론에 안 맞는 예외적인 사회라기보다는 예컨대 국가독점자본주의라든가 하는 개념이 더욱 전형적으로 통용되는 자본주의사회로 보는 시각을 확보하는 것이 중요하다고 생각합니다. 그러기 위해서는 국가독점자본주의 이전 단계에서 미국사회가 어째서 그런 예측에서 어긋나왔는가 하는 데 대한 구체적인 인식과 설명이 따라야 하겠는데, 제가 볼 때는 두 가지 측면이 특히 중요하지 않은가 싶습니다.

이게 미국적 대국주의의 성격과도 관련이 있는 문제인데, 하나는 노동자와 자본가 간의 계급투쟁에 관한 고전적인 이론이 단순히 노동계급의 양적인 팽창에서 투쟁을 설명한 것이 아니고, 사실 그 밑바닥에는 자본주의로 이행하는 과정 또는 그 훨씬 전부터——고대의 노예반란, 중세의 농민반란, 또 자본주의로 이행하는 과정에서 시민계급의 변혁운동을 설정했는데, 미국사회는 소위 신대륙 개척을 통해 그런 역사적 전통이 단절된 상태에서 자본가계급이 형성되었기 때문에 고전이론이 안 들어맞는 면이 생기게 마련이었지요. 근대 이전의 공동체적 투쟁의 전통이 단절된 특수한 사회였다는 점을 하나 지적할 수 있을 것 같고, 또 하나는 역시 인종주의인 것 같아요. 미국사회가 실제로 백인들의 관점에서 보면 노동자와 자본가들의 정치적 평등 또는 경제적 평등도 어느정도 실현되어온 사회인데, 인디언 원주민의 대량 살해라든가 흑인노예들에 대한 인종적인 탄압을 바탕으로 백인들끼리의 일정한 무계급성이 가능했던 것 같습니다. 그래서 사실은 오랜 공동체생활에서 오는 미덕이 결여됐고 거기에 인종주의가 가미돼서 생긴 특수성인데, 이것을 오히려 미국사람들은 서구사회의 계급투쟁이론이 들어맞지 않는 이상적이고 보편적인 사회라고 보고 있기 때문에, 여기서 나오는 대국주의라는 것이 사실은 나찌라든가 일본의 군국주의와 같은 공공연한 침략주의보다 더 감당하기 어려운 면이 있다는 것입니다. 나찌스식보다 합리적이고 선진적인 면을 지닌 대국주의라는 점을 부인해서는 안되겠지만, 어떤 면으로 더욱 난감한 그 성격을 정확히 알고 대응을 해야지 미국과의 관계가 올바로 정립되지 않을까 합니다.

양건 거기에 한마디 덧붙이겠습니다. 백선생님도 미국 내에서의 인종차별 문제를 말씀하셨는데 미국 역사에서는 항상 다른 인종이 사회의 맨 아래층에서 희생되어왔다는 것이고, 흑인 또 중국인, 그리고 요새 와서는 멕시코나 중남미 사람들이 그런 역할을 하고 있다는 지적들이 많습니다. 또 조금 달리 자유민주주의라는 각도에서도 미국의 자유주의를 너무 과대평가하는 것도 있는 것 같습니다. 가령 언론의 자유라 하면 우리는 미국을 연상하는 것이 보통인데, 미국의 언론자유를 역사적으로 분석한 것을 보면, 전혀 그런 것이 아니라는 거예요. 항상 언론자유에 대한 밑으로부터의 요구가 강력하게 나올 때 언론의 자유가 조금 회복되고 그렇지 않으면 다시 또 억압의 시기가 오는 일이 반복되는 것이 미국 언론자유의 역사였지, 우리가 알고 있는 것처럼 제퍼슨 때부터 쭈욱 되어온 것이 전혀 아니라는 면을 얘기하고 싶습니다.

민간차원의 국제연대운동 문제

백낙청 우리에게 영향을 미치는 국가들에 대해서 방금 이야기했습니다만, 세계적인 시야를 향해 나가자고 하는 마당에 민간차원의 국제연대운동에 대해서도 좀 논의해볼 필요가 있지 않나 싶습니다.

박현채 뭐 대단한 게 있나……

양건 가령 일본과의 관계가 상당히 문제가 된다고 볼 때 한국의 지배적인 권력과 일본의 지배적인 권력이 결착을 하는 문제가 대두되는 것을 예상한다면, 국제민간운동 차원에서도 일본의 진정한 민중세력과의 연대도 중요한 의미를 갖게 될 것이라고 생각됩니다.

백낙청 민간차원 국제연대운동의 현수준을 과대평가한다든가, 또는 거기에 의존하려는 자세는 바람직하지 않지만, 저는 이것 역시 소홀히할 문제는 아니라고 봅니다. 우선 전술적으로도, 대외의존도가 높은 나라일수록 별것 아닌 국제적 유대가 큰 힘을 발휘하는 수가 많으니까 그런 기회가 있다면 우리가 놓칠 필요가 없는 것이고요. 더 나아가서는 지금 양선생이 지적하셨듯이 지배층에서는 열심히 연대를 하고 있는데 민중은 그 문제를 방치하고 우리 독자적인 힘만으로 해보겠다고 하는 것은 슬기로운 자세가 아니라고 생각됩니다. 그런데 전술적인 차원에서야 우리가 크게 견해가 다를 리 없다고 보는데, 저는 이것이 단순히 전술적인 차원의 문제만은 아니고 어떤 원칙적인 문제가 개입되어 있다는 생각도 듭니다. 왜냐하면 우리가 민족주의의 양면성을 가끔 이야기하지만 민족국가의 이념과 국가주의랄까 부국강병주의는 상당히 밀접한 관련이 있습니다. 이것을 그냥, 우리는 제3세계의 민족주의로서 방어적인 민족주의니까 염려없다는 식으로 생각하는 것은 너무나 안이한 태도라고 봅니다. 그렇기 때문에 우리가 지향하는 '민중이 주인이 되는 통일된 민족국가'가 민족국가들이 흔히 빠지는 그런 국가주의적 성격이나 위험에서 벗어나려면, 그 국가기구 자체가 민중주권을 구현하도록 고안되어야겠지만, 지금부터 민중 스스로가 국가를 상대화하는 훈련을 겪어야 한다고 생각합니다. 아까도 남북관계에서 대화창구 일원화에 대한 반론이 있었는데, 같은 민족인 남북간에만이 아니고 국제적으로도 정부에 의한 창구일원화를 가급적 거부하는 훈련을 지금부터 쌓아가야지 우리가 좀더 민주적인 형태의 정부나 국가를 만들어냈을 때 그것이 제대로 작동할 수 있지 않겠는가 하는 생각입니다.

박현채 찬성하겠습니다.

백낙청 고맙습니다.(웃음) 좀더 구체적인 통일논의를 위해서는, 그 사이에 이미 얘기가 더러 나왔습니다만, 군비축소·남북교류·대공산권교역 등에 대해 좀더 하실 말씀이 있으실 테고, 어떨까요? 연방제라는 것이 논의의 대상으로 부각되고도 논의의 자유는 충분히 확보되지 않은 상태인데, 그래도 우리 나름으로 이런 문제를 논의할 여지가 있지 않을까요?

박현채 연방제를 지지할 거요?(웃음)

백낙청 이 자리에서 북한측의 고려연방제를 지지·고무·찬양하고 나설 생각은 추호도 없습니다만(웃음) 연방제 개념 자체에 대해서 일반적인 검토를 한다든가, 또 고려연방제뿐만이 아닌 여러 다른 형태의 연합론을 검토한다든가 이런 정도는 당연히 해야겠지요. 가령 국가연합은 아직 남쪽 정부의 공식입장은 아니지만, 최근에 민주당 공청회인가 쎄미나에서 장명복(張明福)교수가 제기한 바 있고, 또 김대중씨의 공화국연방제라는 것도 일종의 국가연합안이었다고 생각됩니다. 그때 민정당에서 그것을 가지고 시비를 걸면서도 분명히한 것은 그 명칭을 탓하는 것이지 내용을 갖고 문제삼는 것은 아니라는 것이었습니다.

연방제를 어떻게 볼 것인가

박형준 원칙적인 수준에서 이렇게 생각이 됩니다. 명칭이나 개념을 가지고서가 아니라 통일의 방식과 통일의 내용에서 박선생님이 말씀하신 것처럼 역사적인 진보의 내용을 가지는 통일, 이것이 가장 중요한 원칙이 될 것 같고요. 그럴 때 또 하나 중요한 것은 소위 통일방안이 '1민족 1국가 2체제안'이냐, 아니면 '1민족 2국가 2체제안'이냐에 따라 갈려진다고 봅니다. 이것이 바로 남북한 당사자들간의 시각의 차이이기도 하고 한반도를 둘러싼 4대강국들의 시각의 차이이기도 하고 또 한국사회 내부의 여러가지 세력들의 통일에 대한 입장의 차이이기도 한 것 같습니다. 문제는, 기본적으로는 비록 상대적으로 일정한 기간 동안 체제를 달리할 수 있을지 몰라도 1민족 1국가라는 원칙을 고수하지 않으면 현실의 제반조건을 고려할 때 그것은 분단의 고착화 방향으로 갈 수밖에 없다는 점입니다. 그러니까 '1민족 2국가 2체제안'이라는 것은 결국은 '2개의 조선, 2개의 한국을 인정하자'라는 방안으로 되고 이것은 바로 일본과 미국처럼 한반도 분단을 통해서 자신의 이익을 유지하려는 집단의 의도와 맞아떨어지는 것이라고 생각됩니다. 그리고 1민족 1국가 2체제안을 받아들인다 하더라도 그 안에 또 문제가 있는 것은 그것을 성취할 수 있는 전제를 뭘로 할 것인가에 있는 것 같습니다. 그러니까 예컨대 박선생님도 처음에 말씀하셨지만 통일의 전제가 민주화라고 할 때 그 민주정부의 성격이 무엇이냐, 어떤 단계에 이르렀을 때 통일국가가 구체화할 수 있을 것인가도 논쟁거리가 되는 것 같습니다.

양건 국가연합은 1민족 2국가안이니까 기본적으로 반통일적인 것이다, 이렇게 단정하기는 어렵다고 봅니다. 왜냐하면 통일은 단순한 통일이 아니라 평화통일입니다. 여기서 평화와 통일이 조화롭게 맞아야 하는 것인데 그런 의미에서 평화라는 것을 과소평가하고 통일만 강조한다거나 또 반대로 평화만 일방적으로 강조한다는 것은 기본적으로 문제가 있는 태도가 아닌가 합니다. 그런 관점에서 본다면 국가연합이라는 것도 그 실질적인 내용이 뭐냐에 따라서 분단고착적인 국가연합이 될 수도 있고 또는 통일을 지향하는 과도단계로서의 국가연합이 있을 수도 있다고 봅니다. 따라서 문제는 국가연합의 성격을 어떤 방향에 두느냐가 중요한 거지, 그것은 곧 2국가니까 반통일적인 것이다라고 단정하기는 어렵다고 봅니다. 그리고 국가연합이 연방론과 기본적으로 갈리는 것은 구성국가에 주권국가로서의 지위가 인정되느냐 아니냐가 핵심적인 문제인데, 그 구별도 반드시 명확한 것은 아니고 상대적인 것입니다. 특히 분단국가 사이의 국가연합의 경우, 그 상호간의 관계에서는 결코 국가 대 국가의 관계가 아닙니다. 소위 '내적인 특수관계'라는 말을 쓰고 있는데, 독일의 경우는 기본적으로 통일지향적이라기보다는 분단고착적인(넓은 의미의) 국가연합적인 형태라 볼 수 있습니다. 동서독 기본조약이 체결된 후 바로 이 기본조약이 서독헌법에서 말하는 통일지향에 위반이 아니냐고 해서 헌법재판소에 제소가 된 일이 있는데, 헌법재판소가 고심해서 내놓은 답이, 전체독일국가(지붕 국가)가 있고 또 그 안에 양 독일이 있고 양 독일간의 관계는 국가관계가 아니라 내적인 특수관계다라고 설명하고 있어요. 어쨌든 제가 말씀드리고 싶은 것은 국가연합도 그 성격내용에 따라서는 통일의 과도단계로서 적극적인 의미를 지닐 수도 있다는 것입니다. 특히 상징적인 차원에서나마 하나의 결합체를 형성하는 것이 중요한 의미를 가질 수 있다고 보는데, 이 경우, 보통의 국가연합과 구별하기 위해 준(準)국가연합이라는 개념을 쓸 수 있다고 봅니다.

백낙청 지금 양교수가 말씀하신 것처럼 국가연합에도 여러가지 종류가 있는데, 사실은 연방에도 여러 형태의 연방이 있지 않습니까? 그런 여러 형태를 두고 우리가 진지한 연구를 해봐야겠지요. 가령 북한에서 말하는 '고려민주연방공화국'의 영어명칭은 *Democratic Confederal Republic of Koryo*로 되어 있다더군요. 그러니까 미국식의 *Federation*보다 훨씬 느슨한 형태의 연방제인 셈이지요. 그리고 이 싯점에서 제가 한 가지 일반론을 덧붙이고 싶은 것은 우리 같은 단일민족에게는 '1민족 1국가'가 이상인 것이 사실이지만, 그러나 일반적으로 역사에 있어서 1민족 1국가가 이상이라고 말할 수는 없을 것 같아요. 전 오히려 한 걸음 더 나아간 이상은 여러 민족이 한 국가 내에서 각자의 특성을 유지한 채 조화롭게 사는 복수민족국가가 더 진전된 이상이라고 생각합니다. 그러자면 연방국가 형태가 불가피해지는 거지요. 역사상의 연방제로 말하면 서구 선진자본주의사회에서 민족국가가 완성되던 18세기에 미국에서 이미 연방제 국가가 탄생했는데, 미국의 경우 저는 복수민족국가로서 성공한 사례라고는 볼 수 없습니다. 소수민족에게 자치권이 보장되어 있는 것도 아니고, 미국사회의 기본적인 이상이 온갖 민족이 다 들어오되 일단 들어온 다음에는 모두 동화되라는 것이니까 개념 자체가 복수민족 연방제하고는 다른 것이고, 또 실제 과정에서는 동화가 백인들간의 동화이지 그밖의 인종을 배제한 동화입니다. 그런 의미에서 미국의 연방제는 복수민족이 조화롭게 사는 국가의 이상에는 못 미친다고 보고, 거기에 비해 소련이나 중국은 그와는 다른 실험을 하고 있는데 어느 정도 성공했는지는 제가 잘 알지 못합니다. 물론 이런 연방제는 우리하고 직접 관계가 없는 것이지만, 연방제가 어떤 의미에서 단일민족국가보다 역사적으로 더 진전된 형태의 국가라는 점은 염두에 둘 필요가 있고, 또 우리의 경우, 공화국연방 또는 연방공화국 등 여러 얘기가 있습니다만 그중에 어느 것이 제일 좋으냐 하는 것을 떠나서, 그것을 단순히 분단 이전으로 원상복귀하기 위한 과도적 장치로 볼 것인가, 아니면 단일민족으로서의 동질성을 회복하기는 회복하되 그간 쓰라린 역사과정에서 얻어진 양쪽의 독특한 경험 중 보존할 만한 것을 효과적으로 보존하는 새로운 국가형태를 추구하는 하나의 적극적인 실험으로 볼 것인가 하는 점까지 우리가 깊이 연구할 필요가 있지 않은가 봅니다.

이제 당면한 문제로 되돌아와서 당장 올림픽 문제가 있는데, 통일운동과 민주화운동의 과정에서 올림픽이 갖는 의미랄까, 여기에 대해 잠깐 얘기하고 결론을 맺도록 하겠습니다.

공동올림픽을 제기하는 이유

박형준 올림픽을 바라보는 데 편향이 있는 것 같은데, 즉 국제관계의 측면에서만 올림픽을 바라보아, 예컨대 올림픽이 지나면 국제관계에서 대단히 큰 변화가 있고 실질적으로 북방관계가 급격히 진척될 것으로 보는데 이는 좀 잘못되었다고 봅니다. 이 문제는 지금의 미소관계라든가, 소련이나 중국의 개혁 정도나 속도를 정확히 평가해야 판단이 설 수 있다고 봅니다. 그런데 제가 생각하기에는 올림픽은 역시 대내적인 지배체제의 안정화가 오히려 주요측면이 아닌가 합니다──올림픽을 매개로 해서 국제관계의 혁신적인 개혁이 있다기보다는, 미국이나 일본의 입장에서는 단독올림픽을 지원함으로써 실질적으로 두 개의 한국 정책을 내외에 선전하는 중요한 계기로 삼을 것이고, 그것을 계기로 북한사회가 국제사회에서 일정하게 고립되면 교차승인을 추진하려는 것이 주요한 의도가 아닌가 싶고요. 대내적으로 노태우정권의 정통성 확보랄까 체제의 안정화랄까 하는 측면을 주요한 측면으로 바라봐야 하지 않을까 싶습니다.

그리고 경제적인 수준에서도 올림픽 전후의 과정을 통해서(아까도 세계경제 흐름과 관련해서 말씀드렸습니다마는) 수입개방에 대한 미국의 압력이 가속화되고 있다고 생각되는데, 이는 올림픽이 끝나도 역시 그것을 매개로 더욱더 가속화될 것 같습니다. 다만 올림픽에 소련이나 중국의 참여가 확실해짐에 따라 그것을 통해서 최소한 이쪽 독점자본의 사회주의진영과의 일정한 관계확대는 예상할 수 있습니다.

그러나 올림픽 이후에 봐야 할 문제가 몇 개 있는데, 첫째는 경제적인 측면에서 올림픽 이후 한국경제 전망이 그다지 밝지 못하다는 사실입니다. 이것은 예컨대 올림픽을 치른 나라의 경우(일본, 서독, 멕시코, 캐나다) 올림픽을 치른 다음에는 크게는 10%, 적게는 3~4% 경제성장률이 떨어지는 것을 볼 수 있는데 이는 어느 나라나 공통적인 현상입니다. 올림픽 특수(特需)라고 하는 것이 주로 건설경기와 사치재 품목, 관광·서비스 중심인데 이 특수경기가 사라지게 되면 물가가 당연히 오를 것이고, 올림픽 고용효과의 거세로 실업이 증대할 것을 예상할 수 있습니다. 그리고 올림픽 이후 이런 조건을 배경으로 해서 재신임문제와 관련한 정치공방이 고조될 것 같은데, 이것 역시 제반 민주화운동이 어떤 성과를 얻느냐에 따라 그 내용이 달라질 것이기 때문에 이는 상당부분 주체의 측면에서 획득되어야 할 부분으로 봐야 할 것 같고, 지금 딱히 뭐라고 할 수 없을 것 같습니다.

박현채 올림픽을 국내문제와 관련해서 볼 때 올림픽은 한국경제에 상당히 불리하게 작용할 것이라고 보여집니다. 그리고 민주화운동과 관련해 올림픽을 볼 때 어떤 의미에서 6·29선언을 낳게 한 주요한 요인 중 하나가 올림픽이 집권세력의 멍에로 작용한 측면이 있습니다. 그런 의미에서 올림픽 이후에는 어떤 변화가 예상될 수도 있다는 것입니다. 말하자면 올림픽이라는 멍에로부터 해방된 군부세력이 자신들의 실질적인 이해를 위해서 반동적인 공세를 취할 수 있다고 볼 수 있는 것입니다. 다시 말해서 올림픽 기간, 이것이 한국 민주화운동에 있어서 (재야세력이든 기층운동이든 또는 제도권으로서의 야권이든) 역사적으로 상당히 중요한 시기라고 생각합니다. 이 시기에 역량을 강화하지 않고서는 올림픽이 유리하게 작용할 수 없다, 그런 의미에서 우리 역사에서 이 기간은 현실적으로 국내 민주화에 중요한 의미를 갖고 있으며 이것을 현실적으로 이용하느냐 못하느냐에 따라 한국경제나 정치에서 변화요인으로 중요하게 작용할 것이라고 말할 수 있습니다.

백낙청 저 개인적으로도 올림픽의 공동주최가 제일 바람직한 것으로 봅니다만, 지금 말씀하시는 주체역량의 강화방법으로 현싯점에서 공동올림픽 주장이 어떤 의미를 갖는다고 볼까요?

박현채 그런 문제제기가, 현실적인 가능성이 없다 또는 희박하다는 반대주장이 충분히 가능하고 또 현실적으로도 상당히 그런 방향으로 가고 있지만, 현실적인 가능성이 없다고 하더라도 과정상에서 전술적인 의의가 있다고 생각될 때는 그 주장을 포기하지 않는 것이 중요하다고 봅니다.

백낙청 어떤 전술적인 의의가 있으며 어디까지가 현실성이 있는 이야기인가, 또 문제점이 있다면 어떤 것이 있는가를 생각해봐야겠는데, 저는 공동올림픽 주장이 공동개최가 반드시 실현된다고 전제하기보다는, 이제까지 어떤 의미에서는 고의적으로 단독올림픽을 추진해온 세력에 대한 비판과 거부의 운동이라는 성격을 띠는 것이 더 적절하지 않나 생각합니다. 그렇다면 올림픽에 대한 입장제시가 아까 박형준씨가 얘기했듯이 양심수 석방, 제5공화국 비리, 노동자의 생활문제 등과 직결되어서 제기돼야지 자칫 다수대중에게 공허한 소리로 들린다면 통일운동을 위해서도 불행한 것이 되겠지요.

박현채 공동올림픽을 실현시킨다기보다는 공동올림픽을 제기함으로써 오늘 이 정권이 왜 이 땅 위에서 많은 자금을 동원해서 올림픽을 하려고 하는가 하는 올림픽 개최의 본질을 밝혀내는 것, 그리고 바로 그것이 민중의 생활상의 요구와 합치하지 아니하고 그 희생 속에서 집권의욕을 밑받침하기 위해서 그리고 자기들을 정당화시키기 위해서 주어지고 있다는 것을 이해시켜야지요. 그러나 우리의 소망은, 만일 올림픽이 있어야 한다면, 공동올림픽이 개최되어서 분단 이래 지금껏 민족 안에 쌓여왔던 장벽이 깨지는 계기가 될 수 있다면 그 이상 바랄 것이 없는 것이지요. 그래서 우리들의 소망은 지금껏 올림픽 개최의 본질적 성격 인식이 비록 잘못된 것이 되더라도, 공동개최가 실현된다면 통일을 위해서 더 바랄 것이 없다고 하겠습니다.

양건 글쎄요. 그 문제는 통일운동의 방법이나, 통일운동과 민주화운동 중 어디에 중점을 두느냐는 문제로 귀결이 되는 것 같습니다.

'올림픽 이후'에 대한 염려와 다짐

백낙청 시간이 없으니까 이렇게 결론을 내도록 하지요. 통일운동과 민주화운동을 어떻게 결합시킬 것인가에 대해서 각자의 의견을 말씀해주시고, 여기에 올림픽에 덧붙일 말씀이 있으면 덧붙여주시고, 더 나아가 올림픽 이후에 어떤 사태를 예기할 수 있으며 이에 대비하는 우리의 자세는 어떠해야 하는가, 대강 이런 문제들을 마지막으로 한마디씩 해주시고 끝냈으면 좋겠습니다.

양건 처음에도 말씀드렸지만, 중간층 문제를 저는 다시 강조하고 싶습니다. 앞으로 민주화운동·통일운동이 어떻게 되어가느냐의 문제는 중간층의 향배가 결정적이리라고 보고, 또 여기에 따라 우리의 전망이 희망적이냐 아니냐가 결정된다고 봅니다. 이렇게 볼 때 중간층의 향배를 결정짓는 요인을 생각하지 않을 수 없는데, 첫째는 노동운동의 방향이라고 생각됩니다. 노동운동이 개량주의로 나가느냐 아니면 다른 형태를 띠느냐, 여기에 따라 중간층 향배가 상당히 달라질 것입니다. 둘째는 제도권 정치가 어떻게 되어나가느냐 하는 것입니다. 정치적 민주화운동에서 제도권 정치의 비중을 높게 생각하는데 현재의 제도권 정치에 대해 욕만 할 것이 아니라 상당한 지원이 필요하다고 생각합니다. 셋째는 재야운동의 방향, 그리고 그것에 대한 중간층의 인식이 중간층의 향배를 결정짓는다고 봅니다. 저는 대통령선거 이후의 가장 커다란 상처가 재야운동권의 신뢰가 떨어진 것으로 보고, 재야운동권에 대한 신뢰의 상당한 저하는 지금도 지속되고 있다고 보는데, 이를 어떻게 해결해나가느냐 하는 것이 중요하다고 봅니다. 마지막으로 말씀드리고 싶은 것은 중간층 가운데서도 특히 선도적인 부분인 지식층이 어떤 역할을 하느냐, 제대로 역할을 해주느냐가 또 영향을 준다고 봅니다.

그래서 이러한 여러가지 요인들이 어떤 방향으로 작용하느냐에 따라 앞으로의 전개가 결정된다고 보는데, 중간층이 바람직한 민주화운동 방향에 같이 동조할 때 모든 문제가 원활하지, 만일 이들이 다른 방향으로 간다면 상상하기도 싫은 사태가 올 수 있단 말이죠. 결국 악순환이라고 하는 양상을 예측할 수밖에 없습니다. 따라서 이것은 운동하는 세력이나 집권세력 양쪽에 다 하고 싶은 얘기지마는 중간층의 뜻을 제대로 읽느냐가 전망을 예측하는 데 결정적인 것이 된다고 봅니다. 만약 중간층이 제대로 움직여주지 않는다면 희망이 없다고밖에 말할 수 없습니다. 또 중간층 자신에 대해서도 말하고 싶은 것은 (이는 곧 자문자답이 되겠지마는) 중간층이 바라는 것은 안정인데, 이 안정도 민주화운동에 적극적인 의사표시를 하느냐 안하느냐에 따라서 결정되는 것이다, 적극적인 의사표시를 함에 따라서 중간층이 바라는 안정이 온다는 것을 인식하는 것이 중요하다고 생각됩니다. 사족을 덧붙이면 저는 이제까지의 법학은 사회과학이 아니라고 생각하고 있었기 때문에 이 좌담에 끼는 것을 망설였지만, 존 스튜어트 밀이 언론의 자유를 적극적으로 주장하면서 "A라는 견해가 옳은 견해라 할 때 A라는 견해를 발표할 기회를 안 주는 것은 진리의 발현을 막는 것이 되고, 또 A가 틀린 견해라 할지라도 틀린 의견이 제시되어 맞는 의견과 충돌함으로써 진리의 진리성이 더 강해진다"라고 한 말을 생각하면서 자리를 차지했습니다.

박현채 난 통일운동과 민주화운동을 성공적으로 결합시키기 위해서는 민족적인 기층운동을 고리로 하여 이것을 결합시키는 것, 그것이 당위적인 통일과 민주화운동의 결합에 중요한 요소라고 생각합니다. 그러나 한국의 기층민중운동의 낮은 수준에 비추어 방금 말씀하신 중간층과 소시민이 참여한 재야운동이 중요한 매개고리의 역할을 수행할 수 있다고 생각합니다. 그리고 우리에게는 올림픽 기간이라는 것이 사실상 지극히 좋은 기회라는 인식에서 민족적 요구를 실현하기 위해서라도 민주화를 위한 투쟁에 다 같이 힘을 모으는 것이 중요한 당면과제라고 생각합니다. 올림픽 이후의 사태전망을 위해서는 중앙일보가 조사한 바에 의하면 2조 4천 97억 원의 직간접 경비가 드는데 그것이 GNP에서 갖는 비중으로 볼 때 올림픽이 비록 흑자를 낸다 할지라도 큰 경제왜곡을 낳으리라는 것은 분명합니다. 역대 올림픽을 보면 일본의 경우 약 30억 5천만 달러를 썼다고 하는데 우리는 그보다 좀더 많습니다. 그렇다고 한다면 그것이 갖는 파급은 충분히 예견되는 것이고, 그 전가를 위해 민중이 겪는 고통은 클 수 밖에 없습니다. 따라서 이런 상황에서 민중의 이익을 지키고 그것을 역사에 있어서 긍정적인 것으로 전화시키려는 노력이 우리 모두의 협력과 합심을 통해 이룩되어야 한다고 봅니다.

박형준 저는 올림픽 이후에 새로운 탄압이 올 수 있는 가능성에 대해서 부정하지는 않습니다. 우리가 정세를 예측할 때 최악의 경우를 상정할 필요가 있고 그에 대한 준비를 해나가야 한다고 생각하면서도 그에 대한 논리가 자칫 올림픽 이전에 우리가 쟁취해야 할 것에 대한 소극적 태도에 대한 방어논리로 될 수 있는 가능성에 대해 우려를 표명합니다. 그런 의미에서 전 조금 자신을 가져도 된다고 생각합니다. 아까 말한 대로 중간층의 향배가 중요하다고 하셨지만, 그보다도 노동자들의 양적 규모라든가 비록 낮은 수준이지만 노동조합운동의 수준, 또 제반 민주화운동의 역량이 다시 또 과거와 같은 탄압적인 통치방식을 무방비로 허용할 수준은 아니라고 봅니다. 물론 그 가능성을 부정해서는 안되겠지만 그런 측면에서 지금도 역시 민주화운동의 공세국면이라는 생각이 듭니다.

백낙청 좋은 말씀들 많이 해주셨는데 저도 한마디 덧붙이지요. 통일운동을 위해서나 민주화운동을 위해서나 기층민중운동이 높은 수준의 정치의식으로 발전하는 것이 중요한 고리가 될 것이라는 점에 동의합니다. 다만 여기서 양선생이 제기하신 우려에 언급한다면, 중간층과 기층민중 간에 필요한 연합을 위해서도 노동운동이 정치운동이 되는 것이 오히려 중요하다는 것이 제 생각입니다. 중산층 사람들은, "조금 민주화된다니까 노조 만들어서 월급 더 달라는 통에 장사 못해먹겠는데, 이 친구들이 정치운동까지 한다면 더 큰일 아니냐"라고 생각하기 쉽습니다. 실제로 그런 걱정들 많이 하지요. 그러나 실은 노동운동이 정치운동으로 발전 안하고 그냥 임금만 더 달라는 운동, 제각기 일 덜 하고 돈 더 받자는 운동으로만 발전한다면 그때야말로 중산층이고 누구고 모두 파산하게 되어 있어요. 그런 의미에서도 노동자들이 높은 정치의식을 갖게 되는 것이 중요하다는 겁니다. 정치의식의 내용에 있어서 저는 노동자들의 계급적 각성이 전제되어야 한다는 것을 부정하지 않습니다만, 일부에서는 노동자들이 계급문제에 관한 의식을 제대로 갖추는 사태가 먼저 있고 나서 그다음에 통일운동에 착수한다는 식의 사고방식이 있는데, 저는 그 과정이 어느정도 중첩되지 않고는 안된다는 점을 강조하고 싶어요. 계급적인 각성과 통일운동의 담당세력으로서의 자기각성, 이것이 중첩될 때 제대로 된 정치의식이 되고 정치운동이 되며, 동시에 여타 민주화세력과 연대하는 힘있는 운동이 된다는 생각입니다.

올림픽 이후 사태에 대해서는 저도 우리의 주체적 대응에 달렸다는 생각인데요. 아시안게임 끝나고 전두환정권이 건국대 사건을 일으키며 탄압을 강화했던 것을 돌이켜보면 우리가 갖는 염려가 전혀 근거없는 것은 아니죠. 그러한 행태라는 것이 당시 집권자 개인의 속성이 아니고 그가 대표하고 있는 집단의 속성이니까요. 그리고 그것은 그대로 남아 있다고 봅니다. 다만 그 집단의 힘이 다분히 약화되었고 우리 민중의 힘이 커졌으니까, 또 국제적인 흐름도 86년하고는 또 다르니까, 박선생이 말씀하셨듯이 지금부터 올림픽 사이에 우리가 이제까지 다소 개별적으로 추진해온 민중운동·민주화운동·통일운동을 얼마나 더 긴밀하게 결합시킬 수 있는가에 따라서 그 후의 결과가 잘될 수도 있다고 하겠습니다. 오랜 시간 너무 수고가 많으셨습니다.

민주주의의 이념과 민족민주운동의 성격

백낙청(문학평론가, 『창작과비평』 편집인)
정윤형(홍익대 교수, 경제학)
안병직(서울대 교수, 경제학)
김승호(지역·업종별노조전국회의 부위원장)
1989년 10월 13일 창작과비평사 회의실

백낙청 이번이 80년대를 마감하는 좌담이 되겠는데, 창비뿐만 아니라 여러 군데서 80년대 민족민주운동의 과정을 점검하고 90년대를 내다보는 기획을 하리라고 믿습니다. 창비에서 그런 일을 한다고 할 때 특별한 의의가 있다면, 첫째는 저희 창비가 문학중심의 잡지입니다만 57호 무크지에서 '한국자본주의 논쟁'을 게재한 이래로 그동안의 한국사회성격 논쟁에 나름대로 참여를 해왔고 실제로는 그전부터 전개해온 민족문학론이란 것도 그것과 밀접한 관련이 있다는 점을 들겠습니다. 그중에서도 무크 『창비 1987』에서, 저희는 그것을 58호라고 부릅니다만, 여기 나오신 정윤형 선생님과 제가 좌담에 참여한 일이 있고 61호에서 또다른 분들과 비슷한 문제로 좌담을 했습니다. 그래서 그런 맥을 이으면서 '민주주의의 이념과

■ 이 좌담은 『창작과비평』 1989년 겨울호에 수록된 것이다.

민족민주운동의 성격'이라는 제목으로 다시 좌담을 해보는 것이 좀 색다른 의미가 있지 않을까 하는 겁니다. 또 한 가지 창비 좌담의 특징으로 삼고 싶은 것은 저희가 사회과학 전문지가 아닌만큼 일반독자가 이해할 수 있는 논의를 하도록 특별히 힘을 기울일까 합니다. 이것은 단순히 이론을 속화한다든가 모르는 독자를 계몽한다는 차원의 문제가 아니고, 실은 연구자 스스로가 생각을 정리해서 이야기하는 자기훈련의 필요성을 강조하는 면도 있다고 믿습니다. 말하자면 우리에게도 절실히 요청되는 '새로운 사고'의 한 과정이지요. 제가 오늘 부탁드릴 점은 되도록 말씀을 평이하게, 간결하게 해주시고 제가 끼어들어서 초보적인 질문을 던지더라도 양해해주시라는 겁니다.

제목에 '민주주의의 이념'이라는 것을 명시한 이유는 이렇습니다. 민족민주운동 내부에서도 여러가지 견해차이가 있는데 그러한 운동권 내부에서 또는 우리 사회 일반에서 '민주화'의 필요성에 대해서는 모두 일차적으로 합의하고 있다고 봅니다. 이렇게 한편으로는 민주주의의 필요성에 대한 폭넓은 합의가 있는 데 비해서, 다른 한편 정작 각자가 추구하는 민주주의가 어떤 것인지, 어떻게 달성해야 할 것인가에 대한 깊이있는 논의는 오히려 부족하지 않았는가 하는 생각입니다. 그래서 오늘은 민주주의의 이념을 논하면서 전체 민족민주운동의 조건, 성격, 행방 등을 따져보고 싶은데요. 그래서 진행하는 방식은 먼저 여러분들께서 우리가 추구할 민주주의의 이념이 어떤 것이라고 생각하시는지 대충 말씀해주시고, 또 현단계 민족민주운동의 당면목표들 가운데 하나로서 민주화를 추구한다고 했을 때, 그러니까 이것은 이념으로서의 '민주주의'보다 조금 더 한정된 의미가 되겠습니다만, 그러한 민주화의 내용을 어떻게 보고 계시며 이런 의미의 민주화운동이 전체 민족민주운동에서 차지하는 위상은 무엇인지 간략히 한말씀씩 해주시기 바랍니다. 그런 뒤에 자유롭게 토론을 진행하도록 하겠습니다. 그럼 먼저 정선생님께서 말씀해주시죠.

민주주의란 무엇인가

정윤형 민주주의라는 말만큼 다양하게 쓰이는 개념도 많지 않다고 생각합니다. 저는 민주주의라는 말을 역사적으로 접근하여 그 형성과정과 관련해서 이해하는 것이 가장 올바른 방법이라고 생각합니다. 구체적으로는 봉건사회에서 자본주의로 이행하는 과정 속에서 실현된 정치적·사회경제적 변혁을 포괄하는 개념이라고 생각됩니다. 17세기의 영국혁명, 18세기의 아메리카혁명, 그리고 한층 완결된 형태로 표현된 것이 1789년 프랑스 대혁명에서였다고 생각하고 그 이념은 프랑스혁명에서 내걸었던 자유·평등·박애에 집약적으로 표현되어 있다고 봅니다. 그런데 당시의 역사적 상황은 민주주의를 이끌어가는 역사적 주체가 주로 부르주아지에서 충원되었기 때문에 그런 이념이 실제로는 대부분 부르주아적인 요구에 의해서 구체화되었다고 생각합니다. 그러나 그렇다고 해서 프랑스혁명을 전적으로 부르주아적인 요구에 국한된 혁명이라고 보지는 않습니다. 거기에서 제기되었던 평등의 문제, 이것은 그뒤에 여러 혁명에서 노동계급에 의해 계속해서 제기되었으며, 또 그것이 사회주의 이념의 토대가 되었습니다.

역사 속에서 구체적으로 실현된 부르주아민주주의는 언론·출판·사상의 자유라든가 인간의 기본권을 보장하는 것, 그리고 정치제도에서는 시민들의 정치적 참여를 보장하는 의회제도라든가 하는 방식으로 형성됐는데, 그것은 민주주의가 서구 선진국가들의 근대화과정에서 실현된 하나의 구체적 방식이지 그것 자체가 민주주의를 모두 대표한다고 볼 수는 없을 것 같아요. 그래서 민주주의는 역사 속에서 계속해서 형성되는 것이라고 보고 싶고, 사회주의라는 개념으로 포괄되는 오늘날의 문제들도 그 연장선상에서 볼 수 있지 않을까 생각합니다. 어쨌든 추상적으로는 인간의 보편적 가치를 추구하는 것임에도 불구하고 역사적 발전단계에 따라서, 또 각국이 처한 상황에 따라서 다른 형태로 구체화되는 것이라고 봅니다. 그런데 그러한 민주주의 이념들은 크게 보면 인간의 해방이라는 말 속에 포괄될 수 있는 것이 아닌가 생각합니다. 인간의 역사는 원시공동체사회가 무너진 이후로 계급사회였고, 소수의 자유만이 보장되는 사회에서 점차 직접 생산에 참여하는 더 많은 사람들의 자유가 획득되는 과정이 인류역사가 진행하는 방향이라고 한다면, 평등의 이념 실현이야말로 인간해방의 궁극적인 목표이고, 민주주의는 그러한 인간역사의 이념을 실현하는 과정이 되겠지요.

백낙청 첫 발언은 학번순으로 해서(웃음), 다음에 안선생님 말씀해주시지요.

안병직 민주주의 이념의 역사적 발전과정에 대해서는 방금 정선생이 말씀해주셨기 때문에 저는 다른 각도에서 말씀을 드리고 싶습니다. 민주주의란 것은 단순히 정치적인 의미뿐만이 아니라 현실에서의 우리들의 생활도덕입니다. 우리의 생활은 어떤 의미에서 모두 정치적인 것이라고 할 수 있습니다만, 모든 국민들이 직접적으로 정치활동을 하는 것은 아닙니다. 아시다시피 한국의 전통사회의 기본도덕률은 효라든지 충이라든지 하는 것으로, 이 충효사상은 전근대 농촌사회의 기본도덕으로 가부장제에 의해서 뒷받침되고 있었습니다. 우리나라 사회는 이제 전자본주의적인 농촌사회가 아니고 근대자본주의사회입니다. 이 자본주의사회 속에서 생활할 때 우리가 기본적으로 지켜야 할 도덕률은 무엇인가, 역시 가장 핵심적인 것은 민주주의의 원칙이 아닐까 합니다. 예컨대 가정생활의 경우 가정의 일을 가족들이 어떻게 해서 결정하는가? 옛날에는 가부장제의 윤리에 의해서 가정생활이 규율되었습니다. 또 여필종부라는 도덕률에 의해서 가정생활이 이루어지기도 했습니다. 근대사회에 들어와서는 부부끼리는 물론이고 자식들, 그리고 자기 부모도 포함하여 민주적인 원칙에 의

하여 합의해서 가정생활을 꾸려나갑니다. 그렇게 하지 않으면 도저히 유지될 수가 없습니다. 가정생활뿐만 아니라 더 나아가서 사회일반에 있어서도, 예를 들어 산업민주주의라고 할 때 회사 경영에서 경영자만이 독단적으로 의사결정을 하는 것이 아니라 일반노동자들도 참여시켜야 산업민주주의가 성립하겠지요. 그것뿐만 아니라 더 나아가서 민주적인 원칙을 실현한다면 노동자들에게도 주체성을 인정하고 노조결성을 인정할 뿐만 아니라 그 활동을 보장해야 합니다.

이런 식으로 생각해보면, 민주주의라는 것은 단순한 정치적 원리일 뿐만이 아니라 근대사회에 있어서 시민의 기본적인 도덕률이다, 이런 식으로 봐야 하지 않을까 싶습니다. 그러면 일단 정치적인 것에 국한해서 볼 때에는 오늘날 우리가 추구해야 할 민주주의, 우리가 획득할 수 있는 민주주의는 어떠한 것인가? 국제정세라든지 한국의 현실이라든지 분단상황이라든지 하는 것을 고려해보면, 당장 우리가 실현해야 할 그리고 실현할 수 있는 것은 역시 일반적으로 얘기하는 서구식 민주주의, 부르주아민주주의가 아닌가 싶습니다. 물론 이 문제에 대해서는 다른 견해를 가진 많은 분들이 계시리라고 생각합니다. 부르주아민주주의라고 해서 부르주아지에게만 유리한 것이라고 생각하는 것은 근시안적이라고 봅니다. 왜냐하면 이것은 단순히 부르주아지가 정권을 잡는 문제만이 아니라 우리 역사발전을 한 단계 끌어올리는 문제이기 때문에, 부르주아민주주의가 성립되면 노동운동의 자유가 확대된다든지 기타 사회운동에 있어서 자유가 폭넓게 허용된다든지 하는 문제이기 때문에 부르주아민주주의라고 해서 부르주아지에게만 이익이 된다고 보는 것은 잘못이라고 생각합니다.

그러나 부르주아민주주의라는 것은 어디까지나 부르주아계급이 헤게모니를 쥐는 민주주의입니다. 거기에서는 부르주아사회가 안고 있는 모든 모순들이 있다고 생각합니다. 거기에서 어떤 모순이 제기되냐면 방금 정선생이 얘기한 것처럼 평등의 문제가 제기됩니다. 다시 말씀드리면 부르주아민주주의가 실현되면 자유는 실현되겠지만 평등이란 문제는 미해결된 채로 남아 있을 것입니다. 이 평등의 문제를 해결하기 위해서 가장 중요한 운동의 담당주체는 역시 노동계급인데 이 경우 노동계급의 정치적 사상을 집중적으로 표현하는 것은 서구식 사회민주주의나 동구식 사회주의가 아닌가 생각합니다. 그런데 한국에서는 우리가 기약을 할 수 없는 먼 훗날은 어떻게 될지 모르겠지만 최소한 우리가 예상할 수 있는 가까운 장래에 있어서는 동구식 사회주의는 실현될 가능성이 없지 않은가 생각합니다. 그것이 실현될 수 없다는 것은 우선 현실적인 조건을 볼 때 그렇습니다. 한국은 남북으로 대치되어 있고 북쪽에 이미 동구식 사회주의가 있습니다. 그것과 다른 동구식 사회주의상을 한국에서 제시할 수 있겠는가, 있다면 북쪽의 인민민주주의와는 무엇이 다른가? 그러한 위상이 확실한 것을 내놓을 가능성이 없다는 겁니다.

둘째로 대단히 큰 장애요소는 역시 한국은 아직도 미국이 리드하는 국제질서 속에 있는 것이지 거기서 벗어나 있지 않다는 사실입니다. 그렇기 때문에 미국이 현실적으로 한국에 군대를 주둔시켜놓고, 한국의 정치와 경제의 운명에 대해서 일일이 간섭하는 것은 아니라고 하더라도 기본적으로 자본주의적인 틀을 벗어나는 것을 허용해주지 않고 있는 상황에서 그러한 자본주의 틀을 깨는 정치적 혁명이 가능하겠는가 하는 것입니다. 세번째로 고도경제성장이 있습니다. 고도경제성장 때문에 노동자의 계급의식이 전전의 빈농혁명이나 베트남혁명에서 보여준 수준에까지 도달하기는 어렵지 않겠는가, 선진국의 예를 보더라도 자본주의가 성공적으로 발전하게 되면 노동자들이 체제내화되는 것은 객관적 현실이 아닌가, 그러한 현실을 주목해야 한다고 생각합니다. 넷째로, 이것이 결정적으로 중요한 것이라고 생각하는데, 현재 동구식 사회주의는 인류에게 아무런 희망을 주고 있지 않다, 그것을 실시하고 있는 나라에서조차 그것이 진정한 프롤레타리아 민주주의가 아니라 국가사회주의라고 얘기하고 있습니다.

그러니까 고전적인 의미에서 프롤레타리아 민주주의상이란 것은 현실 앞에서 산산이 깨진 것입니다. 역시 상당히 반동적인 발언이 되겠습니다만(웃음) 솔직히 지금 생각하고 있는 것은 이런 것입니다. 그러면 지금 당장은 달성되지 않는다고 하더라도 무슨 사회주의적 전망이 있는가? 그것은 서구식 사회민주주의, 북구식으로라도 될 수 있으면 그것은 한국사회로서는 엄청난 다행이다, 저는 그렇게 생각하고 있습니다.

백낙청 간결히 말씀해달라고 한 사회자의 부탁을 처음부터 무시하고 나오셨는데(웃음), 다만 난삽하게 말씀하지는 않으셨으니까 그냥 넘어갑니다. 다음에는 김선생께서 말씀해주시죠.

노동자계급의 성장과 민주화의 내용

김승호 처음부터 입장과 관점 그리고 견해의 차이들이 분명해지면서 이야기가 진행될 것 같습니다. 저는 우선 철저히 대중주체 내지는 민중주체의 관점에서 이 문제를 보는 것이 올바르다고 생각합니다. 그래서 대중이 구체적으로 무엇을 지향하고 있는가 하는 것을 통해서 우리가 추구해야 할 민주주의의 이념 내지 방향을 잡아나갈 수 있지 않은가 생각합니다. 그런 의미에서 저는 87년 이후, 지난 2년간에 우리 대중들이 보여준 여러가지 지향들을 주목하고 존중하는 가운데서 우리의 이념을 이야기해야 하지 않는가 생각합니다. 첫째로, 87년 6월항쟁이 끝나고 7, 8월 대투쟁이 일어났을 때, 여러가지 요구들이 있었지만 그것을 한마디로 표현하면 "흩어지면 노예 되고, 뭉치면 인간 된다"였습니다. 그것은 누가 가르쳐준 것도 아니면서 그야말로 폭발적으로 확산됐고 전 대중적 공감을 얻었습니다. 그래서 적어도 87년 이후의 역사과정에서 볼 때 우리가 지향해야 할 미래에 대한 전망, 그중에서 가장 중심적인 것이 광범위한 대중에게 인간적인 삶이 보장되는 그러한 내용의 민주주의가 아니겠는가 생각합니다.

최소한으로 먹고살 수 있는 임금, 그리고 인간이 기계가 아닌만큼 장시간 노동으로부터의 해방, 또 하나는 완전히 일방적 지배, 인격적 모욕을 당하면서 통제를 받는 그러한 것에서 벗어나야 한다는 요구, 이러한 요구가 그 당시에 인간다운 생활에 대한 요구로 압축되어서 표현된 것이었다고 볼 수 있습니다.

그러나 87년 7, 8, 9월 당시에 이와같은 수준에서 출발했던 민주주의에 대한 지향들은 그 후에 변화 발전했다고 저희들은 느끼고 있습니다. 왜냐하면 이러한 것들을 쟁취해나가는 과정에서 불가피하게 자본과 독재정권에 대한 대립을 가질 수밖에 없었고 그 대립과정에서 자본과 노동의 관계가 단순한 관계가 아니라 지배·피지배관계라는 것을 인식하게 됐습니다. 뿐만 아니라 그러한 지배질서를 유지하는 데 있어서 군부독재, 정치권력이란 것이 자본가와 한덩어리가 되어서 철저히 노동자를 억압하는 도구로서 역할을 하고 있다는 것도 아울러 자각하게 되었습니다. 그래서 실로 매우 짧은 기간에 노동자계급 내부에서는 노동해방이라는 지향이 아주 자연스럽게 일반화되는데, 이것은 그와같은 객관적인 우리의 노동현실에서 나온 것이기 때문에 그렇지, 정말 억지로 이런 주의를 퍼뜨리고자 했다면 그렇게 빠른 속도로 광범위하게 일반화될 수 없었을 것입니다. 또 이와같이 노동자가 착취와 억압의 질서에서 벗어난다는 것은 한편으로는 지배질서와 싸우는 것인 동시에 다른 한편에서는 결국 노동자 스스로, 더 나아가서 노동자가 중심이 돼서 각계각층의 근로민중들이 힘을 합쳐서 그 문제를 해결할 수밖에 없다, 그리고 해결할 수 있다고 하는 자각들이 형성되었다고 생각합니다. 파업을 하면서 노동자가 생산의 주역이라는 것을 자각하게 됐고, 뿐만 아니라 노동자의 수가 엄청나게 많다는 것, 또 그 부분이 조직성을 갖고 있고 전투성을 발휘할 수 있다는 것, 이러한 생각들을 하게 되면서 그때부터 이제 민주주의에 대한 얘기도 단순한 인간다운 삶이 아니라 민중이 주인 되는 민주주의, 이런 수준으로 내용이 심화되어갔다고 생각합니다. 그래서 주체들이 외치는 구호도 처음에는 "흩어지면 노예 되고 뭉치면 인간 된다"에서 출발했다가 88년도로 넘어오면서부터는 "흩어지면 노예 되고 뭉치면 주인 된다"는 방향으로 심화되어왔습니다. 그래서 앞으로도 민주주의에 대한 대중의 자주적인 지향이 더 심화되고 발전되어갈 것이라고 보지만 적어도 지난 2년간의 과정에서 봤을 때 우리가 추구하는 민주주의의 이념은 기본적으로 전국민의 인간다운 삶이 보장되고 더 나아가서 땀흘려 일하는 근로민중이 진정한 이 땅의 주인이 되는 그러한 민주주의를 향해 나아가는 것이 아닌가 합니다.

그다음에 현단계 민족민주운동의 당면목표로서의 민주화 문제는, 결론적으로 말씀드려서 우리에게 있어 민주화가 그렇게 절실할 수밖에 없는 것은, 하나는 우리가 내외 독점자본의 지배질서 속에서 가혹한 착취와 수탈을 겪어옴으로 인해 엄청난 불평등이 구조화되어 있기 때문이라 생각합니다. 다른 하나는 이러한 부조리한 질서를 개선하려는 것이 아니라 유지하려는 세력들이 그것을 유지하기 위해서 정상적인 방법으로는 안되니까 그야말로 폭력적이고 테러적인 방법으로 정권을 잡고 있다, 그것을 파쇼라고 얘기합니다, 이런 조건 때문에 결국 우리 사회에서는 민주화라는 것이 매우 절실하고 공감대를 갖는 목표로서 제시되는 것이 아닌가, 그리고 궁극적으로 전국민이 인간다운 삶을 누리게 되고 근로민중이 주인이 되는 사회를 지향해나가지만 당장은 바로 매우 절실하게 제기되는 문제부터 해결해나가자, 이렇게 접근해야 하지 않겠는가 생각합니다.

그런 관점에서 당면목표로서 민주화의 중심적인 내용은 세 가지라고 생각합니다. 첫째는 민중의 생존권이 보장되어야 합니다. 이런 정도로 자본주의가 발달하고 사회적인 생산력이 발달했는데 한쪽에서는 먹고사는 문제도 해결하지 못하는 부분이 광범하게 존재한다는 것, 이것은 도저히 상식적으로 있을 수 없는 일입니다. 두번째는 민주적인 제권리의 문제입니다. 더 높이 올라가면 정치권력의 문제에서부터 노동자의 단결권, 단체

행동권의 자유까지 적어도 민주주의사회라고 한다면 기본적으로 갖추어야 할 권리들이 파쇼권력에 의해 철저하게 부정되어왔는데, 그런 것들이 보장될 때 생존권의 문제도 해결되는 방향으로 접근해갈 수 있지 않은가 합니다. 세번째는 정치권력의 문제입니다. 앞에서 말씀드렸듯이 현체제가 내외 독점자본의 지배를 위한 파쇼적인 통치질서에 의해서 유지되기 때문에 정치권력의 향배를 떠나서 민주주의 영역을 단순히 생활의 문제로 떨어뜨릴 수 없는 것입니다. 민주주의의 문제를 단순히 정치권력의 문제만으로 협소화하는 데도 반대하지만, 이것을 빼놓고도 얘기할 수 없다는 거죠. 이런 점에서 현재의 당면목표로서 민주화의 내용에서는 정치권력이 파쇼적인 권력이 아니라 민주적인 권력이 되어야 한다는 것이 주요한 목표가 되어야 하지 않는가 합니다. 민주적인 정권이 어떤 것인가 하는 얘기로 들어가면 여러가지 복잡한 얘기들이 있겠습니다만, 일단 그 선에 관해서는 우리가 다 동의할 수 있으리라고 생각합니다.

백낙청 지금까지 한 번씩 말씀하신 가운데 나온 문제들만 가지고 토의한다 하더라도 몇 시간짜리가 될 것 같은데, 오늘 좌담이 끝나기 전까지 되도록 골고루 논의하도록 힘써보겠습니다. 토론을 차분하게 전개하기 위해서는 먼저 우리 현실에 대해 손에 잡힐 수 있는 구체적인 사실들을 확인하고 그것에 대한 인식을 어느정도 공유하면서 나아가는 것이 필요하지 않을까 합니다. 안선생께서 지금 실현가능한 민주주의를 말하면서 그 이상의 것을 추구할 때 생기는 여러가지 장애를 말씀하시기도 했고, 또 금년 들어 서울대 『대학신문』에 좀더 구체적인 이야기를 글로 쓰기도 하셨습니다. 하나는 4월 10일자고 또 하나는 9월 25일자인데 다른 분들도 읽으셨으리라고 믿습니다. 거기서 오늘 말씀하신 것처럼 경제성장 문제라든가 사회주의권의 변화 등 여러가지 얘기를 하셨습니다. 우선 한국 바깥의 문제에 대해서는 나중에 살펴보기로 하고, 우리 경제의 여러가지 지표에 대해서 경제성장률로부터 시작해서 몇 가지 중요한 지표를 점검하고 나가는 것이 어떨까요? 안선생께서 먼저 말씀해주시죠.

신흥공업국의 등장

안병직 방금 전에 하신 말씀들을 들으니까 한국에 자본주의가 이미 성립했다는 것에 대해서는 동의를 하시는 것 같습니다. 그러나 자본주의가 성립했다는 것은 단순히 자본과 임노동의 관계가 생산관계로서 일반화됐다는 것뿐이지 한국경제가 그 발전의 내적 동인을 가지고 이제 독자적으로 발전해간다 하는 데까지는 동의하는 것 같지 않습니다. 한국에 자본주의가 성립했다고는 하면서도 한국자본주의의 발전동인에 대해서 부정하는 듯한 글을 자주 읽는데 그것은 논리적인 모순이라고 생각합니다. 왜냐하면 하나의 국민경제로서 자본주의가 성립한다는 것은 자본주의적인 발전의 동인을 가지고 있다는 것을 전제로 해야 합니다. 자기발전의 동인이 없는 자본주의는 결국 식민지자본주의, 주변부자본주의 등 세계자본주의의 종속적인 주변으로서의 자본주의가 있을 뿐인데, 그것을 가지고 한국자본주의가 성립했다고 말하는 것은 문제가 있지 않은가 합니다.

저는 한국에 자본주의가 성립했다고 생각하고 나름대로 발전동력을 가지고 있는 사회라고 생각하고 있습니다. 그런데 한국자본주의의 기본적인 특징을 얘기하면 한국자본주의는 결국 1960년대에 들어와서 비로소 전개되는 닉스(NICs, 신흥공업국)의 일환으로서의 자본주의이다, 이렇게 명확하게 얘기할 수 있을 것 같습니다. 자본주의의 발전이란 것은 여러가지 측면이 있지만 그 경제적인 핵심은 산업화입니다. 닉스 제국에서 산업화가 급속하게 진행하고 있다는 것은 결국 닉스 제국은 이제 자본주의권으로 들어서고 있다는 것을 의미한다고 생각합니다. 그러한 의미에서 저는 이미 한국자본주의가 60년대에 들어와서 서서히 형성되기 시작하고 오늘날에 와서는 거의 성립했다고 생각하고 있습니다.

그런데 닉스현상이라는 것은 세계사에 매우 새로운 현상으로서 비서구사회에서도 자본주의사회로 들어가는 나라가 있다는 것을 의미합니다. 우리가 과거 역사를 조금만 회고해본다면 비서구사회로서 자본주의사회로 진입한 국가는 일본이 유일한 예외입니다. 물론 미국, 캐나다, 오스트레일리아, 뉴질랜드 등은 서구의 이주민이 건설한 자본주의사회죠. 그런데 오늘날에 닉스 제국, 동아시아 닉스만 예를 들면, 한국이라든지 대만이라든지 홍콩, 싱가포르 등 전형적인 비서구사회입니다. 이 비서구사회가 자본주의권으로 들어가게 됐다, 그 결과 이제는 제3세계가 단순히 전자본주의적인 상태에 머물러 있는 것이 아니라 자본주의사회로 진입할 가능성을 보여주었다는 의미도 있습니다. 그러니까 닉스라는 것은 제3세계에 있어서의 자본주의니까 이 자본주의는 그 발전의 계기라든지 발전의 형태라든지 모든 측면이 선진자본주의의 발전의 경우와는 전혀 다르다고 생각합니다. 이러한 자본주의를 관찰할 때는——

백낙청 잠깐만요, 한국자본주의 발전이 독자적인 것인가 아닌가, 또는 닉스 유형이라 볼 것인가 아닌가, 또 닉스 진출의 세계사적 의미가 무엇인가 하는 이야기는 조금 뒤로 돌리고, 안선생께서 그렇게 보실 때 한국경제의 그간의 실적에서 주목하는 지표들이 있을 것 아닙니까? 그러한 것들을 우선 말씀해주시고 함께 검토해보았으면 합니다.

안병직 순서에 따라서 몇 가지만 얘기하고 끝마무리하도록 하겠습니다. 그리고 이 닉스의 출현이라는 것은 결국 세번째의 16세기라고 말할 수 있습니다. 맑스가 16세기의 서구에 있어서 자본주의가 성립했다고 했습니다. 19세기 중엽에는 서구에서 더 많은 국가가 자본주의권으로 들어갔습니다. 이것이 두번째의 16세기입니다. 아까도 말씀드렸지만 일본을 제외한 비서구사회는 전부 식민지나 반식민지, 종속국의 길을 걸었습니다. 그런데 이제 과거의 그러한 나라들에서 새로운 자본주의가 발생하기 시작합니다. 이런 의미에서 16세기를 자본주의의 제1파동이라고 하고 19세기 중엽을 제2파동이라고 한다면, 이 닉스의 출현이라는 것은 자본주의의 제3파동이 아닌가, 즉 자본주의가 세계적으로 확산되는 시대를 맞이하고 있다는 것입니다. 우리가 한국현실을 이렇게 파악한다면 종래 한국현실을 이해하기 위한 제이론, 예를 들면 종속이론이라든지 스딸린의 일반적 위기론이라든지 이런 것은 이제 파산됐다고 보아도 되지 않겠는가, 이제 더이상 한국과 같은 사회를 설명하는 도구로서는 적합하지 않다고 생각합니다.

그러면 닉스현상의 역사적 배경은 무엇인가, 우선 국제적 요인부터 설명하겠습니다. 국제적 요인으로 첫째 중요한 것은 아메리카형 제국주의의 출현이라고 생각합니다. 다 아시다시피 제1차 세계대전까지는 영국이 자본주의 세계의 주축이었습니다. 그래서 영국자본주의를 중심으로 해서 세계자본주의체제의 안정이 유지되었습니다. 1차대전과 2차대전 사이에는 뚜렷한 기축국이 없었기 때문에 자본주의체제가 불안정했고, 따라서 모든 나라에서 사회주의혁명이 일어날 수 있는 가능성이 있었고, 일반적 위기론이 성립할 수 있는 객관적 근거가 있었습니다. 2차대전 이후에는 아시는 바와 같이 미국자본주의를 중심으로 해서 자본주의 세계체제가 형성되고, 자본주의 세계가 안정을 갖게 됩니다. 그래서 아메리카형 제국주의가 갖는 독특한 성격이 있는데, 이중에 첫째로 지적해야 할 것은 역시 식민지를 갖지 않는 제국주의라는 점입니다. 물론 아메리카도 예외적으로 필리핀과 같은 식민지를 갖기는 했습니다만, 일반적으로 식민지를 갖는 것은 아메리카형 제국주의의 생리에 맞는 것은 아니라고 얘기할 수 있습니다. 그렇다면 왜 식민지를 갖지 않는가? 그것은 아메리카 자본주의의 특징 때문에 그렇습니다. 아메리카는 자연자원이 풍부하고 생산력이 지극히 높고——

백낙청 얘기를 한꺼번에 다 하려고 하지 마시고, 한국자본주의 발전의 주요지표가 이러이러하다는 말씀부터 하시고 닉스에 대해서는 다른 사람들이 반론을 제기할 경우 재반박을 하시도록 하지요. 그리고 아메리카형 제국주의의 출현에 대해서도 그 얘기를 아예 하시지 말라는 게 아니라, 얘기는 하되 아메리카형 제국주의의 출현이 무엇을 의미하는가에 대한 설명은 줄여주시면서 첫째 국제적 요인, 둘째 국내적 요인 등등으로 요점만—

안병직 그렇게 하면 독자들이 못 알아들을 테니까—

백낙청 나중에 또 부연설명을 하시면 될 거 아닙니까?

정윤형 오늘의 논의가 안선생이 무슨 주제발표를 하고 다른 사람이 그것을 비판하는 식으로 짜여진 구도가 아니기 때문에, 사회자 말씀대로 진행하는 게 좋겠습니다.

백낙청 안선생 자신의 지론이 그것 아닙니까? 우선 서로 합의할 수 있는 객관적 사실에 대해서 확인을 해놓고 출발해야 된다는 것 아니에요? 그다음에 이것을 닉스현상으로 볼 것인가 아닌가, 또 닉스현상에 대해서는 어떻게 해석할 것인가, 이렇게 나가자는 거고, 또 충분히 얘기하실 기회를 드릴 테니까 염려 마시고 부탁드린 방식대로 해주시면 좋겠습니다.

안병직 아메리카형 제국주의라는 것은 대단히 높은 생산력, 그리고 많은 자원을 갖고 있기 때문에 식민지제도를 통해서 자원을 수탈할 필요가 없었다, 그렇기 때문에 후진 제지역과 반드시 농공분업을 추구할 필요는 없었고 아메리카 제국주의가 추구하는 것은 될 수 있는 대로 넓은 시장—후진제국에서 자본주의가 발전한다 하더라도, 오히려 자본주의가 발전해야 시장규모가 커지니까 아메리카에 유리한 거지요. 그래서 역시 미국은 전후에 와서 닉스정책을 씁니다. 둘째로 중요한 것은 역시 다국적기업의 출현이라고 생각합니다. 국제간의 자본이동을 보면 전전에는 대체로 상업자본이라든지 재정차관, 금융자본 등을 중심으로 해서 일어나지 산업자본을 중심으로 해서 자본이동이 일어나지는 않는데 다국적기업이 출현함으로 해서 산업자본이 직접 이동하기 시작합니다. 이 산업자본이 이동

함으로 해서 선진국에서 고도로 축적된 생산력이 현실적으로 국제화되고 종래의 식민지나 반식민지를 경험한 저개발 제국에 있어서도 선진국으로 부터 이전해온 생산력을 흡수할 수 있는 기회가 직접적으로 주어집니다. 셋째로 닉스 출현의 역사적 배경은 저개발국에서 식민지를 경험하는 사 이에 새로운 계급들이 출현했다는 것을 말씀드릴 수 있습니다. 새로운 노 동자계급이라든지 새로운 자본가계급, 지식인계급이라든지 그런 것이 형 성되면서 자국 자본주의를 형성할 수 있는 조건이 마련됩니다. 마지막으 로 왜 그러면 어떤 국가에서는 닉스현상이 일어나고 다른 국가에서는 일 어나지 않았는가? 이것은 역시 저개발국가들이라고 하더라도 각 나라가 갖고 있는 역사적 배경이 다르다, 이렇게밖에 얘기할 수 없을 것 같습니 다. 다른 닉스에 관해서는 아는 것이 없습니다만, 동아시아 닉스를 보면, 한국민족이 아니면 중국민족입니다. 한국이나 중국은 역시 전통사회에 있어서 소농경제의 발전수준이 서유럽에 다음가는 수준으로 가장 높은 지역입니다. 이 소농경제의 발전을 전제로 식민지 하에서 농촌의 과잉인 구가 축적되어가고, 도시의 산업이 발전하면 그것이 바로 노동력으로 전 환될 수 있었다, 이러한 것들이 또한 닉스가 출현할 수 있는 역사적 배경 이 아니었던가 생각합니다.

한국경제의 고도성장

60년대 이래 한국에 자본주의가 성립되어갔다는 가장 커다란 지표는 우선 고도성장인 것 같습니다. 우리나라는 1962년에 경제개발계획이 수 립된 이래 오늘까지 연평균 8% 내외의 고도성장을 해왔는데 이것은 역사 적으로 예외에 속하는 것이라고밖에 할 수 없습니다. 동아시아의 닉스를 제외하고는 이러한 자본주의 역사는 존재하지 않습니다. 유일한 예외는 일본입니다. 일본은 1955년부터 1975년에 걸쳐서 약 20년간에 고도성장을 했습니다. 일본의 예를 제외한다면 서구에서의 연평균 경제성장이란 것은 기껏해야 2~3%입니다. 그러면 이 닉스 제국은 왜 성장의 속도가 빠르냐? 아까 제가 말씀드린 바와 마찬가지로 닉스 제국의 자본주의는 국내적인 요인만이 아니라 국제적 요인에 규정당하면서 발전하고 있다는 것입니다. 국제적 조건이란 그러면 무엇인가? 구미 선진국에서 달성된 고도의 생산력이 선진국에서 후진국으로 이전하는데 그것을 한마디로 표현해서 후발성의 이익이라고 한다면, 닉스 제국에서는 밖으로부터 흘러들어오는 후발성의 이익을 이용할 수 있었기 때문에 종전의 자본주의가 보여주지 못했던 고도성장을 할 수 있었다, 예를 들면 1960년 한국의 1인당 소득이 82불이었습니다. 1988년에 4천불이라고 한다면 4반세기가 조금 넘는 사이에 한국인의 1인당 소득이 50배 정도 증가했습니다. 물론 달러가 그동안 10배의 인플레가 있었다 하더라도 약 4, 5배의 실질소득의 증가가 있었다는 것입니다. 이것은 역사적으로 대단히 희귀한 예라 보여집니다.

백낙청 주목하는 지표가 성장 말고도 있으시겠지만 그것을 우리가 강의를 듣듯이 다 듣고 나서 질문하는 식으로 하면 독자들이 지루해할 수 있으니까, 여기서 일단 끊어가지고 주고받는 식으로 진행하면 좋겠어요. 지금 고도성장이 유일한 지표는 아니지만 가장 주목할 만한 지표로 말씀하셨는데, 지난 4반세기 동안에 대체로 연평균 8%의 성장을 했다는 것은 공지의 사실이고 그것을 가지고 우리가 다툴 필요는 없겠지요. 요는 연평균 8%라는 것이 세계사에서 어느 정도 예외적인 것인가, 또는 GNP의 성장률 외에 어떤 숫자를 함께 생각할 필요가 있는가 하는 등의 토론은 필요하리라고 봅니다. 가령 아까 성장률을 말씀하실 때 일본을 빼고는 '자본주의 역사'에는 없다는 단서를 다셨는데, 그것은 다시 말해서 사회주의에는 그보다 높은 성장률이 있었다는 얘기이신가요?

안병직 사회주의에서는 선전만 있지 통계가 없으니까 모르죠.

백낙청 가령 순전히 성장률만 본다고 할 때, 휴전 이후 북한의 경우라든가 스딸린 하에서의 소련의 공업건설이라든가 또는 53년에서부터 60년대 중반까지의 소련의 성장이라든가 이런 것도 우리가 충분한 통계야 있든 없든 간에 비교의 대상으로 삼아야 하지 않을까요?

정윤형 자본주의 내부에서는 이것이 상당히 특수한 현상으로 나타났다는 것만은 틀림없습니다. 그런데 그것을 보는 관점이 문제인데, 경제사가들이 서구자본주의 발전과정을 통해서 성장률을 평가해놓은 것을 보면, 2세기에 걸쳐서 2, 3%를 얘기하거든요. 영국 같은 경우 산업혁명기에 굉장히 빨리 발전한 것처럼 보이지만 그렇단 말예요. 그래서 이것은 세계사의 흐름에서 보면 후발자본주의 국가일수록 더 선진국의 축적된 경험과 국제적인 요인들을 활용할 가능성도 커지기 때문에 성장률이 올라갈 수 있는 가능성은 있지만 그 원인이 무엇인가를 설명하는 것이 중요하지, 이것을 한국 등 몇 나라의 특수한 현상이라고 얘기해버리는 것은 문제가 있죠.

백낙청 제가 8%라는 숫자에 의심을 두는 것이 아니라, 가령 8%까지는 안된다 하더라도 5, 6%가 되는 성장이 있었다면 그것도 기억을 하자는 얘기이고, 가령 영국이 한창일 때 2, 3%밖에 안됐다고 하는데, 그러면 후발성 이득을 가졌던 독일이나 미국이 한창시절에는 얼마나 성장했는가—

안병직 일본은 히또쯔바시(一橋)대학의 일본경제연구소에서 추계한 것이 있는데, 전전에 평균 2~3%였습니다.

백낙청 그다음에 사회주의권에서의 경제성장 문제는 체제가 다르니까 일단 제외를 하셨지만, 성장률의 수치에 그토록 큰 비중을 두실 때는 사회주의권의 경제성장이란 것도 일단은—

안병직 사회주의권에서는 소련에서 80년대에 들어와서 연평균 3~5%의 경제성장을 하고 있다는 통계가 있습니다. 만약에 소련에서 연평균 3~5%의 성장을 하고 있다면, 현재 소련에서 발생하고 있는 모든 사회적인 문제를 저는 이해할 수 없습니다.

백낙청 글쎄, 정확한 계수를 가지고 지금 비교를 할 수 있다는 얘기가 아니라, 거기도 경제성장을 했기에 이제까지 꾸려왔고 소련 같은 나라는 2차대전을 치르고 했을 것 아닙니까? 그런 측면도 있다는 것을 우리가 염두에 두자는 거고, 또 계수란 것이 GNP가 얼마 성장했는가 하는 것도 있지만, 사실은 커다란 경제가 성장하는 경우는 성장률이 낮더라도 전체 세계생산에서 차지하는 몫이 어머어마한 것이고 조그만 경제가 급속도로 성장해봤자 세계생산에서 차지하는 몫의 계수는 별문제라는 얘기도 나온다는 것이죠.

안병직 아니, 지금 한국경제에 대해서 이야기를 하고 있는데, 백선생은 왜 자꾸 세계경제를—

정윤형 지금 안선생께서 한국경제가 별나게 성장했다는 것을 강조했기 때문에 세계경제와 비교하자는 것이지, 그러지 않으셨으면—

안병직 별나게 성장했다는 것 자체를 부정하는 것입니까?

정윤형 아니죠, 인정하죠. 다만 그것이 모든 것을 설명해주지는 않는다 그 말이죠.

안병직 제가 언제 모든 것을 설명해준다고 했습니까? 그러니까 내가 그런 식으로 성장했다는 것만 말씀드렸지 모든 것을 설명해준다고 말한 적은 없습니다.

백낙청 그러면 별나게 성장했다는 것만 합의를 하고 어떻게 얼마나 별나게 성장했는지는 좀더 세밀하게 따지면서 얘기해봅시다. 우선 성장률 다음으로 중요하게 생각하시는 지표를 말씀하시죠.

소득격차, 완화되었는가?

안병직 그다음에 사회구조를 보면, 1960년대 이전에는 전근대적인 농촌사회였는데 오늘날에는 자본주의적인 도시사회가 되었다, 이것은 대단히 큰 변화입니다. 우리가 통계를 보면 1960년에 도시인구가 25% 미만이고 농촌인구가 75% 이상이었습니다. 그런데 오늘날 도시인구가 75%에 육박하고 농촌인구는 25% 이하로 떨어지고 있습니다. 그러니까 1960년대 이래의 고도성장은 사회구조를 급격하게 바꾸었습니다. 세번째로 산업구조에서는 우리나라 경제발전에 있어서 초기에는 경공업을 중심으로 발전하다가 10년이 조금 넘는 사이에 곧 중공업구조로 바뀝니다. 이런 것은 세계역사에 없는 현상이죠. 왜 그렇게 되었는가 하면 우리나라의 경제발전은 정상적인 단계를 거쳐서 발전하는 것이 아니라 압도적으로 선진국의 영향 하에서 발전하기 때문입니다. 밖에서 보기에는 지금은 첨단산업까지도 받아들이고 있지 않습니까? 그래서 한국경제의 산업구조가 대단히 고도화되어 있는 것처럼 보이고 있습니다. 그러나 저는 한국경제의 산업구조가 고도화되어 있지는 못하다고 생각합니다. 연구개발과 첨단산업분야를 갖고 있어야 선진자본주의에 끼는 것인데, 우리나라에도 그것이 형식적으로는 존재하지만 도저히 그러한 선진국과 비교할 수는 없습니다. 그러니까 오늘날 우리나라 경제에 있어서 산업구조에서 중공업이 중심적 자리를 차지했다고는 하지만 어디까지나 이것은 가공조립적인 성격을 가지고 있는 중공업이라고 할 수 있습니다.

백낙청 그러면 세번째 지표는 그다지 중요하지 않다는 것입니까?

안병직 중요하지 않다는 것이 아니라, 중공업이 지배적이지만 중공업의 성격은 그렇다는 것이죠. 넷째로는 국제수지 문제인데, 우리나라 경제는 수출지향형 경제이고, 수출지향형 경제의 가장 기본적인 구조가 선진국에서 자본을 도입해서 값싸고 풍부한 양질의 노동력과 결합시킨다는 것입니다. 여기에서 필연적으로 초기에는 국제수지의 적자가 구조적으로 나타납니다. 그런데 다 아시다시피 1986년부터 흑자기조로 바뀌어갔는데, 아직도 고급기계와 고급원료는 선진국에서 도입하지 않을 수 없지만, 그 외에 기술수준이 낮은 많은 경공업부문이나 조립가공부문에서는 수출이 증대하기 때문에 흑자기조를 가질 수 있었다고 생각됩니다. 현재 한국경제가 흑자기조로 돌아섰다고 해서 영원히 흑자기조를 유지할 수 있는 것은 아니고 국제적인 조건이 바뀌면 적자기조로도 돌아설 수 있는 경제입니다. 가장 중요한 점은 이제 종래처럼 적자기조가 지속되지는 않을 것이다, 적자와 흑자가 항상 반복되는 그러한 경제구조다라고 얘기할 수 있습니다. 다섯째로는 소득배분의 문제인데 한국에서 소득배분은 대단히 불평등하다, 아까 김승호씨가 얘기한 것처럼 노동자들의 생활이란 것이 정말 비참한 것이다, 그것은 객관적으로 엄연한 사실입니다. 그에 대해 조금도 이의를 제기할 필요는 없지만, 그러나 객관적으로 냉철하게 다른 저개발국가와 한국의 소득분배를 비교해볼 때 한국은 저개발 제국보다는 소득분배가 훨씬 더 평등합니다. 그것은 아마 한국에서 지주제도라든지 하는 것이 완전히 철폐된 조건 속에서 경제발전을 했기 때문에 그런지는 모르겠습니다만, 필리핀이라든지 말레이시아에 비하면 소득분배가 평등하다고 말할 수 있습니다. 그리고 6·29선언 이후에 노동자들의 노임상승이 있었던 것도 주목됩니다. 현재 우리나라에서는 소득분배 통계가 발표되지 않기 때문에 연구에 따라서는 평등화 경향과 불평등화 경향이 다 검출되고 있어서 일의적인 경향은 말하기 어렵습니다만, 비공식부문이 줄어들었다는 것 역시 소득배분에서 다소간 평등화가 진행되고 있다는 의미가 아닌가 생각합니다. 너무 시간 끌어서 죄송합니다.

김승호 여러가지 지표를 말씀해주셨는데 그중에서도 가장 핵심적인 것은 성장과 분배라고 압축할 수 있지 않은가 생각합니다. 저는 성장의 문제에서 8%의 성장이 현상적으로 보면 이례적인 것이 분명하지만, 그러나 후발자본주의 국가로서 자본주의부문, 공업부문이 그렇게 빨리 성장한 역사는 적어도 우리나라 역사에서는 있었다고 봅니다. 일제 말기에도 공업부분이 연 15% 성장했고, 60년대에도 실제로 공업부문이 15%씩 성장했는데, 그것이 근본적으로 제국주의에 의해서 자본·기술이 들어오면서 이루어지는 것입니다. 따라서 현상적으로 그러한 사실을 부인하는 것은 아니지만 그것이 어디에서 비롯되고 어떠한 성격을 갖는 것인가 하는 것을 봤을 때는, 이례적인 것이 아니라 제국주의가 식민지에 자본주의를 이식해 들어갈 때 흔히 나타나는 그러한 현상으로 이해해야 한다고 봅니다. 그리고 분배의 측면에 대해서 안선생님께서는 특히 저개발국가들에 비해서 분배가 평균화되어 있다고 말씀하시는데 저로서는 통계에 의거해서 반박하기는 어렵습니다만, 다만 우리나라 현재의 분배현실에 대한 이해에 있어서 안선생님과는 판단이 다릅니다. 우선 우리의 분배구조가 제3세계와 비교하든 어쨌든 간에 평등하다고 보는 이런 판단은 참으로 현실감과 배치되지 않는가 합니다. 최근의 소위 토지공개념 문제에서도 확연하게 드러납니다만, 전국 토지의 60여%를 전체 국민의 5%에 해당하는 사람이 차지하고 있고, 그 부분이 벌어들이는 1년간의 불로소득이 노동자가 1년 동안 벌어들이는 임금총액의 200%라고 나왔단 말이죠. 도대체 이러한 분배구조가 평등에 가깝다고 하는 것은 도저히 상식적으로 이해할 수 없는 것입니다. 전체적으로 우리나라의 임금수준은 거의 90% 이상이 아직은 최저생계비 이하에 있다는 것이 냉엄한 현실이고, 그러나 특수하게 성장산업의 숙련노동자의 경우에 상당한 수입을 올리는 층도 있다고 이해하는 것이 현실에 더 가까운 얘기가 아닌가 합니다.

백낙청 저야말로 통계숫자와는 거리가 먼 사람입니다만, 안선생이 말씀하신 것 중에서 많은 저개발국과 비교할 때 소득격차가 적다고 하는 얘기 자체는 상식적으로 받아들일 수 있는 얘기가 아닌가 합니다. 가령 남미라든가 필리핀과 비교할 때 소득격차가 덜한 것이 사실이 아닐까 싶어요. 그것은 나중에 독자들이나 전문가들이 검증하면 되겠죠. 또 하나 6·29 이후의 노임상승이 주목할 만하다는 것도 경험적인 사실이라고 믿습니다. 그런데 저는 이런 사실들 자체에 이의를 제기하기보다는, 우리가 그간에 한국경제의 발전상황을 얘기할 때는 다른 나라와 비교하는 것보다 오히려 더 중요한 것이 경제성장을 본격적으로 시작하기 전의 소득분배와 이것이 진행된 이후, 가령 87년이라든가 지금의 싯점에서와 비교해볼 때 개선됐는가 개선되지 않았는가 하는 것이 더 중요하지 않을까 합니다. 그 부분에 대한 계수는 어떻게 나타났는지 모르겠습니다.

안병직 경제발전 단계에 따라서 불평등 문제도 나라마다 다르리라고 생각합니다. 그렇기 때문에 우리나라가 선진국과 비교해서는 불평등의 정도가 높다든지 필리핀에 비해서는 불평등의 도가 낮다든지, 그 자체로서도 의미를 갖습니다만, 더 중요한 것은 불평등의 도가 점점 심화되는 방향으로 가는가, 악화되는 방향으로 가는가 하는 것이라고 생각합니다. 일의적으로 높아간다, 낮아져간다, 이렇게 얘기하기 어려운 점도 있습니다만, 정부가 발표한 통계에 의하면 불평등도가 강화되지 않은 것은 객관적인 사실이라고 얘기할 수 있습니다.

김승호 저는 불평등의 도가 개선되어간다는 것에 대해서는 납득할 수 없습니다. 우선 저도 여기에 통계를 갖고 나오지는 않았습니다만, 70년대 말기에 광공업에 있어서 부가가치 가운데 노동소득으로 분배되는 비율이 그 당시에 어떤 통계에서 45%인가 하는 것으로 추정되어 있습니다. 그 후에 5공화국 치하에서 계속적으로 임금상승률 3, 4%로 억제하면서 지낸 다음에 86년인가 왔을 때 그 노동소득 분배가 20%대로 떨어졌다고 하는 통계를 저는 본 기억이 있습니다. 피부로 느낄 때에도 광공업부분에서 80년대 3저호황으로 엄청난 소득상승이 있었음에도 불구하고 실지로 노동소득의 분배는 악화돼서 40%대에서 20%로 떨어졌다는 데에 저는 감각적으로 동의하고 있습니다. 그리고 그것이 87년 이후 어느정도 회복되는 측면이 있었다, 그러나 저는 그것 자체도 과연 그전만큼 회복되었는가 했을 때 그렇지 못하다는 느낌을 갖고 있습니다. 감각적이기는 합니다만, 그렇기 때문에 일관되게 분배가 개선되고 있다고 보는 것은 옳지 않고 87년 이후 한 2년간에 이루어지는 것들은 정말로 엄청난 초과착취를 했던 부분이 최소한의 일반적인 수준으로 회복되어가는 양상으로 이해할 수 있다고 생각합니다.

자본주의 발전의 '내적 동인'에 관하여

백낙청 네, 그러저러한 고려사항이 있고 견해차가 있다는 것을 얘기하고 그다음 토론으로 넘어가도록 하죠. 안선생께서 이런 지표에 주목하면서 이것이 한국자본주의의 독자적 발전이라고 보시고, 또 이것은 닉스현상이라는 세계사적으로 큰 의미를 지니는 현상이라고 보시면서, 그 근거를 아까 말씀하셨는데요. 물론 안선생도 다 말씀하지 않으셔서 미진한 부분도 있겠지만, 다른 분들도 그 이야기를 들으면서 질문하거나 문제제기하실 것이 있으셨을 것입니다.

정윤형 하도 많은 얘기를 했기 때문에 무엇부터 얘기해야 할지 모르겠습니다. 우선 안선생은 자본주의가 되려면 발전의 동인이 국민경제 안에 있어야 한다는 얘기를 하면서, 현실적으로 판단할 때 한국자본주의는 자기발전의 내적 동인을 이제는 가지고 있다, 그 시기는 대개 60년대부터 확립된 것이 아닌가라고 얘기하신 것 같습니다. 그런데 여기에서 내적 동인이라는 개념이 막연하게 제기되었기 때문에 무엇을 의미하는 것인지 궁금합니다. 그것은 앞으로 논란의 대상이 될 것 같고 안선생이 설명해야 할 부분이라는 생각이 듭니다. 한국자본주의의 특수성을 얘기하는 가운데 종속화를 말하기도 하는데 그러면 이 내적 동인이 형성됐다는 얘기는 결국 한국자본주의가 자립화했다는 의미로, 이전과 같이 외적인 요인이 없더라도 자본주의 자체의 내재적 요인에 의해서 이제는 제대로 굴러간다는 것을 염두에 둔 얘기인지 그것에 대한 문제를 제기하고 싶고요.

또 아까 현상설명 가운데 선진자본주의와 후진자본주의를 대비하면서 선진자본주의의 조건으로서 자체 내에 첨단산업을 갖고 있다는 사실을 얘기했습니다. 그런데 한국자본주의를 분석하는 많은 사람들이 한국자본주의의 낙후성이라든가 종속성 등을 얘기할 때, 국제분업관계에서 외형적으로는 중화학공업을 했음에도 불구하고 여전히 수직적 분업체계 속에 있다는 얘기를 하고 있거든요. 그 하나의 지표로서 첨단산업부문이 결여되어 있다든가 하는 것이 얘기될 수 있겠죠. 그런데 안선생도 첨단산업이 없는 것이 후진자본주의의 특징이라고 얘기했다면 결국 그것은 안선생 스스로 제기한 내적 동인이 마련되었다는 개념과 논리적으로 모순되지 않겠는가 하는 문제를 제기하고 싶습니다.

그다음에는 안선생이 지금 제기한 자본주의화의 과정 문제입니다. 안선생은 그동안 현대의 한국자본주의에 대해서는 별로 거론하지 않았고 주로 일제하에 대해서 얘기하면서 식민지반봉건사회론을 주장해왔습니다. 그 이론이 우리 학계에 어느정도 자리가 잡혔다고 생각하고, 또 그 나름대로 발전을 하고 있다고 생각합니다. 그런데 안선생이 "이제 60년대부터 자본주의가 성립했다, 한국은 자본주의화됐다"라고 할 때 이제는 식민지반봉건사회론을 폐기하고 새로운 이론틀을 가지고 한국을 다시 보려는 것이 아닌가 짐작하게 됩니다. 60년대부터 자본주의가 형성되었다고 한다면, 그것은 결국 일제하의 식민지반봉건사회론, 그것은 그대로 놔둔 채 거기에다 새로운 단계를 접목시키려는 시도인지…… 말하자면 과거의 식민지반봉건사회에서 현단계 주변부자본주의로 발전했다는 종전의 논리를 거부하고 주변부자본주의 대신에 정통적인 자본주의를 거기에다 올려놓으려고 하는 것인지, 주변부자본주의론 그리고 반봉건사회론과의 관계, 이런 것들이 분명히 되어야 지금 안선생이 제기하고 있는 명제가 역사법칙 속에서 제자리를 잡을 것 같습니다.

안병직 좋은 지적을 해주셔서 고맙습니다. 자본주의사회라면 자본주의 생산관계뿐만 아니라 경제를 역동적으로 끌고 가는 역동성이 있어야 합니다. 그래야 자본주의가 하나의 독자적인 경제단위로서 발전하는 것이라고 제가 말씀드렸습니다. 오늘날 우리가 사회구성체론을 얘기하면서도 그 사회구성체가 어디로부터 형성되어왔는지, 어떻게 발전하는지, 어디로 갈 것인가에 대해서 전혀 전망도 없이 그냥 자본·임노동관계가 지배적이니까 그것을 가지고 국가독점자본주의라고 하는 그러한 사회구성체론은 본래 의미에서의 사회구성체론이 아니라고 생각하기 때문에 제가 특히 내적 발전동인에 대해서 강조하고 있는 것입니다. 저는 한국자본주의라는 것이 그 자체의 발전동인을 갖고 있기 때문에 하나의 독자적인 자본주의라고 생각하고 자립화의 방향을 걷고 있다고 생각하고 있습니다.

백낙청 그러니까 첨단산업의 부재 같은 것을 일시적 현상으로 보시는 거죠?

안병직 그렇지 않습니다. 그러니까 한국자본주의라는 것은 하나의 독자적인 경제단위로서 자립화의 길을 걷고 있는데, 첨단산업이 없다고 해서 자본주의가 성립하지 않는다는 논리는 어디에서도 성립할 수 없습니다.

백낙청 자본주의가 성립하느냐 안하느냐의 문제가 아니라 독자적인 내적 동인, 자립경제의 개념에 가까운 자본주의인가 하는 것 아닌가요?

안병직 독자적인 자본주의가 있다고 하더라도 세계자본주의체제 속의 하나의 자본주의이기 때문에 자기 홀로 존재할 수 있는 것이 아니라 항상 국제 경제관계를 맺고 존립할 수밖에 없습니다. 그러한 상황에서 이런 첨단산업이 결여되어 있다는 것은 무엇인가 일부분에서는 반드시 선진자본주의에 종속하는 측면을 가질 수밖에 없습니다. 그런데 문제는 종속이 점점 더 강화되어나갈 것인가, 약화되어나갈 것인가 하는 것이지 종속이 됐다고 해서 독자적인 발전가능성이 없다고 얘기하는 것은 옳지 않다고 생각합니다. 둘째 문제는 종래는 일제하 식민지사회를 연구하면서 식민지반봉건사회라고 얘기를 했는데, 60년대부터 자본주의라고 한다면 종래의 연구와 오늘날의 연구의 관계는 어떻게 되느냐고 물으셨는데, 솔직히 말씀드려서 매우 대답하기 괴로운 질문입니다. 식민지반봉건사회론에서는 식민지사회의 자본주의적 발전을 전망할 수가 없습니다. 그런데 60년대 이후에 독자적인 자본주의가 발전했다고 하면, 식민지반봉건사회론의 역사적 전망은 부정될 수밖에 없습니다. 그러니까 내 연구자세가 최근에 와서 바뀌었다는 것은 솔직히 말씀드려야 할 것 같습니다. 그리고 종래의 식민지반봉건사회론은 바로 식민지사회 연구에 있어서, 예를 들면 60년대 이후에 새로이 발전된 한국에서의 자본주의의 발전이라는 관점에서 다시 되돌아보아야 하리라고 생각합니다.

백낙청 그것은 우리 학계의 연구사를 정리하는 데는 중요한 발언이 되겠습니다만, 오늘의 본론에서는 벗어나는 것이니까 그 정도로 하고요. 그러면 아까 안선생께서는 이것을 단순히 한국자본주의의 문제로만 보는 것이 아니라 닉스현상이라는 식으로 말씀하셨고 그것이 세계사에서 대단히 중요한 의의를 갖는다는 말씀을 하셨습니다.

왜 동아시아 닉스만 발전하는가

김승호 저는 안선생님이 쭉 열거하는 사실들이 전혀 근거가 없는 얘기를 하는 것은 아니라고 이해를 합니다. 그럼에도 불구하고 매우 일면적인 점만을 강조한다고 느껴지고 또한 어떤 특수한 현상만을 강조하는 느낌을 우선 받습니다. 우리가 고도경제성장을 긍정적으로 보든 안 보든 간에 하여간 성장이 이루어지는 것과 생산력이 발전하는 것과는 어떻게 관련이 있는 것인지, 그리고 또 생산력이 발전하는 것과 생산관계와는 어떤 관련이 있는 것인지, 또 아직까지 국민국가가 있는가 없는가 하는 얘기도 있지만 완전한 독립국가가 아니라 제국주의 질서 속에 편입되어 있다면 그러한 관계는 어떻게 변화, 발전해가고 있는지, 이런 것들을 좀더 총체적으로 이야기했을 때 우리가 한국경제 또는 닉스라는 문제에 대해서 좀더 균형있는 판단을 할 수 있으리라 봅니다. 그러면서도 선생님께서는 앞으로 세계자본주의에 닉스를 중심으로 한 제3의 파동이 일어날 것이라고 말씀하시는데, 비약이 아니겠는가 하는 느낌을 금할 수 없습니다. 왜냐하면 왜 유독 동아시아에만 일어나고 중남미에는 훨씬 일찍부터 자본주의적 관계들이 미국의 영향력 하에 이식되어왔음에도 불구하고 안 일어났는가 하는 점들이 함께 설명되어야만 닉스현상이 자본주의 세계에서 제3의 파동이 될 것이라는 점을 납득할 수 있는데, 그 점에서는 그냥 비약하고 있는 것이 아닌가 느껴진다는 것이죠.

백낙청 남미 닉스는 발전하지 않는데 동아시아 닉스가 발전하는 것에 대해서는 안선생이 처음의 논의에서 언급을 하신 것으로 압니다. 가령 주체적인 능력을 얘기하면서 한·중민족의 민족적 전통이라든가 그동안의 사회적 발전이 그러한 데 적합하고, 이것은 바꿔 말하면 남미에는 그러한 요건이 결여되어 있다는 얘기겠죠. 그런데 저는 그러한 주체적 조건의 차이를 무시하려는 것이 아닙니다만, 그보다 더 중요한 것이 세계자본주의의 전략적인 선택 문제가 아닌가 생각합니다. 아까 아메리카 제국주의의 출현이 새로운 현상이고 닉스 발전의 한 배경이라고 말씀하시고 아메리카 제국주의의 특징의 하나로서 식민지를 갖지 않는 제국주의라고 말씀하셨는데 대체로 아메리카 제국주의가 구식민지의 형태보다 신식민지적인 지배를 한다는 것은 공인된 사실이겠죠. 그런데 같은 신식민지적인 지배지만 라틴아메리카에 대한 지배는 군사적 안전이 일찍부터 보장된 상태에서 경제적 수탈이 주가 된 지배였고, 동아시아 지역에서는 경제적 수탈도 수탈이지만 역시 사회주의 진영과의 대치 속에서 정치적인 고려, 군사적인 고려, 이것이 더 크지 않았는가, 그러니까 경제성장을 시켜주더라도 튼튼한 반공보루를 최전선에 확보해야 하기 때문에 그럴 필요가 절실한데, 남미에서는 그럴 필요가 적지 않았는가 하는 겁니다.

또 하나는 동아시아 닉스라는 네 나라가, 이것은 『창비 1987』 좌담에서도 나왔던 얘기입니다만, 하나도 제대로 모양이 갖춰진 나라가 아닙니다. 분단국가이거나 아니면 일종의 도시국가 또는 경제특구 같은 성격을 띠

고 있거든요. 게다가 규모도 라틴아메리카의 멕시코나 브라질, 아르헨띠
나에 비하면 영토나 자원에서 엄청나게 차이가 나기 때문에 세계자본주
의의 입장에서 볼 때 이것은 좀더 키워줘도 제국주의권에 별로 위협이 안
되고 또 뭔가 내적인 구조 자체가 경제성장만 가지고는 종속에서 탈피할
수 없는 장치가 되어 있기 때문에 더 마음놓고 키워주는 게 아닐까 하는
겁니다. 재밌는 얘기로 윌리엄 힌턴(William Hinton)이라고 『판센(飜身)』
을 쓴 사람 있지 않습니까? 그 사람이 저번 천안문사건 때 현장에 있었던
모양이에요. 힌턴은 이번의 천안문사건이나 등소평체제의 개발전략에 대
해서 대단히 비판적인데, 그가 이런 얘기를 했다는군요. 등소평체제 하에
서 제일 부러워하는 것이 남한의 경제발전 같은 것인데, 중국에서 그러한
것이 가능하리라고 생각하는 것은 완전히 판단착오라는 것입니다. 그의
얘기는 남한이 발전한 것은 어디까지나 중국이 공산화됐기 때문에 발전
한 것이다, 만약에 브라질이 공산화되었다면 오늘날 파나마가 경제대국
이 되었을 것이다라는 거예요. 이것은 파나마와 남한 사이의 주체적인 조
건의 차이를 무시한 지나친 말입니다만, 그러나 국제적인 조건의 차이에
대해서는 상당한 통찰을 보여주는 것이 아닌가 합니다.

안병직 대단히 중요한 지적이라고 생각합니다. 남미와는 달라서 미국
이 동아시아에 대해서는 반공보루로서 원조를 해서 키워준다, 그래서 경
제적인 수탈을 위주로 하는 남미와 달리 아시아 닉스에서는 경제적 수
탈을 하지 않는 것은 아니지만 그래도 뭔가 경제가 되도록 하는 책임을 미
국이 지고 계속 밀어줬다는 것은 틀림없는 사실이고 그것을 일종의 미국
의 닉스정책이라고 볼 수 있는 것이죠. 이런 정책을 미국이 동아시아에는
대단히 강하게 적용했지만 남미에도 그런 정책을 쓰고는 있습니다. 남미
가 금융적인 위기에 처했을 때는 그것을 어떤 식으로든 해소하는 수단과
방법을 강구하고 있는 것이 사실입니다.

백낙청 그러나 브라질 같은 나라의 경우 파산을 해서 공산화되는 것은

미국이 바라지 않겠지만 그렇다고 해서 그 엄청난 자원을 가진 브라질이 강국이 될 정도로 밀어줄 것이냐는 건 별개 문제죠.

안병직 그것은 다른 문제죠. 동아시아에 대해서도 경제대국이 되도록 까지 밀어준다는 것은 미국이 그렇게까지 할 용의는 없다고 생각합니다.

백낙청 그러니까 제 생각에는 어떤 나라든 경제대국으로까지 발전하는 것을 미국이 바라지 않는 것은 분명한데, 동아시아 닉스의 경우는 한참 밀어줘도 경제강국이 될 염려가 적다는 것이죠.

안병직 백선생이 지적한 동아시아 닉스가 갖고 있는 두 가지 특징이란 것은 객관적 사실과 부합된다고 생각하는데, 그러나 국내적 조건이 없어 가지고는 닉스현상은 일어날 수 없다고 봅니다. 이러한 관점에서 보면 한국이나 대만이 분단국가이고 홍콩이나 싱가포르는 도시국가라는 특징을 갖고 있으면서도 자기 내부에서 자본주의를 체제내화할 수 있는 역량을 갖고 있다는 점, 그 점 또한 보지 않으면 안된다는 것이죠.

자본주의, 제3의 물결이 오고 있는가?

백낙청 국내적인 조건을 무시하자는 사람은 아무도 없고, 다만 그 결과 얼마큼의 독자적인 발전을 이루었는가에 대해 견해차이가 있을 뿐이지요. 또 한 가지는 동아시아 닉스의 발전에 뒤이어 속속 새로운 신흥공업국가들이 나타나는, 이른바 자본주의의 제3파동으로 이어진다고 말할 때, 여기에 논리적인 비약이 있는가 하는 문제겠지요.

안병직 거기에는 논리적인 비약은 없다고 생각합니다. 왜냐하면 닉스현상이 일어났다는 것 자체만 가지고도 자본주의의 제3의 파동이라고 얘기할 수 있습니다.

백낙청 글쎄, 그것은 좀 과한 얘기가 아닐까요? 왜냐하면 원래 자본주의라는 것이 불균등발전을 원리로 해서 발전해나가는 것인데, 몇몇 작고

유별난 나라에서 자본주의적인 성장이 이루어졌다고 해서, 제3파동이라고 할 수 있는가 말이지요. 제3파동이란 것은 우리가 쉽게 입에 담을 수 없는 엄청난 얘기 아닙니까. 16세기에 시작한 자본주의의 첫번째 물결이 장장 19세기까지 온단 말입니다. 그 과정에서 산업혁명을 이룩했고 뒤이어 자본주의가 성숙하면서 사회주의 혁명이 일어나리라고 맑스가 전망했는데, 19세기 중엽을 지나면서 당장에 그럴 것 같지 않으니까 또 하나의 물결이 온다—

안병직 그 경우에도 구체적인 나라를 얘기하라고 한다면 독일, 이태리, 일본 등을 얘기할 수밖에 없지요.

백낙청 그런데 단순히 몇몇 나라들이 새로 산업화했다는 것만이 아니라 자본주의 내부에서 독점화가 진행되는 현상과도 관련하여 자본주의의 수명을 더 길게 보아야겠다는 것 아니었겠어요? 그래서 맑스가 제2파동을 얘기한 건데, 제가 엄청나다는 것은 가령 19세기 중엽에 시작된 제2의 물결이 아직까지 소진되지 않았다라고도 얼마든지 말할 수 있는 것을 굳이 '제3파동' 즉 16세기가 또 한번 오고 있다라고 얘기할 때는 그것을 뒷받침할 수 있는 상당히 많은 자료와 치밀한 논리가 있어야 합니다. 그런데 과연 그러한 것이 가령 안선생 자신의 글이나 또는 일본의 나까무라 사또루(中村哲)씨가 쓴 글에 나타나 있는지 의문인 거예요. 그리고 논리의 비약 문제로 되돌아가서, 닉스 몇 나라가 나타나는 것이 곧 제3파동으로 이어질 수 있다는 것이 저는 납득이 안 가는데, 자본주의가 제2의 파동이 아직 소진되지 않은 상태에서 나타나는 부분적인 현상일 수 있는 것이고, 또 어떤 의미에서는, 제가 꼭 그렇다고 주장하는 것은 아닙니다만, 바로 제2의 물결이 소진되어가는 과정이기 때문에 하나의 방어적인 수단으로 나온 현상일 수도 있는 것이고, 논리적으로 여러가지 가능성이 있을 것 같아요. 그다음에 현상적으로 보더라도 제가 최근 고든(David Gordon)이라는 사람이 제시한 어떤 통계를 보니까 1984년 현재 남유럽·중남미·아시아 닉스 모두를 합친 전체 닉스가 전세계의 공업생산에서 차지하는 몫이 8.5%밖에 안된다고 그래요. 그리고 그중에서 아시아 닉스가 차지하는 것은 1.3%에 불과한데, 이걸 가지고 제3파동이라고 얘기하기에는 미흡하지 않는가 합니다. 물론 그것만 가지고 제3파동이라고 하신 것은 아니고 『대학신문』 4월 10일자의 글에서는 사회주의권의 변화도 언급하셨지만, 어떻든 여기서 적시하신 그러한 사실만 가지고 제3파동을 얘기한다면 저는 논리적인 비약이 있다는 생각입니다.

안병직 그것만 가지고 이야기한다면 당연한 지적이신데, 19세기 중엽에 일어났던 자본주의의 파동의 여파가 아닌가라고 보기에는 그동안 역사가 너무나 단절되어 있다는 사실을 말할 수 있습니다. 예컨대 19세기 80년대에 일본이 자본주의권으로 최후로 들어가고 난 이후에 자본주의권으로 들어간 나라는 없습니다.

정윤형 그것은 안선생이 독자적인 국민경제를 형성하지 못하는 한 자본주의가 아니라는 관점을 갖고 있으니까 그렇죠.

안병직 그래서 19세기 중엽의 자본주의 제2파동의 여파는 아니고 새롭게 일어나는 것이라고 볼 수 있을 것 같습니다. 그렇게 새롭게 일어날 수밖에 없는 세계자본주의의 새로운 경향, 즉 아메리카형 제국주의의 출현이라든지 다국적기업의 출현이라든지 하는 세계사적으로 새로운 현상이 있습니다. 이렇게 세계자본주의 체제가 내적으로 그것을 밀고 있기 때문에 닉스현상이란 것이 현재 진행되고 있을 뿐만 아니라 앞으로 더 확산될 가능성도 있다는 것입니다.

정윤형 지금 안선생이 제기한 문제의식, 이것은 한마디로 얘기해서 최근 한국경제의 변화, 이것을 새롭게 봐야겠다, 종래의 비판적 경제학자들이 보아왔던 한국자본주의의 왜곡성이라든가 종속성 등 그런 인식이 최근의 변화를 볼 때 잘못되었다는 판단을 했기 때문에 이것을 고쳐야 하겠다는 것 같습니다. 그리고 그것은 일본의 나까무라가 제기한 제3파동이론을 말하는 것이라고 생각합니다. 그래서 첫번째 국내맥락에서, 그동안에 한국자본주의의 변화를 비판적 경제학이 제대로 받아내지 못했다는 것은 일반적으로 승인하고 있는 바이고 그렇기 때문에 80년대 이후에 새로운 상황에 대응하는 새로운 분석틀들이 요구되면서 여러 논의가 제기되고 있습니다. 그러므로 새로 제기되는 이런 논의들은 새로운 현상을 전혀 무시하고 옛날 하던 식으로 한국경제는 금방 망할 것이라는 그런 관념에 서 있지 않다는 것을 분명하게 얘기할 수 있지요. 그다음에——

안병직 한 가지만 물어보겠습니다. 자본주의라고 본다는 점에 대해서는 정선생과 생각이 같은데, 정선생은 한국자본주의가 발전의 내적 동인이 있다고 봅니까, 없다고 봅니까?

정윤형 나는 내적 동인이라는 것이 구체적으로 무엇을 의미하는지——

안병직 사회구성체론이라는 것이 성장, 발전, 몰락을 설명하는 이론입니까 아닙니까?

정윤형 물론 자본주의의 성장, 발전을 얘기하지요.

안병직 내가 여태까지 본 글에서는 어떻게 해서 한국에 국가독점자본주의가 성장되었는가 하는 데 대한 연구는 본 일이 없습니다.

정윤형 그러나 국가독점자본주의를 얘기할 때는, 말하자면 세계자본주의의 보편적 법칙 속에서 국독자가 갖는 위치가 있기 때문에 거기에——

안병직 우리 역사 속에서 어떻게 발전해나왔는가를 설명해야 한국자본주의론이 되죠.

백낙청 국가독점자본주의에 관한 얘기는 나중에 하지요. 어쨌든 우리가 남다른 경제성장을 했다는 점에 대해서는 이의가 없고 또 그것을 이룩하기 위해서 민중이 많은 댓가를 치렀다, 사회 전체로서 많은 댓가를 치렀다는 점에 대해서도 이의가 없을 줄 압니다. 다만 그 성격이나 정도를 어떻게 볼 것인가의 문제일 텐데, 아까 김선생께서는 파쇼적인 정치권력은 안되겠다는 말씀을 하셨죠? 그리고 안선생은 파쇼라는 말을 잘 안 쓰고

개발독재라든가 군사독재라는 표현을 쓰고 계신 것으로 아는데, 그 차이를 어떻게 규정하시는 겁니까?

파시즘을 누릴 형편 이전인가?

안병직 국가독점자본주의에 있어서는 종래와 같이 자본주의 발전의 조정이 공황을 통해서 이루어지지 못하고 1930년대와 같은 큰 위기에 봉착하게 됩니다. 이 위기에 봉착하게 되면 경제발전을 경제에만 맡겨두는 것이 아니고 국가가 재정정책이라든지 금융정책의 형태로 직접적으로 경제에 간섭합니다. 그래서 그러한 정치체제를 파시즘이라고 하는데, 그래서 저는 어디까지나 파시즘이라는 용어 자체는 선진자본주의에서 쓸 수 있는 것이지 우리나라와 같이 자본주의가 형성되는 국가에서 쓰는 것은 문제가 있지 않은가 생각합니다. 이런 국가에서는 오히려 최근의 비교정치학에서 발전된 권위주의 정치체제라든지 지금 우리나라에서 발전되고 있는 개발독재나 군부독재라는 용어를 써야 하지 않을까 생각하고 있습니다.

백낙청 그런데 안선생이 강조하시는 것처럼 한국경제가 그토록 눈부신 발전을 했다면 우리가 파시즘을 누릴 수 있는 조건도(웃음) 마련된 것 아닐까요?

안병직 그러나 4반세기뿐이지 않습니까? 나는 우리나라 경제가 결코 독점자본주의 단계로 접어들었다고 생각하지 않습니다.

정윤형 안선생 말씀대로 파시즘은 위기에 처한 자본주의, 말하자면 자본주의가 국독자로 변모되어갈 때 거기에서 형성된 일종의 정치형태, 상부구조라고 규정할 수 있을 것 같습니다. 그런데 국독자의 경우에 모두 다 파시즘의 형태를 띠는 것은 아니고 그러니까 30년대 미국의 뉴딜 같은 것도 있었고 또 한 가지는 실험하다가 끝난 것이지만, 37년에 프랑스의 인민

전선정부에서 취했던 형태, 즉 노사간의 합의와 정부의 개입을 통해서 임금을 인상하고 사회개혁을 자본주의의 위기극복책으로 채용하려는 시도가 있었습니다. 그것도 국가독점자본주의의 하나의 형태라고 할 수 있을 것 같아요. 내가 보기에는 2차대전 이후에 흔히 얘기하는 복지국가의 형태도 프랑스 인민전선정부의 경제정책이 발전된 형태라고 봅니다. 그렇게 본다면 국가독점자본주의가 나타나는 구체적인 형태는 여러가지이고, 문제는 자본주의의 위기인데 이것이 존재한다면 파시즘이라고 생각할 수 있고 그것이 분명한 형태로 나타나지 않았더라도 한국자본주의가 딴 나라들보다 훨씬 빠른 속도로 30년 동안 고도성장을 했을 경우에 양적으로 그토록 성장했다면 질적인 변화도 일어났다고 보는 것이 상식이 아니겠는가? 그렇다면 나는 종속적 발전 속에서 자본이 국가의 강력한 개입을 필요로 한 우리나라에도 파시즘이라는 개념을 도입한다 하더라도 문제가 없다고 생각합니다. 다만 관료적 권위주의라든가, 군부독재, 개발독재 등 어떤 용어를 써도 상관이 없지만 그 내용은 후진국형 파시즘이라고 보자는 겁니다. 파시즘이라는 용어가 사회의 필요에 의해서 또 대중의 감성에 맞아 쓰이게 되었다면 문제는 이것을 어떻게 사회의 전반적인 문제와 관련시켜서 설명할 것인가입니다. 파시즘은 되고 군부독재는 안된다든가 하는 식의 논의는 낭비이므로 용어에 너무 집착할 필요는 없다고 생각합니다. 나는 파시즘이라는 용어는 한국의 현단계에 비추어서 타당한 용어가 아니겠는가 생각합니다.

안병직 저는 거기에 대해서 전적으로 반대합니다. 왜 반대를 하냐면 파시즘이란 것은 본래 자본주의가 성립되고 자본주의가 독점단계에 들어가서 자본주의가 위기에 처했을 때 국가가 개입해서 자본주의의 생명을 연장하는 것, 그것이 바로 파시즘체제인데, 우리나라 자본주의는 내가 보기로는 지난 4반세기 동안에 형성되고 있는 자본주의라고 생각하고 있습니다. 독점체가 있다고 해서 사회구성체로서의 독점자본주의라고 생각하지는 않습니다. 오히려 지금 한국의 정치체제는 권위주의적 정치체제라든지 개발독재, 군부독재라고 보아야겠습니다. 이에 대해서는 내 나름의 설명이 필요한 것 같습니다. 첫째는 1960년대만 하더라도 우리나라의 경제에 있어서는 경제 자체가 다(多)우끌라드로 되어 있었습니다. 즉 어느 경제범주도 지배적인 범주가 없었습니다. 그러니까 이 경우에는 사회가 대단히 혼란스럽게 되고 통합성이 없습니다. 이 혼란스러운 사회경제를 통합하기 위해서 상부구조가 강력하게 경제를 이끌고 간다, 그것이 정치체제가 권위주의적 체제로 되는 배경이라고 생각합니다. 둘째는 역시 경제가 다우끌라드가 되어가지고서는 도저히 안정적인 정권을 유지할 수 없다, 그러니까 강력한 경제개발정책이 추진되고 경제발전이 하나의 국민적인 이데올로기로까지 발전됐다고 생각합니다. 셋째는 경제개발을 추진하는 과정에서 다양한 이데올로기를 내세웁니다. 단순히 경제발전뿐만 아니라 어떤 경우에는 내셔널리즘을 내세운다든지 어떤 경우는 안보이데올로기를 내세운다든지 하는데, 우리나라의 경우에는 전형적으로 반공이데올로기를 내세워서 그것을 국민들에게 강요해왔습니다. 그래서 경제발전을 위해서 민주주의가 억압되고 강력한 독재체제가 실현되어왔다는 의미에서 개발독재라는 말을 붙였던 것입니다. 군사독재란 것도 우리나라에 특수한 것입니다. 우리나라는 세계에서 군사밀도가 제일 높은 나라입니다. 그래서 군부세력 이외에 뚜렷하게 사회를 통합해갈 사회세력이 존재하지 않을 때 군부가 나와서 사회 전체를 통합해가는, 이런 의미에서 나는 군사독재라고 생각하고 아직도 군사독재라고 생각하고 있습니다.

김승호 자본주의가 독점단계에 도달했을 때, 모순이 격화되고 위기의 시기에 나타나는 테러독재가 파시즘이라는 것에 대해서는 저도 동의합니다. 다만 안선생님은 우리나라 자본주의는 현재 형성되고 있는 자본주의이기 때문에 독점단계에 들어가지도 못했다, 그런데 무슨 독점단계에서의 위기의 시기에 나타나는 파시즘이 있을 수 있느냐, 이렇게 말씀을 하시는데, 저는 다른 문제에서도 마찬가지입니다만, 선생님께서 계속 우리의 자본주의나 우리 사회를 이해함에 있어서 끊임없이 이것을 고립시켜놓고 사고하려는 경향이 일관되지 않은가 생각됩니다. 우선 우리의 자본주의의 역사를 보더라도 일제시대부터 이것은 분명히 제국주의에 의해서 이식되었습니다. 일본제국주의가 들어와서 총독통치를 했을 때, 그것을 당시에 항일운동을 하던 입장에서는 파시즘이라고 봤습니다. 파시즘이 반드시 국내 부르주아지에만 토대를 두고 있는 것은 아니고 그 토대가 제국주의를 포함할 수 있는 것이고, 제국주의가 식민지에 침략해 들어올 때는 상부구조를 파시즘으로 먼저 장악하고 그것을 가지고 자기들의 독점자본을 이식하기도 한단 말이죠. 일제시대 때는 주로 이식했다고 봅니다.

안병직 그럴 때는 한국정부를 파시즘이라고 한 것이 아니고 일본정부를 파시즘이라고 한 것이죠. 그러니까 내가 얘기한 것과는 차원이 다른 것이죠.

김승호 일본제국주의의 식민지권력, 일본 본국만이 아니라 총독부를 파시즘이라고 이해한 것이죠. 그 이후에 신식민지의 단계 내지는 국면에 갔을 때는 단순히 제국주의의 이식만이 아니라 토착부르주아지의 육성을 하게 됩니다. 그 과정에서 제국주의가 헤게모니를 가지면서 파쇼적인 국가권력을 형성해가지고 그것을 통해서 토착부르주아지를 독점부르주아지로 육성한단 말이죠. 이런 과정으로 파시즘이란 것은 존재하는 것입니다. 그렇기 때문에 우리는 이승만을 파쇼정권이라고 보는 것이지 토착부르주아지가 충분히 독점자본으로 성숙을 해서 위기적 국면을 맞이해서 국독자로 됐기 때문에 그것에 의하여 파시즘으로 됐다, 이런 식으로 이해하는 것은 아닙니다. 따라서 자칫 파시즘이란 것을 토대와 관련해서 국독자의 상부구조라고 이해하는 나머지 그것을 자꾸만 국내에서 국독자가 있느냐 없느냐, 독점단계로 들어갔느냐 안 들어갔느냐 하는 이것만을 가지고 설명하는 것은 우리와 같은 식민지적 현실을 설명하는 데는 적합하지 않다고 봅니다. 제국주의의 경제력 내지는 정치군사력을 이용해서 식민지에는 자본주의를 이식하거나 독점자본주의를 육성하기 위한 권력형태로서 파시즘이 존재할 수 있다, 그렇게 이해해야만 실제로 대중의 정서, 대중이 갖고 있는 감각과 일치하는 설명이 될 수 있지 않은가 생각합니다.

안병직 이런 식으로 얘기한다면 세계의 정치체제는 전부 파시즘이 됩니다. 사회주의를 빼놓고 자본주의가 지배하지 않고 있는 사회가 어디에 있습니까. 세계의 정치형태는 전부 파시즘이라고 얘기한다면—

정윤형 제3세계와 제국주의 국가는 다르죠. 그것을 본질적으로 동일하다고 볼 수는 없죠.

안병직 그러면 한국은 제3세계인데 어떻게 선진국과 동질적입니까? 바로 거기에—

백낙청 지금 안선생은 파시즘이란 것은 선진국에만 있는 것이라는 입론인데, 오히려 김선생은 선진국의 경우는 파시즘으로 반드시 가야 되는 것은 아니고 자유민주주의가 가능할지 모르나 신식민지적 지배를 받는 나라에서는 훨씬 일반적으로 파시즘이 될 수 있다는 주장인 것 같습니다.

안병직 그러니까 그런 경우에는 한국정부는 꼭두각시에 불과하고—

백낙청 그런데 제가 보기에 김선생의 입장과 정선생의 입장은 또 조금 다른 것 같아요. 정선생께서는 실제로 파시즘이 나올 만한 정도의 독점자본주의의 발달이 이미 이루어졌다는 전제 위에서 말씀하시는 것이고, 김선생은 식민지 그대로는 아닐지라도 신식민지라는 종속성으로 인해서 독점자본의 발달이 없이도 파시즘이라고 표현할 수 있다는 것인데, 그것은 대중의 정서에는 부합할 수 있을지 모르겠습니다만, 역시 엄밀하게 얘기하려면 자본주의의 발달과 연결시켜야 할 것 같군요. 그러나 그것을 꼭 선진단계에 가야 파시즘이라고 볼 것인지, 아니면 요즘 학계에서 많이 얘기하듯이 신식민지 파시즘이라는 유형이 존재한다고 볼 것인지, 이런 문제가 남는 것 같습니다.

정윤형 선진단계가 아니라 자본주의가 성숙한 단계라는 얘기죠. 선진자본주의와 자본주의가 성숙한 단계는 구분해야 합니다.

안병직 그러면 한국은 자본주의가 성숙했으니까 파시즘이 가능한데, 필리핀은 불가능합니까? 이런 것이 분명히 되어야 합니다.

정윤형 그러나 자본주의의 성숙도만 가지고 모든 것을 설명하는 것은 아니죠. 독점자본이 형성되어 있고 독점자본이 그 나라 경제의 중요한 부분을 장악해서 그 독점자본의 축적이 그 나라의 모든 운명을 장악할 수 있는 정도의 힘을 가지고 있는 경우에—

안병직 독점자본이 있어서가 아니라 독점자본주의 단계여야 하는 것 아닙니까? 그렇다면 필리핀도 독점자본주의 단계입니까?

백낙청 필리핀으로 얘기를 다시 확대하지는 맙시다. 그보다는 아까 안선생이 말씀하신 것 중에서 개발독재를 설명하는 여러가지 조건이 있지 않았습니까? 가령 선진자본주의에 비해 훨씬 다양한 우끌라드를 가지고 있었다든가, 민족주의라든가 반공이데올로기를 강력하게 동원했다든가 하는 얘기는 개발독재에 해당될뿐더러 바로 서구의 파시즘에도 해당하는 것이 아닌가 하는 것이죠.

안병직 파시즘이라는 개념을 쓰려면 오히려 이렇게 설명하는 것이 좋겠습니다. 산업화가 민주화와 병행하는 경우가 있습니다. 예를 들면 불란서라든지 영국이라든지 미국의 경우에는 산업혁명이 일어나면서 동시에 민주주의혁명이 일어나는 것입니다. 이런 데서는 미국처럼 1930년대 자본주의위기에 직면했을 때 뉴딜이라는 것을 썼지만, 독일, 이태리는 일본과 마찬가지로 산업화는 오히려 더 급속하게 일어나는데 민주주의혁명이 동시에 따라오지 않기 때문에 결국에는 자본주의가 위기에 처했을 때 그 대처를 나찌즘이라든지 파시즘이라든지 하는 형태로 할 수밖에 없었다고 볼 수 있죠.

백낙청 제3세계의 신식민지적 상황에서도 그런 조건은 충분히 달성되는 것 아닙니까? 자본주의 발전이 어디만큼 갔는가 하는 문제가 있을 따름이지, 민주주의혁명을 거치지 않고 산업화를 이루었다는 점이 파시즘의 특징이라면 제3세계의 신식민지야말로 파시즘을 갖기에 안성맞춤이 아니겠는가 싶은데요.

김승호 군부가 독재한다는 것은 누가 정권을 독식하는가의 문제인데, 개인이 가질 수도 있고 집단이 가질 수도 있고 계급이 가질 수도 있는데, 군부라는 한 집단이 가졌다고 하는 현상을 설명하는 것밖에는 안된단 말이죠. 그런데 실지로 유신 이후, 그리고 5공화국 이후 국민생활에 대해 전체적으로 통제를 하고 그러면서 독점자본의 착취·수탈을 합법적으로 뒷받침해주는 과정들이었는데, 이것을 단순히 군부독재, 아니면 권위주의로만 이해할 것인가, 그리고 이 권위주의란 구체적으로 어떠한 것인가, 윗사람이 아랫사람한테 에헴 하는 것이 권위주의인가 하는 겁니다. 그런 구조로써 국민 위에서 군림하고 내려다봤구나 하는 것만 가지고서 과연 그 과정에서 노동자·농민들이 철저하게 착취·수탈당한 것, 또 기본적으로 무권리상태에서 고문·살해되고 이런 것들을 어떻게 설명할 수 있겠는가 하는 겁니다.

안병직 방금 중요한 지적을 하셨는데 내가 한국의 정치권력이란 것을 일반화시키지 말고 그 나름대로 독특한 구조를 갖고 있는 것으로 파악하자고 한 것은 그렇게 파악함으로 해서 우리 사회를 좀더 명확히 이해할 수 있기 때문입니다. 우리 사회가 해야 할 과제가 좀더 명확히 나오기 때문에 내가 자꾸 그것을 주장하는 것입니다. 예를 들면 우리가 오늘날 민주화에 있어서 군사정권인가 민간정권인가 하는 것은 촛점이 아닙니까. 그런데 일반적인 파시즘으로 해소시켜버리면 군사정권이나 민간정권이나 다 파시즘인데 기본적으로 성격이 같지 않겠습니까? 현재 정권은 군사정권이고 이 군사정권이란 것은 독점자본의 조정 위에 있는 것이 아니라 오히려 독점자본 위에 군림하고 있다, 이 점을 우리가 구체적으로 보지 않고 단순히 파시즘이란 것만 가지고 우리의 사회현상을 구체적으로 볼 수는 없겠다는 생각입니다.

신식민지 국가독점자본주의론

백낙청 결국은 사회구성체 얘기로 넘어가는 것 같군요. 방금 파시즘 논의에서 바로 쟁점이 됐던 남한의 사회구성체가 독점단계에 들어선 사구체인가 더 나아가서는 국독자 단계에까지 들어섰다고 할 수 있는가, 이런 문제가 있겠죠. 지금은 자본주의 사회구성체라는 점에 대해서는 이 자리에 계신 분들은 다 같이 동의를 하고 있는 것 같습니다. 거기에 대해서도 동의 않는 분들이 있기는 있는 것으로 압니다만, 여기서는 생략하지요. 정선생은 어떻게 보십니까?

정윤형 저는 아직까지 사구체논쟁에 참여한 적도 없고 구체적으로 제 견해를 표명한 바는 없습니다만, 분류되기는 국독자 즉 국가독점자본주의론 쪽으로 분류가 되고 있는 것 같습니다. 또 제가 책임을 맡고 있는 한국사회연구소의 연구원들의 상당부분이 신식민지국독자론을 주장하고 있고, 그 안에도 편차들이 있습니다만, 그런 논의가 잘못됐다고 생각하지는 않습니다. 다만 제가 그동안에 한국경제를 보아온 바로는 서구사회에서와 같은 동일한 과정을 거쳐서 형성되지는 않았지만 일단 국독자가 형성되었고, 그 결정적인 시기는 70년대 초 유신체제, 이 시기로부터 보는 것이 좋지 않겠는가 하는 잠정적인 생각을 갖고 있습니다. 그런데 여기서 흔히 빠지기 쉬운 함정은 지나치게 서구사회에서 형성된 사구체론, 즉 서구의 모델을 적용시켜서 안 맞으면 아니다라는 식으로 논의하는 것은 잘못된 것이 아닐까 싶습니다. 서구의 자본주의화의 경험도 하나의 경험이고 우리도 나름대로의 자본주의화의 경험을 하고 있습니다. 그리고 지금에 와서는 제3세계의 자본주의화 경험이 세계사에 주요한 하나의 흐름으로 형성됐다고 보기 때문에 이 제3세계의 자본주의화 과정을 보편적 역사 법칙 속에 통합시키지 못하고 언제까지나 특수한 것으로 밀쳐버린다면 세계자본주의는 무엇인가 하는 논의가 처음부터 다시 되어야 한다고 생각합니다. 저는 원래 서구에서 국가독점자본주의가 발생한 상황과 관련, 거기에서 논리화된 국독자론이 그대로 우리에게 맞아떨어지지 않더라도 그 핵심적인 요소를 우리 사회가 가지고 있다고 하면 한국사회는 국독자 사회라고 보고 싶습니다. 그리고 선진국의 국독자라 하더라도 각국이 처한 상황이라든가 조건에 따라서 파시스트형·뉴딜형·복지국가형 등 다양한 형태로 구체화되었기 때문에 그 특수성도 보아야 한다고 생각합니다. 안선생이 지금 강조하고 있는 측면은 주로 이 특수한 성격을 보자고 하는 데 있는 것 같습니다. 그런데 문제는 이 특수성을 보는 관점이라고 생각합니다. 특수성이란 것을 말하자면 과거 서구에서 자본주의 국가들이 경험한 것과는 전혀 별개의 것이라고 따로 나누어서 봐서는 곤란하다는 것이죠. 지금까지 주변주자본주의론이 그러한 논리적인 함정에 빠졌었고 주변부자본주의론이 설득력을 결한 중요한 이유도 거기에 있다고 생각합니다.

안병직 하나 물어보겠습니다. 단순히 국독자로 개념규정합니까, 아니면 신식국독자로 개념규정합니까?

정윤형 나는 지금 신식민지국독자론에 대해서는 확실한 판단을 보류하고 있습니다. 지금까지의 느낌으로는 신식국독자가 국독자론에 특수성을 가미시킨 하나의 변형이 아니겠는가 하는 생각을 갖고 있습니다. 그래서 국가독점자본주의냐 신식국독자냐 하는 것을 평면에 놓고 이것이냐 저것이냐 하는 식의 논의보다는 이것을 총체적으로 이해하고 논리적으로 통합하는 과정이 필요하다고 보고 있습니다.

백낙청 그러니까 신식민지라는 것도 인정하시고 국독자라는 것도 인정하시고, 그런데 다만 그것을 결합시킬 때 논리적인 차원이 다르다는 것을 알고 대답해야 한다는 말씀이지요? 뭐 그 정도면 정선생을 신식국독자론자로 분류해도 큰 망발은 아니겠네요. 신식민지인 것은 사실이고 선진국가와는 다른 신식민지 특유의 국독자가 한국에 성립되어 있다는 이런 생각 아닙니까?

정윤형 네. 그것을 받아들이는데 다만 한 가지 조건이 있습니다. 문제는 신식국독자론 자체가 지금 형성되는 과정에 있는 이론이고, 그렇기 때문에 그것이 어떤 식으로 귀결될 것인가에 대해서는 내가 책임질 수 있는 것은 아닙니다. 일단 그런 문제의식을 나는 수용한다는 것이죠.

안병직 그러면 두 가지 질문을 하겠습니다. 정선생께서는 70년대에 들어와서 우리나라에 국독자가 형성된 것 같다는 말씀을 하셨는데 그러면 그 이전 단계는 무슨 단계였는가 하는 것이 첫째의 질문입니다. 둘째 질문은 신식국독자는 사회성격이고 사회구성체로는 자본주의라고 하는데 사회성격이라는 논리의 차원과 사구체라는 논리의 차원이 어떤 관계를 갖고 있는가입니다.

정윤형 뒤의 문제는 나와는 상관없는 질문입니다. 나는 사회성격이라는 개념을 사용하지도 않고 사용할 필요도 없다고 생각하고, 막연하게 쓸 때만 사회성격이라고 합니다. 나는 일제시대라든가 해방 직후의 사회를 어떻게 단계규정할 것인가에 대해서 확실한 소신을 갖고 있지는 않습니다. 그러나 어쨌든 우리가 일반법칙에 의한다면 독점자본주의 단계가 있다면 그것에 선행하는 단계로서 산업자본주의 단계가 있어야 하지 않겠는가 하는 견해를 가질 수 있습니다. 그리고 안선생 같으면 아마 산업자본주의 단계라면, 자유경쟁 자본주의를 얘기하고 거기에 조응하는 상부구조로서 부르주아민주주의 정치체제라든가 하는 것을 생각할지 모르겠습니다. 이것도 물론 중요한 관점이라고 생각합니다. 그런데 그러한 발전단계를 너무 도식적으로 생각하지 않는다면, 특히 성장이 이토록 빠르게 이루어진 사회에서는 산업자본주의 단계를 단기간에 축약적으로 뛰어넘을 수 있는 가능성도 존재한다는 것을 염두에 두어야 할 것 같습니다. 그런데 우리 사회의 발전과정을 보면 식민지라는 뭔가 정상적이 아닌 과정을 경험했기 때문에 서양의 모델에 맞춰서 규정하기는 좀 어려운 측면이 있고 부르주아혁명의 문제도 상당히 설명하기 어려운 측면이 있습니다. 아까 안선생은 일본이나 독일 같은 경우도 부르주아혁명을 경험하지 않았다고 얘기했는데, 바이마르공화국을 부르주아혁명으로 보는 경우도 있고, 또 그 이전 단계에 19세기부터 수시로 부르주아혁명들이 일어났던 것도 사실입니다. 그렇게 본다면 식민지나라 또는 신식민지에 속하는 나라들에서는 서구사회가 경험했던 형식의 부르주아혁명을 동일한 형태로 거치지 않는다 하더라도 오랜 동안의 발전의 축적을 통해서 사회제도가 변하고 정치구조도 변해왔다고 봅니다. 우리나라에서도 8·15해방이나 4·19혁명 등을 통해서 불완전하고 왜곡된 형태이기는 하지만, 부르주아혁명의 과제가 실현되어왔다고 봅니다. 앞으로도 더 완수되어야 할 과제가 남아 있다 하더라도 지금까지 부분적으로는 그러한 것이 이루어져왔다면, 산업자본주의 단계를 어디까지라고 시기를 확정하지는 않더라도 우리 사회가 그 단계를 거쳤다고 설명하는 데에 큰 무리는 없다고 봅니다. 그 시기를 확정짓고 설명하는 문제는 앞으로의 연구과제라고 생각합니다.

백낙청 그러니까 안선생 질문에 한마디로 답하면 어떻게 됩니까? 60년대든 70년대든 국독자로 들어서기 이전의 전단계를 무엇으로 보시는 겁니까?

정윤형 산업자본주의 단계로 규정해야 하겠죠. 어쨌든 왜곡된 형태로나마 그렇다고 규정할 수밖에 없겠죠.

백낙청 자본주의의 첫단계를 산업자본주의라고 하지 않고 상업자본주의·산업자본주의를 총괄하는 경쟁자본주의 단계라고 한다면, 제3세계의 발전과정 속에서는 경쟁자본주의 단계가 어느정도 생략될 수도 있다는 것이 신식국독자론의 중요한 내용이지 않습니까? 그것은 어떻게 보면 시민혁명을 수반하지 않는 산업화라는 안선생의 얘기와도 통할 수 있는—

안병직 그것은 전혀 맥락이 다른 문제입니다. 내가 국독자론에 대해서 가장 강한 의문을 품고 있는 것은 그 이전 단계가 없는 국독자가 하늘에서 갑자기 뚝 떨어져 내려왔다, 이래가지고 역사연구가 되겠는가 하는 점입니다. 그런데 이것은 정선생의 책임이 아니고, 제가 생각하기에는 국독자론자들의 일반적인 태도가 비역사적 태도인데 이것은 방법론적으로 옳지 않다고 생각합니다.

백낙청 저는 이 분야에 대해서 공부를 많이 하진 않았습니다만, 하늘에서 떨어졌다고 주장하는 말은 못 들어봤어요. 설명이 어려운 건 사실이겠고 어떤 경우는 국가자본주의가 선행한 뒤 그것이 국가독점자본주의로 간다고 얘기하는 사람도 있고, 지금 정선생이 하나의 가설로 내놓았듯이 산업자본주의 단계를 불완전하게나마 거쳤다고 얘기하는 사람도 있겠지요. 따라서 이걸 하나하나 점검해서 그것이 우리의 역사적 사실에 부합하는가, 또 어떤 이론적인 정합성을 지니는가 하는 것을 따져야지, '국독자론자들은 국독자가 하늘에서 떨어졌다고 주장한다'고 말하면 상당수 사람들이 승복하지 않을 것 같은데요.

사회구성체론으로 무엇을 할 수 있나

김승호 사회구성체론에 대해서 제 개인적인 생각을 말씀드리면, 모든 이론이란 것은 그 틀 자체가 사실은 현실을 일정하게 설명한다고 생각합니다. 사회구성체론이란 틀을 가지고 설명하기 적합한 현실이 있는가 하면, 적합하지 않은 현실이 있다는 얘깁니다. 그래서 저는 우리의 경우에도 사회구성체론적인 접근이 무의미하지는 않다고 보지만 그러한 접근을 했을 때 얻어지는 것은 매우 긴 방향성, 긴 미래와 관련되는 방향성을 얻는 데 지나지 않는다고 생각합니다. 다시 말해 우리 사회를 어떻게 보느냐,

자본주의로 본다, 그러면 자본주의는 인류의 역사발전단계에서 보면 봉건제, 자본주의 그다음에 한층 진보된 단계로 나아가기 위한 과정이다, 우리 사회에 정말 이미 자본제가 들어섰다고 한다면 미래적으로는 더 나은 사회를 위해서 목적의식적으로 나아가는 것이다라고 하는 정도의 이념성을 주는 데 의미가 있다고 봅니다. 그런데 실지로 그러한 이념성은 매우 유의미하지만, 다른 한편으로 우리를 둘러싸고 있는 현실을 개조해나가는 그런 문제로 좀더 가까이 접근해 들어갈 경우에는 인류역사가 몇 개의 그러한 단계를 거쳐서 발전해나가고 우리도 그러한 방향으로 가는 것이 합법칙적이라는 이해만 가지고는 너무나 부족하단 말이죠. 또 사회구성체론이라는 것은 일정한 하나의 사회가 상대적으로 독립되어 있다는 전제를 가지고 설명하는데, 우리의 경우에는 그동안 식민지적 관계 속에서 제국주의 세계질서 속에 편입되어 있기 때문에 그러한 사회구성체론적 도식을 가지고 설명했을 때는 설명하기 어려운 변수들이 상당히 많아진다고 느껴집니다. 그래서 계급모순만이 아니라 민족모순이 중첩되어서 작용하는 이러한 현실을 설명하기 위해서는 사회구성체론이라는 도식을 가지고는 좀 부족한 면이 있지 않은가, 이것을 보다 입체적으로 종합적으로 설명하기 위해서 사회성격론이라는 구도가 나왔다고 봅니다. 식민지반봉건사회, 식민지자본주의사회 등 어떻게 얘기하든간에 사회성격론적 구도라는 것은 하나의 상대적 독자성만이 아니라 제국주의와의 관련성 속에서 한 사회가 어떻게 변화, 발전해가는가를 설명하기 위한 도식이라고 저는 이해합니다. 그래서 제가 볼 때는 이러한 사회성격론적인 구도가 사회구성체론적 구도보다는 우리의 역사와 현실을 설명하는 데 훨씬 더 구체성에 접근한다고 보고, 그런 면에서 의미가 있다고 봅니다.

그러면 사회성격론적 구도만 가지고 모든 것이 설명이 되는가? 여기에 우리의 문제로 분단체제의 문제가 나오는데 실제로 사회성격론이나 사회구성체론은 모두 사회경제적인 성격을 이해하는 데 촛점이 주어져 있다고 봅니다. 그러나 우리 같은 경우에는 오히려 상부구조의 성격, 이런 부분들이 우리들의 사회생활 더 나아가서 변혁에 대해서 압도적인 영향력을 미치고 있는 특수성을 갖고 있지 않은가, 예를 들면 분단의 문제 같은 것은 단순히 사회경제적인 현실만 가지고는 설명할 수 없으리라고 봅니다. 그래서 우리가 민족민주운동의 과제로서 자주·민주·통일을 얘기할 때 통일은 분단체제에 대응하는 것이고, 자주는 식민지적 체제에 대응하는 것이고, 민주는 파쇼적인 체제에 대응하는 것인데 그것은 물론 하부구조에까지도 관련되지만 보다 많은 내용이 상부구조의 구조적인 체제와 밀접하게 관련되는 것이 아닙니까? 그래서 우리의 현실을 이해하는 데는 사회성격적인 구도뿐만 아니라 사회체제적인 구도까지를 가졌을 때, 보다 구체성있게 이해할 수 있다고 생각합니다. 그래서 저는 사회구성체론이라고 하는 것이 일정하게 유용성을 갖고 있지만, 하나의 틀만을 가지고 모든 것을 설명하려 하지 말고 우리의 현실을 더욱 근원적인 것에서부터 더욱 구체적인 데로까지 설명해가는 여러 차원의 틀들이 있을 수 있다는 전제에서 그러한 틀들을 발전시켜야 하지 않겠는가, 분단체제라든가 하는 문제와 관련해서 특히 그러하다고 봅니다.

백낙청 사회성격이라는 용어에 대해서 아까 안선생께서도 질문하셨는데 원래 사회성격이라는 말 자체는 이론의 틀을 달리하는 사람들이 얼마든지 다양하게 쓸 수 있는 일반적인 용어지요. 다만 사회구성체 논의를 하면서 사회성격이라는 용어를 따로 쓸 때는 사회구성체보다는 추상수준이 낮은, 해당 사구체의 좀더 구체적인 성격이라는 얘기가 되는 것이고, 그런 의미의 사회성격을 굳이 사회구성체론과 결부시키자는 주장은 우리가 사회의 구체적인 성격을 물론 구체적으로 논의해야 하지만 기본적으로 생산양식의 문제라든가 토대에 대한 인식을 바탕으로 논의하지 않으면 과학적인 논의가 불가능하다는 것이 원래의 의도겠지요. 그런데 이 사구체 논의라는 것이 그 사회의 생산양식이 무엇인지를 4지선다형, 아니 5지선다형으로 어느 하나를 선택해서 그 도식으로 모든 것을 풀려고 한다면, 그건 사회구성체론의 본뜻에서 벗어난 거라고 봐야겠지요.

안병직 지금 세 분 이야기를 들으니까 그간에 사회구성체논쟁에서 제기했던 여러가지 문제들이 많이 정리된 것 같습니다. 처음에 신식국독자이론이 나오면서 식민지반봉건사회론은 사회구성체론이 아니다, 그러나 신식국독자론은 사회구성체론이다, 이런 식으로 나왔습니다. 제가 여기에 도표를 그려가지고 왔습니다만, 식민지반봉건사회론이라든지 식민지반자본주의론이라든지 주변부자본주의론이라든지 신식민지 국가독점자본주의론이라든지 하는 것을 보면 기본적인 테마가 똑같습니다. 앞에 붙은 것은 민족모순이고 뒤에 붙은 것은 계급모순입니다. 그래서 민족모순과 계급모순을 통일적으로 파악하는 사회구성체론이란 것이 맑스 체계 속에서는 없었다는 점이 오늘 얘기에서 확인됐고, 아까 정선생도 얘기했습니다만, 신식국독자라고 할 때는 막연한 표현이지만 사회성격론적으로 얘기했고, 마오 쩌뚱(毛澤東) 자신도 식민지반봉건사회론을 사회구성체론이라고 한 것은 내가 읽은 중에서는 한 구절도 없었습니다. 그러니까 식민지반봉건사회를 사회성격이라고 하면서 '중국사회의 성격'으로 얘기했는데, 신식국독자론을 주장하고 싶은 사람들은, 나는 한국사회가 신식국독자가 아니라고 파악하고 있습니다만, 그냥 사회성격이라는 식으로 이해를 하고, 꼭 사구체론의 셰마(Schema, 도식)에 맞추려고 해서는 안되리라는 생각입니다.

정윤형 안선생에게 공감하는 부분도 있는데, 지금 몇 가지 사회성격론을 거론하면서 앞부분은 다 민족모순을 얘기한 것이고 뒷부분은 계급모순을 얘기하는 것이라고 유형화시키는 것은 그동안 진척된 사회구성체논의들을 너무 단순화시킨 것이라 봅니다. 신식국독자론이 결코 민족모순과 계급모순을 따로 떼어놓고 설정하는 것이 아니라 결국은 계급모순을 기초로 해서 사회구조를 파악하면서 거기에 어떻게 민족모순이 중첩되어 나오는가를 논리적으로 설명하다 보니까 그런 논의가 제기된 것이라고 봅니다. 그래서 나는 아까 김선생이 얘기한 사회성격 즉 구체적인 현상에 접근한 분석이 필요하다는 점에 대해서도 공감합니다. 사구체론을 가지고 모든 사회현상을 설명할 수 있다고는 생각하지 않습니다. 그러나 사회현상을 볼 때는 사회구성체에 대한 기본적 인식이 있어야 그것을 토대로 구체적인 현상들을 볼 수 있는만큼, 사회성격을 중심으로 보아야 한다는 주장도 사구체 논의의 불필요성을 말하는 것이라고는 보지 않습니다. 문제는 이것을 어떻게 논리적으로 결합시킬 것인가인데 그러한 노력의 일환으로 신식국독자론이 나온 것이고 차원이 다른 두 논의를 묶다 보니까 아직은 논리적 정합성에서 혼란을 가져오는 측면은 있지만 그런 시도 자체는 중요하다고 생각합니다.

안병직 아주 좋은 말씀을 해주셨는데, 어디까지나 사회구성체론은 계급문제를 중심으로 해서 분석하는 것이고, 민족문제를 넣을 때는 아직까지 이론화되지 않았으니까, 말하자면 학술용어는 아닙니다만, 사회성격이라고 하자, 이런 정도로 우리 토론이 정리된다면 앞으로 사회구성체 논쟁에서 야기될 수 있는 논리적인 혼란은 피할 수 있지 않겠는가——

백낙청 그런 수준에서 오늘 우리 토론이 정리된다면 사회자가 중대한 책임을 져야 할 것 같습니다.(웃음) 저 자신도 사회구성체논의가 삼라만상을 다 설명할 수 있다고 생각하지 않고 또 해야 한다고도 생각하지 않지만, 우리의 현실을 볼 때 민족문제라든가 분단문제 등 중요한 문제에 대한 해명이 사회구성체론에서 직접으로든 간접으로든 나오지 않는다면, 그런 사구체 논의는 강단의 전공자들이나 하고 월급을 타먹으면 되지 무엇하러 우리들까지 신경쓸 필요가 있는가 하는 것이 저의 솔직한 심경입니다. 뿐만 아니라 사구체 논의에 민족문제가 들어갈 수 없다는 안선생의 주장을 저는 납득할 수 없습니다. 자본주의 생산양식이라는 개념 자체가 사회구성체적인 개념 아닙니까? 그렇다면 자본주의 생산양식이 발전하면서 제국주의 단계에 이르면 불가피하게 제국주의와 식민지의 모순이라든가 제국주의 국가들간의 모순 등 다양한 민족적인 문제가 생기기 마련인데, 이것을 어떻게 사회구성체론의 이론틀 안에 포용할 것인가 하는 문제는 있겠지만 그것이 포용되어야 한다는 것만은 당연한 일인 것 같고, 또 제가 아는 한에서는 고전적인 제국주의론에서도 비록 직접적으로 식민지의 입장에서 다루지는 않았지만 민족문제에 대한 인식이 들어가 있다고 믿습니다. 마오 쩌뚱의 「모순론」이 사회구성체론이 아니라는 안선생의 지적에는 저도 동감입니다. 그러나 그것 역시 사회내의 계급모순을 전제하는 논의라는 점에서 사회구성체적인 개념이나 발상과 무관하지 않은 사회성격 논의라고 생각합니다.

무엇을 기본모순이라고 하나?

안병직 한 사회의 내부에는 기본모순이 하나가 있을 수도 있고 두 개가 있을 수도 있고 세 개도 있을 수 있는데 그 세 개를 만약 하나의 틀 속으로 묶는 이론이 나온다면, 그것은 사회구성체론이 될 수는 없습니다. 왜 이런 얘기를 내가 자꾸 강조해서 하냐면, 지금까지의 논의들이 방금 백선생이 얘기한 것과 마찬가지로 사회구성체론을 가지고 사회의 기본적인 문제를 다 해명한다는 이런 전제로부터 출발하는데 사실은 사회구성체에 들어갈 수 없는 차원의 문제가 있다는 것입니다. 사회구성체라는 것은 어디까지나 계급문제를 중심으로 하는 사회의 구조를 밝히는 것인데 사회라는 것은 모순의 세계이기 때문에 엄청나게 많은 모순이 있다, 그 엄청나게 많은 모순이 중요도의 차원에서 기본모순으로 되느냐, 부차적인 모순이 되느냐 할 텐데 우리나라의 경우에는 우리가 사회운동의 과제를 제기할 때, 민주·민족·통일을 제기한다면 이 세 개가 기본적인 규정이라는 것입니다. 이 기본적인 세 개의 규정이 세 개의 모순에서 나오는 것입니다. 이 세 개의 모순을 사회구성체론에 담아낼 수 있겠는가? 우리가 지금 억지로라도 민족모순을 사회구성체에 넣는다고 합시다. 그러면 분단모순을 어떻게 넣을 것인가 하는 문제가 남습니다. 우리가 여기에서 논의를 해야 할 것은 어디까지나 사회구성체론은 고전에서 얘기한 사회구성체론으로 해서 발전시키고 그다음에 우리 사회의 특수한 현상을 설명하는 것은 우리 나름대로 고전에서 여러가지 논리를 원용해서 새로 개념을 만들어내야지──

백낙청 그런데 사회구성체론에서 기본모순을 얘기하는 요지는, 상호관련 없이 평면적으로 나열된 여러 개의 모순 중에서 이것이 상대적으로 제일 중요하다는 뜻이 아니라 기본모순이 다른 모순들의 저변에 깔려서 어떤 규정성을 발휘한다는 뜻이 아닙니까? 그렇다면 기본모순이 계급모순이라고 할 때 민족모순이 그것과 무관하게 있지 않는 한은 그것을 기본모순과 연관시켜 얘기할 수 있고 그러한 의미에서 사회구성체론적 차원에서 논의할 수 있는 모순이라는 겁니다.

안병직 백선생처럼 얘기한다면 계급모순은 기본모순이고 민족모순이라든지 분단모순이란 것은 차원이 다른 모순이다, 계급모순에 의해서 영향을 받는 모순들이라서 계급모순에 비하면 중요도가 낮아지죠. 그렇기 때문에 그런 식으로 얘기한다면 어떤 문제가 생기냐면 결국 민족문제는 오늘날 한국사회에 있어서 부차적인 문제에 불과하다, 이런 식으로 설명할 수 있죠.

백낙청 기본모순이 아니라는 뜻에서는 '부차적'이라는 말이 가능할지 모르지만 그것이 적절한 표현은 아니죠. 왜냐하면 기본모순이란 것은 장기적인 해결을 요하는 모순이고 그 해결을 가로막는 중대한 모순이 기본모순과 결합되어서 나타났다고 할 때는 그것을 '부차적 모순'이라고 표현하는 것은 어폐가 있고 오히려 지금 쓰이고 있는 '주요모순'의 개념이 그것이 아닌가 싶습니다. 그것이 모택동의 개념인가 하는 것은 별개 문제죠.

김승호 「모순론」에서도 그렇게 얘기하지 않습니까? 하나의 근본모순 내지는 기본모순이 하나의 과정을 상정하고 있는 것이거든요. 백선생님 께서 상정하시는 그런 긴 과정, 예를 들면 우리 사회가 자본주의적인 것까 지를 극복해가는 과정을 본다면 거기에서는 노·자의 모순이 근본모순이 되는 것이고 사실 그 과정까지 봤을 때 민족모순을 근본모순이라고 할 수 있을 것인지는 저도 쉽게 동의가 안된단 말이죠. 그러나 현재의 민족민주 라는 변혁의 이 과정 안에서 봤을 때는 민족적 모순과 계급적 모순이 동시 에 근본적 모순으로 작용한다고 설명할 수 있거든요. 그러니까 우리가 구 체적으로 얘기할 때도 어디까지를 하나의 과정으로 놓을 것이냐에 대해 서 합의를 하고 그 과정 안에서 어느 것이 근본적이고 주요한 것인가를 얘 기하지 않을 경우, 그냥 우리 사회에서 근본이냐 주요한 것이냐를 얘기할 경우에는 서로 상정하고 있는 전제가 다른 가운데서 다른 얘기를 하게 되 니까 불필요한 말싸움을 하게 되는 것이거든요.

백낙청 저는 마오 쩌뚱이 두 개의 근본모순을 설정한 논리가 사회구성 체적 차원의 논리가 아니라는 안선생의 원래의 지적에 다시 한번 동의를 하며 그걸 상기시키고 싶습니다. 왜냐하면 제가 알기로는 역시 고전적인 입장이란 것은 생산양식이 바뀌지 않는 한은 기본모순은 일정한 것이고 그것이 자본주의사회에서는 노·자모순이다, 또는 사회적 생산과 사적 점 유의 모순이다라는 입장이라고 보기 때문입니다. 그렇다면 주요모순과 기본모순을 구별하면서 두 개의 '중대한' 모순을 이야기한다면 몰라도 두 개의 '기본모순'이 있다는 것이 사회구성체 차원의 논의라면 이것은 고전 적 이론에서 심각하게 벗어난 것이라고 생각합니다.

안병직 그렇다면 백선생에게 하나 묻고 싶은데, 하나는 기본모순이고 하나는 주요모순으로 나타난다고 할 때 그 두 가지 모순의 논리적 관계는 어떻게 설정할 수 있는 것이죠?

정윤형 기본모순의 구체적 발현형태가 주요모순으로 나타난다고 설명할 수 있는 것이죠.

안병직 그렇다면 구체적으로 합시다. 계급모순의 구체적인 발현형태가 민족모순이라는 것입니까?

정윤형 그렇게 얘기할 수 있죠.

안병직 전 그렇게 생각하지 않습니다. 어디까지나 민족문제는 민족문제이고 계급문제는 계급문제입니다.

정윤형 어떤 계급이 주체가 되어서 사회변혁을 하는데, 그들은 단순히 민족문제를 해결하기 위해서가 아니라 계급모순을 안고 싸우다 보니까 계급모순이 민족모순에 얽혀 있다는 것을 깨닫고 되고, 그렇기 때문에 기본모순을 깨치는 과정에서 민족모순도 깨야 한다 해서 그것을 깨려고 하는 것이죠.

안병직 그것은 현상적인 설명에 불과하고 어디까지나 계급문제는 계급문제고 민족문제는 민족문제고 통일문제는 통일문제죠. 예를 들면 사회는 전부 한 덩어리니까 이래저래 다 연관되어 있다는 것 가지고는 우리 사회가 구체적으로 분석되지 않는다고 생각합니다. 민족문제는 민족문제로 분명히 존재하고 계급문제는──

백낙청 민족문제와 계급문제가 있다는 것은 뭐 길게 얘기할 것 있습니까? 그것은 간단하게 합의하고 그다음에 이것이 우리 사회 속에서 구체적으로 어떻게 결합되어 있는가, 어느 것이 더 기본적으로 깔려 있고 어느 것이 당면과제로서 긴박한가 하는 것을 따지자는 것 아녜요? 그런데 사실은 저 자신 '계급모순이 기본모순이고 민족모순이 주요모순이다'라는 명제에 대해서 여러가지 회의를 느끼고 있습니다. 그동안 창비 좌담에서 이러한 얘기들을 했던 적이 있기도 한데, 여하튼 이제는 구체적으로 지금 우리 현실에서 계급문제와 민족문제가 각기는 어떤 것이며 둘은 어떻게 뒤엉켜 있는가, 또 분단이라는 문제를 별도로 얘기할 필요가 있는가, 아니면 이 얘기를 하다 보면 자연히 분단이라는 문제가 따라오니까 이것을 처음부터 핵심적으로 논할 필요는 없는가, 이런 논의를 해야 할 것 같습니다.

분단모순을 따로 살피는 까닭

정윤형 지금 대개 모순을 얘기할 때 계급모순·민족모순·분단모순을 얘기하는데, 어떻게 보면 그동안 민족민주운동에서 민중들이 제기해온 목표를 각기 다 반영하고 있기 때문에 이것을 어떤 사회운동의 목표로서 병렬적으로 제시하는 것도 의미가 있다고 생각합니다. 다시 말하자면 어떤 사회분석을 기초로 현실을 보고 미래를 조망하는 과정 속에서 자연히 제기되었다고 생각합니다. 그런데 그것을 사회구성체론과 관련시켜서 논의한다면, 역시 차원이 다른 문제들이라는 생각이 들고…… 또 모순이란 것은 대립항이 있지 않습니까? 계급모순이라면 자본가와 노동자, 민족모순이라면 한국의 민중과 외세가 있는 것인데, 분단모순이라면 그것은 분명히 우리 생활을 제약하는 중요한 모순으로 존재하지만 그 대립항을 남한과 북한을 양축으로 생각하고 제시하는 것은 아니지 않습니까? 그러니까 이것은 결국 민족모순에 포함해서 설명하는 것도 하나의 방법이라고 생각하는 겁니다.

백낙청 그러나 분단모순이라고 할 때는, 앞으로 이론이 더 발전해야 하겠습니다만, 남한민중과 외세의 '민족모순'뿐 아니라 북한민중과 제국주의 관계가 어떻게 되어 있는가 하는 것도 하나의 변수로 들어갈 공간을 남겨놓는 것이죠. 그 공간을 남한의 '민족모순'과 똑같은 것으로 채울지 어쩔지는 분명한 합의가 없다 하더라도 정답을 넣을 자리가 따로 있어야지요. 남북한 민중이 다 제국주의와 모순관계에 있다고 하더라도 각기 다른 내적 모순을 지닌 두 개의 사구체에 속하는 민중에게 서로 상이하게 작용하고 있는 그 모순을 원칙적으로 동일시할 수는 없으니까요. 또 남한과 북한 민중 사이는 어떻게 규정하는가, 남북 정권의 작용은 어떤 것인가, 이러한 제반 복잡한 요소, 우리가 분단을 극복하기 위해서 반드시 감안해야 할 요소가 말하자면 분단체제를 푸는 방정식 속에 적어도 미지의 변수로나마 들어가야 된다는 것이 제가 분단모순을 본격적으로 고찰해보자는 취지입니다.

김승호 저는 문제를 좀 쉽게 바라봤으면 좋겠다는 생각이 듭니다. 외래 제국주의와의 관계에 있어서는 민족적으로 해방되고 자주·자립성을 가지려는 경향의 세력과, 그리고 제국주의에 편입시켜서 종속되는 것을 유지하려는 경향 및 세력과의 대립·모순이 있는 것이고, 계급적으로는 현재의 자본주의, 특히 그 가운데 독점적 질서를 유지하려고 하는 세력 내지 경향과 그것을 타파하려는 세력 내지 경향의 날카로운 대립이 있다는 것은 우리가 쉽게 동의할 수 있단 말이죠. 마찬가지로 분단의 문제에 있어서도 주로 민족적으로 종속되고 계급적으로 자본주의적인 것을 유지하려고 하는 세력들 내지는 경향은 분단을 유지하려는 경향 내지 세력으로 나타나고 그렇지 않은 반대편의 경우에는 통일을 지향하는 경향 내지 세력으로 나타난다는 데 쉽게 동의할 수 있는 것이 아닌가요?

백낙청 분단문제, 또 민족문제, 계급문제가 다 있다는 데에 나도 동의하는데 이제까지 그러한 것들이 병렬적으로 제기되는 상황이었단 말이죠. 그리고 정선생이 지적하셨다시피 그 하나하나가 나름대로 민중들의 요구를 반영한 것이니까 그것대로 의미가 있었다고 인정해줄 수는 있겠습니다. 그러나 우리가 이런 문제를 제기만 할 것이 아니라 실제로 해결하려면 계속 이렇게 병렬적으로 늘어놓기만 해서 일이 되겠느냐는 겁니다. 문제 자체가 따로따로 노는 문제라면 병렬적으로 제기해서 따로따로 해결하는 것이 가장 좋을 것이고, 그 세 개가 복잡하게 얽혀 있는 것이라면 어떤 것이 어떻게 얽혀 있고, 무엇이 기본적인 것이고 덜 기본적인가, 가장 시급한 당면과제는 무엇이라고 봐야겠는가, 이런 것들을 가려내서 차근차근 풀어나가야 할 것 아닙니까?

그런데 제가 민족모순이 주요모순이라는 명제에 대해 불만을 느끼는 것은, 우리가 흔히 분단시대라고 말하고 분단이 우리 생활 구석구석에 규정성을 행사한다는 얘기를 하는데도, 여기에 상응하는 개념은 '민족모순' 속에 그냥 포함시켜버린단 말이에요. 그러한 분단모순 속에서 민족모순이 중요한 위치를 차지하고 있다는 것을 제가 부정하는 얘기가 아네요. 또 일부에서 오해하는 것처럼 계급모순은 잊어버리고 분단모순 자체를 기본모순으로 설정하고 있는 것도 아닙니다. 계급모순, 민족모순 이런 것이 다 작용해서 분단모순을 발생시켰고 그것을 유지하고 있는데, 첫째는 그것의 발생과정과 유지되는 과정은 구별해서 봐야 하겠다는 것이고, 계급모순이라든가 미국과 신식민지 간의 모순만이 아니라 북한사회의 성격도 감안해야 할 것이고, 또 북한민중과 제국주의와의 관계, 이런 것도 감안해야 할 것이고, 또 미·소의 대립이라든가 전체 세계의 냉전체제가 어떻게 작용하는가도 살펴야 한다는 것이죠. 또 이제까지는 남한에 관한 한은 제국주의 국가간의 갈등이랄 게 별로 없었습니다만 상황의 변화에 따라서는 일본과 미국 간의 갈등도 있을 수 있고, 중국이나 소련이나 다른 강대국의 영향이 각기 다르게 작용할 수 있는 것인데, 이 모든 것이 복합적으로 작용하는 모순으로서의 분단모순이라는 개념을 명확히 파악하고 분단체제의 성격을 정확히 알아야 극복할 수 있는 것이 아닌가 합니다. 문제를 공연히 어렵고 복잡하게 만든다고 하실지 모르지만, 그건 내가 그렇게 만드는 게 아니라 우리에게 주어진 과제가 어렵고 복잡해서 그에 상응하는 차원높은 인식을 요구하고 있는 거지요.

안병직 그런데 백선생이 말씀하신 것은 세 가지 모순의 위치 문제와 관련된 것이라고 생각됩니다. 세 개가 다 모두 기본모순인가? 하나는 기본모순이고 나머지는 부차적인 것으로 되어가고 있는가? 이런 모순의 위치에 대해서 우리가 정확하게 논리적으로 설명을 하고 운동이 어떤 문제를 중심으로 해서 전개되어야 하는가, 물론 모순이 있으니까 그 모순을 해결하기 위해서 운동 자체는 다양한 형태로 일어나지만 그러나 우리가 중심적으로 획득하려는 것은 무엇인가, 이것을 명확히해야 운동선상에 혼란이 없을 것입니다. 아까 민족모순과 계급모순, 분단모순이 현실 속에 얽혀 있다는 얘기를 했는데, 나는 그렇게 표현하는 것보다는 어디까지나 계급모순은 계급모순이고 민족모순은 민족모순이고 분단모순은 분단모순이다, 그런데 상이한 모순은 논리 속에서는 통일될 수 없습니다. 논리 속에서 통일이 되면 모든 것은 해소되고 또 제3의 모순이 나와야 하기 때문에 이것은 오직 운동 속에서 통일될 수밖에 없습니다.

백낙청 운동 속에서 통일이 되려면 통일이 될 수 있는 이론적인 근거는 있어야 하는 것 아니겠어요? 그러니까 얽혀 있다는 말 자체는 막연하니까 어떻게 얽혀 있는지를 밝혀내자는 것 아닙니까?

안병직 그것은 아까 얘기를 했습니다만, 모순의 위치 문제라고 생각합니다. 모순이란 것은 상호관계를 갖고 있는데 서로 대등한 관계를 갖고 있는가, 하나가 주도적이고 하나는 종속적인 관계를 갖고 있는가 하는 것인데, 지금 그 문제에 대해서 형이상학적으로 얘기하면 문제가 복잡해지니까 내 의견을 솔직히 말하는 것이 논의상 좋겠습니다. 나는 현재 한국에 있어서 계급모순이 기본모순으로서 단일모순으로 발전하고 있다고 생각합니다. 왜 그러냐면 아까 제가 한국자본주의를 후발자본주의로 독자적인 자본주의로 발전한다고 얘기했는데—

백낙청 민족문제가 심각하지 않다는 말씀이십니까?

안병직 민족문제라는 것이 심각하지 않다는 표현보다는 역시 계급모순을 해결하는 과정에서 민족모순은 해결되는 것이 아닌가, 민족문제를 해결한다고 했을 때 계급문제가 해결되는 것은 아니다, 왜? 계급모순이 민족모순을 규정하고 있기 때문입니다. 분단모순도 매우 중요하지만 계급모순에 비하면 부차적인 것이란 얘기입니다. 한국사회란 이 계급모순을 해결하는 과정에서 기타의 모순들은 하나하나 해결되어나갈 수 있는 전망이 있는 사회입니다. 내 생각에는 경제적인 각도에서 보면, 이미 종속은 해결되고 있는 측면이 있습니다. 종속 중에서 가장 기본적인 것이 금융적 종속과 기술적 종속인데 금융적 종속은 대단히 완화되지 않았습니까? 기술적 종속이란 것은 한국이 선진국으로 가기까지는 계속 남아 있을 것입니다. 그러나 종속 중에서도 가장 본질적이고 중요한 것은 금융적 종속입니다. 금융적 종속으로부터 탈피하지 못하면 국민경제가 국민경제로서 성립하지 않으니까. 이렇게 나는 솔직히 내 의견을 고백하겠습니다만, 신식민지론에서는 구체적인 어떠한 경제적 내용을 신식민지라고 하는가? 이것이 밝혀져야 한다고 생각합니다.

김승호 안선생님처럼 그렇게 쉽게 금융종속에서 일관되게 탈피해나간다고 말하는 것은 지난 시기에 마치 외채 때문에 경제가 몽땅 파탄한다고 하는 것이 극단적이었던 것과 마찬가지로 너무 쉽게 결론을 내린다는 생각이 듭니다. 그리고 기술적인 측면에서도 그것은 안선생님도 인정하고 계신데, 첨단산업이라든지 핵심적인 기술, 이 부분에서는 제국주의가 자기들의 것을 놓지 않고 있고 한층 중위의 기술, 낮은 정도의 기술을 나눠주고 있는 수준이라고 볼 때 기술적으로는 여전히 종속적인 관계에서 벗어나지 못한다고 봅니다. 더욱 중요한 것은 금융·기술적인 종속문제뿐만 아니라, 안선생님께서는 신식민지적인 지표가 도대체 무엇인가라고 말씀하시는데, 저는 적어도 식민지라고 할 때는 단순하게 어느 한쪽에 좀더 심하게 의존하느냐 하는 문제뿐만 아니라 그 방향을 어떻게 틀어쥐고 규정하는가의 문제와 관련된다고 생각합니다. 상식적으로 얘기해도 우리가 식민지냐 아니냐 하는 것은 나라가 있느냐 없느냐, 주권이 있느냐 없느냐 하는 문제이고 그것은 바로 정치권력을 누가 규정하는가에 따라서 사실은 향후의 경제적인 진로까지도 그것에 의해서 상당 정도로 결정된다고 보기 때문에 식민지라는 문제는 단순한 종속의 문제와는 다르다고 이해합니다. 선생님은 우리나라가 국민국가로 가고 있다고 말하지만, 세계의 어떤 부르주아 국민국가가 자기 나라의 식량문제에 대해서 그렇게 무방비하게 내주고 있는 나라가 있냔 말이죠. 그러나 우리 권력은 그것을 지켜내지 못하고 농촌을 분해시키고 저임금노동력으로 해서 자본주의화를 시켜내겠다고 하고 있는데 이런 방향이 과연 부르주아 국가들이 일반적으로 나가는 모습이라고 설명할 수 있겠습니까?

이렇게 저는 여전히 우리나라의 총체적인 운명에 있어서 결정권이 제국주의에 의해 틀어쥐어 있다는 면에서 아직까지 신식민지적인 것이고 따라서 경제적으로도 당연히 종속적인 상태에서 근본적으로 변화하지 않았다고 봅니다. 앞으로 우리 토착부르주아지의 생산능력이나 창조성이 고양되어가지고 일정한 정도 이 부분이 중진자본주의로 내지는 선진자본주의로 갈 수 있는 가능성을 배제하는 것은 아니지만 현재 싯점에서 지난 80년대 와서 몇년 동안 겨우 이루어진 변화의 양상을 과대하게 설정해서 이제 우리는 결국 부르주아적인 방향으로 갈 수밖에 없는 것 아닌가, 그리고 그러한 방향으로 성공적으로 가는 것이 아닌가라고 판단하는 것은 상당한 비약이라고 느낍니다.

정치적 종속과 신식민지성 문제

안병직 내가 보기로는 역시 한국에 있어서는 정치적인 종속이라든지 군사적인 종속이라든지 하는 것은 분명히 있다고 생각합니다. 그중에서 가장 중요한 것이 군사적인 종속 문제인데, 그것은 물론 한미방위협정에 명확하게 법률적으로 규정되어 있고 또 현실적으로 약 4만의 미군이 한국에 주둔하고 있다는 사실, 그것이 한국군의 지휘권에 대해서 간섭할 수 있다는 사실, 이것은 종속적인 측면이라고 생각합니다. 그리고 정치에서 비록 국민에 의해 선출된 정권이라고 해서 미국에 의해 정치적인 압력을 받지 않을 수가 있는가, 단순히 압력을 받는 것이 아니라 미국의 요구조건을 받아들이지 않을 구석이 있는가 하면 그렇지는 않습니다. 왜 그러냐면 군사적으로 이미 종속되어 있기 때문에 또 경제적으로도 종속되어 있는 측면이 있기 때문에 정치적으로도 반드시 종속적인 측면이 있다고 생각합니다. 그러나 이 종속이란 것이 앞으로 심화되어갈 것인가, 완화되어갈 것인가? 문제는 여기에 있다고 생각합니다. 우리 사회에서 논의되는 미군철수 문제라든지, 한미방위협정의 개정 문제라든지, 미군기지의 이전 문제라든지 하는 것이 구체적으로 우리 눈앞에서 전개되고 있는데 그것은 확실히 종속의 약화경향을 보여주는 것이 아닌가? 그렇게 되는 이유가 나는 반드시 한국의 민중이 투쟁을 해서 획득된 것이라고만 보지는 않습니다. 왜 그러냐면 그것도 매우 중요하지만 미국의 정책이 바뀐 결과입니다. 이 점도 대단히 중요한 점입니다. 미국이란 것은 아까도 얘기했지만 식민지를 갖지 않는 제국주의입니다. 그렇기 때문에 나는 그것을 종속이라고 규정하는 데는 동의하지만 식민지라고 규정하는 것에는 전혀 동의하지 않습니다. 신식민지도 마찬가지입니다.

김승호 그 점에 대해서 그러면 미국과 관련해서 우리가 가까운 나라로서 비교할 수 있는 필리핀을 보잔 말이죠. 선생님은 필리핀이 예외적이라고 하는데, 왜 예외적이냐 하는 겁니다. 미국이 필리핀을 식민지로 유지하고 그것을 지배하기 위해서 그동안 얼마나 광범위한 수단을 써왔으며, 또 현재도 식민지는 아니지만 신식민지적으로 사실상 완전히 지배하고 있다고 하는 것에 대해서는 거의 모든 사람들이 인정할 수 있는 사실이 아닌가 하는 것이죠. 그래서 필리핀 같은 데서는 진보적이고 양심적인 사람들이 필리핀의 현재 상태를 미국의 신식민지라고 이해하는 데에 이론의 여지가 없는 것으로 알고 있습니다. 그런데 필리핀을 신식민지라고 할 때 우리와 비교해봅시다. 우리가 필리핀보다도 미국의 지배를 훨씬 덜 받고 있고 훨씬 자주성을 갖고 있는가? 마르코스가 죽게 되면 비행기 태워가지고 하와이로 가듯이 이승만도 죽게 되니까 비행기 태워가지고 하와이로 데려

갔단 말이죠. 이런 현상적인 비교만 하더라도 미국의 신식민지라는 것은 분명한 것 같습니다. 다만 60년대 이후에 우리가 정치·군사적으로는 압도적으로 종속되고 지배받고 규정당하면서 필리핀보다는 경제적으로 일정하게 지위도 상승하고 하니까, 아 이제 우리는 신식민지가 아니다라고 이해할지 모르지만, 실제로 아직도 그러한 경제력의 상승이 정치·군사적인 종속을 변화시켜낼 만큼 되어 있는가, 이런 점을 봤을 때 일정하게 경제력이 성장한 것은 사실이지만 그러한 정도까지는 아직 도달하지 않았다고 봅니다. 예를 들어서 그레그(D. Gregg)가 한국에 〔주한미대사로〕 오는데 제국주의 모국인 미국의 의회에서는 쟁점이 되고 논란이 되는데, 대한민국의 국회에서는 쟁점이 되지 않았습니다. 한국에 있는 야당들이라는 것이 모두 국민들이 뽑은 야당들인데도 거기에서 그 얘기를 안하는데 한국의 정치란 것을 국민의 의사를 반영하는 정치라고 이해할 수 있겠습니까? 이 부분은 여전히 미국의 직접적인 지배영향력 속에서 벗어나지 못하고 있다고 보는 것이 현실에 대한 가까운 설명이 아니겠는가 합니다.

백낙청 저는 경제적으로는 한국이 필리핀보다 자본주의가 훨씬 발전했고 그 종속의 도가 상대적으로 약하다는 안선생의 말씀에 동의하고 싶고 정치·군사적 종속이라는 면에 대해서는 우리가 필리핀보다 나을 것이 하나도 없고 어떤 면에서는 더 못하다는 김선생의 의견에 동조하고 싶습니다. 아까 닉스 얘기할 때도 비슷한 말을 했습니다만, 남한의 경제적 종속의 도가 완화되고 있다 하더라도 우리가 그 현상을 그것만 따로 볼 것이 아니라 정치·군사적 종속이라는 현상하고 연관시켜서 봐야 할 것 같아요. 그러니까 정치·군사적으로 확고하게 종속되어 있기 때문에 오히려 경제적 종속의 완화라고 할까 또는 발전을 허용하고 밀어주는 것이 아니냐, 그 정치적 종속에 대한 일종의 대금지불이라고도 할 수 있고 또 정치·군사적으로 군대까지 주둔시켜놓고 확고하게 '우방'으로 확보해놨기 때문에 경제성장을 하고 무역수지를 개선해도 종속관계 자체에 대해서는 덜 염려하는 것이 아닌가, 그래서 나는 이 양자를 종합적으로 봐야 한다고 믿어요. 사실 분단체제를 얘기하는 것도 바로 그래서 그 얘기를 자꾸 꺼내는 것입니다. 이것을 단순히 신식민지적 규정성이라는 말만 가지고 보면 두 가지 문제가 생기는 것 같아요. 하나는 안선생이 지적하셨다시피 대부분의 신식민지에서는 보기 어려운 엄청난 성장을 하는데 이것이 잘 설명이 안되고 있고, 또 하나는 신식민지의 일반적인 규정성에 비해서도 오히려 과다하다 싶은 정치·군사적 종속상태, 이것이 제대로 설명이 안됩니다. 그래서 그 어느 한쪽의 설명에 집착하다 보면 '선진국화'라는 이론 아니면 '신식민지=식민지'라는 각기 일방적인 주장이 나옵니다. 사실은 신식국독자론적 문제의식을 공유한다는 논자들간의 요즘 소위 ND·PD 논쟁, 그러니까 민족민주변혁론 대 민중민주변혁론의 대립이 되겠지요, 물론 일부밖에 못 봤습니다만 여기서도 눈에 띄는 것은 분단문제처럼 신식국독자의 내적 논리만으로는 완전히 설명이 안되는 현실에 주의를 환기하는 일은 필요한데 그것을 제국주의적 규정성 또는 신식민지적 규정성 속에 집어넣으려다 보니까 신식국독자의 논리에서 벗어난다는 반론에 부딪치는 것 같아요. 그래서 오히려 이것을 분단체제라는 면에서 보면, 분단체제 고유의 규정성과 신식민지 일반의 규정성을 구별해서 보면서 분단에서 오는 규정성에는 어떤 면에서 신식민지치고는 덜 종속적인 면과 또 어떤 점에서는 더 종속적인 면 양자를 두루 갖추고 있다는 점이 설명이 되고, 일반이론을 훼손하지 않으면서 한국사회성격 해명의 구체성을 높일 수 있을 듯합니다. 안선생께서는 분단사회의 현실 중 신식민지의 일반적인 현상보다 더 선진적이라고 할 발전의 면을 주로 보시는 것이고, 식민지론을 펼치는 사람들은 그런 면을 무시하거나 또는 경시하면서 그 대신 분단사회의 다른 측면에 주목하는 셈이지요.

안병직 백선생 식으로 볼 수 있는 측면도 있습니다. 그것은 아까도 얘기했지만 닉스 중에서도 동아시아의 특기할 만한 성장이라든가 하는 것은 틀림없는 사실이죠. 그런데 우리가 86년에 국제수지 전반이 흑자가 되기 이전부터 대미무역에 대해서는 쭉 흑자가 되어왔습니다. 이 문제를 백선생처럼 미국이 한국을 정치적으로 종속하기 위해서 경제적으로 봐주는 측면도 있지 않겠느냐라는 식으로 이해하는 것보다는, 나는 오히려 지금이 무역수지 흑자 때문에 미국과는 경제적인 대립관계에 들어가 있다고 생각합니다. 한국경제 자체의 내부에 있어서 무역흑자를 낼 수 있는 구조적 변화가 일어나고 또 미국 자체는 나름대로의 요인에 의해서 쇠퇴하는 측면도 있겠습니다만, 실제로는 일본의 상품이라든지 한국·대만의 상품이 시장을 공략하기 때문에 미국 산업이 쇠퇴하는 분야가 많이 생긴 것 같애요. 미국의 실업이 늘어난다든지 하는 것이 객관적인 사실이라면 아메리카 제국주의가 봐준다고 하더라도 자기 산업의 붕괴를 초래해가면서까지 봐주겠느냐? 거기에서 나는 오히려 대립적인 측면을 보는 것이 훨씬 올바르지 않은가 생각합니다.

정윤형 미국도 그 나름대로의 발전논리가 있기 때문에 그럴 가능성도 물론 있다고 봅니다. 그리고 특히 대미흑자가 늘어난 것은 일본의 산업구조 개편과 그것의 한국진출, 그로 인한 한·미·일 삼각무역관계의 변화에 연유하여 나타난 현상이라는 것도 사실인 것 같고요. 그런데 종속이냐 아니냐 하는 부분에 있어서 안선생과 견해차이는 있는 것 같아요. 안선생은 지금까지 한국경제가 걸어온 과정 속에서 확충된 생산력이 대외관계라든가 민족문제라든가 정치체제라든가 어떻게 보면 상부구조라고 말할 수 있는 여러 측면에서 근본적인 변화를 가져올 만큼 발전했다고 평가하는 것 같아요.

안병직 그렇습니다.

민중은 자유민주주의를 위해 나설 것인가?

백낙청 견해차이가 분명히 확인됐으니까 원래 첫머리에서 제기됐던 문제로 돌아갑시다. 어떤 민주주의를 우리는 지향할 것인가 하는 겁니다. 거기서도 견해차이가 드러났었고, 현실에 대한 어떤 인식의 차이에서 지향점의 차이가 나타나는가가 논의를 통해서 분명해졌다고 생각합니다. 안선생은 자유민주주의가 최종적인 이상은 아닐지 몰라도 일단 성취해야 할 목표이다, 그런 의미에서 이것은 민족민주운동에서 대단히 중요한 한 부분일 뿐만 아니라 어떤 의미에서는 중심운동이 되어야 한다는 말씀을 하셨고, 김선생의 경우는 민주주의를 주장하는 면에서는 같은데 내용이 사실 안선생의 자유민주주의와는 상당한 차이가 있는 것이겠죠.

정윤형 나는 안선생이 제기하신 문제의식, 그리고 시민적 민주주의를 철저히 하는 것이 현실의 과제라고 하는 점에 대해서 동의를 합니다. 다만 그것은 어떤 전술적 차원에서의 얘기이지 그것이 궁극적 목표가 아니라는 것은 분명히해야 할 것입니다. 그리고 그것은 보다 전략적인 목표를 팽개친 상태에서 이루어질 수도 없고 또 이루어져서도 안됩니다. 그러한 전략적 목표가 있기 때문에 그러한 민주주의가 형성된다 하더라도 이것은 단순히 우리가 생각하는 서구적 시민민주주의에 국한되어야 한다든가 하는 식이 되어서는 문제가 근본적으로 해결될 수는 없을 것이라는 점을 분명히하고 싶습니다. 그 내용은 부르주아개혁이라고 하더라도, 오늘의 사회문제를 제기하고 사회를 개혁하려 하는 운동주체가 현실적으로 형성되어 있고 프롤레타리아트의 현저한 등장이 사실이기 때문에 그들의 소망과 결부되지 않은 부르주아 개혁이라는 것은 허구적일 수밖에 없습니다. 그렇기 때문에 당면 개혁의 성격이 형식적으로 부르주아적인 한계에 머무른다 하더라도 이러한 주체인 민중의 요구가 상당부분 반영되고 또 그들이 더 나은 사회를 만들어나가는 데 발판이 될 수 있는 민주주의가 실현되어야 한다고 생각합니다.

백낙청 서두에 나왔던 얘기를 상기시킬 겸 해서 안선생께 여쭤보고 싶은데, 아까 김승호 선생이 우리가 민주주의를 추구한다고 할 때 기본적인 것으로 세 가지를 말씀하셨습니다. 하나는 민중의 생존권이 보장되는 것, 둘째는 민주적 제권리, 그다음에 정치권력의 향배에서 반파쇼적인 정권이 있어야 하겠다는 것이었는데, 반파쇼라는 점에 대해서는 아까 파시즘이 아니라고 분명히 말씀하셨지만 다른 부분은 어떻습니까? 안선생께서 자유민주주의라고 말씀하실 때는 김형이 말하는 그런 조건을 다 포용하는 건가요?

안병직 지금 정선생께서도 말씀하시고 김형도 얘기를 했는데, 기본적인 방향에 있어서는 같은 생각입니다. 단 정선생 얘기 가운데서 나로서는 두 가지를 수정하고 싶습니다. 첫째 자유민주주의를 달성하는 것은 전술적 목표나 전략적 목표가 아니고 하나의 단계, 우리가 필연적으로 거쳐야 할 단계입니다. 우리나라의 객관적인 여러 조건을 보면 그것을 거치지 않은 상황에서 민중들이 소망하는 민주주의를 수립할 수 있는 가능성은 없지 않은가요? 둘째로 수정하고 싶은 것은 민중의 소망을 들어준다는 식이 아니고, 민중의 소망이야 어쨌든간에 자기들이 갖고 있는 주체적인 역량은 객관적으로 존재하는 것이니까, 민중들이 가지고 있는 객관적 역량의 발전수준을 봐서 그만큼 할 수밖에 없는 것이 아닌가, 그런 식으로 봤으면 좋겠습니다. 아까 당면의 정치활동의 가장 중심적인 목표는 자유민주주의를 달성하는 것이 아닌가 하는 말씀을 드렸는데 여기에서 말씀드리는 자유민주주의라는 것은 역시 서구에서 말하는 자유민주주의라는 틀을 가지고 있습니다. 그러나 기본틀은 그렇지만 우리는 어디까지나 제3세계 국가니까 이 자유민주주의를 달성하는 것도 지극히 어렵다고 생각하고 있습니다. 자유민주주의가 달성될 때는 국가·사회·개인이라는 중층구조가 형성되리라고 봅니다. 여기서 사회라는 것은 학계라든지 노동조합이라든지 경제단체라든지 여러가지 이해단체들을 말하는데 한국에서도 그러한 것이 있기는 했지만 매우 미약했습니다. 그러니까 전부 다 권위주의적 정치체제에 의해서 기능집단으로 전락했을 뿐이죠. 가장 대표적인 예가 한국노총이라고 생각합니다. 그것은 정부의 기구에 불과한 것이지 진정하게 노동자의 이해관계를 대변하는 기구가 아닙니다. 그래서 노동조합이라든지 학계라든지 경제관계 이해단체라든지 소비자운동이라든지가, 국가의 지배로부터 독립을 해가지고 민주주의운동의 거점이 되는 데로 발전해가야 합니다. 이렇게 보면 자유민주주의의 달성만 해도 시간이 걸리는 문제라고 생각합니다. 그다음의 문제는 제3세계에 있어서의 자유민주주의니까 선진자본주의에서의 초기 자유민주주의와는 전혀 다른 양상을 가지고 있을 뿐만 아니라 오늘날 세계에서는 사회주의권도 존재하고 그러한 여건을 전제로 하기 때문에 아까 정선생이 얘기한 대로 자유도 실현될 뿐만 아니라 평등도 가미되는 자유민주주의의 실현입니다.

정윤형 그렇다면 안선생과 나는 기본적으로 견해가 같고 다만 그것을 실현할 수 있는 주체인 민중세력에 대한 평가만 다르다고 봐도 될 것 같은데……

백낙청 제가 보기에 같은 것은 아니고 안선생은 매우 장기적인 목표라는 것을 분명히하시면서 자유민주주의가 우리들이 일단 달성해야 할 단계다, 그런 단계를 달성하기 위한 어떤 전술적인 과정이라든가 당면목표가 아니라 조금 더 높은 차원의 '거쳐야 할 단계'로 설정하시는 것이죠. 그런 면에서 정선생과는 다른 입장이라고 봅니다. 그런데 안선생께서 거기에 가는 데 여러가지 어려움이 있다는 것을 지적해주셨으니까 하는 말인데, 과연 안선생이 생각하시는 그러한 자유민주주의 단계를 우리가 현실적으로 달성할 수 있겠는가라는 질문이 있겠습니다. 가령 민중의 생존권 문제라든가 평등의 문제가 자유민주주의를 달성하고 나서 또 가야 할 목표라면, 지금 자유민주주의를 달성하려는 그 싸움에 민중이 얼마나 신바람을 내고 나서줄 것인가 말이죠. 그러한 원대한 역사적 비전을 안선생과 공유하면서 민중들이 나서줄는지, 아니면 첫째 자유민주주의가 달성된다 할지라도 그다음에는 무엇이 어떻게 되는지 모르는 거고 자유민주주의가 달성될지 안될지도 모르는 판이니까 우리가 무슨 여가에 그런 싸움을 하겠느냐, 우리는 우리 식의 다른 싸움을 하겠다고 민중들이 나온다고 할 때 과연 누가 자유민주주의를 이 땅에서 실현하겠는가 하는 겁니다. 서구의 자유민주주 성립과정에서 봤던 그러한 혁명적 부르주아지가 없다는 점은 모두들 인정할 텐데 그러면 누가 나서주겠는가 하는 것입니다.

안병직 그러면 우리 현실 속에 있는 문제를 가지고 그 문제에 대한 답을 하겠습니다. 우선 자유민주주의를 달성한다고 해서 그것이 일반 국민대중의 이해와 관계가 없는가 하면 그렇지는 않고 아까 처음에 말씀드린 것처럼 자유민주주의를 달성하는 것이 현실적으로 일반 국민대중, 특히 노동자계급의 이해관계와도 일치하는 측면이 있기 때문에 자유민주주의를 달성할 수 있는 가능성이 있는 것입니다. 가령—

백낙청 그것이 설혹 옳은 얘기라 하더라도 대중이 옳다고 피부로 느껴야 나설 것 아닙니까?

안병직 그 점에 대해서 말씀드리지요. 예를 들어 일반적으로 이야기를 한다면 권위주의적 정치체제 하에서는 어디까지나 폭압적인 기구를 통해서 자유도 노동조합운동도 탄압합니다. 그러나 노동자들은 당분간은 자신들이 주인이 되는 세상이 안되겠지만 노동조합의 자유로운 활동이라도 달성해야 하겠다는 구체적인 자각을 할 때가 반드시 있다고 생각합니다. 구체적으로는 현재 우리 노동자들도 이것을 자각하고 있다고 생각합니다. 자유민주주의가 달성되어서 자기들의 단결권과 행동권이 보장되는데 노동조합이 반대할 이유가 없을 것이고 오히려 자기들의 이해관계를 위해서 현실에 참여하지 않겠는가라고 생각합니다. 둘째로 더욱 현실적인 문제는 지금 여러 야당이 있는데 그중에는 다소 진보적인 것도 있기 때문에 노동운동을 하는 사람들 가운데서 그들과 손을 잡고 민주변혁을 하려고 하는 그러한 그룹이 없는가 하면 그것도 아니거든요. 그렇기 때문에 이것은 단순히 이상적인 어떤 문제가 아니라 현실적인 자신의 이해관계 문제라는 것입니다. 그리고 조금 더 말씀드리면, 나는 이렇게 보는 것이 논리적 정합성이 있다고 생각하는데, 그것은 결국 자립적 자본주의의 발전에 의해 실현가능성이 뒷받침되고 있다는 것이지요. 자립적 자본주의가 발전하지 않음에도 불구하고 한국에 서구식 자유민주주의가 가능하다고 보는 것은 논리적으로 성립하지 않을 듯합니다.

백낙청 물질적 기반에 관해서는 우리가 토론을 했고 일정한 합의와 상당한 견해의 차이가 있었습니다만, 그보다도 민중세력을 동원하는 일이 가능한가, 이 점에 대해서는 아무래도 직접 노동운동에 다년간 종사해오신 김선생께서 말씀하셔야 하겠네요.

민주변혁의 주체 문제

김승호 역시 오늘 토론에는 여러 분이 참여했지만 안선생님과 주요 대립점이 서 있다는 것은 분명한 것 같습니다. 그런데 선생님이 쭉 말씀하시면서 마지막에 자립적 자본주의로 나아가고 있다는 전제 위에서 제반 논리들을 전개하고 있다고 말씀하셨는데 그 점이 역시 핵심적이라고 생각됩니다. 저는 아까도 말씀드렸듯이 여전히 경제적으로도 많은 종속적인 것들이 지속되고 있고 뿐만 아니라 정치·군사적인 영역에서 여전히 식민지적인 관계들이 지속되고 있는 한, 한마디로 쉽게 우리가 자립적 자본주의로 나아가고 있다고 함으로써 민족적 과제, 이런 것들을 부차적으로는 얘기하지만 실천적으로는 사실상 거의 폐기해버리는 결과를 낳고 있는데, 거기에는 동의할 수 없습니다. 민족적인 과제라는 부분의 세부적인 위치는 또 따져야 하지만 역시 우리 사회의 기본적인 과제의 한 항목이라는 것을 부인하고서 계급적 과제를 중심으로 접근해갔을 때 불가피하게 한계를 가지게 될 것이라고 봅니다. 또 계급적인 동력의 측면에서만 보더라도, 백보 양보해서 자립적 자본주의로 간다고 하더라도 그 자본주의는 이미 독점적인 것인데, 제국주의 모국처럼 상당히 높은 생산력을 가지고 있고 일정하게 세계에 대한 지배력을 행사할 수 있다면 서구의 제국주의 모국이 취하는 사회복지라든가 하는 것을 통해서 사회체제 내로 노동자계급이나 여타 계급을 포섭해낼 수 있겠지만 현재 우리의 자본주의가 일정하게 발전해간다고 하더라도 그 독점자본주의가 그와같은 높은 생산력을 가지고 노동자와 민중을 포섭해낼 수 있지 못하다고 보고, 또 그러한 정도의 정치력도 가지고 있지 못하다고 생각합니다. 지금까지 생산에 있어서도 순전히 기생적으로 성장해왔고, 정치적으로도 군부독재나 이런 것에 의해서 자기들 눈앞의 협소한 이익만 추구해온 이 부분이 그러한 정치력을 발휘해낼 것이라고 기대하는 것도 신뢰하기 어려운 주관적인 기대가 아닌가 싶습니다. 그래서 우리의 독점부르주아지가 사실상 헤게모니를 갖고 있지도 못할 뿐만 아니라 헤게모니를 갖는다고 하더라도 그것이 자유민주주의라는 지향으로 나타나기보다는 그동안의 경험으로 보더라도 훨씬 더 파쇼적인 지향을 유지하려고 할 것이다, 이렇게 봤을 때 선생님이 기대하는 자유민주주의는 누가 이끌어갈 것인가? 중소자본인가? 제가 경험한 바에 의하면 중소자본가들은 우리나라에서 헤게모니를 가지면서 파쇼적 체제가 아닌 새로운 자유민주주의 체제를 추동해낼 만한 역동성도, 자신감도, 계급적 결속도 없다고 봅니다.

백낙청 안선생 얘기는 근로대중들도 이 노선에 동조하리라는 점에서—

김승호 네. 우선 자본가들부터 보면, 평민당에 일정하게 중소자본가들이 있다고 얘기하지만, 평민당은 정확히 중소자본가의 계급적 대변기구도 아니고, 다만 몇몇 정치지향적인 중소자본가들이 그쪽과 관계를 맺고 있고 모여 있는 정도에 지나지 않는다고 봅니다. 그 정도 가지고 우리 사회의 자유민주주의적인 변화, 발전을 추동해낼 수 있는 힘은 나오지 않으리라고 봅니다. 그러면 노동자들은 자유민주주의를 어떻게 볼 것인가? 일반민주주의적 내용을 자본가가 주도해서 했을 때 우리는 그것을 자유민주주의라고 알고 있는데, 노동자가 자본가에게 당신들이 주장하면 우리가 밀어서 자유민주주의를 하겠습니다라고 나오기는 현실적으로 어렵다고 생각합니다. 왜냐하면 일상적인 생활관계 속에서 노동자는 계급적으로 성장하면서 자본가와 부단히 대립하는 것이고 특히 중소자본가들에 대해선 체제 앞에서 꼼짝도 못하는 그들의 무력함을 보고 있는데, 그런 중소자본가에게 노동자가 밀어줄 테니까 주도해가지고 자유민주주의를 해봐라 하는 것은, 우리 운동 내부에서도 그런 주장을 하는 부분이 없지는 않습니다만 참으로 현실과는 동떨어진 얘기가 되기 때문에 설득력을 못 갖고 있습니다. 그러면 결국 어떻게 나갈 것인가? 처음에도 말씀드렸습니다만, 우리 노동자들의 지향이 이미 인간다운 삶을 지향한다는 것, 그것을 위해서는 우리나라와 같은 현실적 조건 속에서는 기본적으로 근로민중이 주역으로 나서지 않으면 안된다는 것을 이미 이해하고 있고 그러한 인식은 확대, 심화되고 있습니다. 다만 그러한 노동자와 민중의 움직임이 민중민주주의냐고 했을 때, 그러한 지향인 것은 분명하지만 과정에서는 시기나 상황에 따라 다양한 모습을 띨 수 있다는 점을 인정해야 할 것 같습니다. 현재의 수준에서는 저는 민중의 생존권을 보장하는 것은 아마 낮은 차원이기는 하지만 민중민주주의적인 내용이라고 생각합니다. 그런 데서부터 접근하면서 더 나아가서는 사회의 생산수단이라든지, 관리체제의 문제로까지 점차 요구가 심화되고 강화될 것입니다. 현재로서는 우리 노동자들이 '노동해방' 하지만 그 이해의 편차는 엄청납니다. 아주 낮은 차원에서의 민주노조 사수에서부터 노동법개정, 더 나아가서 군부독재타도, 또 더 나아간다면 주요산업을 국유화하는 것, 이런 데까지 다양한 의식을 갖고 있는데 그것이 어떻게 표현되는가 하는 것은 노동대중을 포함한 전체 민중의 의식과 역량의 성장정도에 좌우되겠지요. 그러나 어떠한 형태가 되더라도 저는 일반민주주의적인 것으로부터 민중민주주의적인 내용이 심화되는 방향으로 나가면 나갔지 자유민주주의적인 방향으로 가는 경향은 아마 나타나지 않을 것이라고 생각합니다.

백낙청 그 점 역시 견해차이를 확인하는 선에서 넘어갈까요?

안병직 내가 아까 민족모순이 부차적으로 되어가고 있는 것 같다고 했던 것은 어디까지나 민족운동을 폐기하자는 것이 아니라 우리 운동의 중심축에서 다소 멀어져나간다는 뜻이었습니다. 그리고 김형 얘기는 국가독점자본주의라는 것은 받아들인다고 했는데, 생산력이 극히 취약하다는 얘기도 했거든요. 이런 것은—

김승호 저는 국독자를 얘기한 것은 아닙니다. 그냥 독점적인—

안병직 만약 그렇다면 이것은 개념상 모순입니다. 왜냐하면 독점자본주의란 것은 생산력이 발전한 토대 위에서 가능한 것이죠. 생산력이 취약한 곳에서 독점자본이 있다면 이것은 어디까지나 전근대적 독점자본에 불과한 것이지 독점자본주의라고 얘기할 수는—

백낙청 국가독점자본주의 기준으로서 생산력을 어느 정도 중시할 것인가에 대해서는 국독자론 내부에서도 논쟁이 있지요?

안병직 그다음에 부르주아민주주의 혁명인데 왜 노동자계급이 참여하느냐, 논리적으로 맞지 않는다라는 얘기를 했는데, 그것은 우리가 세계사의 혁명을 볼 때—

백낙청 논리적으로 안 맞는다는 것이 아니라 한국의 현실에서는 안 맞는다는 얘기였죠.

안병직 그러면 현실적인 한국의 예를 들어서 설명하죠. 6·29는 부르주아들의 획득물입니까 아니면 대중의 획득물입니까? 구체적인 역사를 보면 프랑스혁명에 있어서도 부르주아가 주도적으로 투쟁한 것이 아니라 일반민중들이 주도적으로 투쟁한 것이고, 영국의 여러가지 부르주아혁명들도 일반민중들이 투쟁을 했는데 거기에서 혁명을 하고 난 뒤 누가 주도권을 잡는가 하는 것은 별개의 문제였습니다. 그러니까 우리의 역사발전과정을 논리적으로 이 사람들은 저것이니까 참가를 안할 것이라고 하지만, 어디까지나 그 현실 속에 있는 대중이라는 것은 하루하루 생활을 해가고 있습니다. 기존체제가 자기 생활을 규정하고 자기 생활을 억압하기 때문에 어떤 변혁이 있다고 하면 그 변혁에 참가해서 자기 나름의 목표를 달성하려고 하는 것이지, 미리 저렇게 목표가 설정되어 있으니까 나는 참여를 안한다고 하는 것은 구체적인 역사과정이 아니라고 이해하고 있습니다. 그다음에 지적할 것은 민중민주주의라는 것이 대단히 막연하다는 것인데, 이 자체가 한국 노동자계급의 미숙성을 얘기하는 것이거든요. 부르주아민주주의 변혁에서는 자기는 참여하지 않고 자기들의 구체적인 명확한 플랜이 나올 때까지 기다리겠다는 것 아니겠어요?

자유의 유산과 자유민주주의

백낙청 시간을 절약하기 위해 내가 김형 대신 요약을 하고 넘어가겠습니다. 김형이 말씀하시는 일반민주주의라는 것과 안선생이 말씀하시는 자유민주주의라는 것이 완전히 이율배반적인 것은 아니기 때문에 자유민주주의를 장기적 목표로 하지 않고서도 민중이 일반민주주의를 위해서 투쟁할 수 있는 것이겠지요. 이 부분은 이 정도로 얘기하고 넘어갈 수 있지 않은가 싶고, 저 자신은 일관성있는 정치철학으로서는 자유민주주의가 파산한 지 이미 오래라고 생각합니다.

안병직 동감입니다.

백낙청 그럼에도 불구하고 그것이 이데올로기로서 아직 활력을 띠고 있는 것은, 여러 사람들이 그래도 그것밖에 없지 않느냐 생각하는 이유는,

제가 보기에 두 가지인 것 같습니다. 자유민주주의를 표방하는 사회들이 확보하고 있는 물적인 조건은 물론이고, '명분'에 해당하는 것으로 말이지요. 하나는 아까 안선생이 사회주의권이 인류에게 희망을 못 주고 있다는 말씀을 하셨는데, 그거야 받아들이는 사람에 따라서 다르겠지만 어쨌든 민중민주주의를 얘기할 때 누구나 합의할 수 있는 뚜렷한 모델이 없다는 사실, 자유민주주의가 강해서라기보다도 아직 상대방이 약해서 버텨내는 그런 면이 하나 있는 것 같습니다. 또 하나는 자유민주주의가 물론 자본주의체제와 직결된 사회체제지만, 자본주의의 고전적 발달과정에서 처음에 자유주의를 이룩하고 뒤이어 그것이 민주주의적 요구를 일부 수용하면서 자유민주주의로 발전해가는데, 여기에는 반드시 모든 자본주의에 공통된 것이 아닌, 그 이전 역사에서 전승된 소중한 자유의 유산이라든가 투쟁의 과정에서 쟁취한 자유의 유산을 수렴하여 보존하게 되는 면도 있습니다. 그러한 자유를 선진국들이 아직도 어느정도 보장할 수 있는 데는 물론 후진국에서 많은 것을 수탈해왔기 때문에 그러한 것도 사실이지만, 어쨌든 자본주의나 자유주의와 동일시할 수 없는 자유라는 것이 있어요. 그리고 자유주의를 절실하게 받아들이지 않는 사람들에게도 자유의 고귀함은 절실한 것이란 말이죠. 그렇다고 할 때 현존하는 자유민주주의 사회가 과거의 자유의 유산 중에서 값진 것을 가지고 있는 경우도 많다, 말하자면 과거로부터 물려받은 자산 중에서 아직 덜 까먹은 것이 많이 있고, 또 하나는 대안으로 내세우는 비전이 아직 뚜렷하지 않다고 하는 상황에서, 자유민주주의 이념이 연명하고 있는 셈이지요. 그러나 우리가 새로운 민족민주운동의 지도이념이라고 내세울 때는 뭔가 더 적극적이고 참신한 것이 있어야 하지 않겠느냐는 것이 제 생각입니다. 그리고 중요한 문제는 운동의 주체 문제인 것 같은데, 지금 안선생께서 근로대중들이 자유민주주의의 중요성을 인식하고 따라올 것이라고 말씀하셨지만 설혹 그렇다고 하더라도 그 경우에는 따라오는 것이지 주도세력은 아니라는 얘기 아닙니까? 그렇다면 주도세력은 누가 되나요?

안병직 현재 정당의 분포를 보면, 부르주아간에 분파가 있다고 생각합니다. 현재 평민당·민주당의 정강정책과 민정당의 정강정책은 세부적으로 따지고 들어가면 상당한 차이가 있다고 생각합니다. 현재 야당들이 내세우고 있는 정강정책을 그들이 집권했을 때 과연 실행할 것인가 안할 것인가는 별도의 문제입니다. 그러나 그들이 정권을 획득하면 우리 역사에서 거쳐야 할 단계는 하나 거친다고 생각합니다. 저는 아까 한국의 정치체제를 권위주의적 정치체제로 얘기하면서 그것은 개발독재이고 동시에 군부독재이다, 특히 중대한 의미를 지니는 것은 군부독재다라고 했습니다. 그래서 군부정권으로부터 민간정권으로 넘어간다는 것은 논리적으로 얘기하면 별로 중요하지 않겠지만 현실적으로는 매우 중요한 역사적 의미를 갖고 있습니다. 그렇기 때문에 비록 현재 야당들이 집권을 해서 더 반동적인 것으로 돌아선다 하더라도 민간정권이라는 데, 다시 말해서 국민대중에 뿌리를 박는 정권이 수립된다는 데에 커다란 의의가 있다고 생각합니다.

정윤형 나는 운동에 대해서는 잘 모르겠고, 오늘 안선생이 자유민주주의를 우리 당면과제로 제기하는 것이 일견 수긍되면서도 뭔가 제기방식에 문제가 있지 않은가 생각합니다. 사실 어떻게 보면 김승호씨가 제기했던 민중민주주의적인 지향이 있단 말예요. 요컨대 그들이 앞으로 5년이나 10년 뒤에 한 단계 변혁이 마무리가 되는 싯점에 왔을 때, 지금은 안선생이 다르다고 얘기하고 있지만, 그때 되면 실현된 결과를 보고 이것이 바로 내가 얘기했던 자유민주주의의 내용이다라고 얘기할 수 있는 가능성도 있다고 봅니다. 생각하는 방식에 기본적으로 차이가 있었다고 하지 않고 말이죠. 그러나 문제는 사회변혁이 사회운동을 통해서 실현되는 것인데, 지금까지 민중운동이 성장해온 과정, 현재의 위치, 이런 것들을 고려할 때 그들의 사회개혁의 요구를 자유민주주의라는 식으로 제기해가지고 되겠는가? 지나고 났을 때는 그 얘기가 맞다고 할 수 있을지도 모르지만 어차피 이론이란 것도 현실 사회운동에 기여하는 것이라면, 뭔가 그런 식으로 제출되어서는 곤란하지 않겠는가 생각됩니다.

안병직 내 발언에 대한 오해를 피하기 위해서 한마디만 했으면 하는데요. 현단계에서 민주주의를 실현하기 위해서 사회제세력이 통일되어 운동한다 하더라도, 어디까지나 사회제세력이 자유민주주의라는 이념 밑에 대동단결하는 것이 아니고, 계급에 따라 상이한 요구를 내걸겠지요. 야당은 자유민주주의를 내세우고 나올 테고, 지식인인 경우에는 그것보다 조금 더 진보적인 이념을 들고 나올 테고, 노동자계급은 자기의 독특한 요구를 들고 나오지만, 결국 당면의 운동은 부르주아민주주의 운동으로 귀결되지 않겠는가. 이런 정도의 얘기였습니다.

정윤형 실제로 그렇게 되고 있지 않습니까? 야당은 야당대로 내걸고 있고—

백낙청 그런데 각자가 따로따로 내걸고 있기 때문에 무슨 성과를 못 얻는 것 아닙니까? 예컨대 이념적으로 완전히 통일될 필요는 없지만 각자의 다른 이념을 뭔가 묶어줄 수 있는 틀이 있어야지, 각자가 따로따로 노니까 지금처럼 통일운동 따로, 노동운동 따로 놀고, 야당도 따로 놀고 하면서, 지배세력 쪽에서는 종합적인 대응을 하는데 여기서는 항상 따로따로 깨지고 이러는 것 아닌가요? 그런 의미에서 제가 지도이념이라는 말을 했던 것이지요. 김형께서도 아까 기본적인 입장은 말씀하셨습니다만, 당면 노동운동의 과제나 정책에 대해서 구체적으로 더 좀 말씀해주시지요.

김승호 안선생님께서 왜 자유민주주의라는 것을 강조하시는가? 사실은 지배조건의 엄중함, 이런 것을 크게 보시기 때문에 너무 주관적인 욕심을 내서는 안된다는 뜻도 포함되어 있다고 생각합니다. 그런 의미에서 앞으로 이루어질 변화가 자유민주주의라고 할 때 그래도 그 수준에서 모든 부분들이 최대한 결집할 수 있지 않겠는가 하는 뜻에서 말씀했다고 이해합니다. 그러나 저는 그럼에도 불구하고 과연 그렇게 될 것인가? 아까도 말씀드렸지만 자유민주주의를 내거는 것에 의해서 광범위한 근로민중, 양심적인 지식인, 이런 부분들을 결집시켜내기에는 그 이데올로기 자체도 낡았을 뿐만 아니라 그것을 주도할 수 있는 세력조차도 너무나 허약합니다. 우리나라의 중소자본가나 하는 부분이 얼마나 허약합니까? 이런 부분들에 의해서 주도되기는 현실적으로 어려울 것이라고 봅니다. 최소한 자유민주주의가 아닌 수준에서의 진보성은 가지고 있어야만 그것을 가지고 광범위한 근로민중과 진보적인 제요소, 이런 부분들을 결집할 수 있을 것이고, 실제로 자본가 가운데도 조금은 의식에 있어서 진보성을 가지고 있는 부분이어야 그나마 자기 눈앞에 있는 계급적 이익이 아니라 전민족적 내지는 국민적 과제에 자기도 비록 자본가이기는 하지만 참여하는 것이 현실적으로 가능하리라고 저는 내다봅니다. 그런 면에서 분명히 근로민중이 주도하게 될 것이고 따라서 지도이념도 자유민주주의 이념이 아니라 진보적인 민주주의를 이념으로 할 수밖에 없다고 보고, 또 바로 그러한 것이 합법칙적이라면 우리는 그러한 합법칙성을 강화하는 방향으로 노력하는 것이 사회발전과 진보를 그만큼 앞당기는 일이 되리라고 봅니다. 물론 너무 조급하게 너무 높은 수준의 것을 달성하려는 데서 빚어질 수 있는 좌경적 오류는 있을 수 있지만 기본적으로는 자유민주주의적인 것은 아니다, 진보적 민주주의여야 한다는 것은 분명히해야 하리라고 보고 그런 면에서 역시 노동계급의 역할이 가장 주목되는 것이 아니냐, 다른 여타 계급도 진보성을 가질 수는 있지만 역시 자본주의적인 사회 속에서는 그런 진보성을 계급적으로 담보하고 있는 부분은 노동자계급의 운동이 아닌가라고 생각합니다.

얘기하다 보니까 마치 제가 그러한 입장에 있어서 얘기하는 것처럼 들리기도 하지만 꼭 그렇게만 볼 것이 아니라, 최근에 학교 선생님들도 스스로를 노동자라고 주장하고 나오고 교수님들도 그렇게 주장하고 나오는 것이 바로 그러한 전망 속에 우리의 미래가 있음을 선생님이나 교수님들까지도 그렇게 느끼고 표현하고 있는 것이 아닌가 하는 데서 제 주장의 일정한 근거가 될 수도 있겠다고 생각합니다.

소홀히된 여성운동적 시각

백낙청 시간이 너무 늦었으니까 본론은 이 정도로 끝내기로 하고요. 마무리를 짓기 전에 우리가 중대한 문제를 간과하고 있다는 점에 인식을 같이하고 싶습니다. 사실 안선생이 첫머리 발언에서 가부장제의 비민주성을 얘기하셨는데 오늘의 좌담 구성원을 짜면서 전부 남자들만 모였고, 또 논의과정에서도 민족문제, 계급문제만 얘기했지 성차별 문제라든가 가부장제와 같은 문제는 얘기하지 못했습니다. 그래서 마무리하기 전에 여성해방운동의 비중을 민족민주운동 속에서 어떻게 두어야 할 것인지, 어중간하게 얘기하면 오히려 여성들로부터 비판을 더욱 혹독하게 받는 결과가 될지도 모르니까 아예 간단히 말씀해주세요. 안선생이 또 각 분야에서 여러 종류의 운동이 일어나야 한다고 말씀하셨는데 가령 우리 사회에서 벌어지고 있는 평화운동이라든가 반핵운동, 공해반대운동, 이런 운동을 여러분들도 안선생과 같은 시각에서 보시는지, 아니면 이것도 자유민주주의를 지향하는 시민운동이라기보다는 좀더 진보적인 의미를 띠는 것으로 보아야 할 것인지에 대해서도 간단히 언급해주시고, 결론적으로 하고 싶으신 말씀이 있으시면 한마디씩 덧붙이고 끝내십시다. 여성문제에 대해서 간단하게라도 유일하게 언급하신 안선생께서 먼저 말씀해주시죠.

안병직 현재 여성운동이 대단히 활발하게 진행되고 있고 운동성과도 올리고 있는 것 같습니다. 별로 중요하지 않은 운동이라고 생각할지 모르겠습니다만, 소비자운동도 여성운동에서 중요한 몫을 차지하는 부분이고 생활공동체운동이라든지, 소비조합운동이라든지 이런 것도 상당히 중요한 것이라고 할 수 있습니다. 그리고 앞으로는 발전전망이 대단히 크리라고 생각합니다. 예를 들면 선진국의 경우에는 현재 여러 사회운동이 어느정도 자기 성과를 올렸기 때문에 앞으로 사회운동으로서의 핵심은 여성운동이 될 것이라는 이야기도 있습니다. 이번에 뚜렷이 보여준 바는 일본의 선거 결과였습니다. 겉으로 보기에는 대단히 얌전한 것같이 보이지만실제의 행동은 엄청난 결과를 가져왔단 말입니다. 역시 여성운동이 발전하고 또 그렇게 되어야 아까 제가 말씀드린 가정의 민주주의라는 것도 달성이 되고, 그것을 토대로 하는 사회의 민주주의화가 바로 진정한 민주주의로 가는 길이 되지 않을까 합니다. 정치권력도 대단히 중요한 문제입니다다만 그것만 가지고는 불충분합니다. 사회생활 전반에서의 민주화라는것 가운데 가장 중요한 것은 역시 가정의 민주화입니다. 그리고 반핵운동이라든지, 공해방지운동이라든지, 평화운동이라든지 하는 것도 중요하다고 생각합니다. 종래에는 저도 사회변혁에는 정치변혁이 중심이며 그 변혁이 이루어지면 좋은 사회가 되리라고 생각했지만, 실제의 역사는 그렇게 되지 않았습니다. 혁명이란 것은 어디까지나 정치적인 상부구조의 변화였지 하부구조를 변혁시키지 못하고 그대로 남긴다는 것, 현재의 사회주의국들이 그것을 너무나 잘 보여주고 있다고 봅니다. 그래서 민주주의운동이라는 것을 정치구조의 변혁에 의해서 한꺼번에 달성할 수 있다고생각하는 것은, 그것이 가장 중요한 변혁이기는 합니다만, 그렇게 안이하게 생각할 문제가 아니고 사회 각계각층에서 꾸준하게 민주주의 변혁을추진하고 달성해나가야 한다, 그런 의미에서 평화운동이라든지 반핵운동이라든지 반공해운동도 대단히 중요한 위치를 점하고 있다고 생각합니다.

마지막으로 제가 오늘 몸집은 별로 좋지도 않으면서 창비에 매를 맞을각오를 하고 나왔습니다.(웃음) 한국자본주의는 자립성을 더해가고 있고독자적인 자립적인 자본주의가 형성될 것이라고 큰소리를 빵빵 쳤습니다. 그것을 토대로 해서 현재 우리의 여건으로 보면 현단계의 운동에서는, 물론 사회 각계각층에서는 다양한 이상을 가지고 다양한 집단들이 출현하리라고 생각하지만, 객관적으로는 자유민주주의운동으로 귀결되는 것이니까 이를 실현하기 위해서 상호 협력해야 하지 않을까, 그렇지 않고 각 사회계급들이 자기 주장만 해서는 지배계급에 의해 각개격파되어 아무것도 달성하지 못하지 않겠는가? 어떤 의미에서는 대단히 '과격한' 발언을 했습니다만, 이것은 제가 객관적인 현실을 그렇게 파악하고 있다는 것이지 저 개인의 이데올로기가 거기에 머무르고 있다고 받아들이신다면 큰 오해입니다. 저도 저 나름대로 일정한 사회변혁을 생각하고 그 과정에 대해서 구체적으로 생각하다 보니까 현실의 엄중함에 대한 고민을 하게 되는 것이고, 그러다 보니까 현재 사구체논쟁을 하는 사람들이 내가 보기로는 현실과 동떨어진 관념적인 이야기들을 하고 있지 않은가 하는 기우를 갖게 됐기 때문에 현실의 엄중함에 대해서 누누이 강조했다고 생각해주시면 감사하겠습니다.

김승호 선생님은 이데올로기가 아니고 과학이라고 끝까지 말씀하시는데 선생님은 그렇게 느끼시겠지만 다른 많은 사람들은 선생님의 이데올로기라고 느끼고 있다는 점을 말씀드리고 싶습니다.(일동 웃음) 그 점이 역시 오늘 얘기로는 해결이 다 안됐지만, 어떤 이데올로기적인 지향을 전제로 하고 일정한 결론을 갖고 많은 근거들을 붙여서 설명을 하는 것이 아닌가 하는 의미에서 많은 사람들이 그렇게 느끼리라고 생각합니다. 과학인지 이데올로기인지는 조금 더 우리가 토론해보고 검증하면서 밝혀질 것이라고 생각합니다. 끝으로 오늘의 주제는 민주화 문제였고 마지막에 여성문제가 나왔는데 이것을 진행과정에서 다루지 못하고 끝에서 지나가는 말로 다루는 것은 잘못되었다고 생각해서 차라리 그 문제는 이 자리에서는 생략하겠습니다.

오히려 한 가지 강조하고 싶은 점은 안선생님께서 주로 민주화 문제를 정치만의 문제가 아니라 전생활의 문제로 말씀하신 데 대해서 전면적으로는 아니라 할지라도 일정하게 긍정합니다. 바로 그런 측면에서 봤을 때 민주화 가운데 가장 중심적으로 되어야 할 부분은 노동현장이라고 생각합니다. 과연 우리가 민주화를 얘기하면서, 노동현장에서 노동자들이 자주적으로 단결해서 자신의 미래를 향해 노력할 수 있는 기본적인 자유가 보장되지 않고 나아가서 촉진되지 않으면서 민주화라는 것을 얘기한다는 것은 좀 눈감고 아웅 하는 얘기가 아닌가라고 생각합니다. 그런 면에서 아까 이야기하는 과정에서 자유민주주의적인 전망이니 하는 얘기를 많이 했습니다만, 그것을 저는 끝까지 신뢰할 수 없는 이유가 노동현장에서 자본가들이 노동자들을 어떻게 대하고 있고 독재정권이 어떻게 대하고 또 제국주의가 어떻게 대하고 있는가 하는 것을 구체적인 경험 속에서 느끼고 있는 우리 노동형제들이 자유민주주의적으로 될 수 있다고 주장하기는 매우 어렵다고 봅니다. 여하튼 어떠한 방향으로 그러한 민주주의가 이루어지든간에 역시 노동현장에서의 민주주의는 우리 사회의 민주주의적인 내용을 철저화하고 풍부하게 하는 데 있어서 지속적으로 강조해야 할 점이라고 생각하고, 그래서 현시기에도 물론 더욱 결정적인 것은 정치적인 관계의 변혁이라고 생각하지만 아울러서 노동현장에 있어서의 민주성의 신장에 대해서도 지속적인 관심이 요청되는 것이라 믿습니다.

정윤형 오늘 토론에서 느끼는 것은 안선생 입장이나 내 입장이나 본질적으로 큰 차이가 없을 수도 있다는 것입니다. 그러면서도 표현방법상에서는 커다란 차이가 나는데…… 다만 걱정스러운 것은 안선생이 제기한 그런 주장들이 70년대 이후의, 이대로 조금 더 밀고 나가면 우리나라도 소위 중진국이 되고 선진국이 될 것이다, 앞으로 복지국가가 될 것이다, 하는 '근대화론'과 맞아떨어질 가능성이 있다는 점입니다. 안선생은 그렇지 않다고 얘기를 했기 때문에 앞으로도 그런 점에서는 그것이 그렇게 이용되지 않도록 충분히 설명해주는 노력을 해야 하지 않겠는가 하는 점을 지적하고 싶군요. 그다음에, 안선생과 같은 발상이 나온 것은 기본적으로 그동안에 민중운동이 걸어온 길에 대한 일정한 평가를 전제로 하고 있다고 봅니다. 민주화운동에서 패배한 현실, 그것이 말하자면 민중이 지나치게 많은 요구를 내걸었다는 데서 패배의 중요한 요인을 찾으려는 문제제기였다고 생각되는데, 어느정도는 타당성이 있는 얘기고 우리가 앞으로 고려해야 할 문제라고 일단 받아들입니다. 그러나 그것은 또한 운동권에서 나타날 수 있는 패배주의를 뒷받침할 위험성도 있다는 것을 염두에 두어야 할 것입니다. 지금까지 좌절하면서도 꾸준히 성장해온 민중운동에 대해서 일정한 평가와 함께 적극적인 전망을 제시하는 노력을 이론가들이 해야 할 것이라고 생각합니다.

백낙청 마지막으로 제가 한마디 덧붙이고 끝내기로 하지요. 먼저 아까 김선생이 여성문제에 대해서는 차라리 언급을 생략하겠다고 하신 말씀을 좌담을 사회한 사람으로서 또 좌담을 계획한 창비 편집진의 한 사람으로서 뼈아프게 받아들이겠습니다. 사실 여성문제가 그렇게 간단하게 다룰 문제가 결코 아닌데, 굳이 변명을 한다면 그 문제를 우리가 대단찮게 봐서가 아니라 이 문제는 역시 여성이 한두 명 정도 구색으로 끼여서 논하기보다는 많은 여성 참가자들이 모인 자리에서 본격적으로 따로 논의해보아야겠다는 생각을 했기 때문에 이 좌담에서는 소홀하게 된 것입니다. 마지막으로 오늘 얘기가 어떻게 보면 안선생 중심으로 전개됐고 또 안선생에게 많은 공격이 쏟아지기도 했는데, 도중에 더러 소모적인 논의도 없지 않았습니다만, 흔히 어물어물 넘겨버리곤 하는 기본적인 문제를 허심탄회하게 짚어볼 좋은 기회가 되었다고 믿습니다. 안선생께서 처음부터 각오를 하고 나오셔서 끝까지 분투해주셔서 감사합니다.(웃음) 모두들 수고가 많으셨습니다.

영미문학연구와 이데올로기

백낙청(서울대 영문과 교수)
정정호(중앙대 영문과 교수)
도정일(경희대 영문과 교수)
이종숙(서울대 영문과 교수)
1989년 10월 21일 충북대학교

정정호 상당히 광범위하고 어려운 주제인데도 불구하고 우리에게 커다란 하나의 통찰력을 주는 좋은 말씀이었다고 생각합니다. 시간관계상도 그렇고 문제제기의 측면에서 자세히 말씀을 못하신 걸로 알고 있습니다. 그래서 제가 몇 가지 같이 생각해볼 문제를 말씀드리도록 하겠습니다.

우선 신비평과 구조주의, 탈구조주의와 관련된 언어문제에 관해서 선생님께서 별 성과가 없다고 잠정적인 결론을 내리셨고, 민중적 창조성에 동참하는 개개인에 의한 일상적 언어의 탐구가 중요하다, 즉 쏘쒸르적인 추상적 언어학보다는 삶의 현장 속에 있는 언어연구를 강조해오신 걸로

■ 이 토론은 1989년 10월 21일 충북대학교에서 열린 한국영어영문학회 가을 총회 때 이루어진 것으로, 그 후 『영어영문학』 제36권 1호(1990)와 『성찰과 모색』(백낙청 외, 서울대학교출판부 2002)에 백낙청의 발제문과 함께 실렸다. 발제문은 이들 지면 외에 백낙청 평론집 『민족문학의 새 단계』(창작과비평사 1990)에도 수록된 바 있으므로 생략했고 토론 전문만 옮겨 싣는다.

압니다. 제가 생각하기에도 그런 가능성을 다른 곳에서 몇 가지 찾을 수 있지 않나 하는 생각이 듭니다. 첫째는 구체적인 상황 속에서 일상언어를 연구하는 화행론(Speech Act Theory)이고, 또 하나는 언어의 정치성과 이 데올로기성을 강조하는, 바흐찐학파 중 볼로시노프(Volosinov)의 맑시즘적 언어이론에서 돌파구를 일부나마 찾을 수 있지 않나 생각이 들고, 바흐찐 자신의 산문의 유형화 즉 형식주의와 맑시즘을 이론적으로 통합하려는 노력 속에서도 쏘쒸르적인 언어학이 가지는 언어개념을 극복할 수 있지 않을까 하는 생각이 듭니다.

그리고 선생님께서 두번째 맑시즘을 말씀하시면서 루카치와 알뛰쎄는 충분한 대안을 마련하지 못했고, 윌리엄즈와 이글턴도 성과가 없고 오히려 후퇴한 기분이 든다고 하셨는데, 저도 그 의견에 상당히 동조를 합니다. 그런데 다른 네오맑시스트들, 예를 들어 프랑크푸르트학파 등에 대해서는 언급을 안하셨는데, 제가 보기에 발터 벤야민(Walter Benjamin)이라든지 브레히트(B. Brecht)라든지 아도르노(T. Adorno) 같은 사람들의 예술이론을 보면 속류 맑시즘 또는 루카치 자신을 극복하려는 여러가지 시도가 이루어지고 있는데 그런 네오맑시즘에서 어떤 가능성을 발견할 수 있지 않나 하는 생각이 들었습니다.

다음에 리비스(F. R. Leavis)의 독보적 업적과 맑스주의와 탈구조주의의 새로운 만남이 필요하다고 결론 부분에서 언급하셨는데, 저는 이 "새로운 만남"에 주의를 집중시키려고 하는데, 여기서 저는 선생님께서 비평적인 다원주의, 말하자면 프레드릭 제임슨이 기본적으로 맑시스트지만 현대의 여러 비평 조류 예를 들어 정신분석, 해체이론, 구조주의, 탈구조주의 등을 아주 잘 조합을 한 그 입장을 받아들이시는 건 아닌가 하는 의문이 들었습니다. 사실 다원론은 이데올로기라는 허위의식에 대한 문제 제기와 그것을 종합적으로 분석해서 규명하고 해체하여 대처하는 데는 도움이 되지만, 우리가 지향하는 목표나 운동의 선명성과 강도를 희석화시킬 우려가 있다고 보는데 어떻게 생각하시는지 대답해주시기 바랍니다.

네번째로 이론에 관한 문제인데 선생님께서는 많은 글을 통해 지나친 이론화에 대해 거부하시고 구체적 삶 속에서 인간의 창조적 노동과 떼어 생각할 수 없는 언어능력의 실천으로서의 삶에 대한 비평 그리고 이런 비평에 대한 정직한 반응으로서의 문학비평이 있어야 된다고 주장하신 걸로 압니다. 그런데 선생님께서 결론에서 말씀하신 것이 또다른 이론화가 아닌가 하는 생각입니다. 과연 이론이 저항적 요소가 될 수는 없는 것인지, 즉 서구이론을 따라가면 서구 추구주의가 되고 서구의 이론적 식민지가 되는 것은 사실이지만, 동시에 이론이 없으면 서구사람들의 숨겨진 이데올로기를 벗겨낼 만한 어떤 장치를 가질 수 있겠는가 하는 것입니다. 이런 의미에서 이론이란 것이 우리에게 필요악이 아닌가 싶습니다.

또 한 가지는 선생님께서 상당히 리비스를 중시하셨는데, 리비스가 우리나라에서뿐만 아니라 영미에서도 많은 논의가 되고 있지 않은 걸로 압니다. 선생님께서 리비스의 독보적인 업적을 강조하신 것에 대해 자세히 알고 싶고, 영문학에서 소외되었던 여러 분야, 대표적으로 여성해방운동 계열이라든지 제3세계 민중해방운동, 즉 타자를 다룬 문학, 다시 말해 주변부 의식의 확대·심화를 통해 활성화시킴으로써 숨겨진 지배이데올로기 문제를 다루는 데 상당히 중요한 방법이 될 수 있다고 말씀하셨는데 그러면 우리나라 영문과에서 구체적으로 어느 정도까지 그것을 할 수 있는지도 알고 싶습니다.

마지막으로 곧 경남대학교 주최로 서울 인터콘티넨탈 호텔에서 맑시즘 국제 씸포지엄이 있다고 하는데, 여기에 미국의 저명한 맑시스트 문화이론 비평가 프레드릭 제임슨(Fredric Jameson)이 온다고 들었고 거기에서 포스트모더니즘에 관해 발표하신다고 합니다. 그리고 요즘 제임슨의 관심이 온통 포스트모더니즘인 것 같은데 마침 백낙청 선생님께서 토론자로 참석하게 되신 걸로 알고 있습니다. 여러분도 아시다시피 선생님께서는 이미 수년 전에 포스트모더니즘에 관해 부정적인 선고를 내리셨는데, 몇년 전에 발표한 「모더니즘 논의에 덧붙여」라는 글 이후에 어떤 생각의 변화가 있으신지 말씀해주시고 토론자로 나가셔서 무엇을 질문하실 건지 미리 좀 알려주실 수 있으신지요.

백낙청 정정호 교수께서 먼저 제가 일상적 언어의 창조적 가능성을 강조하는 데에 기본적으로 동감을 하면서 몇 가지 언급을 하셨는데, 저는 일상적 언어의 창조적 가능성을 강조합니다만, 정교수가 말씀하신 담화행위 이론(Speech Act Theory)이라든가 일상언어학파(Ordinary Language School)에서 일상언어를 중시하는 것하고는 조금 다른 관점입니다. 제가 말하는 것은 어디까지나 창조적 가능성이기 때문에 실제로 일상적 언어에서 그러한 가능성이 실현되지 못할 경우를 얼마든지 상정할 수 있고, 혼탁한 시대일수록 일상적 언어의 창조적 가능성은 봉쇄되고 유실되기 마련입니다. 그런데 제가 일상언어의 창조성을 강조하는 이유는, 예술작품에 일상적 언어와는 뭔가 수준이 다른 창조성이 있음을 부인하는 것은 아닙니다. 언어의 창조적 가능성이 매우 집약적으로 구현되어 있다는 점에서 시의 언어가 일상언어와 다른 바가 있는 것은 당연합니다. 그런데 이런 차이를 두고 일부 신비평가들도 그렇지만 특히 구조주의·탈구조주의에서는 그 두 가지 언어 사이에 무슨 본질적인 괴리가 있는 것처럼 이야기합니다. 언뜻 보기에 비슷한 것 같지만 비슷하다고 생각하는 사람들은 그야말로 순진한 사람들이고 정말 읽을 줄 아는 사람들은 표면적인 텍스트 밑에 숨겨진 이른바 심층텍스트(sub-text)를 읽어낸다는 것이지요. 저는 텍스트의 액면 의미에 머물지 않는 비판적인 읽기에는 동조합니다만 이렇게 '텍스트'와 '심층텍스트'를 본질적으로 구별하는 입장에는 반대합니다. 어디까지나 일상언어에 담겨 있는 창조적 가능성이 작품화 과정에서 극도로 발휘된 것이 문학텍스트이고 그렇기 때문에 이런 창조성에 걸맞은 비판적이고 심도있는 읽기가 필요하다는 거지, 일상언어와 예술언어로 처음부터 양분해서 말하는 것은 언어와 인간의 창조적 가능성을 제약하는 발상이라고 보는 것입니다.

다음에 제가 루카치와 알뛰쎄만 얘기했는데 가령 프랑크푸르트학파라든가 브레히트, 제임슨, 바흐찐(Bakhtin) 등에게서도 무엇인가 얻어올 수 있지 않은가라는 문제제기에 대해서는 물론 동감입니다. 다만 브레히트와 프랑크푸르트학파는 조금 다르게 보아야 하지 않겠는가 생각합니다. 프랑크푸르트학파의 전반적인 흐름도, 물론 속류 맑시즘에 대해 정당한 비판을 하고 그러면서 맑시즘의 전통을 현대사회에 전승하는 데 큰 기여를 했습니다만, 탈산업사회의 이론에 접근하는 일면도 있고 기타 이런저런 이유로 저로서는 좀 거리를 취하고 싶습니다. 바흐찐의 경우도, 민중언어의 가능성을 얘기하는데 정작 창조성에 대해서는 관심의 밀도가 좀 덜하지 않은가 하는 생각을 갖고 있습니다. 이 점에 대해 본격적인 논의를 해보진 못했습니다만, 「모더니즘 논의에 덧붙여」라는 졸고에서 바흐찐에 대해 약간의 소견을 밝힌 바가 있습니다. 바흐찐이나 제임슨의 입장을 제가 전적으로 수용하지는 않기 때문에 그들의 입장에 따른다고 하신 '다원주의의 약점'을 제가 옹호할 필요는 없겠습니다. 오히려 저는 제임슨에서 '다원주의의 약점' 내지는 절충주의적 경향을 발견할 수 있다고 비판했던 처지입니다.

이론에 대해 정교수께서 '필요악'이라고 말씀하셨는데 사실 저는 이것이 필요악 이상일 수도 있다고 봅니다. 또 정교수께서도 아시다시피 정작 저는—해놓은 일이 전체적으로 적은 데 비해서는—이론적인 작업을 실제로 많이 한 편입니다. 그것을 할 때 저 스스로도 이것이 필요악이라는 생각, 할 수 없이 하는 일종의 자구책이라는 생각을 더러 합니다. 왜냐하면 저는 문학에서나 인생에서나 이론이 최고의 작업이라고는 생각지 않는데도 그걸 안하고 있으려니까 남의 이론 앞에서 무방비 상태가 되는 것 같단 말이지요. 그런데 제가 이론이 최고의 작업이 아니라고 할 때는 이론을 아예 빼버린 다른 무엇이 최고의 작업이라는 뜻은 아닙니다. 일상적 언어의 창조적 가능성이라고 말씀드렸을 때나 그러한 창조적 가능성이 가장 집약적으로 실현된 것이 문학작품이라고 말했을 때도 저는 그러한 창조적 가능성 속에 이론적인 요소가 이미 들어가 있다고 봅니다. 또 거기서 이론적인 요소만 따로 추상해서 그것을 더욱 정치하게 발전시킬 필요도 있는 것이지요. '필요악'으로서의 의의만이 아니라 그야말로 인간의 '선'을 위해서 당연한 작업의 하나입니다. 다만 그런 식의 이론화작업이 최고의 진리를 담보하는 작업은 아니라는 것입니다. 뿐만 아니라 이론적인 요소에 다른 요소도 녹아들어가 있는 상태인 작품의 언어가 마치 이론보다 한 차원 낮은 것이고 반드시 이데올로기적인 것일 수밖에 없으며 진실에서 그만큼 멀어진 것이라는 주장에 반대했던 것입니다.

알뛰쎄(L. Althusser)의 '과학' 혹은 '이론'의 개념에 대해 비판적인 생각을 피력한 것도, 본래부터 이론적인 요소와 직관적인 요소가 다소간에 변증법적으로 통일되어 있는 것이 우리 일상의 삶이고 그 일상의 삶의 창조적인 측면 내지 '변증법적 통일'의 측면이 최대한 발휘되는 것이 예술인데, 이런 통일성에서 추출하여 어느 일면으로만 발전시킨 것을 우위에 두는 것이 알뛰쎄의 입장이라고 생각했기 때문입니다. 이것은 리비스에 대한 저의 평가와도 연관됩니다. 흔히 리비스를 비판하는 사람들이, 특히 맑시스트라는 사람들이 그런데, 리비스가 이론을 전면적으로 부정하고 그럼으로써 그는 영미문학비평 특유의 경험주의 이데올로기에 빠져 있다고 비판하지요. 그러나 저는 리비스의 입장이 그런 의미의 반이론주의라고는 생각지 않습니다. 오히려 제가 말한 바와 같은 의미의 '이론주의'에 대한 비판을 그 역시 수행했다고 생각합니다. 리비스가 르네 웰렉(René Wellek)과 논쟁한 글을 읽어보아도 그것 자체가 하나의 이론적인 작업이지요. 웰렉이 리비스에게 리비스의 실제비평의 근거가 되는 철학을 제시하라고 요구했을 때, 리비스가 어째서 문학비평에 대해 그런 요구를 하는 것이 무리인가를 답변한 「문학비평과 철학」이라는 글 말입니다. 그 글이 이론을 아예 외면한 글이라고 생각하기도 쉽지만, 제가 볼 때는 그렇지 않고 그 답변 자체가 하나의 이론적인 작업이며 웰렉의 도전보다 한층 섬세한 이론적 점검의 결과라고 생각됩니다. 여러 해 뒤에 리비스는 이 글의 속편이라고도 할 수 있는 「사고, 의미, 감수성: 가치판단 문제」(Thought, Meaning and Sensibility: the Problem of Value Judgement)라는 글을 유고로 남겨서 『비평에서의 가치평가』(Valuation in Criticism, 1986)라는 사후의 평론집에 수록되었는데, 그 나름의 이론적 작업이 끈질기게 지속되면서 더욱 심오한 경지로 나아갔음을 보여줍니다. 리비스에 대해서는 우리나라에서도 논의가 제대로 안되었지만, 미국에서는 아직도 리비스를 논의하느냐라는 투의 반응이 흔한 것으로 압니다. 제가 볼 때 이것이야말로 그쪽에서 우리 제3세계의 도움을 받아야 한다는 또 하나의 증거가 아닌가 합니다.

리비스에 대한 오해는 너무도 많은데 그중 흔한 예는 리비스를 신비평가의 하나로 보는 것입니다. 그러나 사회나 역사에 대한 그의 관심이나 실제 그 방면의 작업이 신비평과는 판이하고 또 신비평가들에 대해 그가 비판한 것을 읽어보더라도 미국의 신비평가들이나 영국의 리차즈(I. A. Richards) 등과 리비스는 분명히 구별해야 한다고 생각합니다. 언어에 대한 관심도 어떤 면에서는 탈구조주의자들의 언어에 대한 인식과 차라리 비슷합니다. 왜냐하면 그는 신비평가들처럼 작품에 실제로 쓰인 낱말들에 주목할 것을 강조하기는 하지만, 거기서 한 걸음 나아가 언어는 역사적으로 생성되고 어느 작가가 작품을 쓰기 전에 이미 유구한 역사를 통해 만들어져서 그 작가에 의한 작품창조를 가능케 하고 어떤 의미에서 작가의 작업에 동참하는 어떤 요소로 파악하고 있습니다. 알뛰쎄 식으로 표현한다면 언어를 '항상 이미 구조지어진'(always already-structured) 것으로 파악하고 있기 때문에, 탈구조주의자들이 기존의 신비평가들이라든가 상당수의 맑스주의 비평가들이 언어에 대해 너무 소박한 생각을 하고 있다고 하는 비판이 리비스에게는 적중하지 못한다고 하겠습니다. 또한 리비스가 '위대한 전통'이라는 것을 딱 정해놓고 특정한 정전(canon)들을 고착시키는 것처럼 이야기하는 경우도 흔히 보는데, 실제로 리비스의 작업은 종전에 영국문학의 위대한 전통으로 통용되던 것에 대해 반발하여 그 전통의 내용을 바꾸는 일종의 정치비평을 수행했던 것입니다. 그리고 물론 리비스 입장에서는 자기가 위대하다고 설정한 작품이 앞으로도 위대하다고 인정받기를 바라겠지만, 그러나 그가 늘 강조하는 것은 그것이 위대한 작품으로 살아남기 위해서는 끊임없는 비평과 쇄신의 작업이 따라야 한다, 다시 말해서 독자들에 의한 끊임없는 '정치행위'로서의 비평, 집단적인 정치비평을 통해서만 전통이 유지될 수 있다는 것입니다. 고정된 정전에 대한 고식적 태도와는 전혀 다른 것입니다. 제가 리비스를 높이 평가하는 몇 가지 이유를 말씀드린 셈입니다만, 한 가지 덧붙일 점은 제가 맑시즘하고의 만남이라든가 탈구조주의와의 만남을 촉구하는 것이 단순히 좋은 걸 다 끌어대고자 하는 것이 아니라, 신비평과의 차이를 설명하면서 어느정도 밝혔듯이 리비스 내부에 그들과 만날 수 있는 소지가 이미 들어 있기 때문이지요. 그런데 정작 맑시스트라든가 탈구조주의자들이 그것을 못 보고 오히려 리비스를 간단히 제쳐놓음으로써 자기들이 새로운 업적을 이룩했다고 착각을 하고 있으니 우리가 나서서라도 좀 도와줘야겠다는 거지요.

포스트모더니즘 문제 그리고 프레드릭 제임슨에 대해 마지막으로 답변해보겠습니다. 제가 알기로는 제임슨의 포스트모더니즘론은 요즘 우리나라에서 많이 접하게 되는 그것과는 근본적으로 다른 데가 있습니다. 다시 말해서 그는 '포스트모던'(post-modern)한 것을 극복되어야 할 생산양식으로 파악하고 있습니다. 그렇기 때문에 설혹 구체적인 내용에서 저와 의견이 다른 데가 많다 하더라도 기본적으로는 대다수 포스트모더니즘 주

영미문학연구와 이데올로기　471

창자들보다 저의 입장에 더 가까운 면이 있다고 믿습니다. 제임슨의 포스트모더니즘론에 대해서는 앞서 언급한 「모더니즘 논의에 덧붙여」라는 85년도의 글에서 저 나름의 비판을 했고 지금도 기본적으로는 같은 생각입니다. 어쨌든 제임슨과 제가 일치하는 것은 '포스트모던'이란 것은 극복되어야 할 생산양식이라는 것입니다. 나타난 현상을 부정하는 것이 아니고 그것은 인정하되, 극복되어야 할 대상으로 설정하고 있다는 점에서 기본적으로 일치한다고 말씀드릴 수 있겠습니다.

도정일 백교수님 발표를 들으면서 저는 먼저 이 자리에 오신 청중 여러분, 동료 교수님들, 대학원 선배들, 발표를 들으신 분들의 심중에 어떤 종류의 질문이 생길까 생각해보았고, 제가 알기로는 영어영문학회가 이데올로기와 문학연구 혹은 문학과 이데올로기의 문제를 이렇게 공개적으로 토론의 대상으로 삼았던 일이 없지 않았던가 싶습니다. 이 문제는 교육의 문제, 즉 소위 문학교육을 어떻게 할 것인가, 영문학연구를 어떻게 할 것인가라는 문제들과 직결되는 것이기 때문에 논의가 또다른 기회에 심도 있게 다루어져야 할 제목이라고 생각이 됩니다. 그래서 미리 한 가지 제안을 하겠습니다. 영어영문학회는 혹시 다음번 총회를 준비하실 때 한국에 있어서의 영문학교육의 문제를 다룰 것을 고려해주십사는 제안을 드리겠습니다.

백교수님 발표와 관련해서 간단하게 몇 가지 질문을 드릴까 합니다. 오늘 발표 내용이 '문학연구와 이데올로기'로 되어 있습니다. 이것은 문학과 이데올로기가 아닙니다. 그래서 오늘 이 자리에 오신 여러분에게 일차적으로 두 가지 의문이 발생하지 않을까 생각합니다. 그 하나는 문학 자체는 이데올로기와 관계없는 것인데 문학연구가 이데올로기적 접근을 하는가 하는 것이고 또 이와 관련해 그 반대의 경우 즉 문학이 이데올로기를 떠나선 있을 수 없는 것인데 일부 연구자들이 그것이 탈이데올로기와 관련이 없는 양 분리해서 접근하는가라는 질문입니다.

또 발표의 서두에 이념과 이데올로기를 구분하셨고 이데올로기를 특별히 지칭해서 비판·극복되어야 할 어떤 것이라고 말씀하셨습니다. 비판·극복되어야 할 이데올로기의 양상으로서 실증주의적 태도라든가 신비평을 지적하셨습니다. 이데올로기가 비판·극복되어야 할 대상이라고 했을 때에 그것이 정확하게 어떤 것인가, 실증주의나 신비평이 보여주는 그런 이념적인 색깔 이외의 것은 이데올로기의 범주에 들어가지 않는가 하는 질문도 대답해주시기 바랍니다. 좀더 구체적으로 말씀드리면 백교수님께서는 실증주의와 계급적 이해관계를 연결시켰고 신비평도 부르주아 자유주의나 부르주아 인본주의와 관련된다고 언급하신 것을 보면 문학연구에 나타난 이념적 태도라는 것이 계급적 이해관계와 관련이 있다고 생각하시고 계급적 이해와 연결된 것을 이데올로기라고 잡아내신 것 같은데 그 경우에는 계급과 직접적으로 연결되지 않는—물론 간접적으로는 연결이 되겠습니다만—다른 이데올로기, 남성 중심주의, 종교적 이데올로기, 인종주의, 편협한 형태의 민족주의 등은 비판·극복되어야 할 이데올로기의 관점에서 볼 때 어느 범주에 들어가야 할 것인가 하는 질문이 있을 수 있겠습니다. 다음에 이념과 이데올로기 구분을 하시면서 이념 부분은 긍정적 이데올로기, 이데올로기는 부정적인 것으로서의 이데올로기라고 하신 것 같은데, 우리가 긍정적인 이데올로기라고 부를 것이 있다면 그것은 무엇인가라는 질문도 생깁니다. 즉 비판·극복의 대상으로서의 이데올로기가 아닌 우리가 수용하고 인간이 집단적 공유 가치로서 혹은 신념의 체계로서 지녀야 하는 이데올로기가 있다면 그것은 무엇인가 하는 질문입니다.

백낙청 도정일 교수께서 먼저 이데올로기와 관련해서 문학과 문학연구에 무슨 차이가 있는가를 물으셨는데 저는 문학이나 문학연구나 모두 이데올로기를 떠날 수 없는 작업이라고 봅니다. 그래서 그 문제는 간단히 답해놓고, 다음으로 이념과 이데올로기를 군이 구별한다면 어떻게 될 것인가, 또 이데올로기를 비판·극복한다고 할 때 무엇을 의미하는가에 대해 얘기해보겠습니다. 이데올로기라는 말이 부정적인 의미로도 쓰이고 긍정적인 의미로도 쓰인다는 것은, 바로 맑스주의 전통 내부에서도 그런 용례를 확인할 수 있습니다. 맑스 자신은 특히 이데올로기에 대한 그의 발언 중 가장 알려진 『독일 이데올로기』 등에서 '이데올로기'를 부정적인 의미로 썼습니다. 그래서 '허위의식'이라고도 하지요. 물론 완전히 틀렸다는 뜻이 아니라 부분적인 진실인데 전체적인 진실로 오인되고 있다든가 또는 사회현실의 모습이 전도되어 있는데 그것을 간과하고 있다든가 이런 비판적인 뜻을 담고 있습니다. 따라서 극복의 대상이 되는 것이지요. 그럼 무엇으로 극복하느냐? 그가 제시한 사상, 맑스주의의 이름으로 알려진 사상은 과학적 인식이면서 그 자체가 하나의 새로운 이념이란 데에 문제의 복잡성이 있다는 점을 이미 말씀드렸습니다. 그 후 맑스주의의 진전을 보면, 과학을 표방하지만 이것이 보통 이해되는 과학하곤 다르고 분명히 이념적인 성격을 띤 것이기 때문에 이데올로기라는 말을 거기에 적용할 때는 그 낱말에 긍정적인 뜻이 따르게 됩니다. 부르주아 이데올로기라고 하면 그건 나쁜 것이지만 사회주의 이데올로기라고 하면 과학성을 띤 이데올로기라고 이해하는 것이지요. 레닌, 루카치, 알뛰쎄 등이 모두 이런 용법을 보여준 바 있습니다. 우리말의 '이념'이 갖는 어감에 훨씬 가까워지는데, 맑스가 처음에 부정적으로 사용했던 낱말의 어감과는 좀 달라진 셈입니다. 그래서 '이데올로기'가 긍정적으로도 쓰이고 부정적으로도 쓰일 경우에 번역하기는 '이념'이 적당한 말인 것 같고, 부정적으로만 쓸 때는 혹은 부정적인 면을 특히 강조하고자 할 때는 '이데올로기'란 말을 그대로 쓰는 게 더 낫다고 본 것입니다. 그러면 이데올로기를 비판·극복한다고 할 때 어떻게 되느냐? 저는 어떤 이데올로기는 틀린 이데올로기인데 어떤 이데올로기는 맞는 이데올로기라는 말이 전혀 있을 수 없는 말로 생각진 않습니다. 거기엔 상대적인 진실성의 차이, 상대적 과학성의 차이,

또 역사적 진보성의 상대적인 차이가 있습니다. 그러나 그것을 절대적 차이로 설정한다면, 즉 하나는 완전한 이데올로기이고 또 하나는 완벽한 과학이라고 말한다면, 그것은 또 새로운 나쁜 의미의 이데올로기가 되지 않을까 생각합니다. 저는 오히려 이데올로기의 극복이란 것이 그런 식으로 크게 나누어서 이 노선은 이데올로기이고 저 노선은 이데올로기가 아니다라고 말하기보다는, 도교수 자신이 즐겨 쓰시는 비유를 제 식으로 원용해서, 우리가 이데올로기적인 물에서 놀고 있는데 이데올로기를 극복한다는 것이 혹은 진리에 도달한다는 것이 그 물에서 아예 벗어나서 과학이라는 지상에 올라온다든가 공중에 떠서 굽어보는 그런 상태가 아니고 물속에서 놀고 헤엄치면서 어느 순간에 도달하는 어떤 완벽의 순간, 절정의 순간이라고 하겠습니다. 그것을 비유해서 영원이라고도 하고 진리라고도 하는 것이지 그 물에서 벗어나는 것은 일시적인 방편이 아닌 한, 물고기가 물밖에 나오면 죽는 것과 마찬가지로 진리를 잃는 결과가 된다고 믿습니다. 그렇기 때문에 저는 알뛰쎄가 이데올로기에서 전적으로 벗어난 과학을 예술보다 높은 경지에 설정하는 것에 반대한 것입니다. 도교수께서는 알뛰쎄가 예술에 대해 이야기한 것을 비유하여 이데올로기의 물속에서 남아 있기는 있는데 스스로 이데올로기의 물에서 놀고 있음을 아는 것이 예술인 셈이라고 하셨는데, 저 자신도 실제로 어떤 예술작품이 허위의식을 백퍼센트 극복하는 경우는 없다고 믿습니다만, 어쨌든 예술처럼 이데올로기의 물속에서 수행하는 실천적 작업만이 어떤 절정의 순간에 이데올로기를 극복하고 진리에 도달하는 것이지 거기서 나와버린 어떤 다른 차원, 알뛰쎄의 표현을 빌자면 별개의 '심급'에서 진리를 찾을 수 있다고는 믿지 않습니다. 그러면 이러한 실천작업에서 커다란 정치노선의 문제는 어떻게 되는가? 상대적으로 과학성이 높고 상대적으로 역사적 진보성이 있는 노선을 추종할수록 그 안에서 각자가 진리에 도달할 확률이 높아지고 도달하기가 쉬워지는 것이지, 어떤 노선에 가담하는 것이 자동적으로 진리를 담보해주지 못한다는 것이 제 생각입니다.

다음으로 계급에 관한 문제인데, 저는 이데올로기를 계급적인 이데올로기로 환원시킬 생각은 없고 모든 것이 계급에 의해서만 결정된다고 보지도 않습니다. 그러나 계급이 역사를 움직이고 사회를 움직이는 중요한 동력인 한은 모든 이데올로기가 현실 속에서 작동할 때 계급과 무관하게 작용하지는 않는다는 생각입니다.

이종숙 선생님께서 맨 처음 말씀하신 전통적 문화연구 자세가 탈이데올로기적이라는 주장에 관하여 몇 가지 의문을 제기하고 싶습니다. 특히, 실증적인 문헌연구가 이념문제와는 담을 쌓고 있다고 말씀하셨는데, 그것은 실증적인 문헌연구에 대한 지나친 과소평가가 아닌가 생각됩니다. 사실 저는 전통적인 문헌연구 일반의 중요성을 옹호하는 입장이고, 이념에 관한 자세라는 측면에서도 마찬가지입니다. 실증적 문헌연구가 공연히 "실증적"이기만 하다는 식의 비판이 간과하고 있는 점은, 실증적 문헌연구의 실증주의란 역사주의적 정신의 표현이라는 사실입니다. 원문비평(textual criticism) 등의 문헌연구는 문헌의 역사성에 대한 자각에서 출발하여, 문헌에 담겨 있는 역사의 모습을 구체적으로 증명하는 작업이기도 하다는 말입니다. 이를테면, 원문비평의 원조를 찾는다면, 에라스무스(Erasmus)를 생각할 수밖에 없는데, 에라스무스 같은 사람이 원문비평을 하면서 자신의 작업이 지니는 이념적 의의나, 자신이 다루고 있는 텍스트—이 경우에는 성경입니다마는—가 담고 있는 이념, 또는 자기 자신의 이념적 경향에 무심하였다거나, 의도적으로 외면하였다고는 결코 말할 수 없습니다. 오히려 에라스무스는 성경도 사실은 텍스트라는 인식, 성경이란 신의 말의 순정한 집합이 아니라 신의 말이 인간들에 의해 오랜 기간에 걸쳐 전승되어오면서 인간의 말과 섞이고 인간의 눈으로 다시 해석되고 정리되었다는 인식, 다시 말하여, 성경이 인간의 역사를 마치 여러 겹의 단층처럼 담고 있다는 지극히 역사주의적인 인식에서 성경의 원문을 연구하기 시작하였으며, 그 작업은 결과적으로 북유럽의 르네쌍스시 대의 막을 여는 일이 되었는가 하면, 종교개혁의 기틀이 되기도 해서, 그 때까지의 기독교의 역사뿐 아니라 유럽의 역사와 이념세계를 바꾸는 굉장한 힘을 발휘하였기 때문입니다. 원문연구는 애당초 우리들이 지금 이념이라 부르는 것에 해당되는 개념인 당대의 지배적인 가치체계와 현상(status quo)의 절대성에 대하여 의문을 제기하는 역사주의적인 정신의 표현이란 말입니다. 사실 현대 구미의 원문비평도 탈이데올로기적이라고 규정될 수는 없습니다. 그것이 원래 지니는 역사주의적인 전통은 여러가지 형태로 지금껏 나타나고 있고, 그런 면으로 많은 가능성을 보여주기도 하니까요. 또 따지고 보면, 문학의 이념성 규명도 제대로 정립된 텍스트에 기반을 두지 않으면 허사지요. 신비평에 대해서는 따로 말씀드릴 여유가 없지만, 신비평가들도 스스로의 이념에 대하여 무감각하거나 부정직했다고만 말할 수는 없다고 생각한다는 점은 밝혀두고 지나가고 싶습니다.

선생님 말씀 중에서 같이 살펴보아야 될 점이라고 생각되는 것이 하나 더 있는데, 이 점은 도정일 선생님께서도 이미 어느정도까지는 이야기하셨기 때문에 그냥 간단히 언급하는 것으로 그칠까 합니다. 제 생각에 이념이란 텍스트에도 담겨 있고 독자에게도 있는 것이어서, 이념문제를 다룰 때 독서(reading)란 텍스트에 담긴 이념을 그 자신 이미 어떤 이념체계를 지닌 독자(reader)가 그 이념의 지배 하에 있는 눈으로 해독해내는 행위라고 말해야 할 텐데, 이번 발표 전반에 걸쳐 선생님께서는 독자의 이념 쪽에 치중한 것 같습니다. 마치 독자가 자신의 이데올로기만 단단히 의식하고 있으면 텍스트가 담고 있는 이데올로기는 저절로 이해될 수 있다는 식의 이야기로 들릴 정도로 말입니다. 과연 그런지요? 그러나 사실, 제 질문에 대한 해답의 일단은 선생님께서 결론 삼아 말씀하신 부분에서 발견할 수 있다고도 생각합니다. 선생님께서 이제껏 말씀하신 거나 도선생님의 질의에 대한 답변 내용을 종합하여보면, 선생님께서는 텍스트에도 이념이 있고 독자도 이념을 가지고 있지만, 특히, 독자가 어떤 이념을 지니고 있는가를 밝히는 것이 더 중요한 문제라고 생각하시는 것 같습니다. 그래서 드리는 질문인데요, 선생님께서 리비스의 독보적인 업적과 맑스주의, 탈구조주의와의 새로운 만남이 필요하다고 말씀하실 때 선생님 자신이 지닌 이데올로기는 무엇인지요? 만일 그 이념이 리비스에 훨씬 더 강조를 두는 것이고, 리비스가 우리를 이데올로기의 극복으로 이끌어가리라는 생각과 통하는 것이라면, 처음부터 문학의 이념성이란 문제에 대하여 이처럼 신경을 쓰는 것은 이념문제를 과대평가하는 셈이 되는 게 아닌지 모르겠습니다.

백낙청 제가 발표하는 과정에서 미흡하거나 오해의 가능성이 있는 대목이 많았을 터인데, 이종숙 교수의 질문을 계기로 한두 가지 해명할 기회가 생겨서 고맙게 생각합니다. 우선 실증적 문헌연구의 중요성을 과소평가하지 않았는가고 하셨는데, 저는 실증주의 문헌연구가 이룩한 과거의 공헌은 물론이고 현재에도 그것이 차지하는 중요성을 과소평가할 생각은 없습니다. 다만 그러한 연구에 오늘날 흔히 작용하는 이데올로기를 얘기하고자 했던 것인데, 이교수께서는 그것이 발생 당시에 역사주의적 이념과 결부되었던 것임을 지적하셨습니다. 그런데 이교수의 지적은 실증주의 이념에 대한 저의 비판과 상반되는 것이 아니라고 봐요. 역사주의라는 것도 여러가지지만, 실증적 문헌연구가 대표하는 역사주의는 실증주의적 성격의 실증사학이 지닌 역사주의에 가깝습니다. 실증주의 역사학이나 실증주의라는 이념이 지금은 우리가 당연히 극복해야 될 대상이 되었습니다만, 극복한다는 것은 한마디로 부정한다는 뜻은 아니며 더구나 지난날의 업적을 인정하는 데 인색할 이유가 없습니다. 그 정당한 업적 중에서 특히 르네쌍스 시기에 그것이 가졌던 기능은 이교수께서 지적하신 그대로 대단히 중요한 것이었다고 봅니다. 실증주의라는 것이 시민계급 특유의 이데올로기이고 영국이나 미국에서 특히 큰 힘을 갖는 이데올로기라는 말을 했는데, 시민계급의 역사적 기능이 역사의 시기마다 달라지는 것이니까 그것이 르네쌍스에 가졌던 의의와 18세기, 19세기, 그때그때마다 기능이 달라진다고 봅니다. 그래서 실증주의로 무장된 실증연구라도 르네쌍스 시기에는 중세의 낡은 이데올로기를 타파하는 데 결정적 공헌을 했던 것이지만, 19세기 이후로는 기성체제를 옹호하고 실증 가능한 현상으로 이미 굳어져 있는 것 이외의 어떠한 현실도 부정하며 사람들이 다른 전망을 갖는 것을 방해하는 이념으로 작용하게 되었다고 저는 봅니다. 그렇기 때문에 그 점에 대해서 비판한 것이지 그것이 과거에 가졌던 다른 역할을 부정하려고 했던 것은 아니고, 또 실증주의라는 이념과는 별도로 실증적인 문헌연구 자체가 갖는 의미를 부정할 생각은 더욱이나 없습니다.

텍스트와 독자에 대해서도 사실은 제가 독자 쪽의 이념에 더 치중해서 얘기했는지 모르겠습니다만, 그것은 문학연구를 주제로 하다 보니까 연구자 즉 독자의 입장을 강조한 것이지요. 그러나 제가 리비스를 거론한 데서도 짐작하시겠지만, 오히려 저는 텍스트 자체에 의미가 있다는 주장에 기울었다는 비판을 받지 않을까 염려하는 사람입니다. 리비스도 그런 비판을 많이 받지요. 가령 '위대한 전통'을 얘기할 때는 일단 정말 위대한 작품이 있고 안 위대한 작품이 따로 있다는 주장이지요. 읽는 사람에 따라 위대하고 안 위대하고가 결정되는 것이 아니고 작품 자체 내에 어느 것이 위대하고 어느 것이 덜 위대하며 어느 것은 전혀 위대하지 않은가의 차이가 있다는 주장입니다. 그러나 리비스가 그것을 읽어주는 독자의 반응과 무관하게 그런 상태가 있다고 보는 것은 아닙니다. 어디까지나 작품과 독자가 주고받는 가운데 ─ 그래서 그는 제3의 영역(the Third Realm)이란 말도 쓰는데 ─ 과학에서 말하는 '객관'도 아니고 그렇다고 '주관'만도 아닌 영역에 실재하는 것이 문학작품이라고 생각하기 때문에, 텍스트를 실체화하는 태도와는 다릅니다. 하지만 어쨌든 텍스트 자체가 갖는 의미를 저 자신이 소홀히하는 입장이 아님은 분명히 말씀드릴 수 있습니다. 다만 이럴 때 그것의 객관성을 어떻게 설정하느냐가 문제인데, 가령 리비스도 자연과학이나 수학에서와 같은 객관성은 아니지만 그와 다른 차원의 객관성이 작품에는 있다는 주장을 하고, 저도 거기에 동조합니다. 저는 오히려 한 걸음 더 나아가, '제3의 영역'이라는 것이 원래는 '제1의 영역'이다라고 표현할 생각조차 납니다. 리비스가 제3의 영역이라고 할 때는 물리학이나 자연과학에서 확인하는 객관적 현실에 해당하는 하나의 영역이 있고, 또 하나는 완전히 주관적으로 우리 머릿속이나 마음속에서만 일어난다고 하는 그런 영역이 있고, 그 어느 것도 아닌 또 하나의 영역에 시라든가 작품이 그 나름의 '객관성'을 갖고 존재한다는 뜻인데, 중요성에 있어서 세번째라는 말은 물론 아니지요. 거듭 말하지만 저는 이곳이 바로 진리가 구현되는 영역이고 자연과학의 진실이나 주관주의적 상념은 모두 거기서 추상되어 나온 것이라는 생각입니다. 그런 의미에서 리비스의 '제3의 영역'이야말로 '제1의 영역'이라는 것입니다. 그런데 이 영역이 곧 삶의 본령이기 때문에 여기서 일어나는 사항의 객관성을 자연과학의 추상화된 영역에서처럼 고정된 기준을 갖고 측정할 수 없습니다. 어떤 의미에서는 작품을 쓰는 사람의 창조성에 못지않은 창조적인 지혜를 독자가 — 어디까지나 독자의 분수를 지키면서 — 발휘할 때에만 객관성을 확보할 수 있을 것입니다. 아까 썼던 도정일 교수의 비유를 빌린다면, 이데올로기의 물속에 있으면서 먼저 그 사실을 스스로 인정해야 하고, 또 인정을 한다고 자동적으로 극복되는 것은 아니고 그러한 인식을 바탕으로 물속에서 최선의 헤엄을 쳐나갈 때 어떤 완벽의 순간에 도달되는 것이 예술에서의 객관성이라 하겠습니다. 그렇기 때문에 제가 남의 이데올로기를 비판하는 것은 저 나름으로 그런 진리의 경지에 도달하고자 하는 끊임없는 노력의 일환이지 무슨 올바른 이념을 제가 확보해놓은 상태에서 여러분에게 그것을 제시하는 것은 아니라고 이해해주시기 바랍니다.

그리고 이데올로기 문제를 너무 강조하지 않는가라는 말씀도 있었는데 어떤 이데올로기의 일방적인 주장이 아니고 '문제'로서의 이데올로기라면 저는 역시 이것이 훨씬 더 논의될 필요가 있고 '영미문학연구와 이데올로기'에 대한 토론에 이어 장차 '영미문학교육과 이데올로기'에 대한 토론도 갖도록 하자는 앞서 도정일 교수의 제안에 전폭적인 지지를 보내고 싶습니다.

남북한의 평화교육과 군축

김우창(고려대 교수)
김정환(고려대 교수)
백낙청(서울대 교수)
이효재(이화여대 교수)
최상용(고려대 교수)
1989년 10월 30~31일 고려대 평화연구소

김우창 우선 고려대학교 김정환 선생님께서 토의해주시기 바랍니다.

김정환 저는 인류 최초로 원자탄의 피해를 받은 일본 히로시마에서 오랫동안 교육학을 공부한 사람입니다. 그래서 평화교육에 정말 관심이 많기도 합니다. 아까 최정호 선생님도 지적하셨듯이 그동안 평화교육이 금기(taboo)시되어왔기 때문에, 공식적으로 논의가 되어 있지 않습니다. 그래서 우리나라의 경우, 평화교육에 대해 논문이 몇 편밖에 없고, 심지어 우리나라 사람이 쓴 단행본 하나 없습니다. 고작 리드(Lead)라는 영국 사

■ 이 토론은 고려대학교 평화연구소에서 1989년 10월 30~31일 개최한 '한반도의 군축과 평화' 학술회의 제5분과에서 이루어진 것으로, 당시 제5분과에서는 「남북한의 반평화적 교육과 군사문화」(김성재) 「평화를 위한 언론의 역할」(최정호) 「군축을 위한 평화교육」(황정규) 등 세 편의 발제와 그에 대한 토론이 행해졌다. 이 학술회의의 발제문과 토론문은 그후 단행본으로 출간된바(이호재 편 『한반도군축론』, 법문사 1989), 이 토론은 이 단행본에서 옮겨 실은 것이다.

람이 쓴 30여 년 전의 글이 하나 번역되어 있는 상태고, 나머지 있다 하면 유네스코적 사고(idea) — 김성재 선생이 잘 비판해주셨습니다만 — 인 국제이해교육이나 환경교육, 또 인구교육 등뿐입니다. 따라서 저는 평화논의가 어느 한쪽에 편협되게 치우쳐 있다는 데 문제의식을 갖고 있는 사람입니다. 이 세 분 선생님들께서 이렇게 귀한 논문을 발표해주셔서 정말 배운 바가 많습니다. 저는 서독 프랑크푸르트(Frankfurt)학파의 비판이론에 근거한 비판적 평화교육학 같은 문헌을 많이 접했습니다. 따라서 세 분 선생님들의 발표에 대해 딱 한 가지씩만 질문을 드리도록 하겠습니다.

김성재(金聖在) 선생님은 평화교육의 이념 혹은 목적이 대략 몇 가지로 나누어진다고 설명하고 계십니다. 제1세계 유형은 선진 자본주의 국가들의 패권을 유지하기 위한 현상유지적 평화교육으로, 제2세계 유형은 사회주의 국가들의 투쟁을 통해서 계급 없는 사회를 만들자는 투쟁논리로, 제3세계 유형은 억압된 나라들이 식민지지배로부터 해방되는 반제국주의와 민족주의로 이어진다고 평화문제를 체제문제로 바꿔서 말씀하셨습니다. 여기에 관해 저는 사실상 서독에서 주류를 이루는 프랑크푸르트학파의 평화교육론적 입장에서 말씀드리고 싶습니다.

김선생님께서는 서독의 비판적 평화교육학이 유네스코의 전통적 평화교육을 비판한 것까지는 좋았는데, 역시 그 제약성으로 해서 제1유형에 속한다고 하셨는데, 저는 이 논리에 반대합니다. 비판적 평화교육에 있어서는 기본적으로 인간의 양심 문제, 사회적 차원에서의 갈등해소 문제, 성차별, 계급차별, 민족차별, 국가차별 등을 일컬어서 사회적 차원이라 했습니다. 그리고 제3차원의 문제는 인간이 경제성장 위주로 자연을 확대함으로써 자연이 파괴되고 있다는 점을 중심으로 해서 자연과 인간 간의 평화 회복을 말했는데, 독일의 녹색당 같은 것이 대표적이라 하겠습니다. 다음으로 제4차원에서는 지구와 지구 밖의 우주(cosmos)와의 싸움 문제인데, 우주공학에 해당된다고 여겨집니다. 즉, 인공위성이 날아가면 별들의 전쟁이 생겨서 지구가 송두리째 없어지는 것이 아닌가 해서 관심을 두는 것입니다. 평화교육은 이렇게 정말 넓은 차원으로 보는 것입니다. 김선생님은 지금 세 개의 유형을 들고 계시지만, 평화교육은 그 세 유형을 다 포함하면서 또다른 주요한 것들을 첨부해가는 새로운 유형이지 통합적 유형이라고 생각되지는 않습니다. 따라서 서독이 자유주의국가에 속한다는 것을 제약으로 보아 평화교육의 유형이 제1세계에 속한다고 보는 것은 반대입니다. 여기에 대해 말씀해주셨으면 좋겠습니다.

다음에 최정호(崔禎鎬) 선생님께서 여론조성과 관련된 귀한 말씀을 해주셨습니다. 이것은 질문이라기보다 선생님의 판단을 듣고 싶습니다. 월남전이 한창일 때 제가 기독교교수협의회에 한번 나간 적이 있었습니다. 저는 정의로운 전쟁이란 말은 중세에 로마교황청에서나 사용하던 말이고, 의로운 전쟁, 성전(聖戰) 따위는 존재할 수 없다고 생각합니다. 문제는 무력을 절대 반대해야만 하는 기독교에서 왜 총을 드느냐 하는 것인데—현재 기독교에서는 정말 반전사상이 나오고 있습니다—이러한 자료를 보았던 저는 그때 반전(反戰)문제를 제기했었습니다. 협의회 내에는 기독교를 믿는 기라성 같은 헌법교수도 많이 있었어요. 그들은 신조와 선교의 자유를 인정하는 서방국가에서는 하나같이 양심적 병역거부의 논리를 헌법에서 보장하고 있는 점을 들면서 우리나라도 종교를 보장하는 자유주의국가라면 종교를 보장하는 양심적 병역거부(CO, conscientious objection)를 인정해야 한다는 것이었습니다. 그리고 평화교육학 책들 속에도 그런 것을 많이 발견했습니다.

아시다시피 서독은 기본법 43조 3행에서 병역거부를 보장하고 있습니다. 여기서 참고로 기본법에 관해 잠시 말씀드리겠습니다. 서독에서는 통일이 되는 그날까지 헌법(Verfassung)이라는 말은 아껴두자고 하여 기본법, 즉 헌법에 해당하는 것을 이렇게 부르고 있습니다. 기본법의 12조 3항에는 여성에게 절대 병역의무를 과할 수 없다고 되어 있습니다. 자기가 좋아서 군대에 갈 경우에도 집총만은 절대 할 수 없다고 규정하여 평화사상을 고취하고 있고, 헌법에 보장되어 있기 때문에 교과서에서도 다루어져 은근히 반전사상을 고취하고 있습니다.

그런데 우리나라의 상황과 독일의 상황을 비교해볼 때, 양심적 병역거부의 논리는 국법에 나오지 않더라도 교과서에서 다룰 수 있습니다. 예를 들어 사람이 살기 위해서 먹느냐, 먹기 위해서 사느냐 하는 점만 보더라도 살기 위해 먹는다는 부분이 법으로 보장되어 있지 않지만 교과서에서 그런 부분을 다루고 있지 않습니까? 그렇다면 이런 귀한 생각은 교과서에서 선취적으로 다룰 수도 있지 않은가 하는 생각인데, 최선생님은 우리 국민의 의식 수준에서 볼 때 이것이 정말 가능한 논리인지 저에게 시사를 주셨으면 좋겠습니다.

그다음 황정규(黃禎奎) 선생님은 군축교육을 '군축에 관한 교육'과 '군축을 위한 교육'으로 나누시면서, 특히 군축에 관한 교육은 정보에 잘 접근할 수 있도록 가르쳐야 한다는 것이고, 군축을 위한 교육은 행동 내지 의지결정에, 말하자면 체험에 와닿는 그런 교육이 중요하다고 말씀하셨습니다. 특히 프로그램화를 말씀해주셨는데, 평화교육학의 방법으로 서독사람들이 아주 중시하는 것은 체험성입니다. 평화교육은 특히 체험에 와닿아야 한다고 하면서 학교가 사회문제를 수시로 끌어들여 학습자가 사회문제를 깊이 인식하게 하는 학교와 사회와의 올바른 관계회복, 흥미, 자유, 자취 등의 개념을 각자가 주체로서 선택해야 한다는 점을 강조하고 있습니다. 따라서 농성·데모·파업 현장에 아이들이 접근할 수 있어야 한다, 갈등현장을 봐야 한다는 등 체험과 이어지지 않는 평화교육은 수치로 풀이될 수 있는 산수공부와 달리 다 의미없는 것으로 간주하고 있습니다. 그다음은 특히 동지적 유대감을 키우기 위해 대화를 경유하는 감각의 육성(코이노니아)이며, 마지막이 평화자료실입니다. 이 관계자료실은 학교단위로 다루어야 한다는 등 서독의 평화교육은 구체적인 프로그램화가 다되어 있습니다. 황정규 선생님께서는 프로그램화를 특히 강조하셨습니다. 여기에 대해 복안이 계시면 말씀해주시면 감사하겠습니다.

김우창 감사합니다. 이어서 서울대 백낙청 교수께서 말씀해주시기 바랍니다.

백낙청 아까 황정규 교수님께서도 말씀하셨지만, 전체적으로 학술대회에서 이 분과토의가 양념 비슷하게 끼어 있는 것 같고, 또 이번 토의과정에서도 문학 하는 사람이 양념으로, 또는 구색맞춤으로 들어 있지 않은가 하는 생각이 듭니다. 군축문제라는 것은 물론 대단한 전문적 지식을 요하는 것인데, 저 같은 사람이 끼어서 할 수 있는 몫이라고 한다면 오히려 전문가들의 토론에서 별로 논의되지 않는 측면에 대한 것일 테니까 여기에 대해 몇 마디 얘기를 할까 합니다. 저는 발표하신 개개 논문에 대해 따로 논평을 하지는 않겠습니다. 이야기를 해나가는 과정에서 몇몇 대목에 대해서는 구체적으로 언급을 하겠고, 더러 비판도 하겠습니다. 발표자들께서 적절하다고 생각하시면 나중에 답변할 때 언급해주셔도 좋겠습니다.

먼저 군축에 관해서 보면, 서양에서는 이것을 군비축소(disarmament) 내지 군비통제(arms control)라고 합니다. 우리는 군비통제란 말을 안 쓰고 군축이란 말을 사용하는데 어감이 좀 다르다고 생각합니다. 물론 군비를 통제한다는 것은 과잉군비를 축소한다는 것이지만 요점은 우리가 그것을 통제해서 평화에 이바지하도록 하는 것입니다. 그런데 더 중요한 것은 군비를 통제하는 것보다 군비를 경쟁하고 추진하는 사람들을 통제하는 것이라고 생각합니다. 결국 군축이라는 것은 민주주의 문제, 군비 문제에 대해 국민들이 통제권을 갖는 것을 의미한다고 생각합니다. 그런 의미에서 우리가 군비를 통제하고 군비담당자들을 통제하는 문제가 아닌가 합니다. 그래서 민주주의 문제가 제기되는데, 저는 군축이나 평화문제를 따로 떼어서 생각하기보다는 커다란 체제문제라든가 다른 역사적 사실과 연관시켜 생각하자는 김성재 교수의 제기에 동감합니다.

둘째, 이것을 한국의 경우 조금 더 발전시켜 생각하면 우리 남한의 주민들이 남한의 군비에 대해 통제를 가하고 군비담당자들을 통제하는 일도 중요하지만, 남한의 군사력 못지않게 중요한 것이 외국, 한마디로 미국의 군사력입니다. 어떤 의미에서는 못지않게 중요한 것이 아니라 더 결정적 중요성을 갖고 있다고 볼 수도 있을 것입니다. 그러면 이 미국의 군대에 대해 한국 주민은 어떤 통제력을 가질 것인가 하는 문제가 있습니다. 한국사람들이 선거하고 투표해서 미국의 외교정책이나 군사정책을 결정할 수 있다면 더 바랄 나위 없겠지만 그런 일은 일어나지 않을 테니까, 차선책으로 생각할 수 있는 것은 적어도 한국인의 운명에 직접적으로 영향을 끼치는 한반도에서의 미국의 군사역량에 대해서는 한국인이 영향력을 가져야 한다는 생각을 해봤습니다. 이른바 자주화의 문제가 나오는 것이지요.

세번째는 통일에 관한 문제입니다. 물론 우리가 '통일은 민족지상과제다'라는 명제에서 출발할 수도 있고, 아니면 한반도 현상을 바라볼 때 분단으로 인해 이 모든 군사문제가 일어나고 있다는 상황에서 출발할 수도 있지만, 저는 지금 제가 문제를 제기하는 방식에 따라 '민주주의적 통제'라는 관점에서 논의해보겠습니다. 다시 말해 한반도에서 군축이 되고 군비가 통제되려면, 우리 남한주민의 입장에서 볼 때, 남한의 군비를 통제하고 남한에 와 있는 외국군에 대해 통제력을 갖는 것만이 아니고, 한반도 북반부에 있는 군비에 대해서도 통제력을 가져야지 군비통제(arms control)가 되는 것입니다.

이것을 어떻게 할 것인가? 여기에는 크게 두 가지로 방향이 나누어집니다. 하나는 통일을 이룩하자는 것, 즉 통일론이고, 다른 하나는 — 듣기에는 비슷한 말입니다만, 다른 시각을 대표한다고 보겠는데 — '평화정착론'입니다. 그러니까 통일론은 남한주민이 북한의 군비에 대해서도 통제력을 행사하기 위해서는 둘이 완전히 한 나라가 되어서 남북한 주민이 공히 남북한 전체의 군비에 대한 통제력을 행사하든가 아니면 연방제라든가 일종의 복합국가체제를 택해서 남한의 주민이 일차적으로 남한의 군비에 대해서 통제력을 행사하면서 이차적으로, 즉 정도는 훨씬 덜한 상태에서 북한의 군비에 대해서도 통제력을 행사한다는 이런 방안이 평화통일 노선일 것이고, '평화정착' 노선이라는 것은 그런 식의 통일은 불가능하다든가 바람직하지 않으니까 우리가 일본, 중국 등의 이웃나라와 하듯이 북한과 조약관계를 맺어, 내부에서는 쌍방이 맺은 조약이 국내법과 똑같은 효력을 갖는 그런 통제력을 행사하도록 하자는 안이 있겠습니다.

여기서 아까 최정호 선생님이 말씀하신 통일론에 대해 잠깐 언급하자면, 통일에 대한 단순한 논리가 평화통일을 부정하고 오히려 무력통일로 치달을 수 있다고 하신 말씀에는 저도 동의합니다. 그러나 평화통일이 환상이라는 주장은 그러한 단순한 통일논의에 못지않게 또 하나의 단순한 논리가 아닌가 하는 생각이 듭니다. 제가 알기에 이 땅에서 평화통일을 주장하는 학생들이나 지식인들이 모두 최정호 선생님이 만나신 것과 같은 단순한 논리만을 펴고 있는 것은 아니라고 생각합니다. 최정호 선생님은 세칭 '단무지파' 즉 단순 무지파를 주로 만나신지 모르겠는데, 사실은 그렇지 않다는 점을 말씀드리고 싶습니다. 또 하나는 형식논리상 '평화통일은 환상이다'라는 식으로 말씀하신다면, 똑같은 논리가 '평화정착론'에도 적용될 수 있습니다. 평화정착이 되려면 평화정착이 아니고 평화통일을 하겠다는 사람들을 모두 통제하지 않고는 평화정착이 안됩니다. 가령 남한의 주민이나 또는 북한 주민까지도 모두 최교수의 논리에 승복을 하든가, 아니면 과거 혹은 지금도 우리 정권에서 하듯이 국민총화를 안하는 사람들을 '발본색원' 하겠다고 나서서 그 정책이 성공하기 전에는 평화정착이라는 것이 어려운 것입니다. 따라서 평화통일론을 너무 단순하게 펴도 평화를 파괴할 우려가 있지만, 평화통일은 환상이라고 쉽사리 단정하는 것도 오히려 평화를 파괴하는 논리, 인권을 파괴하는 논리가 될 수 있다는 점을 말씀드리고 싶습니다.

끝으로 평화운동에 대해서 한두 마디만 말씀드리겠습니다. 우리가 군축을 추구하고 평화를 추구한다고 하면, 앞서 말한 것과 같이 민주주의의 문제, 자주화의 문제 그리고 통일의 문제에 대해 우리 나름의 복안을 가지고 운동을 해야 합니다. 즉, 그것이 평화운동의 성격을 띠고자 할 때는 한편으로는 평화운동이 더 큰 운동의 일부라는 생각이 있어야 될 것이고, 다른 한편으로는 그러한 운동의 부분으로서 평화운동이 갖는 독자성에 대한 인식이 또한 있어야 한다고 믿습니다. 김성재 교수의 발표를 보면, 앞의 부분을 주로 강조하신 것 같아요. 평화문제를 따로 떼어내서 생각하는 비정치화 내지 탈정치화된 평화운동론이나 평화교육론에 대한 비판의 뜻으로 말씀하신 것 같은데, 저는 그것에 기본적으로 동의하지만, 평화운동이 나름대로 전개되기 위해서는 그 나름의 독자성도 있어야 한다는 생각입니다. 가령 제2세계에서 그것이 계급투쟁이나 혁명의 일환으로 된다고 하는데, 그런 입장에 서더라도 평화운동이 전개되는 방식에 관해서는 그쪽 내부에서도 토론이 있는 것으로 압니다. 예를 들어 계급투쟁이 제일 중요한 것이니까 계급투쟁을 하는 것이 곧 평화운동이다라고 하는 비교적 단순한 견해가 있을 것이고, 반면에 계급투쟁이 중요하긴 하지만 인류가 모두 멸망할 위기에 놓였다든가, 아니면 계급투쟁이라는 것은 어디까지나 각 단위사회 내에서 진행되는 것이기 때문에 세계적인 차원에서는 평화를 유지해서 단위사회 내에서 계급투쟁의 논리가 더 자유롭게 발현될 수 있도록 하는 것이 진정한 계급투쟁이고 평화운동이라고 생각하는 논리도 있을 것입니다.

제3세계의 경우에도 그렇습니다. 김성재 교수께서 민족해방이나 자주성 등을 특히 강조하셨고 뒤이어 내부에서의 민주주의와 사회적 운동을 말씀하셨지요. 이 둘이 어떻게 결합이 되며, 결합되는 과정에서 평화라는 독특한 문제가 어떤 위치를 차지하는가 하는 점이 중요하다고 생각합니다. 저는 평화운동이 나름대로 독자성을 갖는다고 생각하는 것이, 평화운동을 제대로 전개해보면 양쪽에서 다 비판을 받게 될 것입니다. 체제측에서는 그들 나름대로 평화운동이 안보에 위협이 된다고 생각할 것이고, 다른 한편에서는 그야말로 애매한 평화문제나 들먹이고 더 절박한 계급문제 등을 소홀히한다는 비판이 나올 것인데, 양쪽의 비판을 모두 감당하면서 독자적인 평화운동을 어떻게 펼칠 것인가 하는 문제에 대해 우리 모두가 함께 생각해봐야 할 것이라고 생각합니다.

김우창 수고하셨습니다. 이어서 이화여대 이효재 선생님께서 말씀하시겠습니다.

이효재 어제, 오늘 여기에 와서 '군축과 평화' 문제를 들으면서 이 문제는 우리 여성들의 시각과 참여가 있어야겠다는 것을 절실히 느낍니다. 남성들은 우리의 분단극복이라든지 교육의 문제를 여전히 추상적이고 관념적인 차원에서 얘기를 하셔서, 저는 평화라는 것이 어렵기만 하고, 통일도 어렵고 불가능한 것으로 들립니다. 사실 재생산을 담당하는 여성의 입장에서는 여성들의 생활, 여성에게 주어진 가정 등 매일매일 생활의 위협과 절박한 문제를 굉장히 심각하게 느끼고 있습니다. 생활인의 입장에서 우리의 군축문제나 평화문제가 통일문제와 연결되어, 우리 여성의 시각이 여기에 반드시 들어가야 되지 않을까 하는 생각입니다.

그런데 평화문제는 인간의 영구한 보편적 추구라고 봅니다. 이 시대에 살고 있는 우리만의 문제가 아니라 과거에도 인간이 추구한 문제고 앞으로도 영구히 추구할 문제인데, 오늘날 이 시대를 살고 있는 우리의 평화문제라는 것은 결국은 분단된 민족으로서 분단극복을 위한 군축과 평화라는 시대적인 특수한 상황에서 우리가 이 문제를 좀더 구체적으로 생각해야 되지 않나 하는 생각이 듭니다. 따라서 여성의 시각에서 중요하다고 생각되는 점을 말씀드리겠습니다.

우선 황정규 교수님이 평화교육의 이념으로서 인간의 존엄성, 특히 자유와 권리를 쟁취하는 능동적인 인간을 길러야 된다는 것이나, 비판적 사고, 가치판단을 가진 자주적 인간을 길러야 된다는 것, 공동체의식 등을 평화운동의 영역으로 내세우는 것은 저도 동감입니다. 그리고 김성재 선생님이 세계적인 차원에서의 평화교육이념의 다양한 입장을 말씀해주신 것은 이 시대 우리 한국의 평화교육이 추구해야 할 이념을 생각하는 데 많은 도움이 되었다고 봅니다.

그러나 이러한 것을 우리의 분단구조와 직접 연결시켜 인간생활과의 관계에서 이것이 얼마나 절실한 문제인가 하는 절박감에서 말씀하시지 않은 것 같아 아쉽습니다. 어제 제가 남북한 군사비와 경제력을 비교하는 정치경제학적 입장의 발표를 들으면서 이야말로 분단구조의 모순을 극명하게 나타내는 것이라고 느꼈습니다. 주지하다시피 군사비의 계속적 증가가 사회복지를 증대하기 위한 것은 아닙니다. 군사적 대결의 확대, 군사문화의 조장 및 재생산은 우리가 희생자로서 고통당하고 있는 관료적 권위주의라는 사회성격, 여성을 억압하고 차별하는 가부장제를 강화하는 것입니다. 이러한 군사문화적 사회는 죽음의 문화이고 죽음의 질서라는 것이 극명한 사실입니다. 인간이 산다고 하는 것은 결국 공동체적인 재생산을 의미하는 것 아니겠습니까?

우리 여성의 입장에서는 생명을 재생산할 때, 자녀를 잉태하고 자녀를 양육할 때 그 두려움과 위기감, 불안함은 이루 말할 수 없다고 봅니다. 그런데 요즘은 오염된 음식, 공해, 이 모든 것에다가 뇌가 없는 아이가 생산되기도 하고 불구아이가 만들어지기도 하는데, 이것은 우리 여성들이 담당하는 재생산분야를 크게 위협하는 것입니다. 따라서 이 복지분야의 예산이 남북한간의 군비경쟁으로 깎여 희생당하고 있는 사실을 염려하지 않을 수 없습니다. 요즘은 가족을 재생산한다고 하는 것이 자녀양육, 교육, 주택문제, 노후문제, 의료보험문제 그리고 여가생활까지 우리 가족생활의 전반적인 부분을 포함하는 것입니다. 그런데 이러한 중요한 부분이 군비증대로 희생을 강요당하고 있는 것 아니겠습니까? 이런 상황에서 느끼게 되는 것은 이 분야에 여성들이 더 많이 참여해야겠다는 것입니다. 여성들에게 현재 국방예산이 30% 이상을 차지하고 복지분야는 4~5% 정도밖에 차지하지 못하는 국가살림 문제에 대한 비판적 교육을 시켰다면, 그들이 바로 군축, 평화교육에 앞장설 것입니다. 가족의 기능은 사회를 위한 노동력을 재생산하고, 어린아이와 같은 새 세대를 재생산하는 것입니다. 만약 우리 여성이 국가 살림살이를 맡았다면 — 살림살이란 군사문화가 인간을 죽이는 것과 반대로 인간을 살리는 것을 의미합니다 — 노동자, 농민계층을 위한 많은 역할을 할 수 있었을 것이라 생각합니다. 여태껏 여성들은 죽도록 일하고도 잘 못사는 것은 남편 잘못 만난 탓이라 생각하도록 인식되었습니다만, 실제로는 이와같이 잘못된 나라살림이 여성들을 괴롭혀온 것이라 볼 수 있습니다. 여성들이 그동안 막대하게 희생을 강요당해온 것이 우리나라의 분단과 군사문화 때문이라는 것을 여성들이 알게 된다면, 정치를 하려고 나설 것입니다.

우리 여성들이 완전히 국가살림살이의 주인으로 참여할 수 있는 기회가 정말 주어지지 않았고 그 권리가 인정되지 않고 있는 것은 정말 큰 문제입니다. 그 결과 여성을 국가의 살림살이에서 소외시킨 것은 우리의 교육정책에 바로 직결되고 있습니다. 여성이 가정에서 소외되어 가장에게 의지해서 자녀만 양육하도록 이해되어온 것은 결국 잘못된 교육으로 나아가게 되는 것입니다. 또 정권유지를 위한 교육의 학부모 노릇만 하게 합니다. 그리고 반상회 등을 이용하여 유권자로 동원하는 등 여러가지 형태가 너무나 극명하게 나타나는데, 분단극복을 위한 평화교육은 가족의 기능이 진정 원래의 인간공동체적인 기능으로 회복되지 않고서는 제대로 이루어질 수 없는 것입니다. 따라서 우리가 전제해야 할 것은 북에서 쳐내려온다고 계속 위협하는 상황에서 평화교육이란 아무 소용이 없다고 봅니다. 우리 민족이 공동체로서 공존의 희망과 가능성이 있다는 것을 국민들에게 알려만 왔다면, 우리는 서로 공동체를 위해 제대로의 인간적·민족적 공동체의 기능을 회복할 수 있다고 믿습니다.

처자를 폭행하는 가정폭력, 성폭력 그리고 인신매매 등은 우리의 가정을 불안하게 만들고 있습니다. 그러니까 현재 잘못된 분단구조 하에서 가족이라고 하는 것은 안정과 평화를 위한 공동체의 삶이 되는 것이 아니라, 결국 가부장제와 계급적인 불평등을 재생산하는 기능을 하고 있습니다. 이것이 우리 가족의 문제라고 생각합니다. 따라서 여성이 평화교육의 담당자, 주체자라는 것을 여러분들이 인식해야 합니다.

지금의 여성운동은 평화운동을 한 과제로 삼고, 평화운동의 주체로서 열심히 참여하는 것이 세계적인 경향입니다. 우리 사회에서도 지금 반전·반핵·반공해 운동을 여성운동의 과제로 삼고 있습니다. 그렇기 때문에 황정규 교수께서도 지적하신 것처럼 각 가정이 가장 기초적인 생활교육의 장이며, 또 평화교육의 장이 되고 있습니다. 자녀의 인격형성 기능을 하는 가정교육을 담당한 여성들이 주체성이 없는, 억압을 당하는, 차별을 당하는, 소외된 입장에서 자녀를 양육한다면 인간교육, 평화교육 및 정의교육을 제대로 시킬 수 없다는 것입니다. 따라서 우리는 먼저 가족공동체의 원래의 기능을 회복해야만 합니다. 이러한 가족이 기초단위로서 지역공동체로의 연대성을 확대해가는 과정에서, 민족공동체로 향하는 우리의 평화운동은 사회 밑바닥에서부터, 일상생활 속에서, 가정생활에서 이루어질 수 있다고 봅니다.

김우창 감사합니다. 다음은 최상용 교수께서 코멘트하겠습니다.

최상용 발표해주신 세 분 선생님은 논의의 출발점과 시각을 달리하고 있어서 평화문제에 관심을 갖고 있는 저에게 많은 도움이 되었습니다.

먼저 황정규 교수의 논문에 대해 한말씀 드리겠습니다. 황교수님의 논문을 보면 두 가지 기둥이 있는 것 같습니다. 하나는 전쟁이나 반평화의 궁극적 원인은 인간의 내면, 즉 인간성에 있다고 하는 것이 주조를 이루고 있고, 또 그와 관련해서 평화교육을 위한 인간상의 설정에 있어서도 네 가지 항목을 제시하고 있습니다.

이 두 가지 기둥은 어떻게 보면 영원한 과제입니다. 이것은 우리 한국에만 적용되는 것이 아니라 대단히 보편적인 성격을 띤 논의라고 봅니다. 따라서 이러한 일반적이고 보편적인 잣대를 가지고 한국의 특수한 상황에 적용해서 논의를 진전시켰다면 훨씬 도움이 되지 않았을까 생각해봅니다. 이효재 교수께서도 말씀하셨지만, 우리에게 있어서 '분단과 한국전쟁'의 체험은 대단히 중요합니다. 김성재 교수께서도 말씀하셨듯이, 일본의 이른바 '피폭체험'이라고 하는 것이 일본의 평화교육의 원점이 되고 있습니다. 그에 못지않은 중요성을 가진 것이 '분단과 한국전쟁'이라고 생각합니다. 따라서 그런 보편적인 잣대를 가지고 우리의 구체적 체험에 연결시켜서 논의를 전개시켜주시면 우리의 평화교육연구에 대단히 도움이 되지 않을까 하고 생각합니다.

둘째, 최정호 교수님의 논문에 관해서입니다. 그동안 통일논의가 과열하는 가운데 평화가 주로 수단적 규범, 방법으로 취급되면서 그 가치가 약간 떨어진 느낌이 듭니다. 그런 점에서 평화를 단순히 수단적 규범이 아니고 목적가치로서 그 위치를 부상시켰다는 점에서는 이해를 하겠습니다. 그러나 최교수님의 논의가 설득력을 가지려면 다음과 같은 질문에 견뎌낼 수 있어야 되지 않을까 생각합니다. 결국 최교수님의 논의의 현실적 표현은 평화공존입니다. 평화정책이란 말은 오래도록 때가 묻어서 사용하지 않겠습니다. 이 평화공존의 논리가 통일과 모순되지 않는다는 사실, 평화공존이 통일과 연결될 수 있다는 사실을 논리적으로나 현실적으로 답해줘야 되지 않을까 생각합니다. 이 말은 결국 지금 최선생님 논의의 진지함에도 불구하고 많은 반론자들은 평화공존의 논리는 결국 분단을 고착화시키는 논리가 아니냐 하는 식으로 반론을 제기합니다. 따라서 이러한 반론에 대해서도 견딜 수 있는 논리와 현실적 판단이 전제되어야 최교수의 논의가 설득력을 가질 수 있지 않을까 생각합니다. 이상 두 분의 노련한 논문에 비하면 김성재 교수께서는 싱싱한 주장을 서슴없이 다 내놓았습니다. 따라서 저는 김교수에게 다음과 같은 많은 지적을 하겠습니다. 이 지적에 보완이 되는 설명을 하시면 보다 좋은 논문이 되지 않을까 생각합니다. 제가 아는 대로 지적하겠습니다.

첫째, 김교수께서는 서양역사에서는 평화에 관한 관점에 두 개의 큰 흐름이 있다고 말씀하셨습니다. 즉 그리스와 로마의 '현상유지 정복형 평화'와 '기독교평화'라고 하는 '정의의 평화'가 있다고 얘기하셨습니다. 그리고 근대에 들어와서 전자는 제1세계 평화론과 연결되었는데, 후자는 제3세계의 평화론으로 연결되었다고 말씀하셨습니다. 전자는 이해가 됩니다. 그러나 후자의 기독교적인 정의의 평화가 제3세계의 평화론과 어떻게 연결됐는지 설명이 없습니다. 그 관점을 설명해주시면 논문으로서 대단히 좋지 않을까 하고 생각합니다.

둘째, 김교수께서는 미국의 국제교육론, 유네스코의 평화교육론 그리고 독일의 교육론을 너무 한통속으로 보는 경향이 있습니다. 실제로 미국의 국제교육보다는 유네스코교육론이 좀더 앞서 있다고 할까, 좀더 가치로서의 평화의 commitment가 강한 것 같습니다. 더욱이 비판적 평화연구 그룹의 평화교육론은 오히려 제3세계 평화론의 관점을 이론적으로 지지하는 측면이 대단히 큽니다. 따라서 위의 세 관점을 한통속으로 몰아넣어서 생기는 이론적·논리적 모순을 좀 수정해야 되지 않느냐 하고 생각합니다.

셋째는 제1세계의 평화론과 제2세계의 평화론의 차이점은 곧 식별할 수 있습니다. 다분히 모순되고 대립된다는 것을 알 수 있습니다. 그러나 제2세계의 평화론과 제3세계 평화론의 관계에 대해서는 한마디도 없습니다. 그것이 어떤 우호적 관계인가, 어떤 공통점이 있는가, 어떤 것이 다른가 하는 논의도 있어야 하겠습니다. 그와 관련해서 아까 백낙청 교수께서도 대단히 중요한 지적을 하셨는데 지금 고르바초프(Gorbachov)를 중심으로 소련의 개혁파들은 이미 평화공존을 계급투쟁의 문맥에서 보지 않습니다. 따라서 그러한 새로운 관점도 고려에 넣으셔서 제2세계의 평화론과 새로운 여러가지 비판적인 평화론을 논리적 관점에서 좀더 섬세하게 정의해주시면 좋겠습니다.

그다음에 제3세계의 평화교육의 모토(moto)를 사회정의와 민족해방으로 설정했습니다. 이것은 조금 직접적인 관련은 없습니다만 베트남과 중화인민공화국은 제3세계입니다. 이 두 나라는 그야말로 민족해방과 사회정의를 부르짖는 평화관에 투철했습니다. 그럼에도 불구하고 그 두 나라는 서로 전쟁을 했습니다. 이런 엄연한 역사적 현실을 김교수의 제3세계 평화론의 관점에서 어떻게 설명할 수 있을지 궁금합니다.

마지막으로 지적하고 싶은 것은 한반도가 추구해야 되는 평화교육과 제3세계가 추구해야 되는 평화교육은 어떤 차이가 있는가, 어떤 동질성이 있으며, 어떤 이질성이 있는가 하는 점입니다. 저는 그 배경이 매우 다르다고 봅니다. 그냥 주의·주장의 동질성만 가지고 한데 얼버무리기에는 우리가 당면하는 개성이 너무나 뚜렷한 것 같습니다. 사실 평화문제에 관심을 가지면서 저 자신이 가장 고민했던 점을 아까 백낙청 교수께서도 지적해주셨습니다. 또 최정호 교수께서 잘 지적해주셨듯이 평화는 인기있는 개념이지만 평화를 연구하는 사람이 놓여 있는 입장은 대단히 인기가 없다는 사실입니다. 그러나 인기는 없지만 그 독자성을 유지하는 연구나 운동이나 교육이 지속적으로 전개되어야 한다고 생각합니다.

김우창 수고하셨습니다. 최상용 교수께서 자세하게 지적해주셨습니다. 지금 차례는 발표해주신 세 분 선생님이 답변해주시고 추가로 말씀해주셔야 하겠습니다. 시간이 없는 관계로 각자 5분씩 답변해주시기 바랍니다. 추가로 코멘트하실 수 있는 기회를 다시 한번 드리겠습니다. 그러면 김성재 교수께서 먼저 시작해주십시오.

김성재 토론자들께서 각기 지적해주신 문제들은 각기 여러 측면에서 중요한 문제들이고 발표한 저에게도 매우 유익한 내용들이라고 생각합니다. 우선 제 논문의 전체구도는 평화교육의 이념적 성격이 분명하지 않으면 도리어 평화교육이라는 이념을 명분으로 해서 군사화가 강화되고, 도리어 반평화적인 현실이 정당화되는 것이 주로 제3세계와 한반도의 현실이라고 하는 것입니다. 이러한 현실 속에서 (특히 한반도의 분단구조 속에서) 군사화의 논리와 군사문화가 어떻게 교육을 지배하고 있는가 하는 것을 밝혀보려는 것이 제 논문의 기본관점입니다. 그런 면에서 특히 제3세계적인 지평과 한반도의 분단이라고 하는 두 관점이 제 논문의 기조가 되겠습니다.

그런 관점에서 특별히 제1세계의 교육 중에서 미국과 유네스코 및 독일의 평화교육은 각기 다르지 않느냐 하는 지적은 물론 옳습니다. 이들은 서로 다르기 때문에 제 논문에서도 그 차이점들을 인정했습니다. 그러나 제가 말씀드리고자 하는 것은 갈등이나 폭력의 문제를 세계적 차원에서 다루게 되면, 제3세계가 처한 갈등과 폭력은 바로 제1세계의 식민지와 신식민지적 유제 속에서 이루어진다는 관점을 약화시키거나 상대화시키는 측면이 있다는 것입니다. 또 제3세계의 인간은 제1세계의 인간보다 성격이 극악무도하고 세계주의에 대해서 더 비타협적인 인간으로 표현되게 됩니다. 그것은 식민지와 신식민지의 유제 속에서 인간의 형성 그 자체가 단순히 타고난 유전적 성격만이 아니고 보다더 사회적인 환경 속에서 (구체적인 조건 속에서) 형성되는 것으로 볼 때, 인간성의 부분마저도 사회적 조건을 빼버리고 논의할 수 없다는 것입니다.

그러한 점에서 서독의 평화교육도 인간이라든지 우주의 4차원적 갈등과 폭력의 구조적인 문제를 개인적인 차원과 사회구조적인 차원에서 다루었지만, 특히 제3세계가 가지고 있는 특수한 세계적 상황을 일반화시키는 데 있어서 제1세계적인 공통의 성격을 갖고 있다는 것을 말씀드린 것입니다.

그리고 평화운동의 독자성이라고 하는 것 자체가 상당히 중요한 문제
가 됩니다. 저도 상당히 고심하는 문제 가운데 하나입니다. 그러나 구체
적으로 한반도에 있어서 사회구조적인 문제를 가지고 운동하는 평화운동
은 체제편에서 보면 반평화운동이 됩니다. 그래서 지금도 탄압받고 있습
니다. 오히려 탈정치화된 평화운동만이 한반도에서 평화운동으로 인정받
고 용납되는 것이 우리의 현실입니다. 그래서 평화운동의 독자성이라는
것이 문제가 됩니다. 예를 들어 반공해운동이나 반전운동이나 구조적인
요인을 가지는 평화운동을 할 때는 전부 반체제, 반평화 운동가로서 탄압
을 받게 되는 것이 우리의 현실입니다.

여기에서 평화운동의 독자성 문제라는 것은 결국, 구조적인 것을 떠나
서 인간내면의 인간성 문제만 가지고 말하게 될 때, 이것은 도리어 제1세
계의 제3세계적인 통합 내지는 신식민지적 지배를 강화시켜주는 반식민
지적인 평화를 정당화시켜주는 논리가 되지 않느냐 하는 것입니다. 이런
모순 속에서 우리가 독자적으로 평화운동을 전개시키려면, 어떻게 정치
적 성격을 배제하지 않으면서 그것을 가능하게 할 것인가를 심사숙고해
야 할 문제라고 생각합니다.

최교수님의 여러가지 지적 중에서 특별히 평화이념의 성격을 논리적으
로 비교분석하지 않았다는 지적은 앞으로 그 부분의 분명한 논의전개를
위해서 그것을 보다더 논리적으로 해명해야 할 필요성은 역시 인정합니
다. 앞으로 그런 것들이 보완되어야 할 필요성을 느낍니다.

김우창 여기에서 논의하는 문제는 간단한 문제가 아니기 때문에 이 자
리에서 주장과 이유를 다 밝혀봐도 쉽게 해결되기 어려운 과제일 것입니
다. 따라서 될 수 있으면 요약해서 답변해주시기 바랍니다.

최정호 다른 분들은 40분씩 발표를 했는데 저만 18분밖에 발표하지 못
했습니다. 많이 요약해서 발표하다 보니 오해가 생긴 것 같습니다. 그러

나 경우에 따라서는 생산적인 오해라는 것도 있습니다. 백낙청 교수의 지적은 어떤 의미에서는 최상용 교수의 지적과 같은 내용인 것 같습니다. 백박사께서는 문학적으로 표현하신 것 같고, 최박사께서는 사회학적으로 표현하신 것 같습니다.

본론에 들어가서, 제가 다른 것을 생략하더라도 그 말만은 생략하지 않고 반드시 덧붙인 것이 있습니다. 그 말은 평화통일이 환상론이라고 하는 것은 중·단기적인 차원에서 그렇다는 것입니다. 장기적으로 평화통일이 불가능하다거나 장기적으로 평화통일을 포기하라는 것은 결코 아닙니다. 단기적으로 또는 즉시에 평화통일을 이루겠다고 생각하는 것이 환상론이라는 것입니다. 오해가 없기를 바랍니다. 왜냐하면 여기에서 시간의 차원이라는 것은 매우 중요하다고 생각합니다. 이 설명이 최상용 박사의 질문에 대한 대답도 되겠습니다.

우선은 평화를 정착하되 그것이 분단상황을, 분단문제를 영구화하자는 것은 아닙니다. 이것은 바로 분단상황을 극복하기 위한 서론입니다. 다시 말해 분단상황을 극복하기 위한 출발점으로서 평화가 정착되어야만 그다음의 프로그램이 나올 수 있다는 것입니다. 우리는 그 프로그램을 만들지 못하고 있습니다. 독일문제에 있어서도 볼 수 있듯이, 서독의 평화정착 노력을 분단상황을 고착시키는 것으로만 볼 수는 없을 것입니다. 그러한 평화의 지반 위에서, 독일의 동방정책의 표현을 빌린다면, '작은 걸음의 정책'이라고 할지 또는 평화의 정착 위에서 접촉을 통한 변화를 통해서 장기적으로는 민족의 동질성을 유지하고, 다음 세대에서 동·서독이 하나가 된다는 것입니다. 이러한 차원에서 통일보다는 평화를 앞세우자는 것입니다. 그렇기 때문에 평화통일론이 환상이라는 것은 보편적·추상적인 차원에서 말하는 것이 아니라, 한반도의 분단현실 속에서 중·단기적인 차원에서 그렇다는 것입니다.

김우창 감사합니다. 마지막으로 황정규 교수님께서 말씀해주시겠습니다.

황정규 최상용 교수께서 제가 얘기하는 교육의 이념이라는 것이 반드시 분단상황에 처해 있는 지금 우리나라의 평화교육의 인간상이라기보다는 범세계적인 인간상 혹은 교육이념이 아니냐 하는 지적을 하셨습니다. 저도 이에 기본적으로 동의합니다. 그럼에도 불구하고 그런 네 가지 교육이념 속에서 우리의 특수성을 얼마든지 확산시키면서 지적하시는 문제들을 경계해나갈 수 있을 것으로 봅니다. 앞으로 독특한 우리 나름의 교육이념을 정립할 수도 있는 가능성을 배제하지 않고 더 연구해보겠습니다.

김정환 교수께서 평화교육을 실현하기 위한 구체적인 프로그램을 보신 일이 있느냐고 질문하셨는데, 주로 제가 본 것은 유네스코를 중심으로 한 여러가지 평화관계의 논문들입니다. 부분적으로 교육목표나 교육내용을 얘기하고 있습니다만 세계적으로 알려진 어떤 특수한 프로그램을 제시하고 있는 것은 없습니다. 그러니까 외국의 경우에도 평화문제를 본격적으로 논의하게 된 것은 최근의 현상이라고 보아집니다. 다만 우리의 경우는 그 상태가 보다 심각한 것일 뿐이라고 생각합니다. 그래서 우리의 평화교육프로그램은 아직 구체화되어 있지 않습니다. 그러나 이번의 학술회의에서 나올 논문들이 집약되고 거기에 관련된 여러가지 연구가 진행된다면, 그것을 기초로 해서 초등학교, 중·고등학교 그리고 사회교육 등에 필요한 교육프로그램을 개발하고 마련하는 것은 결코 힘겨운 것만은 아닐 것입니다. 우리가 노력만 한다면 얼마든지 할 수 있다고 생각합니다. 단지 어떠한 방향으로 어떠한 인간상을, 어떠한 내용을, 어떠한 식으로 담아서, 어떠한 시각에서 보느냐 하는 것을 정립하는 것이 더 중요하다고 생각합니다.

김우창 감사합니다. 이렇게 해서 회의일정에 들어 있는 문제를 대개 논의했습니다. 백낙청 교수께서 평화의 문제가 민주주의하고 밀접한 관계에 있다고 말씀하셨는데 이번 토의는 부득이하게도 비민주적으로 끝낼

수밖에 없게 되었습니다. (웃음)

　일반석에 계신 분들께서도 하시고 싶은 말씀이 많은 줄 압니다만 시간상 이것으로 제5분과 회의를 끝내겠습니다. 남은 문제들은 곧 이어지는 종합토의에서 계속 논의하기로 하겠습니다. 또 오늘 이후에도 이 문제에 관한 토의가 계속 진행될 것으로 믿습니다. 감사합니다. (박수)

| 대담 |

맑시즘, 포스트모더니즘, 민족문화운동

프레드릭 제임슨(듀크대학 교수)
백낙청(『창작과비평』 편집인, 서울대 교수)
1989년 10월 28일

〔편집자의 말〕

프레드릭 제임슨(Fredric Jameson)은 『변증법적 문학이론의 전개』 『언어의 감옥』 등 역서와 그밖의 많은 논문·저서를 통해 국내에도 익히 알려진 미국의 대표적인 맑스주의 문예비평가이자 이론가다. 1934년생으로 해버포드대학을 졸업하고 예일대학에서 싸르트르 연구로 불문학박사 학위를 받았으며, 하바드대학에서 교편생활을 시작한 이래 쌘디에고 캘리포니아대, 예일대, 쌘타크루즈 캘리포니아대 등의 교수를 역임하고 현재 듀크대학에 재직중이다. *Marxism and Form* (1971), *The Prison-House of Language* (1972), *The Political Unconscious* (1981)를

■ 이 대담은 『창작과비평』 1990년 봄호에 수록된 것이며 '덧글'은 이 대담 영문본이 "South Korea as Social Space: Fredric Jameson interviewed by Paik Nak-chung, Seoul, 28 October 1989"이라는 제목으로 Robert Wilson and Wimal Dissanayake, eds., *Global/Local: Cultural Production and the Transnational Imaginary* (Duke University Press 1996)에 수록될 때 영문으로 발표된 것을 덧글의 저자가 우리말로 옮겼다.

포함한 다섯 권의 저서에 이어 그간의 논문들을 두 권으로 모은 논문집 *The Ideologies of Theory* (1987)를 내는 등 왕성한 저술활동을 하는 와중에, 제3세계 여러 나라들을 직접 탐방하며 교류하는 데도 남다른 열의를 보여왔다. 이번 한국 방문은 작년 10월 하순 경남대학교 극동문제연구소 주최로 서울에서 열린 '전환기의 세계와 맑시즘' 국제학술회의에 참석하기 위한 것이었는데, 한국에 머무는 동안 공식 일정 외에 한국 영화를 관람하고 민중예술 비디오를 구해서 보며 민족문학작가회의 간부들과 만나고 대학 축제를 참관하는 등, 한국 문화의 현장을 알고자 각별한 노력을 기울였다.

이 대담은 그의 체한 마지막 날인 10월 28일 그의 숙소에서 『창작과비평』 편집인 백낙청 교수와 영어로 진행되었다. 두 시간 가까이 걸린 대담의 녹음된 내용을 백교수가 정리하여 귀국한 제임슨 교수로부터 교정과 약간의 첨삭을 얻었고 그 최종 대본을 백교수가 우리말로 옮겼다. 대담 내용 중 일부는 『한겨레신문』 1989년 11월 2일자에 실렸는데, 그때는 발췌의 편의에 맞춰 요약하면서 표현을 바꾼 대목도 없지 않았다. 『창작과비평』의 게재분이 대담의 완역 정본임은 더말할 나위 없다.

끝으로 Jameson의 정확한 발음은 '재머슨'이지만 이미 국내에 제임슨으로 알려졌고 미국에서조차 곧잘 그렇게 불린다 하므로 그대로 적었다.

백낙청 한국에는 처음 오셨습니다만 서울에 머무신 지도 1주일이 되었으니 한국에 관한 인상이랄까 생각하신 바를 말씀해주시는 것으로 이야기를 시작하면 어떨까 합니다.

제임슨 글쎄요, 서울의 외양에 대한 나의 인상을 굳이 알고자 하시는지는 모르겠습니다만, 이곳의 풍경은 참으로 장관이고 계절도 멋진 계절에 온 것 같군요. 이 은행나무들은 한국에 고유한 게 아닌가 싶은데, 특히 가을철을 맞아 도시를 둘러싼 산들과 더불어 황홀한 광경입니다. 이 모든 것이 매우 인상적이고요. 이번 여행에서 나는 많은 것을 배웠다는 느낌이며 앞으로 더 생각하고 정리할 것이 많이 생겼습니다. 무엇보다도, 한국이 그동안 정치적 의식으로부터 ─ 미국은 물론이고 제1세계 전체의 정치적 의식으로부터도 분명히 ─ 얼마나 소외되어 있었는지가 점점 더 분명해집니다. 우리는 인도나 베트남 같은 상황에서 우리가 저지른 죄과에 대해서는 물론 알고 있고, 중동과 어느정도는 북아일랜드의 경우에 대해서도 아는 사람들이 꽤 있습니다. 북아일랜드의 경우 적어도 영국의 동지들은 알고 있거나 알아야 마땅하지요. 이러한 경우들은 모두 눈에 드러난 상처들입니다. 그러나 한국의 경우 우리는 과거에 일어난 일들을 기억 못할 뿐 아니라, 이 나라의 삶 전체가 냉전에서 비롯한 미국의 개입에 계속 얽혀 있다는 사실을 망각하고 지냅니다. 나는 제3세계의 꽤 여러 나라들을 다녀봤는데, 내가 알기로는 남북한이 통일되었을 경우 많은 면에서 유럽의 어느 단일 국민국가보다 더 강력해질 정도의 생산성을 지닌 유일한 경우가 아닌가 합니다. 어쨌든 유럽보다 훨씬 오랜 역사를 가진 나라지요. 그런데 놀라운 점은, 이처럼 대단한 산업적 생산성과 번영을 누리는 나라가 아직도 고도로 정치적이라는 사실입니다. 이제까지 내가 방문한 제3세계 국가들은 니까라과에서 필리핀, 팔레스타인 등등에 이르기까지 본질적으로 매우 가난하고 절박한 나라들이었습니다. 반면에 번영하는 제1세계 국가들은 차츰 탈정치화하여 고전적인 방식으로 정치적이기를 멈춘다는 것이 우리의 통념이지요. 그런데 이곳에 와서 활기차고 번성하는 공업국가이면서 만나는 사람마다 정치적인 수난을 겪었고 정치의식이 강한 것을 볼 때 매우 기이한 인상을 받습니다. 그래서 내가 더 숙고하고자 하는 점, 이곳에서 배운 것으로 간직하고 돌아가고자 하는 점은, 한국의 그러한 면이 하나의 변칙이라거나 예외라는 생각이 아니라, 어쩌면 제1세계와 제3세계의 다른 나라들이 오히려 예외들이고 한국이야말로 정치가 작용하는 고전적인 사례일지도 모른다는 생각입니다.

한국이야말로 고전적인 사례일지도

백낙청 한국이 얼핏 보기에 예외 같지만 실제로는 전형적 내지 고전적이라는 문제는 나중에 다시 논의해보고 싶은 문제입니다. 우선은 당신이 어제까지 참여하신 '전환기의 세계와 맑스주의' 국제학술회의에 관한 인상을 말씀해주셨으면 합니다.

제임슨 맑스주의 지식인·학자들의 국제회의는 무척 드문 편입니다. 그런 모임에서 나의 존재는 좀 색다른 면도 있습니다. 나의 배경이 사회학이나 경제학이 아니고 맑스주의 철학과 문화연구니까요. 때때로 나는 맑스주의자들도 각자가 분야별로 격리되는 것을 허용한다는 점에서 부르주아 학자들 못지않게 한심하다는 생각을 하기도 하지요. 맑스주의 경제학자들은 문화의 중요성에 대한 인식이 없고 맑스주의 문화비평가들은 경제학에 무관심하고, 이런 식으로 말이지요. 이번 회의에서는 좀더 밀접한 상호교류의 분위기가 있었습니다만, 반드시 직접적으로 연결되지는 않은 두 개의 방향으로 논의가 갈라졌다는 느낌을 받은 것은 사실입니다. 즉, 한편으로 오늘날 모든 공산정권들과 공산당들 쪽에 어떤 사태가 일어나고 있느냐에 대한 으레 나오곤 하는 검토와, 다른 한편 맑스주의 이론 그 자체—그것이 오늘날 어떻게 번창하고 있으며 제반 현상들을 어떻게 감당하고 있느냐는 주제였지요. 게다가 말하자면 노선갈등도 있었는데, 몇몇 참석자들은 맑스주의가 죽었음을 입증하고자 했고 나머지 우리들은 맑스주의 이론이 그야말로 기력이 왕성하다는 것을 보여주고자 했지요. 내 생각에 가장 중요한 점은, 학술회의 내용이 영어뿐 아니라 한국어로도 간행되었을 때 학생들이 여기서 무엇을 얻어내고 그들에게 어떤 새로운 통로들을 열어주느냐 하는 것입니다. 그밖에 나는 소련 학자들이 좀더 적극적인 참여를 해주기를 바랐지요. 어쩌면 그들은 아직도 생각을 정리하는 중인지 모르겠습니다. 그중 한 사람이 궁극적으로 맑스에 대한 흥미롭고 창의적인 해석들이 소련에서 나올 것이라고 말했는데 그 말에 동감입니다. 아직은 그런 것이 없지만 없다는 게 놀라운 일은 아니지요. 뿐만 아니라 한국에서의 소련인들의 경험이라는 내가 모르는 배경도 있겠지요. 그들이 얼마나 자주 한국에 오는지도 나는 모르는 일이며, 당신과 그들에게 매우 중요한데 내가 인식하지 못하는 일련의 문제들이 개재되어 있으리라 생각합니다.

백낙청 당신의 주제발표는 「포스트모더니즘과 시장」(Postmodernism and the Market)이라는 제목이었지요. 대부분의 참석자들은 경제학자나 사회학자들로서 주로 사회주의 경제에 시장 기구를 도입하는 문제에 관심을 가졌고 그 결과 어쩌면 본의 아니게 계획경제는 끝장났고 우리 모두가 자유시장체제를 채택해야 한다는 주장을 강화하는 면이 있었던 데 반해, 당신은 시장 이데올로기 문제에 치중했고, 이 이데올로기가 맑스주의나 사회주의, 또는 민중이 그들 스스로의 운명을 통어한다는 여하한 개념과도 양립할 수 없음을 강력히 주장하셨습니다. 당신이 시장 이데올로기를 "양의 가죽을 쓴 레비아탄"(레비아탄은 구약성서에 나오는 거대한 바다짐승인데 Thomas Hobbes의 저서 *Leviathan* 이래 강력한 절대주의국가의 상징으로 통용됨. 제임슨은 이른바 '자유시장'의 이념이 각 개인의 자유를 진정으로 존중하는 사상이 아니라 인간들에게 자신의 사회생활을 계획하고 통어할 자유를 주면 큰일난다는 사상을 그럴싸하게 포장한 것이라고 주장했다—역자)으로 규정한 것은 논쟁상으로도 매우 통렬한 지적이었을뿐더러, '변증법적 심상'(dialectical image)이라는 이름에도 값할 만한 것이었다고 생각합니다. 그러나 대다수 참석자들에게 당신의 주장이 제대로 전달된 것 같지는 않더군요.

제임슨 나와 나머지 사람들 중 다수의 접근법에는 두 가지 차이가 있었다고 생각합니다. 하나는, 나의 배경과 전공에서도 짐작할 수 있듯이, 나의 강조점은 이데올로기와 문화, 그리고 현대 정치에서 시장의 영상(이미

지)이 갖는 역할이었습니다. 문화연구에 종사하는 우리들은 오늘날 매체
사회에서 확실히 이런 영상과 이념소(理念素)들이 매우 강력한 객관적인
정치적 세력이고 우리가 대응해야 할 것들이라 생각하고 있습니다. 그러
나 사회과학 분야의 내 동료들은 많은 경우에 구식의 소박한 철학적 실재
론자에 가까워서, 현실이란 게 저 바깥에 있고 시장이든 계획경제든 그 현
실을 이야기하면 그만이라는 식으로 생각하지요. 사물 그 자체와 다르면
서도 그에 못지않게 중요한 힘을 가진 시장의 이념이라든가 계획의 이념
이 있다는 사실을 인식하지 못하는 경우가 더러 있는 겁니다. 두번째 차이
점은, 약간의 예외를 빼고는—물론 예외가 있었고 그중에서도 오늘날 가
장 흥미있는 현역 경제학자의 하나인 내 친구 알랭 리삐에쯔(Alain
Lipietz: 이른바 '조절이론'의 대표적 학자 가운데 하나인 프랑스의 소장학자—역자)는
특기할 만하지요—대부분의 맑스주의 학자들이 이런 학술회의가 지녀야
할 시각으로서 사회주의적 정치참여의 문제를 제외하는 '객관적 학문'의
개념을 가졌던 듯합니다. 그건 나로서는 동의할 수 없는 관점이지요. 나
의 기여는 현정세에서의 사회주의적 내지 좌파적 정치에 무언가 앞으로
기여한다는 문제에 뜻을 둔 것이었습니다. 그러다 보니, 다른 참석자들이
이런 시각을 공유하지 않았을 경우, 나의 제안들이 제대로 이해되지 않았
을 것이고, 반사회주의자들인 경우에는 내가 묘사한 그런 식으로 시장 이
념이 득세하고 있다고 기뻐했겠지요.

자본주의 제3단계 현상으로서의 포스트모더니즘

백낙청 여기서 이야기가 포스트모더니즘의 문제로 이어지겠습니다.
최근 몇년 당신이 특별히 관심을 가져오신 문제인 것 같은데요. 당신의 작
업에 친숙하지 않은 여러 한국 독자들에게 도움이 되면서 진행중인 논의
에도 이바지가 되도록, 당신이 생각하시는 '탈근대'(postmodern)의 개념

을 설명해주시면 어떨까요.

제임슨 그러지요. 나의 역사관이랄까 자본주의의 현단계를 탈근대적 단계로 파악하는 나의 생각이 내 입장을 좀 불분명하게 생각되도록 만들지 않나 싶습니다. 물론 '포스트모더니즘(탈근대주의)'은 문화적인 용어이고, 일반적으로는 우선 현대 건축의 일정한 형식들을 묘사하고 그다음으로는 일정한 종류의 영상생산과 그밖의 문화적 산물들을 묘사하는 데 사용되었습니다. 또 나 자신 이런 문화면의 변화들이 그 저변에 놓인 사물 자체의 중요하고 의미심장한 증후이며 그에 대한 단서라고 믿습니다. 그러나 그 낱말을 나는 내가 자본주의의 종전 두 단계와 확연히 구별하는 현단계에 일어난 전반적인 변이 내지 전환을 일컫는 데 사용합니다. 매우 일반화해서 말한다면, 중산계급의 정치적 승리 이후에 처음에는 교환과 생산이 개별 선진국 내부에서 일어나는 고전적 유형의 국민적 자본주의 단계가 있습니다. 그러다가 19세기 말엽에 이르러 두번째 단계—레닌과 그밖의 사람들이 독점 단계 또는 제국주의 단계라고 명명했는데 이 둘은 동시에 오니까요—기업들이 대규모의 일국적 독점체로 통합되고 고전적인 식민지주의 열강들에 의해 세계가 일군의 세력권들로 분할되는 단계가 옵니다. 각 단계마다 거기에 상응하는 일정한 문화형식들과 의식의 형태들이 있지요. 극히 대강만 말하자면, 국민적 자본주의라는 제1단계에서는 문학과 문화에서 본질적으로 그것은 사실주의(realism)의 시기입니다. 본질적으로 사실주의적인 형식들과 예술언어 그리고 물론 일정한 철학적인 개념들에 의해 지배되는 시기지요. 그에 비해 독점 내지 제국주의의 시기는 모더니즘(modernism) 그 자체가 출현하는 시기라 생각되고 문학평론가로서 나는 여기에 많은 관심을 가져왔습니다. 그러나 이제는—아마도 2차 세계대전 이후의 전후복구사업이 끝나면서—그 단계가 끝났다는 것이 나의 전제입니다. 이를 말해주는 문화적 증후들만이 아니라 경제적인 증후도 너무나 많다는 생각입니다. 이런 증후들은 온통 새로운 시기, 더이상 구형의 제국주의적 식민지화가 아니라 탈식민지화와 신식민지주의로 특징지어지고 거대한 다국적 기업체들이 출현하고 이제까지 제3세계로 설정된 지역에까지 기업이 확산되며——그리고 물론 태평양 연안지역은 이러한 자본주의 국제화의 가장 유명한 예지요——이와 더불어 문화적 형식들의 대대적인 변화가 일어나서 이들이 더이상 근대적인 것이 아니게 되는 시기를 예언해줍니다.

여기서 문화적인 동시에 경제적·산업적·기술공학적인 특징으로 우리가 언급해야 할 또 한 가지는 더말할 나위 없이 매체들, 텔레비전입니다. 용어에 관한 한 '매체 사회'(media society)라든가 '다국적 사회'(multinational society) 운운하는 것들이 모두 탈근대에 관한 다양한 표현들이지요. 대니얼 벨(Daniel Bell)의 유명한 '탈산업사회'(postindustrial society)라는 것도 또다른 예지요. 이건 물론 계급투쟁이 끝났고 우리의 새로운 생산양식은 이윤이 아니라 지식에 의해 지배된다는 주장으로서 일간신문만 제대로 읽는 사람에게도 별로 믿기지 않는 주장이지만, 어쨌든 우리가 제2단계의 고전적인 공업생산이 아니라 이제는 컴퓨터와 정보, 과학연구 등에 기초한 새로운 산업생산의 단계로 진입하고 있다는 생각을 표현한 것은 사실입니다. 자동화·인공두뇌 등에 의존한다는 점에서 '탈공업적' 생산이라 부를 수도 있겠지요.

그래서 나의 기본입장은 우리가 자본주의의 이 전혀 새로운 제3기를 문화와 하부구조, 사회와 경제, 양면 모두에 걸쳐 탐구해야 한다는 것입니다. 이 제3단계가 도래했다는 우리의 생각이 옳다고 한다면, 이는 고전적인 형태의 정치나 미학, 아니 심리학과 일련의 다른 사항들도 상당부분 이미 유효하지 않고 우리에게는 전통적인 형태와는 다른 새로운 형태의 것들이 필요하다는 뜻이 됩니다. 그렇다고 일부에서 주장한 것처럼 맑시즘 자체가 낡아버렸다는 뜻은 아니고, 다만 이 변화——내 생각에는 실제로 맑스주의 이론 속에 함축된 이 변화——에 대해 맑스주의 전통이 활발하게 대응할 필요가 있다는 것은 분명합니다. 에른스트 만델(Ernst Mandel)은 이 문제에 관해 내가 원용하는 그의 저서 『후기자본주의』(*Late Capitalism*, NLR간 영역본 1975년. 원본은 *Der Spät-kapitalismus*, Suhrkamp 1972— 역자)에서 이렇게 주장합니다. 사람들이 모두들 말하기를 맑스의 『자본론』은 옛날 형태의 자본주의를 묘사했고 오늘날 현실은 매우 달라졌으며 맑스가 그것을 예견하지 못했다는 식인데, 사실은 정반대라는 겁니다. 오늘의 자본주의는 맑스가 묘사했던 매우 불균등한 상황보다 더욱 순수한 형태의 자본주의이고 따라서 『자본론』에 제시된 관념적 모형이 19세기 영국 및 유럽대륙의 상황보다 우리 상황에 훨씬 걸맞는 면이 있다는 거지요.

백낙청 당신이 주제발표를 하신 분과에서의 약정 토론자로서 제가 제기하고자 했던 문제 중에 하나는 이런 것이었지요. 당신의 기본 논지가 다소라도 타당한 것이라면—그리고 당신이 거론하는 현상 중 다수는 이 시대의 가장 선진적이라는 사회로부터 멀리 떨어져 사는 나 같은 사람에게도 분명해 보입니다. 그런데 바로 당신이 지적하듯이 현실이 새로워졌다면 그럴수록 오히려 극히 낯익은 질문들이 우리에게 요구되는 새로운 대응의 일부로 다시 절실해지지 않느냐는 것이었습니다. 말하자면 자연이라든가 인간본성 같은 개념들이 새로운 절실성을 띠게 되는데 당신이 이점을 충분히 인정하지 않은 것 같다는 거지요. 예컨대 당신은 이 탈근대시대에 일어나는 '자연의 근절'(obliteration of nature)을 말씀하시는데, 우선 그 말의 정확한 뜻이 무언지, 혹시 약간 과장된 표현이 아닌지, 도대체 자연이란 게 근절될 수 있는 건지가 궁금합니다. 동시에 무언가 그 비슷한 일이 상당한 정도로까지 진행되었다고 가정할 때, '자연'이라든가 '인간본성' 같은 낯익은 범주들에 대해 우리가 새로운 인식을 찾는 일이 필요해지지 않았는지 묻고 싶습니다.

자연은 소멸했는가

제임슨 먼저 자연의 소멸에 대한 내 입장을 좀더 분명히 설명하도록 해보지요. 우리가 자연의 근절을 말할 때 어떤 심오하고 실제적인 의미로 우리가 말하려는 것은 제3세계 농업의 종말입니다. 즉 농업의 산업화와 농민의 농업노동자화를 뜻하는 거지요. 이것이 '녹색혁명'이라는 대변화의 일부로서, 모든 전통적인 채취양식과 이러한 촌락생활에 수반된 제반 형식의 폐기, 이제는 산업적 단위로 설정된 토지에 대한 화학비료 적용의 도입 등이 그에 수반되는 현상들이지요. 이 모든 것의 가장 기본적인 의미는 그런 것이라 생각합니다. 환경오염이라는 것도, 비록 그 자체로서 끔찍하고 위험한 현실이지만, 어쩌면 자연과의 이러한 새로운 관계의 파생물에 불과할지 모릅니다. 이번 학술회의에서 생태학과 생태학적 정치에 관한 논문이 몇 개 있었고 우리 모두가 이런 문제들에 깊은 우려를 느낄 필요가 있다고 생각합니다. 그러나 서양에서의 우리 경험—그러니까 서양에서의 이런 문제들에 대한 나 자신의 관찰—에 따르면, 생태학적 정치는 중산계급의 정치로 되기 쉽고 하층계급의 사람들은 흔히 그것과는 상충되는 다른 욕구들을 갖고 있습니다. 나는 생태학적인 목표도 달성될 수 있지만 그것이 어떤 더 큰 집단적인 정치적 기획의 일환이 되어야 한다고 생각하는데, 이런 기획이 아직 창출되지 않았다고 봅니다. 그리고 이 사업에는 대기업에 대한 통제가 따라야겠지요. 내가 보건대 자본주의 사회는 환경오염에 대해, 예컨대 공장 굴뚝에서 나오는 화학물질에 대해 설혹 어떤 규제법률을 입법한다 하더라도 이런 일을 감시하는 데 필요한 관료기구를 설립할 의지가 별로 없는 듯합니다. 그럴 여유가 없거나 그럴 의사가 없는 거예요. 또한 내가 보기에 어느정도 명백한 것은, 이제까지 소련의 실적이 어떠했느냐는 문제와는 별도로, 사회주의체제 아래서 그 목표를 달성하기가 훨씬 쉬우리라는 점입니다. 그러니 생태학 문제에는 이런 결정적인 측면들이 있습니다.

자연이 존재하는 다른 한 곳은 무의식이겠지요. 다시 말해서 이런 논의의 근원이 되는 독일 고전미학에서는——루카치(Lukács)는 맑시즘 자체가 어떤 의미로는 실러(Schiller)의 미학에서 나온다고 볼 수 있다고 주장하곤 했고 최근에 테리 이글턴(Terry Eagleton)도 다시 그런 주장을 했지요——예술이나 문화의 영역이야말로 지식생산이나 상품생산에 의해 식민화되지 않은 유일한 영역이었습니다. 프로이트(Freud)가 '무의식'이라는 개념으로 묘사한 모든 것이 여기에 포함될 수 있다고 생각합니다. 다시 말해 미적인 것과 욕망의 영역, 심층성격 등등을 포함하여, 종전 형태의 자본주의나 사회체제 자체의 세력권에서 어떤 의미로 벗어난 구석이 인간본성에 있는 것이었지요. 내 생각에 오늘날 탈근대의 특징 가운데 하나는 바로 무의식에 대한 침투와 식민화입니다. 예술이 상품화되고 무의식 자체도 매체와 광고 등등에 의해 상품화됩니다. 따라서 그러한 의미에서도 일정한 종류의 자연이 없어졌다는 주장이 가능하지요. 싸르트르(Sartre)는——내가 알기로 그는 한국에서도 얼마간 영향력을 미쳤다고 하는데——자연에 대한 보수적 또는 향수에 젖은 옹호론을 늘상 비웃곤 했습니다. 싸르트르의 사상은 자연에 대한 승리와 인간생활의 그 전통적 제약으로부터의 해방——인간들로 하여금 자신의 자아와 운명을 건설할 수 있게 해주는 해방——에 대한 커다란 낙관을 표현한 사례, 적어도 그런 가운데 하나였습니다. 그리고 나는 이 문제의 그러한 측면도 강조할 필요가 있다고 생각합니다. 그러니까 인간본성의 전통적 형태에 더이상 구애받지 않는 데 따르는 일정한 자유가 있다는 사실 말입니다. 인간본성의 개념 자체에 대해서는 나는 여전히 좀 착잡한 느낌이랄까 양면적인 태도지요. 그 개념이 반대입장에 섰을 경우는 커다란 정치적 가치가 있겠지요. 인간본성의 개념들은 반대파적(반체제적) 개념이어야 한다는 생각입니다. 그것이 지배적인 개념이 되면 우리는 훨씬 더 수상쩍게 봐야 합니다. 그런데 그럴 경우 내가 제의하고 싶은 것은――그리고 이건 사람들이 앞시대의 내면지향적 인성이라든가 취득형 개인, 중심화된 주체, 기타 등등의 소멸을 개탄하는 오늘의 탈근대 시기 전체와 잘 들어맞는데――인간본성에 대한 종전의 지배적인 개념들을 정신적 파편화라든가 정신분열증 등등의 말잔치로 대신할 게 아니라, 우리는 다시 집단적 관계들의 개념으로, 그러나 전통적인 종류가 아니라 새로운 유형의 집단들의 개념으로 되돌아가자는 것입니다. 내 생각에는 그것이 사회적으로나 문화적으로, 또한 정치적으로도 가장 생산적인 방식으로 인간본성을 하나의 사회적 사항으로 파악하는 길이 되겠습니다.

인간본성에 대한 변증법적 태도

백낙청 인간본성에 대한 당신의 양면적인 태도에 저도 공감합니다. 저는 심지어 그 양면성을 견지할 필요성을 강조하고 싶습니다. 그러나 싸르트르처럼 그 개념을 아예 부정하는 것은 좀 다르다고 봐요. 맑스 자신의 태도와도 다르다는 생각입니다. 저로서는 노먼 제라스(Norman Geras)가 『맑스와 인간본성』(*Marx and Human Nature*, Verso 1983)이라는 책에서 논증한바, 적어도 맑스가 인간본성이란 게 없다고 주장하지는 않았다는 점에 의문의 여지가 없다고 봅니다. 맑스는 단지 인간본성에 대한 기존 개념들을 공격하는 것이 반대파적인 태도이던 싯점에 살았을 따름이지요. 그런데 내가 제기하고 싶은 문제는, 바로 당신이 언급하신 그러한 현상들로 인해 지금은 도리어 인간본성의 개념을 들고 나오는 것이 반대파적인 태도가 되는 싯점에 도달하지 않았느냐는 겁니다. 물론 새로운 방식으로 들고 나와야 하지만 말이지요. 인간세계의 거의 전체가 상품화되고 매체화되면서, 시장이나 매체들이 그게 인간본성이라고 규정하는 것이 그대로 통해버릴 위험이 절박해지고, 사람들은 어느 선에서는 결연히 일어나서 인간이란 결코 그런 것이 아니다라고, 이 모든 것이 "인간본성에 어긋난다"라고, 매체화된 시장이 가동한 욕망은 거짓 욕망이요 가짜 욕망이다라고 말해야만 된다는 것입니다. 그리고 이번 학술회의 생태학 분과에서는 정치경제학비판에 사용가치를 재도입할 필요성이 논의되었는데, 사용가치를 끌어들이고도 정치경제학비판이 어떤 식으로든 과학이 되려면 사용가치라는 것도 일정하게 계량화할 수 있어야 되지요. 그런데 이들 사용가치를 쓸모있게 사용하는 존재 즉 인간에게 일정한 본성──가변적이기는 하지만 일정하게 주어진 방식으로 변하는 성격(nature)──이 있지 않은 한 그것은 불가능한 일이겠지요.

제임슨 사실 탈근대기의 초장에 마르쿠제(Marcuse)가 취한 입장 중에서 가장 논란이 많았던 게 그거였어요. 거짓 욕망, 만족과 심지어 행복에도 거짓된 종류가 있다는 그의 주장은 수많은 대중주의적 좌파 인사들의 반발을 샀습니다. 마치 텔레비전을 보는 노동계급의 많은 사람들이 자기가 행복하다고 생각할 뿐 사실은 행복한 게 아니라고 '철학자 왕'이 판정할 수 있다는 듯이 들렸거든요. 그러나 마르쿠제 식의 생각에는 중요한 의의가 여전히 남아 있다고 봅니다. 하지만 나 자신의 입장은 조금 달라요. 당신의 주장하는 바를 전적으로 인정하기는 하지만, 나는 이 문제가 우리가 상실한 어떤 개념과 연관된다고 봅니다.(그리고 이것은 내가 첫머리에서 말한 나의 정치적 시각과 직결되지요.) 우리는 지금 사회주의의 비전뿐 아니라 사회주의의 핵심적인 일부를 이루었던 인간변혁의 비전을 상실하고 있습니다. 이 비전은 본질적으로 근대적인 현상, 근대주의(모더니즘)의 문제였다고 봅니다. 당시의 여러 사람들이 각기 제 나름으로 그랬고 위대한 고전적 사회주의들이 모두 그랬는데, 그들은 미래 사회에서의 인간의 변혁──사회세계뿐 아니라 자아에조차 일어나는 일정한 유토피아적 변혁──에 대한 비전이 있었고, 따라서 인간본성에 대한 그들의 사상은 미래 인간의 가능성에 대한 사상이었지요. 맑스는 이런 문제를 세부적으로 명시하지 않기로 유명하지만, 초기 맑스에서 우리가 발견하는 것도 바로 그런 것이라고 생각합니다. 그런데 근본적으로 달라진 오늘의 조건에서 인간의 잠재적 가능성의 그러한 환기를 우리가 되살릴 수 있다면, 그때는 프랑크푸르트 학파가 문화의 타락이라든가 인간심리의 타락이라고 부르는 현상들에 대해 판단을 내릴 근거가 되는 어떤 가능한 인간본성의 좌표를 갖게 되리라는 게 내 생각입니다. 그러니까 자연이 유토피아 및 미래의 시간과 변증법적인 관계에 서야지, 현대사회에 의해 상품화 또는 비속화되고 있는 지금 이곳의 어떤 정태적 인간본성을 연역하는 작업으로 이어져서는 안된다는 생각이지요.

리얼리즘 및 자연주의의 문제와 시대구분

백낙청 이제 시대구분 문제로 넘어가지요. 사실주의에서 모더니즘, 그리고 포스트모더니즘으로 나가는 시대구분은 만델이 말하는 자본주의의 세 단계에 각기 해당하는 것이라고 말씀하신 바 있지요. 그런데 이 시대구분에서 내가 느끼는 의문점은, 루카치 같은 사람이 결정적으로 다르다고 생각하는 두 개의 시기가 '사실주의'라는 명칭 아래 한데 어우러져버린다는 것입니다. 잘 아시다시피 루카치는 대부분의 위대한 리얼리스트들('사실주의자'로 번역할 수도 있으나 *realism*이라는 용어에 대해 제임슨과 루카치의 해석이 같지 않음에 유의할 필요가 있음—역자)이 1848년 이전에 온다고 보지요. 그에게는 1848년이야말로 결정적인 분기점입니다. 물론 똘스또이(Tolstoi)는 러시아 작가이기 때문에 그 이후에 온다거나 하는 예외는 인정합니다만, 당신의 시대구분에 따르자면 루카치가 강조하는 바 진정한 리얼리즘과 자연주의와의 구별이 흐려질 수도 있겠다는 거지요.

제임슨 루카치는 내게 많은 것을 준 사상가지요. 바로 이런 문제들에 관해 생각하는 데도 그랬습니다. 그리고 나는 루카치가 비록 근대적인 것에 매우 적대적이지만—그는 모더니즘을 자연주의와 상징주의가 변증법적으로 정점에 도달한 것으로 파악하면서 이에 대해 극도로 적대적인데—어쨌든 그것에 관한 매우 흥미있는 묘사를 많이 했다고 생각합니다. 우리는 그러한 묘사를 이어받아서 그의 특정 가치판단들과는 별도로 활용할 수 있습니다. 루카치에게 1848년이 갖는 이념적·정치적 중요성은 그것이 노동계급 문화의 가능성을 최초로 엿보게 해준 사건이었고, 따라서 부르주아지의 보편주의가 최초로 자신의 계급적 한계와 계급적 죄를 인정하거나 아니면 맑스 자신이 그랬던 것처럼 노동계급의 문화로 넘어가야만 했던 싯점을 뜻하기 때문이지요. 이 점에서 발자끄(Balzac)와 플로베르(Flaubert) 사이에 개재하는 차이에 대한 결정적인 설명은 대단히 중요하다고 봅니다. 이 모든 것이 아무도 무시 못할 루카치의 공헌이지요. 그러나 똘스또이의 예에서도 짐작되듯이, 우리는 이것을 나라마다 다른 여러 상황에서의 불균등한 속도의 문제로, 게다가 단순한 불균등한 속도만이 아니라 중층적으로 첨가된 발전의 문제로 이해해야 한다고 생각합니다. 그래서 사실주의적인 예술과 전단계 자본주의에 상응하는 일정한 조건들이 이후 단계에 속하는 경제조직과 문화 한가운데에 존속하게 되지요. 마치 오늘날—여기서 우리는 내가 루카치에 덧붙이는 단계 즉 포스트모더니즘의 문제로 돌아옵니다만—가장 선진적인 나라들에서조차 그렇고 제3세계에서는 확실히 그런데, 일종의 탈근대적 겉켜와 일정한 종류의 탈근대적 생산이 존재할 수 있는 것과 마찬가지지요. 고전적 형태의 근대적 생산이 있고 동시에 그보다 오래된 종류의 생산이 고립분산적으로 존재하는데, 이는 경제와 문화 양면 모두에 해당되며, 이렇게 병존합니다. 따라서 루카치의 도식은 좀더 복잡해질 필요가 있고 덜 일방적이고 단정적이 될 수밖에 없습니다. 그는 똘스또이를 고려에 넣고 있지요. 그러나 또 하나의 매우 위대한 사실주의 작가—비록 루카치적인 의미의 자연주의에 약간 물들었다고는 해도 내 생각에는 거의 최고의 사실주의 작가——를 그는 전혀 언급하지 않는데, 이는 스페인의 뻬레스 갈도스(Pérez Galdós)로서, 1880년대에서 1920년대에 걸쳐 활동을 합니다. 하지만 루카치의 주장을 조금 덜 경직되게 만들면 그중 상당부분을 수용할 수 있다고 생각합니다.

그리고 또 하나, 나는 우리가 자연주의를 다시 생각해야 한다고 믿습니다. 나는 아직 자연주의에 대한 만족스러운 이론을 만나보지 못했어요. 미국에서는 오랫동안 소홀히하던 끝에 일부 자연주의 작가들을 재발견하고 있습니다. 드라이서(Dreiser)는 자연주의자라기보다 사실주의자로 나는 보지만, 미국문학에는 노리스(Norris)를 포함해서 참 괴상한 자연주의 작가들도 더러 있지요. 자연주의를 사회적 현상으로서만이 아니라 정신적·심리적으로도 흥미로운 형식적 증후로 인식한 사람들도 있습니다. 질 들뢰즈(Gille Deleuze)가 영화에 관해 낸 새 책들을 보면 부뉴엘(Buñuel)과 슈트로하임(Stroheim) 같은 영화예술계의 자연주의자들에 대한 멋진 묘사가 나옵니다. 심층심리적이고 무의식적인 주술주의와 더불어 사회적인 것의 일정한 영역에 대한 관심을 그들이 어떻게 결합하고 있는가를 보여주는데, 이는 졸라(Zola)와 관련해서도 내게는 대단히 흥미롭게 느껴지지요. 또 하나 자연주의에 대해 매우 중요하다고 생각되는 것은——이게 틀린 이야기면 말해주세요——내가 받은 인상으로는 우리가 동양이나 제3세계 일반에 걸쳐 서양 소설의 도래 또는 서양 소설의 수출을 이야기할 때 그 내용은 루카치의 리얼리즘이 아니라 졸라와 자연주의라는 것입니다. 심지어는 거의 이렇게도 말할 수 있지 않을까 싶어요. 자연주의 소설은 자동차나 영화만큼 강력한 프랑스측의 발명품이자 수출품이라고. 그러므로 자연주의 문제를 정리하는 데는 루카치가 감안하려 하지 않았던 여러가지 사항이 추가되어야 할 것 같아요. 내가 알기로 루카치가 자연주의를 그처럼 격렬히 공격한 이유 중에 하나는, 1930년대에 모스끄바에 살면서 그는 자연주의를 매우 속류적인 사회주의 사실주의를 지칭하는 암호로 사용했고, 따라서 그의 공격은 서방세계보다 소련의 상황에서 더 의미가 있었는지 모릅니다. 그 싯점에서 서구의 문학은 대체로 자연주의를 넘어선 상태였으니까요.

총체성의 범주를 고수하는 것은 중요

백낙청 영국문학을 공부하는 입장에서는 1848년이라는 연대가 루카치에게만큼 중요하지는 않게 마련이고, 또한 로런스(D. H. Lawrence), 엘리어트(T. S. Eliot) 등 20세기 초 여러 작가들의 애독자로서 나도 루카치의 구체적 작품평가에 대해 동의하지 않는 바가 많습니다. 거기에 철학적인 이견을 덧붙이자면 덧붙일 수도 있겠지요. 그러나 내 생각에 중요한 것은, 당신이 '총체화하는 비전'(totalizing vision)이라고 부르는 것을 고수하는 리얼리즘 작품—『정치적 무의식』에서 당신이 쓰신 표현을 빈다면 "모더니즘의 봉쇄전략"이 작용하고 있지 않는 "혜택받은 서사형식들을 성취하는 데 성공한 작품들"이 되겠지요(*The Political Unconscious*, Cornell University Press 1981, 54면 참조—역자)—그러한 리얼리즘과 그렇지 못한 작품을 구별하고자 하는 루카치의 노력입니다. 그런데 서양 소설의 전통에 익숙하지 않은 제3세계 나라들에 소개될 경우 자연주의 소설이 가장 강렬한 충격을 준다는 당신의 말씀은 옳다고 믿습니다. 하지만 그 사실이 루카치의 기본 명제를 부정하는 건 아니라고 봐요. 첫째로, 자연주의 소설들이 그런 효과를 갖는 이유가 독자들이 볼 때 그 소설들이 바로 그러한 총체적인 문제들, 국가와 민족의 운명을 포함한 자신의 전체 운명과 직결된 문제들을 다루고 있는 것으로 인식되기 때문이지요. 이와 관련해서 리차드 라이트(Richard Wright)의 자서전(*Black Boy*, 1945. 『검둥이 소년』이라는 국역본이 있음—역자)에 나오는 한 대목이 생각나는데, 드라이서, 씽클레어 루이스(Sinclair

Lewis) 같은 작가들의 작품을 읽고 바로 자신의 삶과 직결된 이야기로 느껴져 말할 수 없이 깊은 감동을 받았다는 것이었습니다. 라이트가 겪은 삶은 물론 제3세계적인 특징을 많이 지닌 것이었지요. 또 한 가지 유의할 점은, 자연주의가 루카치적 리얼리즘의 다분히 단순화된 형태로서 외국인이 서양 소설과 처음 접하는 단계에 받아들이기가 한결 수월하다는 사실이겠습니다.

제임슨 당신이 총체성의 범주를 고집하는 것은 옳은 태도라고 믿습니다. 이것이야말로 소설 형식의 연구에 대한 루카치의 커다란 공헌이라 생각되는데, 그것을 루카치와는 좀 다른 방식으로 써먹을 수가 있겠지요. 모더니즘 시기의 어떤 고전들을 보는 사람들은 누구나, 가령 『율리씨즈』(Ulysses: 제임스 조이스의 장편—역자)를 생각해보면, 사회적 총체성의 영상을 창조하려는 노력이라 할 때 『율리씨즈』를 빼고 말할 수 없지요. 따라서 우리는 이따금 루카치를 그 자신에 반대해서 써먹을 수 있을 것 같고, 그럴 경우 나는 이런 식으로 한번 해보고 싶군요. 즉 총체성의 재현까지는 아니더라도 총체성의 모형을 창출하려는 예술가는 자신의 사회 안에서 그 주체들이 사회적 총체를 인식하는 것을 방지하는 일정한 주어진 제약들과 싸우면서 작업한다는 말이지요. 내가 보건대 사회가 한층 복잡해지고 자본주의가 발달함에 따라 사회의 총체상에 도달하기가 점점 더 어려워지고, 바로 이러한 변증법에 따라 예술의 여러 변화들이 일어난다는 게 내 생각입니다. 말하자면 사실주의 시대에는 사회적으로 좀더 단순한 상황이라 상대적으로 알기 쉬운 서사적 가닥과 구성들을 통해 총체성의 비전을 달성할 수 있는데, 모더니즘 시기에 오면—그리고 바로 재현(representation)의 문제를 핵심적인 쟁점으로 제기했다는 것이 모더니즘의 위대성의 일부라고 생각하는데—총체성의 재현 가능성의 위기가 옵니다. 바로 여기서, 현실의 각부분이 어떻게 상호 연관되는지를 보여주기가 점점 더 어려워지는 제국주의 세계체제 내에서 총체성을 재창출하려는 모더니즘의 비상한 형식적 실험들이 나오는 거지요. 그런데 우리 시대의 전지구적 체제 아래서 우리는 그러한 어려움의 또다른 영역에 이르렀다고 하겠습니다. 그리고 현존하는 형태의 포스트모더니즘에 대해 어떤 정치적 비판을 한다면, 그들이 이러한 시도 자체를 포기해버렸다는 것입니다. 다시 말해, 재현이란 불가능한 일이고 총체성이란 없는 것이라고 그들은 결정해버렸고, 그 결과 각기 다른 상황에서 사실주의와 모더니즘 양자에게 공통적으로 긴장과 원대한 포부를 갖게 해주던 요소가 사라졌다는 거지요. 그런데 나는 이것이 반드시 영영 그러리라고는 믿지 않습니다. 정치적인 포스트모더니즘들이 나올 것이고 전지구적 체제에 대한 비전이랄까 모델을 어떤 식으로든 만들어내는 과제를 다시 한번 떠맡고 나설 포스트모더니즘이 있으리라고 봐요. 그래서 내가 "포스트모더니즘— 후기자본주의의 문화적 논리"(Postmodernism, the Cultural Logic of Late Capitalism)라는 논문(*New Left Review* 146집, 1984년 7-8월호에 실림—역자)*의 끝머리에 '인식의 지도 작성'(cognitive mapping)이라는 개념을 제안했는데, 바로 그런 작업을 뜻한 거지요.(그 용어는 그 후 꽤 퍼진 셈인데 개념 자체가 받아들여진 건지는 모르겠어요.) 어쨌든 우리가 예술가로서, 비평가로서, 또는 다른 무엇이든, 해야 할 일은 이 새로운 전지구적 총체성에 대한 새로운 형태의 재현을 되찾거나 새로 만들어내는 어떤 방식에 어떻게든 도달해야 한다는 겁니다.

'더욱 순수한 모더니즘'으로서의 포스트모더니즘

백낙청 모더니즘 시기의 작가들, 당신이 '본격 모더니즘'(high

---

* Fredric Jameson, *Postmodernism, Or, The Cultural Logic of Late Capitalism* (Verso 1991)의 제1장을 이루게 됨—편자.

modernism)의 작가라고도 부르는 사람들이 사회적 총체성을 포착하려는 이러한 노력을 이미 포기했다는 게 루카치의 주장이었지요. 그들 중 상당수에 대해 루카치가 부당했다는 점은 당신과 내가 동의합니다. 그러나 당신도 시사하듯이 그의 비판은 본격 모더니스트들보다 **포스트모더니스트**들에게 더 적중하지 않는가 합니다. 그래서 당신의 입장을 약간 달리 표현해서—실은 당신 스스로 "포스트모더니즘은 어떤 의미에서 모더니즘보다 더 모던하다"고까지 말씀하신 것으로 아는데("Modernity after Postmodernism"이라는 제목으로 1989. 10. 28 서울대에서 행한 강연 참조—역자)—기왕이면 한 걸음 더 나가서, 포스트모더니즘은 본격 모더니즘보다 더욱 순수한 형태의 모더니즘이다라고 말하면 어떨까 합니다. 바로 만델이 후기자본주의야말로 전단계 자본주의들보다 더욱 순수한 자본주의라고 말하는 것과 똑같은 논리로 말이지요.

제임슨 글쎄요, 그건 무척 매력적인 공식이라 생각합니다. 그리고 그렇게 되면 루카치의 모더니즘비판 중 우리가 완전히 동의하지 않는 여러 대목들을 포스트모더니즘에 대한 예언으로 바꿈으로써 루카치를 어느정도 다시 써낼 수 있게 되겠지요. 그건 꽤 그럴듯한 이야깁니다. 루카치가 제시하는 처방들의 경우에도 그렇지요. 루카치를 읽노라면 그가 이들 모더니스트 작가들에게 설교를 하고 있고 그들이 아예 입당을 하거나 적어도 토마스 만(Thomas Mann)처럼 어느정도 동조자가 되는 것이 해결책이며 그래야 구원받을 수 있다는 느낌을 항상 받곤 했지요. 지금 싯점에서 우리의 처방이 뭐가 될지는 모르겠지만, 이러한 진단에 분명히 내포된 결론은, 정치적·경제적 위기 자체에 대한 날카로운 인식이 없이는 포스트모던 시대의 예술가가 이 총체상을 이룩할 수 없다는 것입니다. 도대체 그럴 이유나 동기가 없어져버리니까요. 다시 말해서, 본질적으로 이런 형태의 인식의 지도 작성은 심미적인 동기에 조금도 못지않게 정치적인 동기에 근거하고 있는 것입니다.

'포스트-모던한 리얼리즘'을 지향

백낙청 내 생각에는 그런 식으로 달리 표현하는 주된 잇점은 루카치의 가장 기본적인 주장, 즉 그가 말하는 '리얼리즘' 대 '모더니즘'의 문제야말로 자본주의 시대가 시작하여 그것이 극복될 때까지의 전시기를 통하여 지속되는 핵심적인 다툼이라는 주장을 살릴 수 있다는 점입니다. 그리고 이는 우리 한국의 많은 작가들에게 특별한 매력을 갖는데, 그것은 모던한 것과 포스트모던한 것이 동시에, 또는 거의 동시에, 몰려들고 있고 그것도 주로 신식민지적 문화침략의 형태로 들어오고 있기 때문입니다. 물론 우리는 단순히 우리의 전통적 형식들로 돌아간다든가 19세기 사실주의와 같은 서양의 문학·예술의 낡은 형식들을 채택함으로써 이 상황에 대응할 수 없다는 것을 잘 압니다. 그러나 우리는 이 총체화하는 비전을 간직한다는 의미에서의 리얼리즘을, 밀려들어오는 온갖 조류들을 거치면서 거기에 아주 굴복하지는 않는 리얼리즘을 어떤 식으로든 달성하겠다는 확고한 입장에 서 있습니다. 그런 의미에서 우리가 지향하는 것은 '포스트-모던한 리얼리즘'(post-Modern realism)이라 부를 수 있을지도 모르지요. 단지 이 경우 표기를 약간 바꿔서 우리가 본격 모더니즘과 포스트모더니즘을 모두 넘어서고자 한다는 점은 분명히할 필요가 있겠지요. 어쩌면 아예 새로운 이름이 필요할지도 모르겠어요. 어쨌든 이와 관련해서 저는 당신이 루카치-브레히트 논쟁에 관해 쓴 글 가운데 극히 흥미진진한 대목을 기억합니다. 여기 『미학과 정치』(*Aesthetics and Politics*, Verso 1977: 블로흐·루카치·브레히트·아도르노 등의 글과 제임슨의 논평을 실은 글모음—역자)라는 책을 가져왔으니 그 대목을 읽어보지요. "이러한 상황에서는 실제로 다음과 같은 질문의 소지가 생긴다. 즉 모더니즘의 궁극적 갱신, 지각(知覺)적 혁명의 미학의 이제는 자동화된 관습들이 겪을 최종적인 변증법적 전복은 다름아닌 리얼리즘 그 자체가 아닐까라는 질문이다. (…) 뜻밖의 대단원으로, 오늘날 우리에게 잠정적으로나마 최후의 한마디를 해줄 사람은—1930년대에 그가 아무리 틀렸었을지라도—바로 루카치일지도 모른다." 이건 퍽 마음에 드는 대목입니다.

제임슨 물론 내가 그걸 쓴 것은 포스트모더니즘이 현실로서나 개념으로서나 표면에 떠오르기 전의 일이니까 지금은 조금 더 복잡해지겠지요. 내 생각은 대체로 이런 거예요. 한국문학에 대해서 무언가 말할 수 있었으면 좋겠고 번역작품이 있는 한에서 나의 무지를 시정할 작정이며 번역 자체도 더 나와야 한다고 보는데, 어쨌든 내 생각은 첫째, 예술가에게는 제1세계의 점점 더 일차원화되어가는 현실보다 다차원적인 제3세계의 현실이 여러모로 훨씬 흥미로울 수 있다는 것입니다. 내가 볼 때 그것이 오늘날 전세계적으로 가장 흥미있는 소설 형식은 라틴아메리카의 소설들, 특히 가르씨아 마르께스(García Márquez)의 작품들로 보인다는 사실을 설명해줍니다. 한국에서도 그런지는 모르겠지만 중국의 경우 확실히 그렇고 세계의 다른 여러 곳에서도 확인되는 현상이라고 봐요. 그런데 한 가지 덧붙일 점은—이건 내가 무슨 국수주의에 빠져서 하는 소리가 아니고 의미심장한 사실이라고 생각해서 하는 말인데—내가 보기에 가르씨아 마르께스가 포크너(Faulkner)에게서 나오는 면도 있다는 겁니다. 즉 포크너가 수많은 이유로 서사적 가능성 및 일정한 종류의 사실주의의 새로운 양식을 보여주었고, 어쩌면 이것이 자연주의 이후의 가장 중요한 범세계적 영향이었는지 모릅니다. 적어도 내가 몇해 전 중국에 머물 때 중국의 작가들과의 토론에서 제기한 생각이 그거였는데, 이 무렵 그들은 그들이 '뿌리' 운동이라고 부르는 새로운 종류의 소설을 실험하고 있었지요. 그때 내가 생각한 것은—이건 루카치가 18세기와 19세기에 관해 서술하는 것과도 부합되는데—그들의 사실주의가 종전에는 사회적 표면에 대한 사실주의 형식들이었고 중국에서 문화대혁명이 가져온 결과 가운데 하나가 역사에 대한 좀더 심층적인 의식과 역사적 상흔 및 변혁에의 깊은 인식을 창출했다는 것이었습니다. 그래서 그들이 포크너와 마르께스에서 발견한 것은, 작가로 하여금 사회의 표면을 기록함과 더불어 그 좀더 심층적인 역사의 이러한 지속적인 영향도 마치 지진계처럼 동시에 감지하게 해주는 새로운 서사적 장치였지요. 당신네 역사는 물론 그보다도 더욱 파국적이고 충격적이었을 터인데, 나는 루카치적 명제의 실현을 바로 그런 데서 봅니다. 즉 루카치는 18세기 영국 소설이 사회의 표면을 인지하다가 스코트(Scott)와 발자끄에 이르러 좀더 심층적인 역사를 발견하고 이를 수용하는 과정을 서술하지요. 그것이 바로 오늘날 훨씬 방대한 규모로 되풀이되고 있음을 우리는 보는 것 같습니다. 당신들에게는 고래의 농민적 현실들하며 기타 온갖 다른 현실들과 더불어 포스트모던한 현실들도 분명히 있는 만큼, 당신들이 추구하는 바가 무엇이고 루카치의 서술이 얼마나 합당한 것이든간에 그것은 더 많은 것을 포함해야 되고 그럼으로써 생각건대 더 복잡해지고 더 흥미로워지리라는 것이지요.

백낙청 전적으로 동감입니다. 우리의 경우야말로 에른스트 블로흐(Ernst Bloch)가 말하는 '비동시적인 것의 동시성'(die Gleichzeitigkeit des Ungleichzeitigen)의 또 하나의 예지요. 물론 이것이 지나가는 한순간에 불과하고 머지않아 우리도 전지구적인 일차원적 사회에 통합될는지 모릅니다. 그러나 진지하게 실천에 임하는 사람이라면 누구도 그런 식의 패배주의를 미리부터 받아들일 수는 없지요. 그러므로 저는 총체적인 비전을 성취하고 유지할 기회, 어쩌면 제1세계에는 더이상 주어지지 않은 희귀한 역사적 기회가 분명히 우리 앞에 있다고 믿습니다. 당신의 비판자들에 대한 답변이 『뉴 레프트 리뷰』 근착호에 실렸던데("Marxism and Postmodernism", *New Left Review* 176, 1989년 7~8월호. 이 글은 제임슨에 관한 평문을 모은 D. Kellner, ed. *Postmodernism/Jameson/Critique*, Maisonneuve Press 1989의 말미에 수록된 것이다.―역자), 거기서 당신은 '생산양식'과 같은 총체화하는 사고방식을 가능케 하는 조건들에 관해 언급하셨더군요. 여러 면에서 가르씨아 마르께스의 라틴아메리카라든가, 심지어 포크너의 경우도 남부라는 후진 지역에서―

제임슨　그렇지요, 미국 내의 후진지역, 미국의 제3세계적인 지역이지요.

백낙청　당신이 그 글에서 거론하는 스코틀랜드의 계몽기라든가 혁명 전 프랑스와 어느 면에서 매우 흡사한 정세란 말이지요.

제임슨　그럼요. 동감입니다.

백낙청　그런데요, 바로 이러한 우리의 상황에서 민족문제라든가 민족문학의 개념이 우리에게는 매우 절실하단 말입니다. 하지만 이런 용어들이 서방세계의 대다수 지식인들에게는 별 의미를 못 갖는 것 같아요. 물론 구태의연한 의미를 가져서도 곤란하지만, 어쨌든 이 문제는 어떻게 생각하시는지요?

민족주의의 긍정적 가능성

제임슨　이것은 내가 한국에 와서 특히 주목하게 된 점인데 앞으로 좀더 생각해보아야 할 또 하나의 문제입니다. 내 경우 민족주의의 긍정적인 모습을 생각할 때 주로 떠오르는 것은―물론 팔레스타인 민족처럼 극한적인 경우에는 민족주의가 명백하고 불가피하며 진보적이라는 점을 누구나 인정하겠지만―혁명 이후의 상황으로 말할 때 나는 꾸바에서 민족주의가 맡은 역할, 꾸바의 민족주의랄까 꾸바의 독자성에 대한 긍지가 사회주의 건설과 조화를 이루고 외국인에 대한 배타주의에 빠지지 않으며 여러 차원의 성격을 지닌 꾸바적 인간형을 창출할 수 있었던 데에 깊은 감명을 받았습니다. 그리하여 꾸바인들은 자신이 라틴아메리카의 일원이라 느끼는 동시에 라틴아메리카와는 또다른 까리브지역의 일원이며, 흑인국가로서 아프리카와 연결되고 동시에 실질적으로 미국의 마지막 식민지였던 민족으로 우리 미국인들과도 유대를 느끼고 있습니다. 따라서 나는 민족적 상황의 단일성에 대한 강렬한 의식이 반드시 배외주의나 편협성을 뜻하는 건 아니고 정치적인 실천과 매우 활기찬 문화적 표현을 향해 활짝 열리는 계기가 될 수 있다고 봅니다. 이러한 계기가 한국에서는 그야말로 독특하게 주어져 있다고 생각합니다. 제1세계가 그걸 이해 못한다면——일본이라는 이상한 예를 빼면 미국이나 1992년에 형성될 유럽 같은 제1세계의 초민족국가에 이런 계기를 수용할 소지가 없는 까닭은 명백하지요——그건 제1세계의 손실일 따름이라고 말하고 싶군요. 다시 말해서 제1세계가 좀더 깊이 생각해야 할 현실들이 엄연히 있는 것이고, 그것은 곧 저들 자신의 맹점이나 자기억압, 저들이 바깥세상에 관해 알고 싶어하지 않는 사실들의 지표인 셈이지요.

백낙청 제2세계의 경우는 어떨까요? 물론 꾸바 이야기를 하셨습니다만 꾸바는 제2세계이자 제3세계인 경우겠지요.

제임슨 소련이 연방국가로서 이런 문제들을 새롭게 생각해야 하는 경우인 건 분명하지요. 한국과 관련해서는 독일의 예도 비교해야 할 텐데, 하지만 독일은 민족국가 아닌 국가들을 가져온 전통이 있지요. 프로이쎈은 민족국가가 아니었지요. 따라서 사회주의 동독——독일민주공화국——의 장래성에 관해서는 독일 역사에 세계의 다른 곳에서는 찾아볼 수 없을지도 모르는 비민족적 구성의 선례가 있단 말이에요.

백낙청 내 생각에 그것이 독일과 한국 경우의 주된 차이점의 하나입니다. 우리는 1945년에 분단되기 전에 수많은 세기에 걸친 단일민족으로서의 생활경험이 있으니까요. 또 하나 중요한 차이점은 독일의 분단은 적어도 그것이 강력한 침략자에 대한 응징이요 어느 면에서 비극의 재발을 방지하는 장치였다는 정당성이랄까 역사적 명분이 있었는데, 한국민족은 일제 침략의 희생자로서——

제임슨 존 할리데이(Jon Halliday)는 그 점을 더욱 강하게 표현하더군요. 일본이 당했어야 할 점령과 분할이 한국에 전가되었다고.

백낙청 그런 셈이지요. 따라서 한반도 전역에 걸쳐 통일에 대한 열망이 대단히 큽니다. 이 점에 관해서만은 제가 남북한의 동포 대다수를 대변한다고 자신할 수 있습니다. 그러나 그러한 열망을 갖는다는 것이 곧 이를 성취할 방안이 있다거나 이에 필요한 이론을 가졌다는 뜻은 물론 아니지요. 어려움 가운데 하나는, 나라가 거의 반세기에 걸쳐 실제로 분단되어 있었고 더구나 동서독보다 훨씬 살벌하고 철저하게 분단되어 있었기 때문에, 그 결과로 우리는 두 개의 전혀 상이한 사회구성체를 갖게 되었고 어쩌면 공통된 민족적 열망에도 불구하고 상이한 종류의 민족주의를 갖게 되었는지도 모릅니다. 그러나 설혹 다소 상이하다 해도 전체적으로 진보적인 민족주의라고 생각합니다. 물론 감정적인 배타주의도 더러 있습니다만—

제임슨 그것도 낯선 것이나 타자에 대한 단순한 거부가 아니라 정치의식의 문제로 되면 진보적일 수 있는 면도 있지요.

제1·2·3세계를 겸한 한민족의 가능성

백낙청 어쨌든 한국 민족주의는 진보적일 수밖에 없는 것이, 첫째는 우리의 통일을 바라지 않는 지배적 열강에 반대하는 자세를 취해야 하기 때문입니다. 동시에 여하한 종류의 통일이건 상관없다는 점에 대다수의 민족성원들이 동의하기는 불가능하게 되어 있습니다. 이 점은 아직까지 우리 사이에 충분한 공개적 논의가 안된 상태입니다만, 예컨대 상당수의 남한인들이 북한에 흡수되는 식의 통일을 원하지 않을 것이 분명하고, 북한 주민들은 그들대로, 우리가 한때 '북진통일' 운운했는데 그런 통일을 거부할 것임은 말할 나위 없습니다. 따라서 우리는 공통된 민족적 열망에 부응하면서 한민족 성원들의—다시 말해 남북한 주민들 절대 다수의—실질적인 이익에 봉사하는 어떤 현실적 해결책을 강구하지 않으면 안됩니다. 문제는, 한편으로 우리가 통일국가로서의 오랜 역사를 갖고 그 역사를 첨예하게 의식하고 있는 하나의 민족으로 여전히 남았다고 하겠으나, 동시에 우리는 이미 40년이 넘도록 두 개의 극단적으로 다른 사회체제를 지닌—따라서 매우 대조적인 개인적·집단적 경험을 지닌—두 개의 실질적인 국민국가, 또는 두 개의 반(半) 민족적인 국가를 갖고 살아왔다는 것입니다. 그런데 이처럼 공통적이면서도 동시에 불가피하게 이질적인 욕망들을 두루 충족시키면서 실현가능하기조차 한 해결책을 어떻게 찾아내느냐 하는 겁니다. 이것이 한국의 경우를 아주 독특하게 만드는데, 하지만 나는 당신이 애초에 한국이 얼핏 보기에 예외적이지만 실상은 더욱 전형적일지 모른다고 하신 말씀이 여기서 재확인된다고 믿습니다. 우리가 오늘날 전체 세계가 당면한 난제들을 해결하고자 할 때 실상은 똑같은 종류의 문제들에 부닥친다고 보니까요.

제임슨 말하자면 두 가지의 판이한 사회변혁을 수행할 기회가 주어졌다고 할까, 두 개의 다른 삶을 동시에 살 수 있게 된 셈이군요. 그건 매우 풍부한 가능성을 안은 상태겠지요.

백낙청 그런데 애초에 한국이 변칙이라기보다 고전적인 사례라고 하신 말씀을 좀 부연설명하시면 어떨까요?

제임슨 나는 발전이나 '단계' 이론을 내 나름으로 정리할 때 항상 이들 단계가 병존하고 중첩되며 우리가 그것을 각기 따로 떨어진 것으로 보아서는 안된다는 점을 분명히 하고자 합니다. 그러나 대부분의 단계이론에서는 각개 단계에 걸맞은 독특한 종류의 정치를 설정하지요. 탈식민지화 단계에서는 민족해방전쟁과 상대적으로 민족주의적 성격이 강한 투쟁들이 있겠고, 사회주의 혁명은 다른 하나의 유형이 되겠습니다. 그리고 이제 우리는 그런 것들과 또다른, 포스트모던한 지배기구 전체에 맞선 투쟁을 예견할 수 있는지도 모릅니다. 그래서 우리가 세계를 둘러볼 때 주로 눈에 띄는 것은, 빈곤한 제3세계 나라들에서는 민족주의가 주조를 이루는 민족해방전쟁을 보게 되고, 좀더 선진적인 나라에서는 노사투쟁이라든가 그런 식의 사회변화 문제들이 있지요. 그러나 대부분의 경우 이런 상황들이 분리되어 있는데 남한에서는 이 모든 것이 동일한 사회적 공간에서 벌어지고 있단 말입니다. 남한은 어떤 의미에서 선진국과 제3세계를 겸하고 있어요. 꾸바나 중국이 제2세계인 동시에 제3세계인 식으로 말이지요. 나는 그것이 흥미진진하다고 생각하며 다분히 예외적인 듯하다는 거지요.

백낙청 한국은 무엇보다도 분단국이라는 점에서 예외적이지요. 그런데 분단은—

제임슨 그러니까 당신들은 어떤 면에서 제1·2·3 세계를 모두 겸한 셈이군요.

세계의 문제가 집약된 한반도의 분단체제

백낙청 네, 바로 그렇습니다. 그래서 이 모든 세계들의 문제가 이곳에 집약되어 있는 거지요. 한국의 예외성과 전형성에 대한 저 나름의 인식을 말씀드려보지요. 앞서 원용한 당신의 최근 글에 "자기 현장에서의 투쟁과 쟁점들은 반드시 필요할 뿐 아니라 불가피하기도 하다. 그러나 그것들은 어떤 더 큰 규모의 체제적 변혁의 비유 내지 알레고리의 성격을 유지하는 한에서 유효하다"(*New Left Review* 176집 44면 참조—역자)라는 말이 있었지요. 그런데 우리가 남한 사회를 따로 보든 남북한을 동시에 보든 통일을 위한 민족운동이 이 차원에서는 불가피한—어쩌면 불가피하고도 핵심적인—'현장의 쟁점'입니다. 하지만 이 특정한 민족운동은 낡은 민족주의적 방식으로는 성공할 수 없다는 일정한 내부장치가 되어 있어요. 다른 사정은 젖혀두고 우선 우리에게는 민족주의가 하나 이상 있는 꼴이니까요. 더구나 그것은 두 개의 민족주의라고 하기조차도 힘들고 '한 개 반'이라는 표현이 더 정확할지 몰라요. 그렇기 때문에 민족주의의 사회적 내용이, 소위 덜 예외적이라는 민족운동 내지 탈식민지화투쟁에서보다 훨씬 더 중요해집니다. 동시에 전세계적인 쟁점들과의 연결도 불가피한 것으로 드러납니다. 예컨대 남북한이 각기 다른 이데올로기 블록에 속해 있고 그 결과 세계체제의 양분 및 대립에 따르는 문제들이 현장의 문제에 중첩되었다는 사실이 그렇지요. 게다가 우리가 어떤 구체적 상황을 정말 구체적으로 생각하고자 하면 그 사회를 일국사회의 차원과 세계체제의 차원에서만 볼 것이 아니라 그 중간 차원인 주변지역적 정황을 보아야 합니다. 우리의 경우 그 차원에서 일본과 중국이 있고, 소련이 있으며, 어쩔 수 없이 미국도 끼어듭니다.

제임슨 어쩔 수 없이!

백낙청 그러니 주변지역적 차원에서도 세계무대의 주역들을 거의 다 만납니다. 그리고 여기서 분단의 문제로 되돌아오는데, 우리의 경우는 주변지역적 정황이라는 것 외에도 남북한이 맞물린 한반도적 정황을 따로 감안해야 합니다. 이건 단순히 '정황'이라기보다 나는 하나의 '체제'—매우 예리하게 대립하고 있지만 어쩌면 더러 공생하기도 하는 두 개의 국가기구를 망라하는 체제라고 봅니다. 따라서 우리는 남한이라는 부분과 구체적인 현대세계라는 전체를 동시에 생각하며 한반도를 하나인 동시에 둘로 생각할 줄 알아야 하지요. 이런 변증법적 기술은 현장투쟁을 당신이 주장하는 방식으로 성공적으로 수행하고자 하는 사람 누구나가 배워야 할 일이겠지요.

남한의 경제발전이 지니는 특수성과 세계성

제임슨 그렇지요. 이에 대해 나중에 더 하고 싶은 말이 있습니다만, 요전날 산업화와 유교에 대해 내가 물었을 때 해준 이야기를 여기서 다시 해주시면 좋겠군요. 그러니까 남한이나 대만, 싱가포르 등에서 개신교 윤리의 대용물로서의 유교가, 동아시아 이 지역들에서 이룩된 놀라운 공업화의 진행에 대한 충분한 설명이 되느냐는 거지요.

백낙청 물론 충분한 설명이 못되지요. 이른바 아시아 닉스(신흥공업국들)가 거둔 경제적 성공이 유교와 무관하지 않다는 점에는 동의하지만요. 그런데 재미있는 일은, 발전의 관건으로서 유교 윤리를 들먹이는 사람들이 흔히는 한 20년 전만 해도 우리 동아시아에서—좀더 유럽을 닮은 봉건제도를 가졌던 일본을 빼고는—산업화가 안되는 이유가 바로 유교 때문이라고 떠들던 사람들이에요.(그러니까 해결책은 우리 모두가 하루속히 기독교로 개종하는 길이었겠지요.) 어쨌든 거듭 말하지만 유교가 중요한 하나의 요인이었다는 점, 특히 이들 사회에서 상대적으로 높은 수준의 국민통합과 교육수준을 확보하는 데 일조했다는 점은 동의합니다. 그러나 더욱 결정적이었던 것은 세계자본의 전략이었다고 믿습니다. 이와 관련해서 윌리엄 힌턴(William Hinton)이 떵 샤오핑(鄧小平)의 개발전략을 비판한 말이 생각나는데, 그에 따르면 떵의 전략은—물론 공산당의 통제는 견지하면서—남한의 모범을 따르려는 시도라는 거지요. 힌턴 말이, 그게 안 통한다는 거예요. 남한이 성공한 주된 이유는 중국이 공산화되었기 때문이고 만약에 브라질이 사회주의 국가가 되었더라면 오늘날 빠나마가 경제강국일 거라는 이야깁니다.

제임슨 하하, 재미있는 이야기군요.

백낙청 물론 그건 과장이고 힌턴도 일부러 그래본 건지 몰라요. 빠나마가 제2의 대만이나 남한이 될 만한 인프라를 가졌다고는 생각되지 않습니다. 그러나 일리는 있는 이야기지요. 미국은 멕시코나 브라질에서 성공적인 경제를 이룩하는 일에 남한의 경우에서처럼 전략적으로 많은 것을 걸고 있지 않으며, 다른 한편 미국정부나 지배적인 다국적 자본은 브라질이 진정으로 성공적인 국민경제를 이룩하는 데에 훨씬 큰 두려움을 느낄 겁니다.

제임슨 그렇지요. 그리고 당신은 남한이나 대만의 경우 분단이 중요하다는 점도 강조하시겠지요. 도약의 기적을 이룩한 국가가 패권국에게 위협이 될 당당한 국민국가로 되는 것을 막아준다는 의미에서—

백낙청 그렇습니다. 한편으로 세계자본은 이들 나라에서 경제파탄이 일어나는 사태를 감당할 수 없고—하기야 브라질이나 멕시코에서도 진짜 경제파탄을 감당 못하기는 마찬가지지만 적어도 거기서는 훨씬 눈에 띄는 실패가 있어도 견딜 만하지요—다른 한편으로는 분단에서 연유하는 구조화된 군사적·정치적 종속성을 감안할 때 이들 나라에서의 경제적 성공을 상당정도까지 참아줄 수 있는 것이지요.

포스트모더니즘과 공간의 새로운 중요성

제임슨 이런 이야기들과 관련해서 내가 하고 싶은 말은, 첫째 나의 해석에 따르면 포스트모더니즘 전반, 지금 이 시대 전체가—모더니즘 시기에 시간 또는 시간성이 중요했던 것과 대조적으로—공간의 새로운 중요성으로 특징지어진다는 점입니다. 최근에 대두한 맑시즘의 가장 흥미있는 새 형태 가운데 하나는 급진적 지리학자들의 작업으로서, 도회적인 것과 지리학·지정학 등등을 동시에 분석하는, 나로서는 공간적 맑시즘이라고 부름직한 것입니다. 에드 쏘자(Ed Soja)가 새로 내놓은 『탈근대적 지리들』(*Postmodern Geographies*)이라는 책이 있고, 최근에 옥스포드로 자리를 옮긴 데이비드 하비(David Harvey)는 포스트모더니즘에 관한 신간을 포함하여 여러 권의 중요한 저서를 낸 지도적인 맑스주의 지리학자 중의 하나지요. 내 생각에는 이런 식의 공간적 분석을 더 발전시킬 필요가 있고 그것은 당신이 지금 주장하는 바와 그대로 맞아떨어질 것 같습니다. 당신이 한국의 상황을 그려내는 방식은 본질적으로 이런 새로운 의미에서 공

532 대담

간적 변증법이니까요.

백낙청 그건 매우 재미있는 말씀이군요. 솔직히 말해 공간적 맑시즘이란 나로서는 생소한 분야입니다. 이제까지 나는 포스트모더니즘에서 공간이다 공간성이다 해서 본격 모더니즘에서의 시간 또는 시간성 중시라는 것에 대비시키는 논의들이 달갑지 않은 느낌이었거든요. 왜냐하면 자본주의의 주된 경향 가운데 하나는 공간을 폐기하고 모든 것을 시간으로 환원하는 것 아니겠습니까. 모든 가치가 결국에는 시간의 문제가 된다고 맑스가 지적한 의미로 말이지요. 그러므로 공간의 강조라는 것은 이러한 일반적 경향에 맞서는 것일 때만, 자본주의가 소멸시키는 공간의 구체성을 회복하는 것일 때만 의미가 있겠지요.

제임슨 그렇지요. 그게 바로 내가 하려던 이야기예요. 그것의 특징 가운데 하나는——이번 학술회의에 그가 못 와서 내가 대신 읽은 발제문 「지구적 상호의존성과 생태학적 사회주의」(Global Interdependency and Ecological Socialism)에서 짐 오코너(Jim O'Connor)가 이 점을 제시했다고 생각하는데——탈근대 시기에는 국제주의와 지역주의 사이에 새로운 종류의 변증법이 성립합니다. 그리고 내가 보기에 그것은 대단히 풍부한 정치적 가능성을 담은 새로운 종류의 연결이자 대립관계이기도 합니다. 그래서 종전의 역사적 시기들에는 많은 경우 지역에 대한 집착이 퇴행적인 정치를 낳았는데 오늘날은 전혀 그렇지 않을 수 있고 전체 국제적 현실과 밀접히 연결될 수 있는 겁니다. 따라서 이런 새로운 공간적 사고의 잇점을 찾아내는 열쇠가 이런 데 있다는 생각이지요.

백낙청 경제발전뿐 아니라 민족주의에 이르기까지 우리가 논의하던 것과 잘 맞아떨어지는 이야기군요. 그러면 이제 '민족문학'의 개념에 좀더 촛점을 맞춰보면 어떨까요. 이곳에서는 매우 열띤 토론의 대상이 되어 있는 문제지요. 적어도 이 개념의 제창자들은(나 자신을 포함해서) 그것이 국제주의와 얼마든지 양립한다고, 아니 여하한 바람직한 세계문학의 구상에도 필요한 것이라고 봅니다. 실제 한국 상황에서 그 개념이 어떻게 구현되는지를 당신이 잘 모르시기는 하겠지만, 그래도 이 문제에 관한 견해를 좀 말씀해주셨으면 합니다.

전례없는 국제주의적 실천으로서의 민족문화 건설

제임슨 우리 시대는 다국적 자본주의와 그에 의한 전지구적 관계의 조직화에 맞서서 좌파세력 및 진보적 문화 쪽에서도 국제화를 이룩해야 할 시기입니다. 나는 괴테(Goethe)가 원래 '세계문학'을 말했을 때 그의 심중에 가장 중요하게 부각되었던 것은 유럽 여러 나라 지식인들의 상호접촉을 가능케 하는 잡지 등 당시의 새로운 매체기관들이었다는 점을 지적한 일이 있습니다(*Critical Quarterly*지 1987년 겨울호에 실린 제임슨의 "The State of the subject(III)" 참조—역자). 그래서 괴테 그가 영국의 『에딘버러 리뷰』(*The Edinburgh Review*)라든가 프랑스의 『르뷔 데 되 몽드』(*La Revue des deux mondes*)를 읽으면서 상이한 민족적 상황에 있는 지식인들과 좀더 긴밀한 유대를 지닐 수 있었던 것이지요. 따라서 괴테에게 '세계문학'이란 그런 일련의 관계들이었고 단순히 위대한 고전들의 출현만이 아니었어요. 그와 비슷한 어떤 것을 우리가 상상할 수 있다면, 그것은 민족적·일국적 상황의 일차성을 인정하면서 상이한 문화와 지식인들간의 국제적 연결망을 내가 방금 이야기한 지역적인 것과 국제적인 것의 변증법이라는 취지에 맞게 형성할 수 있게 됨을 뜻하겠지요. 민족문화의 강력한 건설이 국제적 상황으로부터의 철수가 아니라 국제주의적인 행위가 되는 것이 오늘날 가능하다는 생각입니다. 나는 괴테에 관해 언급한 그 글에서 '민족적 상황들의 국제주의'(the internationalism of national situations)라는 구호를 내세운 적이 있지요. 우리들 상호간의 지적·문화적 관계가 넓은 의미로 이해된 민족적 상황의 일차성을 거쳐서, 구체적인 지역적 상황을 거쳐서 성립해야 하고 우리의 상호이해도 걸작에서 걸작으로 어떤 초시간적 방식으로가 아니라 그러한 상황들을 통해 이룩되어야 한다는 뜻이었습니다. 따라서 '민족문학'을 창출하는 일이 한국의 여러분들이 벌이는 사업이라면, 어쩌면 가장 중요한 점은 그러한 문학이 아직 존재한 적이 없다는 사실, 이런 새로운 의미의 민족문학을 창조하는 데는 참조할 선례가 거의 없다는 사실을 유념하는 것인지도 모르지요. 우리는 낯익은 형태의 민족문화를 말하고 있는 것이 아니고 전혀 새로운 전지구적 상황에서 전적으로 새로운 민족문화를 만들어내는 작업을 논하고 있다는 거지요. 물론 그러한 창조행위는 이 새로운 전지구적 상황 안에서 특별한 전범적 가치를 지닐 수 있겠지요.

백낙청 그런데 이 사업이 다소나마 성공하려면, 당신이 말씀하시는 전지구적 자본이 실제로 어느 정도까지 전지구적이고 어느 선에서는 그렇게까지 전지구적은 못되는지를 좀더 정확히 규명할 필요가 있지 않을까요?

제임슨 이것이 불균등성의 문제고 '비동시적인 것의 동시성' 문제지요. 여기서 독자층에 관해 싸르트르가 한 말이 생각납니다.(한층 직접성이 높은 영화 분야에서는 다양한 문화들을 수용하는 한결 세련된 국제적 관객층이 이미 형성되고 있는데, 문학에서는 번역 문제 등등으로 좀더 어려운 실정이지요.) 어쨌든 싸르트르는 「문학이란 무엇인가」에서 작가가 하나 이상의 독자층을 상대해야 하는 게 훨씬 좋은 일이라고 말합니다. 독자층이 하나뿐이면 당신은 그들이 무얼 아는지를 알고 있고 일정한 종류의 노력은 불필요하지요. 그러나 복수의 독자층들을 대하려면 그것을 모르는 독자층에게 현실감을 전달하기 위해 동원할 것이 여러가지가 생깁니다. 그런 의미에서 새롭게 대두하고 있는 전지구적 독자층이 여러 상황에서 작가에게 이득이 될 수도 있겠습니다. 또 하나 내가 생각하는 바는 이겁니다. 이건 지금 떠오른 생각이고 말이 되는지 모르겠지만 이런 상황을 하나 상상해볼 수 있겠지요. 즉 어느 궁벽한 시골에 아직도 꽤나 전통적인 생활경험이 있다고 칩시다. 1989년 오늘의 싯점에 사람들이 아직도 20년대나 19세기와 유사한 방식으로 살고 있다고 가정하잔 말입니다. 이런 경우 전시대의 작가들은 비록 그들의 목적이 촌락생활 그 자체를 기록하는 것일지라도, 오늘날 그러한 촌락생활이 거의 사라져버린 세계에서 살아남은 이 촌락생활을 묘사하는 작가와는 다르게 묘사했을 것을 짐작할 수 있습니다. 다시 말해서 전지구적인 시각은 해묵고 전통적인 현실의 재현에도 영향을 미치지 않을까 하는 겁니다. 말을 바꾸면 새로운 리얼리즘을 개발하는 작업의 일부는 기법이나 내용 상의 변화라기보다 이 내용이 우리의 새로운 전지구적 체제 안에 자리잡고 있음을 보는 전체 시각의 문제라 하겠습니다.

백낙청 다시 말해 '인식의 지도 작성'이 결정적이라는 뜻이군요.

제임슨 글쎄, 내 생각은 여전히 그런 셈이지요.

백낙청 그럼 이제 '무엇을 할 것인가'라는 고전적 질문으로 넘어가지요. 물론 당신은 이미 인식의 지도 작성을 언급하셨고, 최근 『뉴 레프트 리뷰』지에 실린 답변에서 흥미로웠던 것은 이 개념이 '계급의식'과 동의어임을 실질적으로 공인하셨던데—

제임슨 그러나 새로운 전지구적 차원에서의 계급의식이고 그에 대한 범주들을 우리가 아직 찾지 못한 상태지요.

백낙청 네. 그런데 당신의 비판자들 가운데는 당신의 작업이 구체적인 정치적 실천과의 연관이 부족하다고 보는 이도 있는 것을 알고 계시겠지요. 예컨대 당신의 논문집(*The Idologies of Theory*— 역자)에 매우 흥미있는 해설을 쓴 닐 라슨(Neil Larsen)은 당신의 이데올로기 해석이 많은 성과를 거두기는 했지만, 거기에 진실의 '전도(轉倒)'로서의 이데올로기라는 고전적 개념이 빠졌거나 소홀히되었기 때문에 당신의 작업이 갖는 실천적 함의가 제약된다고 했던데, 어떻게 생각하시는지요?

멸종 위기에 처한 변증법적 사고

제임슨 그런데 말이지요, 우리가 정치를 이야기할 때 우리는 정치행위가 다중적이라는 사실을 늘상 기억해야 한다는 게 내 생각이에요. 우리는 여러가지 정치에 참여하고 있고 '무엇을 할 것인가'에 대한 어떤 만족스러운 단답형 해답이 없다는 말입니다. 따라서 한 가지 차원에서는, 이번 학술회의에서 내가 말하고자 했듯이 새로운 전지구적 상황에 합당한 어떤 사회주의 개념을 재창조하는 작업에 참여하는 것이 내게 중요합니다. 국제주의라는 차원에서는 우리가 지금 하고 있는 식으로 지식인들간의 새로운 연결망, 지식인들의 전세계적 연결망을 만들어내는 일이 중요합니다. 나는 그것이 극히 중요하다고 봐요.

라슨의 비판은 다소 뜻밖인데, 왜냐하면 나는 아직도 나쁜 의미의 이데올로기, 고전적인 형태의 허위의식이 아직도 존재한다고 여러번 이야기해왔으니까요. 나는 매체문화라는 제1세계적 상황 내부에서 유토피아적이고 정치적 상징성을 띤 충동들이 매체를 통해 표현되는 방식에 대해 약간 더 강조를 두고자 해온 것이 사실입니다. 하기는 우리가 이런 것들의 유토피아적 차원을 이제까지 많이 강조해왔기 때문에 탈신비화라든가 허위의식 등 좀더 고전적인 차원을 더 강조할 때가 다시 왔는지도 모릅니다. 좌파진영에서 원래 매체연구를 시작한 것은 그런 시각에서였지요. 서방세계에서 노동계급이 적절한 혁명적 의식을 발전시켜 권력을 장악하는 데 실패한 사실을 설명해주는 기본적인 이유가 매체문제라고 보았기 때문입니다. 다시 말해 본질적으로 대중적 정치운동의 실패, 그리고 물론 파시즘의 도래를 설명하려는 노력의 일환으로 서구 맑스주의가 문화와 의식을 연구하기 시작했던 것입니다. 그러한 분석들을 탈근대적 상황에 그대로 옮겨올 수는 없다고 보지만, 거기에 담겨 있던 부정적·비판적 차원이 상실되는 것은 나로서 결코 원하지 않는 일입니다. 하지만 허위의식에 대한 비타협적인 부정적 비판을 견지하는 일이 그러한 비판의 근거가 될 대중 정치운동의 바탕이 결여된 상황에서는 (이건 미국에 관한 이야깁니다만) 훨씬 어려운 게 사실이지요. 따라서 미국에서 지식인들이 할 수 있는 일에는 그런 한계가 분명히 따릅니다. 그러나 제1세계의 우리들이 견지해야 할 문화비판의 커다란 차원이 있고 이는 또하나의 중요한 과제라 생각합니다.

끝으로 나는 지금이 — 시각예술 분야에 관해서, 그리고 공상과학소설의 작가와 친구·친지들을 통해서 좀 아는데 — 어쩌면 비평가들이 (딱히 예술가들에게 어떤 조언을 하지는 않더라도) 새로운 예술의 탄생 과정에 최소한 다시 참여할 수 있는 싯점이 아닌가 합니다. 스딸린주의와 그 결과 때문에 우리는 오랫동안 예술가들에게 어떤 조언을 하는 일을 꺼리게 됐었다고 생각합니다. 지금은 다시 그런 식의 협동이 가능해진 시기인지 몰라요. 그래서 이런 것들이 문화적 정치행위의 매우 상이한 종류의 몇 가지 사업이 되겠습니다. 다른 한편, 특히 오늘 논의의 맥락에서는 이런 이야기를 하는 것도 소용없는 일이 아니겠지요. 즉 진정한 의미로 전지구적인 문화적 산물에 대한 새로운 강조와 개방성이 — 말하자면 니까라과의 시에 대해서도 미국의 작품들에 못지않게, 한국의 현대 문학전통에 대해서도 서구나 유럽대륙의 그것에 대해서와 마찬가지로 중시하며 수용하는 태도가 정치적으로도 의미가 있으리라는 겁니다. 다른 건 그만두고 독자들을 이 모든 지역에서의 미국의 역할에 대해 민감하게 만들고 미국의 개입주의에 대한 적극적인 반대자를 겸한 독자들을 양성하기 위해서라도 말이지요. 실제로 최근에 폴 스위지(Paul Sweezy: 미국의 원로 맑스주의 학자이며 *Monthly Review*지의 편집인—역자)는, 좀 막막한 기분일 때였겠지만, 오늘날 도대체 미국의 좌파가 할 수 있는 일이란 미국의 대외개입을 방지하고 다른 나라의 해방운동을 지원하는 것이 전부라고 말한 적이 있습니다. 나는 그것 말고도 더 있다는 희망을 갖습니다만, 스위지가 말한 것만큼이라도 성취하는 데 이른바 제3세계 문학을 연구하고 가르치는 작업이 중요한 몫을 차지한다는 점은 분명해져야겠지요. 그리고 마지막으로, 철학적인 면에서 오늘날 지배적인 실증주의 내지는 일차원적·기술주의적 사고에 맞서 사물을 변증법적으로 생각하는 방식을 보존하고 발전시키는 것도 극히 중요한 일입니다.

백낙청 좀 개인적인 질문으로 끝내도록 하지요. 이러한 변증법적 사고방식을 보존하는 사업이 바로 당신 주변에서 어느정도 되어간다는 느낌이신가요? 대체로 잘되고 있다든가 전보다 낫게 돌아간다든가, 아니면 이런 사업조차도 매체화된 세계에 점점 더 편입되어가고 있다든가 말이지요.

제임슨 자기가 소수파고 불리한 처지에 있을수록 더욱 강력한 발언을 하게끔 자극을 받을 수 있다는 희망을 갖는 것도 변증법적인 자세라고 생각합니다. 최근에 나는 프랑크푸르트 학파를 다시 검토하면서 아도르노(Adorno)에 관한 긴 책을 탈고했는데(Verso출판사에서 근간 예정—역자)*, 아도르노에 대해서 지난날 한때 생각했던 것보다 상당히 더 높은 평가를 하게 되었습니다. 이것은 특정한 종류의 변증법을 재검토하여 묘사하려는 나의 시도의 첫 대목입니다. 이번 학기에 나는 맑스의 『그룬트리쎄』(*Grundriße*, 정치경제학비판 개요)를 가르치면서 맑스 자신의 텍스트와 헤겔을 다시 읽는 중이기도 하지요. 그래서 나는 지금 하는 이런 작업의 일부가 변증법 자체의 연구로 이어지고 변증법을 투영하는 새로운 방식으로 이어지기를 바랍니다. 그런데 변증법이 말하자면 멸종의 위기에 처했다고 생각되지 않았더라면 내가 이런 작업을 하고 있지 않기가 쉽지요.

---

* *Late Marxism: Adorno, Or, The Persistence of The Dialectic*이라는 제목으로 1990년에 출간됨—편자.

덧글(1993)

　내가 1989년 10월에 제임슨을 인터뷰한 이후로 벌어진 세계의 많은 변화 가운데 그해 얼마 뒤에 일어난 베를린장벽의 붕괴와 뒤이은 동독 및 다른 쏘비에트권 공산국가들의 몰락은 특기할 만하다. 임박했던 이들 사건에 대해 우리 둘 중 누구도 이렇다할 선견지명을 보여주지 못했다. 하지만 나는 이러한 지정학적 변화로 인해 전지구적 자본주의 및 "지역적인 것과 국제적인 것 간의 변증법"(the dialectic between the regional and the international)에 대한 제임슨의 집중적 관심이 지니는 의미가 차라리 더 커졌다고 믿는다.

　남한에서는 바로 그러한 지정학적 변화가 독일을 애초에는 자본주의적 합병에 의한 통일의 모델로 만들었다가, 점차 분단과 현명치 못한 통일이 각기 지닌 위험을 보여주는 교훈으로 만들었다. 변화는 또한 북한정권의 고립을 심화하고 북한의 내부문제들을 더욱 악화했다. 그리고 이는 남한 자본주의경제의 지속적인 발전, 그리고 30여년 만에 최초로 문민출신 대통령이 취임하면서 이루어진 상당한 국내개혁과 더불어, 한반도 통일의 정치역학에 전혀 새로운 국면을 초래하게 되었다. 그런데 독일통일 이후 수년이 지나도록 분단상태가 지속되는 사실을 보건, 이제는 많은 사람들이 인식하는 급격한 분단종식의 위험요인들을 보건, 분단'체제'라는 개념—이 개념은 인터뷰 도중에 잠시 언급되었고 「한국: 통일과 민주화운동」("South Korea: Unification and the Democratic Challenge," *New Left Review* 197, 1993년 1–2월호)에 좀더 자세히 다뤄진 바 있는데—이 상황을 분석하고 국지적·전국적·지구적 차원의 투쟁들을 적절히 배합하는 구상을 하기 위해 더욱 유용해진 것 같다.

　끝으로 나는 많은 한국 독자들이 제임슨의 전지구적 시각과 우리들의 정치적·문화적 작업들에 대한 그의 연대표명에 큰 감명을 받기는 했지만 그가 제시하는 포스트모더니즘 개념에 대해서는 여전히 회의를 느끼는 사람이 적지 않다는 점을 밝히고자 한다. 이들이 보건대 오늘날의 자본주의는 '탈근대'(postmodernity)라기보다는 '완성기에 이른 근대'(full modernity) 내지는 어쩌면 '근대의 후기'(late modernity)로 서술하는 것이 더 적절한 성격이다. 게다가 '모더니즘 대 포스트모더니즘'의 축을 전면에 부각시키고 그리하여 결과적으로 '리얼리즘'은 이중으로 낡아버린 과거사로 밀려나거나 기껏해야 전지구적 탈근대의 이곳저곳에 고립 분산돼 있는 특수현상으로 만드는 일은, 모더니즘과 포스트모더니즘 양자 모두를 제국주의적 서양의 문화이념으로 자리매기기 위한 비판적 지침으로서 리얼리즘 개념의 갱신을 추구하는 한국에서의 노력과 어긋날 뿐 아니라, 리얼리티의 창조적 재현을 위해 서양 자체가 축적해놓은 온갖 자원을 인식하고 활용하는 데도 제약을 가하는 것으로 보인다. 실제로 이런 창조적 재현작업은 그 본질상 모더니즘 이전의 시기에도 항상 재현 그 자체의 문제와 씨름하곤 했던 것이다.

포스트모더니즘 담론을 펼치는 사람들 가운데서 제임슨이 언제나 재현문제와의 힘겨운 싸움을 강조해왔고 비서방세계에서의 그러한 노력들에 대해서도 너그러운 관심을 표명해온 드문 존재임은 새삼 덧붙일 필요가 없겠다.

인간현실에 충실한 참이론의 실천

임형택

1

『백낙청 회화록』이란 이 책은 일반적인 저서의 형태와 다른, 좀 생소한 것이다. 표제의 '회화'란 말부터 어감이 낯설다. 하지만 좌담과 대담, 토론, 인터뷰 등을 모아놓은 내용 전체를 포괄할 만한 용어가 회화 말고 달리 있을 것 같지도 않다.

이 책은 그야말로 '말 모음'이다. 인간이 자기를 표현하고 사회적으로 소통하는 고차원의 형식이라면 문자=글이고, 글쓰기를 담아낸 것이 책 아닌가. 이것이 곧 인류가 도달한 문화적 형식이다. 오래전부터 관행화된 문화적 형식에 비추어 '말의 책'은 인간이 자기를 표현하는 원초적 성격에 다가서 있는 것으로 볼 수 있겠다. 둘이 혹은 여럿이 앉아서 하는 '모여 말하기' 방식은 사랑방 이야기나 쌀롱 비평과 유사하지만 미리 주제를 정해두고 방향을 잡아서 말을 주고받게 되므로, 판을 짠 말하기이다. 이처럼 판을 짠 토론적 진술의 '말 모음'은 독백적인 저술과는 태생적으로 구별되는 것이다. 어느 쪽이 좋다 나쁘다를 가릴 성질은 아니나 '모여 말하기'의 방식은 '독백'을 일방적으로 들어야 하는 독서와는 달리 이런 저런 목소리를 한 판에서 같이 들을 수 있어 읽는 맛도 색다르고 얻는 효과도 풍부하다. 무엇보다도 시대적 의미가 생생하고 다양하게 드러나거니와, 진술 주체의 체취와 호흡을 느끼는 재미가 쏠쏠하다. 흔히 글은 사람이라고 하는데 이 말 모음의 책이야말로 독자들 앞에 바로 그 사람이 앉아 있는 모양이다.

올해 고희를 맞은 백낙청이란 인간존재는 무엇이라고 딱히 규정짓기가 애매하다. 학문전공으로 말하면 서울대 교수를 역임한 영문학자이고, 문학활동으로 말하면 평론가이며, 사업으로 말하면 『창작과비평』(이하 『창비』)을 창간해서 끌고 온 편집인이라고 해야겠는데, 근래 6·15공동선언실천 남측위 대표직을 맡고 있으니 통일운동가이기도 하다. 어느 하나도 그자신에게나 사회적으로나 경중을 따질 수 없는 것이 아닌가 한다. 그렇긴하지만, 내가 보기에 그의 일생의 공부와 실천의 중심은 시종일관 『창비』에서 벗어나지 않았다.

돌아보건대 『창비』는 지난 군부독재 시절에 부단히 정치권력의 탄압을 받았으며 심지어는 폐간 조처를 당해 한동안 잡지 자체를 발간하지 못하는 난관을 넘기기도 했다. 『창비』는 어둠의 가시밭길을 굽히지 않고 통과했을 뿐 아니라 이론적으로 대항, 극복하면서 독서 대중의 호응을 받아 성장한 것이다. 『창비』의 어려움은 군부독재의 청산과 함께 끝난 것이 아니었다. 지난 20세기 말부터 전지구적 변화에 한국사회가 휩쓸리는 국면에서 『창비』는 그 소용돌이에 말려들거나 뒤처지지 않고 우뚝 서서 중용의 길을 찾아가고 있는 것이다. 지금 이 『백낙청 회화록』 또한 『창비』와의 관계가 밀접한데 필자가 해설을 맡은 제2권의 경우 모두 아홉 꼭지 중 다섯

─── 꼭지가 『창비』 지면에 실린 것이었다(『창비』가 폐간돼 대신 발간한 단행본 『한국문학의 현단계』 IV와 『창비 1987』에 실린 것까지 포함).

2

필자와 백낙청의 만남 역시 『창비』를 통해서 이루어졌다. 이 계간지가 창간된 것이 1966년 1월이고 거기에 권두논문으로 게재된 것이 「새로운 창작과 비평의 자세」였다. 『창비』 창간은 한국 현대사에 남긴 지식인 백낙청의 신고였고, 「새로운 창작과 비평의 자세」는 그의 문학적 선언이었던 셈이다. 『창비』 창간호는 나의 눈에 경이로운 지적 마당으로 비쳤다. 특히 「새로운 창작과 비평의 자세」는 문학이 무엇이고 어떻게 연구해야 하느냐에 대해 고민하면서도 확신을 갖지 못하던 나에게, 눈앞에 드리운 안개를 걷어내주는 듯싶었다. 나는 당시 대학 졸업을 눈앞에 두고 있었고, 이내 곧 입대하여 최전방에서 군생활을 해야 했다. 그 삭막하고 답답하던 시절에 『창비』를 어렵사리 매호 구해 읽어 일종의 정신적 각성제로 삼았던 기억은 아직도 잊히지 않는다.

『창비』 1970년 겨울호에 나는 「황매천의 시인의식과 시」라는 소고(小稿)를 발표한다. 내가 『창비』와 독자가 아닌 필자로서 관계를 맺게 된 시작이었다. 당시 백선생은 박사학위 취득을 위해 미국에 나가 있었고 염무웅(廉武雄) 선생이 고군분투하며 『창비』를 꾸려가는 중이었다. 염선생은 이 시기를 『창비』 역사의 '토착화 과정'이라고 술회한 바 있는데 말하자면 『창비』의 토착화에 나도 끼어든 셈이다.

그 무렵에 창작과비평사는 신구문화사에서 더부살이를 하고 있었다. 신구 사옥은 청진동의 낡은 2층짜리 목조건물이었다. 아래층에 길거리를 면해서 세를 놓은 듯 물역가게, 복덕방 같은 그런 점포들이 있었고, 2층으로 삐걱거리는 계단을 올라가면 나오는 제법 널찍한 공간이 출판사 사무실이었다. 그 공간을 통과해 들어가면 길쭉한 방이 나오는데 거기에 염선생의 책상이 놓여 있으니 창비의 산실이었다. 나는 그 방을 어쩌다가 들르곤 하였는데 그때 모모한 문인들과 인사를 나누게 되었다. 한번은 검고 여윈 얼굴에 의복도 남루하여 노숙자가 아닌가 싶은 사람을 마주쳤다. 누군가 했더니 한동안 행방불명이 되었다가 세상에 다시 출현한 천상병(千祥炳) 시인이었다.

내가 백선생을 처음 대면한 것도 그 방에서다. 1972년 말 아니면 이듬해 초였던 것 같다. 염선생을 만나기 위해 삐걱거리는 계단을 올라가서 2층의 그 방으로 들어갔더니 귀공자풍의 하얀 얼굴에 체구가 약간 커 보이는 사람이 앉아 있었다. 백선생의 글을 읽으면서 떠올렸던 이미지에 '백'이란 성까지 연상되어, 실물과 잘 어울린다는 생각이 들었다. 그는 범접하기 쉽지 않아 보이는 인상이면서도 입가에 미소가 감돌아 사람을 끌어당기고 대화에 유머를 섞어 분위기를 부드럽게 하다가도 간혹 콕 찔러서 긴장감을 주는 것도 같았다.

나는 백낙청을 『창비』 창간호에서 글로 처음 만난 이후 6,7년이 지나서 비로소 직접 대면한 것이다. 그때부터 친교가 지속되어 오늘에 이르고 있다. 그런데 내게는 그에 대한 아주 오랜 기억이 한 가지 입력되어 있다. 고등학교 시절까지 올라가서 4·19 직후쯤에 『동아일보』에서 읽은, 한 미국 유학생이 군복무를 하기 위해 귀국, 자원입대를 했다는 기사이다. 사회면의 조그만 기사가 왜 나의 뇌리에서 오래도록 지워지지 않았을까 의아스런 느낌도 든다. 아마도 그 유학생이 세계적 명문인 하바드 대학의 석사인데다가 문학 전공자라고 기사에 소개된 때문이 아닌가 싶다. 정작 주인공의 성명은 기억에 남아 있지 않지만 백모가 아닐까 하는 짐작만 막연히 하고 있었다.

그렇다고 나의 오랜 기억 속의 인물과 현실에서 활동하는 백모가 동일인인지 군이 고증을 요하는 사안이라는 생각은 들지 않아서 긴가민가 하는 상태로 여태껏 지내왔다. 그러다가 지금 이 글을 쓰면서 그런 사실도 확인해볼 필요가 있지 싶어, 인터넷을 통해 검색을 해보았다. 과연 『동아일보』 1960년 11월 10일자의 지면에서 백선생의 학창시절 사진과 함께 「군문(軍門) 두드린 '어학의 천재'」란 제목의 기사를 찾을 수 있었다. 나의 어렴풋한 기억이 어긋나지 않은 것이다. 아울러 검색과정에서 백선생의 학부졸업에 관련한 기사도 접할 수 있었다. 망외의 소득이라고 할까.

『동아일보』 1959년 6월 12일자에 브라운 대학을 수석 졸업하여 졸업식에서 대표연설을 하고 하버드 대학원에 진학한 사실을 보도한 기사다. 「군문 두드린 '어학의 천재'」란 내 기억 속의 기사보다 더 대폭의 지면이 할애돼 「한국학생의 우수성을 과시 ─ 미대학서 우리 백낙청군이 영예의 졸업식 연설」이라는 가로 표제에, 「5개 국어를 통달 ─ 하버드 대학원에 무시험 합격 ─ 여러 부분의 상도 받고」라는 세로 표제가 눈에 확 들어오는 것이었다. 한국적 근대서사의 한 전형적 풍경이다. '한국학생의 우수성 과시'에서 '5개 국어 통달'로, '하버드 대학원 무시험 합격'으로 이어지는 표제어들이 백군을 '공부의 스타'로 띄운 꼴이다. '하버드 대학원 무시험 합격'이 우승자에게만 주어지는 특전처럼 서술해놓고 있는데 무시험 전형이 저쪽의 일반 관행이라는 사실을 짚어보면 조금 우습기도 하다. 뒤의 「군문 두드린 '어학의 천재'」라는 제목의 기사 역시 한국적 근대서사의 전형인 점에서는 마찬가지인데, '반공서사'로 윤색된 형태이다.

당시 유학 자체가 특권층의 일처럼 여겨진데다가 병역을 기피하는 일이 특권층일수록 당연시되는 풍조였다. 도미 유학생으로서 귀국하여 자원입대를 한 사실에 기자로서는 의문을 제기해봄직하다. "백군이 나이어린 13세 때 아버지와 큰아버지가 6·25동란으로 붉은 침략자들에게 강제로 납치당한 비통한 현실이 그에게 그러한 결심을 하게 한 것일지도 모를 일이다." 기사를 끝맺는 대목에 적힌 내용인데 비록 추정어법을 쓰긴 했지만 다분히 전체 사연을 반공서사로 굴절시킨 것이다. 본인은 찾아온 기자에게 "국민의 의무를 다하려는데 무슨 기사가 됩니까?"라고 반문한 것으로 나와 있다. 한국적 근대서사의 영웅으로 등장했던 인물로서 근대에 영합하여 부귀공명을 누리는 예정된 엘리뜨 코스로 순행하지 않고, 한국적 현실에 입각해서 근대 자체를 비판적으로 따져 물어 근대 극복의 방도를 모색한 여기에서 백낙청이란 지식인이 부활한 것이 아닌가 한다.*

3

『백낙청 회화록』 총 5권은 지난 1968년부터 최근까지 40년이란 결코 짧지 않은 세월 동안 행해진 결과물인데 그중에서 제2권은 1985년부터 1990년까지에 해당한다. 이 5년은 역사적으로 구분된 시간이 아니고 전체 분량을 고려해 편의적으로 나눈 기간이다. 그렇긴 하지만, 여기에 실린 말들이 대체 무슨 연유로 어떤 시대상황에서 나오게 되었는지 잠깐이나마 둘러볼 필요가 있음은 물론이다.

이 제2권의 배경시간인 1980년대는 어떤 세상이었던가? 군부독재가 강고하고 엄혹하게 관철된 시대인 동시에 민주화운동, 노동운동, 문화운동이 약진한 '운동의 시대'이기도 했다. 80년대의 개시와 함께 등장해서 7년을 군림한 전두환 정권은 박정희 군부독재가 무덤 속에서 불끈 일어선 꼴

---

* 백낙청 자신은 당시 상황에 대해 아래와 같이 회고하고 있다. "군대를 가려고 일부러 온 것은 아니고, 어릴 때 가서 미국생활을 하는데 지겹더라고요. 그래서 한국에 왔습니다. 박사과정에 입학이 됐는데 그것도 석사만 마치고 귀국을 했는데 와서 보니깐 군대를 안 가고는 아무 일도 할 수가 없어요. 그래서 군대를 가야겠다고 했는데 그때 마침 4·19 후라서 그때도 군대 안 가던 사람들이 많이 들어가던 때입니다. 그래서 징집영장 나오기를 기다리지 못해서 약간의 줄을 대서 입대를 했어요. 형식상 자원입대가 된 거죠. 그래서 동아일보에도 나고 그런 일이 있었습니다." 본서 제5권 「박인규의 집중인터뷰」 150면 참조.

인데, 그렇기에 훨씬 강력한 지배형태를 취할 수밖에 없었다. 왜냐하면 박정희 군부독재의 극점에서 구축된 유신체제를 무너뜨린 민주화의 거대한 힘, 그 대세를 거역한데다가 5·18광주민주항쟁을 짓밟고 성립한 정권이기에 태생적으로 강도 높은 저항을 받게 되어 있었기 때문이다. 억압과 저항이 동반상승한 시대, 그것이 80년대였다.

이러한 억압과 저항의 길항관계가 동반상승하여 정점에 도달한 1987년, 그 싯점에 드디어 획기적 전환이 일어난다. 이 해에 전두환 정권은 소위 '4·13호헌조치'라는 것을 공포, 군부독재를 연장하기 위해 발악하다가 국민적 저항에 부딪히게 된다. 다름아닌 6월 민주항쟁으로, 군부권력은 마침내 무릎을 꿇고 민주화의 요구를 수용했다. 그리하여 헌법이 새로 제정되고 헌정질서가 개편되어 지금의 6공화국이 탄생한 것이다. 6공화국이 민정당 노태우 정권으로 출발한 사실을 두고 말하면 전두환 정권과 유사한 권위주의체제이지만 그 기간에도 민주적 개혁이 상당한 정도로 실현되었으며, 이어 김영삼·김대중·노무현으로 민주적 절차에 따라 정권이 교체되면서 정치사회의 민주화가 진전되고 탈권위주의적 변화가 역동적으로 일어났다. 이 획기적 전환점에서 성립한 체제를 '87년체제'라고 부르는데 87년체제하에 우리가 생존하는 현재가 놓여 있다.

그리고 눈을 밖으로 돌려보면 동유럽 사회주의권의 붕괴, 소련연방의 해체, 중국 천안문 사태로 이어진 세계대국의 변화가 1989년에서 1990년 사이에 일어났다. 20세기의 인류사적 실험이라 할 사회주의가 실패로 드러난 사실은 사상적 충격이 아닐 수 없었거니와, 세계대국의 변화는 현실적으로 한반도의 정세와 직결되는 사안이었다. 세계 냉전체제의 해체가 곧 한반도 분단체제의 해체로 이행되지는 않았지만, 한국은 소련(러시아)·중국과 수교를 하는 등 대국의 변화에 발빠른 대응을 하였던 셈이고 남북관계에도 현저한 발전이 있었다. 1987년의 체제 전환은 한국사회가 세계대국의 변화에 적응하기 위한 준비절차였다고 해석할 수 있을 것이다.

이 말 모음 책이 위와 같은 시대상황과 여러모로 관련된 것임은 더 말할 나위 없지만 어느 무엇보다도 주목할 대목은 억압과 저항의 측면이다. 『창비』는 1980년 부활한 군부독재에 의해서 폐간 조처를 당한다. 잡지 매체를 상실한 악조건 속에서도 단행본 출판사의 기능을 십분 활용, 사회적 영향력을 행사했다. 『한국문학의 현단계』(전4권)는 연속기획으로 마련된 평론집으로, 이 책에 실린 「80년대의 민족운동과 한국문학」은 바로 그 제4권의 권두좌담으로 실린 글이다. 그러면서 약간 모험을 하여 『창비』를 무크지(부정기 간행물) 형태로 간행했다. 당시 잡지 매체의 출판이 허용되지 않는 조건에서 무크지라는, 잡지이면서 잡지를 표방하지 않은 기형적인 형태가 유행했던 것이다. 「김지하 시인과의 대담」은 원래 『실천문학』 창간호에 실린 것이었는데 『실천문학』은 군부독재에 저항하는 문학인의 결사체인 자유실천문인협의회의 기관지적 성격을 띠었다. 모두 1985년의 일이었다.

그런데, 같은 해 '『창작과비평』 통산 57호'란 무크지가 나오자 당국은 출판사 자체의 등록을 취소하는 강경 조처를 취한다. 언론출판의 자유는 인민의 기본권에 속하는 사항인데 기본권을 완전히 압살한 것이다. 그것이 워낙 무리한 조처였던 까닭으로 얼마 지나지 않아 여론에 밀려서 출판사의 기능은 살려주게 된다. 그러면서도 기어코 창작과비평사라는 본명을 쓰지 못하도록 하여 '창작사'라는 어정쩡한 이름으로 바뀌었다. 「현단계 한국사회의 성격과 민족운동의 과제」는 '창작사'에서 간행한 무크지 『창비 1987』의 권두좌담이었다. 1987년의 전환점을 통과하자 곧 『창비』가 복간되면서 창작과비평사라는 이름도 되찾게 되었다. 일시 쓴 '창작사'라는 명칭과 『창비 1987』은 저항운동의 상흔인 셈이다.

위에서 이 책이 자기 시대와 맺는 관계를 외형적인 사실로 살펴보았거니와, 내용적인 측면에 대해서도 간략하게나마 언급해두어야 하겠다. 대체로 좌담은 주제 자체가 처음부터 그 당시의 정세나 시대적 요구를 고려해서 잡히게 마련이었다. 80년대의 시대상은 억압과 저항이 길항하는 관계로 형성되었음을 앞서 지적한 터인데, 이때의 저항은 '운동'의 형태로 표출되었다. 그래서 민족운동, 민주화운동, 민족민주운동, 문화운동, 노동운동 같은 용어가 빈번하게 좌담의 제목이나 본문에 오르내린 것이다. 결국 억압적으로 지배하는 현체제를 어떻게 극복하고 바람직한 방향을 찾아 나가느냐 이것이 주요과제였다. 이 과제를 해결하기 위해서는 운동 방향이 당면한 문제이며, 현실을 어떻게 인식하느냐가 근원적인 문제로 제기되는 것은 당연하다. 좌담에서 단골메뉴처럼 운동론이 등장한 것은 그런 때문이고 사회구성체 문제가 뜨거운 쟁점사안으로 빠지지 않았던 것 또한 그런 때문이다. 이 말 모음의 주제 내용을 따라가보면 그 시대의 정황을 실감할 수 있다.

4

모두 아홉 꼭지가 실린 『백낙청 회화록』 제2권은 대략 이십년 전에 발표된 것들이다. 필자는 몇 편 제외하고는 발표 당시의 지면에서 읽었던 기억이 있다. 해설을 쓰기 위해 다시 쭉 훑어보니, 십년이면 강산도 변한다는데 실로 금석지감(今昔之感)이 없을 수 없다. 좌담에 참여한 인사들 중에서 박현채(朴玄埰)·정윤형(鄭允炯) 같은 분은 이미 고인이 되어 그리운 얼굴로 떠오르는가 하면, 참 그땐 이런 사안이 쟁점이 되어 다투었지, 아 그땐 이 사람이 이렇게 사고하고 이렇게 주장했구나 하는 등 이런저런 감회가 꼬리를 물고 일어났다. 그런 가운데, 좌담이나 대담 등의 형식으로 진행된 전체의 주인공인 백낙청의 발언을 중심으로 살펴볼 때, 특히 두 가지 점이 내 눈에 들어왔다. 하나는 문학과 사상은 물론, 사회과학이나 현실문제에 걸쳐 각기 전공자들과 상대해서 토론하는데, 여러 영역에서 전문가적 지식과 통찰력이 발휘되고 있다는 사실이다. 다른 하나는 이 말 모음의 성격이 그 당시 정세와 직결되어 시사성이 강한 편임에도 낡은 옛날 테이프를 틀어놓은 것처럼 들리지 않고 두고두고 되씹는 맛이 느껴진다는 사실이다. 전자가 그 자신의 문학관에 관련된다면 후자는 학인으로서의 태도, 즉 사고의 논리와 관련되겠지만 그 근본에는 인간 자세의 문제가 놓여 있다. 이 두 가지 점에 대해 언급하는 것으로 글을 끝맺으려 한다.

요즈음 우리 학계에서는 학문간 연구가 강조되고 전문영역을 넘어 가로지르기를 해야 한다는 소리가 드높다. 근대적인 분과학문의 제도를 극복하기 위한 노력의 일환이다. 이 말 모음 역시 근대학문의 분화된 지식의 경계에 안주하지 않고 여러 학문분야와 소통할 뿐 아니라, 현실을 타개하는 방도를 적극적으로 강구하고 있다. 하지만 이는 요즘 학계에서 능사로 삼는 기능적인 접합 내지 방편적인 동거와는 처음부터 성격이 다른 것이다. 서두에서 백낙청이란 인간존재는 '일생의 공부와 실천의 중심이 『창비』에서 벗어나지 않았음'을 지적했다. 그런데 전문분야는 영문학이고 전문활동은 문학비평이다. 곧 문학이 그의 전공이다. 『창비』는 그 자신의 전공을 사회적으로 구현하는 수단이다.

『창비』를 청년기에 창간하여 고희를 맞은 지금까지 온갖 풍상을 견디고 고난을 이겨내며 굳건히 지키고 씩씩하게 키워온 그 핵심에는 그 자신의 문학관이 놓여 있다. 백낙청의 문학관을 논하자면 말이 무한정 길어지겠지만 여기서는 간단히 미국유학 시절을 회고한 본인의 술회를 적어둔다. "당시 미국의 대학을 지배하고 있던 신비평적 문학연구 경향이 저의 취향에 그리 맞지 않았던 것이 사실입니다. 그런 식의 영문학 연구가 전체적으로 서양의 사상적인 문제라든가 역사현실과는 관계없이 너무 편협하게 이루어지고 있는 것 같다는 생각이 들었어요."(「국문학 연구와 서양문학 인식」, 본서 제3권 150면) 문학을 문학이라는 상아탑 속에 가둬둘 것이 아니라 사상적 문제나 역사현실과 관련지어 생각해야 한다는 초발심이 문학관으로 형성되어 전생애를 일이관지(一以貫之)한 것이 아닐까. 자신의 문학관에 스스로 충실하자면 문학에 대한 이해는 기본이고 철학사상에 대한 공부가 깊어야 하며, 사회현실을 논리적으로 읽고 때로는 행동으로 나아가야만 했다. 문학을 통해서 철학·사회과학으로, 사회적 실천의 길로 진입한 그 방식은 말하자면 '인문입도(因文入道)'라 할 것이다.

당초 그때그때의 현실상황과 관련해서 나온 말들이 적지 않은 세월이 흐른 뒤에까지 생명력을 잃지 않고 '이월적(移越的) 가치'를 지니게 된 이유는 어디에 있을까? 이 물음의 답은 다른 무엇보다 말의 주체에서 찾아야 할 줄로 생각한다. 백낙청은 언젠가 학자보다 생활하는 민중이 오히려 논리적으로 사고한다는 점을 일깨운 바 있다. 생활의 논리에서 어긋나면 굶어죽기 때문이다. 그래서 "민중생활의 논리만큼 어김없고 분명하며 삶의 진실 그대로인 글을 써보는 것이 문필업으로 나선 한 사람으로서 나의 꿈이기도 하다."(『인간해방의 논리를 찾아서』, 시인사 1979, 3면)고, 일찍이 자기 소신을 표명한 것이다. 그에 있어서는 다수의 사람들이 일하고 놀고, 먹고 잠자는 민중생활의 논리를 제대로 체득한 그것이 참이론이라고 하겠다. 이론이 곧 실천이요 지혜의 경지인데, 부단히 진리를 지향한다. 그래서 "남의 이데올로기를 비판하는 것은 저 나름으로 그런 진리의 경지에 도달하고자 하는 끊임없는 노력의 일환"(「영미문학연구와 이데올로기」, 본서 480면)이라고 술회하고 있다. 생활의 지혜로서의 의미를 잃지 않으면서도 이론투쟁에 적극적이다. 가장 실천적이고 가장 이론적인 이 점이 학인으로서 백낙청의 자세가 아닌가 한다.

이론은 본디 원칙에 확고할 필요가 있는 데 반해서 실천은 변화하는 현실에 잘 대응하는 것이 요령이다. '항상'과 '변통', 이 상반되는 양자는 하나로 어울릴 필요가 있는 것이다. 항상이 없는 변통은 단명하고, 변통이 없는 항상은 퇴화하기 마련이다. 『창비』가 그사이 난관을 통과하고 급변한 세상을 경험하면서도 위축되지 않고 존재를 우뚝 세울 수 있었던 묘리는 다름아닌 "한결같되 날로 새로운 잡지, 나날이 새로워지되 한결같은 잡지"(『창작과비평』 1996년 봄호 10면)를 꾸려내겠다는 기본방침, 그것이었다. 그리고 인간현실에 참으로 충실하면 이론이건 실천이건 과격해질 수 없다. 그가 자신의 입장을 최근에 '변혁적 중도주의'로 정리한 것 또한 일관되게 견지한 자신의 학인으로서의 자세와 직결된다고 본다.

이 『백낙청 회화록』은 우리가 살아온 시대의 소중한 역사의 증언인 동시에, 여기서 제기하고 토론한 주요사안들은 아직껏 해결되지 않은 현재진행형의 과제임을 유의해야 할 것이다.

林熒澤 | 성균관대 한문교육과 교수

김승호(金勝浩)   1951년에 태어나 서울대 상대를 졸업했다. 전국노동운동단체협의회 공동의장, 전국민족민주운동연합 공동의장 등을 역임하고 현재 전태일을 따르는 사이버노동대학 설립추진위 대표, 전태일을 따르는 민주노동연구소 이사로 있다. 저서『경제대공황과 IMF 신탁통치』, 편역서『신자유주의와 세계민중운동』등이 있다.

김우창(金禹昌)   1937년 전남 함평에서 태어나 서울대 영문과를 졸업하고 미국 하바드대에서 박사학위를 받았다. 서울대 교수와 고려대 대학원장 등을 역임하고 현재 고려대 명예교수로 있다. 저서『궁핍한 시대의 시인』『지상의 척도』『시인의 보석』『법 없는 길』『이성적 사회를 향하여』『심미적 이성의 탐구』『정치와 삶의 세계』등이 있다.

김정환(金丁煥)   1930년 전북 정읍에서 태어나 히로시마(廣島)대에서 교육학 박사학위를 받았다. 고려대 교육학과 교수를 역임하고 현재 고려대 명예교수로 있다. 저서『페스탈로치의 생애와 사상』『교육철학』『전인교육론』『현대의 비판적 교육이론』등이 있다.

김지하(金芝河)   1941년 전남 목포에서 태어나 서울대 미학과를 졸업하고 1969년『시인』에「황톳길」등을 발표하며 작품활동을 시작했다. 현재 명지대 국문과 석좌교수, (사)

생명과평화의길 이사장으로 있다. 시집 『황토』 『타는 목마름으로』 『五賊』 『애린』 『검은 산 하얀 방』 『이 가문 날의 비구름』 『별밭을 우러르며』 『중심의 괴로움』 『花開』 『유목과 은둔』, 저서 『김지하 사상전집』(전3권) 『김지하의 화두』 등이 있다.

도정일(都正一) 1941년 서울에서 태어나 경희대 영문과를 졸업하고 하와이대에서 박사학위를 받았다. 동양통신 외신부 기자, 경희대 교수를 역임하고 현재 경희대 명예교수와 '책 읽는 사회 만들기 국민운동' 공동대표로 있다. 저서 『시인은 숲으로 가지 못한다』 『새천년의 한국인 한국사회』 『대담』(공저) 등이 있다.

박인배(朴仁培) 1953년에 태어나 서울대 물리학과를 졸업했다. 과천마당극제 예술감독, 노동문화정보센터 대표를 역임하고 현재 한국민족극운동협회 이사장, 한국민족예술인총연합 상임이사로 있다. 저서 『격정시대의 문화운동』(공저) 등이 있다.

박현채(朴玄埰) 1934년 전남 화순에서 태어나 서울대 상대와 동대학원 경제학과를 졸업했다. 조선대 교수를 역임했다. 저서 『민족경제론』 『한국농업의 구상』 『민중과 경제』 『한국자본주의와 민족운동』 『한국경제구조론』 『민족경제와 민중운동』 등이 있다. 1995년 작고했다.

박형준(朴亨埈) 1960년 부산에서 태어나 고려대 사회학과를 졸업하고 동대학원에서 박사학위를 받았다. 동아대 교수를 역임하고 현재 제17대 국회의원이다. 저서 『정보화의 문명사적 의의와 국가 전략의 방향』 『성찰적 시민사회와 시민운동』 『현대 사회와 이데올로기』 『21세기를 위한 신국가경영의 논리』 등이 있다.

안병직(安秉直) 1936년 경남 함안에서 태어나 서울대 경제학과와 동대학원을 졸업했다. 서울대 경제학과 교수와 일본 후꾸이(福井)현립대 대학원 특임교수를 역임했다. 현재 서울대 명예교수와 뉴라이트재단 이사장으로 있다. 저서 『3·1운동』 『일본제국주의와 조선민중』 『근대조선공업화의 연구』, 편서 『한국경제성장사』 『맛질의 농민들』 『한국경제: 쟁점과 전망』 등이 있다.

양건(梁建) 1947년 함북 청진에서 태어나 서울대 법대를 졸업하고 텍스스대 등을 거쳐 서울대 대학원에서 박사학위를 받았다. 나라정책연구회와 경실련 등에서 활동했고 현재 한양대 교수로 있다. 저서 『법사회학』 『헌법연구』 『헌법강의 1』, 역서 『국제인권법』 등이 있다.

양민기(梁民基) 제주 출신 재일 민속학자로 오오사까(大阪)의 우리문화연구소 대표와

『민또오(民濤)』 편집위원을 지냈다.

윤소영(尹邵榮) 1954년 서울에서 태어나 서울대 경제학과를 졸업하고 동대학원에서 박사
학위를 받았다. 현재 한신대 교수로 있다. 저서『역사적 마르크스주의: 이념과 운동』
『일반화된 마르크스주의 개론』『마르크스의 경제학 비판』, 역서『맑스주의의 역사』
『알튀세르와 마르크스주의의 전화』『마르크스의 철학, 마르크스의 정치』 등이 있다.

이종숙(李鍾淑) 1952년에 태어나 서울대 영문과와 동대학원을 졸업하고 미국 미네쏘타대
에서 박사학위를 받았다. 현재 서울대 영문과 교수로 있다. 역서『싼띠아고에서의 마
지막 왈츠』 등이 있다.

이회성(李恢成) 1935년 사할린에서 태어나 일본 와세다(早稻田)대 러시아문학과를 졸업
했다. 장편소설『또다른 길』로『군조오(群像)』신인문학상을 받으며 등단했다. 대표작
『다듬이질하는 여인』『우리들 청춘의 길 위에서』『가야코(伽倻子)를 위하여』『약속의
토지』『못다 꾼 꿈』『사할린으로의 여행』 등이 있다.

이효재(李効再) 1924년 경남 마산에서 태어나 이화여대 영문과를 졸업하고 미국 컬럼비
아대와 버클리 캘리포니아대 대학원에서 사회학을 전공했다. 이화여대·서울여대 교수
를 거쳐 여성민우회 회장, 한국여성단체연합회 회장, 한국정신대문제대책협의회 공동
대표, 한국여성사회교육원 원장 등을 역임했다. 저서『아버지 이약신 목사』『한국의 여
성운동』『여성의 사회의식』『한국여성의 지위』『도시인의 친족관계』 등이 있다.

정윤형(鄭允炯) 1937년 제주에서 태어나 서울대 상대를 졸업하고 동대학원에서 경제학
박사학위를 받았다. 홍익대 교수를 역임했다. 저서『서양경제사상사연구』『한국독점
자본과 재벌』(공저), 역서『경제사상사』『제3세계와 외채위기』(편역)『산업혁명사』(공
역)『정치경제학 입문』 등이 있다. 1999년 작고했다.

정정호(鄭正浩) 1949년 서울에서 태어나 서울대 영어교육과와 동대학원 영문과를 졸업하
고 미국 위스콘신대에서 박사학위를 받았다. 현재 중앙대 교수로 있다. 저서『탈근대
인식론과 생태학적 상상력』『전환기 문학과 대화적 상상력』『이론의 정치학과 담론의
비판학』 등이 있다.

조희연(曺喜昖) 1956년에 태어나 서울대 사회학과를 졸업하고 연세대 대학원에서 박사학
위를 받았다. 현재 성공회대 교수로 있다. 저서『계급과 빈곤』『한국의 국가 민주주의
정치변동』『한국의 민주주의와 사회운동』『박정희와 개발독재시대』 등이 있다.

최상용(崔相龍) 1942년에 태어나 서울대 외교학과를 졸업하고 일본 토오꾜오(東京)대에 서 정치학 박사학위를 받았다. 중앙대·고려대 교수와 한국정치학회 회장, 주일대사를 역임하고 현재 고려대 명예교수와 희망제작소 고문으로 있다. 저서『미군정과 한국민 족주의』『평화의 정치사상』『중용의 정치』『정치가 정도전』(공저)『민족주의, 평화, 중 용』(공저)『중용의 정치사상』(공저) 등이 있다.

최원식(崔元植) 1949년 인천에서 태어나 서울대 국문과를 졸업하고 동대학원에서 박사학 위를 받았다. 1972년『동아일보』신춘문예 문학평론으로 등단했다. 계명대·영남대 교 수를 역임하고 현재 인하대 교수와 인천문화재단 대표이사로 있다. 저서『민족문학의 논리』『한국근대소설사론』『한국계몽주의문학사론』『문학의 귀환』『한국근대문학을 찾아서』『생산적 대화를 위하여』등이 있다.

프레드릭 제임슨(Fredric Jameson) 1934년 미국 클리블랜드에서 태어나 해버포드대 를 졸업하고 예일대 대학원에서 박사학위를 받았다. 하바드대, 예일대, 듀크대 교수 등을 거쳐 현재 싼타크루즈 캘리포니아대 교수로 있다. 저서『변증법적 문학이론의 전 개』『언어의 감옥』『정치의 무의식』『후기 마르크스주의』『포스트모더니즘: 후기 자본 주의의 문화논리』등이 있다.

백낙청 회화록 간행위원회
—

염무웅 영남대 명예교수
임형택 성균관대 교수
최원식 인하대 교수
백영서 연세대 교수
유재건 부산대 교수
김영희 한국과학기술원 교수
—

백낙청 회화록 2

초판 1쇄 발행 2007년 10월 20일

엮은이/백낙청 회화록 간행위원회
펴낸이/고세현
펴낸곳/(주)창비
등록/1986년 8월 5일 제85호
주소/413-756 경기도 파주시 교하읍 문발리 513-11
전화/031-955-3333
팩시밀리/영업 031-955-3399 · 편집 031-955-3400
홈페이지/www.changbi.com
전자우편/human@changbi.com
인쇄처/한교원색

ISBN 978-89-364-8323-4 03080
ISBN 978-89-364-7981-7(세트)

* 이 책 내용의 전부 또는 일부를 재사용하려면
  반드시 저작권자와 창비 양측의 동의를 받아야 합니다.
* 책값은 뒤표지에 표시되어 있습니다.